W0348519

Grundzüge des Privatrechts

für Ausbildung und Praxis

von

Dr. Peter Bydlinski
o. Universitätsprofessor in Graz

7., wesentlich überarbeitete Auflage

Wien 2007
Manzsche Verlags- und Universitätsbuchhandlung

Zitiervorschlag: *P. Bydlinski,* Grundzüge des Privatrechts[7] (2007) Rz.

Printed in Austria

ISBN 978-3-214-14909-3

Telefon: (01) 531 61-0
eMail: verlag@MANZ.at
World Wide Web: www.MANZ.at
Datenkonvertierung, Satzherstellung und Druck: MANZ CROSSMEDIA, 1051 Wien

Vorwort zur 7. Auflage

Diesmal sind seit der Vorauflage kaum mehr als zwei Jahre vergangen. Dennoch gab es besonders viel zu tun, waren doch vor allem die vielfältigen und zum Teil durchgreifenden Änderungen zu berücksichtigen, die das zum 1. 1. 2007 in Kraft getretene HandelsrechtsänderungsG (HaRÄG) mit sich gebracht hat: Neben manchen Änderungen im ABGB erfolgte im Unternehmensrecht nicht nur eine Trendwende, indem der altehrwürdige handelsrechtliche Kaufmannsbegriff durch den des Unternehmers ersetzt wurde. Vielmehr wurde bei dieser Gelegenheit das gesamte Handelsgesetzbuch (HGB) durch ein – in vielen Bereichen umfassend verändertes und modernisiertes Unternehmensgesetzbuch (UGB) ersetzt. Damit ist zugleich vom Begriff des Handelsrechts Abschied zu nehmen, auch wenn der Handel – als solcher ebenso wie als Rechtsbegriff – durchaus weiterlebt; so etwa in Gestalt des Handelsvertreters oder des Handelsgerichts. Jedenfalls waren manche Kapitel weitgehend umzuschreiben oder gar zu streichen; auch im Beiheft mussten einige Fragen und Fälle sowie viele Lösungen geändert werden. Daneben waren Gesetzesänderungen im üblichen Umfang zweier Jahre einzuarbeiten; also auch nicht gerade wenige. Beispielhaft genannt seien das ein weiteres Mal umgestaltete und ausdifferenzierte Sachwalterrecht (dessen Neuerungen erst am 1. 7. 2007 in Kraft treten) sowie das Kartellgesetz 2005, das nicht zuletzt nach dem Vorbild des europäischen Kartellrechts ausgestaltet ist und sich somit von seinem Vorläufer (KartG 1998) deutlich unterscheidet. Da dies alles neben dem universitären Tagesgeschäft und in vernünftiger Zeit zu bewerkstelligen war, können trotz sorgfältigen Arbeitens Fehler wohl nicht ganz ausgeblieben sein. Ich bitte, solche Mängel zum einen zu entschuldigen, zum anderen mir zwecks Verbesserung in der nächsten Auflage mitzuteilen.

Der Vollständigkeit halber – und mit gewissem Stolz – sei schließlich ergänzend der gute Absatz der Vorauflage erwähnt, der eine Neubearbeitung gerade zum jetzigen Termin notwendig machte. Dass diese Auflage beinahe zugleich mit anderen größeren Projekten in relativ kurzer Zeit und fast präzise zum vorgesehenen Zeitpunkt fertig gestellt werden konnte, ist auch ein Verdienst meiner Mitarbeiter; dieses Mal vor allem von Herrn wiss. Mitarbeiter Mag. *Thomas Schoditsch*.

Das Manuskript zu diesem Buch (einschließlich Beiheft) wurde Mitte Februar 2007 abgeschlossen. Es befindet sich – von einigen Vorgriffen in die Zukunft abgesehen – auf dem **Stand der Gesetzgebung vom 1. 1. 2007.**

Gratwein, im März 2007 *Peter Bydlinski*

Anschrift des Autors:
o. Univ.-Prof. Dr. Peter Bydlinski
Institut für Zivilrecht, Ausländisches
und Internationales Privatrecht
Karl Franzens-Universität Graz
Universitätsstraße 15/D4
A-8010 Graz
e-mail: peter.bydlinski@uni-graz.at

Aus dem Vorwort zur 1. Auflage (1991)

Wie schon dem Untertitel zu entnehmen ist, wendet sich dieses Buch sowohl an Studenten als auch an Wirtschaftstreibende. Beiden soll eine verläßliche Information über das wirtschaftlich bedeutsame Privatrecht gegeben werden. Der Student der Sozial- und Wirtschaftswissenschaften erhält zum ersten Mal einen Lernbehelf in Buchform, der auf seine besonderen Bedürfnisse zugeschnitten ist.

Weder zielführend noch möglich war allerdings eine Berücksichtigung auch der kompliziertesten Erscheinungsformen des Wirtschaftslebens. Die gestellte Aufgabe ist viel bescheidener. Im Vordergrund steht die möglichst anschauliche Vermittlung der Grundfragen des Privatrechts; daneben werden notwendigerweise auch wesentliche Detailaspekte behandelt. Besonderer Wert wurde auf eine Verbindung bisher meist getrennt dargebotener Stoffgebiete gelegt, da Rechtsprobleme im Gesellschafts- und Wirtschaftsleben ebenfalls kaum einmal isoliert, sondern meist sehr komplex auftreten. Damit soll auch die „Einheit des Privatrechts“ betont werden, die in auf Juristen zugeschnittenen Lehrbüchern zu Teilgebieten nicht selten zu kurz kommt. So habe ich etwa die Darstellung des Handelsrechts und des Konsumentenschutzrechts soweit möglich in die Behandlung der allgemeinen bürgerlich-rechtlichen Institute einbezogen. Aber auch bei Erörterung wettbewerbs-, wertpapier- oder gesellschaftsrechtlicher Fragen wurde immer wieder versucht, den Bezug zu bürgerlich-rechtlichen Grundfiguren herzustellen. Zahlreiche interne Verweise machen die Verknüpfung ebenfalls deutlich; sie sollen die Arbeit mit dem Lehrbuch zusätzlich erleichtern.

Ziel des Buches ist neben der reinen Wissensvermittlung auch die Weckung eines gewissen Verständnisses für privatrechtliche Probleme und Regelungen. Der Benutzer soll zum ersten beurteilen können, ob in einem konkreten Sachverhalt die Rechtslage eindeutig oder ob die Einholung fachmännischen Rates notwendig ist. Zum zweiten soll er in der Lage sein, Rechtsfragen des Alltags zu lösen. Selbstverständlich nicht geboten wird hingegen eine Darstellung juristischer Streitfragen, die im Privatrecht in großer Zahl vorhanden sind. Die angestrebte Verständlichkeit erlaubt insoweit nur einige wenige Andeutungen; die damit fast zwangsläufig verbundene Einbuße an letzter juristischer Präzision konnte wohl nicht immer ganz vermieden werden.

Manchen wird der Umfang des Buches erschrecken. Dieser ist primär auf die reichhaltige Materie des „Wirtschaftsprivatrechts“ zurückzuführen. Ohne Werkzeug, das heißt ohne die wichtigsten Grundbegriffe, kann aber nirgends gearbeitet werden. Zweitens wurde eben auch darauf Wert gelegt, nicht bloß Wissen zu vermitteln, sondern die Materie soweit möglich durch Herausarbeitung der Zwecke einzelner Regelungen und durch Beispiele besonders anschaulich und nachvollziehbar zu gestalten. Der besseren Übersichtlichkeit dienen auch die starken Untergliederungen der einzelnen Abschnitte. Wichtigen Grundfragen wurde ebenfalls größerer Raum gewährt. Dadurch wird der Lernaufwand sicher geringer sein, als wenn durch Beschränkung auf reines Wissen einige Seiten eingespart worden wären.

Dem Studenten, der sich mit Hilfe dieses Buches auf Prüfungen vorbereitet, sei geraten, zumindest beim zweiten Durcharbeiten wichtige Bestimmungen im Gesetz nachzulesen. Zu diesem Zweck habe ich viele Paragraphen detailliert zitiert.

Für den Wirtschaftstreibenden soll das Buch vor allem eine erste Information bieten; juristisch Vorgebildete können ihr Privatrechtswissen erneuern und auf den letzten Stand bringen.

Inhaltsübersicht

Seite

1. Teil: Grundlagen

2. Teil: Zivilrecht und Unternehmensrecht im engeren Sinn

1. Abschnitt: Personen

2. Abschnitt: Sachen

3. Abschnitt: Verträge

4. Abschnitt: Gesetzliche Schuldverhältnisse

3. Teil: Wertpapierrecht

4. Teil: Gesellschaftsrecht

5. Teil: Wettbewerbsrecht, Gewerblicher Rechtsschutz und Urheberrecht

6. Teil: Rechtsdurchsetzung

7. Teil: Internationale Beziehungen

Inhaltsverzeichnis

3. Abschnitt: Verträge

4. Abschnitt: Gesetzliche Schuldverhältnisse

4. Teil: Gesellschaftsrecht

5. Teil: Wettbewerbsrecht, Gewerblicher Rechtsschutz und Urheberrecht

6. Teil: Rechtsdurchsetzung

7. Teil: Internationale Beziehungen

Abkürzungsverzeichnis

ABB	Allgemeine Bedingungen für Bankgeschäfte
ABGB	Allgemeines bürgerliches Gesetzbuch
Abs	Absatz
aE	am Ende
AG	Aktiengesellschaft
AGB	Allgemeine Geschäftsbedingungen
AHG	Amtshaftungsgesetz
AktG	Aktiengesetz
AnfO	Anfechtungsordnung
AngG	Angestelltengesetz
Anm	Anmerkung
AO	Ausgleichsordnung
AOG	Aktienoptionengesetz
AÖSp	Allgemeine Österreichische Spediteur-Bedingungen
ArbVG	Arbeitsverfassungsgesetz
ARGE	Arbeitsgemeinschaft
Art	Artikel
AT	Allgemeiner Teil
AtomHG	Atomhaftungsgesetz
AÜG	Arbeitskräfteüberlassungsgesetz
AußStrG	Außerstreitgesetz
AVRAG	Arbeitsvertragsrechts-Anpassungsgesetz
AZG	Arbeitszeitgesetz
BAG	Berufsausbildungsgesetz
BauRG	Baurechtsgesetz
Bd	Band
BG	Bundesgesetz
BGB	(deutsches) Bürgerliches Gesetzbuch
BGBl	Bundesgesetzblatt
Bl	Blatt, Blätter
BMVG	Betriebliches Mitarbeitervorsorgegesetz
BRBG	Bundesrechtsbereinigungsgesetz
Bsp	Beispiel(e)
BT	Besonderer Teil
BTVG	Bauträgervertragsgesetz
BVG	Bundesverfassungsgesetz
B-VG	Bundes-Verfassungsgesetz
BVergG	Bundesvergabegesetz
BWG	Bankwesengesetz
bzw	beziehungsweise
cif	cost, insurance, freight
CIM	Internationales Übereinkommen über den Eisenbahnfrachtverkehr
CISG	Übereinkommen der Vereinten Nationen über Verträge über den Internationalen Warenkauf (Abkürzung der französischen Bezeichnung)

CIV	Internationales Übereinkommen über den Eisenbahn-, Personen- und Gepäckverkehr
CMR	Übereinkommen über den Beförderungsvertrag im internationalen Straßengüterverkehr
DepG	Depotgesetz
ders	derselbe
dh	das heißt
DHG	Dienstnehmerhaftpflichtgesetz
dies	dieselbe(n)
DSG	Datenschutzgesetz
EAVG	Energieausweis-Vorlage-Gesetz
EB	Erläuternde Bemerkungen
EBG	Eisenbahnbeförderungsgesetz
ECG	E-Commerce-Gesetz
EDV	Elektronische Datenverarbeitung
EEG	Eingetragene Erwerbsgesellschaft
EFZG	Entgeltfortzahlungsgesetz
EG	Europäische Gemeinschaft(en)
EGG	Erwerbsgesellschaftengesetz
EheG	Ehegesetz
EKHG	Eisenbahn- und Kraftfahrzeughaftpflichtgesetz
EO	Exekutionsordnung
ERG	Einheitliche Richtlinien und Gebräuche für Dokumentenakkreditive
ErgBd	Ergänzungsband
ErgBl	Ergänzungsblätter
ErgH	Ergänzungsheft
EStG	Einkommensteuergesetz
e. U.	eingetragene(r) Unternehmer(in)
EU	Europäische Union
EuGH	Europäischer Gerichtshof
EuGVÜ	Europäisches Gerichtsstands- und Vollstreckungsübereinkommen
EuGVVO	Verordnung über die gerichtliche Zuständigkeit und die Anerkennung und Vollstreckung von Zivil- und Handelssachen
EuMV-VO	Verordnung über das Europäische Mahnverfahren
EuVT-VO	Verordnung über den Europäischen Vollstreckungstitel
Euro-JuBeG	Euro-Justiz-Begleitgesetz
EV	Einstweilige Verfügung
EVHGB	Verordnung zur Einführung handelsrechtlicher Vorschriften im Lande Österreich
EVÜ	Europäisches Schuldvertragsübereinkommen
EWAG	Euro-Währungsangabengesetz
EWIV	Europäische wirtschaftliche Interessenvereinigung
EWR	Europäischer Wirtschaftsraum
f	und der folgende
FBG	Firmenbuchgesetz
FernFinG	Fern-Finanzdienstleistungsgesetz
ff	und die folgenden
FMA	Finanzmarktaufsicht
FMAG	Finanzmarktaufsichtsgesetz
FMedG	Fortpflanzungsmedizingesetz
fob	free on board

G	Gesetz
GAG	Allgemeines Grundbuchsanlegungsgesetz
GBG	Allgemeines Grundbuchsgesetz
GenG	Genossenschaftsgesetz
GesbR	Gesellschaft bürgerlichen Rechts
GesRZ	Der Gesellschafter. Zeitschrift für Gesellschaftsrecht
GewO	Gewerbeordnung
GewRÄG	Gewährleistungsrechts-Änderungsgesetz
GmbH	Gesellschaft mit beschränkter Haftung
GmbHG	Gesetz über die Gesellschaft mit beschränkter Haftung
GMG	Gebrauchsmustergesetz
GMV	Gemeinschaftsmarkenverordnung
GOG	Gerichtsorganisationsgesetz
GUG	Grundbuchsumstellungsgesetz
hA	herrschende Ansicht
HaRÄG	Handelsrechts-Änderungsgesetz
HGB	Handelsgesetzbuch
Hrsg	Herausgeber
HVertrG	Handelsvertretergesetz
ICC	International Chamber of Commerce (Internationale Handelskammer)
IEG	Insolvenzrechtseinführungsgesetz
ieS	im engeren Sinn
IESG	Insolvenz-Entgeltsicherungsgesetz
IMV	Immobilienmaklerverordnung
insb	insbesondere
IPRG	Gesetz über das internationale Privatrecht
iS	im Sinne
iSd	im Sinne des (der)
IVEG	Insolvenzverwalter-Entlohnungsgesetz
iVm	in Verbindung mit
IVVG	BG über internationales Versicherungsvertragsrecht für den europäischen Wirtschaftsraum
iwS	im weiteren Sinn
JN	Jurisdiktionsnorm
JuBeG	Justiz-Begleitgesetz
KaKuG	Krankenanstalten- und Kuranstaltengesetz
KartG	Kartellgesetz
KEG	Kraftloserklärungsgesetz; Kommandit-Erwerbsgesellschaft
Kfz	Kraftfahrzeug
KG	Kommanditgesellschaft
kg	Kilogramm
KHVG	Kraftfahrzeug-Haftpflichtversicherungsgesetz
KMG	Kapitalmarktgesetz
KO	Konkursordnung
KSchG	Konsumentenschutzgesetz
KStG	Körperschaftsteuergesetz
LB	Lehrbuch (= Grundzüge des Privatrechts[7])
LFG	Luftfahrtgesetz
leg cit	legis citatae (der zitierten Vorschrift)
LGVÜ	Luganer Übereinkommen über die gerichtliche Zuständigkeit und die Vollstreckung gerichtlicher Entscheidungen in Zivil- und Handelssachen

lit	litera (Buchstabe)
Lkw	Lastkraftwagen
MarkSchG	Markenschutzgesetz
mE	meines Erachtens
Mio	Million(en)
MRG	Mietrechtsgesetz
MuSchG	Musterschutzgesetz
NO	Notariatsordnung
NotAktsG	Notariatsaktsgesetz
Nr	Nummer
NVG	Nahversorgungsgesetz
O	Ordnung
oä	oder ähnlich
OEG	Offene Erwerbsgesellschaft
OGH	Oberster Gerichtshof
OG	Offene Gesellschaft
OHG	Offene Handelsgesellschaft
oJ	ohne Jahresangabe
OrgHG	Organhaftpflichtgesetz
PatG	Patentgesetz
PatVG	Patientenverfügungs-Gesetz
PHG	Produkthaftungsgesetz
PKVV	Personalkreditvermittlerverordnung
PStG	Personenstandsgesetz
RAO	Rechtsanwaltsordnung
RIS	Rechtsinformationssystem des Bundes
RL	Richtlinie
RLG	Rechnungslegungsgesetz
RV	Regierungsvorlage
Rz	Randzahl(en)
S	Satz
s	siehe
SachwG	Sachwaltergesetz
SCE	Europäische Genossenschaft
SE	Societas Europaea (Europäische Gesellschaft)
SEG	Gesetz über das Statut der Europäischen Gesellschaft (SE)
SE-V	Verordnung über das Statut der Europäischen Gesellschaft (SE)
SigG	Signaturgesetz
sog	so genannt
SpaltG	Spaltungsgesetz
SPG	Sicherheitspolizeigesetz
StGB	Strafgesetzbuch
StGG	Staatsgrundgesetz
StVA	Haager Übereinkommen über das auf Straßenverkehrsunfälle anzuwendende Recht
StVO	Straßenverkehrsordnung
TEG	Todeserklärungsgesetz
TNG	Teilzeitnutzungsgesetz

ua	und andere; unter anderem
uä	und ähnlich
ÜbG	Übernahmegesetz
UGB	Unternehmensgesetzbuch
UmwG	Umwandlungsgesetz
UN	United Nations (Vereinte Nationen)
UNK	Übereinkommen der Vereinten Nationen über Verträge über den Internationalen Warenkauf (UN-Kaufrecht)
URG	Unternehmensreorganisationsgesetz
UrhG	Urheberrechtsgesetz
usw	und so weiter
uU	unter Umständen
UWG	Gesetz gegen den unlauteren Wettbewerb
V	Verordnung
va	vor allem
VAG	Versicherungsaufsichtsgesetz
VBG	Vertragsbedienstetengesetz
VerG	Vereinsgesetz
VersVG	Versicherungsvertragsgesetz
VfGH	Verfassungsgerichtshof
vgl	vergleiche
VwGH	Verwaltungsgerichtshof
WAG	Wertpapieraufsichtsgesetz
WEG	Wohnungseigentumsgesetz
WG	Wechselgesetz
Z	Zahl
zB	zum Beispiel
ZivMediatG	Zivilrechts-Mediations-Gesetz
ZPO	Zivilprozessordnung
ZuKG	Zugangskontrollgesetz

Ausgewählte Literatur

Literaturauswahl ist immer subjektiv. Echte juristische Spezialliteratur, die sich monographisch mit Einzelproblemen auseinander setzt, blieb wegen der Anlage des Buches schon von vornherein außer Betracht. Neben Gesetzesausgaben werden vor allem Übersichts- und Schwerpunktwerke zitiert. Das Hauptgewicht liegt auf aktuellen Lehr- und Handbüchern, aber auch auf allgemeiner Kommentarliteratur. Bezieht sich eine Arbeit allerdings ausschließlich auf einen einzelnen Abschnitt in diesem Buch, findet sie sich an der entsprechenden Stelle in einer gesonderten Übersicht. Aufgenommen wurden dort überdies Werke mit für die Wirtschaftspraxis bedeutsamen Vertragsmustern.

I. Einführungswerke

Barta, Zivilrecht – Grundriss und Einführung in das Rechtsdenken[2] (2004)
Holzhammer/Roth, Einführung in das Bürgerliche Recht mit IPR[5] (2000)
Krejci, Privatrecht[7] (2007)
Markl/Pittl, Einführung in das Privat- und Wirtschaftsrecht[2] (2006)
Zankl, Bürgerliches Recht[3], Kurzlehrbuch (2006)

II. Bürgerliches Recht

1. Gesetzesausgaben (ABGB und Nebengesetze):

F. Bydlinski, Österreichische Gesetze: Loseblattsammlung aller wichtigen Privatrechtsgesetze; laufend aktualisierte Textausgabe, seit 2003 herausgegeben von *Schauer*
Dittrich/Tades, Das Allgemeine bürgerliche Gesetzbuch[36] I (2003), II (2003, Nebengesetze) + ErgBd (2006): große Gesetzesausgabe, vor allem mit reicher Rechtsprechungsübersicht
Kodex Bürgerliches Recht[33] (2006): reine Textausgabe, bearbeitet von *Mohr* (Kodex-Ausgaben gibt es für beinahe alle Rechtsgebiete, so etwa für Arbeitsrecht, Wohnungsrecht oder Prozessrecht)
Verlag Österreich, Bürgerliches Recht[9] (2006): reine Textausgabe, bearbeitet von *Graf/Ofner* (die Verlagsreihe beinhaltet auch andere Rechtsgebiete, etwa Zivilverfahrensrecht)

2. Lehr- und Handbücher:

Apathy (Hrsg), Bürgerliches Recht. Lehrbuch in 8 Bänden [komplette Neuauflage für 2007 in Planung], bearbeitet von:
P. Bydlinski. Allgemeiner Teil[3] (2005)
Dullinger, Schuldrecht Allgemeiner Teil[2] (2002)
Apathy/Riedler, Schuldrecht Besonderer Teil[2] (2002)
Iro, Sachenrecht[2] (2002)
Kerschner, Familienrecht[2] (2002)
Eccher, Erbrecht[2] (2002)
Band 7 *(Posch)* s unter IV., Band 8 *(Apathy ua)* unter 4.
Gschnitzer, Lehrbuch in 6 Bänden. 2. Auflage bearbeitet von *Faistenberger,* zum Teil auch von *Barta, Call, Eccher* und anderen (1979–1992) – wird nicht mehr aufgelegt
Koziol/Welser, Grundriss des bürgerlichen Rechts[13] I (2006), II (2007), ab der 13. Auflage Band I bearbeitet von *Kletečka,* Band II von *Welser.*

3. Kommentare:

Klang/Gschnitzer (Hrsg), Kommentar zum Allgemeinen bürgerlichen Gesetzbuch[2] I–VI + ErgBd (1950–1978); in 3. Auflage (ab 2006) herausgegeben von *Fenyves/Kerschner/Vonkilch* [bisher zwei Bände (§§ 44–100 ABGB; KSchG) erschienen]

Koziol/Bydlinski/Bollenberger (Hrsg), Kurzkommentar zum ABGB[2] (2007)

Rummel (Hrsg), Kommentar zum Allgemeinen bürgerlichen Gesetzbuch (samt Nebengesetzen) I[3] (2000, mit 1. ErgBd 2003), II[3] [erscheint seit 2002 in Teilbänden; noch ausständig: II/2 a (§§ 1293–1312)]

Schwimann (Hrsg), Praxiskommentar zum Allgemeinen bürgerlichen Gesetzbuch samt Nebengesetzen[3] (7 Bände + ErgBd, 2005–2007).

4. Bücher zur Falllösung uä:

Apathy ua, Prüfungstraining. Fallrepetitorium mit Lösungen (2002)

Binder, Sachenrecht. Theorie und systematisch aufbereitete OGH-Fälle (2003)

Binder, Schuldverträge. Grundzüge, Fälle und Lösungen in systematischer Bearbeitung (1993)

P. Bydlinski, Fälle und Fragen zum Privatrecht. Beiheft zur 7. Auflage der Grundzüge des Privatrechts (2007)

Harrer/Honsell/Mader, Prüfungsfälle zum bürgerlichen Recht[4] (2003)

Kerschner/P. Bydlinski, Fälle und Lösungen zum bürgerlichen Recht für Fortgeschrittene[4] (2002)

Kerschner/Rummel, Fälle und Lösungen zum bürgerlichen Recht für Anfänger[5] (2002)

Thoß/Haas (Hrsg), Prüfungstrainer Zivilrecht (2004): Lernsystem auf Karteikartenbasis

Zankl, Casebook Zivilrecht[5] (2006)

III. Unternehmensrecht im weiteren Sinn

1. Gesetzesausgaben:

Kodex Unternehmensrecht[35] (2007): reine Textausgabe, bearbeitet von *Weilinger*

Kodex Wirtschaftsgesetze[17] (2006): reine Textausgabe (etwa mit UWG, KartG, PatG), bearbeitet von *Konetzky*

Verlag Österreich: Unternehmensrecht[8] (2006): reine Textausgabe, bearbeitet von *Cuber*

2. Lehr- und Handbücher:

Grünwald/Hauser/Reininghaus, Privates Wirtschaftsrecht[3] (2007) und Materialienband (2002)

Hausmaninger/Petsche/Vartian (Hrsg), Wiener Vertragshandbuch I (2005), II (2006): Wirtschaftsrecht

Holzhammer/Roth, Gesellschaftsrecht[2] (1997)

Kalss/Schauer, Allgemeines Handelsrecht (2002)

Karollus/Huemer/M. Harrer, Casebook Handels- und Gesellschaftsrecht (2006)

Kastner/Doralt/Nowotny, Grundriß des österreichischen Gesellschaftsrechts[6] (1997)

Keinert, Das neue Unternehmensrecht (2006)

Krejci, Handelsrecht[3] (2005)

Krejci, Gesellschaftsrecht I: Allgemeiner Teil und Personengesellschaften (2005); II in Vorbereitung

Nowotny/O. Winkler (Hrsg), Wiener Vertragshandbuch III (2006): Kapitalgesellschaften

Roth, Grundriß des österreichischen Wertpapierrechts[2] (1999)

Roth/Fitz, Unternehmensrecht[2] (2006)

3. Kommentare:

Jabornegg (Hrsg), Kommentar zum HGB (1997, mit ErgH 1999)

Krejci (Hrsg), Kommentar zu den durch das HaRÄG 2005 eingeführten Neuerungen im Unternehmensgesetzbuch und im Allgemeinen bürgerlichen Gesetzbuch (2007) = Reformkommentar UGB/ABGB

Straube (Hrsg), Kommentar zum Handelsgesetzbuch I[3] (2003), II[2] (2000)

IV. Europäisches und internationales Privatrecht – Europarecht – Einheitsprivatrecht

Griller, Europarecht[2] (2006)
Kötz/Flessner, Europäisches Vertragsrecht I (1996), bearbeitet von *Kötz*
Koppensteiner (Hrsg), Österreichisches und europäisches Wirtschaftsprivatrecht (8 Bände, 1994–2003)
Posch, Internationales Privatrecht[3] (2002)
Ranieri, Europäisches Obligationenrecht[2] (2003)
Schweitzer/Hummer, Europarecht[6] (2002)
Streinz, Europarecht[7] (2005)
Thun-Hohenstein/Cede/Hafner, Europarecht[5] (2005)

1. Teil
Grundlagen

Weiterführende Literatur: *P. Bydlinski,* AT³ Rz 1/1–1/57; *Koziol/Welser*¹³ I 1–50.

1. Kapitel
Rechtsbegriff und Rechtsordnung

I. Was ist „Recht"?

1 Fast jeder wird mit dem Begriff **„Recht"** zumindest vage Vorstellungen verbinden. Man liest in der Zeitung täglich Berichte über mehr oder weniger spektakuläre Strafprozesse; man weiß, dass Straßenverkehrsnormen wie Geschwindigkeitsbegrenzungen oder Halteverbote eingehalten werden müssen, wenn man nicht Strafen riskieren will; und vielleicht hat der eine oder andere auch schon von Schmerzengeldforderungen eines bei einer Operation „verpfuschten" Patienten gehört.

Aber warum darf niemand stehlen, falsch parken oder andere an der Gesundheit schädigen? Weil die Rechtsordnung solche – und viele andere – Verhaltensweisen aus meist guten Gründen verbietet und mit negativen Rechtsfolgen (Strafe, Schadenersatzpflicht usw) belegt.

„Die Rechtsordnung" oder „das Recht" (im objektiven Sinn) ist nach einer gängigen **Definition** die für eine menschliche Gemeinschaft (vor allem die Bevölkerung eines Staates) verbindliche Ordnung, die notfalls mit (staatlichem) Zwang durchgesetzt werden kann. Aus der Rechtsordnung (dem **Recht im objektiven Sinn**) lassen sich vielfach **subjektive Rechte** einzelner Personen ableiten (Rz 33 a).

Die Vorschriften, aus denen sich subjektive Rechte, Pflichten und Obliegenheiten (Rz 33 b) ergeben können, nennt man *materielles Recht;* hingegen werden die Normen, die die Durchsetzung solcher Rechte regeln, als *formelles Recht* bezeichnet.

II. Wie entsteht „Recht"?

2 In der modernen entwickelten Gesellschaft ist die Rechtsentstehung an ein recht aufwändiges Verfahren gebunden, das aber gerade dadurch ihre Legitimität sichert: **die Gesetzgebung.** Für die Erlassung von Bundesgesetzen – von Landesgesetzen wird in der Folge abgesehen – ist das **Parlament** zuständig.

Wenn auch manche elementarsten Regeln (zB „Du sollst nicht töten") als ewig gültig angesehen werden können (so genanntes „Naturrecht"), so sind sie jedenfalls zu vage, um alle auftretenden Konflikte sicher entscheiden zu können. Des Weiteren wird auch die **Rechtssicherheit** gefördert, wenn man die einzelnen Rechtsnormen nachlesen kann. In den modernen Staaten ist daher die Gesetzgebungsmaschinerie unermüdlich am Werk. Was sie schafft, heißt **positives Recht.** Dieses ist die wichtigste **Rechtsquelle.**

2a Aus den genannten Gründen verliert auch das so genannte **Gewohnheitsrecht** immer mehr an Bedeutung. Es entsteht durch lang dauernde, allgemeine Übung. Damit ist gemeint, dass in einer bestimmten Gemeinschaft (etwa in der Bevölkerung generell, unter Kaufleuten oder nur in einer bestimmten Branche) gewisse Regeln in der Überzeugung angewendet werden, diese seien rechtlich verpflichtend. In dieser Rechtsüberzeugung liegt der Unterschied etwa zum *Handelsbrauch* (Rz 434), der bloß faktische Verhaltensweisen beschreibt.

Beispiel: Solange der Grundeigentümer keine gegenteiligen Erklärungen abgibt, soll es etwa gewohnheitsrechtlich für jedermann zulässig sein, für den eigenen Gebrauch Blumen zu pflücken oder Pilze zu sammeln.

2b Die Rechtssetzungsautonomie des österreichischen Parlaments (Rz 2) ist durch den **Beitritt zur Europäischen Union** deutlich eingeschränkt worden. Seither haben generelle Rechtsakte der Organe der Europäischen Gemeinschaften (insbesondere Ministerrat und Kommission) zum Teil sogar unmittelbaren Einfluss auf die innerstaatliche Rechtsordnung. So gelten **Verordnungen** in den Mitgliedstaaten ohne weiteres, während die so genannten **Richtlinien** in aller Regel erst durch nationale Umsetzungsgesetze der Mitglieder Verbindlichkeit erlangen (Art 249 EG-Vertrag). Trotz Versäumung der Umsetzungsfrist kann die entsprechende Richtlinie bei hinreichend konkretem Inhalt („self executing“) unter Umständen unmittelbare Anwendung finden. Ansonsten können dem einzelnen Betroffenen nach Urteilen des EuGH unter gewissen Voraussetzungen Ersatzansprüche gegen den Staat wegen nicht rechtzeitiger Umsetzung zustehen (verschuldensunabhängige *Staatshaftung* für „legislatives Unrecht“).

Beispiel für eine aktuelle, privatrechtlich bedeutsame Verordnung ist die V (EG) 2157/2001 des Rates vom 8. 10. 2001 über die Schaffung einer länderübergreifenden Aktiengesellschaft, der Europäischen Gesellschaft (SE). Nähere Regelungen dazu enthält das (österreichische) Gesetz über das Statut der SE, BGBl I 2004/67; dazu kurz in Rz 932 b. In Ausführung gleich mehrerer Richtlinien ist das sog EU-GesellschaftsrechtsänderungsG BGBl 1996/304 ergangen, das bedeutsame Änderungen von HGB (jetzt: UGB), GmbHG und AktG mit sich brachte.

III. Wann gilt „das Recht“?

3 Gesetze werden nicht bereits durch die Beschlussfassung im Parlament verbindlich. Vielmehr müssen die Rechtsunterworfenen zum Ersten die Möglichkeit haben, von der neuen Regelung Kenntnis zu erlangen; meist wird ihnen ferner eine Frist eingeräumt, um sich mit den Neuerungen vertraut zu machen und ihre Tätigkeit darauf einzustellen. Das neue Gesetz gilt daher frühestens dann, wenn es im **Bundesgesetzblatt** (BGBl) kundgemacht wurde. Nach § 11 Abs 1 BGBlG 2004 tritt es mangels anderer Regelung mit Ablauf des Tages der Freigabe zur Abfrage im RIS (dazu Rz 4) in Kraft. Die häufig vorgesehene Frist zwischen Kundmachung und In-Kraft-Treten heißt *Legisvakanz.*

Die Gesetze gelten natürlich auch für den, der sie nicht kennt (§ 2 ABGB). Ab In-Kraft-Treten sind sie für jedermann verbindlich. Rechtsunkenntnis ist jedoch fallweise *entschuldbar;* das hat etwa bei der Verschuldensprüfung im Schadenersatzrecht Bedeutung (Rz 765 ff).

Beispiel: Das Gesetz über die Novellierung (vor allem) des Erbrechts unehelicher Kinder wurde am 13. 12. 1989 im Parlament beschlossen und am 29. 12. 1989 im BGBl mit der Nr 656 kundgemacht. In Kraft trat es mit 1. 1. 1991.

Legisvakanzen gibt es selbstverständlich auch im europäischen Gemeinschaftsrecht. Hier ist es sogar besonders wichtig, dass die EU-Mitgliedstaaten ausreichend Zeit haben, sich auf neue Vorgaben einzustellen. So wurde beispielsweise die V über eine Europäische Aktiengesellschaft (dazu kurz Rz 928 a) erlassen und am 10. 11. 2001 im Amtsblatt der Europäischen Gemeinschaften kundgemacht. In Kraft trat sie jedoch erst am 8. 10. 2004.

Um größere Klarheit über den aktuellen Bestand an Rechtsnormen zu schaffen, hat der **3 a**
Gesetzgeber zum 1. 1. 2000 das **1. Bundesrechtsbereinigungsgesetz (1. BRBG)** in Kraft gesetzt. Er hat sich dabei einer ungewöhnlichen Regelungstechnik bedient: Einfache Gesetze und Verordnungen, die vor dem 1. 1. 1946 kundgemacht worden waren, wurden außer Kraft gesetzt, sofern sie nicht im Anhang des 1. BRBG enthalten sind.

IV. Wie findet man „das Recht"?

Wie bereits erwähnt, ist für die Wirksamkeit jedes neuen Gesetzes die Veröf- **4**
fentlichung im Bundesgesetzblatt notwendig. Bei mehreren Novellen eines größeren Gesetzes wird die aktuelle Rechtslage jedoch immer unübersichtlicher. Von beinahe allen Gesetzen werden daher von juristischen Fachverlagen aktualisierte *Gesetzessammlungen* aufgelegt, in denen alle Novellierungen übersichtlich eingearbeitet sind.

Allein der Wortlaut eines Gesetzes gibt jedoch nicht immer automatisch die gewünschte Auskunft über die Rechtslage. Manche Regelungen sind nämlich undeutlich, andere wieder lückenhaft (zu diesem Problem des richtigen Verständnisses rechtlicher Regeln noch ausführlich Rz 24 ff). Daher ist es oft wichtig zu wissen, ob – und wenn ja wie – die Gerichte bereits ähnlich gelagerte Fälle entschieden haben. Darüber informieren *Entscheidungssammlungen* oder die Entscheidungsteile in *juristischen Fachzeitschriften.* In der Praxis haben die **Urteile der Höchstgerichte** (**OGH** im Privatrecht, VfGH und VwGH im öffentlichen Recht) überragende Relevanz, da sich daran die Unterinstanzen orientieren; zum **EuGH** vgl Rz 1343 a. Gerade bei neuen Gesetzen kommt auch der *Rechtswissenschaft* große Bedeutung zu, die in Kommentaren, Hand- oder Lehrbüchern und Aufsätzen strittigen Problemen nachgeht und Lösungen anbietet. [Auf wichtige weiterführende Literatur wird in diesem Buch in Übersichten immer wieder verwiesen.]

Heutzutage kann man sich mit Hilfe von *Rechtsdatenbanken* auf elektronischem Weg informieren; besondere Bedeutung kommt dem über das Internet kostenlos zugänglichen **Rechtsinformationssystem des Bundes (RIS)** zu (http://ris.bka.gv.at). Vieles ist auch auf CD-ROM zu haben.

Entscheidungen oder Literaturmeinungen können unrichtig sein. Sie sind *keine Rechtsquellen,* aber immerhin wichtige Orientierungshilfen bei der Konkretisierung von Rechtsregeln.

V. Das Recht und andere Verhaltensordnungen

Der Mensch wird nicht bloß durch staatliche Rechtsvorschriften geleitet. **5**
Faktisch haben andere Verhaltensordnungen, namentlich **Sitte, Moral** und **Religion,** ebenfalls wesentlichen Einfluss auf menschliches Verhalten. Diese Ordnungen haben mit dem Recht manches gemeinsam und beeinflussen es auch mehr oder weniger stark. So war zB in der Vergangenheit bei Katholiken das kirchliche

Eherecht auch staatlich verbindlich. Anderseits beachtet das Recht in aller Regel sittliche Grundwerte.

Der wesentliche Unterschied des Rechts zu den hier erwähnten Ordnungen ist der *staatliche Zwangscharakter:* Es kann mit unmittelbarem, organisiertem Zwang durchgesetzt werden. Dieses Mittel steht etwa Religionsgemeinschaften nicht zu Gebote.

So kann niemand auf zulässige Weise dazu gezwungen werden, wegen einer Verfehlung zehn „Vaterunser" zu beten. Wohl aber kann etwa die katholische Kirche rückständige „Kirchensteuer" einklagen und mit staatlicher Hilfe eintreiben, weil dieser Beitrag (ähnlich dem Mitgliedsbeitrag eines Vereins) staatlich anerkannt ist.

VI. Die Grundstruktur der österreichischen Rechtsordnung

6 Wie viele andere moderne Rechtsordnungen auch weist die österreichische einen so genannten **Stufenbau** auf: Wesentliche Leitlinien sind **verfassungsgesetzlich** festgelegt (vgl B-VG 1929). Diesen haben die *einfachen Gesetze* zu entsprechen. **Privatrecht** fällt in die **Bundeskompetenz** und wird daher durch (einfache) Bundesgesetze geregelt; andere Materien sind den Landesgesetzgebern zugewiesen. Schließlich können Gesetze durch Verordnungen konkretisiert werden. Diese richten sich immer noch an eine unbestimmte Vielzahl von Rechtsunterworfenen.

Individuelle Behördenakte sind der *Bescheid* im öffentlichen Recht sowie die *gerichtliche Entscheidung* (Urteil oder Beschluss) im Privatrecht (zur Unterscheidung von öffentlichem Recht und Privatrecht Rz 9).

VII. Die Zwecke des Rechts

7 Die Rechtsordnung stellt im Wesentlichen Verhaltensgebote und Verhaltensverbote auf. Hauptzwecke des Privatrechts sind die Gewährung eines möglichst konfliktfreien Zusammenlebens der Bevölkerung in größtmöglicher persönlicher Freiheit sowie die geordnete Austragung von Streitigkeiten unter behördlicher Aufsicht. (Im öffentlichen Recht dominieren Gemeinwohlzwecke; heutzutage besonders relevant ist der Umweltaspekt.)

Der erste wesentliche Zweck liegt in einer **Klarstellung:** Die Menschen sollen wissen, was in einer konkreten Lebenssituation (Autounfall, Scheidung, Tod des Vaters, Spitalsaufenthalt usw) rechtens ist. Gerade bei schwierigeren Interessenkonflikten ergibt sich eine einzige richtige Lösung ja nicht bereits „von Natur aus".

Dies leitet zu einem zweiten zentralen Zweck über: zur **Prävention.** Allein das Wissen um bestimmte negative Folgen (Freiheits- oder Geldstrafe, Verpflichtung zum Ersatz von Schäden oder Prozesskosten usw) hält vielfach von der Begehung verbotener Handlungen ab oder animiert zur freiwilligen Einhaltung von Verpflichtungen. Wer weiß, dass er den geforderten Kaufpreis schuldig ist und in einem Rechtsstreit unterliegen wird, zahlt eben regelmäßig freiwillig.

Kommt es aber dennoch zu einem Streit, soll dieser in geordneten Bahnen ablaufen. Daher erklärt das Gesetz die *Selbsthilfe* auch für nur ganz ausnahmsweise zulässig, nämlich wenn behördliche Hilfe zu spät käme (vgl die §§ 19, 344 ABGB).

Beispiel: Wer sieht, wie jemand gerade dabei ist, sein Auto zu stehlen, darf sich dagegen zur Wehr setzen (Notwehr). Der Bestohlene muss nicht von der Telefonzelle aus beobachten, wie der Dieb davon fährt, während er die Polizei benachrichtigt. [Ob der drohende Vermögensnachteil das Risiko aktiven Eingreifens überwiegt, muss der Betroffene in der konkreten Situation allerdings für sich entscheiden.]

Rechtliche Anordnungen sollten folgenden drei Grundprinzipien genügen: der **Gerechtigkeit,** der **Rechtssicherheit** und der **Zweckmäßigkeit.**

VIII. Rechtsdurchsetzung

Der Inhaber konkreter (subjektiver) Rechte hat diese regelmäßig in den dafür vorgesehenen staatlichen Verfahren geltend zu machen. Für den öffentlich-rechtlichen Bereich, der hier nicht näher interessiert, sind die jeweiligen Verwaltungsbehörden zuständig (zB Finanzamt, Bezirkshauptmannschaft, Bundesministerium usw). **8**

Privatrechtsstreitigkeiten sind hingegen *vor Gerichten* auszutragen. Zur Sicherung größtmöglicher Objektivität sind deren Richter unabsetzbar, unversetzbar und nicht weisungsgebunden.

Näher zur Rechtsdurchsetzung im 6. Teil Rz 1326 ff.

IX. Privates und öffentliches Recht

Allein schon wegen der eben genannten Unterschiede in der Rechtsdurchsetzung muss geklärt werden, welche Rechtsmaterien dem Privatrecht und welche dem öffentlichen Recht zuzuordnen sind. Die verschiedensten Theorien einer Differenzierung sollen hier nicht dargestellt werden. Das Problem wird vor allem in Fällen aktuell, in denen an sich mit Hoheitsgewalt ausgestattete Rechtsträger (Bund, Länder, Gemeinden usw) mit einem Privatrechtssubjekt in Kontakt treten. Entscheidend ist dann Folgendes: Tritt der Träger von Hoheitsgewalt *in Ausübung dieser Hoheitsgewalt* dem Privaten gegenüber, greift öffentliches Recht ein; agiert er hingegen wie ein sonstiger Privater, ist Privatrecht anzuwenden. Daher sind alle Fälle der so genannten **Privatwirtschaftsverwaltung** zum Privatrecht zu zählen; Streitigkeiten sind vor den ordentlichen Gerichten auszutragen. **9**

Beispiel: Die Gemeinde betreibt einen Ortsbusverkehr und hebt Beförderungsentgelt ein; sie verpachtet ein gemeindeeigenes Gasthaus; sie kauft vom Privaten X ein Grundstück (Privatrecht). Zahlt die Gemeinde den Kaufpreis nicht, kann sie von X vor dem zuständigen Gericht verklagt werden. – Wird hingegen das Grundstück des X von Grünland in Bauland umgewidmet (oder umgekehrt), wird dem X eine Bau- oder Betriebsbewilligung erteilt oder verweigert, so macht der „übergeordnete“ Rechtsträger von seinem Hoheitsrecht Gebrauch, weshalb der Vorgang dem öffentlichen Recht zuzuordnen ist. X muss den verwaltungsbehördlichen Instanzenzug ausschöpfen, wenn er mit der Entscheidung nicht einverstanden ist.

Privates und öffentliches Recht stehen in vielfacher Wechselbeziehung zueinander. Dies lässt sich etwa am Verhältnis von Vertragsrecht zu Steuer- und Gebührenrecht sehr schön zeigen. Der rechtskundige Vertragsgestalter strebt häufig eine möglichst steuer- und gebührenschonende Lösung an. Bei der Vertragsauslegung (Rz 434) ist die mögliche (unterschiedliche) steuerliche Auswirkung daher einer von mehreren zu beachtenden Aspekten (*Beispiel:* Einordnung eines konkreten Leasingvertrages – Rz 635 f – als Ratenkauf oder als Miete). Umgekehrt entscheidet regelmäßig die privatrechtliche Zuordnung eines Vertrages zu einem bestimmten Rechtsgeschäftstyp über seine steuer- und gebührenrechtliche Behandlung.

2. Kapitel

Wichtige Privatrechtsmaterien und deren Rechtsquellen – ein erster Überblick

I. Allgemeines

10 „Das Privatrecht" kann nicht in einem einzigen Gesetz gefunden werden. Kernstück ist immer noch das **Allgemeine Bürgerliche Gesetzbuch (ABGB)** aus dem Jahre 1811, das allerdings seit seiner Erlassung zum Teil tief greifend novelliert wurde. Die Tendenz geht heutzutage jedoch stark in Richtung *Sondergesetzgebung;* als aktuelle Beispiele sind etwa das Überweisungsgesetz (Rz 702a) und das Fern-Finanzdienstleistungs-Gesetz (FernFinG, dazu Rz 438c) zu nennen. Diese **Sonderkodifikationen** gefährden bisweilen die Einheit der Rechtsordnung, da sie nicht immer systematisch auf die Grundregelungen oder andere Sondergesetze abgestimmt sind. (*Beispiel:* Eine Unzahl verschiedener Verjährungsfristen, ohne dass die Unterschiede nachvollziehbar begründet werden könnten.) Zum Teil hat dies auch mit den faktischen Einflüssen in der Gesetzgebung zu tun, wo politische Kompromisse weit wichtiger sind als widerspruchsfreie Regelungen. In noch stärkerem Maße gilt dieser Befund für den immer größer werdenden Einfluss des **„EU-Rechts"** (vgl Rz 2b): Dieses stellt nicht nur politisch, sondern auch rechtlich einen Kompromiss zwischen verschiedenen Rechtstraditionen dar; kein Wunder, dass eine bruchlose Einfügung in das österreichische Rechtssystem nicht immer gelingt.

In der Folge sollen die wichtigsten *traditionellen Teilgebiete* des Privatrechts in aller Kürze vorgestellt werden. Details finden sich in den jeweiligen Abschnitten des Buches, wobei zu beachten ist, dass der gewählte Aufbau nicht durchgängig dem herkömmlichen Konzept entspricht.

II. Bürgerliches Recht (Allgemeines Zivilrecht)

11 Grundlage des Privatrechts ist das **Bürgerliche Recht;** auf dieses muss auch im Bereich der *Sonderprivatrechte* zurückgegriffen werden, sofern dort bestimmte Konflikte nicht geregelt sind. Das Zivilrecht erfasst Materien, die jeden „Bürger" betreffen können. Im Unterschied dazu enthalten die Sonderprivatrechte Rechtsmaterien, die für bestimmte Personen (zB Kaufleute, Arbeitnehmer) von Bedeutung sind oder spezielle Sachgebiete (Wertpapierrecht, Versicherungsrecht) regeln.

Zum Bürgerlichen Recht gehören etwa das Allgemeine Vertragsrecht, das Sachenrecht, Erb- und Familienrecht, aber auch das Schadenersatzrecht (einschließlich der Spezialgesetze) und das private Konsumentenschutzrecht.

Wichtige Rechtsquellen sind das ABGB, das EheG, das KonsumentenschutzG (KSchG), aber auch das MietrechtsG (MRG), das WohnungseigentumsG (WEG), das Eisenbahn- und KraftfahrzeughaftpflichtG (EKHG) sowie das ProdukthaftungsG (PHG).

III. Unternehmensrecht

12 Das **Unternehmensrecht** wird in einem engeren und einem weiteren Sinn verstanden. Kerngesetz ist das **Unternehmensgesetzbuch (UGB),** das zum 1. 1. 2007 das im Jahre 1938 zwecks Vereinheitlichung eingeführte, aus dem deutschen Recht

stammende Handelsgesetzbuch (HGB) inhaltlich fortentwickelt und formell abgelöst hat. Das UGB enthält im Wesentlichen Regelungen für Unternehmer (Rz 205 ff) und für die von diesen getätigten – unternehmensbezogenen – Geschäfte. Viele der im Folgenden vorgestellten Materien werden zum Unternehmensrecht im weiteren Sinn gerechnet. Die Reichweite dieses Begriffs ist rechtlich aber kaum von Relevanz; man hat dabei primär äußere Systematisierungszwecke im Auge.

Achtung! Das UGB hat den **Unternehmer** an die Stelle des Kaufmanns nach HGB gesetzt und damit den Anwendungsbereich deutlich ausgeweitet. (Zugleich wurden unnötige Unterschiede zum allgemeinen bürgerlichen Recht beseitigt.) Vertragliche Rechtsverhältnisse von Unternehmern sind allerdings auch im Konsumentenschutzgesetz (KSchG; vgl Rz 232) für den Fall geregelt, dass ein Unternehmer mit einem Verbraucher kontrahiert.

IV. Gesellschaftsrecht

Das **Gesellschaftsrecht** regelt vor allem Fragen, die sich aus dem Zusammenschluss mehrerer Personen zu einem gemeinschaftlichen Zweck ergeben. Von Aktiengesellschaften und Gesellschaften mit beschränkter Haftung hat sicher schon jeder gehört. Doch auch Vereine und – neuerdings verstärkt – Zusammenschlüsse von Freiberuflern gehören in diesen Bereich. **13**

Im Wesentlichen geht es um zwei Problemkreise: Zum Ersten um das rechtliche Verhältnis der Gesellschafter (bzw Vereinsmitglieder usw) untereinander, also das *Innenverhältnis,* zum Zweiten um die Rechtsbeziehungen der Gesellschaft (und der Gesellschafter) gegenüber außen stehenden Dritten, insb gegenüber Vertragspartnern der Gesellschaft und Personen, die durch das Handeln von Gesellschaftsorganen geschädigt wurden *(Außenverhältnis).*

Wichtige Rechtsquellen sind das AktienG (AktG), das GmbHG, das UGB, aber auch das VereinsG (VerG), das GenossenschaftsG (GenG) und das ABGB.

Ausführlich werden gesellschaftsrechtliche Fragen im 4. Teil Rz 906 ff behandelt; Grundlegendes findet sich ferner bereits Rz 189 ff.

V. Wertpapierrecht

Aus Vereinfachungsgründen haben sich im Laufe der Rechtsentwicklung Urkunden herausgebildet, deren Bedeutung weit über Beweisaspekte hinausgeht: In ihnen sind gewisse Rechte (vor allem Forderungsrechte, aber auch etwa Mitgliedschaftsrechte oder Sachenrechte) derart verkörpert („verbrieft“), dass die Verfügung über die Urkunde die Disposition über die verbrieften Rechte oder Güter ersetzen kann. Oft gilt auch der Inhaber der Urkunde jedenfalls als der Berechtigte, ohne dass er sein Recht auf sonstige Weise nachweisen müsste. Das alles dient der Vereinfachung und Beschleunigung des geschäftlichen Verkehrs, wirft aber eine Vielzahl schwieriger Rechtsfragen auf. **14**

Wichtige Rechtsquellen sind das WechselG (WG), das ScheckG, das DepotG (DepG) und das UGB. Regelungen über den *Handel* mit Wertpapieren gehören zum Bank- und Börsenrecht (Rz 694 ff).

Ausführlicher wird das Wertpapierrecht im 3. Teil Rz 825 ff behandelt.

VI. Versicherungsrecht

Mit Versicherungsrecht ist hier immer das **Privatversicherungsrecht** (auch: **Versicherungsvertragsrecht),** nicht also etwa das Recht der Sozialversicherung ge- **15** meint. Die Versicherungsaufsicht gehört ebenfalls zum öffentlichen Recht und wird in diesem Buch nicht behandelt.

Das Privatversicherungsrecht regelt beinahe alle erdenklichen Probleme, die beim Abschluss und der Durchführung eines Versicherungsvertrages entstehen können. Der Versicherer deckt gegen Prämie das vertraglich näher bestimmte Risiko des Versicherungsnehmers ab. Dabei gibt es unzählige Varianten: angefangen von der jedermann bekannten Kfz-Haftpflichtversicherung über Haushalts- und Lebensversicherungen bis hin zu Rückversicherungen (Versicherung eines Versicherers).

Gesetzliche Rechtsquelle ist das VersicherungsvertragsG (VersVG); zu beachten ist jedoch, dass die praktisch bedeutsameren Regeln in den für die betreffende Versicherungsart aufgestellten *Versicherungsbedingungen* enthalten sind (zu Rechtsnatur und Problematik solcher Allgemeiner Geschäftsbedingungen Rz 435).

Näher zum Versicherungsvertragsrecht Rz 727 ff.

VII. Arbeitsrecht

16 In Staaten, die der sozialen Sicherheit einen großen Stellenwert einräumen, steht der Arbeitnehmerschutz stark im Vordergrund. Das **Arbeitsrecht** liegt damit aber auch im Schnittbereich von öffentlichem und privatem Recht. Zur Illustration des Regelungsbereichs des privaten Arbeitsrechts seien etwa der Mindestlohn, das Urlaubsrecht, Kündigungsvorschriften und Abfertigungsansprüche genannt.

Ein allgemeines Arbeitsrechtsgesetz wurde trotz jahrzehntelangen Bemühungen noch nicht erlassen. Bedeutsame Rechtsquellen sind etwa das AngestelltenG (AngG), das VertragsbedienstetenG (VBG), das BerufsausbildungsG (BAG), das DienstnehmerhaftpflichtG (DHG) und das ArbeitskräfteüberlassungsG (AÜG).

Einige Grundbegriffe zum Arbeitsrecht finden sich Rz 645 ff.

VIII. Bank- und Börsenrecht

17 Auch das **Bank- und Börsenrecht** hat aufsichtsrechtliche und andere öffentlich-rechtliche Aspekte. Im Bereich des Privatrechts interessieren hauptsächlich das *Bankvertragsrecht* sowie die neuen Haftungsbestimmungen für den Handel mit Wertpapieren (Stichworte: Anlegerschutz; Prospekthaftung). Etwas näher wird auf diese Problemkreise Rz 694 ff eingegangen.

Wesentliche Rechtsquellen sind das BankwesenG (BWG), das KapitalmarktG (KMG) und das BörseG, aber auch Regelungen der behördlichen Aufsicht über Finanzmarkt und Wertpapierdienstleistungen (FMAG und WAG). Im Bereich des Bankrechts kommt den vertraglich vereinbarten Allgemeinen Geschäftsbedingungen der österreichischen Kreditunternehmungen (sowie etwaigen Sonderbedingungen) große praktische Bedeutung zu.

IX. Transportrecht

18 Unter dem Begriff **„Transportrecht“** werden alle jene Rechtsnormen zusammengefasst, die sich mit der Lagerung und der Verbringung von Wirtschaftsgütern an den Bestimmungsort beschäftigen. Da sich die Transporte heutzutage regelmäßig über Länder- und Kontinentgrenzen hinaus erstrecken, geht die Tendenz zu internationalen Regelungen. Von den besonderen Vertragstypen des UGB werden Lager-, Fracht- und Speditionsgeschäft zum Transportrecht gezählt.

Besonders wesentliche Rechtsquellen neben dem UGB sind die CMR (Übereinkommen über den Beförderungsvertrag im internationalen Straßengüterverkehr) und die CIM (Internationales Übereinkommen über den Eisenbahnfrachtverkehr); im nationalen Bereich spielen die (vertraglichen!) Allgemeinen Österreichischen Spediteur-Bedingungen (AÖSp) eine wesentliche Rolle.

Näheres zu den Verträgen des Transportrechts unter Rz 683 ff.

X. Wettbewerbsrecht

Der **Wettbewerb** ist der Motor einer freien Marktwirtschaft. Allerdings müs- 19
sen sich die Mitbewerber an bestimmte Regeln halten. Um jeden Preis, etwa durch Verunglimpfen anderer Bewerber oder ihrer Produkte, dürfen Wettbewerbsvorteile hingegen nicht erzielt werden. Ebenfalls bedenklich und wettbewerbsverzerrend sind Zusammenschlüsse in einzelnen Branchen, die durch Absprachen generell Konkurrenten vom Markt zu verdrängen versuchen oder/und zu Lasten der Nachfrager (Konsumenten) die Preise diktieren.

Die Zulässigkeit von Zusammenschlüssen und die Rechtsfolgen unzulässiger Abreden regelt das KartellG (KartG). Die Grenzen seriösen Wettbewerbs normiert das Gesetz gegen den unlauteren Wettbewerb (UWG), das in jüngerer Zeit neben dem zentralen Mitbewerberschutz auch Konsumentenschutzaspekte im Auge hat. Daneben existieren weitere Sondergesetze.

Ausführlicher dazu im 5. Teil Rz 1232 ff.

XI. Gewerblicher Rechtsschutz und Urheberrecht

Das Eigentum an körperlichen Sachen ist schon auf Grund allgemeiner Zivil- 20
rechtsregeln geschützt. Doch auch andere, im weitesten Sinn geistige Schöpfungen erscheinen schutzwürdig. Zum Teil sind sie auch von eminenter wirtschaftlicher Bedeutung. Diesem Gesichtspunkt trägt der Gesetzgeber durch das Marken-, Muster-, Patent- und Urheberrecht Rechnung.

Ausführlicher dazu im 5. Teil Rz 1268 ff.

3. Kapitel

Die juristische Tätigkeit

Weiterführende Literatur: *F. Bydlinski,* Juristische Methodenlehre und Rechtsbegriff[2] (1991); *ders,* Fundamentale Rechtsgrundsätze (1988); *ders,* System und Prinzipien des Privatrechts (1996); *P. Bydlinski,* AT[3] Rz 1/34–1/57; *Koziol/Welser*[13] I 13–33.

I. Allgemeines

Die Hauptaufgabe vieler Juristen, seien sie in einem Unternehmen, als 21
Rechtsanwälte oder als Notare tätig, lässt sich auf zwei Aspekte reduzieren: Auf **Konfliktvermeidung** und **Konfliktregelung** (Streitentscheidung). Für beides ist solide Rechtskenntnis vonnöten. Wer einen Vertrag vorbereitet und aushandelt, kann tendenziell nur dann erfolgreich sein, wenn er mögliche Konfliktfälle vorhersieht und diese einer sinnvollen vertraglichen Regelung zuführt – oder davon deshalb absieht, weil das Gesetz ohnehin angemessene Rechtsfolgen anordnet. Wer

einen einmal eingetretenen Streitfall entscheiden soll – und das heißt nicht unbedingt als Richter durch Urteil, sondern möglichst außergerichtlich durch einvernehmliche Regelung (zum Vergleich Rz 566) –, muss über die anwendbaren Rechtsnormen und über die daraus resultierenden Rechtsfolgen Bescheid wissen.

Doch wie weiß man, was für einen realen (oder bloß vorgestellten möglichen) Streitfall rechtens ist? Zu einfach wäre die Antwort, man müsse eben in das Gesetz oder den Vertrag schauen, dann werde sich die Lösung schon ergeben. In günstig gelagerten Fällen ist das tatsächlich so, doch nicht in allen: Das nachträglich eingetretene Ereignis wurde bei Vertragsabschluss gar nicht bedacht; ein möglicherweise passender Vertragspunkt ist ungenau formuliert und daher zumindest zweideutig. Auch gesetzliche Regelungen können unklar sein. Der Gesetzgeber ist ja ebenfalls nicht unfehlbar; auch ihm können mangelhafte Formulierungen unterlaufen sein, auch er kann gewisse Aspekte unbeabsichtigt vernachlässigt haben. Dann erst beginnt die eigentliche juristische Arbeit. Um Willkür zu vermeiden, sind dabei gewisse methodische Regeln streng einzuhalten. Diese sollen nun in aller Kürze dargestellt werden, und zwar anhand eines bereits abgeschlossenen Sachverhaltes.

Achtung! Es dürfte sich empfehlen, dieses Kapitel nach Durcharbeitung des Lehrbuchs nochmals zu lesen, da sich erst dann vieles dem Verständnis des zunächst noch Unkundigen zumindest besser erschließt.

II. Die so genannte Subsumtion

1. Der zu beurteilende Sachverhalt

22 Vorweg ist festzustellen, was sich in der Wirklichkeit ereignet hat, was also geschehen ist (der **Sachverhalt**). Die damit angesprochene **Beweisproblematik** (Rz 1328) gehört jedoch nicht unmittelbar hierher. In der Folge wird von feststehenden Sachverhalten ausgegangen.

Beispiel: B bittet seinen Nachbarn A, für ihn in die Stadt zu fahren und im Sonderangebot des X-Marktes einen Fernsehapparat zu erstehen. B verspricht A, ihm die Benzinkosten zu ersetzen. A kommt jedoch mit leeren Händen zurück, da das letzte Gerät kurz vorher verkauft wurde. Er fordert von B dennoch die € 5 Benzinkosten.

2. Suche nach möglicherweise passenden Rechtsnormen

23 Ob das Begehren des A gerechtfertigt ist, hängt davon ab, ob die Rechtsordnung eine so genannte *Anspruchsgrundlage* bereithält. Darunter versteht man einen gesetzlichen **Tatbestand** (erster Teil einer Rechtsnorm), in den sich der zu beurteilende Sachverhalt einordnen lässt und der als **Rechtsfolge** (zweiter Teil einer Rechtsnorm) diesen Anspruch gewährt. Man sagt, der Sachverhalt werde unter den gesetzlichen Tatbestand *subsumiert.*

Allein auf das ausdrückliche Versprechen des B zu verweisen, ist zu wenig. Dieses könnte sich ja auch bloß auf den Fall *erfolgreicher* Erledigung bezogen haben. Für den Beispielssachverhalt findet sich jedoch im Auftragsrecht des ABGB § 1014* als passende Anspruchsgrundlage: „Der Gewaltgeber ist verbunden, dem Gewalthaber allen zur Besorgung des Geschäftes notwendig oder nützlich gemachten Aufwand, *selbst bei fehlgeschlagenem Erfolge,* zu ersetzen, . . .“. In unserem Fall ist die Lösung somit eindeutig: A stehen die € 5 zu. Doch nicht immer ist das Gesetz in seiner Ausdrucksweise so deutlich. Dann ist die möglicherweise passende Rechtsnorm im Einzelnen *auszulegen.*

* Auftragsverhältnis

III. Auslegung (Interpretation)

1. Allgemeines

Der Begriff **Auslegung (Interpretation)** bezeichnet den Vorgang, der notwendig ist, um den Sinngehalt einer Vorschrift zu ermitteln. Das österreichische Recht (§ 6 ABGB) kennt verschiedene Auslegungsmethoden, die vor allem dann von Bedeutung sind, wenn der entscheidende Begriff unscharf ist. Folgende Methoden kommen – einzeln oder kumulativ – in Betracht: 24

- grammatische Auslegung oder Wortinterpretation
- historische Auslegung
- systematische Auslegung
- teleologische Auslegung (telos = Zweck).

2. Grammatische Auslegung

Hiebei fragt man, was der gewählte Begriff üblicherweise – und daher im Zweifel auch im untersuchten Gesetzestext – bedeutet. Erfasst der Wortlaut den zu entscheidenden Fall ganz eindeutig (wie im eben gebrachten Beispiel), kann man sich regelmäßig mit dieser Interpretationsmethode begnügen (vgl aber auch Rz 30). Fällt der Sachverhalt in den so genannten *Begriffskern,* darf man es also regelmäßig bei der Wortinterpretation belassen und die Norm nach ihrem Wortlaut anwenden. Im Unschärfebereich der Bestimmung („Begriffshof") kommt den anderen Auslegungsmethoden hingegen große Bedeutung zu. 25

Beispiel: § 1321 ABGB ***(lesen!)*** enthält das Wort „Vieh". Milchkühe fallen sicher darunter. Was ist aber etwa mit gezähmten Fasanen? Das kann allein auf Grund des Wortlauts nicht entschieden werden. Ob auch solche Tiere im Sinn dieser Vorschrift als „Vieh" anzusehen sind, ergibt sich dann im Wesentlichen aus dem Zweck der Gesetzesregel, also durch teleologische Interpretation (dazu Rz 28).

3. Historische Auslegung

Bei der historischen Auslegung fragt man, was der Gesetzgeber mit der konkreten Norm bezweckt hat. Auskunft darüber geben die *Gesetzesmaterialien,* heute also die Erläuternden Bemerkungen zur Regierungsvorlage (EB RV) und die Berichte des parlamentarischen Justizausschusses. 26

Im Wesentlichen eine Erscheinungsform der historischen Auslegung stellt wohl auch die sog *richtlinienkonforme* Interpretation von Umsetzungsgesetzen dar (vgl Rz 2b): Im Zweifel ist davon auszugehen, dass der nationale Gesetzgeber mit den von ihm gewählten Formulierungen seinen Umsetzungspflichten voll nachkommen wollte. Entsprechendes gilt für die anerkannte Tendenz, Gesetze in einem der Verfassung entsprechenden Sinn auszulegen (*verfassungskonforme* Interpretation).

4. Systematische Auslegung

Manchmal lässt sich auch aus dem Gesamtzusammenhang einer Regelung bzw eines Gesetzes systematisch ein Anhaltspunkt für das Gemeinte finden. Würde die eine mögliche Lösung mit einer anderen Bestimmung in Widerstreit geraten, die zweite Alternative mit dieser jedoch harmonieren, so ist die zweite zu wählen. Wertungswidersprüche können so vermieden werden. 27

5. Teleologische Auslegung

28 Neben der Wortinterpretation ist die **teleologische Auslegung** von überragender Bedeutung. Dabei geht es um den objektiven – nicht (nur) den historischen – **Zweck,** die ratio einer Regelung. Man fragt: Welche Lösung ist angesichts sonstiger gesetzlicher Wertentscheidungen und Grundprinzipien sowie den allgemeinen Gesetzeszwecken (Gerechtigkeit, sozialer Ausgleich, Rechtssicherheit usw) von den nach dem Wortlaut möglichen die am ehesten angemessene?

Beispiel: Der schon erwähnte § 1321 ABGB sieht vor, dass dem Grundeigentümer das Recht der Privatpfändung am „Vieh" zusteht, das auf seinem Grund Schaden angerichtet hat. Aus dem Zweck der Regelung ergibt sich ein weiter Viehbegriff. Für die vom Gesetz getroffene Abwägung der Interessen von Grundeigentümer und Vieheigentümer ist es ja evident gleichgültig, welcher Art das Vieh ist; somit dürfen unter den gesetzlichen Voraussetzungen auch die gezähmten Fasane gepfändet werden, um dem Grundeigentümer Sicherheit für seine Entschädigungsansprüche zu bieten.

IV. Lückenfüllung

29 Gewisse Sachverhalte sind vom Gesetz überhaupt ungeregelt. Dann stellt sich die Frage, ob der Gesetzgeber bewusst keine Regelung getroffen hat oder ob eine unbeabsichtigte *Lücke* vorliegt. Im ersten Fall wäre regelmäßig ein **Umkehrschluss** zu ziehen, das heißt die vom Gesetz für den geregelten Fall vorgesehene Rechtsfolge auf den ungeregelten gerade nicht anzuwenden. Im zweiten Fall hätte hingegen ein **Analogieschluss** stattzufinden, wenn die entscheidenden Wertungen des geregelten Falles auch auf den ungeregelten passen (§ 7 ABGB).

Beispiele: 1. Aus dem Gesetz (§§ 451f ABGB) geht klar hervor, dass eine bewegliche Sache nach Verpfändung grundsätzlich nicht mehr beim Verpfänder sein darf (Faustpfandprinzip; dazu Rz 380). Die wirtschaftlich gleichwertige Sicherungsübereignung ist im ABGB hingegen nicht geregelt. Auf Grund der Zwecke des Faustpfandprinzips ist ein *Analogieschluss* geboten. (Die Grenzen zulässiger *Auslegung* sind deshalb überschritten, weil die Sicherungsübereignung auch nicht bei weitestem Verständnis unter den Begriff „Verpfändung" subsumiert werden kann; sie ist vielmehr Eigentumsübertragung.)

2. § 1483 ABGB sieht vor, dass ein Faustpfand nicht verjähren kann, solange es der Gläubiger in Händen hat. Gilt das auch für Kreditsicherung durch Bürgschaft? Für diese ist nämlich keine eigene Verjährungsvorschrift vorhanden. Nein! Beim Faustpfand hat der Gläubiger ja einen aktuellen Vermögenswert bereits bei sich, den der Verpfänder entbehren muss. Dies ist bei bloß persönlicher Haftung durch Bürgschaft ganz anders. Überdies erfasst § 1483 ABGB bereits die Hypothek (Rz 385) nicht. Es liegt somit keine Lücke vor. Analogie scheidet aus, vielmehr ist ein Umkehrschluss geboten, weshalb die Bürgschaft nach allgemeinen Regeln verjährt (vgl Rz 40).

30 Doch auch der umgekehrte Fall kann eintreten: Der Gesetzeswortlaut ist nicht zu eng (weshalb Analogie nötig wäre), sondern zu weit geraten. Geriete wörtliche Auslegung mit wesentlichen Wertungen der Rechtsordnung in Widerspruch, hat eine **teleologische Reduktion** der betreffenden Bestimmung stattzufinden. Diese wird so weit beschnitten, wie es zur Vermeidung unerträglicher Wertungswidersprüche nötig ist.

Beispiel: § 428 ABGB sieht vor, dass an einer Sache auch durch bloße Vereinbarung Eigentum übertragen werden kann, die Sache aber weiterhin beim Veräußerer bleibt (vgl Rz 325). Auch Sicherungseigentum ist Eigentum. Dennoch muss § 428 ABGB für diese Art des Eigentums reduziert werden, da ansonsten die zwingenden Pfandrechtsprinzipien umgangen werden könnten.

V. Parallelprobleme bei Vertragstexten

Vielen der eben behandelten Probleme steht man nicht bloß beim Versuch, 31
Gesetzesbestimmungen zu verstehen, gegenüber, sondern ebenso bei der Interpretation von *Verträgen.* Auch und gerade in Vertragstexten können gewählte Formulierungen unklar sein, können bestimmte Konfliktfälle ungeregelt bleiben usw. Im Prinzip laufen die Lösungsmethoden analog zur Gesetzesauslegung; oberste Maxime ist aber natürlich die Erforschung des übereinstimmenden Parteiwillens.

Zu den gesetzlichen Vertragsauslegungsregeln der §§ 914f ABGB näher Rz 434.

4. Kapitel

Objektives und subjektives Recht – Grundbegriffe

I. Das objektive Recht

1. Zwingendes und nachgiebiges (dispositives) Recht

Von großer Bedeutung für die Rechtsanwendung ist die Unterscheidung in 32
zwingendes und **nachgiebiges (dispositives) Recht.** Dabei geht es um die Frage, ob *durch Vereinbarung,* also durch Vertrag, von gesetzlichen Regelungen abgegangen werden kann.

Zwingendes Recht will übergeordnete Allgemeininteressen (öffentliche Ordnung usw) oder bestimmte Personengruppen (Arbeitnehmer, Konsumenten, Mieter usw) schützen. Im ersten Fall spricht man von *absolut zwingendem* Recht. Verbietet die Rechtsordnung etwa, mit Rauschgift oder mit geschützten Tierarten zu handeln, können die Vertragsparteien dieses Verbot nicht durch Vereinbarung beseitigen. Sollen hingegen durch bestimmte Normen bloß Angehörige einer sozial oder wirtschaftlich schwachen Personengruppe im Verhältnis zu übermächtigen Vertragspartnern geschützt werden, so sind diese Vorschriften nur *relativ zwingend:* Von der Regelung darf nicht zu Lasten, wohl aber zum Vorteil des Schwächeren abgegangen werden.

Beispiel: In § 3 KSchG wird dem Konsumenten bei so genannten „Haustürgeschäften" (dazu Rz 476) ein Rücktrittsrecht mit einer Frist von einer Woche eingeräumt. Gegen eine vertragliche *Verlängerung* dieser Frist hat die Rechtsordnung nichts einzuwenden.

Das **dispositive (nachgiebige) Recht** tritt hingegen mit dem Anspruch auf, eine den Parteiinteressen typischerweise gerecht werdende, ausgewogene Regelung zu treffen. Es ist vor allem dann von Bedeutung, wenn die Vertragspartner gewisse Fragen im Vertrag nicht geregelt haben (Zeit und Ort der Vertragserfüllung, Gewährleistung bei Mängeln usw). Wollen die Vertragspartner davon abgehen, ist ihnen dies jedoch in den Grenzen des Gesetz- und Sittengemäßen (vgl § 879 ABGB; dazu Rz 448ff) ohne weiteres möglich.

Beispiel: § 933 ABGB sieht bei beweglichen Sachen eine Gewährleistungsfrist von 2 Jahren vor. Die Vertragsparteien können diese Frist grundsätzlich verlängern und verkürzen. – Für das Konsumentengeschäft gilt allerdings Besonderes; siehe Rz 537.

2. Normenkonkurrenz

a) Das Problem

33 Bei der **Normenkonkurrenz** geht es um folgendes Grundproblem: Auf den ersten Blick scheinen auf einen Sachverhalt mehrere gesetzliche Regelungen anwendbar zu sein. Dies ist nun solange unschädlich, wie die Rechtsfolgen dieser Regelungen parallel laufen oder einander ergänzen. Denkbar sind jedoch auch Konstellationen, in denen die angeordneten Rechtsfolgen widersprüchlich sind. Dann muss geklärt werden, welche Regelung den Vorzug verdient. Dazu nun einige Worte in aller Kürze.

b) Kumulative Anwendung bei miteinander vereinbaren Rechtsfolgen

Dass aus ein und demselben Sachverhalt mehrere Ansprüche folgen, ist nicht selten. Diese können auf das Gleiche oder auf Unterschiedliches gerichtet sein *(Anspruchshäufung).*

Beispiel: Der Dieb stiehlt ein Auto, fährt damit einige Zeit und verschuldet dabei einen Verkehrsunfall. Der bestohlene Eigentümer kann vom Dieb Schadenersatz wegen der Beschädigung und ein Benützungsentgelt auf bereicherungsrechtlicher Grundlage fordern. Den zusätzlich bestehenden Herausgabeanspruch auf das Fahrzeug kann der Bestohlene auf Schadenersatz sowie auf sein Eigentumsrecht (Sachenrecht) stützen.

c) Gesetzeskonkurrenz bei unvereinbaren Rechtsfolgen

Sind die Rechtsfolgen zweier oder mehrerer Normen miteinander unvereinbar, muss eine vorgehen. Dabei gelten **zwei Grundsätze: 1.** Die speziellere Norm verdrängt die allgemeinere. **2.** Die jüngere (später erlassene) Norm verdrängt die ältere, wenn beide Vorschriften denselben Anwendungsbereich hätten.

Beispiel: Es ist die elektronische Bürgschaftserklärung eines Unternehmers zu beurteilen. § 1346 Abs 2 ABGB verlangt für ihre Gültigkeit Schriftform. § 4 Abs 1 Z 4 SigG (dazu Rz 455 a) lässt für die Verbürgung eines Unternehmers allerdings eine sichere elektronische Signatur an Stelle der eigenhändigen Unterschrift auf Papier ausreichen. Die zweite Norm ist die speziellere (sowie neuere); sie geht daher vor. Die Bürgschaftserklärung ist also wirksam, wenn sie vom Unternehmer mit einer sicheren elektronischen Signatur versehen wurde. Verbürgung bloß durch normales E-mail wäre hingegen nicht ausreichend.

II. Das subjektive Recht

1. Wesen und Bedeutung

33a **Subjektive Rechte** werden dem Einzelnen von der Rechtsordnung verliehen, um eigene Interessen aus eigenem Antrieb verfolgen zu können. Diese Möglichkeit ist besonders wichtig und für eine freie Gesellschafts- und Wirtschaftsordnung geradezu charakteristisch: Man muss nicht warten, bis andere Stellen – insbesondere der Staat – fürsorgerisch tätig werden. Der (subjektiv) Berechtigte kann (und muss) dann bei der *Durchsetzung* seiner Rechte regelmäßig die Hilfe der zuständigen staatlichen Organe (Gerichte, Verwaltungsbehörden) in Anspruch nehmen (Rz 8).

2. Recht – Pflicht – Obliegenheit

33b Subjektiven Berechtigungen des einen steht immer die **Rechtspflicht** des anderen gegenüber. Pflichtwidriges Verhalten ist rechtswidrig; das pflichtgemäße

Verhalten kann regelmäßig mit behördlicher Hilfe erzwungen werden. Ausnahmen gelten etwa für höchstpersönliche Pflichten des familienrechtlichen Bereichs (vgl Rz 90).

Beispiele: 1. Das objektive Recht sieht vor, dass grundsätzlich niemand einen anderen am Körper verletzen darf (§ 1325 ABGB). Tut er es dennoch, wird er schadenersatzpflichtig. Schlägt A nun den B ohne Rechtfertigung nieder, hat dieser ein subjektives Recht gegen A auf Ersatz seiner Schäden (Heilungskosten, entgangener Verdienst, Schmerzengeld). Zahlt A nicht freiwillig, kann B durch Klage und durch Exekution mit Hilfe des Gerichts zu seinem Recht kommen.

2. Umgekehrt führt die Verletzung der Pflicht zur ordnungsgemäßen Preisauszeichnung von Waren prinzipiell bloß zur Verhängung einer Verwaltungsstrafe (vgl Rz 1248); eine Einzelperson kann jedoch nicht auf ordentliche Auszeichnung oder gar auf Schadenersatz klagen.

Im Unterschied zur eigentlichen Pflichtverletzung liegt im Verstoß gegen **33c** bloße **Obliegenheiten** nicht einmal eine Rechtsverletzung (*Beispiele:* Unterlassung der Mängelrüge, Rz 547; Unterlassung der Schadensanzeige im Versicherungsrecht, Rz 736; Unterlassung der Geringhaltung des Schadens durch den Geschädigten, vgl Rz 775). Wer solche „Verhaltensanordnungen" übertritt, muss bloß Nachteile in seiner eigenen Sphäre in Kauf nehmen (zB Verlust der Gewährleistungsrechte oder der Rechte aus dem Versicherungsvertrag). Ansprüche anderer Personen können derartige Obliegenheitsverletzungen jedoch nicht auslösen.

III. Wichtige Arten subjektiver Rechte

1. Absolute und relative (obligatorische) Rechte

Absolute Rechte stehen gegenüber jedermann zu. Sie genießen umfassenden **34** Schutz: Jeder, der sie beeinträchtigt, kann gerichtlich belangt werden. Wichtigstes Beispiel ist das Eigentumsrecht; ferner sind etwa Pfandrechte, aber auch Persönlichkeits-, Urheber- und Patentrechte zu nennen.

Der Eigentümer kann gegen jeden Störer vorgehen; er kann grundsätzlich von jedermann Herausgabe seiner Sache verlangen, sofern er sich nicht gerade dem Inhaber gegenüber zur Überlassung bereit erklärt hat (zB durch Miete oder Leihe).

Relative (obligatorische) Rechte wirken in aller Regel bloß gegen bestimmte Personen: Der Verkäufer kann nur vom Käufer den Kaufpreis fordern, der Mieter grundsätzlich nur vom Vermieter die Behebung von Mängeln des Mietgegenstandes.

2. Herrschaftsrecht – Anspruch – Gestaltungsrecht

Herrschaftsrechte gewähren die unmittelbare Einwirkungsmöglichkeit auf **35** bestimmte Objekte: Der Eigentümer kann mit seiner Sache grundsätzlich machen, was er will.

Hingegen geben bloße **Ansprüche** nur das Recht, von einem anderen eine bestimmte Handlung oder Unterlassung zu fordern. Auch sie können mit gerichtlicher Hilfe durchgesetzt werden. Wirtschaftlich besonders wichtig sind Zahlungsansprüche (Kaufpreis, Mietzins, Schadenersatz usw) und Lieferungsansprüche. Dabei heißen der Forderungsberechtigte *Gläubiger* und der Leistungspflichtige *Schuldner*. Denkbar ist aber zB auch ein durch Vertrag vereinbarter Anspruch auf

Unterlassung von Wettbewerbshandlungen („Konkurrenzklausel") und Ähnliches.

Der Inhaber eines **Gestaltungsrechts** hat schließlich die Möglichkeit, unmittelbar durch eigenes Handeln – also ohne Mitwirkung des Vertragspartners und zunächst meist auch ohne gerichtliche Hilfe – die Rechtslage zu ändern, also zu gestalten.

Beispiel: Wenn dem Verkäufer ein Rücktrittsrecht zusteht, kann er den Kaufvertrag durch entsprechende Rücktrittserklärung gegenüber dem Käufer – also durch Ausübung seines Rechts – beseitigen. (Hat er die Sache bereits übergeben, muss er seinen Rückforderungs*anspruch* jedoch gerichtlich durch Klage geltend machen, wenn der Käufer die Sache nach wirksamem Rücktritt nicht freiwillig herausgibt.)

3. Vermögens- und Nichtvermögensrechte

36 Als **Vermögensrechte** bezeichnet man alle Befugnisse, die einen wirtschaftlichen Wert haben (Eigentum, Forderungen, Patent- und Urheberrechte, Erbrechte usw). Diesen stehen etwa Familienrechte, Persönlichkeitsrechte usw gegenüber.

4. Dingliche und immaterielle Rechte

37 **Dingliche Rechte** beziehen sich unmittelbar auf körperliche Sachen. Zu ihnen gehören daher insbesondere die Sachenrechte. Rechtlich ähnlich werden aber auch jene obligatorischen Rechte behandelt, die mit unmittelbarer Sachherrschaft verbunden sind (zB das Mietrecht). Ohne Sachbezug sind etwa grundsätzlich **Forderungsrechte** (Kaufpreis-, Schadenersatzforderungen), aber auch die so genannten **Immaterialgüterrechte,** also Vermögenswerte an geistigen Produkten (Urheber-, Patentrecht usw).

5. Unbefristete und befristete Rechte

38 Viele Rechte erlöschen durch Zeitablauf. Dies gilt insbesondere für Forderungsrechte, aber auch für Gestaltungsrechte. Hingegen sind dingliche Herrschaftsrechte grundsätzlich unbefristet, so vor allem das Eigentum (für das Faustpfand vgl etwa § 1483 ABGB). Allein durch Verstreichen einer gewissen Zeit können diese Rechte also nicht verloren gehen, wohl aber unter zusätzlichen Voraussetzungen. Näheres zu dieser Problematik sofort Rz 39ff.

IV. Subjektives Recht und Zeitablauf

1. Das Problem

39 Jeder kann sich vorstellen, welche Schwierigkeiten es mit sich brächte, wenn ein Kläger behaupten könnte, sein Großvater habe vor 70 Jahren ein Bild verkauft, der Kaufpreis sei jedoch noch nicht zur Gänze bezahlt worden. Den noch offenen Rest einschließlich Zinsen mache er daher nun gegenüber den Erben des damaligen Käufers geltend. Die Vertragsparteien, aber auch mögliche Zeugen sind bereits verstorben, schriftliche Unterlagen sind überhaupt nicht mehr oder nur vereinzelt vorhanden. Was damals tatsächlich geschehen ist, ob überhaupt ein Vertrag geschlossen wurde und – wenn ja – welche Leistungen noch offen sind, wird ein Richter nach so langer Zeit typischerweise nicht mehr feststellen können. Gemäß dem Motto „irgendwann muss endgültig Schluss sein" sieht das Gesetz daher **Verjährungsfristen** vor. Wesentliche Aspekte sind dabei die Vermeidung von Beweisschwierigkeiten und die Gewährleistung von Rechtssicherheit. Nach dem Verstreichen der Frist kann sich der Beklagte immer auf bereits eingetretene Verjährung *berufen* (von sich aus hat der Richter die Verjährung jedoch nicht zu beachten; siehe § 1501 ABGB).

2. Die Verjährung

a) Gesetzliche Fristen

Leider enthält das Privatrecht keine konsistenten Verjährungsvorschriften. **40**
Man könnte fast sagen, jedes Sondergesetz hat seine eigenen Regelungen, die nicht nur in Bezug auf die Verjährungsdauer recht unterschiedlich ausgestaltet sind. Hier kann daher bloß auf Grundsätzliches eingegangen werden; betrachtet wird im Wesentlichen das ABGB.

Zwei Fragen sind immer zu klären: der **Beginn** und die **Dauer** der Verjährung. Zunächst ist bedeutsam, dass die meisten Verjährungsfristen mit der Möglichkeit zur Geltendmachung des Anspruchs zu laufen beginnen, also regelmäßig mit der Fälligkeit. Dann kann man zwischen der kurzen *3-jährigen* und der langen *30-jährigen* Frist unterscheiden. Von der kurzen Frist sind insbesondere die so genannten „Forderungen des täglichen Lebens" (siehe § 1486 ABGB) erfasst, da bei diesen ein Beweisnotstand typischerweise schon nach kurzer Zeit eintritt. Existiert für einen Fall keine Sonderregelung – und kommt auch Analogie nicht in Betracht –, so gilt die allgemeine 30-jährige Verjährungsfrist (§§ 1470, 1478 ABGB), die vor allem zu Gunsten von Gebietskörperschaften (Ländern, Gemeinden usw) auf 40 Jahre verlängert wird (vgl insb die §§ 1472, 1485 ABGB). Grundsätzlich liegt auch den Fristen eine typisierte Interessenabwägung zwischen Gläubiger und Schuldner zu Grunde. Dies kann man sehr schön an der Bestimmung des § 1489 ABGB sehen, die die Verjährung von Schadenersatzansprüchen regelt ***(lesen!);*** näher dazu Rz 794.

b) Hemmung und Unterbrechung

Rechtsverlust allein durch Zeitablauf ist aus der Sicht des Gläubigers an sich **41**
nur deshalb gerechtfertigt, weil man ihm zumindest objektiv ein Versäumnis vorwerfen kann: Er hätte sich um seine Rechte ja bereits früher kümmern können. Nun gibt es aber auch Konstellationen, wo dieser „Vorwurf" ins Leere geht, weshalb die Verjährungsfrist nicht ohne weiteres abläuft. Man spricht dann von **Hemmung** bzw **Unterbrechung** (§§ 1494ff ABGB). Während bei der Unterbrechung nach Wegfall des Unterbrechungsgrundes die Frist zur Gänze neu zu laufen beginnt (zB bei Anerkennung einer Forderung durch den Schuldner zwei Jahre nach Fälligkeit), läuft die Frist nach Wegfall eines Hemmungsgrundes weiter (zB bei Stundung einer schon fälligen Forderung oder während laufender Vergleichsverhandlungen: Fortlaufshemmung).

Zu beachten wäre etwa, dass der Gläubiger minderjährig ist und Ansprüche gegen seine Eltern hat. Dann ist er selbst zur Rechtsverfolgung gar nicht im Stande, weil in diesem Fall seine gesetzlichen Vertreter (Rz 64f) zugleich die Schuldner sind. Kein Vorwurf der Saumsal kann auch einem Gläubiger gemacht werden, der seine Ansprüche *gerichtlich geltend* macht (einklagt): Geschieht dies in der Verjährungsfrist, ist alles in Ordnung. Ähnlich ist die Situation dann, wenn der Schuldner den Anspruch *anerkannt* hat. Dann besteht für den Gläubiger kein Grund, unverzüglich zu Gericht zu laufen; er darf ja damit rechnen, dass der Schuldner alsbald seine Leistung freiwillig erbringen wird (§ 1497 ABGB). Ähnliches gilt für ernsthaft geführte *Vergleichsverhandlungen:* Solange sie andauern, ist der Lauf der Verjährung *gehemmt.* Eine solche Hemmung ist für die Dauer einer **Mediation** nunmehr ausdrücklich vorgesehen (§ 22 ZivMediatG; näher dazu Rz 1344 a).

c) Wirkungen der Verjährung

42 Ist trotz allem Verjährung eingetreten, dann erlischt damit bloß die *Klagbarkeit* des Rechts: Gerichtliche Durchsetzung gegen den Willen des Schuldners scheidet aus. Zahlt der Schuldner hingegen – auch ohne Kenntnis von der Verjährung – dennoch an den Gläubiger, kann er die Zahlung nicht zurückfordern (§ 1432 ABGB). Man spricht davon, dass die Forderung nach Verjährung als **Naturalobligation** erhalten bleibe.

43 Bei so genannten **Ausschluss-** oder **Präklusivfristen** soll das Recht hingegen nach Zeitablauf zur Gänze *erlöschen* (vgl zB § 13 PHG, dazu Rz 819). Da sich aus dem Gesetz dieser Unterschied kaum nachweisen lässt, ist deren Sonderbehandlung jedoch generell umstritten. Aber auch vom Ergebnis her ist es nicht sehr einleuchtend, dass etwa jemand, der nach Fristablauf den von ihm verursachten Schaden nach dem PHG ersetzt, deshalb Ansprüche wegen (infolge Verfristung) rechtsgrundloser Leistung geltend machen kann. Zu Recht wird allerdings die Möglichkeit vertraglicher Fristverlängerung anerkannt, was bei Verjährungsfristen gemäß § 1502 ABGB grundsätzlich nicht möglich ist (*Ausnahme:* die Gewährleistungsfristen des § 933 ABGB; dazu Rz 540 ff).

3. Die Ersitzung

44 Die **Ersitzung** führt ebenfalls zu einem Rechtsverlust durch Zeitablauf. Allerdings sind dafür zusätzliche Voraussetzungen nötig, da mit ihr zugleich ein *Rechtserwerb* durch einen bisher nicht Berechtigten verbunden ist. Die Ersitzung gehört systematisch zum Sachenrecht. Sie kann etwa zum Eigentumserwerb führen (vgl Rz 338). Unabdingbar ist dazu die Innehabung einer fremden Sache im guten Glauben, ihr Eigentümer zu sein. Existiert darüber hinaus noch ein Erwerbstitel (zB Kaufvertrag mit dem Dieb der Sache), beträgt die Ersitzungsfrist für bewegliche Sachen bloß *3 Jahre;* mangels Titels und bei unbeweglichen Sachen (Grundstücken) wird das Eigentum regelmäßig nach *30 Jahren* ersessen (Details in den §§ 1452 ff ABGB). – Zum gutgläubigen Erwerb vom Nichtberechtigten Rz 339 ff.

Beispiel: A, der eine Sache des B seit langer Zeit im guten Glauben, er sei ihr Eigentümer, benützt – sie hat sich etwa im Nachlass seines Vaters befunden –, wird nach Fristablauf wirklicher Eigentümer; der bisher Berechtigte (B) verliert sein Recht.

2. Teil

Zivilrecht und Unternehmensrecht im engeren Sinn

1. Abschnitt

Personen

1. Kapitel

Grundbegriffe

Weiterführende Literatur: *P. Bydlinski*, AT[3] Rz 2/1 – 2/64; *Koziol/Welser*[13] I 50 – 94.

I. Rechtssubjekte – Rechtsobjekte

Nach österreichischem Privatrecht gibt es kurz gesagt nur Personen und Sachen: „Alles, was von der Person unterschieden ist, und zum Gebrauche des Menschen dient, wird im rechtlichen Sinne eine Sache genannt" (§ 285 ABGB). Nur Personen können Träger von Rechten und Pflichten, das heißt **Rechtssubjekte,** sein und damit über Sachen, die **Objekte** des Rechtsverkehrs sind, disponieren. Auf den ersten Blick sieht es so aus, als wäre eine Unterscheidung von Rechtssubjekten und Rechtsobjekten problemlos: Niemand käme etwa auf die Idee, dass eine Katze erben, Verträge abschließen oder sich verehelichen könnte. Ganz so einfach liegen die Dinge aber nicht. Selbstverständlich ist in unserer Rechtsordnung **jeder lebende Mensch Person im Rechtssinn.** Allerdings bestehen sogar schon in diesem Bereich Abgrenzungsprobleme (dazu Rz 54 ff). 45

Neben den Menschen als den so genannten **natürlichen Personen** hat die Rechtsordnung überdies künstlichen Gebilden **Rechtsfähigkeit** (dazu Rz 50, 54 ff) zuerkannt. Sie werden **juristische Personen** genannt. Diese Art von Rechtssubjekten trifft man im Wirtschaftsleben häufig an; so werden aus später noch darzustellenden Gründen Unternehmen oft in der Rechtsform einer Aktiengesellschaft (AG) oder einer Gesellschaft mit beschränkter Haftung (GmbH) betrieben. Als juristische Personen mit eigenen Rechten und Pflichten ausgestattet sind aber auch etwa Sportvereine, Genossenschaften, Stiftungen oder Gebietskörperschaften (dazu Rz 190 ff). 46

Was nicht Person ist, ist Sache. Dies folgt aus dem weiten Sachbegriff des § 285 ABGB, der auch so genannte unkörperliche Sachen wie etwa Forderungs-, Urheber- und Patentrechte umfasst. Die verschiedenen Arten und die an die Unterscheidung geknüpften Rechtsfolgen werden im Sachenrecht noch ausführlich erörtert werden. 47

Seit einiger Zeit stimmt der eben in Rz 47 genannte Grundsatz zumindest terminologisch nicht mehr: **Tiere** werden ausdrücklich von den Sachen unterschieden (§ 285 a ABGB); 48

sie sind aber selbstverständlich auch nicht Person. Zu ihrer (formal-)rechtlichen Einordnung Rz 293.

49 Die schon angesprochenen Abgrenzungsschwierigkeiten zwischen Person und Sache spielen im wirtschaftlichen Bereich derzeit noch kaum eine Rolle. Diskutiert wird etwa die rechtliche Einordnung der in der Retorte befruchteten Eizelle, von Teilen des Menschen (Haare, Organe usw) und des Leichnams. Der Handel mit Leichenteilen bzw Organen zu Zwecken der Gewinnerzielung ist in Österreich untersagt. Die Zulässigkeitsgrenzen von Organentnahmen sind im **Krankenanstalten- und KuranstaltenG** (§ 62a KaKuG) geregelt. Der Handel mit menschlichen Eizellen, Samen und Embryonen wird durch das **Fortpflanzungsmedizingesetz (FMedG)** zumindest implizit untersagt. Seine Unzulässigkeit – wie auch die des „Klonens“ – dürfte sich aber schon aus allgemeinen Rechtsprinzipien ergeben; so muss etwa der Gefahr von Züchtungen wie bei Tieren („Herrenmenschen“, „Arbeitssklaven“ usw) vorgebeugt werden.

II. Rechtsfähigkeit – Handlungsfähigkeit

50 Diese beiden Begriffe sollten von vornherein genau auseinander gehalten werden. Die **Rechtsfähigkeit** bedeutet das **Vermögen, Träger von Rechten und Pflichten zu sein.** Als solche kommt sie jeder Person – sei sie natürlich oder bloß „juristisch“ – zu. Rechtsfähigkeit ist etwa Voraussetzung für die Bedenkung in einem Testament oder für die Möglichkeit, Eigentümer von Sachen zu sein.

51 Abgesehen von der relativ seltenen Situation eines Erwerbs im Erbwege werden Rechte und Pflichten regelmäßig durch – meist rechtsgeschäftliches – **Handeln** begründet: Der Produzent verkauft seine Erzeugnisse und erhält dafür einen Geldanspruch, der Frachtführer verpflichtet sich gegen Bezahlung zum Transport bestimmter Güter von einem Ort zum anderen. Dafür ist die **Handlungsfähigkeit** von Bedeutung. Sie ist das **Vermögen, durch eigenes Tätigwerden Rechte und Pflichten zu begründen.** Zum Schutz von Personen, die die Tragweite ihres Handelns nicht oder nicht vollständig überblicken können, wird die Handlungsfähigkeit von mehreren Faktoren abhängig gemacht. Fehlen einzelne Voraussetzungen, löst die Handlung für den Schutzbedürftigen keine oder bloß mildere Rechtsfolgen aus als bei voller Einsichtsfähigkeit. Von großer Bedeutung ist hier vor allem das **Alter** sowie der **Gesundheitszustand** (insbesondere in geistiger Hinsicht). Ausführlicher dazu Rz 57 ff.

52 Handlungen können einmal bloß tatsächlicher Natur sein: Das Schaffen eines Kunstwerkes, die Zerstörung oder das Wegwerfen einer Sache. Hat das Tätigwerden Schädigungen Dritter zur Folge, ist die Handlungsfähigkeit in Gestalt der **Deliktsfähigkeit** zu untersuchen. Führen Handlungen hingegen bloß in der eigenen Sphäre günstige Rechtsänderungen herbei, ist kein besonderer Schutz vonnöten. Damit kann auch ein Geisteskranker oder ein Kind durch so genannte Realakte (dazu Rz 349) Eigentum am gemalten Bild oder Urheberrechte am geschaffenen Werk erwerben.

53 Vor allem im Wirtschaftsleben sind allerdings die rechtsgeschäftlichen Handlungen (im weiteren Sinn) weitaus häufiger. Insbesondere werden Rechte und Pflichten oft durch Verträge begründet. In diesem Bereich ist die Handlungsfähigkeit in Form der **Geschäftsfähigkeit** zu untersuchen: Da der Abschluss bindender Verträge nicht ungefährlich ist, will die Rechtsordnung unerfahrene oder sonst nicht völlig einsichtsfähige Personen vor ungünstigen Geschäftsabschlüssen schüt-

zen. Die Rechtsfolge der fehlenden Geschäftsfähigkeit – Ungültigkeit des Vertrages – ist also niemals Schikane gegenüber dem Minderjährigen oder Geisteskranken, sondern tritt bloß zu seinem Schutz ein!

Sonderformen der Geschäftsfähigkeit sind die **Testierfähigkeit** (Rz 159) sowie die **Ehefähigkeit** (Rz 96).

2. Kapitel
Die natürlichen Personen

I. Die Rechtsfähigkeit

Weiterführende Literatur: *P. Bydlinski,* AT[3] Rz 2/7–2/12; *Koziol/Welser*[13] I 51–53.

Jeder lebende Mensch ist rechtsfähig. Im österreichischen Privatrecht gibt es also insoweit keine Diskriminierung nach Rasse, Geschlecht, Staats- oder Religionszugehörigkeit. Ferner spielt das Alter für die Möglichkeit einer Zuweisung von Rechten und Pflichten keine Rolle. Es kann daher ohne weiteres ein Dreijähriger Inhaber eines Unternehmens – das er etwa im Erbwege erhalten hat – und damit zur Zahlung von Steuern (öffentlich-rechtliche Pflicht), aber auch von Gehältern der Angestellten (privatrechtliche Pflicht) gehalten sein. Dass er das Unternehmen nicht selbst leiten kann, ist hingegen bloß eine Frage der Handlungsfähigkeit (Rz 57 ff). 54

Nach dem Grundsatz, dass jeder lebende Mensch Rechtssubjekt ist, **beginnt die Rechtsfähigkeit mit vollendeter Geburt. Sie endet mit dem Tod.** Wann diese Fakten eingetreten sind, ist primär eine medizinische Frage.

Zu Gunsten des **noch Ungeborenen (Nasciturus)** macht das Gesetz eine interessante Ausnahme: Soweit es für seine Rechtsposition günstig ist, wird ein schon gezeugter, aber noch nicht geborener Mensch als rechtsfähig angesehen (§ 22 ABGB). Er kann dadurch etwa seinen Vater beerben, obwohl er bei dessen Tod noch nicht auf der Welt war. Ohne diese Sondervorschrift kämen hingegen nur im Zeitpunkt des so genannten Erbfalls (Rz 144) schon geborene Personen als Erben in Betracht. Bedingung ist aber selbstverständlich die nachfolgende Lebendgeburt. Die Rechtsfähigkeit des Embryos ist also eine bloß bedingte; wird er nicht lebend geboren, hat er niemals Rechte erworben. 55

Dass die hier referierte Bestimmung mit den Regelungen des **Strafgesetzbuches** über den Schwangerschaftsabbruch (§§ 96–98 StGB) nicht harmoniert, ist evident. Es gibt allerdings eine Mehrzahl von Verhaltensweisen, die zwar nicht mit gerichtlicher Strafe bedroht, aber im Bereich des Zivilrechts dennoch rechtswidrig sind (zB fahrlässige Sachbeschädigung). Ein niemals lebend Geborener kann zwar ohnehin keine Schadenersatzansprüche geltend machen, da er die Rechtsfähigkeit ja nicht erlangt. Von Bedeutung ist die zivilrechtliche Rechtswidrigkeit aber vor allem bei vorgeburtlichen Schädigungen; also wenn ein Kind mit geistigen oder körperlichen Behinderungen geboren wird und diese auf schuldhaftes Verhalten der Mutter oder eines Dritten zurückzuführen sind.

Der **Tod** eines Menschen ist regelmäßig mit Sicherheit feststellbar. In gar nicht seltenen Fällen spricht hingegen bloß die Vermutung für das Ableben eines bestimmten Menschen. Meist handelt es sich hierbei um die so genannte **Gefahrenverschollenheit:** Eine Seilschaft kommt auch nach Monaten aus dem ewigen 56

Eis nicht zurück, das Boot eines Weltumseglers wird nach einem Orkan in Trümmern an Land gespült, ohne dass man die Leiche findet. Aus diesem Grund kommt die Ausstellung eines Totenscheins und damit ein **Todesbeweis** nicht in Betracht. Für die Wirtschaftsordnung, aber auch für die Angehörigen ist es jedoch unzumutbar, auf Dauer so zu tun, als wäre der in einer in höchstem Maße lebensgefährlichen Situation Verschollene noch am Leben. Das Gesetz führt daher im **TodeserklärungsG (TEG)** eine Lösung des Problems herbei: Je nach Art der Verschollenheit (Gefahren-, Luft-, Kriegsverschollenheit usw) besteht nach Ablauf unterschiedlicher Fristen die Möglichkeit, den Verschollenen für tot erklären zu lassen. Mit Gerichtsbeschluss wird dabei der vermutliche Todeszeitpunkt festgelegt. Erst damit wird die Möglichkeit einer Verlassenschaftsabhandlung eröffnet. Selbstverständlich fallen aber die meisten Wirkungen der Todeserklärung dann weg, wenn der fälschlich für tot Erklärte unerwartet wieder lebend auftaucht. Der Ausspruch des Gerichts ist dann mit rückwirkender Kraft aufzuheben.

II. Die Handlungsfähigkeit

Weiterführende Literatur: *P. Bydlinski,* AT[3] Rz 2/13–2/43; *Koziol/Welser*[13] I 53–66; *Maurer,* Das österreichische Sachwalterrecht in der Praxis[3] (2007).

1. Allgemeines

57 Praktisch bedeutsamer sind Fragen der **Handlungsfähigkeit.** Insbesondere die **Minderjährigkeit** und die damit zwangsläufig verbundene fehlende Erfahrung sind völlig natürliche Phänomene. Sie müssen aber dennoch von der Rechtsordnung in den Griff bekommen werden. In concreto sind vom Gesetzgeber Probleme wie die folgenden zu entscheiden: Wie wird das Unternehmen geleitet, das der Dreijährige geerbt hat; auf welche Weise ist das Vermögen eines Geisteskranken zu verwalten; bestehen gegen die Wirksamkeit von kleinen (und damit wenig gefährlichen) Geschäften, die Minderjährige tätigen, Bedenken?

2. Rechtsquellen

58 Antworten auf die eben gestellten und auf ähnliche Fragen findet man im ABGB vor allem in den §§ 21, 865 und 144–154 b. Für behinderte Personen sind ferner die ab 1. 7. 2007 geltenden §§ 268–284 h ABGB zu beachten; überdies etwa die Vorschriften des Vereinssachwalter-, Patientenanwalts- und BewohnervertretungsG (VSPBG) sowie des UnterbringungsG.

3. Die Geschäftsfähigkeit

a) Volle Geschäftsfähigkeit

59 Ab einem bestimmten Zeitpunkt muss jeder Mensch die volle Verantwortung für sein Handeln tragen. Wie für viele Altersgrenzen, Fristen und dergleichen gibt es hier keine ohne Zweifel richtige Entscheidung. Der österreichische Gesetzgeber hat für **rechtsgeschäftliches Handeln** zuletzt die **Vollendung des 18. Lebensjahres** als Grenze gewählt. Geistig gesunde Personen sind also mit Erreichen dieses Alters **volljährig** und damit uneingeschränkt geschäftsfähig.

Zu beachten ist dabei, dass die Achtzehnjahresgrenze des § 21 Abs 2 ABGB nur für die privatrechtliche Geschäftsfähigkeit – und da wieder vor allem für den Abschluss von Verträgen –, nicht aber für das österreichische Recht generell gilt. So sieht das öffentliche Recht etwa für den Erwerb eines Moped-Führerscheins das 16. und für die Möglichkeit, bei der Bundespräsidentenwahl zu kandidieren, das 35. Lebensjahr (Stichtag dafür ist der 1. 1. des Wahljahres) als Untergrenze vor.

b) Vorschriften für Minderjährige

Personen unter 18 Jahren will das Gesetz wegen deren Unerfahrenheit in wirtschaftlichen Belangen besonders schützen. Auch hier kann selbstverständlich nicht auf die Fähigkeiten des konkreten Minderjährigen abgestellt werden. Das ABGB differenziert vielmehr in typisierender Sicht, wobei vor allem zwei Altersstufen besondere Bedeutung zukommt (vgl insb die §§ 21 und 865). **60**

Personen **unter 7 Jahren** sind an sich **vollkommen geschäftsunfähig** (§ 865 S 1 ABGB). Sie können also nicht durch eigenes Tun Rechte und Pflichten begründen. Das gilt nach dem Wortlaut des Gesetzes sogar für bloß begünstigende Geschäfte wie Schenkungen. Um ihnen jedoch nicht auch die Möglichkeit zum Kauf einer Jausensemmel oder eines Eises zu nehmen, macht § 151 Abs 3 ABGB von diesem Grundsatz eine **Ausnahme:** Alterstypische Alltagsgeschäfte in geringfügigem Umfang werden durch die Erfüllung der das Kind treffenden Pflichten rückwirkend rechtswirksam. Darunter fällt etwa die sofort bezahlte Jausensemmel des Taferlklasslers. Durch die letzte Einschränkung verhindert sollte die Möglichkeit einer Klage des Vertragspartners auf Zahlung werden. Von Seiten des Kindes nicht erfüllte Geschäfte bleiben also unwirksam. Ebenfalls als wirksam anzuerkennen sind dem Kind direkt gemachte kleine Geschenke. Alle anderen Geschäfte sind schlechthin **nichtig** (unwirksam): Der **gesetzliche Vertreter** (Rz 64 f) kann den Mangel der Geschäftsfähigkeit auch nicht durch nachträgliche Zustimmung heilen. Sofern der Vertragspartner damit noch einverstanden ist, kann er jedoch in der Folge unter Mitwirkung des Vertreters einen gleich lautenden Vertrag abschließen. **61**

Weiter geht die Fähigkeit der **7- bis 14-Jährigen,** also der **unmündigen Minderjährigen.** Sie sind **beschränkt geschäftsfähig.** Damit können sie jedes für sie *rechtlich* – nicht wirtschaftlich! – bloß vorteilhafte Geschäft, vor allem also Schenkungsverträge, allein wirksam abschließen (§ 865 S 2 ABGB). Ferner fällt ein größerer Bereich unter die alterstypischen Geschäfte; schließlich sind außerhalb dieses Bereichs getätigte Geschäfte nicht absolut, sondern bloß **schwebend unwirksam.** Das bedeutet, dass der Vertragspartner zunächst an seine Erklärungen gebunden ist. Er kann jedoch zur Klärung des ungewissen Zustandes den gesetzlichen Vertreter des Unmündigen zur Stellungnahme auffordern. Verweigert dieser die Genehmigung des Geschäfts oder äußert er sich innerhalb angemessener Frist nicht, bleibt der Vertrag endgültig unwirksam. **62**

Den **14- bis 18-Jährigen,** den **mündigen Minderjährigen,** kommt ebenfalls **beschränkte Geschäftsfähigkeit** zu. Im Unterschied zu den Unmündigen können sich diese aber einmal über ihnen zur freien Verfügung überlassene Sachen (Taschengeld, Geschenke) verpflichten und über solche Gegenstände verfügen (§ 151 Abs 2 ABGB). Das Gleiche gilt für Einkünfte aus eigenem Erwerb wie einem Ferialjob oder einer Lehrlings- bzw Hilfsarbeitertätigkeit. Sie können also etwa das Taschengeld für ihre Hobbys verwenden oder zur freien Verfügung erhaltene Sportgeräte gegen Computerzeitschriften eintauschen, ohne dass dies ihre Eltern **63** verhindern könnten. Es ist allerdings zu beachten, dass das vom *Vertretungsrecht* (für rechtsgeschäftliche Tätigkeiten) streng zu unterscheidende *Erziehungsrecht* seine Grenze nicht in jedem Fall an der eigenen Geschäftsfähigkeit des Minderjährigen findet. So kann ein 16-Jähriger uU auch gegen den Willen der Eltern wirksam ein Moped kaufen; kraft seines Erziehungsrechts kann ihm sein Vater das Fahren mit dem Zweirad aber etwa dann verbieten, wenn der Sohn leicht körperbehindert ist und die Wohnung der Familie in einem extrem befahrenen Stadtteil liegt.

Keine wirksame Verpflichtung des Mündigen liegt jedoch dann vor, wenn das betreffende Geschäft die **Befriedigung seiner Lebensbedürfnisse** gefährdet (§ 151 Abs 2 ABGB). Auch Minderjährige müssen also ihren Unterhalt primär aus eigenem Vermögen bestreiten. Führen erst mehrere Geschäfte in ihrer Gesamtheit zu einer solchen Gefährdung, kommt es auf den Abschlusszeitpunkt an; unwirksam sind dann nur die (späteren) Geschäfte, die zur übermäßigen Belastung geführt haben. Wegen dieser Gefahr für Vertragspartner von mündigen Minderjährigen – sie können meist weder deren Vermögensverhältnisse einschätzen noch haben sie Einblick in deren sonstige Geschäfte – empfiehlt sich immer der Abschluss einer Vereinbarung mit dem Minderjährigen *und* seinem gesetzlichen Vertreter.

Der Mündige kann sich ferner rechtswirksam zu Dienstleistungen verpflichten; der Abschluss von Lehrverhältnissen und sonstigen Ausbildungsverträgen ist allerdings nur durch seinen gesetzlichen Vertreter möglich (§ 152 ABGB).

64 Die Vermögenssphäre Geschäftsunfähiger bzw beschränkt Geschäftsfähiger ist nun aber vom Rechtsverkehr nicht ganz oder teilweise ausgenommen. Selbstverständlich muss auch das Vermögen solcher Personen verwaltet werden und (zu deren Gunsten bzw Lasten) am Wirtschaftsleben teilnehmen können. Für Geschäfte, die über die Eigengeschäftsfähigkeit des Minderjährigen hinausgehen, ist sein **gesetzlicher Vertreter** zuständig. Dieser handelt nur dann wirksam für den Minderjährigen – und nicht für sich selbst –, wenn er den Vertragspartner auf sein Tätigwerden als Vertreter hinweist (**Offenlegung der Stellvertretung,** dazu Rz 251).

Achtung! Ein Geschäft, das ein gesetzlicher Vertreter für den Minderjährigen wirksam abschließt, muss niemals vom Vertreter – etwa den Eltern – erfüllt werden. Der Vertragspartner kann also bloß Zugriff auf das Vermögen des Minderjährigen nehmen, wenn der Vertrag nicht erfüllt wird.

65 Gesetzliche Vertreter eines **ehelichen Kindes** sind seine **Eltern** (§ 144 ABGB), **uneheliche** vertritt die **Mutter** (vgl Rz 135 f). Dabei ist die Vertretungshandlung jedes Elternteils wirksam; nachträgliche gegenteilige Erklärungen des anderen sind damit unbeachtlich. Verwaiste eheliche Kinder werden prinzipiell von den Großeltern vertreten. Leben auch diese nicht mehr oder sind sowohl Eltern als auch Großeltern zur Obsorge ungeeignet, so erhält eine andere Person (früher: Vormund) die Obsorge über das Kind. Sie wird vom Gericht bestellt und ist meist ein dazu befähigter naher Angehöriger (Näheres in den §§ 187 ff).

66 Zum Schutz des Minderjährigen vor nachteiligen Vertretungsmaßnahmen sind die **Rechte des gesetzlichen Vertreters** in einer Vielzahl von Fällen **beschnitten** (zu Fällen typischer *Interessenkollision* siehe Rz 239 aE). Gewisse Vertretungshandlungen eines Elternteils sind in für das Kind besonders bedeutsamen

Belangen (Änderung der Religionszugehörigkeit, vorzeitige Lösung von Lehr- und Ausbildungsverträgen usw) nur bei Zustimmung des anderen wirksam (§ 154 Abs 2 ABGB). Insbesondere bei über den ordentlichen Wirtschaftsbetrieb hinausgehenden Entscheidungen in Vermögensangelegenheiten (Veräußerung und Belastung von Liegenschaften, Ablehnung von Schenkungen, Verzicht auf ein Erbrecht usw) ist daneben eine gerichtliche Zustimmung erforderlich (§ 154 Abs 3 ABGB). Schließlich gibt es Bereiche, in denen eine Willenserklärung des Minderjährigen überhaupt nicht ersetzt werden kann; so die *Einwilligung* eines einsichts- und urteilsfähigen Kindes *in medizinische Behandlungen* (vgl § 146c).

Sondervorschriften finden sich auch im Abstammungsrecht (Rz 129a ff), im Eherecht (Rz 94 ff) und im Testamentsrecht (Rz 152 ff).

Kommt ein Rechtsgeschäft mit dem Minderjährigen mangels ausreichender Geschäftsfähigkeit nicht gültig zustande, so wird es mit Erreichen des 18. Lebensjahres des Betroffenen selbstverständlich nicht automatisch wirksam. Der Gesetzgeber hat im Jahre 2001 aber auch die Sanierung bewusst erschwert: Der ehemals Minderjährige wird nur dann verpflichtet, wenn er *schriftlich* erklärt, die entsprechenden Verpflichtungen anzuerkennen (§ 154 Abs 4). **66a**

c) Vorschriften für Behinderte

Besonderen Schutzes bedürfen nicht bloß Minderjährige, sondern auch Personen, die auf Grund geistiger oder körperlicher Behinderungen ihre Belange nicht selbstständig regeln können. Insbesondere für die Fälle **geistiger Behinderung** muss das Gesetz einmal für den Schutz der Betroffenen Sorge tragen, zum Zweiten aber auch deren Teilnahme am für jedermann notwendigen wirtschaftlichen Verkehr ermöglichen. **Achtung!** Dieser Rechtsbereich wurde zum 1. 7. 2007 umfassend novelliert und ist nunmehr sehr (zu?) detailliert und differenziert ausgestaltet. Einer der Hauptgründe dafür war die Erkenntnis, dass es aufgrund der demographischen Entwicklung bald immer mehr alte Menschen geben wird, die nicht mehr alle ihre Angelegenheiten selbst regeln können. Ihnen wird nunmehr zum einen Gelegenheit gegeben, für späteren Betreuungsbedarf bereits vorweg Vorsorge zu treffen (Vorsorgevollmacht). Zum anderen wurde ein gesetzliches Vertretungsrecht der nächsten Angehörigen eingeführt, um die Notwendigkeit der Bestellung „echter" Sachwalter in Grenzen zu halten. **67**

Geisteskranke und Geistesschwache – § 865 ABGB spricht von Personen, die „den Gebrauch der Vernunft nicht haben" – sind von kleinen Alltagsgeschäften abgesehen zunächst **geschäftsunfähig.** Bloß vorübergehende Beeinträchtigungen von entsprechender Schwere (Vollrausch, Rauschgifttrip usw) sind gleich zu behandeln. Geistesbehinderungen minderen Grades führen hingegen zu **beschränkter Geschäftsfähigkeit.**

Jeder geistig gesunde Erwachsene kann für den Fall, dass er seine Fähigkeit zum rechtsgeschäftlichen Handeln verliert, eine **Vorsorgevollmacht** erteilen. Diese muss den Bevollmächtigten, also jenen, der später für den Vollmachtgeber handeln soll, sowie die Angelegenheiten anführen, die zu besorgen sind. Die Vollmacht muss – ähnlich dem Testament – strengen Formgeboten genügen, vor allem unterschrieben sein; wurde der Vollmachttext nicht eigenhändig geschrieben, bedarf es einer schriftlichen Bestätigung durch drei taugliche Zeugen. Sie wird mit Wegfall der Geschäfts- oder Äußerungsfähigkeit des Vollmachtgebers wirksam. Für den von der Vorsorgevollmacht abgedeckten Bereich ist ein Sachwalter nur zu **67a** bestellen, wenn der Bevollmächtigte überhaupt nicht oder nicht im Sinne der Vollmacht tätig wird. Näheres in den §§ 284f–284h ABGB.

67b Von der Vorsorgevollmacht zu unterscheiden ist die sog **Patientenverfügung.** In dieser Urkunde ordnet eine Person für den Fall des künftigen Verlusts ihrer Handlungsfähigkeit an, dass unter bestimmten Umständen (zB irreversibler Ausfall wichtiger Gehirnfunktionen) alle oder gewisse medizinische Behandlungen zur Lebensverlängerung – nicht zu verwechseln mit aktiver Sterbehilfe! – zu unterbleiben haben („Sterben in Würde“). Einzelheiten, vor allem zur Verbindlichkeit solcher Verfügungen, regelt das **PatientenverfügungsG (PatVG).**

67c Der Bestellung eines Sachwalters bedarf es uU auch dann nicht, soweit es um erforderliche Geschäfte des täglichen Lebens und um die Deckung des Pflegebedarfs geht. Im Rahmen der laufenden Einkünfte der zu betreuenden Person kommt nämlich den **nächsten Angehörigen** (Eltern, Kinder, Ehegatte, Lebensgefährte) schon von Gesetzes wegen Vertretungsmacht zu. Der Vertretene kann trotz seiner geistigen Behinderung die Vertretung durch bestimmte Angehörige wirksam ablehnen. Wer Vertretungshandlungen setzen möchte, hat sich – wohl aus Gründen der Rechtssicherheit – vorher im Österreichischen Zentralen Vertretungsverzeichnis registrieren zu lassen. Details in den §§ 284b–284e ABGB.

68 Besteht trotz dieser Möglichkeiten (zusätzlicher) Vertretungsbedarf, so ist dem volljährigen Behinderten unter individueller Berücksichtigung seiner konkreten Geistesstörung vom Gericht als Hilfsperson ein so genannter **Sachwalter** zur Seite zu stellen (§§ 273, 273a ABGB; zu minderjährigen Behinderten siehe § 154b). Dessen Aufgabenbereich ist nach den Intentionen des Gesetzgebers genau den Bedürfnissen der betreuten Person angepasst und damit wesentlich flexibler als das frühere Instrument der Entmündigung, das nur Entziehung oder allgemeine Beschränkung der Geschäftsfähigkeit kannte. So kann etwa einem Mieter, der sich in krankhafter Weise bloß von seinem Hausherrn verfolgt fühlt, allein für die Rechtsbeziehungen zum Vermieter ein Sachwalter bestellt werden. In allen anderen Angelegenheiten, die von der psychischen Störung nicht tangiert sind, bleibt die Geschäftsfähigkeit des Behinderten voll aufrecht. Aber auch die Beschränkung auf Geschäfte ab einer bestimmten wirtschaftlichen Bedeutung ist möglich. Dem Vorteil besserer Erfassung der Umstände des Einzelfalls steht allerdings der Verlust von Sicherheit für den Rechtsverkehr gegenüber: Präsumptive Geschäftspartner müssten sich, sofern sie von der Sachwalterbestellung überhaupt Kenntnis haben, zu ihrer Absicherung den jeweiligen Bestellungsbeschluss vorlegen lassen.

Von der behinderten Person im Wirkungskreis des Sachwalters selbst getätigte Geschäfte sind ohne dessen Zustimmung **unwirksam** (vgl Rz 62), sofern es nicht um vom Behinderten vollständig erfüllte Alltagsgeschäfte (vgl Rz 61) geht (§ 280 ABGB). Der Bestellungsbeschluss des Außerstreitgerichts (dazu Rz 1342) ist insoweit **konstitutiv,** also die Rechtslage ändernd, als dem Betroffenen die Geschäftsfähigkeit im Umfang des Beschlusses auch dann verloren geht, wenn eine geistige Behinderung zu Unrecht angenommen wurde. In diesem Fall wäre die Sachwalterbestellung in einem neuen Verfahren zu bekämpfen. Gleiches gilt bei nachträglicher Heilung der Geisteskrankheit. Umgekehrt verlangt es aber der Schutz des Behinderten, dass bei zu engem Inhalt des Beschlusses auf die tatsächlichen Fähigkeiten abgestellt wird. Damit können Geschäfte, die nach dem Inhalt des Beschlusses in der Eigengeschäftsfähigkeit des Behinderten verbleiben, dennoch ungültig sein. Umso mehr entscheidet die „natürliche“ Geschäftsfähigkeit, wenn eine Sachwalterbestellung überhaupt unterblieben ist.

Für die Auswahl des Sachwalters kommt es einmal auf die zu besorgenden Geschäfte und zum Zweiten auf die persönlichen Verhältnisse des Behinderten an, wobei Wünsche des Behinderten möglichst zu berücksichtigen sind (§ 280 ABGB). Diese Kriterien können in einem Fall zur Wahl eines Rechtskundigen, in einem anderen zur Berufung eines nahen Verwandten zum Sachwalter führen. Neben natürlichen Personen kommen auch spezielle Sachwaltervereine als Vertreter in Betracht (sog *Vereinssachwalterschaft*).

Neben geistigen berücksichtigt das Privatrecht in manchen Bereichen auch **körperliche** 69
Behinderungen. Als Beispiel sei bloß eine Regelung des **NotariatsaktsG (NotAktsG)** genannt: Gemäß § 1 Abs 1 lit e sind beurkundete Rechtsgeschäfte Blinder, von Tauben, die nicht lesen, und von Stummen, die nicht schreiben können, grundsätzlich nur unter Einhaltung ganz bestimmter **Formvorschriften** (Notariatsakt; dazu Rz 455) wirksam. Damit soll verhindert werden, dass solchen Personen tatsächlich nicht gewollte Verträge unterschoben werden, was wegen der spezifischen Behinderungen besonders leicht wäre. Die notwendige Zuziehung eines Notars soll vor diesen Gefahren schützen. Eine Erleichterung, die allerdings zugleich manche Rechtsunsicherheit mit sich bringt, ist für *Alltagsgeschäfte Blinder,* zB für die Eröffnung eines Girokontos, vorgesehen: Hier genügt es, wenn eine Vertrauensperson des Blinden die Urkunde mit unterfertigt. Wird die für Behindertengeschäfte vorgeschriebene Form nicht eingehalten, ist das Geschäft ungültig; jedoch kann sich nur der Behinderte auf die Unwirksamkeit berufen (§ 1 Abs 3 NotAktsG).

4. Die Deliktsfähigkeit

Was verboten ist, wissen oft schon kleine Kinder. So ist etwa den meisten 70
Zehnjährigen klar, dass man keine fremden Fensterscheiben einschießen darf. An sich kann aber nur der **Deliktsfähige** für von ihm verursachte Schäden zur Verantwortung gezogen werden. Der Gesetzgeber hat als Altersgrenze das **14. Lebensjahr** gewählt (§ 153 ABGB). Ab diesem Alter können Jugendliche eben typischerweise schon ziemlich genau zwischen Recht und Unrecht unterscheiden. Zerstört also etwa ein 15-Jähriger aus Bosheit oder bloß aus Unachtsamkeit fremdes Eigentum, hat er den Schaden des Eigentümers aus eigenem Vermögen zu ersetzen.

Damit ist nun aber noch nicht entschieden, dass derjenige, dessen Vermögen 71
durch Handlungen **Unmündiger** geschmälert wird, niemals Ersatz erhält. Bevor Einzelheiten erörtert werden sollen, ist aber zunächst mit einem weit verbreiteten Irrtum aufzuräumen: **Eltern haften prinzipiell nicht für von ihren Kindern angerichtete Schäden!** Vielmehr können diese nur dann zum Ersatz herangezogen werden, wenn sie ihre **Aufsichtspflichten schuldhaft vernachlässigt** haben. Das ist nun des Öfteren nicht der Fall: Der 12-Jährige, der vorgibt, mit seinen Freunden Fußball spielen zu gehen, tatsächlich aber beim verbotenen Rauchen die Scheune des Nachbarn anzündet, muss von den Eltern ja nicht auf Schritt und Tritt verfolgt werden. Die Obsorgepflichtigen haften somit bloß für eigenes Verschulden (§ 1309 ABGB); es ist zu fragen, ob *im Einzelfall* der Vorwurf schuldhaft vernachlässigter Aufsicht berechtigt ist.

Der **Unmündige** kann allerdings ausnahmsweise auch **selbst ersatzpflichtig** 72
werden. Voraussetzung dafür ist einmal, dass vom Aufsichtspflichtigen kein Ersatz erlangt werden kann; dies deshalb, weil bei ihm die Haftungsvoraussetzungen nicht gegeben sind oder weil er vermögenslos ist. Dann ist zu prüfen, ob er trotz

seines geringen Alters im konkreten Fall nicht doch die Unrechtmäßigkeit seines Tuns hätte erkennen können. Schließlich sind die Vermögensverhältnisse des Schädigers und des Geschädigten zu beachten; bei dieser Abwägung ist auch eine für den Unmündigen abgeschlossene Haftpflichtversicherung zu berücksichtigen. Ein „armer" Geschädigter erhält also in solchen Fällen eher Ersatz. Überdies kann der Richter im Streitfall unter Berücksichtigung der genannten Umstände auch bloßen Teilersatz anordnen. Diese in § 1310 ABGB enthaltene Regelung ist zugleich ein schönes Beispiel für die Möglichkeit „beweglich" ausgestalteter Tatbestände: Das fehlende oder bloß schwach vorhandene Element der Deliktsfähigkeit wird durch stark ausgeprägte andere Kriterien, die im konkreten Fall eine Ersatzpflicht des Unmündigen als erwünscht erscheinen lassen, substituiert.

73 Entsprechendes gilt auch für die Schädigung durch **Geisteskranke.**

III. Der Persönlichkeitsschutz

Weiterführende Literatur: *Berka/Höhne/Noll/Polley,* Mediengesetz – Praxiskommentar[2] (2005); *Brandstetter/Schmid,* Kommentar zum Mediengesetz[2] (1999); *P. Bydlinski,* AT[3] Rz 2/48–2/64; *Dohr/Pollirer/Weiss,* Datenschutzrecht[2] (Loseblatt 2002); *Foregger* (Hrsg), Mediengesetz[4] (2000); *Hager/Zöchbauer,* Persönlichkeitsschutz im Straf- und Medienrecht[4] (2000); *Hanusch,* Kommentar zum Mediengesetz (1998); *Jabornegg/Strasser/Floretta,* Das Bankgeheimnis (1985, mit ErgH 1987); *Koziol/Welser*[13] I 83–92; *Knyrim,* Datenschutzrecht (2003); *Mayer-Schönberger/Brandl,* Datenschutzgesetz[2] (2006); *Schramböck,* Der Schutz von Geschäfts- und Betriebsgeheimnissen (2002); *Zeiler,* Persönlichkeitsschutz – Handbuch für die Praxis (1998).

1. Grundsätzliches

74 In unserer heutigen „Informationsgesellschaft" wird der Wunsch nach einem möglichst umfassenden Schutz der Privatsphäre immer stärker. Der gesetzliche Persönlichkeitsschutz will bewirken, dass die Bereiche, die die Individualität einer Persönlichkeit ausmachen, besonders respektiert werden. Dieses Anliegen wurde bereits bei Schaffung des ABGB im Jahre 1811 erkannt und deshalb in § 16 angeordnet, dass jeder Mensch „angeborene, schon durch die Vernunft einleuchtende Rechte" habe. Die spätere Gesetzgebung hat dieses Programm durch Konkretisierungen ausgebaut und damit leichter anwendbar gemacht. Die vorläufig letzten Schritte auf diesem Weg waren die Zuerkennung eines Ersatzanspruchs wegen massiver **Verletzung der Privatsphäre** auch ohne Eintritt eines Vermögensschadens (§ 1328a ABGB; zum Ersatz solcher bloß ideellen Schäden Rz 752 sowie eine Novelle zum MedienG (zu diesem Rz 77). Mit ihr soll vor allem größere Klarheit über die Anwendbarkeit medienrechtlicher Normen auf Veröffentlichungen im Internet erreicht werden, wobei allerdings manche Überschneidungen mit dem E-Commerce-G (ECG; vgl dazu Rz 438d) zu beobachten sind.. Ferner ist etwa ein detailliert geregelter Ersatzanspruch des Medieninhabers für ungerechtfertigte Beschlagnahme vorgesehen.

75 Welche Rechte soll man nun der Person zukommen lassen, um ihren Schutz am besten zu verwirklichen? Damit eine Verletzung erst gar nicht erfolgt, kann der in seinen Persönlichkeitsrechten Gefährdete **Unterlassungsansprüche** geltend machen. Wurde das Recht aber einmal verletzt, stehen bei schuldhafter Verletzung **Schadenersatzansprüche** und unabhängig vom Verschulden **Beseitigungs-**

ansprüche zu; Letztere verpflichten den Störer, den durch den Eingriff verursachten Zustand zu beseitigen.

In der Folge soll nur der **zivilrechtliche** Persönlichkeitsschutz interessieren. **76**
Man muss sich aber bewusst sein, dass Persönlichkeitsschutz vielfach auch durch öffentliches Recht gewährleistet wird. So belegt das **Strafgesetzbuch** eine Vielzahl von Handlungen gegen Leib und Leben, Freiheit, Ehre oder Privatsphäre mit Geld- oder Freiheitsstrafen. Hier genügt schon oft die Androhung dieser Strafen (durch das Gesetz), damit solche Handlungen unterbleiben.

Für den Betroffenen besonders schmerzlich sind **Persönlichkeitsverletzungen** **77**
in qualifizierter Öffentlichkeit. Beschimpft die Hausmeisterin zur Nacht einen angetrunken heimkehrenden Mieter vor den Augen und Ohren einiger anderer Hausbewohner, wird auch der Tratsch nicht verhindern können, dass die Alkoholisierung des Mieters bloß einem beschränkten Personenkreis bekannt wird. Anderes gilt aber für üble Nachrede, Verspottung oder Verleumdung in Zeitung, Rundfunk und Fernsehen. Hier wird jemand vor einer breiten Öffentlichkeit einer verwerflichen Handlung („an der Ermordung von Juden beteiligt") oder Gesinnung („Nazi") geziehen. Auch wenn in der Folge eine solche Meldung gerichtlich als unwahr festgestellt wird, ist dem Betroffenen kaum geholfen: Einerseits glauben auch noch heute viele Leser alles, was in der Zeitung steht, andererseits wird der Inhalt eines Gerichtsurteils in den meisten Fällen nur wenigen bekannt. Dieser besonderen Problematik versucht das **MedienG 1981** Herr zu werden. Um gerade in diesem heiklen Bereich einen wirksamen Persönlichkeitsschutz zu erreichen, wird der Medieninhaber (Verleger) verpflichtet, dem Betroffenen einen Entschädigungsbetrag bis zur Höhe von € 20.000, in schweren Fällen bis zu € 50.000 zu bezahlen. Eine Entschädigung ist auch dann zu leisten, wenn der höchstpersönliche Lebensbereich eines Menschen in einem Medium in einer Weise erörtert oder dargestellt wird, die geeignet ist, ihn in der Öffentlichkeit bloßzustellen (§§ 6f MedienG). Diese Ersatzansprüche nach dem MedienG weisen zwei markante **Besonderheiten** auf: Zum Ersten wird dem Medieninhaber eine *verschuldensunabhängige* (Gefährdungs-)Haftung auferlegt (anders bloß für Website-Veröffentlichungen im Internet); zum Zweiten betrifft die dort vorgesehene Entschädigung ausschließlich die „erlittene Kränkung", also einen *ideellen* Schaden (Rz 752); ob für daneben eingetretene Vermögensschäden (verschuldensabhängig!) Ersatz zu leisten ist, entscheiden andere Normen (zB § 1330 ABGB, dazu Rz 792).

Besonders schmerzlich für den Medieninhaber und damit häufig geeignet, falsche Berichterstattung schon vorweg zu verhindern (Präventivfunktion), sind ferner die Pflichten zu unentgeltlichen Veröffentlichungen einer *Gegendarstellung* (früher: Entgegnung) sowie zur nachträglichen Mitteilung über den Ausgang eines gegen den Medieninhaber erfolgreich durchgeführten Strafverfahrens (§§ 9f MedienG).

Darüber hinaus erhalten Opfer einer Straftat, aber auch Personen, die einer solchen verdächtig oder gar bereits verurteilt worden sind, Entschädigungsansprüche, wenn durch die Veröffentlichung von Namen, Bild oder anderen Angaben schutzwürdige Interessen der Person verletzt werden und kein überwiegendes öffentliches Interesse an dieser Publikmachung besteht. Jugendliche werden besonders geschützt. Durch Entschädigungspflichten geahndet werden überdies – bereits von der Europäischen Menschenrechtskonvention erfasste – *„Vorverurteilungen"*, also Verletzungen der **Unschuldsvermutung.** Schließlich darf über Erkenntnisse aus dem *„großen Lauschangriff"* nur insoweit berichtet werden, als von ihnen in der Hauptverhandlung Gebrauch gemacht wurde. Zuwiderhandlungen können Ersatzpflichten gegenüber dem in seinen schutzwürdigen Interessen Betroffenen bis zu € 100.000 nach sich ziehen (Details in den §§ 7a–7c MedienG).

78 Die wichtigsten Persönlichkeitsrechte sind sogar **verfassungsrechtlich** geschützt. Diese Verfassungsnormen binden aber primär den Gesetzgeber; einfache Gesetze müssen also diesen Verfassungsvorschriften entsprechen. Konkrete Rechte Einzelner lassen sich aus diesen Bestimmungen jedoch regelmäßig nicht ableiten. Beispielhaft sollen hier nur der Schutz des Hausrechts, des Brief- und Fernmeldegeheimnisses (Art 9–11 des StaatsgrundG über die allgemeinen Rechte der Staatsbürger) sowie der Freiheit (BVG über den Schutz der persönlichen Freiheit) erwähnt werden.

79 Unter dem Eindruck von George Orwells „1984" ist in jüngerer Zeit auch eine Sensibilisierung hinsichtlich so genannter **„personenbezogener Daten"** erfolgt. Nicht jeder, der Kenntnis von solchen Daten besitzt, soll sein Wissen uneingeschränkt an andere weitergeben dürfen. Dieser Problemkreis wird durch das **DatenschutzG (DSG) 2000** geregelt; dazu Näheres beim Geheimnisschutz (Rz 86f).

80 Grundsätzlich besteht „das Persönlichkeitsrecht" – oder wenn man ein solches allgemeines Recht ablehnt, die gesetzlich ausgeformten Persönlichkeitsrechte – zu Lebzeiten der Person. Ob die Persönlichkeit auch über den Tod hinaus Schutz genießt, ist umstritten. Da manche Gesetzesbestimmungen die Beeinträchtigung der Interessen naher Angehöriger des Verstorbenen für entscheidend ansehen, geht eine Meinung dahin, nur diese Interessen (der lebenden Angehörigen) seien geschützt. Doch auch wenn man der gegenteiligen Ansicht folgt, muss die Verletzung des Persönlichkeitsrechtes von einer lebenden Person und damit regelmäßig ebenfalls von den nahen Angehörigen geltend gemacht werden.

2. Namensrecht

81 Unverzichtbares Merkmal jeder Person ist ihr **Name.** Je nach Bekanntheitsgrad wird einem bestimmten Namen regelmäßig auch eine bestimmte Persönlichkeit zugeordnet. Dass der in einer Zeitung als Unfallopfer genannte Franz Müller der hagere Herr von Tür 6 ist, wissen vielleicht nur die übrigen Bewohner des Miethauses. Ist in einem Sportbericht hingegen von Boris Becker die Rede, weiß eine breite Öffentlichkeit, dass es sich um den berühmten deutschen (ehemaligen) Tennisstar handelt. Anderseits gibt es gerade bei häufigen Namen nicht selten mehrere Personen, die diesen Namen berechtigt führen. Der Tennisspieler kann also etwa nicht verhindern, dass ein anderer Becker ebenfalls „Boris" genannt wird.

82 Das Namensrecht einer konkreten Person ist nach § 43 ABGB nur dann verletzt, wenn dem Berechtigten das **Recht zur Führung seines Namens bestritten** wird oder wenn er durch **unbefugten Gebrauch seines Namens durch einen anderen beeinträchtigt** wird. In solchen Fällen kann der Berechtigte **Unterlassung** (der Bestreitung oder der unberechtigten Namensführung) sowie bei Verschulden **Schadenersatz** verlangen.

Der erste Fall der Bestreitung der Namensführung kommt selten vor. Häufig ist hingegen der **Gebrauch eines fremden Namens.** Wird der eigene Name benützt, der zufällig der gleiche wie der einer anderen (vielleicht berühmten) Person ist, liegt regelmäßig nicht der Gebrauch eines *fremden* Namens vor. UU ist aber auch diese Konstellation denkbar: Der kleine Angestellte Boris Becker erweckt bewusst den falschen Eindruck, er sei der berühmte Sportler, um bestimmte Vergünstigungen zu erreichen. Anderseits kann auch der Gebrauch eines fremden Namens zulässig sein. Dies ist dann der Fall, wenn der wirkliche Namensträger der Verwendung seines Namens zugestimmt hat: Der Verkäufer einer geförderten Eigentumswohnung gestattet dem Käufer, unter seinem Namen bei der Behörde anzurufen, da diese nur dem Verkäufer Auskünfte erteilt.

Die unbefugte Namensführung kann nach § 43 ABGB bloß dann bekämpft werden, wenn eine konkrete Beeinträchtigung des wirklichen Namensträgers droht. Dies ist etwa dann nicht der Fall, wenn ein Schriftsteller einen Allerweltsnamen als Pseudonym verwendet und unter diesem Namen publiziert, ohne dass wirkliche Verwechslungsgefahr besteht.

Die Frage eines unbefugten Namensgebrauchs stellt sich aber auch in folgen- **83**
den Konstellationen: Jemand bringt Waren in Verbindung mit einem Namen auf den Markt, wodurch im Verkehr der falsche Eindruck erweckt wird, der Namensträger habe mit dem Produkt etwas zu tun („Zeppelinzigarren"); in einem modernen Theaterstück über die NS-Zeit kommt ein „Oberleutnant W." vor, der als negativer Charakter dargestellt wird.

Im ersten Fall liegt unbefugter Namensgebrauch vor; im zweiten wurde das Namensrecht dann nicht verletzt, wenn der Autor tatsächlich den Namensträger darstellen wollte. Möglicherweise ist aber der Tatbestand der Verleumdung oder der üblen Nachrede erfüllt.

Der Schutzbereich des § 43 ABGB ist relativ weit: Er erfasst nicht nur den **84**
Familiennamen, sondern uU auch den eine bestimmte Person kennzeichnenden Vornamen („Otto"), ferner Künstlernamen, Namen juristischer Personen und politischer Parteien sowie den so genannten Handels- bzw Unternehmensnamen (Firma, dazu Rz 218 f). – Zum Schutz von Mustern und Marken siehe Rz 1268 ff.

3. Bildnisschutz

Dagegen, fotografiert zu werden, kann man sich grundsätzlich nicht wehren. **85**
Wohl aber kann jeder verhindern, dass von ihm gemachte Bilder verbreitet werden, sofern die Verbreitung berechtigte Interessen des Abgebildeten oder seiner nahen Angehörigen verletzen würde (§ 78 **UrheberrechtsG 1936;** zum UrhG Rz 1311 ff). In diesem Bereich geht es auch um den Schutz des Privatlebens sowie die Verhinderung von entwürdigenden oder herabsetzenden Darstellungen: Der am FKK-Strand ohne seine Zustimmung Fotografierte findet sich auf der ersten Seite einer Zeitschrift wieder.

Dem berechtigten Interesse des Abgebildeten ist aber regelmäßig das **Informationsinteresse der Allgemeinheit** gegenüberzustellen. So genannte „Personen des öffentlichen Lebens" können sich daher gegen nicht entwürdigende Darstellungen regelmäßig nicht zur Wehr setzen.

Gar nicht selten ist der Fall, dass das Bildnis einer Person ohne ihre Zustimmung zu Werbezwecken verwendet wird: Ein Fußballstar ist auf einem Werbeplakat abgebildet, das zum Kauf von Sportsocken animiert. Hier hat der Abgebildete regelmäßig neben dem Unterlassungsanspruch auch **Bereicherungsansprüche** (dazu im Einzelnen Rz 811 ff). Solche Leistungen (Modellstehen für ein Werbeplakat) werden eben regelmäßig nur gegen Entgelt erbracht.

4. Geheimnisschutz

86 Der **Geheimnisschutz** ist heute vor allem unter den Schlagwörtern **Datenschutz** und **Bankgeheimnis** in aller Munde. Nach § 1 DSG hat jedermann einen (verfassungsrechtlich geschützten) Anspruch auf Geheimhaltung der ihn betreffenden personenbezogenen Daten, soweit er daran ein schutzwürdiges Interesse hat. Insbesondere geht es dabei um die Achtung seines Privat- und Familienlebens. Da in diesem Bereich eine besondere Gefahr von (mittels EDV) automationsunterstützt verarbeiteten Daten ausgeht – im Unterschied zum menschlichen Gehirn sind die Datenspeicher in ihrer Kapazität fast unbeschränkt und jederzeit abrufbar –, war früher nur dieser Bereich gesetzlich erfasst. Das DSG 2000 bezieht sich allerdings schlechthin auf Dateien, mögen sie automationsunterstützt geführt sein oder nicht.

86a Jedermann hat bei Verletzungen des DSG in Hinblick auf ihn betreffende personenbezogene Daten gegen den Auftraggeber der Datenanwendung – zuweilen aber auch gegen den Datenanwendungsdienstleister (zu den Begriffen § 4 DSG) – folgende **Rechte:**

- auf *Information* sowie auf (weit reichende) *Auskunft,* auf *Richtigstellung* unrichtiger und auf *Löschung* verbotenerweise verarbeiteter Daten (§ 1 Abs 3, §§ 24, 26 f DSG);
- zum *Widerspruch* (§ 28 DSG);
- auf *Unterlassung* und *Beseitigung* des gesetzwidrigen Zustandes (§ 32 Abs 2 DSG);
- auf *Schadenersatz.* Dieser Anspruch ist verschuldensabhängig; allerdings haften Auftraggeber und Dienstleister auch für das Verschulden ihrer Leute (vgl Rz 784); überdies trifft sie die Beweislast für fehlendes Verschulden (dazu Rz 751). Bei Bloßstellung kommt sogar der Ersatz rein ideeller Schäden (Rz 752) in Betracht (Details in § 33 DSG).

Zur Behandlung personenbezogener Gesundheitsdaten im Versicherungsrecht siehe § 11 VersVG.

87 Wirtschaftlich von weit größerer Bedeutung als Datenschutzprobleme sind allerdings Fragen des **Bankgeheimnisses.** Dabei geht es nicht ausschließlich um Persönlichkeitsrechte, sondern massiv auch um Vermögensinteressen. Bankkunden sind regelmäßig daran interessiert, dass ihre Vermögensverhältnisse (Höhe von Guthaben, finanzielle Transaktionen usw) niemandem ohne ihre Zustimmung bekannt werden. Ganz gegenläufig sind oft die Interessen des Staates (in Gestalt der Finanzbehörden). Diese können häufig nur durch Einsichtnahme in Bankunterlagen die tatsächlichen Vermögensverhältnisse des Steuerpflichtigen feststellen. Der Gesetzgeber muss also abwägen, inwieweit legitime Interessen der Bankkunden bestehen und wie hoch die jedenfalls berechtigten fiskalischen Interessen zu bewerten sind.

Im **Grundsatz** gilt eine **Geheimhaltungspflicht** der Bank (§ 38 BWG). Die Kreditunternehmungen selbst, aber auch ihre Gesellschafter, Mitglieder von Organen und Angestellte dürfen Geheimnisse, die ihnen ausschließlich auf Grund der Geschäftsverbindung mit dem Kunden anvertraut oder zugänglich gemacht worden sind, weder offenbaren noch verwerten. **Ausnahmen** bestehen nur in eigens aufgezählten Fällen. Von besonderer praktischer Wichtigkeit sind dabei gerichtliche Strafverfahren oder Strafverfahren wegen vorsätzlicher Finanzvergehen gegen einen Bankkunden. In diesen Fällen hat die Bank dem Strafgericht oder der Finanzstrafbehörde die erforderlichen Auskünfte zu erteilen. Eine Geheimhaltungspflicht besteht auch dann nicht, wenn der Kunde der Offenbarung des Geheimnisses ausdrücklich und schriftlich zugestimmt hat sowie für allgemein gehaltene bankübliche Auskünfte über die wirtschaftliche Lage eines Unternehmers, wenn dieser der Auskunftserteilung nicht widerspricht. Damit sind so genannte **„Bonitätsauskünfte"**, also sehr allgemeine Hinweise auf das Maß der Kreditwürdigkeit gemeint, die meist eine Bank einer anfragenden anderen erteilt.

5. Weitere Persönlichkeitsrechte

Ohne Zweifel bestehende wichtige Persönlichkeitsrechte sind das **Recht auf Leben und körperliche Unversehrtheit, auf Freiheit und auf Achtung der Ehre.** Weniger bedeutsam sind hingegen der Schutz vertraulicher Aufzeichnungen (zB Tagebücher) und der Erfinderehre sowie geistiger Interessen eines Urhebers. 88

Das **Recht am gesprochenen Wort** ist nicht eigens geregelt. Hier wird man aber wohl die Bestimmungen über das Recht am eigenen Bild analog anwenden müssen. Dabei ist vor allem die Reichweite dieses Rechtes fraglich; der Schutzzweck könnte bloß das (öffentliche) Abspielen von heimlich gemachten Aufnahmen oder auch schon das Aufnehmen selbst verbieten. 89

IV. Grundzüge des Familienrechts

Weiterführende Literatur: *Deixler-Hübner,* Scheidung, Ehe und Lebensgemeinschaft[8] (2004); *dies,* Das neue Eherecht (1999); *Feil,* Ehegesetz – Kurzkommentar für die Praxis[2] (1999); *Ferrari/Hopf* (Hrsg), Eherechtsreform (2000); *Ferrari/Hopf* (Hrsg), Reform des Kindschaftsrechts (2001); *Gitschthaler,* Unterhaltsrecht – die gesamte OGH-Rechtsprechung der letzten 25 Jahre samt Anmerkungen (2001); *Harrer/Zitta* (Hrsg), Familie und Recht (1992); *Hinteregger,* Familienrecht[3] (2004); *Holzhammer/Holzhammer,* Ehe und Familie[2] (2001); *Hopf/Kathrein,* Eherecht[2] (2005); *Kerschner,* Familienrecht[2] (2002); *Koziol/Welser*[13] I 437–567; *Möschl,* Die nichteheliche Lebensgemeinschaft[3] (2006); *Schwimann/Kolmasch,* Unterhaltsrecht[3] (2004).

1. Allgemeines

Der Bereich der Familie ist weitgehend rechtlicher Regelung entzogen. Dies ergibt sich schon daraus, dass es in erster Linie nicht um vermögensrechtliche Aspekte, sondern um Erscheinungen gesellschaftlicher Natur (Zusammenleben, Kindererziehung, Altenbetreuung usw) geht. Auch das beste Familienrecht kann etwa nicht erreichen, dass eine Ehe trotz völliger Entfremdung der Ehegatten wieder funktioniert, dass sich die Kinder mit ihren Eltern gut verstehen oder dass das uneheliche Kind in einer vollständigen Familie aufwächst. Ferner geht es in weiten Bereichen um höchstpersönliche Fragen, in die sich der Staat nicht durch Gesetze einmengen sollte. Wie einzelne Familien ihr gemeinsames Leben ausgestalten, ist also in weiten Bereichen ihren individuellen Vorstellungen und Anschauungen anheim gestellt: Familien dürfen allein oder in Wohngemeinschaften, Mann und Frau mit oder ohne Trauschein leben. Solange keine ernsthaften Missstände be- 90 kannt werden, greift der Staat nicht ein. Anderes gilt etwa dann, wenn das Kindeswohl auf dem Spiel steht: Erkennt die Lehrerin, dass ein Kind mit immer wieder neuen Schwellungen, Blutergüssen und Striemen in die Schule kommt, oder ist der Zustand einer Wohnung gesundheitsgefährdend, wird die Behörde bei entsprechender Kenntnis (etwa auf Grund einer Anzeige) tätig.

Viele gesetzliche Bestimmungen sind daher eher als ein **Modell** zu verstehen, wie ein wünschenswertes Familienleben aussehen könnte; so wenn etwa geregelt wird, die Ehegatten sollten bei der Wahl des Wohnsitzes einvernehmlich vorgehen oder die Eltern sollten ihre Kinder in gegenseitigem Einvernehmen erziehen. Auch die meisten Pflichten der Ehegatten untereinander sind infolge ihrer Höchstpersönlichkeit einer gerichtlichen Durchsetzung (oder gar Zwangsvollstreckung) nicht fähig: Zieht ein Ehegatte aus der gemeinsamen Ehewohnung aus, kann er also nicht gegen seinen Willen gerichtlich zur Rückkehr verhalten werden. Noch deutlicher wird diese mangelnde Durchsetzbarkeit von an sich bestehenden Rechten im geschlechtlichen Bereich: Man braucht sich nur eine Zwangsvollstreckung der so genannten „ehelichen Pflichten" vorzustellen!

Zusammengefasst könnte man fast sagen: Funktionierende Familien benötigen kein Familienrecht. Ist hingegen die zwischenmenschliche Beziehung zwischen den Ehegatten oder zwischen Eltern und Kindern grob gestört, kann auch die beste Rechtsnorm nichts ausrichten. Für diesen Fall kann das Recht nur bestrebt sein, die negativen Auswirkungen so gering wie möglich zu halten. So ist etwa bei Scheidung der Ehe für die Frage, wem die gemeinsamen Kinder „zugesprochen" werden, von ganz entscheidender Bedeutung, was für das Kindeswohl am besten ist. Auch die vermögensrechtliche, wenn schon nicht die menschliche Seite kann durch entsprechende gesetzliche Regelungen zu Gunsten der bedürftigeren oder aus sonstigen Gründen schutzwürdigeren Familienangehörigen gelöst werden.

2. Wesentliche Regelungsbereiche und Rechtsquellen

91 Die wichtigsten Regelungsbereiche sind das Verhältnis der Ehegatten zueinander sowie das Verhältnis zwischen Eltern und Kindern.

a) Eherecht

92 Das Eherecht einschließlich der Eingehung und der Auflösung einer Ehe ist zum Teil im ABGB (§§ 44, 89–100), zum Teil im **EheG** aus dem Jahre 1938 enthalten. In einem weiteren Sinn gehört zum Eherecht auch das Recht des *Verlöbnisses,* also eines Eheversprechens (§§ 45 f ABGB). – Die **nicht eheliche Lebensgemeinschaft** als häufige faktische gesellschaftliche Erscheinung ist hingegen nicht grundsätzlich, sondern nur in Detailfragen geregelt (dazu Rz 128).

b) Kindschaftsrecht

93 Das Kindschaftsrecht des ABGB unterscheidet seit einer Novelle aus dem Jahre 1989 nur mehr ausnahmsweise zwischen ehelichen und unehelichen Kindern. Geregelt wird primär das Verhältnis der Kinder zu ihren Eltern, fallweise auch das zu ihren Großeltern (§§ 137–154 b, 172–178 a ABGB). Wenige Sonderregeln für uneheliche Kinder finden sich in den §§ 165–168 ABGB. Größere Be-

deutung kommt heutzutage dem Abstammungsrecht zu, das zum 1. 1. 2005 umfassend novelliert wurde (näher Rz 129a ff).

3. Ausgewählte Fragen des Eherechts

Die folgende Auswahl von Einzelfragen behandelt praktisch bedeutsame und wirtschaftlich bzw sozial besonders wichtige Erscheinungsformen etwas eingehender. Ein vollständiger Überblick über das Ehe- und Ehescheidungsrecht kann hier jedoch nicht geboten werden. 94

a) Eheschließung

Der Entschluss, sich zu verehelichen, führt regelmäßig zu einer einschneidenden Änderung der bisherigen Lebensgestaltung beider Partner. Ein Hauptzweck des Rechts der Eheschließung ist daher, dass die notwendige reifliche Überlegung zu diesem Schritt gesichert ist. Deshalb wird unter anderem ein **Mindestalter** der Brautleute verlangt. Auch die **Form** der Eheschließung, die ein öffentlicher Akt und mit einer Belehrung durch den Standesbeamten verbunden ist, führt dazu, dass sich die Betroffenen der Wichtigkeit ihrer Entscheidung deutlich bewusst sind. Die öffentliche Form erfüllt aber noch einen weiteren Zweck: Mit der **Eheschließung** ist ein **Statuswechsel** verbunden; bisher Ledige sind nun verheiratet. Statusänderungen (aber auch gerichtliche Statusentscheidungen) wirken nun nicht nur zwischen den beteiligten Parteien, sondern für und gegen alle (Inter-omnes-Wirkung). Eine „heimliche" Eheschließung im stillen Kämmerlein würde sich überdies nicht mit der berechtigten Forderung vertragen, dass solche Statussachen entsprechend publik werden müssen. Es soll eben jeder wissen oder zumindest erfahren können, welche Personen verheiratet sind und mit wem. Dieser Sicht der Dinge schadet auch nicht, dass die Eheschließung überwiegend als **Vertrag** eingeordnet wird. Auch in anderen Bereichen ist auf Grund der Besonderheit des Vertragstyps oftmals eine bestimmte Form einzuhalten. 95

Schließlich haben die Vorschriften über die Eheschließung den Zweck, dass Ehen zwischen bestimmten Personen – vor allem aus öffentlichem Interesse – nicht zustande kommen. Die wichtigsten dieser **Eheverbote,** die sich in letzter Zeit deutlich vermindert haben, sollen sofort (Rz 97) etwas näher angesprochen werden.

Erste Voraussetzung der Eheschließung ist die **Ehefähigkeit** der beiden Brautleute. Für die Ehefähigkeit ist **Ehegeschäftsfähigkeit** und **Ehemündigkeit** erforderlich. Beide Voraussetzungen sind grundsätzlich mit Volljährigkeit (vollendetes 18. Lebensjahr) erfüllt (§§ 1f EheG). Über-16-Jährige können unter Umständen für eine *bestimmte* Ehe als ehemündig erklärt werden. Solche ehemündigen Minderjährigen, aber auch aus anderen Gründen (Behinderung) in ihrer Geschäftsfähigkeit beschränkte Personen, bedürfen für die Eheschließung der Zustimmung ihres gesetzlichen Vertreters sowie des Erziehungsberechtigten (§ 3 EheG). 96

Eheverbote führen dazu, dass der Standesbeamte die Trauung nicht vornehmen darf. Während nun die besonders bedeutsamen Eheverbote eine dennoch geschlossene Ehe vernichtbar machen, schadet die Übertretung gewisser anderer (schlichter) Verbote der Gültigkeit des Eheabschlusses nicht. Zu diesen weniger 97 bedeutsamen Eheverboten gehört etwa das Fehlen von Zeugen oder die fehlende Zustimmung des Erziehungsberechtigten (nicht aber des gesetzlichen Vertreters!) bei noch nicht Ehegeschäftsfähigen.

Zentrale Verbote sind hingegen das der **Blutsverwandtschaft** (§ 6 EheG) und das der **Doppelehe** (§ 8 EheG). Das erste Verbot untersagt die Eheschließung zwischen ganz nahen Verwandten, nämlich zwischen Verwandten in gerader Linie (zB Vater – Tochter) sowie zwischen Geschwistern, mag auch bloß ein Elternteil der gleiche sein (zB Sohn aus erster und Tochter aus zweiter Ehe). Das Verbot der Doppelehe ergibt sich aus dem in allen westlichen Rechtsordnungen anerkannten **Prinzip der Einehe.**

Ein weiteres Eheverbot ist das der **Adoption** (dazu Rz 140). Da dieses künstliche Rechtsverhältnis aber wieder beseitigt werden kann, ist dieses Eheverbot kein endgültiges (§ 10 EheG).

98 Was die **Form der Eheschließung** angeht, ist einmal von Bedeutung, dass die Erklärungen der Brautleute vor dem **Standesbeamten des Trauungsortes** abgegeben werden müssen. Der Trauungsort kann aber ohne weiteres vom Wohnort der Parteien verschieden sein: So heiraten etwa im Salzburger Schloss Mirabell Brautleute aus ganz Österreich und sogar aus anderen Ländern. Bei Nichteinhaltung dieser Vorschrift kommt keine Ehe zustande! Ausnahmen gelten nur für den so genannten „Scheinstandesbeamten" (§ 15 Abs 2 EheG). Nähere Bestimmungen über den Ablauf der Eheschließungszeremonie enthält neben dem EheG auch das **PersonenstandsG (PStG) 1983.**

99 Trotz Beachtung der größten Vorsicht geschieht es dennoch hin und wieder, dass die **Eheschließung mangelhaft** ist. Diese Mängel können nun unterschiedlichen Charakter und damit auch unterschiedlich schwer wiegende Rechtsfolgen haben. Die bloßen schlichten Eheverbote wurden schon erwähnt; an die Verletzung dieser Regeln knüpfen sich überhaupt keine negativen Folgen.

Gravierende Fehler haben allerdings zur Folge, dass die geschlossene Ehe wieder beseitigt werden kann. Zwei Arten von Mängeln sind dabei zu unterscheiden: Verstöße gegen besonders wichtige Vorschriften des Ehegesetzes führen zur **Nichtigkeit** der Ehe, bedeutsame Willensmängel bei einem der Ehegatten zur **Aufhebung.** Nichtigerklärung und Aufhebung werden durch gerichtliche Geltendmachung angestrebt und durch richterliches Urteil vollzogen.

100 **Nichtigkeitsgründe** sind im EheG erschöpfend (taxativ) aufgezählt (§§ 21–25). Dazu gehören der **Formmangel** (ein Ehepartner ließ sich vertreten oder hat seiner Erklärung Bedingungen beigesetzt; § 21), **völlige Geschäftsunfähigkeit** (der Bräutigam befand sich auf Grund des vorhergehenden Polterabends im Zustand der Volltrunkenheit; § 22) oder der Verstoß gegen das Verbot der **Doppelehe** sowie der **Ehe unter nahen Verwandten** (§§ 24 f).

In gewissen Fällen (der zunächst Geschäftsunfähige wird wieder voll einsichtsfähig und gibt zu erkennen, dass er die Ehe fortsetzen will) kann die Nichtigkeit **geheilt** werden. Ist dies nicht der Fall, vernichtet der Richterspruch über die Nichtigerklärung die Ehe mit Rückwirkung. Diese Rückwirkung ist allerdings zum Schutz dritter Personen nicht vollkommen. So gelten die Kinder weiterhin als ehelich. Die **vermögensrechtlichen Beziehungen** werden hingegen so behandelt, als wäre die Ehe niemals zustande gekommen. Hat jedoch ein Ehegatte schon bei der

Eheschließung den Nichtigkeitsgrund gekannt, kann der andere Teil wählen, ob er lieber eine vermögensrechtliche Auseinandersetzung nach Scheidungsgrundsätzen (dazu Rz 120ff) hätte, wobei der „wissende" Ehegatte als schuldiger Teil behandelt wird.

Aufhebungsgründe sind etwa die **mangelnde Einwilligung des gesetzlichen Vertreters,** bestimmte **Irrtümer** (der Bräutigam hat der Braut seine homosexuellen Neigungen verschwiegen, die Braut dem Bräutigam die Schwängerung durch einen anderen), **arglistige Täuschung** über ehewesentliche Umstände (dazu gehört niemals die Täuschung über die wirklichen Vermögensverhältnisse, aber etwa die wahrheitswidrige Leugnung mehrerer Vorstrafen), für den Eheabschluss kausale **Drohung** (der Bräutigam kündigt seiner Braut ihr nahes Ende an, sofern sie ihn nicht heiratet) und die **Wiederverheiratung nach Todeserklärung** (uU Aufhebbarkeit der zweiten Ehe, wenn der für tot gehaltene erste Gatte wieder erscheint). **101**

Auch Aufhebungsgründe können durch **Heilung** wegfallen. Wirkungen zeitigt die Eheaufhebung immer erst mit der Rechtskraft des stattgebenden Urteils. Da diese Ex-nunc-Wirkung der Scheidung entspricht, greifen auch dieselben Folgen ein (§ 42 EheG).

b) Die aufrechte Ehe

Für die Zeit aufrechter Ehe wird es – zumindest zunächst – regelmäßig in fast allen Bereichen zu einem einvernehmlichen Vorgehen der beiden Eheleute kommen: Sie einigen sich über gemeinsame Anschaffungen oder den Urlaub (der Mann bestimmt die Type, die Frau die Farbe des Autos; der Mann wählt den Termin, die Frau das Urlaubsziel), erziehen nach gemeinsamen Vorstellungen die Kinder und wählen eine ihnen am geeignetsten erscheinende Wohnung als Ehewohnung. Für den Streitfall gewährt das Gesetz aber auch schon bei aufrechter Ehe gewisse Rechte, die der eine gegen den anderen Ehegatten geltend machen kann. Soweit es nicht um den höchstpersönlichen Bereich geht, sind diese Ansprüche auch gerichtlich durchsetzbar. **102**

Beherrschender **Grundsatz** ist heutzutage die **Ausgewogenheit** (= Gleichwertigkeit) der Beiträge beider Gatten; betont wird aber auch der Vorrang (abweichender) **einvernehmlicher Regelung** (siehe etwa § 91 Abs 1 ABGB). Das Einvernehmen fällt allerdings schon dann weg, wenn ein Gatte seine bisherige Position aufgibt. Eine solche *einseitige Änderung* ist grundsätzlich auch *zulässig,* also keine Eheverfehlung.

Beispiel: Die Frau des gut verdienenden Managers ist es nach Auszug der Kinder leid, nur den Haushalt zu führen und sich karitativ zu engagieren; ihren Mann sieht sie ohnehin kaum. Sie nimmt daher trotz aller Proteste seinerseits eine Halbtagsstelle in einer Boutique an (vgl § 91 Abs 2 EheG).

aa) Rechte und Pflichten der Ehegatten

Zu den nicht einklagbaren Rechten und Pflichten gehören etwa das **gemeinsame Wohnen** und die umfassende **eheliche Lebensgemeinschaft,** die etwa auch die Geschlechtsgemeinschaft erfasst und zur gegenseitigen Treue verpflichtet (§ 90 Abs 1 ABGB). Auch haben die Partner einander im Notfall materiellen (insbesondere finanziellen) und immateriellen (psychischen) Beistand zu leisten. Massive schuldhafte Verstöße gegen diese Pflichten können einen Scheidungsgrund darstellen. **103**

104 Schon mehr in den vermögensrechtlichen Bereich gehört die **Pflicht** jedes Ehegatten, **im Erwerb des anderen** so weit **mitzuwirken,** als ihm dies *zumutbar* und nach den Lebensverhältnissen der Ehegatten *üblich* ist. Hier wird es also einerseits auf das Vermögen der Ehegatten ankommen, anderseits auch auf die sonstigen Verpflichtungen des Ehegatten durch Haushaltsführung und Kindererziehung. Üblich ist etwa die Mitarbeit der Ehefrau am Bauernhof des Mannes (und umgekehrt) oder der Ehegattin eines Arztes in seiner Ordination, nicht aber die Mithilfe bei den Dienstverpflichtungen eines Beamten. Abweichende Vereinbarungen gehen selbstverständlich vor (§ 90 Abs 2 ABGB).

Für die **Mitwirkung im Erwerb** des Ehegatten hat dieser auch ohne Abschluss eines Dienstvertrages angemessene Vergütung zu leisten (§ 98 ABGB). Dieser Entgeltsanspruch verjährt nach 6 Jahren (§ 1486a ABGB). Die Vergütung ist allerdings nicht wie bei einem gewöhnlichen Arbeitsverhältnis zu berechnen, sondern ist unter Berücksichtigung der gesamten Lebensverhältnisse der Ehegatten – unter Anrechnung von Unterhaltsleistungen – nach den Grundsätzen der Gesellschaft vom erzielten Gewinn zu bemessen (Details in den §§ 98–100 EheG). Ein auch zwischen Ehegatten möglicher Dienstvertrag geht jedoch vor.

105 Auch für die **Unterhaltspflichten** (§ 94 ABGB) gilt der Grundsatz, dass die Ehegatten diese einvernehmlich gestalten können. Grundsätzlich haben beide Ehegatten zur Deckung ihrer Bedürfnisse nach Gleichbehandlungskriterien beizutragen. Dies allerdings nur so weit, wie es in ihren Kräften steht. Ist daher einer der Ehegatten krank oder dauernd behindert, wird man von ihm nicht das Gleiche verlangen können wie vom gesunden Partner. Ausdrücklich verankert ist das Recht des unterhaltsberechtigten Ehegatten, **Barunterhalt** zu verlangen. Ein Vorwegverzicht auf Unterhalt scheidet aus guten Gründen aus.

Liegt eine so genannte **„Hausfrauenehe“** vor (gleiches gilt für die „Hausmannehe“), geht das Gesetz davon aus, dass der im Haushalt tätige Teil damit seinen Beitrag leistet. Wer nicht erwerbstätig ist, muss also den Haushalt führen, hat dann aber auch Anspruch auf Unterhalt. Alleinige Erwerbstätigkeit befreit allerdings nicht automatisch und vollständig von Haushaltspflichten (§§ 94f ABGB).

Sind hingegen beide Partner berufstätig, haben beide Gatten gemeinsam an der Haushaltsführung mitzuwirken. Auch hier sind aber selbstverständlich wieder die konkreten persönlichen Verhältnisse der Ehegatten wie Belastbarkeit, anderweitige Tätigkeiten usw zu berücksichtigen.

bb) Ehegüterrecht

106 Das **Ehegüterrecht** entscheidet die Frage, wem das in die Ehe eingebrachte oder während der Ehe erworbene Vermögen gehört, das heißt wer Eigentümer der konkreten Stücke ist. Im österreichischen Recht gibt es einmal den **gesetzlichen Güterstand.** Sind die Brautleute mit diesem allerdings nicht zufrieden, können sie einvernehmlich mittels **Ehepakts** die von ihnen gewünschte Regelung treffen.

Gesetzlicher Güterstand ist die **Gütertrennung** (§ 1237 ABGB): Jeder Gatte ist Eigentümer des von ihm in die Ehe Eingebrachten und des während der Ehe Erworbenen. Folgendes ist aber wesentlich: **Der gesetzliche Güterstand hat für die Vermögensaufteilung nach Scheidung keinerlei Bedeutung!** Dafür bestehen vielmehr eigene Regelungen (Rz 120ff), die nicht auf die Eigentumsverhältnisse abstellen, sondern eine möglichst gerechte Aufteilung herbeiführen wollen.

Die **Ehepakte** sind zu ihrer Gültigkeit an eine bestimmte Form (allgemein dazu Rz 454 ff), nämlich an die Errichtung eines **Notariatsaktes,** gebunden. Dies ist im **NotAktsG** (§ 1 Abs 1 lit a) vor allem deshalb vorgesehen, damit die Ehegatten nicht zu Lasten von Gläubigern Manipulationen vornehmen können. Von Bedeutung ist hier einmal die Möglichkeit der Vereinbarung einer **Gütergemeinschaft,** die wiederum verschieden ausgestaltet sein kann; sie erfasst das gesamte Vermögen der Ehepartner oder nur bestimmte Teile davon (etwa nur das während der Ehe Erworbene). Bei der Gütergemeinschaft **unter Lebenden** besteht zwischen den Ehegatten Hälfteeigentum an allen Vermögensgegenständen; bei der Gemeinschaft **auf den Todesfall** bleibt es hingegen während aufrechter Ehe bei der Gütertrennung und erst bei Tod eines Gatten wird das Vermögen geteilt. Die eine Hälfte verbleibt dem Überlebenden, die andere fällt in die Verlassenschaft des Verstorbenen.

cc) Schlüsselgewalt

Unter dem Stichwort **„Schlüsselgewalt"** wird regelmäßig die Frage abgehandelt, ob und inwieweit der eine Ehegatte den anderen bei Rechtsgeschäften gleichsam „automatisch" vertritt. Eine solche Vertretung kommt dann in Betracht, wenn ein Ehegatte den gemeinsamen Haushalt führt und keine eigenen Einkünfte hat. Dieser vertritt nun den anderen bei Rechtsgeschäften des täglichen Lebens, die er für den gemeinsamen Haushalt schließt und die den Lebensverhältnissen der Ehegatten entsprechen (§ 96 ABGB). Kauft die Hausfrau also etwa ein Küchengerät und weiß der Verkäufer, dass die Kundin verheiratet ist, kommt der Vertrag zwischen Verkäufer und Ehemann zustande! Dieser ist damit auch allein zur Zahlung des Kaufpreises verpflichtet. Kennt der Verkäufer hingegen die Kundin nicht, werden sowohl Ehemann als auch Ehefrau Vertragspartner. Dass diese Regelung in eigenartiger Weise von allgemeinen Grundsätzen abweicht, wird das Kapitel über das Stellvertretungsrecht (insb Rz 271) zeigen. **107**

dd) Ehename

Grundsätzlich führen Ehegatten den gleichen Familiennamen (§ 93 Abs 1 ABGB). Dieser Name kann vom Mann oder von der Frau stammen. Einigen sich die Brautleute bis zur Trauung nicht – ein eher unwahrscheinlicher Fall –, so wird der Mannesname Familienname. Die Frau kann jedoch dem Standesbeamten gegenüber erklären, ihren bisherigen Namen weiterzuführen. Der Ehegatte, der den Namen des anderen annimmt, kann erklären, seinen bisherigen Familiennamen mittels Bindestrichs dem Ehenamen vor- oder nachzustellen. Tut er das, trifft ihn sogar eine *Pflicht zur Führung des Doppelnamens.* **108**

Fehlt ein gemeinsamer Ehename, müssen die Verlobten den für die Kinder gültigen Familiennamen bestimmen; mangels Bestimmung heißen die Kinder wie ihr Vater (§ 139 ABGB).

c) Ehescheidung

Das Scheidungsrecht erhält in jüngster Zeit immer größere Bedeutung. Während sich früher auch das staatliche Eherecht am kirchlichen orientierte, was etwa **109** zur Folge hatte, dass die Ehe von Katholiken unauflösbar war, ist seit Einführung des EheG im Jahre 1938 nur mehr staatliches Recht anzuwenden. Eine Scheidung kommt daher dann in Betracht, wenn einer der im EheG aufgezählten **Scheidungsgründe** vorliegt (§§ 49–55a). Das Scheidungsrecht hat aber nicht nur zu regeln, **wann** eine Ehe aufgelöst werden kann, sondern muss auch die **Rechtsfolgen** der Scheidung näher bestimmen. Ist die menschliche Tragik oft schon groß genug, sollen möglichst nicht auch noch finanzielle Probleme hinzutreten. Ebenso sind die Rechtsbeziehungen zu den gemeinsamen Kindern zu regeln. Auch die **Namensführung** der Ehegatten nach Scheidung ergibt sich nicht von selbst. Genauer zu den Scheidungsfolgen Rz 119ff.

aa) Scheidungsgründe

110 Anders als bei Nichtigkeit und Aufhebung einer Ehe geht es bei den Scheidungsgründen nicht um **Ereignisse** vor oder bei Eheschließung, sondern um solche **während aufrechter Ehe.** Die Ehe ist in solchen Fällen also mangelfrei zustande gekommen, hat sich in der Folge jedoch nicht bewährt.

Niemandem, weder den Eltern noch den gemeinsamen Kindern, ist damit gedient, dass eine Ehe rechtlich erhalten bleibt, wenn alle notwendigen menschlichen Voraussetzungen nicht mehr gegeben sind und auch eine Wiederherstellung der ehelichen Gemeinschaft alles andere als wahrscheinlich ist. Anderseits könnte ein allzu liberales Scheidungsrecht dazu führen, dass Ehen bereits leichtfertig eingegangen werden, weil man ohnehin jederzeit mit der einfachen Trennbarkeit rechnet und daher gar nicht versucht, gemeinsame Schwierigkeiten zu meistern, sondern ihnen durch Scheidung aus dem Weg geht.

111 **Wichtigster Grundsatz des Scheidungsrechts** ist die **Zerrüttung:** Darunter versteht man, dass die eheliche Gemeinschaft faktisch beendet und auch eine Wiederherstellung nicht zu erwarten ist. Eine solche Zerrüttung erfolgt öfters, ohne dass einem der Ehegatten ein konkreter Vorwurf gemacht werden kann. Das Gesetz kennt aber auch Tatbestände, in denen dem **Verschulden** eines Ehepartners besonderes Gewicht beigemessen wird; dieser hat ganz wesentliche Pflichten dem Ehegatten gegenüber grob verletzt und ihm dadurch das weitere Zusammenleben unzumutbar gemacht. Regelmäßig erfolgt aber auch eine so genannte „Scheidung aus Verschulden" nur dann, wenn es zu einem unkittbaren Bruch der Ehe, also zur Zerrüttung, gekommen ist.

Liegt ein Verschuldens- oder ein Zerrüttungstatbestand vor, wird das Scheidungsrecht grundsätzlich durch *Klage des einen gegen den anderen Ehepartner* geltend gemacht. Die Ehe wird durch Rechtsgestaltungsurteil im Augenblick der Rechtskraft dieser Entscheidung getrennt.

112 Dem Zerrüttungsprinzip angenähert ist auch die **einvernehmliche Scheidung** (§ 55a EheG). Hier kommt es unter gewissen Voraussetzungen über Antrag beider Ehegatten zum Scheidungsausspruch (Beschluss im außerstreitigen Verfahren). Die (unheilbare) Zerrüttung wird hier aber vom Richter nicht eigens geprüft; es genügt das Zugeständnis der Ehepartner. Dies ist schon deshalb nicht sehr problematisch, weil der gemeinsame Scheidungsantrag wohl ein deutliches Indiz dafür ist, dass die Parteien die Wiederherstellung einer dem Wesen der Ehe entsprechenden Lebensgemeinschaft nicht mehr erwarten.

Systematisch behandelt das EheG zuerst die Scheidung **wegen Verschuldens.** 113
Im Vordergrund steht dabei der generalklauselhafte Scheidungsgrund **„schwere Eheverfehlung“** (§ 49 EheG). Ein solches Fehlverhalten des einen berechtigt den anderen Teil dann zur Verschuldensscheidung, wenn es die Ehe *unheilbar zerrüttet* hat. Gleich behandelt wird die Zerrüttung durch „ehrloses und unsittliches Verhalten“. Als Beispiele für schwere Eheverfehlungen nennt das Gesetz den Ehebruch sowie die Zufügung körperlicher Gewalt oder schweren seelischen Leides. Auch wenn eine ausdrückliche Erwähnung im Gesetz nunmehr fehlt, wird die grundlose *Verweigerung der Fortpflanzung* durch einen Ehegatten jedenfalls dann nach wie vor als Verschuldensscheidungsgrund anzusehen sein, wenn die Weigerung erstmals und unerwartet nach der Eheschließung geäußert wird. Ohne Zweifel eine schwere Eheverfehlung stellt eine Abtreibung gegen den Willen des Partners und ohne medizinische Indikation dar. Weitere Anwendungsfälle sind regelmäßige Tätlichkeiten oder Beschimpfungen des anderen Teils, mehrfache Verletzungen von Unterhaltspflichten, häufiger Alkoholmissbrauch oder lang andauernde Vernachlässigung des anderen Teils (der Ehegatte verbringt seine Freizeit nur mit seinen Freunden und betritt die Ehewohnung bloß, um schmutzige Wäsche abzugeben und saubere mitzunehmen).

Unter bestimmten Umständen reichen aber auch solche schweren Eheverfehlungen nicht zur Verschuldensscheidung aus; nämlich dann nicht, wenn der verletzte Partner selbst ähnlich schwere Verfehlungen begangen hat.

Die Scheidungsrechte wegen Verschuldens des Partners sind auch dann aus- 114
geschlossen, wenn der verletzte dem schuldigen Teil **verziehen** hat oder erkennen lässt, dass er die Verfehlung nicht als ehezerstörend empfunden hat (§ 56 EheG). Auch ein **Verzicht** auf bereits entstandene Scheidungsrechte ist möglich, nicht aber ein Verzicht für die Zukunft. Damit die Scheidung nicht tatsächlich aus ganz anderen Gründen begehrt werden kann, ist die Geltendmachung von Scheidungsrechten wegen Verschuldens auch an bestimmte Fristen geknüpft (Näheres in § 57 EheG).

Ist die Ehe aus anderen Gründen **unheilbar zerrüttet,** soll auch gegen den 115
Willen des anderen Teils in vielen Fällen eine Scheidung möglich sein. Das Gesetz nennt hier **objektive Ehewidrigkeiten,** die aber nicht auf Verschulden, sondern auf einer geistigen Störung des anderen Teils beruhen (§ 50 EheG), **Geisteskrankheiten** und **ansteckende oder Ekel erregende Krankheiten** des Partners (§§ 51 f EheG) sowie die schon seit mindestens drei Jahren bestehende **Auflösung der häuslichen Gemeinschaft** (§ 55 EheG).

Im Bereich der Zerrüttungstatbestände gibt es aber eine so genannte **„Härteklausel“:** 116
Eine Scheidung ist dann unzulässig, wenn sie sittlich nicht gerechtfertigt ist; dies ist regelmäßig dann anzunehmen, wenn die Auflösung der Ehe den anderen Ehegatten außergewöhnlich hart treffen würde (§§ 54, 55 Abs 2 EheG). Bei dieser Abwägung ist unter anderem auf die Dauer der Ehe sowie das Lebensalter der Ehegatten Bedacht zu nehmen. Dahinter steht die Überlegung, dass etwa ein 25-jähriger, vollkommen gesunder Ehegatte nicht für sein ganzes Leben an eine unheilbar geisteskranke Person gebunden sein soll, während dies einem älteren Menschen eher zugemutet werden kann, und es einen alten Menschen auch besonders hart trifft, im Krankheitsfall im Stich gelassen zu werden. Einschneidender als die Lösung des Ehebandes dürfte aber regelmäßig die Trennung selbst sein; dagegen kennt die Rechtsordnung kein Mittel. Ist die häusliche Gemeinschaft seit sechs Jahren aufgehoben, muss dem Scheidungsbegehren jedenfalls stattgegeben werden.

117 Während die Scheidung wegen Zerrüttung keine besondere Bedeutung für die Rechtsfolgen hat, knüpfen sich an den Ausspruch im Scheidungsurteil, die Ehe werde wegen des alleinigen oder überwiegenden Verschuldens eines Teiles geschieden, vor allem vermögensrechtlicher Wirkungen: Der nicht schuldige Teil wird also regelmäßig – vor allem im Unterhaltsrecht – besser gestellt als der schuldige (vgl Rz 125).

118 Auch die schon genannte **einvernehmliche Scheidung** soll nicht unüberlegt erfolgen. Das Ehegesetz stellt daher einige Voraussetzungen auf: Die eheliche Lebensgemeinschaft muss seit zumindest einem halben Jahr aufgelöst sein, die Ehegatten müssen die unheilbare Zerrüttung der Ehe zugestehen, sie müssen Einigung über die wichtigsten Scheidungsfolgen (in Bezug auf Kinder und Vermögen) erzielt haben sowie einen gemeinsamen Scheidungsantrag stellen (§ 55 a EheG).

bb) Scheidungsfolgen

119 Einige **Folgen der Ehescheidung** resultieren schon aus der Natur der Sache: So erlöschen selbstverständlich alle Rechte und Pflichten, die sich aus dem Eheband ergeben haben (vgl Rz 103 ff).

120 Von großer Bedeutung ist die **Aufteilung des Ehevermögens.** Ausführliche Regeln enthalten die §§ 81 ff EheG. Kommen die Ehegatten zu einer einvernehmlichen Aufteilung, entstehen selbstverständlich keine Probleme. Für den Fall der Nichteinigung ist unter anderem Folgendes zu beachten:

121 Aufzuteilen sind das **eheliche Gebrauchsvermögen** und die **ehelichen Ersparnisse** (§ 81 EheG). Zum **Gebrauchsvermögen** gehören alle körperlichen Sachen, die während der ehelichen Lebensgemeinschaft dem Gebrauch beider Ehegatten gedient haben. Insbesondere sind das die Ehewohnung und der Hausrat, nicht aber etwa Dinge, die nur einer der Partner zur Ausübung seines Hobbys angeschafft hat (Tennisausrüstung, Reitpferd, Segelboot usw). *Ehewohnung* und *Hausrat,* auf deren Weiterbenützung ein Ehegatte angewiesen ist, sind auch dann in die Aufteilung einzubeziehen, wenn sie der andere eingebracht, von Todes wegen erworben oder von dritter Seite geschenkt erhalten hat; bei der Ehewohnung genügt der Weiterbenützungsbedarf eines gemeinsamen Kindes (§ 82 Abs 2 EheG). Zu den **Ersparnissen** zählen Wertanlagen, die die Gatten während ihrer Ehe angesammelt haben und die üblicherweise zur Verwertung bestimmt sind. Das sind insbesondere Bargeld und Spareinlagen oder Wertpapiere, aber auch eine Briefmarkensammlung; dies sogar dann, wenn der Sammler nicht die Absicht hatte, die Sammlung zu veräußern, da es nur darauf ankommt, ob die Sache nach der Verkehrsauffassung für eine Verwertung bestimmt ist. Die Herausnahme einer solchen Sammlung aus dem aufzuteilenden Vermögen würde auch zu ungerechten Ergebnissen führen: Kauft etwa der Mann mit seinem gesamten Einkommen Münzen, Briefmarken oder sammelt er gar alte Autos, würde die Frau bei Scheidung nichts bekommen.

122 Das Gesetz zählt daneben eine Anzahl von **Gegenständen** auf, die **jedenfalls der Aufteilung entzogen** sind (§ 82 EheG). Während nämlich bei den aufzuteilenden Gegenständen zu vermuten ist, dass beide Ehegatten auf irgendeine Weise zum Erwerb dieser Sachen beigetragen haben – sei es nur dadurch, dass die Frau

dem Mann alle Unannehmlichkeiten vom Hals gehalten hat und sich dieser dadurch voll seinem Beruf widmen konnte –, trifft dies bei manchen Sachen ganz ersichtlich nicht zu. Dazu gehören etwa alle Dinge, die ein Ehegatte in die Ehe eingebracht, von Todes wegen (durch Erbschaft) erworben hat oder die ihm von einem Dritten geschenkt wurden (zur Ausnahmeregelung für Ehewohnung und Hausrat siehe Rz 121). Der Aufteilung unterliegen aber auch nicht Sachen, auf die einer der Partner angewiesen ist oder zu denen er sonst ein besonderes Naheverhältnis hat; Sachen, die dem persönlichen Gebrauch eines Ehegatten allein oder der Ausübung seines Berufes dienen, werden daher nicht aufgeteilt.

Eine weitere, allerdings nicht unbedenkliche, Ausnahme hat der Gesetzgeber vor allem aus Gründen öffentlichen Interesses (Arbeitsplatzsicherung) getroffen. Von der Aufteilung ausgenommen sind nämlich auch **Sachen, die zu einem Unternehmen gehören oder Anteile an einem Unternehmen sind,** sofern es sich nicht um bloße Wertanlagen handelt. Um zu verhindern, dass ein Ehegatte alles Erworbene in sein Unternehmen steckt und so der andere nach Scheidung leer ausgeht, wird die Berücksichtigung solcher Werte ausdrücklich angeordnet: Flossen eheliches Gebrauchsvermögen oder eheliche Ersparnisse in ein Unternehmen, so sind sie zu berücksichtigen; ebenso alles, was aus dem Unternehmen an die Eheleute zurückfloss. Absolut begrenzend wirkt allerdings die *Gefährdung des Unternehmensbestandes* (§ 91 Abs 2 EheG). Daraus folgt, dass dem Unternehmer Entnahmen im Regelfall durchaus zugemutet werden, wenn eine gerechte Aufteilung anders nicht erfolgen kann.

Geht es um bloße **Unternehmensanteile,** so ist danach zu fragen, ob die Beteiligung entsprechendes Gewicht hat und dadurch eine Mitwirkung an der Unternehmensführung oder zumindest ein maßgeblicher Einfluss auf die Leitung verbunden ist. Das gilt für Kleinaktionäre, die die Aktien typischerweise zur Wertanlage kaufen, selbstverständlich nicht.

Der eine Ehegatte ist aber nur dann endgültig benachteiligt, wenn das Vermögen des anderen zur Gänze oder doch überwiegend der Aufteilung entzogen ist. Ist das nicht der Fall, so wird bei der Zuweisung des der Aufteilung unterworfenen Vermögens selbstverständlich berücksichtigt, dass der andere Teil größere Vermögenswerte (zB Unternehmensanteile) deshalb behalten hat, weil diese aus gewissen Gründen von der Aufteilung ausgenommen sind. **122a**

Die Aufteilung steht unter der Maxime der **Billigkeit** (Gerechtigkeit). Besonderes Gewicht kommt dem Beitrag des einzelnen Gatten zum Erwerb des Vermögens und dem Wohl der Kinder zu. Auch Unterhaltsleistungen sind in diesem Sinn Beiträge (§ 83 EheG). Ferner soll die Aufteilung so erfolgen, dass sich die Lebensbereiche der Geschiedenen in Zukunft möglichst wenig überschneiden (§ 84 EheG). Zur Sicherung einer raschen Abwicklung nach Scheidung ist der Aufteilungsanspruch an die Einhaltung einer einjährigen Frist, die mit Auflösung der Ehe zu laufen beginnt, gebunden (§ 95 EheG). Im Rahmen der Billigkeit ist auch das Verschulden der Gatten angemessen zu berücksichtigen. **123**

Wie schon erwähnt, sind vertragliche Regelungen der Ehepartner über die Scheidungsfolgen grundsätzlich möglich, ja sogar wünschenswert. Besonderes gilt nur für **Vorwegvereinbarungen:** Auf den Anspruch auf *Aufteilung des Gebrauchsvermögens* kann im Voraus überhaupt nicht verzichtet werden, Verträge über die *Aufteilung ehelicher Ersparnisse* bedürfen der Notariatsaktsform (§ 97 EheG). **124**

125 Für den **Unterhalt nach Scheidung** ist zwischen Scheidung aus Verschulden und ohne Verschulden zu differenzieren: Nach **Scheidung aus Verschulden** (§§ 66ff EheG) soll dem *nicht oder kaum schuldigen* Ehegatten die Aufrechterhaltung seines bisherigen Lebensstandards möglich sein; ihm steht daher ein den bisherigen Lebensverhältnissen der Ehegatten *angemessener* nachehelicher Unterhalt zu. Eine zumutbare, jedoch nicht ausgeübte Erwerbstätigkeit ist zu Lasten des berechtigten Teils zu berücksichtigen; ebenso die Gefährdung eines angemessenen Unterhalts des Verpflichteten selbst (§§ 66f EheG). Bei *beiderseitigem,* (nahezu) *gleich starkem Verschulden* gebührt dem Teil, der sich nicht selbst unterhalten kann, ein *Unterhaltsbeitrag* (§ 68 EheG). Doch sogar der *überwiegend oder allein Schuldige* kann dann vom Ex-Gatten Unterhalt begehren, wenn ihm die Selbsterhaltung nicht zugemutet werden kann. Primär ist dabei an die ihm obliegende Kindererziehung gedacht (Details in § 68a EheG).

125a Wird die Ehe **aus anderen Gründen als wegen Verschuldens geschieden,** so enthalten die §§ 69ff EheG vielfältige Differenzierungen. Ohne Schuldausspruch im Scheidungsurteil muss derjenige, der die Scheidung betrieben hat, dem anderen *„Billigkeitsunterhalt"* gewähren (§ 69 Abs 3 EheG). Ein solcher Unterhalt ist dem bedürftigen Teil auch dann zu gewähren, wenn bei einer Scheidung im Einvernehmen (Rz 112) keine rechtswirksame Unterhaltsvereinbarung zustande kam (§ 69a Abs 2 EheG); so, wenn nach rechtskräftiger Scheidung hervorkommt, dass sich ein Teil bei Abschluss der Vereinbarung über wesentliche tatsächliche Umstände geirrt hat, zB vom anderen über den Umfang seines Vermögens getäuscht wurde.

125b Unterhalt ist grundsätzlich in Form einer **monatlichen Geldrente** zu gewähren, die im Voraus zu bezahlen ist (§ 70 EheG). Zum Verhältnis der Unterhaltspflicht des Geschiedenen zu jener von Verwandten des Berechtigten siehe § 71 EheG.

125c Unterhaltsansprüche bestehen nun nicht in alle Ewigkeit. Dass sie mit dem Tod des Berechtigten zur Gänze **erlöschen,** liegt nahe (§ 77 EheG). Sie können aber auch durch dessen Verhalten nach der Scheidung negativ beeinflusst werden (§§ 73ff EheG). Ein wichtiges Beispiel dafür ist die **Wiederverheiratung** des Unterhaltsberechtigten, die seinen Anspruch ebenfalls zum Wegfall bringt (§ 75 EheG). Nun könnte diese Bestimmung dadurch umgangen werden, dass der unterhaltsberechtigte Teil keine neue Ehe, sondern bloß eine Lebensgemeinschaft eingeht. Die Lebensgefährten würden dann für lange Zeit auf Kosten des früheren Ehegatten leben. Um dies zu verhindern, wird angenommen, dass während der Dauer der Lebensgemeinschaft Unterhalt nicht begehrt werden kann. Der Anspruch „ruht". Nach Beendigung dieser nicht ehelichen Gemeinschaft dürfte der Unterhaltsanspruch aber wieder aufleben.

126 Für die Rechtsfolgen der Scheidung auf das Verhältnis der Eltern zu ihren gemeinsamen Kindern ist wesentlichstes Kriterium das **Kindeswohl.** Die Kindesobsorge *beider* Eltern bleibt seit einer Novelle aus dem Jahr 2001 auch nach der Scheidung aufrecht, wobei abweichende Vereinbarungen möglich sind; in jedem Fall muss geklärt sein, bei welchem Elternteil sich das Kind in Zukunft hauptsächlich aufhalten soll. Können sich die Eltern nicht einmal über diesen letzten Punkt einigen bzw widersprechen die getroffenen Vereinbarungen nach Ansicht des Ge-

richts dem Kindeswohl, hat es einen Elternteil mit der *alleinigen* Obsorge zu betrauen. Dem anderen Teil verbleiben aber gewisse Mindestrechte, wie das Recht auf persönlichen Verkehr mit dem Kind sowie bestimmte Informations- und Äußerungsrechte (Details in den §§ 177 ff).

Grundsätzlich behalten die geschiedenen Ehegatten den während der Ehe **127** geführten **Familiennamen.** Es besteht aber auch die Möglichkeit, dass der Geschiedene seinen früheren Namen annimmt. Ein Familienname, der aus einer früheren Ehe stammt, kann jedoch nur dann wieder angenommen werden, wenn aus dieser früheren Ehe Nachkommen vorhanden sind (§ 93 a ABGB).

4. Nicht eheliche Lebensgemeinschaft

Dass Mann und Frau oft „wie Eheleute", aber ohne Trauschein zusammen- **128** leben, ist heutzutage ein Faktum. Auch die Rechtsordnung kann sich dieser gesellschaftlichen Tatsache auf Dauer nicht entziehen. In einzelnen Sonderfragen hat das Recht daher die Stellung des Lebensgefährten der eines Ehegatten angenähert, ohne jedoch eine grundsätzliche Gleichbehandlung anzuordnen. Dies ist auch durchaus gerechtfertigt: Die Lebensgefährten geben durch die Wahl der Art ihres Zusammenlebens eben gerade zu erkennen, dass sie rechtlich nicht gebunden sein wollen, weshalb die Rechtsgrundsätze der Ehe nicht anwendbar sind. In Österreich wären daher etwa Fälle wie in den USA nicht möglich, wo die Lebensgefährtin eines Filmstars bei Trennung Millionenbeträge begehrt (und zum Teil auch erhält), weil sie ihm durch ihren psychischen Beistand die Möglichkeit zur freien Entfaltung gegeben hat. Vermögensfragen zwischen den Lebensgefährten sind daher nach Trennung prinzipiell nach **Bereicherungsgrundsätzen** zu beurteilen (dazu Rz 811 ff).

Ausdrückliche Anerkennung findet die Lebensgemeinschaft etwa schon seit längerem im **MietrechtsG (MRG) 1981.** So ist der Lebensgefährte wie ein Ehegatte bei Tod des Mieters berechtigt, in den Mietvertrag einzutreten (§ 14 Abs 3 MRG); nach neuester Rechtsprechung zählt auch der *gleichgeschlechtliche Partner* zu den Eintrittsberechtigten. Im Bereich des Strafrechts wird dem Lebensgefährten ebenfalls eine Sonderstellung eingeräumt: Ihm kommt etwa ein Zeugnisentschlagungsrecht zu, wenn ein Strafverfahren gegen seinen Partner läuft.

5. Ausgewählte Fragen des Kindschaftsrechts

Wenn das uneheliche Kind dem ehelichen auch heutzutage schon weitgehend **129** gleichgestellt ist (zur Rechtsstellung im Erbrecht Rz 148), so bestehen dennoch gewisse „naturbedingte" Unterschiede: So muss das nicht eheliche Kind regelmäßig erst nach seinem Vater „fahnden". Daher ist zum Ersten zu klären, von wem das Kind abstammt, sowie zum Zweiten, welche Rechtsfolgen sich an die uneheliche Geburt knüpfen. Aus historischen Gründen regelt das ABGB nach wie vor zunächst ausführlich die **Rechtsverhältnisse zwischen Eltern und ehelichen Kindern** (§§ 139–154 b); nur wenige Abweichungen für *unehelich* Geborene finden sich in den §§ 165–168 ABGB. Davon sind vor allem die Obsorge (Rz 136 a) sowie der Kindesname (Rz 136 c) betroffen.

Auf Grund des medizinischen Fortschritts sind heutzutage verschiedene Formen *medizinisch assistierter („künstlicher") Fortpflanzung* möglich. Nähere Regelungen einer solchen **Fortpflanzungshilfe** – insbesondere zulässiger Methoden und deren Voraussetzungen – enthält das **FortpflanzungsmedizinG;** die *Rechtsfolgen* sind vor allem im ABGB zu finden.

a) Abstammung und Ehelichkeit

129a Das **Abstammungsrecht** wurde zum 1. 1. 2005 durchgreifend novelliert (dazu Rz 129b ff). Grundgedanke der Neuregelung ist der prinzipielle Vorrang der biologischen vor der „sozialen" Wirklichkeit. Abstammungsregeln wirken als Statusfestlegungen immer gegenüber jedermann. Auch aus diesem Grund können derartige Fragen noch nach dem Tod von Elternteil (Vater) oder Kind durch und gegen ihre Erben geklärt werden (§ 138a ABGB). Wichtigste Ausnahme: Feststellung der Vaterschaft eines bereits länger als zwei Jahre verstorbenen Mannes, die bloß auf die Beiwohnung innerhalb der kritischen Frist (Rz 134) gestützt wird (§ 163 Abs 2 ABGB). Das alles geschieht nunmehr durchwegs im *Außerstreitverfahren* (Rz 1342). Für die *Geschäftsfähigkeit* nicht eigenberechtigter Personen (Minderjähriger, geistig Behinderter) in Abstammungssachen gilt Besonderes (§ 138b ABGB).

129b Auch wenn heutzutage Ei- und Embryotransfer in Frage kommen, ist **Mutter** im Rechtssinn ausnahmslos die Frau, die das Kind geboren hat (§ 137b ABGB), niemals also die (festgestellte) Eispenderin.

130 Viel komplizierter ist es beim **Vater.** Schon ob ein Kind, das während aufrechter Ehe geboren wird, tatsächlich vom Ehemann der Mutter abstammt, steht nicht mit Sicherheit fest. Davon ist aber bis zur gerichtlichen Feststellung der Nichtabstammung bzw einer anderen Vaterschaft auszugehen. Gleiches gilt dann, wenn der Ehemann nicht früher als 300 Tage vor der Geburt gestorben ist. Ansonsten ist Vater im Rechtssinn jener, der seine Vaterschaft anerkannt hat oder dessen Vaterschaft gerichtlich festgestellt wurde (§ 138 ABGB; zum Anerkenntnis näher Rz 135). In den beiden erstgenannten Fällen ist das **Kind ehelich;** auch dann, wenn die Ehe im Nachhinein für nichtig (s Rz 100) erklärt wird; bei Geburt nach Ablauf von 300 Tagen nach Scheidung, Aufhebung oder Nichtigerklärung der Ehe jedoch nur, wenn der frühere Ehemann der Mutter die Vaterschaft anerkannt hat oder vom Gericht als Vater festgestellt wurde (§§ 138c, 138d ABGB; zu Besonderheiten bei medizinisch unterstützter Fortpflanzung s § 138d Abs 2). Alle anderen Kinder sind **unehelich,** insbesondere jene, deren Mutter noch nie verheiratet war.

131 Das **uneheliche Kind** ist nicht bloß „blutsmäßig", sondern auch rechtlich mit der Mutter *und* dem Vater verwandt. Diese Verwandtschaft zeitigt gegenüber dem Vater (und dessen Verwandten) aber erst dann Rechtswirkungen, wenn die **Vaterschaft rechtswirksam festgestellt** wurde (Rz 134f). Ein zunächst uneheliches Kind kann auf mehrfache Weise den Status eines ehelichen erhalten. Wichtigster Fall dieser **Legitimation** ist die nachfolgende Heirat der Eltern; daneben gibt es auch die Möglichkeit der Legitimation durch Erklärung des Bundespräsidenten (§§ 161 ff ABGB). – Zur Adoption Rz 140.

132 Hat der Ehemann der Mutter gute Gründe, anzunehmen, dass er *nicht* der Vater ist, kann er bei Gericht die **Feststellung der Nichtabstammung** begehren. Für diesen gegen das Kind zu richtenden Antrag hat er zwei Jahre Zeit; diese Frist beginnt mit Kenntnis der gegen seine Vaterschaft sprechenden Umstände, niemals aber vor der Geburt des Kindes (§§ 156, 158 ABGB). Hat der Antrag des Ehemanns Erfolg, ist das Kind rechtlich (zunächst) vaterlos. Dieser Zustand kann sich nur durch gerichtliche Feststellung eines anderen Mannes als Vater ändern. Die Feststellung der Nichtabstammung scheidet jedoch von vornherein aus, wenn der

Ehemann der Mutter bei medizinisch assistierter Fortpflanzung der Verwendung von Fremdsamen in qualifizierter Form zugestimmt hat (§ 157 ABGB).

Die Feststellung der Nichtabstammung kann auch vom Kind (gegen den Vater) beantragt werden (§ 156 Abs 2 ABGB). **133**

Vor allem dann, wenn es rechtlich (noch) keinen Vater gibt, wird nicht zuletzt wegen des Kindesunterhalts (Rz 137) häufig eine **Vaterschaftsfeststellung** in die Wege geleitet (§§ 163 ff ABGB). Das Kind, regelmäßig vertreten durch seine Mutter, kann bei Gericht einen entsprechenden Antrag stellen. Der gesetzliche Vertreter des Kindes ist zur Einbringung des Antrags *verpflichtet,* sofern die Vaterschaftsfeststellung nicht dem Wohl des Kindes widerspricht (Vater ist zB Schwerverbrecher) oder die Mutter den (vermeintlichen) Vater verschweigt. Gelingt der Beweis der „Beiwohnung" in der kritischen Zeit (innerhalb von 180–300 Tagen vor der Geburt), gilt der Antragsgegner kraft **Zeugungsvermutung** als Vater, sofern er nicht den Gegenbeweis (der Nichtvaterschaft) führen kann. Die Tatsache, dass das Kind bereits einen rechtlichen Vater – den Ehemann der Mutter – hat, stellt kein Hindernis für den Feststellungsantrag des Kindes dar (§ 163 b ABGB). **134**

Für die gesetzesgemäß erfolgte medizinisch unterstützte Fortpflanzung gilt wiederum Besonderes. So kann etwa ein dritter Samenspender niemals als Vater festgestellt werden. Festzustellender Vater ist vielmehr der Mann, der einer solchen Fortpflanzung in qualifizierter Form zugestimmt hat.

Ist ein Mann der Meinung, Vater eines bestimmten Kindes zu sein, und will er sich zu diesem bekennen, hat er die Möglichkeit, bei Gericht ein **Vaterschaftsanerkenntnis** abzugeben (§§ 163 c ff ABGB; zu dessen Beseitigung s § 164 ABGB). Erweist sich seine Behauptung als richtig, wird seine Vaterschaft *festgestellt.* Dabei bestehen jedoch gewisse Einschränkungen: Einerseits können Mutter oder Kind **Widerspruch** gegen das Anerkenntnis erheben; der Widerspruch bleibt jedoch erfolglos, wenn die Vaterschaft des Anerkennenden erwiesen ist. Andererseits wird das Anerkenntnis in Bezug auf ein Kind, das bereits einen rechtlichen Vater – insbesondere den Ehemann der Mutter – hat, nur wirksam, wenn die Vaterschaft dieses Mannes beseitigt wird oder das Kind dem Anerkenntnis in qualifizierter Form zugestimmt und „früherer" Vater oder Mutter nicht erfolgreich Widerspruch erhoben hat. Im Regelfall, nämlich bei (noch) nicht eigenberechtigten Kindern, bedarf es neben der Zustimmung des Jugendwohlfahrtsträgers als gesetzlichem Vertreter des Kindes einer Erklärung der Mutter, der betreffende Mann sei der Vater ihres Kindes. **135**

b) Obsorge

Zentraler und umfassender Begriff ist der der **Obsorge.** Dazu gehören Pflege und Erziehung, gesetzliche Vertretung und Vermögensverwaltung. Diese Rechte und Pflichten stehen den *ehelichen Eltern* zu. Sie sollen möglichst einvernehmlich vorgehen. Unter bestimmten Umständen kann einem Elternteil die Obsorge ganz oder teilweise entzogen werden; sie kann dann auch Großeltern zukommen (§§ 144 f ABGB). **136**

Da das *uneheliche* Kind regelmäßig bei der Mutter aufwächst, ist diese trotz Anerkennung oder Feststellung eines außerehelichen Vaters allein zur Obsorge berechtigt und verpflichtet. Ihre Rechte können in gravierenden Fällen jedoch **136 a** eingeschränkt oder ganz entzogen werden. Dem Vater werden regelmäßig Besuchsrechte und uU auch Mitspracherechte eingeräumt. Auf Grund einer entsprechenden Vereinbarung kann aber auch der Vater die Obsorge erhalten; dies sogar dann, wenn er mit der Mutter nicht in häuslicher Gemeinschaft lebt, wobei all dies wiederum unter dem Vorbehalt des Kindeswohls steht (§§ 166f ABGB).

c) Kindesname

136b Tragen die ehelichen Eltern den gleichen Familiennamen (zum Ehenamen Rz 108), heißt selbstverständlich auch das **eheliche Kind** so; wenn nicht, können die Eltern einen der Elternnamen für das Kind wählen. Gelingt ihnen keine Einigung, erhält das Kind den Familiennamen des Vaters (§ 139 ABGB). Diese Subsidiärlösung ist sachlich wenig überzeugend.

136c Das **uneheliche Kind** erhält demgegenüber ausnahmslos den Familiennamen der Mutter (§ 165 ABGB), also den von ihr bei der Geburt geführten Namen. Zum Vaternamen kann das Kind nur durch eine Namensänderung kommen (§ 2 Abs 1 Z 8 NÄG).

Diese Regelung ist doppelt bedenklich: Bei unverheirateten Müttern kann der Name des Vaters nicht einmal einvernehmlich gewählt werden, was gleichheitswidrig erscheint. Umgekehrt kann der Ehemann der Mutter nicht verhindern, dass das von einem anderen gezeugte Kind seinen Namen trägt, was den Grundsätzen der Nichtehelichkeitsfeststellung (Rz 123) widerspricht.

d) Kindesunterhalt

137 Neben immateriellen Rechtsbeziehungen zwischen Eltern und Kindern – es geht hierbei um Beistandspflichten sowie um Pflege und Erziehung – kommt dem **Unterhaltsrecht** große praktische Bedeutung zu. Nicht selten liest man in der Zeitung, dass es sogar zu einem gerichtlichen Streit des Kindes mit seinen Eltern über die Finanzierung des gewählten Studiums gekommen ist.

Grundsätzlich haben Vater und Mutter *anteilig* zur Deckung der Bedürfnisse des Kindes beizutragen. Auch wird auf „ihre Kräfte" abgestellt. Art und Höhe des Unterhalts hängen daher etwa von den Vermögensverhältnissen, aber auch vom Gesundheitszustand jedes Elternteils ab. Der nicht verdienende Teil leistet durch Haushaltsführung und Kinderbetreuung seinen Unterhaltsbeitrag (§ 140 ABGB).

Können die Eltern trotz redlichen Bemühens dem Kind nicht den erforderlichen Unterhalt leisten, sind subsidiär die Großeltern unterhaltspflichtig. Umgekehrt kann aber auch eine Unterhaltspflicht der Kinder gegenüber bedürftigen Eltern und Großeltern bestehen.

Beim Umfang der Unterhaltspflicht ist ganz wesentlich auf die Anlagen, Fähigkeiten, Neigungen und Entwicklungsmöglichkeiten des Kindes Bedacht zu nehmen. Einem intelligenten und ausreichend fleißigen Kind ist daher jedenfalls auch ein Studium zu ermöglichen, soweit dies für die Eltern finanziell tragbar ist. Entgegen einer weit verbreiteten Ansicht gilt dies ganz unabhängig davon, ob die Eltern selbst Akademiker sind. Gegenüber vermögenden Eltern hat ein solches Kind auch Anspruch auf Bezahlung einer Wohnung am Studienort, sofern der Wohnort der Eltern weiter entfernt liegt.

In der Rechtsprechung haben sich zwecks Vereinfachung für Durchschnittsfälle („normale" Vermögensverhältnisse) **Richtsätze** herausgebildet. Der Unterhaltsanspruch steigt mit dem Alter des Kindes. Er beträgt für ein Kind unter 6 Jahren 16%, zwischen 6 und 10 Jahren 18%, zwischen 10 und 15 Jahren 20% und über 15 Jahren 22% der Einkommensbemessungsgrundlage. Abzüge für andere Unterhaltsverpflichtungen des Schuldners werden ebenfalls prozentuell vorgenommen: für jedes weitere Kind unter 10 Jahren 1%, über 10 Jahren 2% und für den unterhaltsberechtigten Ehegatten je nach dessen eigenem Einkommen 0–3%.

Die Unterhaltsberechtigung des Kindes endet nicht mit der Volljährigkeit, sondern mit der **Selbsterhaltungsfähigkeit.** Damit haben also Studenten regelmäßig Unterhaltsansprüche gegen ihre Eltern; aus Krankheitsgründen Arbeitsunfähige (zB wegen angeborener geistiger und körperlicher Behinderung) können bis an ihr Lebensende mit Unterstützung rechnen.

Sind die eigenen Einkünfte nicht hoch genug, wird der Unterhaltsanspruch gegen die Eltern bloß gemindert. Auch die **Familienbeihilfe** führt, sofern sie dem Unterhaltsberechtigten zukommt, zur Reduzierung der Ansprüche gegen die Eltern.

Vor allem kleinere Kinder haben aber nicht viel von einem ihnen an sich zustehenden Anspruch, wenn sie Unterhalt nicht tatsächlich bekommen und daher der Gefahr der Verwahrlosung oder gar des Verhungerns ausgesetzt sind. Für solche krassen Fälle hat der Gesetzgeber durch das **UnterhaltsvorschußG** vorgesorgt. Unter bestimmten Umständen, nämlich wenn sich der Unterhaltsverpflichtete seinen Verpflichtungen erfolgreich entzogen hat, gewährt der Bund minderjährigen Kindern Unterhalt. Für diesen Vorschuss kann sich der Bund selbstverständlich am Unterhaltspflichtigen schadlos zu halten versuchen. Das **UnterhaltsschutzG** versucht die Vereitelung gesetzlicher Unterhaltsansprüche zu verhindern. Dabei geht es vor allem um Verzichtserklärungen des Unterhaltsschuldners auf ein ihm an sich zustehendes Einkommen oder um die Verschleierung eines solchen Einkommens zu Lasten des Unterhaltsberechtigten. **138**

Eine besondere Ausformung der elterlichen Unterhaltspflichten ist auch der dem Kind zustehende Anspruch auf **Ausstattung** anlässlich seiner Verehelichung. Die Ausstattung wird landläufig öfters als „Aussteuer“ bezeichnet. Bei der Tochter spricht man von **Heiratsgut** (Näheres in den §§ 1218–1231 ABGB). **139**

e) Adoption

Durch die **Annahme an Kindesstatt (Adoption;** §§ 179–185a ABGB) wird die Beziehung zwischen ehelichen Kindern und ihren Eltern rechtlich („künstlich“) nachgebildet. Die Motive dafür können ganz unterschiedlich sein: Kinderlose Ehegatten wollen sich einen Kinderwunsch erfüllen und zugleich elternlosen Kindern die Möglichkeit geben, in einer intakten Familie aufzuwachsen; der kinderlose Adelige will verhindern, dass seine Dynastie ausstirbt. **140**

Die Adoption erfolgt durch schriftlichen Vertrag zwischen Annehmendem und Wahlkind, der mit gerichtlicher Zustimmung wirksam wird. Regelmäßig werden Ehegatten gemeinsam adoptieren; aber auch die Annahme durch eine Einzelperson, etwa den unehelichen Vater, ist grundsätzlich möglich. **Altersgrenzen** sollen verhindern, dass unreife Personen Adoptivkinder großziehen, auch soll der Altersunterschied zwischen Eltern und Kindern möglichst den natürlichen Verhältnissen entsprechen. Der Adoptivvater muss daher das 30. Lebensjahr, die Adoptivmutter das 28. Lebensjahr vollendet haben. Grundsätzlich muss zwischen Eltern und Kindern ein Altersunterschied von 18 Jahren bestehen. Haben die Annehmenden schon eigene Kinder, ist die Adoption zu versagen, wenn ein überwiegendes Interesse dieser Kinder der Adoption entgegensteht.

Wahlkinder können sowohl **minderjährige** als auch **volljährige** Personen sein. Bei minderjährigen Kindern muss grundsätzlich der gesetzliche Vertreter der Adoption zustimmen. Die Adoption *Erwachsener* bedarf des Nachweises einer bereits bestehenden besonders intensiven, elternähnlichen Beziehung, um Scheinadoptionen zu anderen Zwecken zu verhindern.

Das Gericht hat bei seiner Bewilligung die Interessen aller Beteiligten zu berücksichtigen. Im Vordergrund steht das Wohl des Wahlkindes. Um zu verhindern, dass das Wahlkind später zwischen leiblichen Eltern und Adoptiveltern hin- und hergerissen ist, kommt es auch regelmäßig zu einer gewissen Geheimhaltung: Die leiblichen Verwandten des Kindes sollen etwa nicht erfahren, wie das Kind nun nach Adoption heißt und wo es wohnt.

Die durch Adoption begründete künstliche Verwandtschaft wirkt nur zwischen den Adoptiveltern und deren Nachkommen sowie dem Wahlkind und dessen minderjährigen Kindern. Selbstverständlich heißt das Wahlkind nach Adoption auch genauso wie seine Adoptiveltern. Auf Grund der natürlichen Blutsverwandtschaft bestehen aber weiterhin in gewissem Grad Beziehungen zwischen dem Wahlkind und seinen natürlichen Verwandten. Können etwa die Adoptiveltern dem Wahlkind nicht den ausreichenden Unterhalt gewähren, haben subsidiär die leiblichen Eltern einzuspringen. Im Bereich der Ehehindernisse ist primär die Blutsverwandtschaft von Bedeutung (siehe schon Rz 97).

Auch eine Adoption kann in der Folge wieder beseitigt werden (§§ 184–185a ABGB). Damit fiele etwa das Eheverbot weg; ebenso wechselseitige Erbrechte.

V. Grundzüge des Erbrechts

Weiterführende Literatur: *Eccher,* Erbrecht[2] (2002); *Ferrari/Likar-Peer* (Hrsg), Erbrecht: Ein Handbuch für die Praxis (2007); *Fucik,* Das österreichische Verlassenschaftsverfahren (2005); *Haunschmidt/Haunschmidt,* Erbschaft und Testament[3] (2003); *Koziol/Welser*[13] II 441–486; *Zankl,* Erbrecht[7] (2006).

1. Allgemeines

141 Das Erbrecht hat zu entscheiden, wer in die **privatrechtlichen Rechte und Pflichten** eines Verstorbenen nachfolgt. Die Frage der Vererblichkeit sonstiger Berechtigungen und Verpflichtungen gehört ins öffentliche Recht. So ist die dort geregelte Befugnis, einen akademischen Grad zu führen, selbstverständlich unvererblich; gleiches gilt für offene Haft- oder Geldstrafen. Anderseits sind etwa Steuerschulden vererblich.

Doch auch für das Privatrecht gilt, dass nicht alle Rechte und Pflichten eines Verstorbenen auf seinen Nachfolger übergehen. Waren Verpflichtungen ihrer Art nach unvererblich (so etwa die Pflichten eines Vertragssportlers) oder auf Grund der konkreten Vereinbarung **höchstpersönlich,** erlöschen sie mit dem Tode des Verpflichteten. Gleiches gilt umgekehrt für höchstpersönliche Rechte.

Wirtschaftspolitisch betrachtet ist das Erbrecht ein ganz wichtiger Faktor der freien Marktwirtschaft. Die Möglichkeit, auch über den Tod hinaus Bleibendes zu schaffen, bringt viele Personen dazu, mehr zu erwirtschaften, als sie selbst aktuell benötigen. Damit gehört die Einrichtung eines funktionstüchtigen Erbrechts aber auch zur Realisierung der verfassungsrechtlichen Eigentumsgarantie: Privateigentum wäre nicht viel wert, wenn es nicht über Generationen hinaus Bestand haben könnte. Die Regelung der Erbschaftssteuer führt jedoch dazu, dass der Staat beinahe an jedem Todesfall „verdient“.

2. Grundbegriffe und Grundsätze

Erblasser ist der Verstorbene, **Erbe** ist derjenige, der in die Rechte und Pflichten des Erblassers nachfolgt. Die Summe der vererblichen Rechte und Pflichten wird als **Nachlass** bezeichnet. 142

Letztwillige Verfügung ist eine Anordnung des Erblassers, wer aus dem Nachlass etwas bzw nichts erhalten soll. Wichtigste Erscheinungsformen sind das **Testament** und das **Vermächtnis** (Näheres Rz 152ff).

Das österreichische Erbrecht ist von **zwei Grundsätzen** beherrscht: Diese sind die **Testierfreiheit** und die **Familienerbfolge.** Kurz gesagt, soll danach der Nachlass an den gelangen, den der Erblasser selbst als seinen „Nachfolger" ausgewählt hat. Aber auch die nähesten Angehörigen sollen nicht leer ausgehen. Sie haben ja regelmäßig jahrzehntelang mit dem Erblasser gelebt und oft auch zur Erwirtschaftung seines Vermögens beigetragen. Die engsten Verwandten und der Ehegatte des Verstorbenen erhalten daher regelmäßig den Nachlass, wenn kein Testament vorhanden ist. Sogar trotz gegenteiliger letztwilliger Verfügung erhalten gewisse nahe Angehörige jedenfalls aus dem Nachlass stammende Vermögenswerte; Details hierzu regelt das **Pflichtteilsrecht** (Rz 176ff). 143

Anders als nach manchen ausländischen Rechtsordnungen erwirbt der Erbe oder die Erbengemeinschaft nicht sofort mit dem Tod des Erblassers, dem so genannten **Erbfall,** Eigentum am Nachlass. Vielmehr ist immer ein förmliches **Verlassenschaftsverfahren** zwischengeschaltet (dazu Rz 183ff). 144

3. Wichtige Rechtsquellen

Erbrechtliche Regelungen finden sich vor allem im ABGB (§§ 531–824), Verfahrensbestimmungen sind im **AußerstreitG** enthalten. Schließlich gibt es im Bereich des bäuerlichen Erbrechts bundes- und landesgesetzliche Sonderregelungen für die Nachfolge in landwirtschaftliche Höfe (zB das **AnerbenG 1958**). Zum bäuerlichen Erbrecht siehe noch Rz 151. 145

4. Gesetzliche Erbfolge

Meist hinterlassen Verstorbene keine letztwillige Verfügung. Wer in solchen Fällen an den Nachlass gelangt, bestimmt das **gesetzliche Erbrecht.** Zu entscheiden hat das Gesetz dabei etwa, ob der überlebende Ehegatte oder die Kinder des Verstorbenen den Großteil des Nachlasses erhalten sollen, ob neben Kindern des Erblassers auch dessen noch lebende Eltern erbberechtigt sind, ob uneheliche Kinder gleich oder schlechter behandelt werden sollen als eheliche usw. 146

a) Die Verwandten

Nach dem Grundsatz der Familienerbfolge sollen die nähesten Verwandten des Verstorbenen Erben werden (§§ 730ff ABGB). Unter Verwandtschaft ist regelmäßig **Blutsverwandtschaft** zu verstehen. Da ein Erblasser aber oft mehrere Verwandte hinterlässt, muss das Gesetz entscheiden, ob (und auf welche Weise) der Nachlass in solchen Fällen aufgeteilt werden soll oder ob einzelne Verwandte die anderen verdrängen. In Österreich gilt das so genannte **Parentelensystem.** Die- 147 ses System unterscheidet mehrere **Linien (Parentelen)** der Verwandten. Die dem Erblasser nähere Linie schließt alle entfernteren von der Erbfolge aus. Auch der **Grad** der Verwandtschaft ist nur innerhalb der einzelnen Linien von Bedeutung: Dabei ist die Gradesnähe durch die Anzahl der die Verwandtschaft zwischen Erblasser und konkretem Verwandten vermittelnden Zeugungen ausschlaggebend; die Schwester des Verstorbenen ist daher mit diesem im zweiten Grad verwandt (Zeugung des Erblassers und Zeugung der Schwester).

In der **ersten Linie** stehen die Kinder des Erblassers sowie deren Nachkommen. Sind Kinder vor dem Erblasser verstorben, erhalten deren Nachkommen, also die Enkel des Erblassers, gemeinsam das, was der Verstorbene bei Erleben des Erbfalls erhalten hätte. Diese **Repräsentation** findet auch dann statt, wenn das Kind aus anderen Gründen als wegen seines Vortods (zB wegen Erbunwürdigkeit) nicht Erbe wurde. In der **zweiten Linie** finden sich die Eltern des Verstorbenen und deren Nachkommen, das sind also die Geschwister des Erblassers, sowie deren Kinder. Die **dritte Linie** setzt sich aus den Großeltern und deren Nachkommen zusammen (sofern sie nicht schon in der ersten oder zweiten Linie enthalten sind). Die **vierte Linie** umfasst nur mehr die Urgroßeltern des Verstorbenen, nicht mehr deren Nachkommen. Der Gesetzgeber hat hier die **Grenze des Verwandtenerbrechts** vorgesehen. Tatsächlich haben heutzutage noch entfernter Verwandte regelmäßig keine engeren Beziehungen zum Erblasser unterhalten. Mangels besonderen Naheverhältnisses wäre ein Erbrecht daher nicht zu begründen.

148 Die eben kurz dargestellten Regeln galten früher nur für die **eheliche Verwandtschaft.** Von diesem Ansatz wurde in jüngerer Zeit immer weiter abgegangen. Nunmehr sind **uneheliche** Kinder bei Tod des Vaters erbrechtlich mit ehelichen vollkommen gleichgestellt.

Umgekehrt hat aber auch der Vater ein gesetzliches Erbrecht nach seinem unehelichen Kind.

b) Der Ehegatte

149 Haben Nachkommen des Erblassers den Erbfall erlebt, sollen diese möglichst stark am Vermögen des Verstorbenen teilhaben. Der **Ehegatte** des Erblassers bekommt *neben Kindern* daher nur **ein Drittel** des Nachlasses. Sind hingegen bloß Eltern, Geschwister oder Großeltern des Erblassers vorhanden, erhält der Ehegatte **zwei Drittel.** Es wird aber noch komplizierter. Nachkommen von Großeltern (zB Tante, Onkel), aber auch von Geschwistern (zB Nichte oder Neffe) stehen dem Erblasser aus heutiger Sicht typischerweise weniger nahe, weshalb sie der Ehegatte bei Erbfällen nach dem 1. 1. 2005 verdrängt: Bei Vorhandensein solcher Verwandten neben überlebenden Großeltern bekommt er zusätzlich jenen Anteil, der ansonsten auf diese Verwandten entfallen wäre. Haben weder Eltern noch Geschwister noch Großeltern den Erblasser überlebt, weist § 757 ABGB dem überlebenden Ehegatten überhaupt den **gesamten Nachlass** zu (Berechnungsbeispiele im Beiheft Nr 83 und 83a).

Immer stehen ihm jedoch als **gesetzliches Vorausvermächtnis** die zum ehelichen Haushalt gehörenden beweglichen Sachen („Hausrat") zu, sofern sie zu dessen Fortführung entsprechend den bisherigen Lebensverhältnissen erforderlich sind; ebenso darf er weiterhin in der Ehewohnung bleiben (§ 758 ABGB).

c) Der Fiskus

Stirbt jemand, ohne einen Ehegatten oder Verwandte der ersten bis vierten Linie zu hinterlassen, und hat er auch keine letztwillige Verfügung errichtet, ist der Nachlass ein „erbloses Gut". Eine solche **erblose Verlassenschaft** fällt an den Staat (§ 760 ABGB; s auch § 184 AußStrG). 150

d) Sondererbfolge

Hinterlässt der Erblasser mehrere gradgleiche Verwandte in einer Linie – häufigster Fall sind mehrere Kinder –, werden diese zu gleichen Teilen **Miterben.** In gewissen Bereichen soll es nun jedoch keinesfalls zu einer Teilung des Nachlasses kommen. Dies gilt vor allem für das schon erwähnte **bäuerliche Höferecht.** Zur Sicherung eines wirtschaftlich gesunden und lebensfähigen Bauernstandes soll den **Erbhof** bloß einer, der so genannte **Anerbe,** bekommen. Beim Ehegattenhof wird Erbe der überlebende Ehegatte, ansonsten regelmäßig eines der Kinder. Hiebei sind für die Auswahl verschiedenste Kriterien (landwirtschaftliche Ausbildung, fehlende Versorgung usw) ausschlaggebend. Die Personen, die nach allgemeinen Regeln ebenfalls gesetzliche Erben wären, werden als **weichende Erben** bezeichnet. Sie sind vom Anerben in Geld abzufinden. Grundlage der Abfindungshöhe ist zwar der Wert des Erbhofes; um nun aber eine hohe Verschuldung des Anerben zu vermeiden, wird der **Übernahmepreis** des Erbhofes zu Gunsten des Anerben nicht mit dem Verkehrswert festgesetzt, sondern deutlich niedriger bewertet. 151

Das Anerbenrecht ist in Kärnten und Tirol durch besondere Höfegesetze geregelt, während im sonstigen Bundesgebiet das **AnerbenG** gilt.

5. Testamentarische Erbfolge

Vor allem Personen, die über größeres Vermögen verfügen, wollen es für den Fall ihres Todes häufig nicht bei der gesetzlichen Erbfolge belassen: Der Vater möchte etwa, dass die Fabrik allein an seinen besonders geschäftstüchtigen Sohn fällt, während das restliche Vermögen gleichmäßig unter alle Kinder verteilt werden soll. Häufig hat der spätere Erblasser zu Lebzeiten aber auch deutlich stärkere persönliche Beziehungen zu Nichtverwandten als zu weiter entfernten Angehörigen, die ohne letztwillige Verfügung seine gesetzlichen Erben wären. Er verfügt daher zu Gunsten seiner Lebensgefährtin, seines besten Freundes oder einer karitativen Organisation. 152

Grundsätzlich kann ein Erblasser jede natürliche oder juristische Person zum Alleinerben einsetzen. Da das Abgehen vom gesetzlichen Erbrecht aber einmal keine Selbstverständlichkeit ist und zum Zweiten der Erblasser nach seinem Tod nicht mehr gefragt werden kann, was er nun tatsächlich wollte, muss das Erbrecht unter anderem festlegen, wann ein Testament gültig ist und wie bei Unklarheiten seines Inhalts vorgegangen werden soll.

Um zu verhindern, dass eine letztwillige Verfügung „verschwindet", empfiehlt sich ihre Hinterlegung bei einem Gericht, Notar oder Rechtsanwalt, verbunden mit einer Eintragung in das von der Notariatskammer geführte „Österreichische Zentrale Testamentsregister".

a) *Gültigkeitsvoraussetzungen*

153 Notwendige Gültigkeitsvoraussetzungen sind das Vorliegen einer **Erbeinsetzung,** die Einhaltung einer zulässigen **Testamentsform** und bestimmte **Eigenschaften des Testators.**

aa) Erbeinsetzung

154 Eine **Erbeinsetzung** liegt dann vor, wenn die Verfügung einen Erben bestimmt. Dieser kann entweder auf den gesamten Nachlass oder auf eine Quote eingesetzt sein. Soll hingegen nach dem Wortlaut der Verfügung jemand nur bestimmte Stücke aus dem Nachlass enthalten, ist regelmäßig ein bloßes **Vermächtnis** gegeben. Die Verfügung ohne Erbeinsetzung heißt **Kodizill.** Verteilt der Erblasser sein gesamtes Hab und Gut durch Aufzählung aller einzelnen Nachlasssachen, wird jedoch wieder meist Erbeinsetzung (zu nach den einzelnen Werten berechneten Quoten) anzunehmen sein. Näheres zum Vermächtnis Rz 175.

Auch ein so genanntes **„negatives Testament“** ist denkbar: Hier ordnet der Erblasser nicht an, wer Erbe werden soll, sondern schließt Erbanwärter vom (gesetzlichen) Erbrecht aus.

Der Erbe muss nicht unbedingt mit vollem Namen eingesetzt sein; es genügt, wenn er *bestimmbar* ist. Die endgültige Bestimmung durch eine vom Erblasser ausgewählte dritte Person ist hingegen nur ganz ausnahmsweise möglich. Gültig ist daher etwa die Erbeinsetzung: „Erbe soll derjenige sein, der mich bis zuletzt gepflegt hat“, ungültig hingegen die Verfügung: „Erbe soll derjenige meiner Söhne sein, den meine Ehefrau auswählt“.

Erbeinsetzungen können auch **befristet** oder **bedingt** vorgenommen werden; die Belastung des Erben mit einer **Auflage** kommt ebenfalls in Betracht (Näheres dazu in den §§ 695–712 ABGB).

bb) Testamentsformen

155 Von großer praktischer Bedeutung ist die Frage, auf welche Art und Weise jemand ein wirksames Testament errichten kann. Das Gesetz lässt nur einige erschöpfend aufgezählte **Formen** zu. Zweck dieser Regelungen ist einmal, dass sich der Erblasser die doch recht bedeutsame Entscheidung, wer seinen Nachlass erhalten soll, reiflich überlegt. Zum Zweiten muss verhindert werden, dass dem Erblasser eine tatsächlich nicht gewollte und nicht errichtete Verfügung unterschoben wird. Tote kann man nicht mehr befragen! Der Gesetzgeber hat durch diese strengen Formvorschriften aber zugleich in Kauf genommen, dass ein im Einzelfall sicher feststehender, jedoch wegen Formmangels unwirksamer Erblasserwille nicht zum Durchbruch gelangt.

156 Zu unterscheiden ist einmal zwischen **privaten** und **öffentlichen Testamenten.** Zu den privaten gehört zunächst das **eigenhändige** Testament. Hier schreibt der Erblasser selbst den *gesamten* Text und setzt seine Unterschrift darunter (§ 578 ABGB). Wird der Text von jemand anderem geschrieben, liegt ein **fremdhändiges** Testament vor. Dieses ist nur bei Unterfertigung durch den Erblasser sowie dreier Zeugen gültig (§§ 579–581 ABGB).

Seit Anfang 2005 ist ein **mündlich** errichtetes Testament nicht mehr ohne weiteres wirksam, da ein Missbrauch dieser Form befürchtet wurde. Vielmehr ist es nur als **Nottestament** zulässig: Vor allem bei unmittelbarer Todesgefahr und fehlender Möglichkeit, auf andere Weise zu testieren (zB Sturz in Gletscherspalte), sind mündliche Verfügungen vor zwei Zeugen möglich. Eine solche Verfügung bleibt nach Wegfall der Gefahr allerdings nur drei Monate lang gültig (§ 597 ABGB).

Öffentliche Testamente werden vor einem **Gericht** oder einem **Notar** errichtet; dies kann durch mündliche Erklärung oder durch Übergabe eines Schriftstücks geschehen (Näheres in den §§ 587–590 ABGB sowie den §§ 70ff **Notariatsordnung – NO**). Bei größeren Vermögen ist die Beiziehung eines fachmännischen Beraters jedenfalls zu empfehlen; schon um unwirksame oder steuerlich ungünstige Verfügungen zu verhindern.

Sonderregeln gelten dann, wenn der Testator des Schreibens und/oder des Lesens nicht mächtig ist.

Soweit **Zeugen** für die Wirksamkeit eines Testaments erforderlich sind, müssen diese bestimmte Voraussetzungen mitbringen, so das *Erreichen des 18. Lebensjahres.* Hinsichtlich ihnen selbst gemachter Zuwendungen können sie niemals wirksam Zeugnis ablegen. Errichtet also etwa ein Erblasser ein fremdhändiges Testament, in dem er auch seiner Haushälterin ein Vermächtnis aussetzt, und gehört die Haushälterin zu den drei beigezogenen Zeugen, so ist die zu ihren Gunsten gemachte Verfügung ungültig, die übrigen sind hingegen gültig. **157**

Die hier behandelten Formvorschriften gelten für letztwillige Verfügungen überhaupt, also nicht bloß für Testamente, sondern auch für Kodizille. **158**

cc) Mängel in der Person des Testators

Will man sicherstellen, dass die letztwillige Verfügung dem „wirklichen Willen" des Testators entspricht, kann man Verfügungen Geisteskranker oder Kinder nicht als wirksam anerkennen, da diese einen solchen Willen typischerweise nicht vernünftig bilden können. Zur damit angesprochenen **Testierfähigkeit** ist die Erreichung des **18. Lebensjahres** erforderlich. **Unmündige** sind gänzlich testierunfähig, **Mündige** können nur vor einem Gericht oder einem Notar testieren (§ 569 ABGB). Für unter **Sachwalterschaft** stehende Personen (Rz 68) gilt bei entsprechender gerichtlicher Anordnung Gleiches, wobei Gericht oder Notar die für den Testierakt ausreichenden Fähigkeiten bei Errichtung der Verfügung genau zu prüfen hat (§ 568 ABGB). **Gesetzliche Vertretung** (etwa durch Eltern oder Sachwalter) ist beim Testierakt jedoch **niemals möglich.** Fehlt dem Erblasser die Testierfähigkeit, ist die letztwillige Verfügung *ungültig* (§ 566) und es kommt zur gesetzlichen Erbfolge. **159**

Die Vorschrift des § 568 ABGB gewährt somit nur scheinbar Sicherheit: Zwar können Personen unter Sachwalterschaft, für die keine entsprechende Anordnung erfolgte, in jeder generell zulässigen Form testieren. Sie müssen dabei aber in concreto die für den Testierakt ausreichende Urteils- und Einsichtsfähigkeit haben (siehe § 566). Um massive Wertungswidersprüche zu vermeiden, können Maßstab dafür wohl nur die typischen Fähigkeiten eines mündigen Minderjährigen sein.

Doch auch Personen, die im Vollbesitz ihrer geistigen Kräfte sind, kann bei ihrer Verfügung ein **Willensmangel** unterlaufen. Erkennt der Testator Irrtümer noch zu Lebzeiten, kann er seine Erklärung **widerrufen** (Näheres dazu Rz 162). **160**

Nach seinem Tod können Willensmängel regelmäßig von denjenigen geltend gemacht werden, die bei Wegfall der Verfügung an den Nachlass kämen.

Anfechtbar ist eine Verfügung einmal dann, wenn **List** oder **Zwang** im Spiel waren: Einer von zwei guten Freunden des Testators redet diesem wider besseres Wissen ein, der andere habe ihn vor kurzem bestohlen. Der Testator setzt nun nicht – wie zunächst geplant – beide Freunde zu gleichen Teilen ein, sondern bloß den Denunzianten. Tatsächlich hat dieser den Diebstahl verübt.

Aber auch sonstige **wesentliche Irrtümer** sind zu beachten. Im Unterschied zu allgemeinen Regeln (Rz 459 ff) ist regelmäßig auch der bloße **Motivirrtum** erheblich. War Beweggrund des Testators für die Einsetzung seiner Jugendfreundin die Annahme, ihr Sohn sei auch der seine, können die gesetzlichen Erben das Testament anfechten, wenn das Kind tatsächlich von einem anderen stammt (§ 572 ABGB).

Besonders geregelt ist der Fall, dass der Testator bei seiner Verfügung irrtümlich einen Nachkommen übergeht. War ihm bei Abfassung seiner Verfügung nicht bekannt, dass dieses Kind lebt, kann diese Tatsache eine Korrektur des letzten Willens erfordern. War dieses Kind allerdings sein einziges, fällt die letztwillige Verfügung grundsätzlich als unwirksam dahin. Gleiches gilt auch dann, wenn das Kind erst nach Errichtung der Verfügung geboren wird (§ 778 ABGB).

Als **Folge der Anfechtung** wird **die Verfügung beseitigt,** soweit der Willensmangel reicht, wodurch in diesem Umfang **gesetzliche Erbfolge** eintritt. Schon wegen der strengen Formvorschriften kann es aber niemals dazu kommen, dass derjenige Erbe wird, den der Erblasser ohne Willensmangel bedacht hätte. Hätte also im Beispiel der beiden Freunde der Erblasser nachweisbar denjenigen eingesetzt, der ihn nicht bestohlen hat, nützt die Beseitigung der Erbeinsetzung des wirklichen Diebes dem unschuldig Verdächtigten nichts: Der Nachlass fällt an die gesetzlichen Erben.

dd) Auslegungsgrundsätze

161 Letztwillige Verfügungen werden häufig von älteren und/oder rechtsunkundigen Personen errichtet. Gerade sie verwenden in ihren Testamenten oft unklare Ausdrücke. Bei der Interpretation solcher Erklärungen ist die Erforschung des **wirklichen Willens des Testators** oberste Maxime. Zur Feststellung dieses Willens dürfen auch Umstände in Betracht gezogen werden, die außerhalb der letztwilligen Verfügung liegen. Hat der Erblasser also etwa schon öfters erklärt, die Briefmarkensammlung solle der „Onkel Hans“ bekommen, ist dieser als Vermächtnisnehmer der Briefmarkensammlung anzusehen, wenn der Testator nur „Hans“ geschrieben hat und es auch einen „Bruder Hans“ gibt.

Die gesetzlichen Auslegungsregeln wollen den typischen Erblasserwillen widerspiegeln; sie sind aber zum Teil nicht unproblematisch (vgl etwa § 562 ABGB).

Einzelne typisch unklare Ausdrücke berücksichtigt das ABGB ausdrücklich. So wird etwa beim Wort „Kinder“ danach differenziert, ob der Testator seine eigenen oder ob er fremde Kinder zu Erben einsetzt (§ 681 ABGB).

b) Widerruf

162 Letztwillige Verfügungen binden den Erblasser bei Lebzeiten nicht. Der jederzeitige **Widerruf** einseitiger letztwilliger Erklärungen ist also möglich. Anderes

gilt für den **Erbvertrag** (Rz 169). Auch für den Widerruf sind an sich die Testamentsformen einzuhalten.

Wird eine frühere Erbeinsetzung **ausdrücklich** widerrufen, stellen sich keine Probleme. Regelmäßig wird zugleich ein neuer Erbe eingesetzt; ist dies nicht der Fall, kommt es zur gesetzlichen Erbfolge. Oft erfolgt der Widerruf aber auch bloß **stillschweigend,** so durch Errichtung einer neuen Verfügung. Für diesen Fall enthält das ABGB mehrere Regelungen (§§ 713–715 ABGB). Grundsätzlich hebt die spätere Verfügung die frühere auf; dies gilt auch dann, wenn Teile der früheren Verfügung mit der späteren vereinbar wären. Diese strenge Regelung gilt allerdings nur für ein späteres **Testament.** Der Gesetzgeber geht dabei offenbar davon aus, dass ein Testament im Zweifel als umfassende und abschließende Regelung gemeint ist.

Ein stillschweigender Widerruf kommt aber auch durch Vernichtung der Testamentsurkunde oder Durchstreichen einzelner Textpassagen in Betracht. Hier ist zu beachten, dass das Gesetz keine strenge Einhaltung der Testamentsformen verlangt und dass insbesondere keine neue Unterschrift oder eine ausdrückliche Widerrufserklärung auf der Urkunde nötig ist. Wird die Testamentsurkunde jedoch bloß zufällig oder gar gegen den Willen des Erblassers vernichtet, bleibt die Verfügung aufrecht. In solchen Fällen sind die Beweisschwierigkeiten allerdings nicht zu unterschätzen.

c) Gemeinsames Testament

Grundsätzlich kann ein Testament nur von einer Person errichtet werden **163** (§ 583 ABGB). **Ehegatten** können aber auch ein **gemeinschaftliches Testament** errichten (§ 1248 ABGB). In diesem wird regelmäßig der überlebende Ehegatte zum Erben des anderen eingesetzt. Aber auch eine dritte Person kann bedacht werden.

Das gemeinschaftliche Testament bleibt ein Testament, ist also kein Erbvertrag. Es sind daher insbesondere die Testamentsformen einzuhalten. Das eigenhändige Testament wird deshalb kaum vorkommen. Auf Grund der Einordnung als Testament kann jeder Gatte seine Anordnung einseitig wirksam widerrufen. Ist die Verfügung jedoch so ausgestaltet, dass eine von der Wirksamkeit der anderen abhängt **(wechselbezügliches Testament),** führt der Widerruf durch einen Gatten zum Wegfall der gesamten Verfügung. Dies gilt nicht, sofern das Testament bloß **wechselseitig** ist.

6. Ausgewählte Einzelfragen

a) Erbverzicht – Erbunwürdigkeit – Enterbung

Auch an sich durch Gesetz oder Testament berufene Personen können **vom** **164** **Nachlass ausgeschlossen** sein. Vor allem drei Varianten sind dabei zu unterscheiden:

Den Ausschluss mit Zustimmung des Erbanwärters nennt man **Erbverzicht.** **165** Hier verzichtet jemand, der an sich zur Erbschaft berufen wäre, durch Vertrag mit dem Erblasser auf sein künftiges Erbrecht (§ 551 ABGB). Zur Sicherung ausreichender Überlegung bedarf der Verzicht der Erklärung in qualifizierter Form (Notariatsakt oder gerichtliches Protokoll).

Regelmäßig enthält der Verzichtende eine Gegenleistung in Form einer so genannten **Vorwegabfindung.** Dies ist oft im Interesse beider Teile: Der Erblasser möchte für seine Verfügungen freie Hand haben, der Verzichtende (zB ein Kind aus erster Ehe) erhält schon jetzt und nicht erst mit dem Tod des Erblassers bestimmte Vermögensstücke. An der späteren Entwicklung der Vermögenslage des Erblassers nimmt er damit jedoch nicht mehr teil.

Grundsätzlich kann der Erblasser nach Belieben testieren. Nur hinsichtlich bestimmter Personen ist er durch das **Pflichtteilsrecht** (Rz 176) gebunden. Der Verzicht auf ein künftiges Erbrecht erfasst daher ganz regelmäßig auch die **Pflichtteilsansprüche** und wirkt darüber hinaus im Zweifel auch zu Lasten der Nachkommen des Verzichtenden.

Der Erbverzicht darf nicht mit der **Ausschlagung der Erbschaft** (dazu Rz 183) verwechselt werden.

166 Zum Nachlass soll aber auch derjenige nicht gelangen, der sich grober Verfehlungen gegen den Erblasser schuldig gemacht hat. Eine solche **Erbunwürdigkeit** liegt etwa bei gewissen strafbaren Handlungen gegen den Erblasser vor. Erbunwürdig ist auch, wer durch List oder Zwang den Erblasser zu einer bestimmten letztwilligen Verfügung bringt oder ihn daran hindert, eine solche zu errichten oder abzuändern (§§ 540–542 ABGB). Ohne Enterbung (Rz 167) muss derjenige, der ein rechtliches Interesse besitzt, den konkreten Unwürdigkeitsgrund geltend machen und nachweisen. Dies ist nicht möglich, wenn der Erblasser die Verfehlung verziehen hat.

167 Erfährt der Erblasser von den relevanten Tatsachen noch zu seinen Lebzeiten, hat er die Möglichkeit einer **Enterbung.** Diese kann auch stillschweigend (durch schlichte Übergehung im Testament) erfolgen. Näheres zu den Enterbungsgründen in den §§ 768–773 ABGB.

Enterbung ohne Enterbungsgrund ist hinsichtlich des Pflichtteils selbstverständlich wirkungslos.

168 Die Erbunwürdigkeit ist ein Fall **relativer Erbunfähigkeit:** Jemand ist vom Nachlass eines *bestimmten* Erblassers ausgeschlossen. **Absolute Erbunfähigkeit** bedeutet, dass der Betroffene überhaupt nicht Erbe werden kann. Solcherart unfähig sind nach österreichischem Recht nur Ausländer, sofern in deren Heimatstaat Österreicher erbrechtlich diskriminiert werden.

b) Erbvertrag

169 Der **Erbvertrag** (§§ 602, 1249–1254 ABGB) ist der stärkste erbrechtliche Berufungsgrund. Dieser ist nämlich als zweiseitiges Rechtsgeschäft im Unterschied zum Testament (Rz 162) **unwiderruflich.** Solche Verträge sind nur **zwischen Ehegatten** gültig. Als **Ehepakte** (dazu Rz 106) sind sie notariatsaktspflichtig.

Um den Erblasser nicht völlig zu beschränken, dürfen höchstens **drei Viertel** des Nachlasses durch einen Erbvertrag gebunden sein. Der Erbvertrag hindert den Erblasser nur an damit unvereinbaren Verfügungen von Todes wegen, nicht aber an Verträgen unter Lebenden. Auch fällt der Erbvertrag regelmäßig mit Auflösung der Ehe dahin.

c) Ersatzerbschaft und Nacherbschaft

170 Der Testator kann nicht nur einen Alleinerben oder mehrere Erben nebeneinander (Miterben) bestellen. Ordnet er etwa an, dass dann, wenn sein Sohn nicht an die Erbschaft gelangt, alles sein Bruder erhalten solle, liegt **Ersatzerbschaft** vor. Denkbar ist hier, dass der Ersteingesetzte vor dem Erblasser verstorben oder erbunwürdig ist; der Ersatzerbe kommt aber auch dann zum Zug, wenn der Ersteingesetzte die Erbschaft ausschlägt.

Hat der Testator einen seiner Nachkommen zum Erben eingesetzt, vermutet das Gesetz, dass die Erbschaft auch dann an dessen Familie gelangen soll, wenn er selbst als Erbe ausscheidet. Stirbt also das zum Erben eingesetzte Kind vor dem Erblasser, werden dessen Nachkommen Erben (**stillschweigende Ersatzerbschaft,** § 779 ABGB).

Bei der **Nacherbschaft** wird hingegen bestimmt, dass jemand nach dem Er- **171**
steingesetzten Erbe werden soll. Um lang andauernde Bindungen zu verhindern, lässt das Gesetz die Anordnung einer Nacherbschaft nur unter bestimmten Einschränkungen zu (vgl dazu die §§ 608–617 ABGB).

Der Vorerbe wird zwar Eigentümer der Nachlasssachen. Auf Grund seiner Bindung ist er in seinen Rechten allerdings beschränkt. Im Augenblick des so genannten **Nacherbfalls,** der regelmäßig der Tod des Vorerben ist (denkbar ist aber auch ein vom Erblasser bestimmter Termin), erbt der Nacherbe. Da aber auch der Nacherbe **Erbe des Erblassers,** nicht des Vorerben ist, kann selbstverständlich nur das vom Erblasser herrührende Vermögen von der Nacherbschaft erfasst sein. Das Eigenvermögen des Vorerben hat daher sein spezielles rechtliches Schicksal.

Liegt nach dem Wortlaut der letztwilligen Verfügung eindeutig eine Nacherbschaft vor, **172**
gilt diese zugleich als Ersatzerbschaft. Dies entspricht dem vermuteten Erblasserwillen: Soll der Nachlass im Ergebnis jedenfalls an den Nacherben gelangen, wird der Erblasser typischerweise wollen, dass dies etwa bei Vorversterben des Ersteingesetzten sofort geschieht.

Die Ersatzerbschaft wird auch als **gemeine,** die Nacherbschaft als **fideikommissarische Substitution** bezeichnet.

d) Anwachsung und Anrechnung

Bei der **Anwachsung** geht es darum, dass der Erblasser mehrere Erben eingesetzt hat, **173**
aber einer oder mehrere nicht Erben werden. Das Gesetz hat nun zu entscheiden, wer deren Anteil erhält. Die gesetzlichen Regeln wollen dem mutmaßlichen Erblasserwillen gerecht werden, sind aber teilweise sehr problematisch. So soll eine Anwachsung im Zweifel nur zu Gunsten solcher Erben eintreten, die ohne Bestimmung von Teilen eingesetzt wurden (§ 561 ABGB).

Praktisch weit bedeutsamer ist die **Anrechnung.** Soll jedem Erben oder **174**
Pflichtteilsberechtigten auch dann der volle Anteil aus dem Nachlass zustehen, wenn er vom Erblasser schon zu Lebzeiten etwas erhalten hat? Sofern keine Schmälerung der Pflichtteilsansprüche vorliegt, kann der Testator in seiner letztwilligen Verfügung die Art der Anrechnung vorschreiben. Enthält die Verfügung nichts dergleichen, ist eine Anrechnung ausgeschlossen (§ 790 ABGB).

Regelungsbedürftig ist allerdings die **Anrechnung bei gesetzlicher Erbfolge.** Ziel der gesetzlichen Regeln ist es immer, eine Gleichbehandlung aller Kinder des Erblassers zu erreichen. Wer schon zu Lebzeiten etwas bekommen hat (Grundstücke, Bargeld usw), soll im Erbwege weniger erhalten als die Übrigen. Genaue Berechnungsgrundsätze enthält das ABGB in den §§ 793f. Auch bei sehr großen Vorempfängen kann es jedoch niemals dazu kommen, dass der Begünstigte einen Teil wieder zurückstellen muss. Die Zuwendung unter Lebenden war ja wirksam.

Folge kann also höchstens sein, dass der bei Lebzeiten Begünstigte aus dem Nachlass nichts mehr erhält.

Sonderregeln gelten für die Anrechnungspflicht des **Ehegatten:** Zuwendungen unter Lebenden muss er sich regelmäßig nicht anrechnen lassen, wohl aber bestimmte Vermögenswerte, die er aus einem anderen Titel als seinem Erbrecht aus dem Nachlass erhält.

e) Vermächtnis

175 Wird jemand letztwillig bedacht, ohne dass er zum Erben eingesetzt wurde, liegt ein **Vermächtnis (Legat)** vor. In vielerlei Hinsicht (zB Formpflicht) ist das Vermächtnis wie ein Testament zu behandeln. Der Vermächtnisnehmer erhält hingegen anders als der Erbe bloß einen **Leistungsanspruch** gegen den Nachlass bzw den Erben. Eigentümer wird er erst dann, wenn er die Sache tatsächlich erhält.

Vermächtnisse werden meist jemandem ausgesetzt, der nicht Erbe ist. Es kommen aber auch Legate an Erben vor, wobei bloß das so genannte **Vorausvermächtnis** auf den Erbteil nicht anzurechnen ist. – Zum gesetzlichen Vorausvermächtnis des überlebenden Ehegatten Rz 149.

Das Vermächtnis kann verschiedene Inhalte haben: Der Freund soll die Briefmarkensammlung erhalten, die Haushälterin € 10.000; dem Bruder, dem der Erblasser ein Darlehen gegeben hat, soll die Schuld erlassen sein.

Mit der Anordnung eines Vermächtnisses hat der Erblasser zum Ausdruck gebracht, dass ihm bestimmte Personen besonders nahe stehen und daher aus dem Nachlass etwas erhalten sollen. Hinterlässt der Erblasser in einem konkreten Fall keine Erben, kommt es daher nicht zum „Heimfall" des Nachlasses an den Staat (Rz 150); vielmehr erben die Legatare auf Grund ihres **außerordentlichen Erbrechts** (§ 726 ABGB).

f) Pflichtteilsrecht

176 Das schon mehrfach erwähnte **Pflichtteilsrecht** bildet eine **Testierschranke.** Bestimmten Personen muss der Erblasser etwas hinterlassen. Das sind seine nähesten Angehörigen, nämlich seine Nachkommen sowie der überlebende Ehegatte. Fehlen Nachkommen, sind die Eltern pflichtteilsberechtigt (§§ 762f ABGB).

177 Pflichtteilsberechtigte **(Noterben)** sind also immer nur Personen, die ohne Testament gesetzliche Erben geworden wären. Umgekehrt ist aber nicht jeder gesetzliche Erbe pflichtteilsberechtigt (zB der Bruder). Bei der Berechnung der Höhe des Pflichtteilsanspruchs wird ebenfalls vom gesetzlichen Erbrecht ausgegangen: Die Nachkommen und der Ehegatte sind mit der Hälfte des gesetzlichen Erbteils pflichtteilsberechtigt, Vorfahren mit einem Drittel. Hinterlässt also etwa ein Erblasser seine Frau sowie drei Kinder und hat er eines dieser Kinder zum Alleinerben eingesetzt, sind zunächst die gesetzlichen Erbteile zu berechnen. Dem Ehegatten stünden nach § 757 ABGB $^1/_3$, jedem Kind $^2/_9$ zu. Die Witwe erhält daher als Pflichtteil $^1/_6$, die beiden nicht bedachten Kinder $^1/_9$. Den Rest ($^{11}/_{18}$) erhält das zum Alleinerben eingesetzte Kind.

178 Der Pflichtteil ist dem Berechtigten **lastenfrei** zuzuwenden. Dies kann auch mittels letztwilliger Verfügung geschehen. Der Pflichtteilsanspruch ist ebenso wie der Vermächtnisanspruch eine Forderung des Berechtigten, die sich zunächst gegen den Nachlass, nach Einantwortung gegen den Erben richtet (zum Erbschaftserwerb Rz 183ff).

Grundlage der Berechnung des Pflichtteilsanspruchs ist der **reine Nachlass,** also die Nachlassaktiven vermindert um die Nachlasspassiven (vor allem Schulden des Erblassers). Der Pflichtteilsberechtigte soll ja nur einen bestimmten Anteil dessen erhalten, was ihm als Erbe gebührt hätte, weshalb er rechnerisch auch die Passiven anteilsmäßig zu tragen hat.

Auch auf den Pflichtteilsanspruch sind sonstige Zuwendungen, die der Erblasser dem Noterben unter Lebenden oder von Todes wegen gemacht hat, **anzurechnen** (§§ 787–789 ABGB). Dabei wird der Wert der Vorempfänge dem Wert des Nachlasses hinzugerechnet. Von dieser Gesamtsumme wird dann die Höhe des Pflichtteils ermittelt. Auch hier gilt aber, dass Vorempfänge niemals (auch nicht teilweise) zurückgestellt werden müssen.

Für die Anrechnung von **Schenkungen** des späteren Erblassers an andere Personen sind zu Gunsten eines Pflichtteilsberechtigten Sonderregeln zu beachten (§ 785 ABGB). Diese Problematik wird mit den Schlagworten **Schenkungspflichtteil** oder **Pflichtteilserhöhung wegen Schenkungen** gekennzeichnet. Die Vorschriften wollen vor allem eine systematische Schmälerung der Pflichtteilsrechte verhindern.

Unter gewissen Umständen besteht die Möglichkeit, den **Pflichtteilsanspruch** zwischen Eltern und Kindern durch letztwillige Verfügung bis zur Hälfte **zu mindern.** Voraussetzung dieser Bestimmung ist, dass der Erblasser und der nach ihm Pflichtteilsberechtigte zu keiner Zeit in einem Naheverhältnis standen, wie es in der Familie zwischen solchen Verwandten gewöhnlich besteht. Allerdings ist das Minderungsrecht dann wieder ausgeschlossen, wenn der Erblasser die Ausübung des Rechts auf persönlichen Verkehr mit dem Pflichtteilsberechtigten *grundlos* abgelehnt hat (§ 773a ABGB). *Beispiele:* Der Vater, der sich von Beginn an weigert, das Kind zu sehen, kann dessen Pflichtteilsanspruch nicht mindern; wohl aber der, der den Kontakt erfolglos gesucht hat. **179**

g) Haftung des Erben

Nach dem Tod einer Person gibt es regelmäßig eine Mehrzahl von Gläubigern, die aus dem Nachlass bzw vom Erben etwas erhalten wollen: Der Erblasser schuldet noch aus einem zu Lebzeiten abgeschlossenen Kaufvertrag Zahlung des Preises **(Erblasserschulden);** Pflichtteilsberechtigte oder Unterhaltsgläubiger des Verstorbenen machen ihre Ansprüche geltend (**Erbfall-** oder **Erbgangschulden**); die Ehefrau des Erben begehrt von ihrem Mann Unterhalt **(Erbenschulden).** **180**

Für die (eigenen) **Erbenschulden** haftet der Erbe selbstverständlich mit seinem gesamten Vermögen; sie haben mit dem Tod des Erblassers ja nichts zu tun. Für **Erblasser- und Erbfallschulden** ist zu unterscheiden: Hat der Erbe im Verlassenschaftsverfahren eine **unbedingte Erbantrittserklärung** abgegeben, haftet er auch für diese Schulden ohne Beschränkung auf den Nachlass. Bei **bedingter Erbantrittserklärung** ist seine Haftung hingegen mit dem **Wert des Nachlasses** begrenzt. **181**

Ist anzunehmen, dass die Aktiven des Nachlasses die Passiven deutlich übersteigen, wird der Erbe eine unbedingte Erbantrittserklärung abgeben. Er erspart sich nämlich dann die Kosten der Errichtung eines **Inventars** (Aufzeichnung der Nachlassgegenstände; näher dazu §§ 165 ff AußStrG), die bei bedingter Erbantrittserklärung notwendigerweise anfallen. Ist hingegen Überschuldung des Nachlasses im Bereich des Möglichen, wird der Erbe die Erbschaft regelmäßig nur bedingt antreten. Ist die Überschuldung evident, besteht die Möglichkeit der **Ausschlagung der Erbschaft** durch *negative* Erbantrittserklärung (dazu Rz 183).

182 Vor allem bei bedingter Erbantrittserklärung, aber auch dann, wenn das Eigenvermögen des Erben zur Befriedigung aller Ansprüche nicht ausreicht, stellt sich die Frage nach der **Befriedigungsreihenfolge.** Vorweg werden die **Kosten des Verlassenschaftsverfahrens** abgezogen. Danach werden die vom Erblasser zu seinen Lebzeiten eingegangenen Verpflichtungen (Erblasserschulden) befriedigt. Innerhalb der Erbfallschulden dürften Unterhaltsansprüche den Pflichtteilsansprüchen vorgehen. Erst danach sind Vermächtnisansprüche zu erfüllen. Sofern noch ein Rest vorhanden ist, fällt dieser an den (eingesetzten) Erben. Ist der Erbe allerdings zugleich Pflichtteilsberechtigter, geht er insoweit den Vermächtnisnehmern vor.

h) Erbschaftserwerb

183 Der Erbe erhält den Nachlass nicht sofort mit dem Tod des Erblassers, dem **Erbfall,** sondern erst nach Abführung eines förmlichen außerstreitigen Gerichtsverfahrens. In diesem Verfahren geben alle, die ein Erbrecht zu haben glauben, ihre **Erbantrittserklärungen** ab (zum notwendigen Inhalt s § 159 AußStrG). Damit bringen sie unwiderruflich zum Ausdruck, die Erbschaft anzunehmen. Gegenstück zu dieser **positiven** Erklärung ist die **negative Erbantrittserklärung,** die auch als **Ausschlagung** oder **Entschlagung** bezeichnet wird. – Zu den Arten der positiven Erbantrittserklärung siehe Rz 181.

184 Aus der Erbantrittserklärung muss ersichtlich sein, worauf (Testament, Gesetz) der Betreffende sein Erbrecht stützt. Bei Vereinbarkeit aller abgegebenen Erbantrittserklärungen miteinander stellen sich keine Probleme. Anderes gilt allerdings bei **Widersprüchen:** Der Sohn des Erblassers beruft sich auf das gesetzliche Erbrecht, die Lebensgefährtin behauptet, vom Erblasser durch ein wirksames mündliches Testament zur Alleinerbin eingesetzt worden zu sein. In solchen Fällen hat das Außerstreitgericht – uU nach Durchführung einer mündlichen Verhandlung – das Erbrecht der tatsächlich Berechtigten festzustellen und die Erklärungen der übrigen abzuweisen (Details in den §§ 161 ff AußStrG).

185 Hat der Erbansprecher alle Voraussetzungen erfüllt und insbesondere sein Erbrecht nachgewiesen, wird ihm der Nachlass durch Gerichtsbeschluss übergeben **(Einantwortung).** Bis dahin ist Träger aller vererblichen Rechte und Pflichten der so genannte **ruhende Nachlass,** der als *juristische Person* (Rz 189 ff) behandelt wird. Nun erst wird der Erbe Universalsukzessor des Erblassers. Er erwirbt insbesondere Eigentum an den Nachlasssachen und wird Schuldner der Erbschaftsgläubiger.

Wird ausnahmsweise einmal einem **Nichterben (Scheinerben)** eingeantwortet – es findet sich etwa erst später ein wirksames Testament oder ein für tot gehaltener Sohn taucht plötzlich wieder auf –, wird dieser mangels Erwerbstitels (vgl Rz 288) selbstverständlich nicht Eigentümer der Nachlassgegenstände. Allerdings werden gutgläubige Erwerber von Nachlasssachen durch die **Rechtsscheinwirkung der Einantwortung** besonders geschützt (§ 824 Satz 2 ABGB; dazu Rz 347). Abgesehen davon hat der wahre Erbe nach rechtskräftig erledigtem Verlassenschaftsverfahren die Möglichkeit, an den Nachlass zu gelangen: Er kann gegen den, dem zu Unrecht eingeantwortet wurde, mit der **Erbschaftsklage** vorgehen, die auf Feststellung des klägerischen Erbrechts und Herausgabe aller Nachlassgegenstände gerichtet ist (§ 823 ABGB).

Miterben bilden zunächst eine **Erbengemeinschaft.** Im Augenblick der Ein- 186
antwortung werden sie Miteigentümer an den Nachlasssachen im Verhältnis ihrer Erbquoten. Diese Miteigentumsgemeinschaft wird erst durch die **Erbteilung** aufgehoben. Können sich die Miterben über die Zuweisung einzelner Nachlassstücke nicht einigen, muss eine **Erbteilungsklage** eingebracht werden.

Die Haftung für Erblasserschulden ist bei Erbenmehrheit gesetzlich besonders geregelt (§§ 820f ABGB).

Da Verlassenschaftsverfahren regelmäßig lange dauern, wäre es häufig inakzeptabel, 187
wenn der Erbe während dieser Zeit über die Nachlassgegenstände nicht verfügen könnte. Einem ausreichend ausgewiesenen Erben ist daher auf seinen Antrag schon vor der Einantwortung die **Verwaltung der Verlassenschaft** zu übertragen (Details in § 810 ABGB sowie in den §§ 171 ff AußStrG).

i) Geschäfte auf den Todesfall

Erbrechtliche Verfügungen sind regelmäßig nur bei Einhaltung bestimmter 188
Formgebote wirksam. Hingegen gilt für Geschäfte unter Lebenden der Grundsatz der Formfreiheit (dazu Rz 454). Strengere Vorschriften bestehen etwa bei Unentgeltlichkeit, sofern das Geschenk nicht sofort übergeben wird (vgl Rz 618). Es ist daher von ganz entscheidender Bedeutung, festzustellen, ob ein Geschäft unter Lebenden oder ein Geschäft auf den Todesfall vorliegt.

Problematisch ist etwa die **„Schenkung auf den Todesfall“:** Der Erblasser setzt dadurch entweder ein Vermächtnis aus; dann sind die für letztwillige Verfügungen angeordneten Vorschriften einzuhalten. Oder er verpflichtet sich durch (unwiderruflichen) Vertrag mit dem Beschenkten, diesem im Augenblick seines Todes ein Geschenk zuzuwenden. Da dieses Geschäft unter Lebenden geschlossen wird, aber erst auf den Todesfall wirkt, wird als Gültigkeitsvoraussetzung die Einhaltung der besonderen Schenkungsform (Notariatsakt; vgl Rz 455 und 618) verlangt. Eine „echte“ Schenkung ist schon deshalb nicht gegeben, weil das „Geschenk“ bis zu dessen Tod beim Erblasser bleibt und von diesem genutzt werden kann.

Ähnliches gilt für die so genannte **Übergabe auf den Todesfall,** bei der eine Sache zwar tatsächlich überlassen wird, Eigentum daran aber erst im Zeitpunkt des Todes des bisherigen Eigentümers übergehen soll.

Bedenken ist auch der **Auftrag** ausgesetzt, der erst mit dem Tode des Auftraggebers erfüllt werden soll, da dadurch ebenfalls die Umgehung zwingender Erbrechtsvorschriften möglich wäre: Die Auftraggeberin übergibt ihrer Haushälterin den Schlüssel zu einem Schließfach mit dem Auftrag, die darin enthaltenen Wertpapiere nach ihrem Tod dem Dackelclub zukommen zu lassen. Die für Vermächtnisse vorgesehene Form wurde hier ganz offensichtlich nicht eingehalten, der Auftrag ist unwirksam. Auch seine tatsächliche Durchführung kann daher nicht zum Eigentumserwerb durch den Club führen.

7. Steuerliche Aspekte

188a Der Erwerb von Todes wegen unterliegt grundsätzlich in allen Formen einer Steuerpflicht. Maßgebend dafür ist das **Erbschafts- und SchenkungssteuerG 1955.** Da Schenkungen gleichermaßen erfasst sind, kann man die Erbschaftssteuer auf diesem Wege also nicht umgehen.

Die Höhe der Besteuerung richtet sich einmal nach der *familiären Nähe* des Bedachten zum Erblasser (Steuerklassen I–V), zum Zweiten nach dem *Wert des Erwerbs:* So müssen etwa Sohn und Ehefrau bei einer Erbschaft von € 73.000 5%, also – bei Nichtberücksichtigung von diversen Freibeträgen – € 3650 an Steuern zahlen, während ein zum Erben eingesetzter Freund mit 26%, also € 18.980, belastet ist. Der Höchstsatz (bei Erwerb von über € 4,380.000) geht je nach Klasse von 15 bis 60%. Details in den §§ 7f; zu Steuerbefreiungen Rz 617a. [Als Folge eines bei Drucklegung dieses Buches ergangenen VfGH-Erkenntnisses kommt es mit 31. 7. 2008 zu einer gänzlichen Aufhebung der Erbschaftsbesteuerung, sofern der Gesetzgeber bis dahin keine verfassungskonforme Änderung vorgenommen hat.]

3. Kapitel
Die juristischen Personen

Weiterführende Literatur: *P. Bydlinski,* AT³ Rz 2/44–2/47; *Koziol/Welser*¹³ I 66–82; **speziell zur Stiftung:** *Arnold,* Privatstiftungsgesetz² (2007); *Csoklich/Müller/Gröhs/Helbich* (Hrsg), Handbuch zum Privatstiftungsgesetz (1994); *Doralt/Nowotny/Kalss* (Hrsg), Privatstiftungsgesetz (1995 + Nachtrag 1996); *Doralt/Kalss* (Hrsg), Aktuelle Fragen des Privatstiftungsrechts (2001); *Fischer,* Die Organisationsstruktur der Privatstiftung (2004); *Gassner/Göth/Gröhs/Lang,* Privatstiftungen – Gestaltungsmöglichkeiten in der Praxis (2000); *Grabenwarter* (Hrsg), Die Stiftung in der Praxis (2002); *Nowotny,* Grundprobleme und Stellung der Stiftung in der österreichischen Rechtsordnung (2001).

I. Begriff und Funktion

189 Juristische Personen sind nichts Reales; man kann sie nicht angreifen. Sie sind vielmehr **rechtliche Gebilde, denen das Gesetz Rechtspersönlichkeit zuerkennt.** Damit gehören sie zu den *Rechtssubjekten,* nicht zu den Rechtsobjekten.

Warum existieren nun aber solche „künstlichen" neben den natürlichen Personen? Im vorigen Abschnitt wurde doch dargelegt, dass die Rechts- und Geschäftsfähigkeit des Menschen eine umfassende ist. Mehr als dieser (zB als Einzelunternehmer) kann und darf daher generell auch eine juristische Person nicht.

Folgende ***Beispiele*** sollen die Gründe illustrieren, die zur Schaffung juristischer Personen geführt haben: **1.** Mehrere Personen, die je für sich nicht ausreichend Vermögen besitzen, schließen sich zu einem gemeinsamen wirtschaftlichen Zweck zusammen; ihr vereintes Vermögen macht sie schlagkräftiger. **2.** Jemand möchte in einer möglichen Wachstumsbranche unternehmerisch einsteigen, sein persönliches Risiko jedoch gering halten. Engagement als Einzelunternehmer würde zu einer Haftung mit seinem gesamten Vermögen führen. Beteiligt er sich aber an einer juristischen Person, die das geplante Unternehmen betreibt, haftet er unter Umständen nur mit seiner Einlage. **3.** Ein reicher Wohltäter möchte bestimmte Bedürftige auch über seinen Tod hinaus aus seinem Vermögen gut betreut wissen. Er errichtet daher durch letztwillige Verfügung eine Stiftung. **4.** Einige Personen wollen die politische Landschaft auf den Kopf stellen und gründen zu diesem Zweck eine Partei.

Mit juristischen Personen werden also alle möglichen Zwecke, insbesondere wirtschaftliche, soziale und politische, verfolgt. Im primär interessierenden wirtschaftlichen Bereich geht es namentlich um die Kumulierung von Kapital, die Risikobegrenzung, die Erhaltung von Unternehmen sowie die Arbeitsteilung nach persönlichen Fähigkeiten.

Leider ist den Gesetzen oft nicht zu entnehmen, ob einem bestimmten Gebilde (volle) Rechtspersönlichkeit zukommen soll; die Abgrenzung von bloßen sonstigen Zusammenschlüssen ist daher nicht immer einfach (vgl die recht unklare Bestimmung des § 26 ABGB).

II. Arten

1. Personenverbände und Vermögensgesamtheiten

Personenverbände (Gesellschaften, Korporationen) sind Zusammenschlüsse 190
natürlicher – unter Umständen auch juristischer – Personen. Sie sind dadurch charakterisiert, dass sie eine eigene Organisation aufweisen und die Interessen des Verbandes von denen der einzelnen Mitglieder abgrenzbar sind.

Besonders deutlich wird dies bei den *körperschaftlich* organisierten Gesellschaften: Bei diesen führen nicht alle Mitglieder selbst, sondern gewählte *Organe* die Verwaltung; ferner gilt für Entscheidungen grundsätzlich das *Mehrheitsprinzip* und ist der Bestand der Gesellschaft vom Mitgliederwechsel unabhängig.

Wichtige *Beispiele* für Personenverbände mit Rechtssubjektivität sind die AG, die GmbH, die Vereine, aber auch die politischen Parteien.

Vermögensgesamtheiten (Sachgesamtheiten) verfügen im Unterschied zu 191
den eben behandelten juristischen Personen über keine Mitglieder. Sie bestehen aber regelmäßig aus größeren Vermögen, das von bestimmten Personen gemäß dem vorgesehenen Zweck verwaltet wird. Die Nutznießer nennt man Destinatäre.

Als Beispiel soll einmal die **Stiftung** nach dem Bundes-Stiftungs- und FondsG dienen: § 2 definiert sie als ein durch eine Anordnung des Stifters dauernd gewidmetes Vermögen mit Rechtspersönlichkeit, dessen Erträgnisse der Erfüllung gemeinnütziger oder mildtätiger Zwecke dienen. Ähnliches gilt für die seit 1993 zulässige **Privatstiftung,** die weitergehende erlaubte Zwecke verfolgen, jedoch nicht gewerbsmäßig tätig sein darf (§ 1 PrivatstiftungsG). Davon unterscheiden sich die **Fonds** durch ihre nicht auf Dauer angelegte Widmung. **Anstalten** verfügen nicht bloß über ein zweckgebundenes Vermögen, sondern auch über besondere Einrichtungen, die der Erreichung des Anstaltszwecks dienen.

2. Juristische Personen des öffentlichen Rechts und des Privatrechts

Juristische Personen des öffentlichen Rechts entstehen im Regelfall durch Ge- 192
setz. Im Gegensatz zu denen des Privatrechts ist häufig Zwangsmitgliedschaft vorgesehen; auch kommen ihnen gewisse hoheitliche Befugnisse zu. *Beispiele:* Arbeiterkammer, Österreichische Hochschülerschaft.

Juristische Personen des Privatrechts bedürfen zwar auch gesetzlicher Legitimation. Ihre Entstehung ist aber im Wesentlichen vom Willen der Gründer abhängig. Zur Erlangung der Mitgliedschaft in Verbänden ist regelmäßig ein *Vertrag* notwendig; ausnahmsweise kommt auch eine erbrechtliche Nachfolge in Betracht.

III. Entstehung (Gründungssysteme)

1. Allgemeines

193 Die Entstehung juristischer Personen des Privatrechts setzt in aller Regel zumindest rechtlich verbindliche Erklärungen der Gründer voraus. Allerdings können nicht beliebige Verbände mit jedem denkbaren Zweck gegründet werden. § 26 ABGB will ja nur „erlaubten Gesellschaften" Rechtspersönlichkeit zuerkennen. Die von der Rechtsordnung gezogenen Grenzen sind daher einzuhalten. (So könnte ein Verein zur Ausbildung jugendlicher Taschendiebe oder ein solcher zur Förderung und Konzentration des Suchtgifthandels niemals wirksam entstehen.)

Außer inhaltlichen Schranken existieren aber auch unterschiedliche formelle Voraussetzungen. Verschiedene Modelle sind denkbar; fast alle sind in der österreichischen Rechtsordnung vorzufinden. So könnte eine Gesellschaft allein mit ihrer Gründung (Vertragsabschluss zwischen den Gesellschaftern) zur juristischen Person werden, sofern der Gesellschaftszweck ein erlaubter ist. Denkbar wäre auch etwa die Notwendigkeit behördlicher Genehmigung. Auf gebräuchliche Systeme ist nun kurz einzugehen.

2. Konzessionssystem

194 Im Geltungsbereich des Konzessionssystems ist das Entstehen der betreffenden Korporation an eine **behördliche Genehmigung** gebunden. Ein Rechtsanspruch auf Genehmigung besteht nicht.

Das Konzessionssystem gilt heute nur mehr ausnahmsweise, so für bestimmte (wirtschaftliche) Vereine.

3. Normativsystem

195 Hier legt der Gesetzgeber bestimmte Entstehungsvoraussetzungen fest, insbesondere den Regelungsinhalt der *Satzung* (der Statuten). Die Behörde prüft nur, ob diese Anforderungen eingehalten wurden. Ist das der Fall, kann die Registrierung nicht mehr verweigert werden. Auf diese Weise erhalten etwa AG und GmbH grundsätzlich durch Eintragung in das Firmenbuch (Rz 220ff) die Rechtspersönlichkeit.

4. Anmeldesystem

196 Auch hier wird gesetzlich angeordnet, welche Fragen (Organe, Zweck usw) in den Statuten geregelt sein müssen. Sind diese Voraussetzungen eingehalten und ist der angestrebte Zweck nicht gesetzwidrig, wird die Rechtspersönlichkeit *durch die Anmeldung* bei der Behörde erworben; manchmal wird allerdings auch vertreten, dass solche „erlaubten Gesellschaften" bereits vor Anmeldung als juristische Person entstehen. Das Anmeldesystem gilt insbesondere für nicht auf Gewinnerzielung gerichtete Vereine (so genannte „Idealvereine") nach dem **VereinsG 2002** (§ 2 iVm § 13); zum Verein Rz 930ff.

Für politische Parteien enthält das ParteienG eine Sonderregelung: Sie erwerben die Rechtspersönlichkeit durch Hinterlegung ihrer Satzung beim Bundesministerium für Inneres.

IV. Rechtsfähigkeit

Juristische Personen sind bereits definitionsgemäß **rechtsfähig.** Lange Zeit wurde aber darüber diskutiert, ob diese Rechtsfähigkeit eine durch die Satzung beschränkte (sog „Ultra-vires-Lehre“) oder eine unbeschränkte ist. Schon auf Grund der Natur der Sache scheiden bei künstlichen Gebilden gewisse Befugnisse aus, die natürlichen Personen zukommen, so insbesondere aus dem familienrechtlichen Bereich, aber auch im Erbrecht; eine juristische Person kann natürlich kein Testament errichten, das Schicksal ihres Vermögens nach Auflösung ist vielmehr gesondert gesetzlich geregelt. Vor allem aus Verkehrsschutzgründen wird heute jedoch kaum mehr bestritten, dass die Rechtsfähigkeit nicht durch den statutengemäßen Wirkungskreis der juristischen Person beschränkt ist. Geschäftspartner wissen vom genauen Inhalt der Statuten ja regelmäßig nichts. **197**

Seit 1. 1. 2007 kommt auch der Offenen Gesellschaft (OG) und der Kommanditgesellschaft (KG) ohne Zweifel Rechtsfähigkeit zu (so ausdrücklich § 105 Satz 2 UGB). Bloß **Teilrechtsfähigkeit** (für Verwaltungsangelegenheiten) wird hingegen der Wohnungseigentümergemeinschaft zuerkannt, die das WEG in § 2 Abs 5 als juristische Person bezeichnet (dazu Rz 371). **198**

V. Geschäfts- und Deliktsfähigkeit

1. Das Problem

Es ist selbstverständlich, dass ein künstliches, bloß von der Rechtsordnung geschaffenes Gebilde nicht selbst handeln kann. Das gilt im rechtsgeschäftlichen wie im deliktischen Bereich. Agieren können immer nur natürliche Personen, also Menschen. Damit ist zu klären, wessen Handeln die juristische Person rechtsgeschäftlich binden kann und wessen Handeln die juristische Person selbst etwa schadenersatzpflichtig macht. **199**

2. Geschäftsfähigkeit

Juristische Personen handeln im rechtsgeschäftlichen Bereich durch **organschaftliche Vertreter (Organe).** Diese werden regelmäßig durch die Satzung vorgesehen. Treten sie im Namen der juristischen Person auf, wird dieser – und nur dieser! – das Organhandeln grundsätzlich voll zugerechnet. Zu den Grundsätzen des Stellvertretungsrechts Rz 243 ff. **200**

3. Deliktsfähigkeit

Was gilt aber für **Schädigungen Dritter** durch Organe oder sonstige Personen, die in einem besonderen Naheverhältnis zur juristischen Person stehen? Zur Illustration zwei Fälle: **1.** Der Geschäftsführer einer GmbH spart dadurch beim Bau des unter seiner Verantwortung entstehenden neuen Bürogebäudes, dass er Bauvorschriften nicht einhält. Infolge der (zu) billigen Bauweise lösen sich schon bald Fassadenteile, die einen Passanten verletzen. **2.** Der bei der X-AG angestellte Fahrer verschuldet bei der Auslieferung bestellter Ware einen Verkehrsunfall. **201**

Unbestritten ist die **Haftung der juristischen Person für ihre Organe,** sofern diese in Ausübung der ihnen übertragenen Tätigkeiten Dritten Schaden zufügen. Daher haftet im Beispiel 1 *die GmbH* für die entstandenen Schäden. Anders wäre es natürlich, wenn der Geschäftsführer für sich privat tätig geworden wäre; dann ist es ja völlig unerheblich, dass er im Hauptberuf GmbH-Geschäftsführer ist. Ebenso wird heutzutage anerkannt, dass nicht für jeden Angestellten automatisch gehaftet wird. Aus diesem Grund ist für den vom Fahrer verursachten Schaden (Beispiel 2) nach allgemeinen Regeln zu prüfen, ob die Voraussetzungen der *Gehilfenhaftung* (Rz 779 ff) erfüllt sind. Über die Organe hinaus muss die juristische Person aber anerkanntermaßen generell für **„Machthaber"** einstehen; das sind Personen mit Leitungsfunktionen und selbstständigem Wirkungsbereich.

4. Kapitel
Die Personen des Wirtschaftslebens

I. Allgemeines

202 Im Mittelpunkt wirtschaftlicher Vorgänge steht **„der Unternehmer"**. Natürlich gibt es von ihm in jedem Wirtschaftsgebiet eine große Anzahl; Unternehmer werden auch auf ganz verschiedenen Gebieten tätig (Handel, Dienstleistungen, beratende Tätigkeit usw). Als Musterbeispiel soll in der Folge aber meist der Produzent dienen.

Kaum jemand – ausgenommen vielleicht der Kleinstunternehmer – betreibt sein Unternehmen alleine. Der Unternehmer verfügt vielmehr regelmäßig über Arbeitskräfte, die ihn bei seinen Aufgaben unterstützen (Einkauf, Produktion, Verwaltung, Vertrieb usw). Im Gegensatz zu früheren Zeiten ist das Hauptproblem auf Grund der großen Konkurrenz weniger, die Nachfrage zu befriedigen, als vielmehr, diese zu wecken. Dies gilt sowohl für den Handel als auch für den Dienstleistungsbereich. Angestellte oder vom Unternehmer beauftragte Personen sind daher häufig damit beschäftigt, Abnehmer für das Angebotene zu finden (zu diesen „Absatzmittlern" Rz 226 ff).

Der Produzent schließt ferner ständig mit anderen am Wirtschaftsleben beteiligten Personen Verträge. Er verkauft seine Produkte an Groß- und Einzelhändler bzw direkt an private Verbraucher, er kauft Rohmaterial ein, er beauftragt Spezialisten mit dem Transport seiner Waren usw.

203 Gerade im rechtsgeschäftlichen Bereich schlägt die wirtschaftliche (und oft auch rechtliche) Übermacht eines Teils bzw die „Gleichwertigkeit" der Vertragspartner auf die rechtlichen Regelungen durch: Auf gewisse Produkte angewiesenen privaten Käufern kann der Unternehmer relativ leicht seine Bedingungen diktieren; der Wettbewerb sorgt hier nur zum Teil für automatischen Ausgleich. Anderes gilt hingegen, wenn er einem gleichrangigen Wirtschaftstreibenden gegenüber steht. Diese und andere Unterschiede versucht der Gesetzgeber dadurch in typisierender Sicht zu erfassen, indem er für bestimmte Personengruppen bzw für Rechtsgeschäfte zwischen Angehörigen bestimmter Gruppen Sonderregeln aufstellt. Genaueres soll im Folgenden deutlich zu machen versucht werden, wobei wieder nicht auf die Darstellung einer größeren Zahl wichtiger Rechtsbegriffe verzichtet werden kann. Die Tendenz der Rechtsordnung geht dabei auch im Wirtschaftsleben einerseits zum **„Schutz des Schwächeren"**, andererseits zu erweiterter Selbstbestimmung (Privatautonomie; Rz 400) für wirtschaftlich und rechtlich

regelmäßig besonders erfahrene Personen. Dies äußert sich etwa im Zurückdrängen zwingenden Rechts im rein unternehmerischen Rechtsverkehr. Die unternehmensrechtlichen Sonderregelungen haben vor allem die Gewährleistung eines möglichst reibungslosen Wirtschaftsverkehrs im Auge. Dabei wird tendenziell besonderer Wert auf Schnelligkeit, Einfachheit und Rechtssicherheit gelegt.

Beispiele: **1.** Unter Privaten kann ein Vertrag wegen Verkürzung über die Hälfte des wahren Wertes angefochten werden; dieses Recht kann durch Vereinbarung nicht beseitigt werden (§§ 934f ABGB; vgl Rz 475). Ein Unternehmer kann auf dieses Anfechtungsrecht hingegen schon vorweg wirksam verzichten (§ 351 UGB). Von ihm erwartet die Rechtsordnung, dass er über hinreichende Geschäftserfahrung verfügt, die einen unüberlegten Verzicht verhindert.

2. Nach ABGB ist eine Bürgschaftsübernahme nur bei Einhaltung der Schriftform gültig (Übereilungsschutz; siehe Rz 712). Für die Bürgschaft eines Unternehmers reicht hingegen bereits eine sicher signierte elektronische Erklärung aus (siehe § 4 Abs 2 Z 4 SigG).

3. Das ABGB gewährt bei mangelhafter Vertragserfüllung Gewährleistungsrechte, die bei beweglichen Sachen innerhalb von 2 Jahren geltend gemacht werden müssen (§ 933 ABGB; Rz 543). Das Unternehmensrecht lässt diese Rechte beim Kauf unter Beteiligung zweier Unternehmer im Sinne schnellerer Abwicklung jedoch schon dann erlöschen, wenn die Mängel bei ordnungsgemäßer Untersuchung hätten erkannt werden können, aber dem Verkäufer nicht binnen angemessener Frist angezeigt wurden (§ 377 UGB; näher dazu Rz 547). Umgekehrt kann ein Unternehmer seine gesetzlich vorgesehenen Gewährleistungspflichten gegenüber einem *Verbraucher* praktisch nicht einschränken (§ 9 KSchG; dazu Rz 538).

II. Der Unternehmer und sein Unternehmen

Weiterführende Literatur (zur Rechtslage ab 1. 1. 2007): *Dehn/Krejci* (Hrsg), Das neue UGB (2005) 19–44; *Keinert*, Das neue Unternehmensrecht (2006) 3–15, 37–83; *Krejci*, Handelsrecht[3] 3–142; *Krejci* (Hrsg), Reformkommentar UGB/ABGB (2007); *Roth/Fitz*, Unternehmensrecht[2] Rz 1–141.

Wer wirtschaftlich tätig werden will, bedarf dazu einer gewissen Mindestaus- **204**
stattung. Man spricht von **Unternehmen.** Dieses wird in § 1 Abs 2 KSchG – und nunmehr auch in § 1 Abs 2 UGB – als **auf Dauer angelegte Organisation selbstständiger wirtschaftlicher Tätigkeit** definiert. Regelmäßig – jedoch nicht zwingend – ist diese Tätigkeit auf Gewinn gerichtet. Diese eben gebrachte Definition ist nun aber primär auf die Besonderheiten eigenverantwortlicher Tätigkeit zugeschnitten und daher nicht allgemein gültig. So wird das Unternehmen auch als **selbstständige organisierte Erwerbsgelegenheit** verstanden, als Inbegriff körperlicher und unkörperlicher Sachen. Es ist damit Rechtsobjekt und kann so auch Gegenstand von Rechtsgeschäften werden (siehe bloß Rz 563 zur Unternehmensveräußerung).

Derjenige, der das Unternehmen betreibt, heißt **Unternehmer.** Wie die Defi- **205**
nitionen bereits zeigen, ist der Begriff sehr weit. Neben den unter den engeren Kaufmannsbegriff des Handelsrechts fallenden Personen werden von ihm auch Freiberufler wie Ärzte, Rechtsanwälte, Wirtschaftsprüfer und Steuerberater oder Land- und Forstwirte erfasst.

III. Das Auftreten des Unternehmers im Rechtsverkehr

1. Anwendbarkeit des UGB

Der Gesetzgeber hat bereits vor längerer Zeit ein Sonderrecht für professio- **206**
nelle Wirtschaftstreibende geschaffen. Es fand sich früher im Handelsgesetzbuch

(HGB) und findet sich nunmehr im **Unternehmensgesetzbuch (UGB).** Dadurch soll den besonderen Bedürfnissen des Geschäftsverkehrs (etwa nach Schnelligkeit, geringen Förmlichkeiten, Rechtssicherheit usw) Rechnung getragen werden. Auch für das UGB musste eine sachgerechte Eingrenzung seines Anwendungsbereichs gefunden werden. Dies geschah auf zweifache Weise. Die **Grundregel** lautet, dass die Vorschriften des UGB für *alle* Unternehmer und deren Rechtsgeschäfte gelten.

207 **Teilausnahmen** sind jedoch zum einen **für kleinere Einzelunternehmer** (vgl § 8 Abs 1 UGB) und zum anderen – sachlich wenig überzeugend – **für Freiberufler sowie für Land- und Forstwirte** vorgesehen (§ 4 UGB). Diese Personengruppen unterliegen nicht bereits von Gesetzes wegen den Vorschriften über das Firmenbuch, das Firmenrecht (= Namensrecht), den Unternehmensübergang sowie Prokura und Handlungsvollmacht. Sie können sich diesen Normen durch Anmeldung zur Eintragung im Firmenbuch jedoch *freiwillig* unterwerfen. Die ausführlichen Regelungen der Rechnungslegung bzw Buchführung (§§ 189 ff UGB) müssen sie aber sogar nach Eintragung nicht beachten; Freiberufler bzw Land- und Forstwirte nicht einmal bei großem Umsatz (§ 189 Abs 4 UGB). Auch das Recht, sich jederzeit wieder aus dem Firmenbuch *löschen* zu lassen, kommt diesen Personen zu.

2. Arten von Unternehmern

a) Unternehmer kraft Betreibens eines Unternehmens (§ 1 UGB)

208 Das Gesetz knüpft die Unternehmereigenschaft und damit das Eingreifen der UGB-Normen grundsätzlich an das Betreiben eines Unternehmens (Rz 204). Daneben gibt es aber auch noch andere Tatbestände.

b) Unternehmer kraft Rechtsform (§ 2 UGB)

209 Unabhängig von Gesellschaftszweck und konkreter Tätigkeit sind vor allem AG, GmbH und Genossenschaft ipso iure Unternehmer (siehe die Aufzählung in § 2 UGB). Es kommt also nicht darauf an, ob sie selbstständig wirtschaftlich tätig werden („Betriebsgesellschaft") oder etwa nur fremdes Vermögen verwalten („Besitzgesellschaft"). Erfasst sind auch in einer solchen Rechtsform organisierte Freiberufler- und land- bzw forstwirtschaftliche Gesellschaften, für die damit das gesamte UGB gilt.

c) Unternehmer kraft Eintragung (§ 3 UGB)

210 Schon allein aus Gründen der Rechtssicherheit wird jeder – ob zu Recht oder nicht – im Firmenbuch Eingetragene als Unternehmer behandelt; und zwar dann, wenn er unter der im Firmenbuch eingetragenen Firma im Rechtsverkehr auftritt. Er kann sich also etwa nicht darauf berufen, eigentlich ein Privater zu sein und nur ganz selten Verträge abzuschließen oder seine unternehmerische Tätigkeit bereits wieder aufgegeben zu haben; angeblich nicht einmal dann, wenn diese Umstände seinem Partner bei Vertragsschluss bereits bekannt waren. Und sogar der Eingetragene selbst soll sich zu seinen Gunsten auf den durch das Firmenbuch hervorgerufenen Rechtsschein eines Unternehmens berufen können.

Beispiel: Die Rügeobliegenheit des § 377 UGB (Rz 547) greift an sich nur bei zweiseitigen Unternehmerkäufen ein (vgl Rz 234). Doch auch ein Eingetragener, der gar kein Unternehmen mehr betreibt, aber unter seiner Firma noch einzelne Verträge abschließt, kann sich auf diese Regel berufen, wenn sein Vertragspartner Gewährleistungsrechte geltend macht, jedoch die rechtzeitige Rüge versäumt hat.

d) Scheinunternehmer

Von **„Scheinunternehmer"** spricht man demgegenüber dann, wenn jemand im Rechtsverkehr *wie ein Unternehmer auftritt.* Abgesehen von wenigen Ausnahmen (dazu sofort) wird man solchen Personen die Berufung darauf, sie seien in Wirklichkeit gar keine Unternehmer, jedenfalls im Grundsatz dann versagen müssen, wenn sie das Entstehen des betreffenden Rechtsscheins bei sorgfältigem Verhalten hätten verhindern können und der Vertragspartner die fehlende Unternehmereigenschaft nicht erkennen musste. An solche Verhaltensweisen knüpft sich die sog **Rechtsscheinhaftung,** die es auch in anderen Rechtsbereichen gibt. Dabei gilt: Derjenige, der zurechenbar einen bestimmten Schein gesetzt hat, wird rechtlich gegenüber gutgläubigen – und daher schutzwürdigen – Dritten so behandelt, als entspräche der Schein der Wirklichkeit. Seine Grenze findet dieser Grundsatz jedoch an *zwingenden Schutzvorschriften:* Könnte eine solche Person gewisse Rechtsnachteile nicht einmal durch entsprechende rechtsgeschäftliche Erklärung wirksam auf sich nehmen (zB Disposition über Formvorschriften), kann bloßes *Auftreten* als Unternehmer keine weitergehenden Rechtsfolgen auslösen. Den Scheinunternehmer kann in solchen Fällen jedoch uU die Pflicht treffen, seinem Partner den verursachten *Vertrauensschaden* (Rz 764) zu ersetzen. **211**

Mögliche Gründe für den Anschein der Unternehmereigenschaft können etwa sein: Der Gebrauch einer entsprechenden Firma, die ausdrückliche Erklärung, Unternehmer zu sein, die Bestellung von Prokuristen.

3. Der Name des Unternehmers (Firma)

a) Grundsätzliches

Im allgemeinen Sprachgebrauch wird das Unternehmen selbst oft als „Firma" bezeichnet. Rechtlich ist das unrichtig. Die **Firma** eines Unternehmers ist vielmehr sein im Firmenbuch eingetragener **Name,** unter dem er seine Geschäfte betreibt und die Unterschrift abgibt (§ 17 UGB). Die Firma kann als Parteibezeichnung außer im Strafverfahren auch gegenüber Behörden verwendet werden. **212**

Die Firma hat – ähnlich dem Namen einer natürlichen Person – den Zweck der *Individualisierung.* Gerade der Unternehmer möchte sich „einen Namen machen", der aus der Masse der Anbieter heraussticht und für die Qualität seiner Produkte bürgt. Auch der „Geschäftsname" verdient daher besonderen Schutz, etwa gegen unzulässige Verwendung durch einen Unberechtigten. Auf Details kann im Rahmen dieses Buchs nicht eingegangen werden. Bloß einige **zentrale Aspekte des Firmenrechts** sind zu erwähnen (nähere gesetzliche Regeln enthalten die §§ 17–37 UGB).

b) Recht und Pflicht zur Firmenführung

- Nur wer im Firmenbuch eingetragen ist, kann eine Firma im Rechtssinn führen. Er ist zur Führung der eingetragenen Firma aber auch verpflichtet (zur An- **213** meldungs- bzw Eintragungspflicht vgl Rz 220). Anderen Unternehmern ist jedoch eine so genannte „Etablissementbezeichnung“ erlaubt (zB „Gasthaus zur Linde“), die allerdings firmenrechtlich unbeachtlich ist.

c) Arten von Firmen

214 • Man unterscheidet Personenfirma, Sachfirma, gemischte und abgeleitete Firma; neuerdings sind auch Fantasiefirmen zulässig.

Beispiele: **1.** Die Firma einer Einzelunternehmerin lautet „Hairshop Petra Kaudel e. U.“ (Personenfirma).

2. Die Firma kann den Unternehmensgegenstand enthalten; zB „Mobil Oil Austria AG“ (Sachfirma).

3. Firmen, die sich aus Sach- und Personenbestandteilen zusammensetzen, sind ebenfalls zulässig und durchaus üblich; etwa „Bauunternehmen Walter Weiß“ (gemischte Firma).

4. Bei Veräußerung oder Vererbung eines Unternehmens kann die bisherige Firma beibehalten werden, auch wenn der neue Unternehmensträger einen anderen Namen trägt (abgeleitete Firma).

5. Eine GmbH möchte bereits mit ihrem Namen werbewirksam auftreten und wählt den Firmenwortlaut „SexyHexi GmbH“ (Fantasiefirma). Welche Leistungen diese GmbH wohl anbietet?

d) Grundsätze des Firmenrechts

215 • Das zum 1. 1. 2007 neu gefasste und dabei im Wesentlichen liberalisierte Firmenrecht sieht vor, dass die Firma zur Kennzeichnung des Unternehmens geeignet sein und Unterscheidungskraft besitzen muss. Darüber hinaus darf sie nicht zur Irreführung tauglich sein (§ 18 UGB). Schließlich muss bereits aus der Firma erkennbar sein, wer genau sich hinter der Firma verbirgt (vgl § 19 UGB). Im Einzelnen ist das Firmenrecht von folgenden **Grundsätzen** beherrscht:

216 **Firmenunterscheidbarkeit:** Dabei geht es um die Verhinderung von Verwechslungen, weshalb *Unterscheidungskraft* gefordert wird (§ 18 Abs 1 UGB). Vor allem die Verkehrsteilnehmer sollen nicht durch eine täuschend ähnliche Firma in die Irre geführt werden: Sie glauben, mit einem renommierten Unternehmen abzuschließen, tatsächlich ist der Vertragspartner jedoch bloß ein „Trittbrettfahrer“ mit qualitativ unterdurchschnittlichen Produkten. Die Grenzziehung fällt nicht immer leicht. So wurde der Firmenbestandteil „IKA“ wegen der Ähnlichkeit mit „IKEA“ verboten, „IKERA“ hingegen erlaubt.

217 **Firmenwahrheit:** Im Vordergrund steht hier das *Verbot der Irreführung:* Die Firma darf keine Angaben enthalten, die geeignet sind, über für die angesprochenen Verkehrskreise wesentliche geschäftliche Verhältnisse zu täuschen (§ 18 Abs 2 UGB), etwa über die Größe des Unternehmens („Zentrale“, „Großmarkt“, „International“, „Euro“) oder die Herkunft der vertriebenen Produkte; Zur Zulässigkeit der Firmenbestandteile „Bank“, „Sparkasse“, „Finanzinstitut“ uä siehe § 94 BWG. Es muss aber auch genau erkennbar sein, wer hinter der Firma steht, weshalb die Firma zwingend einen sog *Rechtsformzusatz* enthalten muss; und zwar ausgeschrieben oder abgekürzt, etwa „OG“ für die Offene Gesellschaft oder „e. U.“ für den eingetragenen Einzelunternehmer (siehe § 19 UGB). Auch *fremde Namen* dürfen in der Firma an sich nicht enthalten sein (§ 20 UGB).

Firmeneinheit: Ein Unternehmer darf nur eine einzige Firma führen. Filialzusätze sind jedoch erlaubt. Richtigerweise wird dieser Grundsatz als spezielle Ausformung der *Firmenwahrheit* angesehen. 217a

Firmenbeständigkeit: Vor allem wegen des wichtigen Bekanntheits- und Kontinuitätsaspekts im wirtschaftlichen Verkehr kann eine Firma grundsätzlich auch dann beibehalten werden, wenn sich in den Verhältnissen des Unternehmensträgers etwas ändert: zB Änderung des bürgerlichen Namens durch Heirat, Ausscheiden des namensgebenden Gesellschafters aus einer Personengesellschaft, Veräußerung des Unternehmens usw. In den zuletzt genannten Fällen muss allerdings eine Zustimmung des Unternehmensveräußerers bzw des Ausgeschiedenen oder seiner Erben zur Firmenfortführung vorliegen (§§ 22, 24 UGB). Um nicht in groben Widerspruch zur Firmenwahrheit zu gelangen, bedarf es überdies uU einer Ergänzung der Firma durch Rechtsformzusätze. Bei „alten“ offenen Gesellschaften darf der Zusatz „OHG“ beibehalten werden, auch wenn die korrekte Abkürzung nunmehr „OG“ lautet (s § 907 Abs 4 Z 2 aE UGB). 218

Beispiel: Herr Esser erwirbt das bisher unter der Firma „Augustin OG“ betriebene Untenehmen und möchte diese in der Stadt bekannte Firma als Einzelunternehmer weiterführen. Da diese Namensfirma eine Personengesellschaft (OG) kennzeichnet, die nun nicht mehr besteht, muss zumindest ein klarstellender Zusatz gewählt werden, sofern zur Vermeidung von Täuschungen nicht überhaupt der Wegfall des nunmehr unpassenden Zusatzes „OG“ zu verlangen ist. Jedenfalls zulässig wäre daher zB „Augustin Inhaber Esser e.U.“, aber auch bloß „Augustin e. U.“. Ferner muss Augustin oder sein Erbe der Fortführung zugestimmt haben.

• **Unzulässige Firmen** werden vom Registergericht nicht eingetragen. Wird die Firma dennoch – rechtswidrigerweise – tatsächlich im Geschäftsverkehr gebraucht, kann das Registergericht Zwangsstrafen in Geld verhängen (§ 24 FBG). Neben dieser „öffentlichen Kontrolle“ können aus unbefugtem Firmengebrauch jedoch auch Ansprüche konkreter Personen entstehen: Wird eine bereits bestehende Firma unberechtigt gebraucht, kann der „Firmenberechtigte“ jedenfalls Unterlassung des Gebrauchs verlangen. Unter den allgemeinen Voraussetzungen stehen ihm auch Schadenersatzansprüche zu (§ 37 UGB). 219

4. Öffentlichrechtliche Pflichten

a) Anmeldungen zum Firmenbuch

aa) Allgemeines

Zuallererst ist zu klären, wer sich überhaupt zur Eintragung in ein öffentliches Register, das **„Firmenbuch“** (früher: *Handelsregister*) anmelden muss. Das sind vor allem Kapitalgesellschaften, aber auch etwa Privatstiftungen, OG und KG (vgl § 106 UGB) und große Einzelunternehmer (§ 8 Abs 1 UGB). § 2 FBG enthält eine genaue Aufzählung. Eingetragene Rechtsträger sind aber auch in der Folge verpflichtet, eine Reihe für den Geschäftsverkehr wichtiger Tatsachen zur Eintragung anzumelden; so zB die Bestellung eines Prokuristen oder die Anordnung von Gesamtvertretung bei der OG. Die Einhaltung dieser Pflichten kann jedoch nicht unmittelbar erzwungen werden; gemäß § 24 **FirmenbuchG (FBG)** sind bei Zuwiderhandlung bloß Zwangsstrafen denkbar. Ausführliche Regelungen über das Firmenbuch enthalten die §§ 7–16 UGB sowie das **FirmenbuchG (FBG). Das Fir-** 220

menbuch ist ein Verzeichnis von Rechtstatsachen (vgl § 1 Abs 2 FBG), das bereits – wie im Übrigen auch das Grundbuch (Rz 372 ff) – auf automationsunterstützte Datenverarbeitung umgestellt wurde. Es wird von den örtlich zuständigen Gerichten geführt (in Wien etwa vom Handelsgericht, sonst von den Gerichtshöfen erster Instanz; dazu Rz 1333), besteht aus Hauptbuch und Urkundensammlung (§ 1 Abs 1 FBG) und ist **öffentlich,** da es den Zweck hat, jeden Interessierten über diese Tatsachen zu informieren. Diese werden überdies regelmäßig veröffentlicht (so im „Amtsblatt zur Wiener Zeitung", zusätzlich uU in der sog Ediktsdatei, die unter www.edikte.justiz.gv.at abgerufen werden kann). Damit hat zumindest theoretisch jedermann die Möglichkeit, sich über die erfolgten Eintragungen zu unterrichten.

Im Firmenbuch wird bei jedem Rechtsträger unter anderem eingetragen: Firmenbuchnummer, Firma, Rechtsform, Sitz und Geschäftsanschrift, Kurzbezeichnung des Geschäftszweigs, Zweigniederlassungen, bei Einzelunternehmern Name und Geburtsdatum, sonst die vertretungsbefugten Personen, Prokuristen usw (§ 3; s ferner die §§ 4 ff FBG).

bb) Grundsätzliche Wirkung der Eintragungen

221 Eintragungen können **konstitutiv** (rechtsbegründend) oder bloß **deklaratorisch** (rechtsbezeugend) wirken. Im ersten Fall gelangt die betreffende Rechtstatsache durch Eintragung erst zur Entstehung (zB Entstehung einer OG – vgl Rz 946 ff); im zweiten wurde das betreffende Recht schon vorher begründet oder beseitigt, die Eintragung dient somit *bloß* der Information (zB Erteilung oder Entzug von Prokura).

cc) Die Publizitätswirkungen

222 Um die geplanten Aufgaben erfüllen zu können, muss das Firmenbuch mit einer besonderen Richtigkeitsgewähr („öffentlichem Glauben") ausgestattet sein. Wer Einsicht nimmt, muss grundsätzlich darauf vertrauen können, dass die Eintragungen richtig und vollständig sind. Die Behandlung des Unternehmers nach § 3 UGB (Rz 210) war ein erstes Beispiel für diesen Verkehrsschutz.

Im Einzelnen unterscheidet man die so genannte **negative Publizität** gemäß § 15 Abs 1 UGB und die **positive Publizität** gemäß § 15 Abs 2 UGB ***(lesen!).***

Für die *negative* Publizität lautet der – vereinfachende – Merksatz: **Was nicht eingetragen (und bekannt gemacht) ist, gilt nicht.** Hat der Unternehmer etwa die Prokuraerteilung an X widerrufen, so ist die Vollmacht des Prokuristen X dadurch erloschen (vgl Rz 257). Wurde die (deklaratorische!) Eintragung des Widerrufs jedoch noch nicht vorgenommen, steht X immer noch als Prokurist im Firmenbuch. Tritt dieser nun trotz Widerrufs einem Dritten gegenüber „als Prokurist" auf, sind seine Vertretungshandlungen wirksam, sofern der Dritte vom Widerruf nicht positiv wusste.

Positive Publizität bedeutet hingegen, dass sich niemand darauf berufen kann, eine eingetragene und bekannt gemachte Tatsache nicht gekannt zu haben: **Was eingetragen (und bekannt gemacht) wurde, gilt als bekannt.** Eine Durchbrechung dieses Prinzips enthält § 15 Abs 2 Satz 2 UGB: Der Dritte muss die eingetragene Tatsache ausnahmsweise nicht gegen sich gelten lassen, wenn er innerhalb von 15 Tagen seit der letzten Bekanntmachung eine Rechtshandlung vorgenommen hat (zB Vertragsabschluss mit einer gerade erst aus einer OG entstandenen KG; vgl Rz 921 ff) und beweisen kann, dass er die Tatsache in concreto weder kannte noch kennen musste (praktisch etwa bei internationalen, wohl auch bei wirtschaftlich geringfügigen Geschäften).

Nicht geregelt hat der Gesetzgeber hingegen den Fall *ursprünglich unrichtiger Eintragungen* (*Beispiel:* Eintragung einer Prokura, obwohl ihre Erteilung wegen Geschäftsunfähigkeit des Unternehmers unwirksam war). Solche Fälle sind nach allgemeinen Rechtsscheinerwägungen zu lösen. Neben gutgläubigem Vertrauen auf die Richtigkeit der Eintragung muss also ein Zurechnungselement bei jenem vorhanden sein, zu dessen Lasten die Eintragung wirken soll. Davon darf etwa im Fall der Geschäftsunfähigkeit mE nicht ausgegangen werden, da der Schutz geschäftsunfähiger Personen ein dem Verkehrsschutz regelmäßig vorrangiges Prinzip darstellt.

b) Rechnungslegungs- und Buchführungspflichten (Bilanzrecht)

Weiterführende Literatur: *Bertl/Kofler/Mandl,* Praxis der neuen Rechnungslegung[4] (1997); *Bertl/Mandl* (Hrsg), Handbuch zum Rechnungslegungsgesetz (Loseblattausgabe Stand 2006); *Kalss/Schauer,* Allgemeines Handelsrecht Rz 7/1–7/44; *Krejci,* Handelsrecht[3] 143–202; *Lukas/Zetter,* Das Rechnungslegungsgesetz[3] (2001 mit ErgBl 2002); *Roth/Fitz,* Unternehmensrecht[2] Rz 683–720; *Straube* (Hrsg), Kommentar zum Handelsgesetzbuch II[2] (2000).

Die Vorschriften des dritten Buchs des UGB mit der Überschrift **„Rechnungslegung“** (§§ 189–283) treffen Kapitalgesellschaften und Personengesellschaften ohne unbeschränkte Haftung einer natürlichen Person (zu diesen „Mischformen“ Rz 924) sowie sonstige Unternehmer, die im Geschäftsjahr mehr als € 400.000 Umsatz machen (Genaueres in § 189 UGB; zu Ausnahmen bereits Rz 207). Wer zu diesem Personenkreis gehört, ist verpflichtet, „Bücher zu führen und in diesen seine unternehmensbezogenen Geschäfte und die Lage seines Vermögens nach den Grundsätzen ordnungsmäßiger Buchführung ersichtlich zu machen“ (§ 190 Abs 1 UGB). **223**

Zweck dieser Vorschrift ist zunächst eine **Selbstkontrolle.** Der Unternehmer soll in regelmäßigen (jährlichen) Abständen dokumentieren (Bilanz bzw **Jahresabschluss**) – und damit selbst wissen –, wie es um sein Unternehmen finanziell bestellt ist. Folge ordentlicher Buchführung ist jedoch auch ein genereller **Gläubigerschutz:** Zum einen können Geschäftspartner verlangen, vor wirtschaftlich bedeutenden Transaktionen Einsicht in die Geschäftsbücher zu nehmen. Zum anderen wird ein ordentlicher Unternehmer bei negativer Geschäftsentwicklung entsprechende Dispositionen vornehmen, etwa das Unternehmen rechtzeitig liquidieren oder doch zumindest beizeiten Konkurs anmelden, wodurch die Nachteile für die Gläubiger so gering wie möglich gehalten werden.

Mit dem **RechnungslegungsG (RLG) 1990** wurde eine tief greifende Reform des Rechts der unternehmerischen Bilanzierung (Rechnungslegung) vorgenommen; größere Novellierungen dieses Rechtsgebietes erfolgten durch das **EU-GesellschaftsrechtsänderungsG 1996** sowie durch das **RechnungslegungsänderungsG 2004.** Diese an den einschlägigen Richtlinien der EG (Rz 2b) orientierten Novellen haben gegenüber dem früheren Recht eine weit detailliertere – und EU-weit harmonisierte – Regelung mit sich gebracht. Hauptziel ist eine aussagekräftige, durchsichtige und korrekte Bilanz: Aus ihr soll man schnell und verlässlich den wirklichen Zustand des Unternehmens erkennen können. Dabei gelten für Kapitalgesellschaften Sonderregeln, die wiederum danach differenzieren, ob es sich um eine „große", „mittelgroße" oder „kleine" Gesellschaft handelt (siehe die „Größenklassen" des § 221 UGB).

Die wichtigsten **Grundsätze ordnungsgemäßer Buchführung** werden mit folgenden Schlagworten bezeichnet: **Bilanzwahrheit, Bilanzklarheit und Bilanzvorsicht.** Der Rechnungsabschluss darf also nur korrekte Angaben enthalten und er muss vollständig sein; die tatsächliche Lage des Unternehmens muss aus der Bilanz deutlich hervorgehen, sie darf nicht verschleiert werden; schließlich ist bei der Bewertung der Vermögensbestandteile (Aktiva und Passiva) – vor allem aus Gläubigerschutzerwägungen – der für den Unternehmer „ungünstigere" Wert anzusetzen (zB Niederstwertprinzip beim Umlaufvermögen, Höchstwertprinzip bei den Verbindlichkeiten).

IV. Die Unternehmensorganisation

Weiterführende Literatur: *Kalss/Schauer,* Allgemeines Handelsrecht 48–73; *Krejci,* Handelsrecht[3] 109–142; *Roth/Fitz,* Unternehmensrecht[2] Rz 81–141, 996–1006.

1. Rechtsform

224 Wer ein Unternehmen gründen will, muss sich zunächst einmal über die sinnvollste **Rechtsform** im Klaren sein. Deren Wahl hängt von ganz unterschiedlichen Faktoren ab: Wird viel Kapital benötigt? Ist ein Familienbetrieb oder die Beteiligung einer Vielzahl von Kapitalgebern geplant? Will man eine Haftung mit dem gesamten persönlichen Vermögen riskieren? Existieren Vorschriften, die für den in Aussicht genommenen Geschäftszweck bestimmte Rechtsformen vorschreiben? Will man nur für einen konkreten Geschäftsfall oder auf Dauer einen bestimmten Partner? Was ist steuerlich günstiger? Diese und viele weitere Fragen sollten vorweg beantwortet werden. Die Palette der Möglichkeiten wurde zum Teil bereits angesprochen. Sie reicht vom Einzelunternehmen über Zusammenschlüsse in Personengesellschaften bis hin zur AG, für die zumindest € 70.000 Grundkapital notwendig ist.

Denkbar ist auch die Aufgliederung eines Unternehmens in zwei oder mehrere rechtlich selbstständige Gesellschaften (zB eine Besitz- und eine Betriebsgesellschaft) oder der mehr oder weniger enge Zusammenschluss bisher eigenständiger Unternehmen (Konzern, Verschmelzung usw). Ausführlicher dazu Rz 1207 ff, 1220 ff.

2. Arbeitsverfassungsrechtliche Aspekte

225 Ferner sind außer bei Kleinstunternehmen arbeitsverfassungsrechtliche Aspekte zu beachten. Hier sei nur die Notwendigkeit einer betrieblichen Arbeitnehmervertretung **(Betriebsrat)** genannt, der bereits bei Betrieben ab fünf Arbeitnehmern obligatorisch ist.

3. Absatzmittler

a) Das Grundkonzept

226 Wie bereits erwähnt, findet ein Unternehmer insbesondere beim Versuch, seinen Absatz anzukurbeln, selten ausschließlich mit eigenen Arbeitnehmern das

Auslangen. Im Folgenden soll kurz angeführt werden, welche Personen oft unterstützend herangezogen werden. Diese werden üblicher Weise als **„Absatzmittler"** bezeichnet.

b) Angestellte Vertreter und Handlungsreisende

Diese Personen unterliegen grundsätzlich wie sonstige Arbeitnehmer dem Arbeitsrecht (Rz 647 ff). **227**

c) Handelsvertreter

Handelsvertreter sind mit der Vermittlung oder Abschließung von Rechtsgeschäften im Namen und auf Rechnung des Unternehmers ständig betraut; sie üben ihre Tätigkeit selbstständig und gewerbsmäßig aus (§ 1 **HandelsvertreterG – HVertrG 1993**). Sie sind selbst Unternehmer. Näheres Rz 655 f. **228**

d) Vertragshändler

Für **Vertragshändler** existieren keine gesetzlichen Sondervorschriften. Sie werden etwa im Bereich des Kfz-Handels häufig eingeschaltet. Grundlage ihrer Tätigkeit ist ein auf unbestimmte Zeit abgeschlossener Rahmenauftragsvertrag mit dem Produzenten. Regelmäßig erhält der Vertragshändler ein bestimmtes Vertragsgebiet (zB Wien, Westösterreich, eventuell auch ganz Österreich) zugewiesen, in dem er *Exklusivität* genießt. Er verpflichtet sich zum möglichst erfolgreichen Vertrieb der Erzeugnisse des Produzenten. Der Vertragshändler schließt mit dem Käufer im eigenen Namen und auf eigene Rechnung ab, kann also auf die Höhe seines Gewinns im Rahmen der Marktgegebenheiten selbst Einfluss nehmen. Allerdings sind im Rahmenvertrag häufig gewisse Weisungsrechte des Herstellers vorgesehen; auch ist der Vertragshändler in dessen Vertriebsorganisation integriert. Der Vertragshändler ist ebenfalls Unternehmer. **229**

Zum sehr ähnlichen Vertrieb mit Hilfe von *Franchiseverträgen* Rz 643.

e) Makler

Der **Makler** vermittelt ohne ständige Betreuung Geschäfte für seinen Auftraggeber (§ 1 MaklerG). Näher zum Maklerrecht Rz 657 f. **230**

f) Verkaufskommissionär

Verkaufskommissionäre übernehmen es gewerbsmäßig, Waren oder Wertpapiere für Rechnung des Unternehmers im eigenen Namen zu verkaufen (§ 383 UGB). Auch sie sind Unternehmer. Ausführlicher zum Kommissionsgeschäft Rz 671 ff. **231**

V. Verbraucher (Konsumenten)

Weiterführende Literatur: *Aicher/Holoubek* (Hrsg), Der Schutz von Verbraucherinteressen (2000); *P. Bydlinski,* AT^3 Rz 1/12–1/18; *Feil,* Konsumentenschutzgesetz^4 (2002); *Kosesnik-Wehrle/Lehofer/Mayer/Langer,* Konsumentenschutzgesetz^2 (2003 mit Nachtrag 2004); *Koziol/Welser*^{13} II 401–439.

Wer bloß als Privater am Wirtschaftsleben teilnimmt – regelmäßig als Nachfrager, aber auch als Anbieter –, heißt **Verbraucher** oder **Konsument.** Die rechtli- **232** che Begriffsbestimmung erfolgt in § 1 KSchG bloß negativ: Dort wird nämlich der Unternehmer definiert (Rz 204 f); wer nicht darunter fällt, ist Verbraucher.

Diese Personengruppe wird nun als wirtschaftlich und rechtlich typischerweise unterlegen angesehen. Im Verkehr mit Unternehmern kommt ihr daher besonderer gesetzlicher Schutz zu. Diesen gewährt insbesondere das **KonsumentenschutzG (KSchG) 1979.** Die Schutzvorschriften des KSchG gelten gemäß seinem § 1 für nahezu alle Verträge. Als Verbraucher geschützt werden auch Personen, die mit dem betreffenden Rechtsgeschäft ihre unternehmerische Tätigkeit erst *vorbereiten* (§ 1 Abs 3 KSchG; vgl nun auch § 343 Abs 3 UGB). Ebenso können Beitritte zu bestimmten Vereinen erfasst sein; nicht jedoch Arbeitsverträge oder ähnliche Geschäfte, da für diese die Sonder(schutz)regeln des Arbeitsrechts (Rz 645 ff) gelten.

233 Zur Unterstützung der Verbraucher weist § 28 KSchG gewissen Verbänden, die als dafür geeignet angesehen werden, Unterlassungsansprüche gegen die Verwendung bzw Empfehlung verbotener oder sittenwidriger Allgemeiner Geschäftsbedingungen (dazu Rz 435 ff) zu. Man wollte mit dieser **Verbandsklage** erreichen, dass bestimmte für den Verbraucher negative Vertragsklauseln von vornherein aus dem geschäftlichen Verkehr verschwinden und nicht nur im Einzelfall von zufällig ausreichend informierten Konsumenten bekämpft werden. Allerdings haben die in § 29 KSchG genannten Verbände (zB Wirtschaftskammer Österreich, Österreichischer Gewerkschaftsbund und Verein für Konsumenteninformation) von diesen Rechten bisher eher spärlich Gebrauch gemacht. Viel Staub hat allerdings im Jahre 2003 eine Verbandsklage gegen eine große Bank aufgewirbelt, die hinsichtlich von gleich 12 Klauseln der allgemeinen Bankbedingungen (Rz 694) erfolgreich war. Seit 1. 1. 2001 können auch bestimmte nichtösterreichische, in anderen EU-Staaten für Verbraucherbelange zuständige Organisationen den Unterlassungsanspruch geltend machen. Überdies wurde die Klagebefugnis inhaltlich erweitert. Sie betrifft nicht mehr bloß AGB-Klauseln, sondern darüber hinaus *alle Gesetzesverstöße* von Unternehmern im geschäftlichen Verkehr mit Verbrauchern, insbesondere die Vereinbarung missbräuchlicher Vertragsklauseln, aber auch Rechtsverletzungen im Zusammenhang mit Haustürgeschäften, Verbraucherkreditverträgen, Pauschalreiseverträgen ua. Weitere – wenig griffige – Voraussetzung: die Beeinträchtigung allgemeiner Interessen der Verbraucher (§ 28 a KSchG).

VI. Zusammenfassung: Das Zusammenspiel von ABGB, UGB und KSchG

234 Manches wird hoffentlich schon deutlich geworden sein. Das Wichtigste soll allerdings nochmals hervorgehoben werden. Für die Rechtsanwendung muss die **rechtliche Qualifikation der an einem Rechtsgeschäft beteiligten Personen** bereits deshalb geklärt werden, weil sich erst daraus ergibt, welche Gesetze (aber auch welche konkreten Normen) bei einem bestimmten Konfliktsfall zur Anwendung gelangen. Daher sollte man sich – etwas vereinfacht dargestellt – Folgendes merken:

- Ist an einem Vertrag zumindest ein Unternehmer beteiligt, so ist das **UGB** zu beachten (vgl § 345 UGB). Manche Bestimmungen gelten allerdings nur, wenn *beide* Vertragspartner Unternehmer sind (so etwa die Rügeobliegenheit nach § 377 UGB oder die erhöhte Verzugsverzinsungspflicht nach § 352 UGB). Man spricht dann von einem **zweiseitig unternehmensbezogenen Geschäft.** Wieder andere Vorschriften des UGB wenden sich bloß an den unternehmerischen Partner. So kann die Anfechtung wegen laesio enormis (Rz 475) nur zulasten des am Vertrag beteiligten Unternehmers vorweg ausgeschlossen werden (§ 351 UGB) und greift nur für den unternehmerischen Teil der besondere Sorgfaltsmaßstab des § 347 UGB ein. Subsidiär gilt immer ABGB.

- Auf einen Vertrag zwischen einem Privaten und einem Unternehmer sind primär die Sonderregeln des KSchG anzuwenden; überdies manche Regeln des UGB, die aber nur ganz selten Nachteile für den Verbraucher mit sich bringen können (so uU beim Kontokorrent; dazu Rz 698 ff). Das ABGB hat lückenfüllende Funktion.
- Auch ein Unternehmer kann ein *Privatgeschäft* tätigen. Dann ist er grundsätzlich wie jeder sonstige Private zu behandeln. Entscheidend ist also, ob der zu beurteilende Vertrag zum Betrieb seines Unternehmens gehört oder nicht (siehe § 343 UGB und § 1 KSchG). Betriebszugehörigkeit wird im Zweifel vermutet (§ 344 UGB).

5. Kapitel

Die Stellvertretung

Weiterführende Literatur: *Apathy* (Hrsg), Die Treuhandschaft (1995); *P. Bydlinski,* AT[3] Rz 9/1–9/74; *Jappel,* Treuhandschaften (1998); *Kalss/Schauer,* Allgemeines Handelsrecht Rz 4/1–4/23; *Koziol/Welser*[13] I 198–221; *Krejci,* Handelsrecht[3] 205–229; *Ch. Rabl,* Der untreue Treuhänder (2002); *Roth/Fitz,* Unternehmensrecht[2] Rz 800–886; *Thurnher,* Grundfragen des Treuhandwesens (1994).

I. Die vom Gesetz zu lösenden Probleme

Das Stellvertretungsrecht hat etwa für folgende Fälle vernünftige Lösungen **235** anzubieten: Das als Aktiengesellschaft geführte Unternehmen muss neue Mitarbeiter einstellen. Wer kann mit diesen gültige Dienstverträge abschließen? Das 5-jährige Kind macht eine größere Erbschaft. Wie kommt es zu einer sinnvollen Verwaltung des ererbten Geldes? Der Verkäufer im Buchladen gewährt dem Kunden einen geringfügigen Preisnachlass. Muss dies der Geschäftsinhaber gegen sich gelten lassen? Jemand lässt die Waschmaschine seiner Lebensgefährtin reparieren. Von wem kann der Handwerker Zahlung des Werklohns verlangen? Ändert sich etwas, wenn bei Vertragsabschluss ausdrücklich erklärt wurde, es handle sich um die Maschine der Lebensgefährtin? Die Beispiele ließen sich beliebig vermehren. Zur Veranschaulichung der Problematik dürften die hier genannten Fälle aber ausreichen.

II. Begriffe

Stößt man auf die Begriffe **Stellvertretung, Vollmacht, Vertretungsmacht** **236** oder **Bevollmächtigung,** geht es regelmäßig um die hier interessierenden Fragen. Das Stellvertretungsrecht hat primär zu entscheiden, wann das Handeln einer Person *unmittelbar* einer anderen, dem **Vertretenen,** zugerechnet werden kann. Der Vertretene heißt auch **Vollmachtgeber,** der Handelnde **Stellvertreter** oder **Bevollmächtigter.**

Der Begriff **Vollmacht** bezeichnet regelmäßig die dem Stellvertreter zustehende **Rechtsmacht.** Aber auch die **Urkunde,** aus der sich eine Stellvertretungsbefugnis ergibt, wird oft Vollmacht genannt.

237 Ganz deutlich soll nochmals herausgestrichen werden, dass das Verhalten des Stellvertreters **unmittelbare Rechtswirkungen in der Person des Vertretenen** herbeiführt. Die Willenserklärung des Vertreters wird also so behandelt, als hätte sie der Vollmachtgeber selbst abgegeben: So kommt etwa ein auf Grund der Willenserklärung geschlossener Kaufvertrag mit dem Vollmachtgeber zustande, der dadurch zur Zahlung des Kaufpreises verpflichtet wird, aber auch den Leistungsanspruch gegen den Verkäufer erhält.

Damit jemand unmittelbar für einen anderen handeln kann, muss er regelmäßig vom „Hintermann" entsprechende Rechtsmacht eingeräumt bekommen. Dem **Handeln in fremdem Namen,** das auch als unmittelbare oder direkte Stellvertretung bezeichnet wird, wird oft die so genannte mittelbare oder indirekte Stellvertretung gegenübergestellt. Diese Ausdrücke sollte man aber möglichst vermeiden, da es im zweiten Fall gerade nicht darum geht, beim „Hintermann" *unmittelbare* Rechtswirkungen herbeizuführen. Vielmehr wird „bloß" im Auftrag (auf Rechnung) eines anderen gehandelt.

III. Arten der Stellvertretung

1. Aktive und passive Stellvertretung

238 Aktive Stellvertretung liegt dann vor, wenn jemand für einen anderen wirksam Willenserklärungen **abgeben** kann; bei der **passiven Stellvertretung** geht es hingegen um die **Entgegennahme** von Erklärungen. Zum ersten Bereich gehört etwa die Rechtsmacht, für einen anderen Verträge abzuschließen. Ist jemand passiver Stellvertreter, hat die Entgegennahme einer Erklärung (zB eines Angebots) durch ihn die gleichen Wirkungen, als wäre die Erklärung dem Vollmachtgeber gegenüber abgegeben worden: Eine dem Vertreter erklärte Annahme eines Vertragsangebots des Vollmachtgebers führt also etwa zur Vertragsperfektion.

2. Gesetzliche, organschaftliche und rechtsgeschäftlich erteilte Vertretungsmacht

a) Gesetzliche Vertretungsmacht

239 Denkbar ist, dass bestimmten Personen schon **durch das Gesetz selbst** Vollmacht eingeräumt wird. Der deshalb so genannte **gesetzliche Vertreter** ist schon aus einem früheren Kapitel (Rz 64f) bekannt. Als Beispiel soll hier nur nochmals das gesetzliche Vertretungsrecht der Eltern eines minderjährigen Kindes erwähnt werden. Diese Vertretungsbefugnisse sind regelmäßig streng pflichtgebunden und dürfen daher nur unter Berücksichtigung der Interessen des Schutzbedürftigen ausgeübt werden. Dritten Personen gegenüber kann eine dagegen verstoßende Vertretungshandlung aber uU dennoch gültig sein.

Gewisse Personen, so zB der Sachwalter (Rz 68), haben nicht unmittelbar auf Grund des Gesetzes Vertretungsrechte und Vertretungspflichten; sie werden vielmehr erst durch Gerichtsbeschluss Vertreter, weshalb sie auch **Vertreter kraft richterlicher Bestellung** genannt werden. Ein weiteres Beispiel ist der **Kollisionskurator:** Er wird wegen des in solchen Fällen typischerweise bestehenden Interessenkonflikts dann bestellt, wenn ein Rechtsgeschäft zwischen einer nicht voll handlungsfähigen Person und ihrem gesetzlichen Vertreter oder zwischen zwei von diesem vertretenen Personen geschlossen werden soll (§§ 271f ABGB).

b) Organschaftliche Vertretung

240 Auch andere als Minderjährige können typischerweise nicht selbst umfassend rechtsgeschäftlich tätig werden. So sind die **juristischen Personen** (dazu

Rz 189 ff) als solche handlungsunfähig; sie sind ja bloß künstliche Gebilde, die die Rechtsordnung mit Rechtspersönlichkeit ausgestattet hat. Tatsächlich handeln können aber immer nur natürliche Personen. In der **Satzung** der juristischen Person (zB im Gesellschaftsvertrag; dazu Rz 941) ist nun diese Frage regelmäßig berücksichtigt und entschieden. Es wird etwa festgelegt, ob die GmbH von einem Geschäftsführer allein oder von mehreren Personen gemeinsam wirksam vertreten wird und aus wie vielen Personen der Vorstand einer Aktiengesellschaft besteht. Ausführlich zur organschaftlichen Vertretung im Gesellschaftsrecht Rz 977 ff.

c) Rechtsgeschäftlich erteilte Vollmacht

Auch die organschaftliche Vertretungsmacht wird in gewissem Sinn durch Rechtsgeschäft begründet. Bei der **rechtsgeschäftlich erteilten Vollmacht** im eigentlichen Sinn geht es aber um die Bevollmächtigung durch an sich selbst handlungsfähige Personen. Je größer ein Unternehmen ist und je arbeitsteiliger die Wirtschaft organisiert wird, umso größer ist das Bedürfnis, andere für sich und seine Unternehmungen einzusetzen. Dies gilt nun nicht nur für den tatsächlichen Bereich (Mitarbeiter eines Handwerkers), sondern im immer größeren Maße auch für das **rechtsgeschäftliche Tätigwerden.** Ein ganz banales *Beispiel* zeigt dies mit aller Deutlichkeit: Der Bäcker, der als Einzelunternehmer mehrere Verkaufslokale hat, schließt natürlich nicht mit jedem Kunden persönlich die entsprechenden Kaufverträge (über das Frühstücksgebäck oder den Weihnachtsstollen). Vielmehr werden für ihn seine Angestellten (das Verkaufspersonal) tätig. Deren Erklärungen führen aber nun selbstverständlich nicht zu einem Vertragsabschluss zwischen Kunden und Verkaufskraft, sondern berechtigen und verpflichten regelmäßig unmittelbar den Bäcker. **241**

In der Folge wird vor allem diese durch Rechtsgeschäft eingeräumte Vollmacht behandelt.

IV. Rechtsquellen

Die Grundlagen des Stellvertretungsrechts finden sich im ABGB (§§ 1002–1034). Bei der Anwendung dieser Bestimmungen ist allerdings große Vorsicht am Platze. Sie enthalten nämlich eine Regelung des so genannten **„Bevollmächtigungsvertrages“.** Dabei geht es um die häufig, aber nicht immer gegebene Konstellation, dass der Bevollmächtigte auch zugleich auf Grund eines **Auftrages** verpflichtet ist, für den Auftrag- und Vollmachtgeber tätig zu werden. Während nun die Stellvertretungsvorschriften das **Außenverhältnis,** also die Beziehung zwischen Vollmachtgeber und Drittem, regeln, betrifft der Auftrag bloß das so genannte **Innenverhältnis,** also die Beziehung zwischen Auftraggeber und Beauftragtem. Auftrag und Vollmacht sind nun keineswegs zwingend aneinander gekoppelt; im Einzelfall muss daher immer genau darauf geachtet werden, ob eine konkrete Gesetzesbestimmung den Auftrag oder die Vollmacht regeln will: Möchte ein Unternehmer etwa Waren eines Konkurrenten erwerben, diesem gegenüber aber nicht als Käufer auftreten, wird er einen **„Strohmann“** einsetzen, der selbstverständlich nicht im Namen des Unternehmers auftritt. Der Strohmann agiert also rechtlich *im eigenen Namen,* jedoch *auf fremde Rechnung.* In diese Fall- **242** gruppe gehört etwa auch der praktisch bedeutsame Kommissionär (Rz 671 ff). – Ausführlicher zur Abgrenzung der Vollmacht vom Auftrag Rz 272.

Stellvertretungsrechtliche Sonderregeln enthält auch das UGB (§§ 48–58). Näheres zur dort geregelten **Prokura** und **Handlungsvollmacht** Rz 255 ff und Rz 262 f.

Zum Schutz der Verbraucher weicht § 10 KSchG vom allgemeinen Stellvertretungsrecht ab (dazu Rz 264 ff); schon im Recht der Geschäftsfähigkeit wurde die Regelung der Vorsorgevollmacht erwähnt (Rz 67 a), im Familienrecht die des § 96 ABGB über die „Schlüsselgewalt" (näher noch Rz 271).

V. Grundsätze wirksamer Stellvertretung

243 Zunächst sollen die Prinzipien bei rechtsgeschäftlich erteilter Vollmacht dargestellt werden. Daran anschließend wird auf Besonderheiten eingegangen.

1. Bevollmächtigung

244 Selbstverständlich kann es für die Wirksamkeit einer Handlung für einen anderen nicht darauf ankommen, dass der Handelnde behauptet, Vertretungsmacht zu besitzen. Vielmehr muss ihm tatsächlich **Vollmacht eingeräumt** worden sein. Der Vollmachtgeber muss also erklärt haben, der Bevollmächtigte könne für ihn tätig werden. Von Bedeutung sind dabei unter anderem **Art und Form** der Vollmachterteilung, der **Umfang** der erteilten Vollmacht sowie die Möglichkeit eines **Widerrufs** der Bevollmächtigung.

a) Innen- und Außenvollmacht

245 Bei der **Innenvollmacht** erklärt der Vollmachtgeber dem Bevollmächtigten, dass er ihm in bestimmtem Umfang Vollmacht einräume. Damit kann der vom Vollmachtgeber angestrebte Zweck aber häufig nicht erreicht werden: Der Dritte hat ja regelmäßig keinen besonderen Grund, den Behauptungen des Bevollmächtigten, er habe für das in Aussicht genommene Geschäft ausreichend Vollmacht, zu vertrauen. Regelmäßig wird daher der Stellvertreter eine vom Vollmachtgeber unterfertigte Urkunde erhalten, aus der sich auch der Umfang der erteilten Vollmacht ergibt. Wird die Bevollmächtigung nun durch Aushändigung einer Urkunde oder durch eine Mitteilung des Vollmachtgebers an den Dritten oder die Öffentlichkeit erklärt, liegt eine **Außenvollmacht** vor. Der Unterschied ist etwa dann bedeutsam, wenn eine extern erklärte Vollmacht bloß intern widerrufen wird; hier bleibt das Vertrauen des Dritten auf Bestehen der Vollmacht regelmäßig aufrecht und wird daher geschützt.

b) Form

246 Grundsätzlich gilt auch für die Bevollmächtigung das Prinzip der Formfreiheit. Um der Gefahr zu begegnen, dass sich der Vollmachtgeber allzu weit „in die Hände" des Stellvertreters begibt, wird aber für gewisse wirtschaftlich bedeutendere Geschäfte die Einhaltung bestimmter Vorschriften verlangt. **Prozessvollmachten** werden schon deshalb schriftlich niedergelegt, weil die **Zivilprozessordnung** grundsätzlich einen urkundlichen Nachweis verlangt; Erleichterungen bestehen für Anwälte und Notare (s § 30 ZPO).

Formerfordernisse für die Vollmacht können sich aber auch aus Formzwecken, die für das in Aussicht genommene Geschäft gelten, ergeben (dazu Rz 455). ***Beispiel:*** Vollmacht zur Übernahme einer Bürgschaft, für die das Gesetz aus Gründen des Übereilungsschutzes Schriftlichkeit verlangt.

c) Umfang

Der Vollmachtgeber hat es grundsätzlich in der Hand, die Rechtsmacht des Bevollmächtigten genau zu begrenzen. Dies geschieht etwa dadurch, dass die Vollmacht bloß auf ein bestimmtes Geschäft lautet oder Betragsbeschränkungen vorgesehen sind: Der technisch versierte Bevollmächtigte soll für seinen Freund ein Auto kaufen, der Kaufpreis darf aber € 10.000 nicht überschreiten. **247**

Praktisch wird eine Vollmacht aber oft relativ weit formuliert. Insbesondere bei komplexeren Geschäftsfällen ist vorweg selten genau absehbar, welche rechtsgeschäftlichen Handlungen notwendig sein werden. Für den Vollmachtgeber besteht dadurch die Gefahr, dass Geschäfte des Bevollmächtigten zwar von der Vollmacht gedeckt und damit wirksam sind, seinen Interessen aber vielleicht nicht entsprechen. Diesem Risiko kann man sich nur dadurch entziehen, dass man die Vollmacht so eng wie möglich fasst und besondere Sorgfalt bei der Auswahl des Stellvertreters walten lässt; das Erste ist aber schon aus Rechtsgründen nicht immer möglich (siehe nur Rz 256 zur Prokura). Ein dennoch erfolgter **Missbrauch der Vertretungsmacht** macht den Stellvertreter schadenersatzpflichtig.

Neben umfänglicher Begrenzung besteht auch die Möglichkeit einer **Befristung** oder der Bevollmächtigung unter einer **auflösenden Bedingung** (dazu allgemein Rz 480ff).

Ganz entscheidend ist nun Folgendes: **Rechtshandlungen, die den Rahmen der Vollmacht überschreiten, sind unwirksam!** Kauft etwa im Autobeispiel (Rz 247) der Vertreter einen Wagen um € 12.000, kommt kein Kaufvertrag zustande: mit dem Vollmachtgeber deshalb nicht, weil die Vollmacht überschritten wurde (der Verkäufer wollte nicht um € 10.000 verkaufen); mit dem Stellvertreter nicht, weil dieser ersichtlich für den „Hintermann" und nicht für sich handeln wollte. **248**

Vielfach wird auch zwischen **Generalvollmacht** (alle Geschäfte), **Gattungs- oder Artvollmacht** (für bestimmte Geschäftsarten, zB nur Verkauf) und **Spezial- oder Einzelvollmacht** (nur für konkretes Geschäft) unterschieden. Für bestimmte bedeutsamere Geschäfte lässt das Gesetz zum Schutz des Vollmachtgebers eine Generalvollmacht nicht ausreichen; manchmal verlangt es sogar eine Einzelvollmacht (§ 1008 ABGB). **249**

d) Widerruf

Da die Vollmacht durch **einseitige Erklärung des Vollmachtgebers** erteilt wird, ist dieser nicht auf Dauer gebunden. Er kann die Vollmacht jederzeit **widerrufen.** Bei der Außenvollmacht muss dem Dritten, dem die Vollmachterteilung mitgeteilt wurde, der Widerruf allerdings ebenfalls kundgetan werden. Durfte dieser weiterhin auf den Bestand der Vollmacht vertrauen, ist ein bloß intern erfolgter Widerruf unbeachtlich (§ 1026). **250**

2. Offenlegung

Wie sich schon bisher gezeigt hat, geht es im Bereich des Stellvertretungsrechts regelmäßig um eine Abwägung der Interessen von Vollmachtgeber und **251** drittem Geschäftspartner: Der Stellvertreter will nur im Rahmen seiner Vollmacht verpflichtet sein, der Dritte muss wissen oder zumindest erkennen können, wer sein Vertragspartner ist. Aus diesem Grund genügt es nicht, wenn der Handelnde mit ausreichender Vertretungsmacht versehen wurde. Wird dem Dritten nicht erkennbar, dass dieser für jemand anderen handeln will, ist daher ein **Eigengeschäft des Handelnden** anzunehmen. Dieser tritt dem Dritten ja wie jeder sonstige Vertragspartner entgegen. Um unmittelbare Rechtswirkungen beim Vollmachtgeber herbeiführen zu können, ist daher Handeln **im Namen des Vertretenen** notwendig; man spricht auch von **Offenlegung der Stellvertretung.**

Achtung! Handelt der Stellvertreter ersichtlich in fremdem Namen, kommt also bei ausreichender Bevollmächtigung ein Geschäft mit dem Vollmachtgeber, bei Überschreitung der eingeräumten Vertretungsmacht überhaupt kein Vertrag zustande. Umgekehrt wird ohne Offenlegung immer der Handelnde selbst verpflichtet; dies unabhängig von Art und Umfang der tatsächlich bestehenden Vertretungsmacht.

3. Persönliche Eigenschaften des Vertreters

252 Da der Vertreter – im Rahmen seiner Vertretungsmacht – einen eigenen rechtsgeschäftlichen Willen bilden muss, kann ein völlig Geschäftsunfähiger niemals Vertreter sein. Ansonsten soll sich aber der Vollmachtgeber jeden als Vertreter aussuchen können, der sein Vertrauen genießt. Dies können auch Minderjährige oder aus sonstigen Gründen bloß beschränkt Geschäftsfähige sein.

4. Vertretungstaugliches Rechtsgeschäft

252a Schließlich muss das vom Bevollmächtigten vorgenommene Rechtsgeschäft überhaupt *vertretungstauglich* sein. Diese Voraussetzung fehlt etwa bei höchstpersönlichen Geschäften wie Eheschließung und Testamentserrichtung.

Aus anderen Gründen, nämlich wegen der regelmäßig bestehenden Interessengegensätze, unwirksam sind Vertretungshandlungen häufig auch beim sog **Insichgeschäft:** Der Stellvertreter soll gleichzeitig Vertragspartner des Vertretenen werden (*Selbstkontrahieren;* vgl § 271 und dazu Rz 239) oder für beide Vertragsparteien als Vertreter fungieren *(Doppelvertretung).*

5. Zusammenfassung

253 Zusammenfassend ergibt sich somit, dass der Handelnde eine andere Person nur dann wirksam unmittelbar berechtigen und verpflichten kann, **wenn er über ausreichende Vertretungsmacht verfügt und sein Handeln im Namen des Vertretenen dem dritten Geschäftspartner gegenüber offen legt.** Darüber hinaus darf der Handelnde nicht voll geschäftsunfähig sein und muss die Rechtsordnung für das in Aussicht genommene Geschäft Vertretung zulassen.

VI. Abweichungen von den allgemeinen Vertretungsregeln

254 In vielen Bereichen fordern nun besonders gelagerte Konstellationen ein Abgehen von den eben dargestellten Grundsätzen. Dem kann hier nicht in allen Verästelungen nachgegangen werden. Dieser Abschnitt enthält daher nur die wichtigsten Besonderheiten. Teilweise geht es dabei um **gesetzlich vermutete Voll-**

machten oder um einen durch Gesetz festgelegten **Umfang** einer tatsächlich erteilten Vollmacht; dies regelmäßig aus Gründen des Verkehrsschutzes sowie der Rechtssicherheit. In anderen Fällen wird auf die Offenlegung des Vertretungsverhältnisses verzichtet.

1. Prokura

Die Begriffe **Prokura** und **Prokurist** sind allgemein bekannt. Ihr genauerer **255**
Inhalt ist aber vielfach unklar. Unter „Prokura“ wird eine Sonderform der rechtsgeschäftlich eingeräumten **Vollmacht** verstanden. „Prokurist“ ist also entgegen einer verbreiteten Ansicht keine Berufsbezeichnung; die Erteilung von Prokura stellt jedoch zumindest einen besonderen Vertrauensbeweis des Geschäftsinhabers dar. Sie kann **nur von einem im Firmenbuch eingetragenen Unternehmer erteilt** werden (§ 48 Abs 1 UGB).

Der Geschäftsinhaber tritt mit vielen Personen regelmäßig in wirtschaftlichen Kontakt. Es wäre nun aus Gründen der **Rechtssicherheit** und des **Verkehrsschutzes** kaum erträglich, wenn bei jedem einzelnen Geschäftsfall eingehend geprüft und nachgewiesen werden müsste, welchen Umfang diese Vollmacht hat. Die Prokura hat daher einen **gesetzlich genau umschriebenen Inhalt:** Sie ermächtigt mit wenigen Ausnahmen (Veräußerung und Belastung von Grundstücken) zu allen Arten von Geschäften und Rechtshandlungen, die der Betrieb *irgendeines* Unternehmens mit sich bringt (§ 49 UGB). Steht daher jemand einem Prokuristen gegenüber, kann er sich also darauf verlassen, dass dieser ausreichende Vollmacht zum Abschluss nahezu aller unternehmensüblichen Geschäfte besitzt.

Aus diesen Gründen kann der Umfang der Prokura nicht wirksam be- **256**
schränkt werden **(Unbeschränkbarkeit der Prokura).** Insbesondere eine zeitliche, örtliche oder gewisse Geschäfte ausschließende Einschränkung hat Dritten gegenüber keine Rechtswirkungen. Ausnahme ist die Beschränkung auf den Betrieb einer von mehreren Niederlassungen des Geschäftsinhabers **(Filialprokura),** sofern die Niederlassungen unter verschiedenen Firmen (dazu Rz 218f) betrieben werden (§ 50 UGB).

Wurde also jemand vom Inhaber des Handelsgeschäftes zum Prokuristen bestellt, verpflichtet er den Inhaber auch dann rechtswirksam einem Dritten gegenüber, wenn intern vereinbart wurde, bestimmte Geschäfte seien dem Inhaber des Handelsgeschäftes (Prinzipal) vorbehalten. Verletzungen solcher Weisungen können nur zu Schadenersatzpflichten des Prokuristen führen.

Die Prokura ist regelmäßig **Außenvollmacht:** Sie wird auf Grund der Anmel- **257**
dung des Prinzipals in das Firmenbuch (dazu Rz 220ff) eingetragen. Eine Unterschriftprobe des Prokuristen ist bei Gericht zu hinterlegen. Solange die Eintragung im Register nicht gelöscht wird, gilt der als Prokurist Eingetragene als im Umfang des § 49 UGB bevollmächtigt. Ein interner Widerruf ist also all jenen gegenüber, die weiterhin auf die Richtigkeit der Eintragung im Firmenbuch vertrauen, unwirksam. Wie jede sonstige Vollmacht ist auch die Prokura **frei widerruflich.** Um eine Fortführung notwendiger Geschäfte zu ermöglichen, erlischt sie auch nicht durch den Tod des Prinzipals.

Bei **Innenvollmachten** entscheidet grundsätzlich der tatsächlich gewählte Umfang und **258**
nicht unbedingt die Bezeichnung; in diesen Fällen gibt es ja kein zu schützendes Vertrauen

Dritter. Daher ist eine beschränkte Vollmacht, die intern (irrtümlich) als „Prokura" bezeichnet wurde, als Handlungsvollmacht (dazu Rz 262 f) zu deuten.

259 Handelt nun jemand als Prokurist für den Unternehmensinhaber, muss er schriftliche Erklärungen auf besondere Weise unterfertigen: Der Firma, also dem Namen des Unternehmers, hat er seinen Namen mit einem die Prokura andeutenden Zusatz beizufügen (§ 51 UGB). Ist Heinz Müller Prokurist der Peter Pollacks Erben OG, vertritt er die Gesellschaft jedenfalls dann wirksam, wenn er mit „Peter Pollacks Erben OG Heinz Müller ppa" zeichnet. Unterschreibt er bloß mit „Heinz Müller", liegt regelmäßig ein Eigengeschäft vor. Im Einzelfall kommt es jedoch darauf an, ob der dritte Geschäftspartner von einem Handeln des Prokuristen im Namen des Unternehmensinhabers ausging bzw ausgehen musste: Der Verstoß gegen die Zeichnungsvorschrift des § 51 UGB führt also nicht zwingend zu einem Eigengeschäft des Prokuristen.

260 Wird jemandem die Rechtsmacht eingeräumt, den Inhaber des Handelsgeschäftes allein zu vertreten, liegt **Einzelprokura** vor; möglich ist allerdings auch die Einräumung bloßer **Gesamtprokura:** Ein solcher Gesamtprokurist kann für den Prinzipal wirksam nur gemeinsam mit einem zweiten Gesamtprokuristen oder einer anderen Person (zB einem Geschäftsführer) handeln, was die Missbrauchsgefahr deutlich reduziert.

261 Zum Schluss nochmals die **Definition:** Die Prokura ist eine nach außen hin unbeschränkbare Vollmacht zur Vornahme aller Geschäfte und sonstiger Rechtshandlungen, die der Betrieb irgendeines Unternehmens mit sich bringt.

2. Handlungsvollmacht

262 Wird jemandem ohne Einräumung von Prokura Vollmacht zur Vornahme von **unternehmensbezogenen Geschäften** erteilt, ist dieser Handlungsbevollmächtigter. Eine solche **Handlungsvollmacht** (§ 54 UGB) wird nicht in das Firmenbuch eingetragen und ist umfänglich weniger weit reichend als die Prokura, wenngleich auch sie einen gesetzlichen typisierten Inhalt hat: Als *General*handlungsvollmacht erstreckt sie sich auf alle Geschäfte und Rechtshandlungen, die der Betrieb eines *derartigen* Unternehmens gewöhnlich mit sich bringt; daneben sind *Art-* und *Einzel*handlungsvollmacht möglich (vgl Rz 249). Im Unterschied zur Prokura wird hier auf *den konkreten Geschäftsbetrieb* abgestellt. Der gesetzliche Umfang ist also insoweit konkretisiert, während jede Prokura die gleiche Reichweite hat, das heißt, unabhängig von Art und Umfang des betriebenen Unternehmens ist.

Zur Veräußerung und Belastung von Grundstücken benötigt der Handlungsbevollmächtigte ebenso wie der Prokurist eine besondere Befugnis; im Gegensatz zum Prokuristen darf er auch keine Darlehen aufnehmen oder Prozesse führen.

263 **Interne Beschränkungen** der Handlungsvollmacht wirken *im Außenverhältnis* nur dann, wenn der dritte Geschäftspartner diese Beschränkungen kannte oder sie bei gehöriger Aufmerksamkeit hätte erkennen können (§ 55 UGB). Musste der Dritte nicht mit einer Beschränkung rechnen, ist sein Vertrauen in das Vorliegen einer Handlungsvollmacht mit gesetzlichem Umfang zu schützen, weshalb Vertretungshandlungen wirksam sind. In einem solchen Fall ist der Unternehmensinhaber also an den Vertrag gebunden; er kann allerdings nach Maßgabe des Innenverhältnisses gegen seinen „untreuen" Handlungsbevollmächtigten Ersatzansprüche geltend machen.

3. Die Sonderregelung des § 10 KSchG

Für den Fall, dass ein **Unternehmer** Vollmacht erteilt hat und der Vertreter einem *Verbraucher* entgegentritt, besteht auf dessen Seite besonderer Schutzbedarf. Daher versucht § 10 KSchG, durch eine gesetzliche Festlegung des Vollmachtumfangs ebenfalls besondere Rechtssicherheit zu gewährleisten: Eine solche Vertretungsmacht erstreckt sich auf alle Rechtshandlungen, die derartige Geschäfte gewöhnlich mit sich bringen (ganz ähnliche Formulierung wie in § 54 UGB). Selbstverständlich bleiben für den Geschäftspartner (Konsumenten) günstigere gesetzliche Regelungen – wie etwa über die Prokura – unberührt. 264

Für die Beschränkung einer solchen Vollmacht hat der Gesetzgeber aber nun Bestimmungen normiert, die von allgemeinen Stellvertretungsregeln deutlich abweichen und in gewissem Sinn einen übersteigerten Konsumentenschutz darstellen. Unbedenklich ist die Grundregel, dass eine Vollmachtbeschränkung dem Verbraucher gegenüber dann wirksam ist, wenn sie diesem bewusst war. Hier fehlt es ja an jeglichem Vertrauen auf eine weitergehende Vollmacht. Hätte er bei gehöriger Sorgfalt die Vollmachtbeschränkung allerdings erkennen können, wird nun in eigenartiger Weise differenziert: Beruhte die Unkenntnis des Konsumenten von der Vollmachtbeschränkung auf **grober Fahrlässigkeit,** hätte er die Beschränkung also leicht erkennen können, führt die Beschränkung zwar nicht zur Unwirksamkeit der Stellvertretungshandlung. Der Unternehmer kann in einem solchen Fall aber vom Vertrag zurücktreten, wobei der Rücktritt unverzüglich nach Kenntnis des Unternehmers von der Vollmachtüberschreitung durch den Vertreter erklärt werden muss. Da diese Rechtsfolge nur bei grober Fahrlässigkeit des Verbrauchers eingreift, ist entscheidend, dass der Unternehmer auch Kenntnis von den Umständen hat, die diesen Fahrlässigkeitsgrad begründen. Alles in allem ist diese in § 10 Abs 2 KSchG getroffene, zugunsten des Verbrauchers über § 55 UGB (Rz 263) hinaus gehende, Regelung also weder besonders sachgerecht noch leicht zu handhaben. Eigenartig ist auch die **Zurückdrängung des Vertrauenselements:** Nach allgemeinen Regeln wird ja nur der geschützt, der bei sorgfältigem Vorgehen von einem bestimmten Vollmachtumfang ausgehen durfte; und auch das nur dann, wenn dieses Vertrauen auf irgendeine Weise dem Vollmachtgeber zugerechnet werden kann (dieser Gedanke ist für die **Anscheinsvollmacht** von besonderer Bedeutung; dazu Rz 267). 265

Im Bereich des Konsumentenschutzes war auch folgende typische Konstellation regelungsbedürftig: Nicht selten verspricht ein Unternehmer oder dessen Vertreter dem Verbraucher **mündlich** Dinge, die in der schriftlichen Urkunde keinen Niederschlag finden. Zugleich enthalten die **Allgemeinen Geschäftsbedingungen** (Rz 435 ff) häufig die Klausel, mündliche Erklärungen seien ohne Wirkung. Um diese Praxis zu unterbinden, wurde im KSchG angeordnet, dass die Rechtswirksamkeit formloser Erklärungen des Unternehmers oder seiner Vertreter zum Nachteil des Verbrauchers vertraglich nicht ausgeschlossen werden könne (§ 10 Abs 3). Hinsichtlich der Vertretererklärungen wird man dies angesichts der eben dargestellten Regelungen zumindest insoweit einschränken müssen, als der Ausschluss der Gültigkeit formloser Erklärungen dann auch gegenüber dem Verbraucher wirkt, wenn ihm diese Einschränkung bewusst war. Weiß der Konsument nämlich, dass sich die Vollmacht des Vertreters nicht auf mündliche Erklärungen erstreckt, liegt die Situation nicht anders, als wenn ihm zB bekannt ist, dass der Vertreter keine Zahlungsnachlässe gewähren kann. 266

4. Anscheins- und Duldungsvollmacht

Grundsätzlich kann jemand nur dann rechtswirksam für einen anderen handeln, wenn ihm dieser Vollmacht *erteilt* hat. Diese Erteilung erfolgt meist **aus-** 267

drücklich, kann aber auch **stillschweigend,** also durch schlüssiges Handeln, erfolgen (zu diesen Arten der Willenserklärung Rz 423). In manchen Fällen wird nun sogar von einer rechtsgeschäftlich erteilten Vollmacht abgesehen. Dies ist selbstverständlich nur möglich, wenn der dritte Geschäftspartner bei sorgfältigem Vorgehen von einer entsprechenden Vollmacht ausgehen durfte und dieses Vertrauen durch Handlungen des „Hintermannes" entstanden ist. Diese Voraussetzungen liegen etwa dann nicht vor, wenn jemand perfekt die Unterschrift auf einer Vollmachturkunde fälscht, ohne dass dies der „Hintermann" hätte verhindern können. Denkbar wäre aber folgender Fall: Ein Angestellter kauft immer wieder ohne Vollmacht Waren im Namen des Prinzipals. Der Prinzipal bezahlt anstandslos die ihm zugesandten Rechnungen. Eines Tages verweigert er allerdings bei einem ähnlichen Geschäft die Zahlung unter Berufung auf das Fehlen einer Vollmacht seines Angestellten. Auf Grund seines vorangegangenen Verhaltens ist diese Berufung unzulässig; es ist vielmehr eine so genannte **Duldungsvollmacht** entstanden.

Entsprechendes gilt für die **Anscheinsvollmacht,** bei der der „Hintermann" ebenfalls zurechenbar den Anschein einer Bevollmächtigung gesetzt hat. Wer weiß, dass in seinem Unternehmen gestohlen wird und dass sein Briefpapier bereits einmal unbefugt im Umlauf war, kann sich nicht auf fehlende Bevollmächtigung berufen, wenn er sein Büro für jedermann zugänglich lässt und tatsächlich Briefpapier und Stempel zur Fälschung einer Vollmachturkunde entwendet werden.

268 Ausdrücklich gesetzlich ausgeformt sind die Fälle der **Verwaltervollmacht** sowie der **Ladenvollmacht** (§§ 1027, 1029 ABGB): Wird jemandem eine Verwaltung anvertraut, so hat dieser die Rechtsmacht, alles zu tun, was die Verwaltung erfordert oder was gewöhnlich damit verbunden ist, ohne dass eine rechtsgeschäftliche Bevollmächtigung eigens geprüft werden müsste. Ebenso spricht bei Verkäufern im Geschäft der äußere Tatbestand dafür, dass sie zur Entgegennahme des Kaufpreises sowie zur Ausstellung von Quittungen ermächtigt sind. Das Vertrauen eines Kunden auf die Vollmacht wird also jedenfalls geschützt, auch wenn intern eine Einschränkung gemacht wurde, sofern diese nicht deutlich ist: Existiert etwa eine eigene Kasse, kann selbstverständlich nicht an jeden Verkäufer gezahlt werden.

5. Ausnahmen vom Offenlegungsgrundsatz

269 Der Vertreter muss bei Abgabe seiner Willenserklärung dem Geschäftspartner regelmäßig deutlich machen, dass er nicht im eigenen, sondern im fremden Namen handelt. Der Dritte muss ja zumindest wissen, wer sein Vertragspartner wird. Ausnahmen kann es daher nur dann geben, wenn diese Kenntnis für den Dritten nicht von Bedeutung ist. Ist dieser damit einverstanden, genügt es zu einem gültigen Vertragsabschluss daher, wenn der (mit ausreichender Vollmacht ausgestattete) Vertreter erklärt, für jemand anderen zu handeln, ohne den Namen seines Vollmachtgebers zu nennen.

270 Eine zweite Ausnahme wird für das **Geschäft für den, den es angeht,** zugelassen: Hier ist die Überlegung ausschlaggebend, dass es bei **von beiden Parteien sofort erfüllten Bargeschäften** jedem Teil gleichgültig ist, wer sein Vertragspartner wird. Das Geschäft soll in diesen Fällen immer für den „Hintermann" gelten. Schickt also der Vater seinen Sohn um 2 Päckchen

Zigaretten und bezahlt der Sohn sogleich, soll der Kaufvertrag mit dem Vater und dem Trafikanten zustande gekommen sein. Diese Ausnahme ist nun einigen Bedenken ausgesetzt. So kann es auch bei sofort erfüllten Bargeschäften zu mangelhaften Leistungen kommen. Dann ist es aber sehr wichtig zu wissen, wer Vertragspartner ist, da grundsätzlich nur von diesem bzw gegen diesen Schadenersatz-, Gewährleistungs- oder Nichterfüllungsansprüche geltend gemacht werden können. Für das Innenverhältnis zwischen „Hintermann" und Handelndem ist hingegen nicht ausschlaggebend, wer Vertragspartner des Dritten wurde. Man sollte hier daher wohl keine Ausnahme zulassen.

6. Schlüsselgewalt

Der schon erwähnte § 96 ABGB (dazu Rz 107) sieht vor, dass bestimmte Geschäfte, die der haushaltsführende Ehegatte schließt, auch ohne Offenlegung eines Vollmachtverhältnisses unmittelbar für und gegen den anderen Ehegatten wirken. Voraussetzung dafür ist zum Ersten, dass der haushaltsführende Teil keine eigenen (nennenswerten) Einkünfte hat. Zum Zweiten muss das abgeschlossene Geschäft den gemeinsamen Haushalt betreffen und darf das den Lebensverhältnissen der Ehegatten entsprechende Maß nicht übersteigen. Kauft also die Hausfrau einen neuen Mixer, kommt der Kaufvertrag zwischen Verkäufer und Ehemann zustande, der deshalb auch zur Kaufpreiszahlung verpflichtet ist. **Damit wird sowohl auf rechtsgeschäftliche Bevollmächtigung als auch auf besondere Offenlegung des Vertretungsverhältnisses verzichtet!** 271

Hinter dieser Regelung steht einmal der Gedanke, dem Dritten einen vermutlich finanzkräftigen Schuldner zu geben, aber auch die umgekehrte Überlegung, dass der haushaltsführende – und daher typischerweise vermögensschwächere – Ehegatte nicht mit Zahlungspflichten belastet werden soll, die im gemeinsamen Interesse begründet wurden und im Innenverhältnis ohnehin vom verdienenden Teil zu tragen sind.

Der verdienende Teil kann die genannten Rechtsfolgen nur auf folgende Art und Weise abwenden: Er gibt dem Dritten zu erkennen, dass er von seinem Ehegatten nicht vertreten werden will. Dafür genügt es nun nicht, dass er in einer Zeitung entsprechende Inserate einschaltet, was öfters geschieht. Im Streitfall müsste er vielmehr beweisen, dass gerade der konkrete Vertragspartner Kenntnis vom „Vollmachtentzug" hatte.

Die Rechtsfolge, dass der nicht handelnde, erwerbstätige Ehegatte alleiniger Vertragspartner des Dritten wird, greift allerdings nur dann ein, wenn diesem Dritten erkennbar war, dass ein haushaltsführender und nicht selbst erwerbstätiger Ehegatte Geschäfte für den gemeinsamen Haushalt geschlossen hat. War dies dem Dritten nicht erkennbar, fällt ihm eine Begünstigung in den Schoß; für seinen Anspruch aus dem Vertrag haften beide Ehegatten solidarisch. Das bedeutet, dass er von beiden (nach seiner Wahl) Erfüllung verlangen kann. Nach allgemeinen Regeln wäre hingegen in einem solchen Fall – das Handeln als Vertreter für einen anderen ist nicht erkennbar – ein Eigengeschäft des handelnden Ehegatten anzunehmen.

VII. Abgrenzung von ähnlichen Rechtsinstituten

1. Auftrag

Während sich die Vollmacht auf das **Außenverhältnis** bezieht, regelt ein **Auftrag** bloß das **Innenverhältnis** zwischen Auftraggeber und Beauftragtem. Im Auftragsvertrag verpflichtet sich der Beauftragte, für den Auftraggeber rechtsgeschäftlich tätig zu werden. Dies kann nun in fremdem Namen, also mit Vollmacht, aber auch vollmachtlos geschehen: Der Auftraggeber will als Interessent an einer gewissen Ware nicht bekannt werden und schickt daher jemand anderen vor. **Der bloß Beauftragte handelt also im eigenen Namen, aber auf fremde Rechnung.** Er 272 kann das zur Erfüllung des Auftrages Aufgewendete vom Auftraggeber ersetzt verlangen. Näheres zum Auftrag Rz 668ff.

2. Ermächtigung

273 Die **Ermächtigung** betrifft wieder nur das **Innenverhältnis.** Im Gegensatz zum Beauftragten muss der Ermächtigte hingegen nicht tätig werden; er hat bloß die Möglichkeit dazu. Macht er davon Gebrauch, sind die Bestimmungen des Auftragsrechts anzuwenden.

Zur so genannten **Verfügungsermächtigung (Veräußerungsbefugnis),** die von der hier behandelten Rechtsfigur zu unterscheiden ist und die eine Verfügung über fremde *dingliche* Rechte im eigenen Namen ermöglicht, unter Rz 337.

3. Botenschaft

274 Während der Stellvertreter im Rahmen seiner Vollmacht einen eigenen Willen zu bilden hat und diesen – wenn auch in fremdem Namen – dem Dritten gegenüber äußert, *überbringt* ein **Bote** bloß eine *fremde* Willenserklärung: Der Bote übergibt ein Schriftstück oder richtet eine mündliche Erklärung des Geschäftsherrn aus. Ebenso wie bei der Stellvertretung gibt es neben diesem **Erklärungsboten** auch einen **Empfangsboten,** der bloß Willenserklärungen entgegennimmt. Zugang einer Erklärung (Rz 426ff) beim Empfangsboten wirkt wie Zugang beim Empfänger selbst.

Die Unterscheidung, ob jemand als Stellvertreter oder als Bote bestellt wurde und wie er dem Dritten gegenüber aufgetreten ist, ist im Einzelfall sehr schwierig. Hier hängt vieles von der Formulierung ab, die der Handelnde gebraucht. Sagt jemand: „X lässt Ihnen sagen, dass er mit € 3000 als Kaufpreis einverstanden ist“, handelt er als Bote; hingegen tritt jemand als Stellvertreter auf, wenn er formuliert: „Ich möchte für X den Kauf um € 3000 perfekt machen.“

275 Eine genauere Differenzierung ist nun vor allem wegen der unterschiedlichen Rechtsfolgen sehr wichtig. Erklärt der Handelnde, was er soll, ist selbstverständlich alles in Ordnung. Anderes gilt hingegen für Abweichungen: Tritt jemand als Stellvertreter auf und überschreitet er dabei die Grenzen seiner Vollmacht, wird der Vollmachtgeber überhaupt nicht verpflichtet. Mängel der bloßen **Übermittlung** einer Erklärung hat hingegen der zu tragen, der den Erklärungsboten eingesetzt hat. Erklärt dieser irrtümlich etwa € 3.500 statt € 3.000, ist der Auftraggeber jedenfalls zunächst zur Zahlung des höheren Betrages verpflichtet (zur Möglichkeit der Anfechtung wegen Erklärungsirrtums Rz 461ff).

4. Treuhand

276 Der **Treuhänder** erwirbt vom **Treugeber** Rechte, die er unter besonderer Pflichtenbindung auszuüben hat. Als Inhaber der Berechtigung handelt er regelmäßig **im eigenen Namen.** Auf Grund seiner Rechtsstellung sind auch über die Vereinbarung mit dem Treugeber hinausgehende Verfügungen wirksam. Sie machen aber uU schadenersatzpflichtig. Man sagt daher recht prägnant: **Der Treuhänder kann mehr, als er darf.**

277 Häufig ist die so genannte **fremdnützige Treuhand:** Der Treuhänder ist nach außen hin der allein Berechtigte, aber als „Strohmann“ an die Weisungen des

Treugebers gebunden. **Eigennütziger Treuhänder** ist etwa der Erwerber von Sicherungseigentum (dazu Rz 391 ff). Ihm wird zur Sicherung einer ihm zustehenden Forderung, also in seinem Interesse, Eigentum an einer bestimmten Sache übertragen; von seinem Eigentumsrecht darf er allerdings im Innenverhältnis nur sehr beschränkt Gebrauch machen (Verwertung der Sache bei Nichtzahlung der gesicherten Schuld im Fälligkeitszeitpunkt).

Von großer Bedeutung ist die rechtliche Behandlung der – an sich schuldrechtlichen! – treuhändigen Bindung in Exekution und Insolvenz. Obwohl dort grundsätzlich die dingliche Zuordnung zum Schuldner entscheidend ist und bloß obligatorische Rechte nicht vorrangig beachtet werden, schlägt nach überwiegender Meinung die Treuhandabrede durch: So wird etwa dem Treugeber ein Aussonderungsrecht gewährt, wenn der fremdnützige Treuhänder (zB ein Strohmann) in Konkurs gefallen ist. Für das Sicherungseigentum (Rz 391) sieht das Gesetz ausdrücklich (nur) ein Absonderungsrecht des Sicherungsnehmers (= des Eigentümers) vor; für den Sicherungsgeber ist ein Aussonderungsrecht gegen Zahlung der gesicherten Schuld anerkannt. – Zu Ab- und Aussonderung Rz 1357. **277 a**

5. Handelsvertreter und Makler

Der **Handelsvertreter** (Rz 655 f) tritt entweder als echter Stellvertreter oder bloß als Vermittler auf; im zweiten Fall führt er nur Personen zusammen, die dann miteinander den Vertrag abschließen. Der **Makler** (Rz 657 f) ist an sich ausschließlich ein solcher Abschluss*vermittler;* ihm kann jedoch gesondert Abschluss*vollmacht* erteilt werden. **278**

VIII. Wirkungen des Handelns im fremden Namen

1. Mit (ausreichender) Vollmacht

Nach den bisherigen Ausführungen soll folgender Grundsatz nochmals festgehalten werden: Handelt jemand innerhalb der ihm erteilten Vollmacht im fremden Namen, sind seine Willenserklärungen unmittelbar dem Vollmachtgeber zuzurechnen. Zwischen Vertreter und Drittem entsteht hingegen keinerlei Rechtsverhältnis. **279**

2. Ohne (ausreichende) Vollmacht

Anderes gilt dann, wenn jemand **als Stellvertreter auftritt, aber nicht über ausreichende Vollmacht verfügt:** Willenserklärungen des Vertreters wirken nicht für den „Hintermann". Es kommt also – jedenfalls zunächst – kein Vertrag zustande. **280**

a) Nachträgliche Genehmigung

Das ohne oder in Überschreitung der Vollmacht abgeschlossene Geschäft ist **schwebend unwirksam** (vgl schon Rz 62). Das bedeutet, dass der „Hintermann" den Vollmachtmangel **durch Genehmigung heilen** kann (§ 1016 ABGB): Der Unternehmer ist mit den Einkäufen einverstanden, die ein Angestellter in seiner Abwesenheit ohne entsprechende Vollmacht getätigt hat. **281**

Die Genehmigung ist einmal dadurch möglich, dass der „Hintermann" – ebenso wie bei der Vollmachterteilung – eine entsprechende **Erklärung** abgibt; auch diese Genehmigung ist als interne (an den Vertreter) oder als externe (an den dritten Geschäftspartner) denkbar. Der **Vollmachtmangel** wird in solchen Fällen **rückwirkend saniert.**

Daneben kommt auch eine **Genehmigung durch Vorteilszuwendung** in Betracht: Der Geschäftsherr verarbeitet das vom Angestellten ohne Vollmacht in seinem Namen gekaufte Rohmaterial mit dem Willen, das Geschäft dadurch zu genehmigen. Weil die Zuwendung des aus dem Geschäft erlangten Vorteils nicht gegenüber einer anderen Person erfolgt, liegt keine Genehmigung durch Willenserklärung vor; man spricht hier von **Willensbetätigung** (dazu Rz 404). Da anders als bei der Erklärung kein Vertrauensschutz des Erklärungsempfängers in Frage steht, verlangt diese Art der Sanierung *zwingend* einen *Genehmigungswillen.* Glaubte der Unternehmer etwa, eigene Rohmaterialien zu verarbeiten, liegt ein Fall der Vorteilszuwendung somit nicht vor.

b) Keine Genehmigung

282 Ist der „Hintermann“ mit dem ohne Vollmacht geschlossenen Geschäft auch in der Folge nicht einverstanden, wird er die Genehmigung verweigern. Das bis dahin schwebend unwirksame Geschäft wird nun vollständig ungültig. Der dritte Geschäftspartner hat also keinen Anspruch gegen den „Hintermann“; mangels Vertrages stehen ihm überhaupt keine vertraglichen Ansprüche (zB auf Zahlung des Kaufpreises) zu.

Hat der „Hintermann“ den Handelnden tatsächlich zum Abschluss eines Vertrages eingesetzt, kam der Vertrag aber wegen Vollmachtüberschreitung nicht zustande, könnte der „Hintermann“ dem dritten Geschäftspartner nach den Grundsätzen der **Gehilfenhaftung** (Rz 779 ff) einzustehen haben.

283 Regelmäßig haftet aber der Handelnde als so genannter **Scheinvertreter (falsus procurator)** dem Dritten, der sich auf die vorgegebene Vollmacht und damit auf die Gültigkeit der Handlungen des „Vertreters“ verlassen hat. Der Scheinvertreter weiß ja regelmäßig, dass er keine ausreichende Vollmacht hat; zumindest aber hätte er dies bei sorgfältigem Handeln bemerken müssen. Er hat daher nach § 1019 ABGB jene Schäden zu ersetzen, die der dritte Geschäftspartner gerade dadurch erlitten hat, dass er auf das Bestehen der Vollmacht vertraut hat (**Vertrauensschaden;** dazu Rz 764): Der Dritte hat etwa im Vertrauen auf den wirksamen Verkauf andere Interessenten abgewiesen oder Kosten für Verpackung und Transport aufgewendet. Hätte der geschädigte Dritte selbst erkennen können, dass die Vollmacht nicht so weit reicht, kommt eine Kürzung des Schadenersatzanspruchs wegen *Mitverschuldens* (Rz 775) in Betracht.

2. Abschnitt
Sachen

Weiterführende Literatur: *Binder,* Sachenrecht (2003); *Iro,* Sachenrecht[2] (2002); *Koziol/Welser*[13] I 237–436.

1. Kapitel
Begriff und Regelungszweck

284 Das Sachenrecht wird als Recht der Güterzuordnung bezeichnet. Damit ist gemeint, dass der jeweils Berechtigte ein absolutes Herrschaftsrecht in Bezug auf die Sache hat. Dieses absolute oder dingliche Recht gibt ihm grundsätzlich die Möglichkeit, gegen nicht berechtigte Personen vorzugehen, die in irgendeiner

Weise (Gebrauch, Beschädigung, Entziehung usw) auf die Sache einwirken. Dingliche Wirkung bedeutet gerade Wirkung gegenüber jedermann. Wichtigstes und umfassendstes Sachenrecht ist das Eigentum.

Der Eigentümer hat grundsätzlich das Recht, jedem anderen die Benützung oder Beeinträchtigung seiner Sache zu verwehren. Im Gegensatz dazu stehen die Ansprüche (Forderungsrechte), die bloß gegenüber ganz bestimmten Personen Rechte begründen. So kann der Käufer Übergabe des Kaufgegenstandes nur vom Verkäufer begehren. Vor Übergabe hat er auch noch keine absolut geschützte Position. Er kann also etwa nicht Schadenersatz von einem Dritten verlangen, der die Sache beschädigt.

Der Regelungszweck des Sachenrechts liegt in der **Offenkundigkeit der Güterzuordnung.** Wegen der absoluten Zuordnung der Sache zu einer bestimmten Person muss jedem erkennbar sein, wer der Berechtigte ist. Damit sollte aber auch jede Veränderung der dinglichen Rechtslage offenkundig sein. Dies leitet zu den Grundsätzen des Sachenrechts über.

2. Kapitel
Grundsätze

I. Publizität

Im Grundsatz wird die **Publizität (Offenkundigkeit)** der Sachenrechte dadurch gewährleistet, dass der Berechtigte die Sache bei sich hat. Dies ist zwar schon deshalb kein verlässliches Merkmal, weil Sachen oft auch bloß auf Grund obligatorischer Rechte (Miete, Leihe, Verwahrung usw) bei jemandem anderen als dem Eigentümer sind. Dennoch knüpft das Gesetz an die Innehabung den **Rechtsschein** der dinglichen Berechtigung (vgl etwa Rz 339 ff). Bei Liegenschaften (Grundstücken) ergeben sich die dinglichen Rechtsverhältnisse regelmäßig aus dem **Grundbuch** (Rz 372 ff). 285

II. Typenzwang

Wegen des Erfordernisses der Klarheit der dinglichen Rechtsverhältnisse können die Parteien nicht – anders etwa im Vertragsrecht – beliebige Sachenrechte begründen. Vielmehr besteht ein **numerus clausus, also eine geschlossene Zahl der Sachenrechte.** Wichtigstes und umfassendstes Recht ist das **Eigentum.** Alle anderen dinglichen Befugnisse sind in irgendeiner Weise Einschränkungen dieses Rechts. Sie werden daher auch **beschränkte dingliche Rechte** genannt. Zu ihnen gehören das Pfandrecht (dazu Rz 376 ff), die Dienstbarkeit (Servitut; dazu Rz 359) sowie Baurecht und Reallast (dazu Rz 360 f). 286

III. Spezialität

Dieser Grundsatz besagt, dass dingliche Rechtsänderungen für jede Sache gesondert vorgenommen werden müssen. So kann man sich zwar vertraglich verpflichten, ein Unternehmen zu verkaufen; die Eigentumsübertragung hat aber gesondert für jeden Gegenstand zu erfolgen. 287

Wie bei fast jedem Grundsatz gibt es auch hier Ausnahmen: So kommt es etwa beim Erwerb im Erbwege regelmäßig zu einer Gesamtrechtsnachfolge. Dabei geht im Zeitpunkt der Einantwortung (dazu Rz 185) auch ohne tatsächliche Sachübergabe das Eigentum auf den Erben über.

IV. Titel und Erwerbungsart

288 Nach österreichischem Recht ist eine sachenrechtliche Verfügung immer nur dann wirksam, wenn sie auf einem **gültigen Titel** (Rechtsgrund) beruht. Dieser Titel liegt häufig in einem **Vertrag;** in Einzelfällen gibt es besondere gesetzliche Grundlagen (vgl etwa den Eigentumserwerb durch Verarbeitung; dazu Rz 349).

289 Neben dem gültigen Titel ist ferner eine gesetzlich anerkannte **Erwerbungsart (modus)** zur Übertragung des Sachenrechts notwendig (§ 380 ABGB). Klassische Erwerbungsart ist die körperliche Übergabe der Sache; Näheres dazu vor allem in den Rz 336 ff und Rz 323 ff.

V. Erwerb vom Berechtigten

290 Grundsätzlich kann niemand mehr an Rechten übertragen, als er selbst hat (§ 442 ABGB). Wer nicht Eigentümer ist, kann daher an sich auch nicht Eigentum verschaffen. Von diesem Grundsatz gibt es allerdings bedeutsame Ausnahmen (dazu Rz 339 ff).

3. Kapitel
Rechtsquellen

291 Das allgemeine Sachenrecht ist in den §§ **285–530 ABGB** geregelt; wenige Sondervorschriften für den kaufmännischen Bereich finden sich im UGB (insb die §§ 367–372). Für Rechtsverhältnisse an Liegenschaften sind vor allem das **Allgemeine GrundbuchsG (GBG) 1955,** das **Allgemeine GrundbuchsanlegungsG (GAG) 1929** und das **GrundbuchsumstellungsG (GUG) 1980** von Bedeutung. Als wichtig zu erwähnen sind ferner das **WohnungseigentumsG (WEG) 2002** sowie das **BaurechtsG (BauRG) 1912.**

4. Kapitel
Die Sache

I. Begriff

292 Der **Sachbegriff** des ABGB ist **sehr weit;** er erfasst alles, was von der Person unterschieden ist und zum Gebrauche der Menschen dient (§ 285 ABGB). Damit sind auch immaterielle (unkörperliche) Güter Sachen im Rechtssinne, also etwa Urheberrechte oder Geldforderungen. Tatsächlich gelten viele Regeln des Sachenrechts aber nur für Sachen, die körperliche Innehabung und damit tatsächliche Beherrschbarkeit ermöglichen. So sind etwa die Regeln über die Eigentumsverschaffung nur auf diese **körperlichen Sachen** anwendbar.

Seit einer Gesetzesnovelle im Jahre 1988 sind **Tiere** im Rechtssinn keine Sachen mehr (§ 285a ABGB). Diese Änderung ist allerdings rein terminologischer Natur; der Erwerb von Rechten an Tieren richtet sich weiterhin nach allgemeinem Sachenrecht (zur Bemessung des Ersatzanspruches bei Verletzung von Tieren siehe § 1332a ABGB). **293**

II. Arten

In der Folge wird eine ganz kurze Übersicht über mögliche Einteilungskriterien der Sachen gegeben. Diese sind deshalb von Bedeutung, weil mit der unterschiedlichen Qualifikation oft verschiedene Rechtsfolgen verbunden sind. **294**

1. Öffentliche – private Sachen

Diese Einteilung knüpft daran an, ob die konkreten Sachen **Privaten** oder dem **Staat** gehören. Die Veräußerung öffentlicher Sachen ist regelmäßig nur mit Zustimmung bestimmter Behörden möglich. **295**

2. Körperliche – unkörperliche Sachen

Zu dieser Einteilung siehe schon Rz 292. Auch hier ist die Zuordnung nicht immer ganz einfach. *Energie* wird vom Gesetz (§ 15 KSchG) als körperliche Sache angesehen. **296**

3. Bewegliche – unbewegliche Sachen

Die grundsätzliche Zuordnung zu diesen beiden Begriffen ergibt sich schon aus dem Wortlaut: So sind **Liegenschaften (Grundstücke)** jedenfalls **unbeweglich.** Unbeweglich sind aber auch Gegenstände, die *Zubehör eines Grundstückes* sind (§ 293 ABGB). Das gilt etwa für landwirtschaftliche Geräte oder Vieh auf einem landwirtschaftlichen Betrieb. Diese Zuordnung hat zur Folge, dass rechtliche Dispositionen über die betreffende Liegenschaft grundsätzlich auch diese Sachen erfassen; so etwa bei Verpfändung einer Liegenschaft (zum Zubehör näher Rz 306). **297**

Doch sogar Sachen, die mit einem Grundstück fest verbunden sind, werden uU als **beweglich** angesehen. Solche Bauwerke heißen **Überbauten (Superädifikate).** Nach § 435 ABGB sind dies Bauwerke, die auf fremdem Grund in der Absicht aufgeführt werden, dass sie nicht stets darauf bleiben sollen. Sind diese Voraussetzungen erfüllt, können also Eigentum am Bauwerk und Eigentum am Grundstück auseinander fallen. Superädifikate sind nicht Zubehör der Liegenschaft. Ein bekanntes Superädifikat ist etwa das Hauptgebäude der Wirtschaftsuniversität Wien. **298**

Zu den beweglichen Sachen gehören aber nicht nur die körperlichen, sondern auch die **Rechte,** so etwa Forderungen (§ 298 ABGB).

4. Teilbare – unteilbare Sachen

Kann eine Sache ohne wesentliche Wertminderung in ihre Einzelteile zerlegt werden, ist sie (real) **teilbar,** ansonsten **unteilbar.** Diese Einteilung ist vor allem dann von Bedeutung, wenn an einer Sache Miteigentum (dazu Rz 329) besteht. Soll die Miteigentumsgemeinschaft aufgelöst werden, ist bei unteilbaren Sachen **299** nämlich bloß Veräußerung und Aufteilung des Erlöses (so genannte Zivilteilung) möglich.

Teilbar ist etwa ein großes Grundstück, das ohne Wertverlust zu mehreren Bauparzellen gemacht werden kann, unteilbar ein Auto, ein Kleidungsstück, ein Tier usw.

5. Vertretbare – unvertretbare Sachen (Gattungs- und Speziessachen)

300 Werden Sachen nach der Verkehrsanschauung bloß nach Maß, Zahl oder Gewicht bestimmt, sind sie **vertretbare** Sachen (und damit regelmäßig Gegenstand von Gattungsschulden). Dazu gehören etwa Lebensmittel, aber auch ein Neuwagen einer bestimmten Marke (wie überhaupt alle Serienprodukte) oder Geld. **Unvertretbar** sind demgegenüber durch individuelle Merkmale bestimmte Gegenstände, so zB ein Oldtimer, Antiquitäten oder Kunstwerke.

Achtung! Gattungs- und Speziessache dürfen nicht automatisch mit Gattungs- und Speziesschuld gleichgesetzt werden. Im ersten Begriffspaar geht es um eine Einteilung nach objektiven Kriterien, also nach der Verkehrsanschauung. Für die Art der Schuld ist hingegen bloß von Bedeutung, was die konkreten Parteien vereinbart haben, also eine subjektive Sicht. Verpflichtet sich jemand, irgendeinen von seinen 10 Oldtimern zu liefern, liegt eine Gattungsschuld vor, obwohl jedes Auto eine Speziessache darstellt. Umgekehrt kann sich die Leistungspflicht auch auf einen *ganz bestimmten* Gegenstand einer Gattung beziehen (Speziesschuld).

6. Verbrauchbare – unverbrauchbare Sachen

301 **Verbrauchbar** sind Sachen, deren typische Verwendung nicht bloß im Gebrauch, sondern im Verbrauch besteht. Dazu gehören etwa Lebensmittel, aber auch Energie. Wird hingegen durch die übliche Verwendung nicht typischerweise die Substanz vernichtet, ist die Sache **unverbrauchbar** (Grundstücke, Bücher, Milchkühe usw). Diese Einteilung ist vor allem für das Vertragsrecht von Bedeutung, weil etwa ein Mietvertrag nur über unverbrauchbare Sachen geschlossen werden kann.

7. Herrenlose – nicht herrenlose Sachen

302 **Herrenlos** sind Sachen, die in niemandes Eigentum stehen. Dazu gehören etwa das Wild, frei fliegende Vögel oder vom bisherigen Eigentümer weggeworfene (derelinquierte) Sachen. Bei diesen herrenlosen Sachen ist von besonderer Bedeutung, ob und auf welche Art und Weise jemand an ihnen Eigentum erwerben kann.

Während manche Sachen auf Grund gesetzlicher Vorschrift einer **Aneignung** (Zueignung) nicht zugänglich sind (zB streng geschützte Tierarten), kann an anderen nur von ganz bestimmten Personen Eigentum erworben werden. So können sich nur die Jagdberechtigten jagdbares Wild aneignen; ähnliche Aneignungsvorbehalte bestehen für bestimmte mineralische Rohstoffe. Wegen der besonderen Anspruchsberechtigung bestimmter Personen spricht man auch von **ansprüchigen Sachen.** Alle übrigen herrenlosen Gegenstände (in der Bahn weggelegte Zeitschriften, weggeworfene Autoreifen usw) kann jedermann ins Eigentum erwerben (§§ 381 f ABGB).

8. Einzelsache – Sachverbindungen

303 **Einzelsachen** sind „natürliche Einheiten". Eine Teilung führt meist unweigerlich zur Zerstörung.

In der modernen Produktionsgesellschaft häufiger und bedeutsamer sind aber die **Sachverbindungen.** Je nach Intensität der Verbindung sind hier verschiedene Arten zu unterscheiden: 304

Beim **unselbstständigen Bestandteil** liegt eine besonders enge Beziehung zur Hauptsache vor. Der Bestandteil kann ohne Wertverlust von der Hauptsache nicht getrennt werden. Dazu gehört etwa der mit einer Maschine verschweißte Metallteil, das einzelne Blatt eines Buches oder die in der Mauer des Hauses verlegten Leitungsrohre. Im Gegensatz zu selbstständigen Bestandteilen und zum Zubehör (Rz 306) sind die **unselbstständigen Bestandteile nicht sonderrechtsfähig;** alle Rechte, die an der Hauptsache bestehen, beziehen sich daher zwingend auch auf sie. Der Eigentümer eines Hauses erwirbt daher auch dann Eigentum an den eingebauten Ziegeln, wenn er diese gestohlen oder unter Eigentumsvorbehalt (Rz 396) gekauft hat. 305

Damit ist allerdings – und das sollte nie übersehen werden – bloß die dingliche Zuordnung geklärt. Erfolgt ein Eigentumserwerb auf solche Weise, ist dem bisherigen Eigentümer aber selbstverständlich regelmäßig Wertersatz nach den Grundsätzen des Bereicherungs- oder Schadenersatzrechts zu leisten.

Anders ist die Rechtslage hingegen bei **selbstständigen Bestandteilen** und bei **Zubehör:** Diese Sachen können sonderrechtsfähig sein, also einem anderen als dem Eigentümer der Hauptsache gehören. Im Zweifel teilen sie jedoch das rechtliche Schicksal der Hauptsache. Dies ist etwa bei Veräußerung oder Verpfändung der Hauptsache von Bedeutung. 306

Im Gegensatz zu den unselbstständigen können selbstständige Bestandteile ohne Wertverlust von der Hauptsache getrennt werden, so das Kabelmikrofon eines Diktiergerätes oder der Reifen eines Autos. Definitionsgemäß ist aber auch der selbstständige Bestandteil nach der Verkehrsauffassung **Teil der Sache.**

Darin liegt der Unterschied zum Zubehör. Zubehör ist nicht Teil der Hauptsache, sondern dieser bloß zum (besseren) fortdauernden Gebrauch zugeordnet. Damit sind Zubehör etwa die landwirtschaftlichen Geräte des bäuerlichen Betriebes, die auf einem Auto angeschraubten Dachträger, die Handtücher im Hotelzimmer usw. Selbstständige Bestandteile und Zubehör werden rechtlich jedoch gleich behandelt.

Für wirtschaftlich besonders wichtiges Zubehör, nämlich für **Maschinen,** trifft das Gesetz in § 297a ABGB eine Sonderregelung: Danach gelten Maschinen, die mit einer unbeweglichen Sache in Verbindung gebracht werden, dann nicht als Zubehör, wenn im Grundbuch angemerkt wird, dass sie im Eigentum eines anderen als des Liegenschaftseigentümers stehen. Diese Regelung soll dazu führen, dass Personen, die dem Liegenschaftseigentümer gegen grundbücherliche (hypothekarische) Sicherstellung Kredit gewähren wollen, zunächst im Grundbuch Einsicht nehmen, um sich über die Eigentumsverhältnisse an auf der Liegenschaft befindlichen Maschinen zu vergewissern. Im Zweifel würde sich ein Pfandrecht ja auch auf das Zubehör erstrecken. Das Vertrauen des Kreditgebers, das Zubehör stehe in der freien Verfügungsmacht des Liegenschaftseigentümers, wird aber nur dann geschützt, wenn im Grundbuch keine entsprechende Anmerkung erfolgt oder diese schon älter als 5 Jahre ist. Die Anmerkung des Fremdeigentums hat ih- 307 ren Grund meist in einem Kauf unter Eigentumsvorbehalt; denkbar wäre jedoch zB auch eine Vermietung der Maschine an den Grundstückseigentümer.

Wurde die Maschine allerdings in untrennbare Verbindung zur Liegenschaft gebracht, ist sie *unselbstständiger* Bestandteil. Damit steht sie zwingend im Eigentum des Liegenschaftseigentümers und ist von seinen Verfügungen erfasst. In einem solchen Fall ist auch eine Anmerkung im Grundbuch nutzlos. Andererseits hat das Fehlen einer solchen Anmerkung für das Verhältnis Maschineneigentümer – Liegenschaftseigentümer keine Bedeutung: Der Grundstückseigentümer wird also nicht schon deshalb Eigentümer der Maschine, weil die Anmerkung fehlt. § 297a ABGB will eben bloß das Verhältnis zu dritten Personen (insbesondere Hypothekargläubigern) regeln.

308 Als Zubehör gelten auch die **Früchte** einer Hauptsache. Dies sind nicht bloß **Naturalfrüchte** (Obst, Getreide, Milch usw), sondern auch so genannte **Zivilfrüchte** (zB Zinsen aus Vermietung oder Darlehensgewährung).

309 Schließlich gibt es auch die **Gesamtsache:** Diese ist ein Inbegriff von mehreren Sachen, die im Verkehr als eine Sache angesehen und mit einem gemeinschaftlichen Namen bezeichnet zu werden pflegen (§ 302 ABGB). Die Gesamtsache besteht nicht aus Haupt- und Nebensachen, sondern aus mehreren gleichgeordneten Sachen. Gesamtsache ist etwa das Warenlager, die Schafherde, Werkstatt oder Büroeinrichtung, aber auch das **gesamte Vermögen** einer Person oder das **Unternehmen,** das als selbstständige, organisierte Erwerbsgelegenheit definiert wird (vgl Rz 204).

Zum **Unternehmen** gehören nicht nur die körperlichen Sachen wie Warenlager und Produktionsgüter, sondern auch unkörperliche Sachen wie der Kundenstamm und der Ruf („good will").

Der Begriff der Gesamtsache ist vor allem im Bereich der *Verpflichtungsgeschäfte,* also im Schuldrecht, von besonderer Bedeutung. So ordnet etwa § 1409 ABGB besondere Rechtsfolgen für den Fall der Veräußerung eines Vermögens oder eines Unternehmens an (dazu Rz 563). Wegen des Spezialitätsgrundsatzes hat die Änderung dinglicher Rechte jedoch in Bezug auf jedes Stück der Gesamtsache gesondert zu erfolgen. Hinsichtlich jedes Stücks muss also ein tauglicher Modus gesetzt werden.

5. Kapitel

Innehabung und Besitz

I. Die Innehabung

310 **Inhaber** ist nach § 309 Satz 1 ABGB derjenige, der eine Sache in seiner Macht oder Gewahrsame hat. Innehabung ist damit ein reines Faktum; es kommt bloß auf die *tatsächliche Sachherrschaft* an, also auf die Sachnähe sowie die Möglichkeit der Einflussnahme auf die Sache.

Wer die Sache körperlich tatsächlich bei sich hat, ist **unmittelbarer Inhaber.** Es gibt allerdings auch eine **mittelbare Innehabung:** Diese wird durch ein Rechtsverhältnis zum unmittelbaren Inhaber, dem so genannten Besitzdiener oder Besitzmittler, vermittelt: A gibt dem B eine Sache zur Aufbewahrung.

Wenn die Innehabung auch ein bloßes Faktum ist, ist sie doch rechtlich relevant. So kann der Eigentümer seine Sache von jedem unberechtigten Inhaber (notfalls mittels Klage) herausverlangen.

II. Der Besitz

1. Begriff

Vorweg ist ganz deutlich klarzustellen: **Besitz darf niemals mit Eigentum gleichgesetzt werden!** Die Rechtssprache weicht hier krass von der Alltagssprache ab. Als **Besitzer** wird nach § 309 Satz 2 ABGB der Inhaber bezeichnet, der den Willen hat, die Sache als die seinige zu behalten. Besitzer ist also nicht schon jeder, der eine Sache tatsächlich in seiner Gewahrsame hat. Er muss darüber hinaus den **Willen** haben, sie **für sich innezuhaben.** Dass er tatsächlich ein *Recht an der Sache* hat, wird hingegen nicht gefordert. Damit ist etwa auch der Dieb, der die Sache für sich behalten will, Besitzer, selbstverständlich aber nicht Eigentümer. 311

2. Arten

a) Sach- und Rechtsbesitz

Spricht man von Besitz, denkt man zunächst immer an den **Sachbesitz:** Dieser liegt in der körperlichen Innehabung einer **Sache** mit dem Willen, sie als die seinige zu behalten. Da der Sachbegriff des ABGB aber weit ist, ist auch ein Besitz an **Rechten** möglich. Da hier eine körperliche Gewahrsame allerdings nicht in Betracht kommt, wird auf den Gebrauch im eigenen Namen abgestellt (§ 312 ABGB). **Rechtsbesitz** hat also derjenige, der ein besitzfähiges Recht im eigenen Namen ausübt. Da die Gewahrsame als Dauerzustand zu verstehen ist, kommt Rechtsbesitz nur bei „Dauerrechten" in Betracht, so etwa bei Miete oder Leihe. 312

b) Unmittelbarer – mittelbarer Besitz

Unmittelbar besitzt derjenige, der die Sache tatsächlich in seiner Gewahrsame hat. Besitzer ist aber auch, wer **mittelbar** durch einen anderen Inhaber das neue Verhältnis zur Sache herstellt: Der Besitzer gibt die Sache einer anderen Person in Verwahrung. Hier hat der Verwahrer für den Besitzer inne; er selbst ist jedoch mangels Eigenbesitzwillens nur Inhaber. 313

c) Rechtmäßiger – unrechtmäßiger Besitz

Rechtmäßig besitzt, wer einen zum Besitz berechtigenden Erwerbstitel dartun kann. Dies ist etwa der Käufer, dem die Sache vom Verkäufer übergeben wurde (unabhängig davon, ob der Käufer auch Eigentum erworben hat!), oder der Beschenkte, nicht aber der Verwahrer oder Entleiher. Die letztgenannten Personen haben nämlich bloß einen Titel, der ihnen die Innehabung der Sache gestattet; sie besitzen daher **unrechtmäßig,** wenn sie einen Eigenbesitzwillen haben. 314

Fehlt der Titel, ist der Besitz unrechtmäßig. Nach § 323 ABGB ist jedoch Rechtmäßigkeit zu vermuten.

d) Redlicher – unredlicher Besitzer

Redlich besitzt, wer davon ausgehen darf, dass die bei ihm befindliche Sache sein Eigentum ist (§ 326 Satz 1 ABGB). Selbstverständlich ist damit jeder wirkliche Eigentümer auch redlicher Besitzer. Von Bedeutung sind aber gerade die Fälle, in denen der Besitzer nicht Eigentümer ist: Er hat etwa von einem nicht er- 315 kennbar Geschäftsunfähigen erworben, weshalb der Kaufvertrag ungültig ist; die erworbene Sache war gestohlen.

Unredlich ist demgegenüber, wer weiß oder bei Sorgfalt hätte erkennen müssen, dass die Sache einem anderen gehört (§ 326 Satz 2 ABGB). Im Streitfall wird Redlichkeit des Besitzes vermutet (§ 328 ABGB).

e) Echter – fehlerhafter (unechter) Besitz

316 **Fehlerhaft (unecht)** besitzt derjenige, der eine Sache durch Gewalt oder heimlich entzieht, sowie derjenige, dem bloß ein widerrufliches Prekarium (Bittleihe; dazu Rz 621) eingeräumt wurde, und der nun einen eigenen Besitzwillen bildet.

f) Qualifizierter Besitz

317 Grundsätzlich ist auch der Besitz noch kein Recht an einer Sache, sondern das bloße Faktum von faktischer Innehabung und Besitzwillen. Der besonders **qualifizierte (rechtliche) Besitz** ist aber einem echten dinglichen Recht angenähert und wird daher auch **Besitzrecht** genannt. Ist der Besitz nämlich sowohl rechtmäßig als auch redlich als auch echt, kann der Besitzer nach Ablauf einer **dreijährigen Frist durch Ersitzung** Eigentümer werden (§ 1466 ABGB). Darüber hinaus wird der solcherart qualifizierte Besitz beweglicher Sachen bereits vor Ablauf der Dreijahresfrist besonders geschützt (dazu Rz 320).

Ist der Besitz bloß redlich und echt, kann die Ersitzung des Eigentums (und sonstiger dinglicher Rechte) erst nach Ablauf von 30 Jahren erfolgen. Für Liegenschaften gilt die kurze Frist niemals.

3. Besitzschutz

a) Allgemeines

318 Eigenmächtige Störungen des aktuellen Besitzstandes sind immer Angriffe gegen den allgemeinen Rechtsfrieden. Generell darf in einem Rechtsstaat niemand gewaltsam Selbsthilfe üben. Jeder hat vermeintlich bestehende Rechte mit Hilfe der dafür eingerichteten Behörden (insbesondere der Gerichte) zu verfolgen. So darf auch der Besitzer seinen Besitz im Wege der **Selbsthilfe** nur verteidigen, falls behördliche Hilfe zu spät käme (§ 344 ABGB). § 339 ABGB zeigt deutlich, dass die Rechtsordnung Eigenmächtigkeiten ganz generell nicht akzeptiert: „Der Besitz mag von was immer für einer Beschaffenheit sein, so ist niemand befugt, denselben eigenmächtig zu stören."

b) Das Besitzstörungsverfahren

319 Durch das Besitzstörungsverfahren soll nur der letzte ruhige Besitzstand wieder hergestellt werden. Das Verfahren ist in den §§ 454 ff der **Zivilprozessordnung (ZPO) 1895** geregelt. Der gestörte Besitzer hat seine Klage binnen 30 Tagen ab Kenntnis von Störung und Störer einzubringen und seinen bisherigen Besitz sowie die Verletzung durch den Beklagten nachzuweisen. Je nach der Art des Eingriffs kann es um **Besitzstörung** oder **Besitzentziehung** gehen. Bekommt der Kläger Recht, ist der vorige Zustand wieder herzustellen, also zB die entzogene Sache an

den früheren Besitzer zurückzustellen. Bei Wiederholungsgefahr werden auch künftige Eingriffe untersagt.

Kann der Beklagte allerdings nachweisen, dass der Kläger ihm gegenüber nicht echt besitzt, wird die Besitzstörungsklage abgewiesen. Rechtmäßigkeit und Redlichkeit des gestörten Besitzers werden hingegen nicht geprüft.

Das Besitzstörungsverfahren ist also ein schnelles und einfaches Verfahren, dessen einziges Ziel die Wiederherstellung des früheren Besitzstandes ist. Vorläufig geschützt werden dadurch etwa auch unrechtmäßige oder unredliche Besitzer. Da dieses Verfahren im Ergebnis somit bloß ein provisorisches ist und sich bloß auf die Erörterung des Besitzstandes beschränkt, ist damit zwischen den Streitteilen noch nicht endgültig geklärt, wer die Sache bekommt. Im ordentlichen Verfahren kann durchaus ein anderes Ergebnis erzielt werden; auch können nur dort Schadenersatzansprüche geltend gemacht werden.

Beispiel: Jemand hat eine Sache gekauft und auch schon eine Anzahlung erlegt. Zum vereinbarten Leistungszeitpunkt übergibt der Verkäufer die Sache aber nicht. Holt sich nun der Käufer die Sache eigenmächtig aus dem Lager des Verkäufers, würde er in einem Besitzentziehungsstreit unterliegen und müsste die Sache wieder an den Verkäufer herausgeben (vgl § 320 ABGB). Im Besitzverfahren wird eben nicht geprüft, ob tatsächlich ein Kaufvertrag zustande gekommen ist, ob der vereinbarte Liefertermin schon verstrichen ist usw. Selbstverständlich hat der Käufer aber in einem späteren ordentlichen Gerichtsverfahren die Möglichkeit, unter Berufung auf die gültige Vereinbarung Übereignung der Sache und Schadenersatz wegen verspäteter Leistung zu begehren.

c) Klage aus dem rechtlich vermuteten Eigentum

Diese in § 372 ABGB geregelte Klage ist im ordentlichen Verfahren geltend **320**
zu machen. Sie steht primär dem qualifizierten Besitzer (Rz 317) zu. Dessen Position wird also schon vor Ablauf der Ersitzungszeit ähnlich der wirklichen Eigentümerstellung geschützt. Gegenüber dem wahren Eigentümer kann der solcherart qualifizierte Besitzer aber selbstverständlich niemals durchdringen.

In Erweiterung des § 372 ABGB wird die hier behandelte Klage nicht nur dem qualifizierten **Sachbesitzer,** sondern auch dem qualifizierten **Rechtsbesitzer** gewährt, der zur Ausübung eines Rechts eine körperliche Sache tatsächlich innehatte. Dazu gehören etwa der Mieter und der Eigentumsvorbehaltskäufer. Auch auf diese Personen trifft die Grundwertung des § 372 ABGB zu: Nicht das Eigentum, sondern die relativ bessere Berechtigung zum Besitz (im Vergleich Kläger – Beklagter) soll geschützt werden. Diese Personen haben daher etwa Herausgabe-, aber uU auch Schadenersatzansprüche gegen einen Dieb, obwohl sie nicht Eigentümer sind.

Diese Klage ist auch für den wahren Eigentümer von Interesse. Bei der „echten" Eigentumsklage (§ 366; dazu Rz 364) müsste nämlich der volle Eigentumsbeweis geführt werden; bei der Klage aus dem rechtlich vermuteten Eigentum genügt hingegen der Nachweis von Rechtmäßigkeit und Echtheit des Besitzes.

4. Besitzerwerb

a) Grundsätzliches

Da der Besitz kein Recht ist, genügt zum Besitzerwerb die faktische Herstel- **321**
lung der Besitzvoraussetzungen, also ein körperliches Naheverhältnis (Gewahr-

same) sowie der Besitzwille. Ohne Besitz kommt grundsätzlich kein Eigentumserwerb in Betracht; daher sind die folgenden Erwerbsarten auch für die Begründung bzw Übertragung von Eigentumsrechten von Bedeutung.

b) Besitzwille

322 Eine Voraussetzung des Besitzerwerbs ist der Wille, die Sache als die seinige zu haben. Da Geschäftsunfähige einen solchen Willen nicht bilden können, kann nur ihr gesetzlicher Vertreter für sie Besitz erwerben. Auch der Einsatz von Hilfspersonen (Stellvertreter im weiteren Sinn) ist möglich.

Bloße Willensänderungen reichen aber auch hier nicht aus, um Rechtsfolgen herbeizuführen. Der Wille muss also irgendwie nach außen dringen; das geschieht regelmäßig durch Besitzergreifungshandlungen.

c) Gewahrsame

323 Solche Besitzergreifungshandlungen bestehen regelmäßig in der Herstellung einer entsprechenden **Gewahrsame (Innehabung).** Dies kann auf mehrere Arten erfolgen.

324 Zunächst ist an die **eigenmächtige Besitzergreifung** zu denken: Jemand eignet sich herrenlose Sachen an oder stiehlt fremde Sachen.

325 Im Wirtschaftsleben weit wichtiger sind aber die verschiedenen **Übergabearten.** Regelmäßig geht es hierbei um die Durchführung eines tatsächlich oder vermeintlich bestehenden Vertrages, an der beide Partner mitwirken. Bei der Verschaffung von Sachenrechten wie dem Eigentum sollen sie auch die erforderliche Publizität sicherstellen.

- Primäre Form ist die **körperliche Übergabe** (§ 426 ABGB): Hier wird die Sache tatsächlich „von Hand zu Hand“ übergeben.
- ***Achtung!*** Nur wenn eine solche wirkliche Übergabe unwirtschaftlich („untunlich“), so vor allem mit hohen Kosten und Mühen verbunden wäre, also bloß *subsidiär,* lässt das Gesetz die **Übergabe durch Zeichen** (§ 427 ABGB) zu. Als Zeichen können Urkunden, Werkzeuge wie Schlüssel oder sonstige Merkmale, die die Herrschaftsveränderung jedermann deutlich erkennen lassen, verwendet werden. Mangels Untunlichkeit der körperlichen Übergabe reicht etwa bei Kraftfahrzeugen niemals die Aushändigung der Autopapiere oder einzelner Schlüssel aus, um Besitz (und Eigentum) am Fahrzeug zu übertragen.
- Für den Besitz- und Eigentumsübergang frei zur Wahl steht hingegen die **Übergabe durch Erklärung** (§ 428 ABGB). Im Gesetz sind zwei Formen vorgesehen, nämlich die **Übergabe kurzer Hand** und das **Besitzkonstitut.**

Bei der **Übergabe kurzer Hand** ist die Sache tatsächlich schon beim Erwerber (zB auf Grund einer Leihe oder Miete); um ein körperliches Hin und Her zu vermeiden, vereinbaren die Parteien jetzt bloß, dass der Inhaber Besitzer werden soll.

Beim **Besitzkonstitut** soll der bisherige Besitzer nunmehr (als Hilfsperson) für den Erwerber innehaben: Der Verkäufer, der die Sache noch einige Tage aufbewahren soll, wird also (als nunmehriger Verwahrer) vom Besitzer zum bloßen Inhaber, der Erwerber wird hingegen Besitzer (und regelmäßig auch Eigentümer), obwohl er die Sache nicht unmittelbar in seiner Gewahrsame hat.

- Nicht gesetzlich geregelt, aber allgemein anerkannt, ist auch die **Besitzanweisung:** Die Sache ist weder beim Veräußerer noch beim Erwerber, sondern bei einem Dritten. Besitz und Eigentum können nun dadurch übertragen werden, dass der Veräußerer den tatsächlichen Inhaber der Sache (zB einen Verwahrer) anweist, ab nun für den Erwerber innezuhaben. Zur Wirksamkeit der Besitzanweisung und damit des Besitz- und Eigentumsübergangs ist das Einverständnis des dritten Inhabers nicht erforderlich; seine Position wird dadurch ohnehin nicht beeinträchtigt.
- Eine weitere Möglichkeit der Besitzverschaffung ist die **Übergabe durch Versendung.** Soll eine Sache durch Versendung übergeben werden, so wird der Erwerber regelmäßig schon im Augenblick der Übergabe an das Transportinstitut Besitzer der Sache. Dies gilt nach § 429 ABGB jedenfalls dann, wenn der Erwerber die Übersendungsart bestimmt oder genehmigt hat. Bei Versendung durch Bahn und Post wird dieses Einverständnis vermutet.

Zur Frage, wer die Gefahr für Beschädigungen trägt, die die Sache während des Transports erleidet, siehe Rz 602.

5. Besitzverlust

Die **Aufgabe des Besitzwillens** allein hat zunächst noch keine Folgen. Erst 326
wenn dies an die Außenwelt tritt, ist Besitzverlust anzunehmen: Der vergeblich wartende Freier steckt den Blumenstrauß in den Papierkorb.

Bei **Verlust der Gewahrsame** ist zu unterscheiden: Besteht die Wahrscheinlichkeit, den Gegenstand wieder zu erlangen, bleibt der Besitz aufrecht. (*Beispiel:* Der Student lässt sein Lehrbuch in der Bibliothek liegen.) Besteht allerdings keine Hoffnung mehr, die Sache wieder zu bekommen, wäre das Aufrechtbleiben des Besitzes bloß Fiktion. Dies gilt umso mehr, wenn die Sache vollständig vernichtet wird. Der Besitz des bisherigen Besitzers endet auch dann, wenn ein anderer Alleinbesitz erwirbt: Der Dieb verlässt mit der gestohlenen Sache das fremde Grundstück.

6. Kapitel
Eigentum

I. Begriff

Eigentum ist das umfassende Herrschaftsrecht an einer körperlichen Sache. 327
Das Eigentumsrecht des ABGB gilt also nur für die Sachen im engeren Sinn. Für unkörperliche Rechte wie etwa Forderungen bestehen eigene Regelungen.

Um deutlich zu machen, dass das Eigentumsrecht alle denkbaren Befugnisse in Bezug auf eine Sache in sich vereint, spricht das Gesetz davon, dass der Eigentümer mit der Sache „nach seiner Willkür" verfahren und jeden anderen ausschließen kann (§ 354 ABGB). Dies darf allerdings nicht wörtlich genommen werden. Einmal gilt auch hier, dass schrankenlose Freiheit des einen immer zugleich Einschränkungen anderer mit sich bringt. Feiert etwa jemand Tag und Nacht auf seinem Grundstück rauschende Feste, kann sein Nachbar das Eigentum an seiner Liegenschaft nicht mehr uneingeschränkt ausüben. Das Eigentum des einen hat also seine natürliche Schranke an den Berechtigungen des anderen. Neben diesen

privatrechtlichen Schranken (siehe etwa das Nachbarrecht, Rz 356) gibt es aber auch **öffentlich-rechtliche Beschränkungen im Interesse der Allgemeinheit.** Dies gilt insbesondere für das Liegenschaftseigentum: So dürfen als Grünland gewidmete Grundflächen nicht bebaut werden; überdies dürfen Bauwerke generell nur dann errichtet werden, wenn sie der Bauordnung des jeweiligen Bundeslandes entsprechen. – Zu den Eigentumsbeschränkungen ausführlicher Rz 355 ff.

II. Arten des Eigentums

1. Alleineigentum

328 Steht die Sache bloß im Eigentum einer (natürlichen oder juristischen) Person, spricht man von **Alleineigentum.**

2. Miteigentum

a) Allgemeines

329 Sind mehrere Personen an einer Sache als Eigentümer berechtigt, liegt regelmäßig **Miteigentum** vor (§ 825 ABGB). Eine solche Miteigentumsgemeinschaft kann aus ganz unterschiedlichen Gründen entstehen: Ein Ehepaar ersteht gemeinsam eine Eigentumswohnung, drei Kinder erben ein Grundstück; der Dieb stellt aus gestohlenem Rohmaterial eine neue Sache her. Von besonderer praktischer Bedeutung ist das **Wohnungseigentum** (Rz 369 ff).

Für das Miteigentum ist charakteristisch, dass **jeder Miteigentümer an der gesamten Sache, aber bloß quotenmäßig berechtigt** ist. Es besteht somit **Eigentum nach Bruchteilen.** Haben etwa drei Personen gleichteiliges Miteigentum an einem 3000 m^2 großen Grundstück, so steht jedem ein Recht von $^1/_3$ *am gesamten Grundstück* zu; dem einzelnen Miteigentümer sind also nicht bestimmte 1000 m^2 der Liegenschaft zugewiesen.

b) Verfügung und Verwaltung

330 Aus dieser Konstruktion ergeben sich mehrere Konsequenzen: Da jeder Miteigentümer an seiner Quote grundsätzlich uneingeschränkt berechtigt ist, kann er über dieses Recht auch ohne Zustimmung der übrigen Miteigentümer regelmäßig **frei verfügen.** Der Erwerber des Miteigentumsanteils erwirbt damit dieselben Rechte, die bisher der ausscheidende Teil hatte. Häufig sind allerdings Maßnahmen zu treffen, die sich auf die gesamte Sache beziehen: Das im Miteigentum stehende Haus ist sanierungsbedürftig; freistehende Wohnungen sollen vermietet werden; ein Interessent möchte die gesamte Sache zu einem hohen Zins pachten.

331 Haben die Miteigentümer niemanden zum **Verwalter** bestellt, steht ihnen das Verwaltungsrecht gemeinsam zu. Dabei ist allerdings zu unterscheiden: Für übliche Maßnahmen **(ordentliche Verwaltung)** gilt das **Mehrheitsprinzip** (§ 833 ABGB). Eine Vermietung im Namen der Gemeinschaft zu üblichen Bedingungen oder der Auftrag zu notwendigen Instandhaltungsmaßnahmen wirkt also für und gegen die gesamte Miteigentumsgemeinschaft, wenn sich dafür zumindest eine Mehrheit von über 50% findet.

332 Grundlegende bauliche Umgestaltungen oder Ähnliches sind hingegen **wichtige Veränderungen (außerordentliche Verwaltung),** für die grundsätzlich das

Einstimmigkeitsprinzip gilt. Wichtige Änderungen können jedoch auch dann durchgeführt werden, wenn sie die Mehrheit (oder zumindest die Hälfte) befürwortet und wenn zugleich der Minderheit Sicherstellung für drohende Schäden geleistet wird.

Die Veräußerung der gesamten Sache ist hingegen niemals Verwaltungsmaßnahme. Sie kann daher bei aufrechter Gemeinschaft immer nur einstimmig erfolgen.

c) Beendigung der Miteigentumsgemeinschaft

Könnte ein Miteigentümer nur dadurch die Gemeinschaft verlassen, indem er seinen Anteil veräußert, wäre er oft auf Dauer an die Gemeinschaft gebunden. In vielen Fällen hat ein Außenstehender kein Interesse, womöglich gar als Minderheitseigentümer in eine fremde Gemeinschaft einzutreten. Das Gesetz gibt dem Miteigentümer daher weitere Rechte (§§ 830f ABGB). So kann er – notfalls auch im Wege der **Teilungsklage** – **Aufhebung der Miteigentumsgemeinschaft** verlangen. Kann die Sache nicht real ohne Wertverlust geteilt werden, kommt es zur Veräußerung und zur quotenmäßigen Aufteilung des Veräußerungserlöses auf die Miteigentümer. Das Recht, Aufhebung der Gemeinschaft zu verlangen, ist nur dann ausgeschlossen, wenn die Veräußerung im Augenblick besonders ungünstig ist („Unzeit“) oder wenn sie zum Nachteil der übrigen Miteigentümer erfolgt. Hinsichtlich Liegenschaften lag „Unzeit“ etwa im ersten Halbjahr 1987 vor, da auf Grund der bevorstehenden deutlichen Senkung der Grunderwerbsteuer die Veräußerung zu einem guten Preis nicht sehr wahrscheinlich war. 333

3. Teileigentum

Teileigentum bedeutet, dass an real abgrenzbaren Teilen einer einheitlichen Sache verschiedene Personen ausschließlich berechtigt sind. Möglich ist dies etwa bei den **selbstständigen Bestandteilen** (dazu schon Rz 306). In manchen Bundesländern gibt es auch das so genannte *Stockwerkseigentum,* bei dem die einzelnen Etagen eines Hauses in real geteiltem Eigentum stehen. Die (senkrechte) Teilung eines Hauses zwischen mehreren Alleineigentümern ist dadurch möglich, dass die jeweiligen Grundstücke verschiedenen Personen gehören. Dies ergibt sich aus dem Grundsatz, dass alle mit einem Grundstück fest verbundenen Gegenstände (Bauwerke, Bäume usw) im Eigentum des Grundeigentümers stehen (Ausnahme: **Superädifikat;** dazu Rz 298). 334

4. Gesamthandeigentum

Im Unterschied zum Miteigentum kann bei **Gesamthandeigentum** kein Teilhaber über seinen Anteil frei verfügen. Es sind also nur gemeinschaftliche Verfügungen möglich. Im Gesamthandeigentum stehen etwa einer OG oder KG zugehörige Sachen (vgl § 124 UGB), aber wohl auch die Gegenstände der ehelichen Gütergemeinschaft. 335

III. Erwerb des Eigentums

1. Rechtsgrund und Erwerbungsart

Wie schon ausgeführt, erfolgt der Eigentumserwerb regelmäßig **zweiaktig.** Nur in wenigen, gesetzlich geregelten Fällen (zB Verarbeitung oder Aneignung herrenloser Sachen) genügt die Setzung eines modus, der regelmäßig in der 336

Besitzergreifung besteht. Grundsätzlich erfolgt der Güterumschlag und damit die Eigentumsverschaffung aber durch Verträge. Veräußerungsgeschäfte (Kauf, Tausch, Schenkung, Werkvertrag usw) führen als Rechtsgrund gemeinsam mit der Übergabe der Sache (Rz 325) zur Eigentumsverschaffung.

336a Auf Eigentumserwerb gerichtete Verpflichtungsgeschäfte in Bezug auf (inländische) Grundstücke unterliegen ebenso wie der Erwerb ohne vorausgehendes Rechtsgeschäft dem **GrunderwerbsteuerG 1987.** Der Steuersatz beträgt **3,5%,** für bestimmte nahe Angehörige nur 2% vom Wert der Gegenleistung (Kaufpreis). Zur Besteuerung eines Erwerbs infolge Schenkung oder Erbschaft siehe Rz 188a.

2. Derivativ – originär

337 Als **derivativ** wird ein Erwerb dann bezeichnet, wenn das Recht unmittelbar vom Vormann (Veräußerer) abgeleitet wird. Dies ist immer dann der Fall, wenn der bisherige Eigentümer auf Grund eines Veräußerungsgeschäftes die Sache übergibt. Der Veräußerung durch den wahren Eigentümer ist es gleichzuhalten, wenn ein Dritter zwar im eigenen Namen, aber mit **Ermächtigung** des Berechtigten über eine fremde Sache verfügt. Eine solche **Veräußerungs- bzw Verfügungsermächtigung** verschafft also die Rechtsmacht, wirksam eine Veränderung der dinglichen Rechtslage herbeizuführen (*Beispiel:* Verkaufskommission; Rz 671).

338 Jeder andere Eigentumserwerb ist **originär (ursprünglich).** Das Recht entsteht – regelmäßig auf Grund des Gesetzes – beim Erwerber völlig neu; zugleich verliert der bisherige Berechtigte sein Eigentum. Ursprünglich ist etwa der Eigentumserwerb durch Aneignung (vgl Rz 302) durch Verarbeitung, durch Ersitzung oder infolge gutgläubigen Erwerbs vom Nichtberechtigten. Im letzten Fall wird für den Erwerb zwar ein Titel gefordert; dieser besteht aber nicht zum wahren Eigentümer.

3. Veräußerung durch Nichtberechtigte

a) Das Problem

339 Steht die verkaufte Sache im Eigentum des Verkäufers, erwirbt der Käufer mit Übergabe der Sache jedenfalls Eigentum. Nicht selten kommt es jedoch vor, dass der Veräußerer (noch) nicht Eigentümer ist: Die Sache ist gestohlen; der Veräußerer hat sie unter Eigentumsvorbehalt erworben und noch nicht voll bezahlt; der Veräußerer hat die Sache auf Grund eines ungültigen Erwerbes in seiner Gewahrsame.

Der Gesetzgeber stand bei solchen Konstellationen vor dem Problem, völlig gegenläufige Interessen berücksichtigen zu müssen: Der wahre Eigentümer hat an der Veräußerung nicht mitgewirkt und will daher Eigentümer bleiben; der Erwerber hingegen hat regelmäßig damit gerechnet, Eigentümer zu werden und auch häufig gutes Geld für die Sache bezahlt. Grundsätzlich bleibt es dabei, dass der Eigentümer sein Recht ohne seine Zustimmung nicht verliert. Das Interesse des Erwerbers wird vom Gesetz nur bei Vorliegen besonderer Umstände höher bewertet, so wenn er besonders sorgfältig war und eigene Vermögenswerte eingesetzt hat oder der Eigentümer selbst die Risikolage durch qualifiziertes Verhalten verursacht hat und daher nicht besonders schutzwürdig ist. Dann ist der Erwerber jedoch auch keinen Wertersatzansprüchen des früheren Eigentümers ausgesetzt;

dieser kann sich vielmehr bloß an den Veräußerer halten, der über eine fremde Sache verfügt hat.

Im Einzelnen hat die Interessenabwägung folgende doch recht komplizierte Rechtslage ergeben:

b) Die Grundregel

Die Hauptregelung des **gutgläubigen Erwerbs vom Nichtberechtigten** findet 340
sich in § 367 ABGB. Damit der vom Nichtberechtigten Erwerbende Eigentümer wird, sind einmal **kumulativ** folgende Voraussetzungen gefordert: Es muss sich um den **entgeltlichen Erwerb einer beweglichen Sache** handeln, und der Erwerber muss **gutgläubig (redlich)** sein, also davon ausgehen dürfen, er erwerbe vom wahren Berechtigten.

Doch auch das Vorliegen dieser (allgemeinen) Voraussetzungen reicht noch nicht aus. Zusätzlich wird alternativ ein Erwerb in öffentlicher Versteigerung, von einem Unternehmer im gewöhnlichen Betrieb seines Unternehmens oder vom Vertrauensmann des Eigentümers gefordert. Schließlich muss die Sache wie auch sonst dem Erwerber übergeben werden.

Als öffentliche Versteigerung gilt auch der freihändige Verkauf durch Handelsmakler, Kreditinstitute, Versteigerungshäuser und Vollstreckungsorgane im Rahmen eines Zwangsvollstreckungsverfahrens (vgl § 269 EO).

Nun zu den Voraussetzungen im Einzelnen:

aa) Entgeltlicher Erwerb

Es muss ein **gültiger Vertrag** vorliegen, in dem sich der Erwerber zu einer **Ge-** 341
genleistung verpflichtet hat (zB Kauf, Tausch usw). Eine Schenkung reicht also nicht aus, da der Beschenkte mangels Gegenleistungspflicht weniger schutzwürdig erscheint.

bb) Bewegliche Sache

§ 367 ABGB gilt für **bewegliche Sachen;** er ist nicht unmittelbar auf Liegen- 342
schaften anzuwenden. Für diese enthält das GBG eigene Regelungen; im Wesentlichen geht es dabei um den Schutz des gutgläubigen Erwerbers in seinem Vertrauen auf die **Richtigkeit des Grundbuchsstandes (Vertrauensprinzip;** dazu Rz 374). Ist etwa jemand auf Grund eines ungültigen Kaufvertrages als Eigentümer einverleibt worden, können von ihm entgeltlich grundbücherliche Rechte erworben werden (vgl Rz 348).

cc) Redlichkeit (guter Glaube)

Damit der Erwerber Eigentümer werden kann, wird von ihm **besondere** 343
Sorgfalt verlangt. Redlich ist daher nur, wer den Veräußerer aus wahrscheinlichen Gründen für den wahren Eigentümer halten durfte; anders formuliert: weder wusste noch vermuten musste, dass die Sache nicht dem Veräußerer gehört. Gegen Redlichkeit könnten etwa ein auffallend geringer Preis oder bekannte persönliche Verhältnisse des Veräußerers (mehrfache Vorstrafen wegen Hehlerei oder Diebstahls) sprechen (vgl § 368 ABGB). Auch bei wertvolleren neuwertigen Gü-

tern ist Vorsicht am Platz, da diese häufig unter Eigentumsvorbehalt veräußert werden.

Beim Erwerb vom **Unternehmer** reicht auch das Vertrauen auf eine **Veräußerungsermächtigung** (Rz 337) aus. Häufig verkaufen nämlich gewisse Personen (Antiquitätenhändler, Gebrauchtwagenhändler usw) nicht nur eigene Gegenstände, sondern auch fremde mit Zustimmung des Eigentümers **im eigenen Namen** (Verkaufskommission; dazu Rz 671). Deshalb dürfen damit auch die Verkehrsteilnehmer rechnen.

dd) Alternative (besondere) Zusatzvoraussetzungen

344 Die drei alternativen Voraussetzungen ergeben sich ebenfalls aus der Bewertung der typisierten Schutzwürdigkeit eines Erwerbers: Der Erwerb **in öffentlicher Versteigerung** ist privilegiert, weil dieses Inverkehrbringen unter behördlicher Mitwirkung besonders vertrauenserweckend ist; Gleiches gilt für den Erwerb vom **Unternehmer,** sofern dieser im gewöhnlichen Betrieb des Unternehmens erfolgte (zB Kauf von Büchern im Antiquariat, nicht aber von Schmuck): Man darf eben davon ausgehen, dass bei solchen üblichen Geschäften alles seine Ordnung hat. Beim Erwerb vom **Vertrauensmann des Eigentümers** geht es hingegen darum, dass jener Eigentümer nicht besonders schützenswert ist, der die Sache bewusst und freiwillig aus der Hand gegeben und damit einer Person Vertrauen geschenkt hat, die dieses in der Folge missbraucht. Vertrauensmann ist etwa der, der die Sache vom Eigentümer entlehnt, gemietet, zur Verwahrung genommen oder unter Eigentumsvorbehalt gekauft hat; allgemeiner: ohne Gewahrsamsbruch erlangt hat.

c) Veräußerung belasteten Eigentums

345 Veräußert zwar der Eigentümer, ist die übergebene Sache aber **mit einem fremden dinglichen Recht** (zB einem Pfandrecht) **belastet,** greifen gemäß § 367 Abs 2 ABGB die selben Wertungen Platz. Holt sich etwa der Verpfänder die Pfandsache eigenmächtig zurück und veräußert sie anschließend an einen gutgläubigen Dritten, so erwirbt dieser im Regelfall dennoch nur mit dem Pfandrecht belastetes Eigentum, da der Verkäufer (und Eigentümer) hinsichtlich des Pfandrechts kein Vertrauensmann des Pfandgläubigers ist; anders dann, wenn der Veräußerer Unternehmer ist und die Veräußerung der konkreten Sache zu seinem gewöhnlichen Unternehmensbetrieb gehört.

d) Weitere Vorschriften

346 Bei bestimmten, nämlich ununterscheidbaren Sachen, soll die Umlauffähigkeit möglichst nicht eingeschränkt werden. Aus diesem Grund ist etwa an **Geld** oder an bestimmten Wertpapieren nach § 371 ABGB ein erleichterter Eigentumserwerb vom Nichtberechtigten möglich: Der Erwerber muss nur *irgendeinen* Erwerbstitel vorweisen können und redlich sein. Da eine *endgültige* Vermögenszuweisung an den *unentgeltlich* Erwerbenden jedoch wertungsmäßig nicht zu begründen ist, wird man dem früheren Eigentümer (zB dem Bestohlenen) einen Wertersatzanspruch zubilligen müssen: Bei Geld genügt es zur Erreichung erleichterter Verkehrsfähigkeit nämlich, von den Zusatzvoraussetzungen des § 367 ABGB (Rz 344) abzusehen (strittig).

Zum in § 371 ABGB ebenfalls geregelten *„titellosen"* Erwerb – gemeint: ohne Rechtsgeschäft – durch Vermischung Rz 351.

Sonderregeln stellt § 824 ABGB für den **Erwerb vom Scheinerben** auf, also von einer **347**
Person, der fälschlich vom Gericht die Erbenstellung zuerkannt wurde: Vom Scheinerben können auch unbewegliche Sachen erworben werden; ferner soll unentgeltlicher Erwerb ebenfalls geschützt sein.

Achtung! Nach § 824 ABGB wird nur davon abgesehen, dass der Veräußerer wirklich Erbe ist. Die Gegenstände müssen aber früher tatsächlich im Eigentum des Erblassers gestanden sein. Verfügt hingegen ein wirklicher Erbe über Sachen, die sich tatsächlich im Nachlass vorgefunden haben, aber gar nicht dem Erblasser gehörten, kann nur § 367 ABGB zur Anwendung gelangen.

Den Erwerb einer Liegenschaft vom Nichtberechtigten regeln die §§ 62ff GBG zum **348**
Teil; privilegiert ist analog § 367 ABGB nur der *entgeltliche* Erwerb.

4. Verarbeitung – Vermischung – Bauführung

Bei der **Verarbeitung** entsteht durch faktische menschliche Tätigkeit **(Real-** **349**
akt) aus schon vorhandenen Sachen eine (nach der Verkehrsauffassung) andere, neue Sache; zB aus Holz oder Metall eine Skulptur oder Halbfertigwaren (Bretter, Rohre). Eigentumsrechtliche Probleme stellen sich immer dann, wenn die Verarbeitung ohne Zustimmung des Rohstoffeigentümers erfolgt ist. **Vertragliche Vereinbarungen** sind jedenfalls **vorrangig** zu beachten.

Ansonsten ist nach den Regeln der §§ 414ff ABGB vorzugehen. Kann die Verarbeitung ohne Wertverlust nicht mehr rückgängig gemacht werden, entsteht **Miteigentum zwischen Rohstoffeigentümer und Verarbeitendem im Verhältnis ihrer Anteile.** Hierbei ist dem Rohstoffeigentümer der Wert dieser Sachen zuzurechnen, dem anderen Teil der Wert der Arbeitsleistung. Da das Miteigentum aber immer zusätzliche Probleme aufwirft, soll bei bloßer „Ausbesserung" der Eigentümer der Hauptsache Alleineigentum erhalten: Der Autoeigentümer bessert sein Fahrzeug mit fremdem Lack aus. Der Eigentümer der „Nebensache" erhält aber selbstverständlich einen Wertersatzanspruch.

Besonderes gilt für die **Aufhebung** einer solcherart ungewollt zustande gekommenen **350**
Miteigentumsgemeinschaft. Neben den allgemeinen Regeln (Rz 333) stehen folgende Sonderbestimmungen zur Wahl: Derjenige Miteigentümer, den kein Verschulden an der Verarbeitung trifft, hat ein Wahlrecht; er kann darüber entscheiden, ob er den gesamten Gegenstand gegen Wertersatz an sich nehmen will oder ob er umgekehrt für seinen Anteil vom anderen Miteigentümer Ersatz erhält. Trifft beide kein oder gleichteiliges Verschulden, darf derjenige wählen, dessen Anteil wertvoller ist.

Die **Vermischung** ist dadurch gekennzeichnet, dass gleichartige Sachen meh- **351**
rerer Eigentümer zusammengeführt wurden (Getreide, Wein usw). Hier besteht die Möglichkeit erleichterter Auflösung: Jeder Miteigentümer kann verlangen, dass ihm eine seinem Anteil entsprechende Menge ausgefolgt wird.

Vermengt jemand **fremdes Geld** ununterscheidbar mit eigenem, wird er **Alleineigentümer.** Geld soll eben besonders verkehrsfähig sein. Derjenige, der dadurch sein Eigentum verliert, erhält aber einen obligatorischen Anspruch auf Wertersatz.

Werden bei einer **Bauführung** fremde Sachen verwendet (zB Ziegel, Rohre **352**
usw), wird der Grundeigentümer prinzipiell auch Eigentümer dieser Gegenstände. Als Ausgleich dafür hat er Wertersatz zu leisten. Besonderheiten gelten für den

Fall des **Bauens auf fremdem Grund.** Dies kann etwa dann geschehen, wenn jemand über seine Grundstücksgrenze hinaus baut. Grundsätzlich erwirbt auch hier der Liegenschaftseigentümer Eigentum am Bauwerk. Dies gilt allerdings nicht, wenn der Grundeigentümer vom Bau auf seinem Grund weiß und ihn dem Bauführer nicht untersagt, während dieser im unverschuldeten Irrtum über seine Berechtigung war.

Detaillierte Regeln über die Bauführung enthalten die §§ 417 ff ABGB. Entsprechend sind auch Pflanzungen zu behandeln.

5. Fund und Schatzfund

353 Im Jahre 2003 wurde das Fundrecht des ABGB nicht unwesentlich geändert. Seither gilt als **Finder,** wer eine *fremde verlorene oder vergessene Sache* entdeckt und an sich nimmt (§ 389 Abs 1 ABGB). Im Gegensatz zum früheren Recht können daher nicht nur verlorene Sachen (wie die Brieftasche auf der Straße), sondern auch bloß vergessene Sachen (wie der Regenschirm im Kaffeehaus oder die Aktentasche in der Uni-Bibliothek) gefunden werden. Der wesentliche Unterschied liegt darin, dass sich *vergessene* Sachen weiterhin unter der Aufsicht einer anderen Person befinden (§ 388 ABGB). Die damit für den „Vergesser" einhergehende geringere Gefährdung rechtfertigt auf der anderen Seite eine geringere Belohnung des Finders (dazu sofort). Ein Finder kann sich die gefundene Sache nicht ohne weiteres aneignen. Das wäre nur bei derelinquierten, also herrenlosen Sachen (vgl Rz 302, 367) möglich. Dass jemand sein Eigentum bewusst aufgegeben hat, ist jedoch nicht zu vermuten (§ 386 ABGB).

Um fremde verlorene und vergessene Sachen muss sich niemand kümmern. Tut dies jemand aber doch, wird er nach den §§ 388 ff ABGB als Finder behandelt. Zunächst treffen ihn bloß **Pflichten:** Der Fund hat unverzüglich dem Bürgermeister als zuständiger Fundbehörde angezeigt zu werden (§ 390 ABGB iVm § 14 Abs 5 SicherheitspolizeiG – SPG); faktisch ist also eine Meldung am Gemeindeamt erforderlich. Von einer Anzeige kann in zwei Fällen abgesehen werden (§ 391 ABGB): Wenn die Sache nicht mehr als € 10 wert ist oder wenn der Finder die Sache einem „Verlustträger" ausfolgt. *Verlustträger* kann der Eigentümer, aber auch eine andere zur Innehabung der verlorenen oder vergessenen Sache berechtigte Person sein (§ 389 Abs 2 ABGB).

Der Finder hat gegen den Verlustträger, dem der Fundgegenstand ausgefolgt wird, Anspruch auf **Finderlohn** sowie auf Ersatz des notwendigen und zweckmäßig gemachten Aufwandes (§ 392 ABGB). Kein Anspruch auf Finderlohn besteht insbesondere dann, wenn die vergessene (nicht verlorene!) Sache auch sonst ohne deren Gefährdung wieder erlangt worden wäre (s § 394 ABGB). Der Finderlohn beträgt bei verlorenen Sachen 10%, bei vergessenen Sachen 5% des gemeinen Wertes. Soweit der Wert der Fundsache € 2000 übersteigt, steht dem Finder nur der jeweils halbe Satz zu (§ 393 ABGB).

Problematisch ist die Behandlung von Sparbüchern. Hier darf der Wert des Sparbuches nicht einfach mit dem Einlagestand gleichgesetzt werden. So ist ein Sparbuch mit Losungswort (vgl Rz 905) ohne dieses Kennwort für den Finder mehr oder weniger wertlos; umgekehrt droht dem Verlierer in solchen Fällen keine besondere Gefahr. Da die Wiedererlangung für den Verlustträger aber dennoch von erheblicher Bedeutung sein dürfte (er erspart sich insbesondere das Kraftloserklärungsverfahren; dazu Rz 836), steht dem Finder ein nach billigem Ermessen festzusetzender Lohn zu (§ 393 Abs 2 ABGB). Entsprechendes gilt etwa beim Finden von Ausweisen oder von mit Code gesicherten Zahlungskarten.

Meldet sich innerhalb eines Jahres der Verlustträger nicht, erlangt der Finder **Eigentum** (§ 395 ABGB).

Von geringerer praktischer Bedeutung ist der **Schatzfund.** Als „Schatz" bezeichnet das Gesetz Kostbarkeiten, die so lange verborgen waren, dass man ihren Eigentümer nicht mehr kennt (§ 398 ABGB). Grundsätzlich bekommen der Finder und der Eigentümer der den Schatz bergenden Sache je die Hälfte (§ 399 ABGB). Der „unerlaubte Sucher" erhält allerdings nichts; zum Suchen angestellte Personen erwerben für ihren Auftraggeber (§§ 400f ABGB). 354

Beispiel: In der Nähe von Carnuntum werden in einem Acker römische Münzen entdeckt.

IV. Eigentumsbeschränkungen

1. Öffentlich-rechtliche Schranken

Dass das Eigentum nicht wirklich nach Willkür ausgeübt werden darf, wurde schon erwähnt. Hievon sind insbesondere die Eigentumsrechte an Liegenschaften (Grundverkehrs-, Bodenbeschaffungs-, Stadterneuerungsgesetze usw) sowie an Tieren (Tierversuchs- und Tierschutzgesetze) betroffen. 355

2. Privatrechtliche Schranken

Im Bereich des Privatrechts ist vor allem das so genannte **Nachbarrecht** von Bedeutung. In den §§ 364, 364a und 364b ABGB sind Rechte und Pflichten von Grundstückseigentümern untereinander geregelt, wobei es sich nicht um unmittelbare Nachbarn handeln muss. Programmatisch für dieses Rechtsgebiet ist das seit dem Jahre 2004 ausdrücklich angeordnete **nachbarschaftliche Rücksichtnahmegebot** bei der Ausübung von Eigentumsrechten (§ 364 Abs 1 S 2 ABGB). 356

Ortsübliche Immissionen muss jeder Grundstückseigentümer dulden. Zu diesen gehören etwa die aus einer Küche strömenden „normalen" Gerüche, der Lärm der spielenden Kinder oder Spritzer der Sprinkleranlage, auf dem Land auch Tiergeschrei und Jauchen- oder Schweinestallgestank. Ortsüblich ist das Krähen eines Hahnes etwa in einer ländlichen Gemeinde, nicht aber in der Großstadt.

Überschreiten die Immissionen allerdings das gewöhnliche Ausmaß und **beeinträchtigen sie die ortsübliche Nutzung des Grundstückes wesentlich,** hat der gestörte Eigentümer einen **Unterlassungsanspruch.** Er kann also verlangen, dass diese Störungen beendet werden. Darüber hinaus hat er bei Vorliegen der allgemeinen Voraussetzungen auch das Recht, Ersatz der ihm durch die Beeinträchtigung entstandenen Schäden zu fordern.

Wesentliche Beeinträchtigung liegt zB dann vor, wenn der Garten des Ferienhauses wegen ständiger Geruchsbelästigungen nicht benützt werden kann.

Nach langer Diskussion wurde 2004 auch eine Sonderregelung für den **Entzug von Licht und Luft durch Pflanzen** (Bäume, große Sträucher) getroffen: Derartiges kann der gestörte Nachbar dann untersagen, wenn es ortsunüblich ist und zu einer *unzumutbaren* Beeinträchtigung der Benutzung seines Grundstücks führt (§ 364 Abs 3 ABGB). ***Beispiele:*** Im gesamten Haus muss auch bei sommerlichem

Sonnenschein die Beleuchtung aktiviert werden; die Solaranlage wird infolge gänzlicher Beschattung funktionsunfähig; anders hingegen, wenn bloß ein schmaler Wiesenstreifen an der Grundstücksgrenze vermoost. Der Eigentümer der Pflanzen muss die unzumutbare Beeinträchtigung beseitigen, wobei ihm das Wahlrecht zwischen mehreren geeigneten Methoden zusteht (Auslichten, Kürzen, Fällen). Einem gerichtlichen Begehren auf Beseitigung der unzumutbaren Störung ist ein *Schlichtungsverfahren zwingend* vorgeschaltet.

Aus dem Grundeigentum folgt etwa auch das Recht, vom Nachbargrund herüber wachsende Wurzeln und Äste zu entfernen; das allerdings möglichst pflanzenschonend und grundsätzlich auf eigene Kosten (§ 422 ABGB).

Besonderes gilt bei Störungen durch eine **behördlich genehmigte Anlage:** Soweit die Genehmigung reicht, kann niemals Unterlassung begehrt werden. Zum Ausgleich dafür kann der Eigentümer jedoch alle Schäden ersetzt verlangen, die auf Grund der Emissionen entstanden sind; dies obwohl allgemeine Haftungsvoraussetzungen (wie Rechtswidrigkeit oder Verschulden) fehlen (**Ausgleichsanspruch kraft Eingriffshaftung;** vgl Rz 749).

Vertieft jemand sein Grundstück und wird dadurch die Liegenschaft des Nachbarn einsturzgefährdet, hat der Gefährdete wieder Unterlassungs- und vom Verschulden unabhängige Ersatzansprüche.

3. „Abspaltung" von Eigentümerbefugnissen

a) Grundsätzliches

357 Nicht alle Eigentumsschranken ergeben sich allein aus dem Gesetz; es kommt auch häufig vor, dass der Eigentümer Ausschnitte seiner umfassenden Rechtsposition auf andere Personen überträgt. Ausnahmsweise ist auch in diesem Bereich ein Erwerb der Rechte vom Nichtberechtigten möglich. Dieser soll hier aber nicht behandelt werden.

Die Übertragung von „Teilbefugnissen" ist auf zwei Arten denkbar: Der Erwerber erhält entweder **beschränkte dingliche Rechte** oder bloß **obligatorische Berechtigungen.** Beschränkte dingliche Rechte gewähren eine absolute Rechtsposition, also Schutz gegenüber jedermann; obligatorische Befugnisse (zB Mietrechte) betreffen hingegen als bloß relative Rechte regelmäßig nur das Verhältnis zum Vertragspartner und Eigentümer.

Eine Besonderheit stellt das **Veräußerungs- und Belastungsverbot** dar: Dieses macht es dem Eigentümer einer Sache unmöglich (*absolute* Wirkung) oder verbietet es ihm (*relative* Wirkung), den betreffenden Gegenstand ohne Zustimmung des Verbotsberechtigten zu veräußern oder zu belasten. Absolute Wirkung kommt nur bei entsprechender grundbücherlicher Eintragung zu Gunsten bestimmter naher Angehöriger in Betracht (§ 364c ABGB), niemals also bei beweglichen Sachen.

b) Dingliche Beschränkungen

aa) Pfandrecht

358 Das **Pfandrecht** gewährt dem Pfandgläubiger ein absolut wirkendes Befriedigungsrecht. Zwei große Gruppen sind zu unterscheiden, nämlich das **Pfandrecht an beweglichen Sachen (Faustpfand)** und das **Pfandrecht an unbeweglichen Sachen (Hypothek).** Ausführlich dazu Rz 385ff.

bb) Servitut (Dienstbarkeit)

Servituten (Dienstbarkeiten) verpflichten den Eigentümer zu Gunsten des Servitutsberechtigten zu bestimmten Duldungen bzw Unterlassungen (§ 472 ABGB). Der Eigentümer muss nämlich regelmäßig die Benutzung seiner Sache durch eine andere Person gestatten. Damit ist sein Nutzungsrecht eingeschränkt. Vor allem im landwirtschaftlichen Bereich sind etwa **Wegeservituten** von besonderer Bedeutung: Der Acker eines Bauern ist auf allen Seiten von Fremdgrundstücken umgeben. Damit er jederzeit zu seinem Feld gelangen kann, lässt er sich von einem angrenzenden Eigentümer eine Wegeservitut einräumen. Besondere Bedeutung haben im Fremdenverkehrsland Österreich auch Schiabfahrtsservituten. 359

Die Wegeservitut gehört zu den **Grunddienstbarkeiten.** Diese sind dadurch gekennzeichnet, dass der jeweilige Eigentümer des so genannten **herrschenden Grundstücks** Servitutsberechtigter ist. Die Liegenschaft, die benutzt werden darf, wird als **dienendes Grundstück** bezeichnet. Von diesen Dienstbarkeiten sind die **Personalservituten** zu unterscheiden, deren Berechtigung an eine ganz bestimmte Person geknüpft ist und regelmäßig mit deren Tod erlischt. Bedeutsame Personalservituten sind etwa das **Wohnungsrecht** sowie der **Fruchtgenuss (Nießbrauch).**

Dem Fruchtnießer steht das dingliche Recht zu, eine fremde Sache unter Schonung der Substanz ohne alle Einschränkung zu gebrauchen (§ 509 ABGB). Er kann also die Sache entweder faktisch selbst gebrauchen oder vermieten bzw verpachten und so Gewinn ziehen.

Wie sich schon gezeigt hat, sind besonders Servituten an Liegenschaften von praktischer Bedeutung. Erworben werden diese regelmäßig durch Vertrag sowie durch Eintragung im Grundbuch. Servituten können allerdings auch ersessen werden. So hatte sich die Rechtsprechung schon mehrfach mit der **Ersitzung** (Rz 44) von Skiabfahrtsservituten zu befassen. Als Berechtigter wird hier die jeweilige Gemeinde angesehen, während die Benutzung dem Touristenpublikum offen steht.

Das Servitutsrecht erlischt durch alle üblichen Endigungsgründe wie zB Untergang der Sache, Tod des Berechtigten bei persönlichen Dienstbarkeiten oder Verzicht. Anders als Eigentumsrechte können Dienstbarkeiten aber auch infolge Nichtgebrauchs **verjähren.**

cc) Reallast und Baurecht

Reallasten sind dingliche Belastungen eines Grundstücks mit der Haftung für bestimmte Leistungen des Grundeigentümers. Im Unterschied zur Dienstbarkeit ist der Eigentümer also zu aktivem Tun verpflichtet. Dieses Rechtsinstitut ist heute von bloß geringer Bedeutung; Verwendung findet es etwa zur Sicherung der Unterhaltsansprüche des Altbauern, der den Hof schon übergeben hat. 360

Das **Baurecht** ist in einem eigenen Gesetz, dem **BaurechtsG (BauRG) 1912,** geregelt und als dingliches Recht, auf oder unter der Bodenfläche eines fremden Grundstückes ein Bauwerk zu haben, definiert. Der Bauberechtigte hat dadurch die Möglichkeit, ohne Erwerb der Liegenschaft auf ihr Bauwerke zu errichten. Für die Entstehung des Baurechts sind Vertragsschluss und Grundbuchseintragung erforderlich. Das Baurecht muss auf mindestens 10 und darf auf höchstens 100 Jahre vereinbart werden. 361

c) Obligatorische Beschränkungen

Die Ausübung der vollen Eigentumsrechte kann dem Eigentümer auch dadurch verwehrt sein, dass er sich ohne Einbuße dinglicher Berechtigungen **durch** 362

Verträge anderen Personen gegenüber bindet. So kann der Vermieter während aufrechten Mietverhältnisses den Mietgegenstand weder selbst nutzen noch herausverlangen; gleiches gilt für die Leihe. Auch der Sicherungseigentümer (dazu Rz 391 ff) ist als bloßer – eigennütziger – Treuhänder (Rz 277) durch die mit dem Treugeber getroffenen Vereinbarungen (nur) im Verhältnis zu diesem gebunden.

Zu beachten ist allerdings, dass der bloß obligatorisch verpflichtete Eigentümer weiterhin das volle Eigentumsrecht hat, worüber er auch wirksam verfügen kann. Der Vermieter kann also seine Sache während aufrechten Mietverhältnisses verkaufen und daran Eigentum übertragen. Wird dadurch jedoch das Nutzungsrecht des Mieters beeinträchtigt, muss der Veräußerer für die Nachteile Ersatz leisten.

V. Eigentumsschutz

1. Grundsätzliches

363 Da das freie Eigentum grundsätzlich alle denkbaren Befugnisse in sich vereinigt, stehen dem Eigentümer allein auf Grund seines umfassenden dinglichen Rechtes verschiedene Befugnisse gegen Beeinträchtigungen zu. Zu unterscheiden sind Einwirkungen auf die beim Eigentümer befindliche Sache und die Innehabung der Sache durch einen Nichtberechtigten.

2. Die Eigentumsklage

364 Hat der Eigentümer die Sache nicht mehr in seiner Gewahrsame, kann er sie von jedem Inhaber herausverlangen (§ 366 ABGB). Damit diese Klage im Ernstfall Erfolg hat, muss er sein Eigentum sowie die Innehabung der Sache durch den Beklagten nachweisen. Hat der Beklagte allerdings ihm gegenüber ein Recht zur Innehabung (zB als Mieter oder Entleiher), ist die Klage abzuweisen.

Wenn der Inhaber Aufwendungen zur Erhaltung oder Verbesserung der Sache gemacht hat, kann er auch diese der Eigentumsklage entgegenhalten. Die Höhe des Aufwendungsersatzes hängt davon ab, ob der Inhaber redlich oder unredlich war, also seine Nichtberechtigung hätte erkennen können bzw erkannt hat oder nicht. Der Inhaber kann die Sache aber nicht nur dann zurückhalten, wenn er Aufwandersatzansprüche hat, sondern auch dann, wenn ihm durch die Sache (zB ein Tier) Schäden entstanden sind (§ 471 ABGB). Das ihm dadurch eingeräumte **Zurückbehaltungsrecht** ist also ein Druckmittel gegenüber dem Eigentümer, diese Ansprüche zu befriedigen. Der Zurückbehaltungsberechtigte kann die Sache jedoch nicht zur Hereinbringung seiner Ansprüche verwerten. Anderes gilt für das zwischen Unternehmern bestehende Zurückbehaltungsrecht (Rz 390).

Ein Zurückbehaltungsrecht besteht allerdings dann nicht, wenn die Sache dem Eigentümer entzogen wurde oder sie dem Inhaber zur Leihe, zur Verwahrung oder in Bestand gegeben wurde. Auch kann das Zurückbehaltungsrecht durch Sicherheitsleistung beseitigt werden.

3. Die Eigentumsfreiheitsklage

365 Diese Klage entspricht der Eigentumsklage, ist aber wegen der fortdauernden Innehabung der Sache durch den Eigentümer nicht auf Herausgabe gerichtet. Verlangt können damit vielmehr Wiederherstellung des vorigen Standes (Beseitigung der Störung) sowie Unterlassung weiterer Störungen werden. Droht eine

rechtswidrige Eigentumsbeeinträchtigung bloß, kommt uU eine *vorbeugende* Unterlassungsklage in Betracht.

4. Schadenersatz- und Bereicherungsansprüche

Aus der absoluten Zuordnung des Eigentums zu einer bestimmten Person ergibt sich auch, dass diese bei Beschädigung oder Zerstörung der Sache regelmäßig **Schadenersatz** begehren kann. Haben andere Personen aus der fremden Sache – etwa durch Benützung – unberechtigt Vorteile gezogen, können dem Eigentümer auch **Bereicherungsansprüche** zustehen. 366

VI. Verlust des Eigentums

1. Allgemeines

Das Eigentum an einer bestimmten Sache geht zwangsläufig immer dann unter, wenn die Sache vollkommen vernichtet wird. Der frühere Eigentümer büßt sein Recht aber auch dann ein, wenn ein anderer Eigentum erwirbt. Schließlich kann der Eigentümer seine Berechtigung willentlich durch **Preisgabe (Dereliktion)** aufgeben. Die Sache wird dadurch herrenlos (Rz 302) und steht jedem zur Aneignung frei. 367

2. Enteignung

Etwas näher soll bloß der Eigentumsverlust durch **Enteignung** behandelt werden. Sie darf nur stattfinden, wenn sie durch ein besonderes öffentliches Interesse notwendig wird. Praktisch bedeutsam sind Enteignungen zum Zwecke des Straßen-, Eisenbahn- oder Kraftwerksbaus. Obwohl Art 5 des **StaatsgrundG (StGG)** die Entschädigung nicht erwähnt, ist doch anerkannt, dass **Enteignung nur gegen Entschädigung** zulässig ist (so auch § 365 ABGB). Tatsächlich wäre nicht einzusehen, warum gerade derjenige, dessen Grundstück zufällig im Bereich eines Großprojekts liegt, auf sein Eigentum ohne Gegenleistung „verzichten" müsste. Da sein Sonderopfer der Allgemeinheit nützt, soll es auch von der Allgemeinheit finanziert werden. Zu ersetzen sind dem Enteigneten alle Schäden, die er auf Grund der Enteignung erleidet. Detaillierte Enteignungsregelungen enthalten eine ganze Anzahl von Sondergesetzen. 368

VII. Das Wohnungseigentum

Weiterführende Literatur: *Derbolav/Harlfinger/Heindl/Hofmann/Langer/Popper/Wieninger,* Wohnungseigentumsrecht 2006 (2007); *Hausmann/Vonkilch* (Hrsg), Österreichisches Wohnrecht (Loseblatt, Stand 2006); *Illedits/Illedits-Lohr,* Das Wohnungseigentum[3] (2006); *Kolmasch,* Das neue Wohnungseigentumsgesetz[2] (2006); *Prader,* Wohnungseigentumsgesetz 2002[2] (2006); *Rainer* (Hrsg), Handbuch des Miet- und Wohnrechts (Loseblatt, Stand 2006); *Stabentheiner/Schernthanner,* WEG 2002 (2002); *Würth/Zingher/Kovanyi,* Miet- und Wohnrecht[21] (2004) + Wohnrecht '07 (2007).

Das Wohnungseigentum ist eine **Sonderform des Miteigentums.** Kurz gesagt steht jedem Wohnungseigentümer Miteigentum an Grundstück und Haus zu, darüber hinaus aber auch das **dingliche Recht,** eine Wohnung ausschließlich zu nutzen und über sie allein zu verfügen. **Wohnungseigentumsobjekte** können neben Wohnungen sonstige selbstständige Räumlichkeiten (zB Geschäftsräumlichkei- 369 ten, Lagerräume und Garagen) sowie einzelne Kfz-Abstellplätze (einschließlich solcher auf „Parkwippen" uä) sein (siehe insb § 2 Abs 1 und 2 WEG).

Die Rechte und Pflichten des Wohnungseigentümers sind in einem eigenen Gesetz, dem **WohnungseigentumsG (WEG) 2002,** geregelt (Vorläufer: WEG 1975). Der rechtspolitische Hauptzweck dieser Gesetze war und ist es, vor allem im städtischen Bereich auch nicht besonders vermögenden Personen den Erwerb von Eigentum zu Wohn- oder Geschäftszwecken zu ermöglichen. Wer sich kein eigenes Haus leisten kann, aber auch nicht in einer Mietwohnung leben will, kann also die Rechtsform des Wohnungseigentums wählen.

Wohnungseigentum wird in aller Regel **durch (schriftlichen) Vertrag aller Miteigentümer** begründet (§ 3 Abs 1 Z 1); der Alleineigentümer einer Liegenschaft kann *vorläufiges* Wohnungseigentum schaffen (§§ 45 ff), was die Veräußerung der Wohnungen erleichtert.

370 Wohnungseigentümer sind zunächst Miteigentümer. Um weitere Zersplitterungen zu verhindern, kann das Eigentum an einer bestimmten Wohnung grundsätzlich nicht mehr geteilt werden. Eine **Ausnahme** besteht bloß für den **Erwerb durch zwei natürliche Personen** (sog Eigentümerpartnerschaft; § 13, § 2 Abs 10). Dabei spielt das Verhältnis dieser beiden Personen zueinander keine Rolle. Stirbt einer der Partner, erwirbt der andere mangels gegenteiliger Vereinbarung (zunächst) von Gesetzes wegen dessen Eigentümerposition; Details dazu sind allerdings hoch kompliziert (vgl § 14).

Wohnungseigentum kann ohne den entsprechenden Miteigentumsanteil an der gesamten Liegenschaft nicht bestehen; Veräußerungen, Belastungen usw beziehen sich daher immer auf Miteigentumsanteil und Wohnungseigentum (§ 11). Da das Wohnungseigentum ein dingliches Recht an einer Liegenschaft darstellt, wird es **durch Eintragung im Grundbuch** (dazu Rz 372 ff) **erworben** (§§ 5 f).

371 Die **Verwaltung** des Wohnungseigentums steht jedem Wohnungseigentümer für sich zu. Für die Verwaltung der gesamten Liegenschaft, insbesondere der so genannten **allgemeinen Teile** (Stiegenhaus, Waschküche, Hof usw), gelten subsidiär die Miteigentumsregeln des ABGB (Rz 329 ff), primär jedoch die §§ 28 ff. Allerdings entscheidet auch über *außerordentliche* Maßnahmen die Mehrheit: Überstimmte können jedoch das Gericht anrufen (Details in § 29). Bei größeren Wohnungseigentumsgemeinschaften wird praktisch immer ein **professioneller Verwalter** bestellt (§ 19). Auch dessen Rechte und Pflichten sind gesondert geregelt (§§ 20 ff).

Der **Wohnungseigentümergemeinschaft** kommt in Verwaltungsangelegenheiten **eigene Rechtspersönlichkeit** zu (§ 18). Sie kann also etwa klagen und geklagt werden. Die Gemeinschaft haftet jedoch nur mit den Rücklagen bzw den von den Eigentümern geleisteten Vorauszahlungen. Reichen diese Vermögenswerte nicht aus, greift eine *anteilsmäßige* Haftung der Miteigentümer Platz.

Besondere Probleme wirft häufig die Verteilung der Aufwendungen, die auf die Liegenschaft gemacht wurden, unter die Wohnungseigentümer auf. Grundsätzlich hat die Aufteilung entsprechend der Miteigentumsanteile am Objekt zu erfolgen (§ 32 Abs 1). Für einen wichtigen Teilbereich ist das *HeizkostenabrechnungsG* zu beachten. Es setzt die gemeinsame Wärmeversorgung eines Gebäudes mit zumindest vier Nutzungsobjekten voraus und ist unter dieser Voraussetzung auch im Mietrecht zu beachten.

Auf Grund der faktischen Gegebenheiten (Zusammenleben auf engem Raum usw) besteht abweichend von allgemeinen Miteigentumsregeln auch die Möglichkeit, einen Wohnungseigentümer aus der Gemeinschaft **auszuschließen** (§ 36).

Ferner enthält das WEG eine Reihe von Schutzbestimmungen zu Gunsten des Wohnungseigentümers bzw des Wohnungseigentumsbewerbers gegenüber dem Wohnungseigentumsorganisator: Organisator ist derjenige, der das Bauvorhaben durchführt und später Wohnungseigentum „vergibt" (§ 2 Abs 6). Der Käufer ist als Bewerber schon vor Eigentumseinverleibung geschützt; überdies sind gewisse, den Wohnungseigentümer belastende Vereinbarungen mit dem Organisator von vornherein rechtsunwirksam (§§ 37 ff WEG).

7. Kapitel

Das Grundbuch

Weiterführende Literatur: *Binder,* Sachenrecht 235–253; *Bittner/Lehner,* Kommentar Grundbuchsrecht (Loseblatt, Stand 2006); *Dittrich/Angst/Auer,* Grundbuchsrecht[5] (2004); *Dittrich/Pfeiffer,* Muster für Grundbuchsanträge[2] (1992); *Feil,* Grundbuchsgesetz[3] (1998); *Iro,* Sachenrecht[2] Rz 3/1–3/69; *Jank,* Das Grundbuch in der Praxis (2006); *Koziol/Welser*[13] I 352–370; *Marent/Preisl,* Grundbuchsrecht[3] (2003); *Rechberger/Bittner,* Grundbuchsrecht[3] (2004).

I. Grundsätzliches

Rechtsverhältnisse an Liegenschaften werden regelmäßig *durch Grundbuchseintragung* begründet und geändert **(Eintragungsgrundsatz).** Das Grundbuch besteht aus Hauptbuch und Urkundensammlung (§ 1 GBG). Für jede flächenmäßige Einheit wurde eine Grundbuchseinlage mit eigener Einlagezahl angelegt. Jede Einlage beinhaltet ein Gutsbestandsblatt (A-Blatt), ein Eigentumsblatt (B-Blatt) und ein Lastenblatt (C-Blatt). Seit einiger Zeit werden gemäß dem GrundbuchsumstellungsG (GUG) die Register mittels EDV geführt. **372**

II. Arten von Eintragungen

Drei Arten von Eintragungen sind möglich: **Einverleibungen, Vormerkungen** und **Anmerkungen** (§ 8 GBG). Die **Einverleibung** führt zum unbedingten Rechtserwerb oder Rechtsverlust. So wird etwa das Eigentumsrecht, das Pfandrecht oder die Löschung des Pfandrechts einverleibt. Grundlage der Einverleibung sind immer Urkunden, die besondere Voraussetzungen aufweisen müssen. Die Urkunde muss eine ausdrückliche Erklärung desjenigen beinhalten, dessen Recht aufgehoben oder beschränkt werden soll (Intabulationsklausel oder „Aufsandungserklärung"). Die Unterschriften der Parteien sind darüber hinaus notariell zu beglaubigen. **373**

Eine **Vormerkung** erfolgt dann, wenn die Einverleibung auf Grund formeller Mängel noch nicht möglich ist: So fehlt etwa die notarielle Beglaubigung einer Unterschrift. Wird der Mangel behoben, erfolgt eine rückwirkende Sanierung. Im Bereich der Anmerkungen ist vor allem die **Streitanmerkung** von Bedeutung: Ist ein Prozess über ein bücherliches Recht anhängig, dient die Streitanmerkung der Warnung aller Personen, die im Grundbuch Einsicht nehmen. Sie dürfen dann nicht mehr auf den Grundbuchstand vertrauen; dieser kann sich ja im Rechtsstreit als unrichtig herausstellen.

III. Die Prinzipien des Grundbuchsrechts

374 Damit ist auch schon eines der wichtigsten Prinzipien des Grundbuchsrechts angesprochen, nämlich der **Vertrauensgrundsatz.** Vereinfacht gesagt bedeutet dieser, dass jedermann auf die Richtigkeit der Grundbuchseintragungen vertrauen darf. Es muss weder mit schon ursprünglich unrichtigen Eintragungen noch mit einer späteren Änderung der Rechtsverhältnisse gerechnet werden, die aus dem Grundbuch nicht ersichtlich ist. Rechte an Liegenschaften werden zwar prinzipiell durch Grundbuchseintragungen begründet, übertragen und geändert. Möglich ist aber etwa auch der außerbücherliche Eigentumserwerb durch Ersitzung, durch Bauführung oder durch Einantwortung. In diesen Fällen ist also der **Eintragungsgrundsatz** (Rz 372) durchbrochen.

Der **Öffentlichkeitsgrundsatz** besagt, dass prinzipiell jedermann zum Grundbuch Zugang hat.

Wichtig ist auch das **Prioritätsprinzip:** Wer zuerst kommt, mahlt zuerst. Werden also etwa mehrere Anträge auf Einverleibung des Eigentumsrechtes gestellt, weil der Eigentümer seine Liegenschaft mehrfach verkauft hat, wird derjenige als neuer Eigentümer einverleibt, dessen Antrag zuerst bei Gericht eingelangt ist. Von besonderer praktischer Bedeutung ist dieser Grundsatz bei der Einverleibung von Pfandrechten. Je besser der Rang, desto größer ist ja die Wahrscheinlichkeit voller Befriedigung.

Zu erwähnen ist ferner, dass Grundbuchseintragungen regelmäßig bloß **auf Antrag** erfolgen und dass der Grundbuchsbeamte nur eine **formelle Prüfung** der Anträge vornimmt. Er untersucht also etwa, ob die Kaufvertragsurkunde die Intabulationsklausel enthält und die Unterschriften notariell beglaubigt sind; zu aufwändig wäre allerdings die Prüfung, ob der Vertrag tatsächlich wirksam zustande gekommen ist. Dies würde erst in einem streitigen Gerichtsverfahren untersucht werden, wenn sich jemand auf die Unrichtigkeit der Eintragung beruft.

8. Kapitel

Die dinglichen Sicherungsrechte

Weiterführende Literatur: *Binder,* Sachenrecht 183–233; *Feil,* Österreichisches Hypothekarrecht[2] (1999); *Harrer,* Sicherungsrechte (2002) 50–116; *Iro,* Sachenrecht[2] Rz 9/1–14/26; *Koziol/Welser*[13] I 370–419.

I. Allgemeiner Zweck der Kreditsicherung

375 Veräußerungsgeschäfte sollen nach den Vorstellungen des Gesetzes möglichst **Zug um Zug** abgewickelt werden (§§ 1052, 1062 ABGB): Der Käufer bezahlt den Kaufpreis, der Verkäufer übergibt zugleich den Kaufgegenstand. Kein Teil geht dabei besondere Risiken ein. Er muss seine Leistung ja erst dann erbringen, wenn auch sein Partner leistungsbereit ist. Nicht selten weichen die Parteien aber von diesem Zug um Zug-Prinzip ab: Der Käufer kann den Kaufpreis nicht auf einmal zahlen und soll daher Raten leisten. Bei anderen Verträgen wie etwa dem Darlehen ist die **Vorausleistungspflicht** durch einen der Vertragspartner geradezu typisch.

In all diesen Fällen bestehen besondere Gefahren für denjenigen, der seine Leistung schon erbracht hat: Es ist unsicher, ob auch sein Partner in der Zukunft wie vereinbart erfüllt. Hat nun der vorleistende Teil kein hundertprozentiges Vertrauen in die Bonität oder die Leistungswilligkeit seines Vertragspartners, wird er seine Verpflichtung regelmäßig nur „gegen Sicherheiten" erfüllen. Da das Vorleistungsrisiko allgemein auch als Kreditrisiko bezeichnet wird, spricht man von **Kreditsicherung.** Ohne eine solche Sicherung wäre der vorleistende Teil vor allem bei **Konkurs** oder **Ausgleich** (dazu Rz 1351 ff) seines Partners schwer benachteiligt. Er hat seine Leistung schon zur Gänze erbracht, würde aber bestenfalls **quotenmäßige Befriedigung** erhalten.

Die eben geschilderten Gefahren kann der Kreditgeber (dieser Begriff ist hier in einem weiten Sinn gebraucht) auf unterschiedliche Weise verringern: Einmal kann er sich **dingliche Rechte an fremden Sachen** einräumen lassen (vor allem ein Pfandrecht) oder sich sein **Eigentum** bis zur Zahlung der letzten Kaufpreisrate **vorbehalten.** Diese Arten der Kreditsicherung werden in der Folge behandelt. Eine zweite Möglichkeit wäre, sich von anderen Personen als dem Schuldner Leistung oder Haftung versprechen zu lassen; dies regelmäßig für den Fall, dass der Vertragsschuldner seine Verpflichtungen nicht erfüllt. Zu diesen **persönlichen Kreditsicherheiten** (vor allem Bürgschaft und Garantie) Rz 711 ff.

II. Das Pfandrecht

1. Begriff

Das Pfandrecht ist ein beschränktes dingliches Recht an einer fremden Sache 376 (vgl dazu insb die §§ 447–470 ABGB). Es gewährt dem Gläubiger die Möglichkeit, sich bei Nichterfüllung der gesicherten Forderung durch Verwertung der Pfandsache zu befriedigen. Durch sein absolutes, also gegenüber jedermann wirkendes, Recht trifft den Pfandgläubiger somit in Höhe des Pfandwertes nicht mehr das Risiko der Zahlungsunfähigkeit seines persönlichen Schuldners.

Häufig wird das Pfand vom persönlichen Schuldner selbst bestellt; die pfandrechtlichen Regelungen gelten aber ebenso für Pfänder, die von dritter Seite (zB von der Ehefrau des Schuldners) stammen.

In der Folge soll vor allem das **rechtsgeschäftlich begründete Pfandrecht** be- 377 handelt werden, das durch **Verpfändung** erlangt wird; kurz auch das *gesetzlich* begründete. Davon zu unterscheiden ist die **Pfändung** im Rahmen eines gerichtlichen Zwangsvollstreckungsverfahrens (dazu Rz 1345 ff).

Grundsätzlich können alle **verwertbaren Sachen** verpfändet werden. Sache ist auch hier wieder in einem weiten Sinn zu verstehen. Ein Pfandrecht kann daher auch an Forderungen wie etwa Lohnansprüchen aus Dienstverhältnissen begründet werden. Um dem Schuldner ein Existenzminimum zu belassen, existieren vor allem für die exekutive Pfändung betraglich festgelegte **Pfändungsgrenzen** bzw **Pfändungsverbote.**

Die Grundzüge des Pfandrechts werden zunächst an **beweglichen Sachen** dargestellt. Anschließend werden die Besonderheiten des Pfandrechts an **Liegenschaften** sowie an **Rechten** erläutert.

2. Pfandrecht an beweglichen Sachen

a) Erwerb

Auch für den Erwerb von Pfandrechten gilt das Erfordernis von Titel und 378 modus. Der Rechtsgrund (Titel) besteht regelmäßig im **Pfandbestellungsvertrag,** also einer Vereinbarung zwischen Pfandeigentümer und Gläubiger. Ist der Pfandbesteller ausnahmsweise einmal nicht Eigentümer der verpfändeten Sache, kommt es bei Vorliegen der gesetzlichen Voraussetzungen (§§ 456, 367 ABGB) zu einem gutgläubigen Pfandrechtserwerb vom Nichtberechtigten (allgemein zum Gutglaubenserwerb schon Rz 339 ff).

379 Es gibt allerdings auch eine Reihe **gesetzlicher Pfandrechte,** die ohne rechtsgeschäftliche Vereinbarung entstehen. Von besonderer Bedeutung sind die Pfandrechte von Spediteur, Frachtführer, Kommissionär und Lagerhalter an den ihnen übergebenen Sachen (siehe dazu etwa Rz 673). Ein solches Pfandrecht besteht auch zu Gunsten des Vermieters an den vom Mieter eingebrachten Sachen; es sichert vor allem die Mietzinsforderungen (§ 1101 ABGB).

Sogar ein gesetzliches **Vorzugspfandrecht** (vor anderen Pfandgläubigern) ordnet § 27 WEG für bestimmte Forderungen der Miteigentümergemeinschaft gegen einen Wohnungseigentümer und für bestimmte Rückgriffsforderungen der Wohnungseigentümer untereinander an.

380 Rechtsgeschäftliche Pfandrechte bedürfen zu ihrer Entstehung auch einer **Erwerbungsart (modus).** Grundsätzlich kann dabei auf die Erörterungen zum Besitzerwerb (Rz 323 ff) verwiesen werden. Doch sind einige ganz **wichtige Einschränkungen** zu machen: Pfandrechte müssen nach dem Willen des Gesetzes **besonders offenkundig (publik)** sein. Würde sich an der tatsächlichen Situation nämlich nichts ändern (die Pfandsache liegt weiterhin beim Pfandbesteller), könnten dritte Personen davon ausgehen, die Sache sei weiterhin unbelastet, und in diesem irrtümlichen Vertrauen auf das Bestehen eines ausreichenden Haftungsfonds dem Inhaber der Sache ihrerseits Kredit gewähren. Damit dieses Vertrauen nicht enttäuscht wird, gilt im Bereich des Pfandrechts beinahe uneingeschränkt das **Faustpfand- bzw Publizitätsprinzip** (§§ 451 f ABGB): Sofern möglich, ist die Pfandsache dem Pfandgläubiger körperlich zu übergeben. Nur bei Untunlichkeit der Übergabe von Hand zu Hand kommt die **Übergabe durch Zeichen** in Betracht: Am Holzlager werden deutliche Pfandzeichen angebracht; die mehrere 1000 kg schwere Maschine wird mit einer großen Metalltafel versehen, die auf das Pfandrecht hinweist. Nicht wirksam wäre allerdings eine Verpfändung durch Übergabe des Typenscheins anstelle des Fahrzeuges selbst.

Achtung! Wegen des strengen Publizitätsprinzips ist eine **Übergabe durch Besitzkonstitut unzulässig!** Dabei bliebe die Sache ja beim Pfandbesteller; die Verpfändung wäre für niemanden erkennbar.

b) Die Rechtsstellung des Pfandgläubigers

381 Bevor die durch das Pfand gesicherte Schuld fällig ist, beschränken sich die Rechte des Pfandgläubigers im Wesentlichen auf den Erhalt seiner Befugnisse: Auf Grund seiner absoluten Position kann er gegen jeden, der die Pfandsache beeinträchtigt oder gar entzieht, gerichtlich vorgehen. Nutzen darf er die Sache allerdings bloß ausnahmsweise; dazu wäre insbesondere die Zustimmung des Pfandbestellers notwendig. Dem Gläubiger steht ja nur ein Sicherungs- und in der Folge ein Befriedigungsrecht zu, grundsätzlich jedoch kein Gebrauchsrecht. Den Wert der Nutzungen hat er sich jedenfalls auf seine Ansprüche anrechnen zu lassen.

Wird die gesicherte Forderung getilgt, hat der Pfandgläubiger die Sache an den Pfandbesteller zurückzustellen und für etwaige verschuldete Schäden Ersatz zu leisten. Verwirklicht sich allerdings das gesicherte Risiko des Pfandgläubigers, zahlt nämlich der persönliche Schuldner bei Fälligkeit nicht, kann der Pfandgläubiger sein **Befriedigungsrecht** ausüben. Die **Pfandverwertung** ist im Einzelnen recht kompliziert. Bevor Zwangsvollstreckung durch Veräußerung bzw Versteigerung der Sache geführt werden kann, muss nämlich erst gerichtlich festgestellt werden, dass dem Pfandgläubiger ein einredefreier Anspruch gegen den persönlichen Schuldner zusteht und dass die Pfandsache für diesen Anspruch haftet.

Früher erfolgte die Pfandverwertung regelmäßig unter Mitwirkung des Gerichts. Seit 1. 1. 2007 ist bei beweglichen Sachen die **außergerichtliche Verwertung durch Pfandverkauf** die Regel (§ 466a ABGB). Dieser Verkauf kann allerdings grundsätzlich nicht „freihändig" durch den Pfandgläubiger erfolgen, sondern ist im Wege öffentlicher Versteigerung durch dazu befugte Unternehmer zu bewirken. Viele Detailregelungen sollen dafür sorgen, dass beim Verkauf auch die Interessen des Pfandeigentümers (insb an einem möglichst hohen Verkaufserlös) berücksichtigt werden.

Nach Pfandverwertung erstreckt sich das Pfandrecht zunächst auf den gesamten Veräußerungserlös. Der Pfandgläubiger erhält nun die seiner Forderung entsprechende Summe. Ein etwaiger **Überschuss** steht dem Pfandeigentümer zu.

c) Pfandbestellung von dritter Seite

Wurde das Pfand nicht vom persönlichen Schuldner selbst bestellt und **382** kommt es zur Befriedigung des Gläubigers erst durch freiwillige Zahlung des Pfandbestellers oder durch Pfandverwertung, erwirbt der Pfandbesteller vom Gläubiger **automatisch** die gesicherte Forderung gegen den Schuldner. Dieser Anspruch geht also nicht schon dadurch unter, dass der Gläubiger befriedigt wird. Der Pfandbesteller kann somit nun seinerseits sein Glück gegen den Schuldner versuchen. Dieser **automatische Forderungsübergang** (**Legalzession** gemäß § 1358 ABGB; vgl auch Rz 559) ist vor allem dann von Bedeutung, wenn neben dem Pfandrecht noch weitere Sicherheiten bestehen; diese gehen nämlich ebenfalls auf den Pfandbesteller über. Allerdings herrscht im Verhältnis zwischen mehreren Sicherungsgebern **Gleichrangigkeit:** Der Pfandgläubiger kann also gegen andere Sicherheitengeber immer nur **anteilig** Regress nehmen.

d) Verlust des Pfandrechts

Das Pfandrecht ist **streng akzessorisch;** das bedeutet, dass es ohne zu si- **383** chernde Forderung nicht bestehen kann. Es erlischt also mit Tilgung der gesicherten Schuld automatisch. Die Pfandsache ist dann an den Pfandbesteller zurückzugeben.

Selbstverständlich endet das Pfandrecht auch mit **Sachuntergang,** bei Hypotheken (Rz 385) ferner mit Verjährung. Solange der Pfandgläubiger die Sache in Händen hat, kommt eine **Verjährung des Faustpfandrechts** jedoch nicht in Betracht.

Wegen des Faustpfandprinzips erlischt das Pfandrecht trotz Bestehens der gesicherten Forderung auch dann, wenn der Gläubiger die Pfandsache dem Besteller zurückgibt.

3. Pfandrecht an Rechten

384 Auch **Rechte,** insbesondere Forderungsrechte, können zur Kreditsicherung verwendet werden. Zu denken ist dabei vor allem an Wertpapiere, aber auch an sonstige Geldforderungen. **Achtung!** Die Verpfändung darf nicht mit der *Abtretung* (Rz 552) verwechselt werden; Letztere ist ja Übertragung eines Vollrechts und entspricht damit der Eigentumsübertragung (Übereignung)!

Für die Verpfändung von Rechten sind an sich dieselben Prinzipien wie bei beweglichen Sachen zu berücksichtigen. Daher muss auch die Verpfändung von Rechten den strengen Publizitätserfordernissen genügen. Unproblematisch ist dies bei den meisten in Urkunden verbrieften Forderungsrechten (Wertpapieren), nämlich bei Inhaber- und Orderpapieren, nicht jedoch bei Rektapapieren (dazu Rz 845 ff): Hier reichen Dispositionen in Bezug auf die Urkunde aus. Sonstige Forderungen sind aber vollkommen unkörperliche Sachen. Daher ist die **Verpfändung durch Zeichen** vorzunehmen. In Frage kommt einmal die **Verständigung des Drittschuldners:** Der Schuldner der Forderung wird vom Gläubiger davon in Kenntnis gesetzt, dass nunmehr eine dritte Person Pfandgläubiger der Forderung sei. Dieser kann dann auf Befragen darüber Auskunft geben. Bei so genannten Buchforderungen kommt auch ein **Buchvermerk** in Betracht. Dabei geht es um Folgendes: In Unternehmen werden regelmäßig Geschäftsbücher geführt, in denen auch Forderungen verbucht sind. Wird nun im Buch des Forderungsgläubigers ein Verpfändungsvermerk angebracht, können dritte Personen durch Einsichtnahme in diese Bücher erkennen, dass die Forderung dem Gläubiger nicht mehr unbeschränkt zusteht. Die Belastung ist damit ausreichend offenkundig.

Möglich ist auch die **Verpfändung eines Pfandrechts,** regelmäßig gemeinsam mit der gesicherten Forderung. Diese Art der Verpfändung wird mit dem altertümlichen Ausdruck **Afterpfand** bezeichnet. Damit dieses Pfandrecht zur Entstehung gelangt, muss die Sache dem Afterpfandgläubiger übergeben werden.

Achtung! Das Afterpfand darf nicht mit der *mehrfachen Verpfändung der Sache* durch den Eigentümer (vgl Rz 387) verwechselt werden; diese erfolgt bei beweglichen Sachen regelmäßig *durch Besitzanweisung* (Rz 325) an den ersten Pfandnehmer.

Bei der Verpfändung von *Rechten* genießt der Forderungsschuldner einen ganz ähnlichen Schutz wie bei der **Abtretung** (dazu Rz 556): Wird er von der (durch Buchvermerk erfolgten) Verpfändung nicht verständigt, kann er weiterhin mit schuldbefreiender Wirkung an seinen Gläubiger zahlen.

4. Pfandrecht an unbeweglichen Sachen (Hypothek)

a) Begriff

385 Das Pfandrecht an unbeweglichen Sachen (Liegenschaften) wird deshalb **Hypothek** genannt, weil es nicht mit Sachinnehabung durch den Pfandgläubiger verbunden ist. Der Pfandbesteller und Eigentümer kann damit die Pfandsache weiterhin nutzen. Dies ist der große Vorteil gegenüber dem Faustpfand, das volkswirtschaftlich gesehen deshalb Nachteile mit sich bringt, weil regelmäßig Nutzungsmöglichkeiten brach liegen: Der verpfändete Lkw steht beim Pfandgläubiger in der Garage. Der Pfandbesteller bräuchte ihn aber uU dringend, um damit Geld verdienen und so seine Schuld zurückzahlen zu können.

In der Folge werden einige Besonderheiten des Grundpfandrechts dargestellt.

b) Erwerb und Verlust

Pfandrechte an Liegenschaften werden durch **Eintragung im Lastenblatt des Grundbuchs** begründet. Die Höhe der gesicherten Geldsumme ist ziffernmäßig einzutragen; ebenso die Höhe der Zinsen (§ 14 Abs 1 GBG). 386

Wegen des Eintragungsgrundsatzes erlischt das Pfandrecht erst dann, wenn die Löschung einverleibt wird. Ein Befriedigungsrecht besteht aber selbstverständlich immer nur in Höhe des tatsächlich offenen Forderungsbetrages.

c) Mehrere Pfandgläubiger

Im Gegensatz zu beweglichen Sachen kommt es bei Liegenschaften häufig vor, dass ein Grundstück **mehrfach verpfändet** wird. Für die Rechte der Pfandgläubiger gilt dabei ein strenges **Rangprinzip,** das sich aus dem **Prioritätsprinzip** (Rz 374) ergibt: Bei der Verwertung werden die Pfandgläubiger nach ihrer Rangreihenfolge befriedigt. Dies ist besonders dann von Bedeutung, wenn der Verwertungserlös nicht ausreicht, um alle Forderungen zu befriedigen. Damit nachrangige Pfandgläubiger wegen des ungünstig gewählten Verwertungszeitpunktes nicht leer ausgehen, gewährt ihnen das Gesetz ein **Einlösungsrecht:** Auch gegen den Willen aller übrigen Beteiligten haben sie die Möglichkeit, die Forderung des Pfandgläubigers, der die Verwertung beantragt hat, zu befriedigen und dadurch gleichzeitig zu erwerben (§ 462 ABGB). Der Einlösende kann nun einen günstigeren Zeitpunkt für die Verwertung abwarten. 387

d) Wirtschaftlich bedeutsame Sonderregeln

aa) Höchstbetragshypothek

Die **Höchstbetragshypothek** weist die Besonderheit auf, dass nicht die Höhe der zunächst tatsächlich bestehenden Schuld, sondern eben ein **Höchstbetrag** eingetragen wird (s § 14 Abs 2 GBG). Forderungen, die in der Folge bis zu diesem Höchstbetrag entstehen, sind damit pfandrechtlich abgesichert. Zwischenzeitiges Absinken der Schuld schmälert die Sicherung des Gläubigers damit nicht. 388

Bedeutsam ist diese Art der Hypothek für die Sicherung von Krediten, bei denen der Kreditnehmer das Recht hat, Darlehen bis zu einer bestimmten Höchstgrenze in Anspruch zu nehmen. Bei der Verwertung wird dem Kreditgeber aber selbstverständlich immer nur so viel zugewiesen, wie ihm auf Grund der Kreditausnützung tatsächlich zusteht.

bb) Simultanhypothek

Haften für eine Forderung **mehrere Liegenschaften,** spricht man von einer **Simultanhypothek.** Der Gläubiger kann wählen, welche der Liegenschaften er im Fall der Nichtzahlung der gesicherten Schuld bei Fälligkeit verwertet. Problematisch ist diese Situation allerdings für **nachrangige Hypothekargläubiger,** die nicht wissen und auch keinen Einfluss darauf haben, welche Liegenschaft der Simultanhypothekar in Anspruch nimmt. Um Ungerechtigkeiten unter den nachrangigen Gläubigern zu vermeiden, enthält § 222 der **Exekutionsordnung (EO)** Sondervorschriften, die im Ergebnis wieder dazu führen, dass die mehreren simultan haftenden Liegenschaften auch bei Verwertung bloß einer Liegenschaft gleichmäßig belastet werden. 389

III. Das unternehmerische Zurückbehaltungsrecht

390 Wie schon erwähnt, gewährt ein Zurückbehaltungsrecht nach § 471 ABGB regelmäßig bloß eine Einrede gegenüber dem Herausgabebegehren des Eigentümers, nicht jedoch ein Befriedigungsrecht (Rz 364). Anderes gilt für das **unternehmerische Zurückbehaltungsrecht (Retentionsrecht)** nach den §§ 369–372 UGB. Bei Vorliegen einer solchen Befugnis hat der Zurückbehaltungsberechtigte neben seiner Einrede die Möglichkeit, seine Ansprüche durch *Verwertung* der zurückbehaltenen Sache zu befriedigen. Diese Verwertung richtet sich regelmäßig nach den pfandrechtlichen Vorschriften (s Rz 381).

Für das Entstehen eines solchen Zurückbehaltungsrechts müssen mehrere **Voraussetzungen** erfüllt sein: Zunächst kann es immer nur **zwischen Unternehmern** bestehen. Zurückbehaltungsberechtigter und Zurückbehaltungsgegner müssen also Unternehmer sein. Das Retentionsrecht besteht ferner regelmäßig nur **zu Gunsten von fälligen Forderungen aus einem beiderseitig unternehmensbezogenen Geschäft** (nicht etwa aus einem Privatgeschäft). Die zurückbehaltene Sache muss jedoch nichts mit dem Geschäft zu tun haben, aus dem die Forderung des Zurückbehaltungsberechtigten entstanden ist. Schließlich unterliegen nur jene **beweglichen Sachen und Wertpapiere** der Zurückbehaltung, die mit dem Willen des Schuldners in die Innehabung des Gläubigers gelangt sind. Dazu gehört etwa die zur Reparatur oder in Kommission gegebene Sache, nicht aber Gegenstände, die der Vertragspartner eigenmächtig an sich genommen hat. Überdies muss das Retentionsgut **im Eigentum des Schuldners** stehen. Übergibt der Kommittent dem Kommissionär eine fremde Sache zum Verkauf, kann dem wahren Eigentümer also niemals das Zurückbehaltungsrecht eingewendet werden.

IV. Das Sicherungseigentum

1. Begriff und Zweck

391 In früherer Zeit versuchte man das strenge Publizitätsprinzip des Pfandrechts dadurch zu umgehen, dass man dem Sicherungsnehmer nicht bloß ein Pfandrecht, sondern das **volle Eigentum** übertrug. Diese Übertragung war allerdings mit der Abrede verbunden, die Sache nach Tilgung der gesicherten Forderung zurück zu übereignen. Da der Sicherungseigentümer nach außen, also Dritten gegenüber, das Vollrecht besitzt, aber intern obligatorisch gebunden ist, spricht man von **(eigennütziger) Treuhand** (dazu Rz 277).

2. Erwerb

392 Die Möglichkeit, ein dingliches Sicherungsrecht durch **Besitzkonstitut** zu erwerben, wobei der Sicherungsgeber die Sache weiterhin nutzen könnte, wurde sehr bald als **unzulässige Umgehung** der pfandrechtlichen Publizitätsvorschriften (Rz 380) erkannt. Diese gelten nämlich auch für ähnliche Sicherungsgeschäfte. Damit kann nach heute ganz herrschender Ansicht auch Sicherungseigentum nur durch entsprechende Vereinbarung sowie einen auch für die Pfandrechtsbegründung ausreichenden modus erworben werden.

3. Verwertung

Gegenüber dem Pfandrecht bietet das Sicherungseigentum erleichterte Verwertungsmöglichkeiten: So kann bei entsprechender Vereinbarung die zur Sicherheit übereignete Sache bei Säumigkeit des Schuldners freihändig verkauft werden. Dabei sind allerdings immer auch die Interessen des Sicherungsgebers zu beachten; eine Verschleuderung, die gerade den Wert der gesicherten Forderung deckt, würde Schadenersatzansprüche auslösen. 393

4. Erlöschen

Da das Eigentum kein Nebenrecht, sondern das dingliche Vollrecht ist, unterliegt es nicht der **Akzessorietät (Abhängigkeit)** von der gesicherten Forderung. Grundsätzlich muss die Sache daher bei Tilgung der gesicherten Forderung rückübereignet werden. Es ist aber auch von vornherein die Vereinbarung bloß **auflösend bedingten Eigentums** möglich: Die Parteien kommen überein, dass das Eigentum *automatisch zurückfallen* soll, sobald die gesicherte Forderung getilgt ist; der Begriff „Erlöschen" passt also nicht ganz. 394

V. Die Sicherungsabtretung

Für die Übertragung einer Forderung zur Sicherheit gilt an sich Entsprechendes wie für das Sicherungseigentum: Der Sicherungsnehmer wird nach außen hin Gläubiger der abgetretenen Forderung, ist im Verhältnis zum Überträger (Sicherungsgeber) aber treuhändig gebunden. Da die Forderung bloß ein *obligatorisches* Recht darstellt, gehört die Sicherungsabtretung streng genommen nicht zu den *dinglichen* Kreditsicherheiten; der Sicherungsnehmer ist an der Forderung aber ebenfalls ausschließlich berechtigt. 395

Um auch hier Umgehungen der pfandrechtlichen Publizität zu vermeiden, ist bei der Sicherungsabtretung ebenfalls nur eine Erwerbungsart zulässig, die die notwendige *Offenkundigkeit* gewährleistet (dazu Rz 384). Ausführlich zur **Abtretung (Zession)** von Forderungen Rz 552 ff.

VI. Der Eigentumsvorbehalt

1. Begriff und Zweck

Die Kreditsicherung durch **Eigentumsvorbehalt** ist im heutigen Wirtschaftsleben besonders verbreitet, weil sie den Interessen aller Beteiligten sehr nahe kommt. Hauptanwendungsbereich ist der **Kreditkauf.** Dieser ist dadurch gekennzeichnet, dass der Verkäufer die Ware sogleich übergibt, der (volle) Kaufpreis vom Käufer aber erst in der Zukunft bezahlt werden soll. Der Käufer kann die Sache also sogleich nutzen und daraus wirtschaftlichen Profit ziehen. Ihr Wert liegt nicht brach. Auf Grund der Vereinbarung eines Eigentumsvorbehaltes bleibt der **Verkäufer** aber so lange **Eigentümer, bis der Kaufpreis vollständig bezahlt** ist. 396

Auf diese Art und Weise ist der Verkäufer gegen das Konkursrisiko seines Vertragspartners, aber auch gegen Zahlungsunwilligkeit gesichert: Auf Grund des vorbehaltenen Eigentums kann der Verkäufer bei Zahlungsverzug offene Ansprüche durch (gerichtliche) Verwertung seines Eigentums realisieren oder vom Vertrag *zurücktreten* und seine Leistung zurückfordern.

Achtung! Nach der Regel von Titel und Modus sowie der Bestimmung des § 1063 ABGB geht grundsätzlich schon dann das Eigentum an der Kaufsache über, wenn diese dem Käufer auf Grund einer Vereinbarung übergeben wurde. Wann der Kaufpreis bezahlt wird, ist für die Eigentumsverschaffung also an sich nicht von Bedeutung! Die Regeln über den Eigentumsvorbehalt gelten somit nur dann, wenn eine (ausdrückliche oder stillschweigende) **Eigentumsvorbehaltsvereinbarung** getroffen wurde.

2. Rechte von Verkäufer und Käufer

397 Solange der Kaufpreis nicht voll bezahlt wurde, ist der Verkäufer weiterhin Eigentümer. Dieses Eigentum ist allerdings **auflösend bedingt;** Bedingungseintritt ist die Zahlung des letzten Kaufschillings. Da es in der Macht des Käufers steht, den Bedingungseintritt und damit den Eigentumserwerb herbeizuführen, wird sein Recht vor Zahlung der letzten Rate als **Anwartschaftsrecht** bezeichnet. Ihm kommt eine **absolute Position** zu, die er auch gegen Dritte verteidigen kann, obwohl er noch nicht Eigentümer ist. So hat der Vorbehaltskäufer das Recht, die Vorbehaltssache von jedem herauszuverlangen, der sie ihm unberechtigt entzogen hat; bei Beschädigung der Sache kann er neben dem Eigentümer Schadenersatzansprüche geltend machen, soweit sein Gebrauchsrecht beeinträchtigt wurde.

Das vorbehaltene Eigentum sichert primär die noch offene Kaufpreisforderung des Verkäufers. Beide Rechtspositionen kann der Verkäufer ohne weiteres auf dritte Personen übertragen. Dies ist vor allem in den Fällen des **drittfinanzierten Kaufs** (dazu Rz 601) von großer praktischer Bedeutung.

Umgekehrt hat auch der Käufer die Möglichkeit, über sein Anwartschaftsrecht zu verfügen. Volles Eigentum kann er zunächst aber noch nicht verschaffen. Gibt er sich bei Weiterveräußerung der Vorbehaltssache als freier Eigentümer aus, kann der zweite Erwerber nur auf Grund der Regeln über den Eigentumserwerb vom Nichtberechtigten (Rz 339 ff) Eigentümer werden.

398 Werden Waren gerade zum Zwecke der Weiterveräußerung unter Eigentumsvorbehalt erworben, kommt es häufig zur Vereinbarung eines **verlängerten Eigentumsvorbehaltes:** Der Käufer erhält vom Eigentümer (Verkäufer) eine *Veräußerungsermächtigung* (Rz 337), die jedoch an die gleichzeitige Abtretung der aus der Weiterveräußerung erworbenen Forderung geknüpft ist. In diesem Fall bleibt der Veräußerer also ständig gesichert: Zunächst durch sein vorbehaltenes Eigentum, dann durch die ihm abgetretenen Forderungen aus der Weiterveräußerung. Da es sich hierbei um **Sicherungsabtretungen** handelt, ist einer der notwendigen Publizitätsakte (Rz 384) einzuhalten.

Wurde vorgesehen, dass der Vorbehaltskäufer den Weiterveräußerungserlös bar einkassieren soll, bezieht sich die Verlängerung auf das Kaufgeld selbst. Dieses tritt also an die Stelle des verkauften Gegenstandes. Wegen des stark vereinfachten Eigentumserwerbes an Geld (Rz 351) und der deshalb drohenden Gefahr des Eigentumsverlustes durch den Vorbehaltsverkäufer ist diese Art der Sicherung allerdings nicht wirklich „sicher“.

399 Verarbeitet der Erwerber die Vorbehaltsware vor vollständiger Kaufpreiszahlung, wird er anteilsmäßiger **Miteigentümer** am hergestellten Produkt (vgl Rz 349).

3. Abschnitt
Verträge

1. Kapitel
Allgemeines

Weiterführende Literatur: *P. Bydlinski,* AT[3] Rz 5/1–5/29; *Koziol/Welser*[13] I 94–120.

I. Begriff und Bedeutung des Vertrages

Verträge sind zwei- oder mehrseitige **Vereinbarungen,** die für die Beteiligten **rechtlich verbindliche Regelungen** aufstellen. Da die österreichische Rechtsordnung vom **Prinzip der Selbstbestimmung (Privatautonomie)** geprägt ist, können Verträge mit beliebigem Inhalt abgeschlossen werden, solange sie nicht gegen **zwingende Rechtsnormen** (oder die guten Sitten) verstoßen. **400**

Diese **Vertragsfreiheit** bildet die Grundvoraussetzung einer liberalen Wirtschaftsordnung. Der **Vertrag** ist damit auch das **wichtigste Instrument des Wirtschaftsverkehrs:** Er ermöglicht den Güter- und Dienstleistungsaustausch, den er zugleich auf eine bindende Grundlage stellt. Wirtschaftslenkende Eingriffe durch den Staat sind zwar nicht selten, aber strukturell dennoch die Ausnahme.

Unter annähernd gleich starken Partnern bringt es bereits der **Vertragsschlussmechanismus** mit sich, dass es – zumindest tendenziell – zu „gerechten Vereinbarungen“ kommt. An sich muss ja niemand einen Vertrag abschließen, der seine Interessen beeinträchtigen könnte. Der Vertragsinhalt ist also regelmäßig ein Kompromiss zwischen den Idealvorstellungen des einen und denen des anderen Teils. Jede Partei trägt damit aber auch das Risiko, die (subjektive) Günstigkeit des angebahnten Geschäftes falsch einzuschätzen: Der Käufer bietet einen zu hohen Preis, weil er den Kaufgegenstand für wertvoller hält, als er tatsächlich ist; jemand erwirbt einen Gegenstand, mit dem er entgegen seiner Erwartung im Ergebnis nichts anfangen kann usw. Grundsätzlich muss jeder Vertragsteil das Risiko einer solchen Fehleinschätzung endgültig tragen. Dieses Prinzip ist allerdings von zahlreichen Ausnahmen durchbrochen. Eklatante wirtschaftliche Übermacht des anderen Vertragspartners, die gar kein echtes Aushandeln zulässt, wird dabei ebenso berücksichtigt wie etwa ein massiver Mangel in der Willensbildung eines der Vertragspartner (ausführlich dazu Rz 459 ff). **401**

Beispiele für zweiseitige Vereinbarungen sind etwa Kauf- und Werkvertrag, Darlehen, Miete und Pacht, aber auch die Schenkung und der Verzicht. Eine der wichtigsten mehrseitigen Vereinbarungen ist der Gesellschaftsvertrag. Mehr*personal* könnte etwa auch ein Kaufvertrag sein (zB Erwerb einer Eigentumswohnung durch Ehegatten).

II. Vertrag und Rechtsgeschäft

„Rechtsgeschäft“ ist im Verhältnis zu „Vertrag“ der weitergehende Begriff. Leicht vereinfacht gesagt wird als **Rechtsgeschäft** jener **Tatbestand** bezeichnet, **der eine oder mehrere Willenserklärungen enthält und auf Grund des** (zumindest abstrakt vorhandenen) **Parteiwillens Rechtsfolgen auslöst.** Diese Definition ist deshalb etwas umständlich, weil bloß ganz unverbindlich gemeinte Willenserklärungen – soweit sie dem Empfänger auch als solche erkennbar sind – nicht unter den **402**

Begriff des Rechtsgeschäfts fallen (Verabredung zum gemeinsamen Jogging, Einladung zur Besichtigung des neu erworbenen Oldtimers usw). Andererseits ist es nicht entscheidend, dass sich der Rechtsfolgewille des oder der Erklärenden auf *alle* mit dem Rechtsgeschäft verbundenen Rechtswirkungen bezieht; diese strenge Sicht wäre ganz weltfremd. Die Parteien müssen aber zumindest einen **Geschäftswillen** haben, der ganz allgemein auf die Herbeiführung rechtlicher Wirkungen gerichtet ist. Ein solcher Geschäftswille fehlt etwa ersichtlich den so genannten *gentlemen agreements,* da diese bewusst „außerhalb der Rechtsordnung" vereinbart werden; Grund dafür ist regelmäßig, dass sie gegen zwingendes Recht verstoßen.

403 Wesentliches Tatbestandsmerkmal des Rechtsgeschäfts ist die Abgabe einer oder mehrerer **Willenserklärungen.** Grundsätzlich gibt es ja keine Möglichkeit, einen bloß „innerlich" vorhandenen Willen festzustellen (zum Problem des Auseinanderfallens von wirklichem Willen und abgegebener Erklärung unter Rz 461). Die Willenserklärung ist damit auf die **Herbeiführung von Rechtsfolgen** gerichtet, sie hat aber auch **Kundgabezweck,** da sie an einen oder mehrere **Erklärungsempfänger** gerichtet ist. In aller Regel sind Willenserklärungen *zugangsbedürftig;* sie wirken also erst dann, wenn sie den Empfänger erreicht haben (zum Zugang Rz 428). Eine Ausnahme stellt etwa das Testament (Rz 155 ff) dar.

Beispiele für zwei- oder mehrseitige Rechtsgeschäfte wurden schon gebracht. Einseitige Rechtsgeschäfte sind insbesondere die Geltendmachung von Gestaltungsrechten, also zB die Kündigung oder der Rücktritt; zu nennen ist jedoch auch die Offerte, also die Erklärung, einen Vertrag mit bestimmtem Inhalt abschließen zu wollen (dazu ausführlich Rz 420 ff).

404 Ähnliche Rechtswirkungen können unter Umständen auch ohne Erklärung, sondern durch bloße **Willensbetätigung** (Willensgeschäft) erzielt werden. In manchen Fällen genügt nämlich der rechtsgeschäftliche Erfolgswille, der mit *irgendeinem* äußeren Verhalten, das keinen Erklärungszweck besitzen muss, kombiniert ist. Diese Erscheinungsform ist im Wirtschaftsleben praktisch bloß im Bereich des Vertragsabschlusses von Bedeutung, weshalb sie dort (Rz 430) etwas näher behandelt wird. Beispielhaft genannt werden sollen aber etwa die Aufgabe des Eigentums an einer Sache durch bloßes Wegwerfen sowie der Eigentumserwerb durch faktisches An-sich-Nehmen einer herrenlosen Sache. Durch das Fehlen eines Rechtsfolgewillens unterscheiden sich von der eben behandelten Willensbetätigung etwa die reinen **Realakte:** Doch auch sie lösen unter gewissen Umständen Rechtsfolgen aus. Da kein rechtlich relevanter Wille vonnöten ist, können auf diese Weise auch Geschäftsunfähige Rechte erwerben. Dies ist etwa für die Leistungen eines geisteskranken Komponisten oder Malers von Bedeutung.

405 Die Zivilrechtswissenschaft kennt weitere Abstufungen und Unterscheidungen. Hier soll nur noch die so genannte **Wissenserklärung** genannt werden. Sie ist nicht auf die Verwirklichung eines bestimmten rechtsgeschäftlichen Willens gerichtet, sondern stellt bloß eine – richtige oder unrichtige – *Nachricht über Tatsachen* dar. Auch die Wissenserklärung hat in vielen Fällen rechtliche Wirkung. Man denke etwa an die Mangelanzeige im Gewährleistungsrecht (Rz 541) oder die Schuldnerverständigung nach einer Abtretung (Rz 556).

III. Vertrag und Schuldverhältnis

Auch das **Schuldverhältnis** ist ein dem Vertrag übergeordneter Begriff. Die Verträge gehören zu jenen Schuldverhältnissen, die durch rechtsgeschäftliche Akte begründet werden **(vertragliche Schuldverhältnisse).** Ihnen stehen Rechtsbeziehungen gegenüber, die sich unmittelbar aus dem Gesetz ergeben **(gesetzliche Schuldverhältnisse);** so sind etwa ein Schadenersatzanspruch wegen Körperverletzung oder ein familienrechtlicher Unterhaltsanspruch von keinem Vertrag abhängig. **406**

Ein Schuldverhältnis löst Berechtigungen und Verpflichtungen aus: Der Käufer muss den Kaufpreis zahlen und hat das Recht auf Erhalt des Kaufgegenstandes, der Schädiger muss dem Geschädigten Schadenersatz leisten, der Beschenkte kann Übergabe des Geschenks fordern. Das Schuldverhältnis erschöpft sich allerdings nicht in diesen so genannten **Hauptleistungspflichten,** die häufig – etwa bei allen Austauschverträgen – in einem wechselseitigen Verhältnis stehen. Von praktischer Bedeutung sind auch die **Nebenleistungspflichten** (zB Verwahrung des im Hotel abgegebenen Pelzmantels) sowie **Schutz-, Sorgfalts- und Aufklärungspflichten** (*Beispiel:* Treue- und Fürsorgepflichten im Arbeitsrecht). Ein Verstoß gegen solche Pflichten führt regelmäßig zu einer Schadenersatzsanktion.

Der aus einem konkreten Schuldverhältnis Berechtigte wird **Gläubiger,** der Verpflichtete **Schuldner** genannt. Da bei zweiseitig verbindlichen Verträgen (Rz 410) beide Parteien Gläubiger und Schuldner sind, muss immer sehr genau darauf geachtet werden, um welche konkrete Verpflichtung es geht. So ist der Käufer Gläubiger in Bezug auf die Kaufsache, aber Schuldner in Bezug auf den Kaufpreis.

IV. Arten der Rechtsgeschäfte

Die folgende Übersicht dient als Orientierung über wichtige Typen des Vertragsrechts. Sie hat ihren Grund jedoch nicht in der Freude an bloßer Begriffsbildung. Vielmehr sind bei den jeweiligen Gruppen von Rechtsgeschäften unterschiedliche Fragen für Wirksamkeit und Rechtsfolgen von Bedeutung. Die Systematisierung erleichtert daher die Denkarbeit; es ist nicht notwendig, gewisse Probleme bei jedem Vertragstyp gesondert zu prüfen. **407**

1. Einseitige – zweiseitige – mehrseitige Rechtsgeschäfte

Diese Einteilung orientiert sich an der Frage, wie viele Personen an einem konkreten Rechtsgeschäft aktiv mitwirken müssen, damit dieses rechtsgültig ist. Bloß *eine* Willenserklärung ist neben der Ausübung von Gestaltungsrechten (Rz 35) etwa für die Erteilung von Vertretungsmacht (Bevollmächtigung; Rz 244) sowie für die Errichtung einer letztwilligen Verfügung ausreichend. Verträge kommen in aller Regel durch zwei Willenserklärungen zustande. **408**

Bloß erwähnt sei hier auch die **Auslobung:** Sie ist die nicht an bestimmte Personen gerichtete, öffentliche Zusage einer Belohnung für eine Leistung oder einen Erfolg (§ 860 ABGB). ***Beispiel:*** Jemand bringt an den Bäumen seiner Straße Zettel an, auf denen demjenigen, der seinen entflogenen Papagei zurückbringt, € 100 versprochen werden. **409**

2. Einseitig und zweiseitig verpflichtende Rechtsgeschäfte

410 Zu ihrem Zustandekommen bedürfen Verträge zwar zweier übereinstimmender Willenserklärungen. Durch den wirksamen Vertrag verpflichtet kann aber unter Umständen auch bloß einer der Vertragsteile sein. Dies gilt vor allem für den Schenkungsvertrag, aber auch für die Leihe und den unentgeltlichen Auftrag. Im Wirtschaftsleben ist allerdings – von Sicherungsgeschäften einmal abgesehen – vor allem der **zweiseitig verbindliche (verpflichtende) Vertrag** von Bedeutung: Jeder Partner wird Gläubiger und Schuldner, also berechtigt und verpflichtet.

Bei den zweiseitig verpflichtenden Verträgen stehen die jeweiligen Hauptleistungen typischerweise in einem besonderen Verknüpfungsverhältnis: Der Verkäufer verpflichtet sich zur Übereignung der Ware bloß deshalb, weil er dafür den Kaufpreis bekommt. Wegen dieser engen Beziehung von Leistung und Gegenleistung ist auch grundsätzlich kein Teil zur Vorleistung verpflichtet. Dieses **Zug-um-Zug-Prinzip** (Rz 495) ist etwa für Tausch und Kauf ausdrücklich gesetzlich normiert (§§ 1052, 1062 ABGB).

3. Entgeltliche und unentgeltliche Rechtsgeschäfte

411 Dieses Begriffspaar überschneidet sich häufig mit dem eben behandelten. Während aber beim zweiseitig verbindlichen Geschäft jeder Teil unmittelbar Rechte geltend machen kann, muss dies nicht bei jedem entgeltlichen Vertrag so sein. Dies soll anhand des Maklervertrages (Rz 657 f) gezeigt werden: Der Makler ist auf Grund der Vereinbarung mit dem Kunden zur Vermittlung nicht unmittelbar verpflichtet; sein Vertragspartner kann also nicht verlangen, dass er einen bestimmten Erfolg herbeiführt. Tut dies der Makler jedoch, so erhält er dafür seinen Entgeltsanspruch. Besonderheiten gelten etwa auch für den Versicherungsvertrag (Rz 727 ff): Der Versicherte muss regelmäßig seine Prämien zahlen, der Versicherer hält ihn dafür versichert. Leistungsansprüche stehen dem Versicherungsnehmer erst im so genannten Versicherungsfall zu; ob dieser jemals eintritt, ist allerdings ungewiss.

Das „klassische" unentgeltliche Geschäft ist die *Schenkung.* Aber auch letztwillige Verfügungen werden dazu gezählt, ferner die Leihe, zinsenlose Darlehen usw. Wegen seiner freigebigen Haltung wird der unentgeltlich Zuwendende vom Gesetz in vielen Bereichen milder behandelt als der, dem aus der Vereinbarung ohnehin Gegenleistungen zustehen. Der unentgeltlich Erwerbende wird etwa in seinem Vertrauen auf Vertragsbestand weniger stark geschützt. *Beispiele* dafür sind etwa die Anfechtungsmöglichkeit wegen bloßen Motivirrtums (Rz 460) oder die Beschränkung des Gutglaubenserwerbs im Rahmen des § 367 ABGB auf entgeltliche Geschäfte (Rz 341).

4. Privat-, Unternehmer- und Verbrauchergeschäfte

412 Diese Einteilung ist von besonders großer Bedeutung. Von der jeweiligen Qualifikation des Geschäftes hängt es nämlich ab, ob gewisse gesetzliche Bestimmungen – zum Teil sogar ganze Gesetze! – Anwendung finden oder nicht. Ein **Unternehmensgeschäft** liegt dann vor, wenn zumindest ein Vertragsteil Unternehmer (Rz 204 f) ist und das betreffende Rechtsgeschäft „unternehmensbezogen" ist,

also zum Betrieb seines Unternehmens gehört. Ist das der Fall, gelangt das UGB zur Anwendung. **Verbrauchergeschäfte** sind solche zwischen einem Unternehmer und einem Nichtunternehmer. Das Vorliegen dieser Voraussetzung führt zur Heranziehung des KSchG. Auf Verträge zwischen zwei Privaten **(reines Privatgeschäft)** ist grundsätzlich bloß das allgemeine Zivilrecht (ABGB) anwendbar. – Vgl auch die Übersicht Rz 234.

5. Verpflichtungs- und Verfügungsgeschäfte

Der **Erwerb dinglicher Rechte** geht grundsätzlich **zweiaktig** vor sich (vgl 413
Rz 288f): Titel des Eigentumserwerbs ist etwa ein Kaufvertrag. In diesem verpflichtet sich der Verkäufer, Eigentum am Kaufgegenstand auf den Käufer zu übertragen. Der Kaufvertrag ist somit auf künftige Leistung gerichtet und damit **Verpflichtungsgeschäft.**

Kann die Verpflichtung nicht durch bloß tatsächliche Handlungen (zB Fassadenreinigung, Transport) erfüllt werden, ist für die angestrebte Rechtsänderung ein weiteres Geschäft, nämlich das **Verfügungsgeschäft,** erforderlich: Durch körperliche Übergabe des Kaufgegenstandes wird das Eigentum übertragen. **Verfügungsgeschäfte wirken also unmittelbar auf ein bestehendes Recht ein.**

Häufig fallen Verpflichtungs- und Verfügungsgeschäfte zeitlich zusammen. Man denke bloß an den Barkauf im Geschäft. Dies ist allerdings nicht immer so; überdies muss eine strenge rechtliche Differenzierung schon deshalb erfolgen, weil manche gesetzliche Regeln bloß für Verpflichtungsgeschäfte, andere wieder ausschließlich für Verfügungsgeschäfte gelten.

6. Ziel- und Dauerschuldverhältnisse

Für die Anwendung bestimmter Rechtsnormen notwendig ist häufig auch die 414
Abgrenzung zwischen Ziel- und Dauerschuldverhältnissen. **Zielschuldverhältnisse** sind auf eine *einmalige Leistung* gerichtet. Mit der entsprechenden Leistung ist ihr Zweck erreicht. Auch für diesen Typus ist der gewöhnliche Kaufvertrag ein anschauliches Beispiel. Recht plastisch spricht man davon, dass das Vertragsverhältnis durch Austausch der beiderseitigen Leistungen (Ware und Kaufgeld) „untergeht". Dies darf jedoch nicht allzu wörtlich genommen werden, da auch bei Zielschuldverhältnissen gewisse Nachwirkungen bestehen.

Die für das Zielschuldverhältnis charakteristische „einmalige Leistung" darf ebenfalls nicht eng verstanden werden: Auch die Lieferung eines mehrbändigen Nachschlagewerks in Teilen, die sich über einen längeren Zeitraum erstreckt, erfolgt auf Grund eines Zielschuldverhältnisses; geschuldete Leistung ist eben ein vollständiges Werk mit Ende der vereinbarten Lieferungszeit. Dieses ist aber nach der Verkehrsauffassung eine *einheitliche Leistung.* Anderes gilt allerdings bei der Abonnierung von Tageszeitungen oder Wochen- bzw Monatszeitschriften: Hier steht die regelmäßige Information im Vordergrund, nicht aber der Erhalt eines „Gesamtwerks".

Dauerschuldverhältnisse sind demgegenüber Verträge, aus denen ein durch 415
längere Zeit andauerndes Verhalten geschuldet wird oder regelmäßig wiederkehrende Leistungen erbracht werden sollen. Dabei steht also das Element der Regelmäßigkeit im Vordergrund, nicht der Gesamterfolg. Von besonderer praktischer und wirtschaftlicher Bedeutung sind etwa Dienst- und Arbeitsverhältnisse, Miet- und Pachtverträge sowie Strom- und Gaslieferungsvereinbarungen.

§ 15 KSCHEG

416 Während bei Zielschuldverhältnissen eine Vertragsauflösung vor vollständiger Erfüllung nicht die Regel ist, besteht **bei Dauerschuldverhältnissen** grundsätzlich ein **Kündigungsrecht.** Sind Dauerschuldverhältnisse *auf unbestimmte Zeit* abgeschlossen, ist dieses sogar das ganz übliche Instrument der Vertragsbeendigung (**ordentliche Kündigung;** vgl Rz 584); der Vertrag soll ja nicht ewig binden. Doch auch bei befristeten Dauerschuldverhältnissen kommt eine **vorzeitige Beendigung aus wichtigen Gründen (außerordentliche Kündigung)** in Betracht. Damit wird der Tatsache Rechnung getragen, dass bestimmte Ereignisse zumindest einem der Vertragspartner ein Festhalten am Vertrag als nicht mehr zumutbar erscheinen lassen. Auch das KSchG enthält zum Schutze des Verbrauchers vor lang andauernden Bindungen vorzeitige Vertragsauflösungsmöglichkeiten (vgl § 15 KSchG; dazu Rz 585).

417 Bei vielen Dauerschuldverhältnissen verpflichtet sich einer der Vertragspartner zu regelmäßigen *Geldleistungen.* Auf Grund der Geldwertschwankungen (insbesondere der **Inflation**) waren € 100 (bzw der entsprechende Betrag in Schilling) vor 10 Jahren jedoch deutlich mehr wert, als sie es heute sind. Gesetzlich wird dieser Aspekt kaum einmal berücksichtigt. Daher finden sich in vielen Verträgen **Wertsicherungsklauseln.** Sie sind regelmäßig auf einen amtlichen Index (zB Verbraucherpreisindex – VPI 1996 oder 2005) bezogen und sorgen dafür, dass etwa der Pachtzins auch noch nach vielen Jahren dem Wert der Gegenleistung angemessen bleibt. ***Achtung!*** Ohne eine solche vertragliche Vorsorge hat der Geldschuldner während der gesamten Vertragsdauer bloß den vereinbarten Nominalbetrag (zB € 300 pro Monat) zu leisten.

7. Abstrakte und kausale Rechtsgeschäfte

418 Ist dem Vertrag selbst zu entnehmen, aus welchen wirtschaftlichen Gründen eine bestimmte Verpflichtung eingegangen wurde, bezeichnet man diesen als **kausal.** Causa, also Rechtsgrund einer Verpflichtung, ist häufig eine bestimmte Gegenleistung, ausreichend aber etwa auch eine Schenkung oder eine letztwillige Verfügung. Verpflichtungen, denen ihre causa nicht zu entnehmen ist, werden als **abstrakte Geschäfte** bezeichnet und in Österreich grundsätzlich nicht als wirksam anerkannt (vgl § 937 ABGB). Der Grund dafür ist ganz einleuchtend: Wäre jede abstrakte Verpflichtung (etwa zur Zahlung von € 10.000) wirksam, könnten auch gesetzwidrige Vereinbarungen klagbar gemacht werden (der Betrag ist etwa Entgelt für geliefertes Rauschgift oder für die „Überlassung" einer Prostituierten). Abstrakte Verpflichtungen werden daher nur ganz ausnahmsweise anerkannt, so in Dreipersonenverhältnissen, in denen sich die genannten Gefahren wegen der Rückabwicklungsmöglichkeit „im Dreieck" nicht verwirklichen können. Von besonderer wirtschaftlicher Bedeutung ist die Zulassung abstrakter Verpflichtungen etwa im Wechsel- und Scheckrecht (Rz 860 ff) sowie bei der dreipersonalen Garantie (Rz 720 ff).

8. Steuern und Gebühren

418 a An zivilrechtliche Rechtsgeschäfte werden nicht selten Abgabepflichten geknüpft; andererseits sind mögliche Steuerpflichten oft für die konkrete Ausgestaltung eines Rechtsgeschäfts bedeutsam. – Zur Erbschafts- und Schenkungssteuer vgl Rz 188 a und 617 a, zur Grunderwerbsteuer Rz 336 a.

Von allgemeiner Bedeutung ist das **GebührenG (GebG) 1957.** Dieses unterwirft unter anderem zahlreiche Rechtsgeschäfte einer Gebühr, sofern über das Geschäft eine Urkunde errichtet wird. Erfasst werden etwa Darlehens-, Miet- und Pachtverträge, aber auch akzessorische Sicherungsgeschäfte wie Bürgschaft und Schuldbeitritt, nicht hingegen die Garantie (Details in den §§ 33 und 15 GebG). Die ordnungsgemäße Vergebührung ist jedoch nicht Voraussetzung der zivilrechtlichen Wirksamkeit des Rechtsgeschäfts!

Das österreichische Gebührenrecht dürfte eine einsame Kuriosität sein: Zum Ersten fallen die Gebühren ohne staatliche Gegenleistung an; zum Zweiten werden sie nur durch die Errichtung einer *Urkunde* ausgelöst, mündliche Verträge sind also nicht erfasst. Kostenbewusstsein fördert somit die Rechtsunsicherheit! Die Rechtslage zeitigt amüsante Folgen: Findige Unternehmer nehmen mündliche Vertragsabschlüsse auf Video auf, um keine Urkunde herzustellen, im Streitfall aber dennoch Beweise bei der Hand zu haben.

2. Kapitel
Der Vertragsschluss

Weiterführende Literatur: *F. Bydlinski,* Privatautonomie und objektive Grundlagen des verpflichtenden Rechtsgeschäftes (1967); *P. Bydlinski,* AT[3] Rz 6/1–6/49; *Koziol/Welser*[13] I 121–143; *Kramer,* Grundfragen der vertraglichen Einigung (1972).

I. Der Abschlussmechanismus

Verträge kommen ganz generell durch **Angebot und Annahme** zustande. Der **419**
Anbietende (Offerent) schlägt einen bestimmten Vertragsinhalt vor, der Angebotsempfänger (Oblat) nimmt den Vorschlag an. So einfach sieht die Sache im tatsächlichen Wirtschaftsleben aber nur selten aus: Häufig wird über einen oder mehrere Vertragspunkte lang gestritten, in anderen Fällen ergibt sich überhaupt der gesamte Inhalt der später abgeschlossenen Vereinbarungen erst auf Grund langwieriger Vertragsverhandlungen, sodass Angebot und Annahme voneinander nicht mehr leicht geschieden werden können. Einen Einstieg in die Problematik kann allerdings nicht der komplexe, sondern nur der vereinfachte Sachverhalt bieten. Vom Modell des von der Annahme deutlich abgrenzbaren Angebots soll daher auch in der Folge ausgegangen werden. Ferner wird in diesem Abschnitt bloß der im Wesentlichen „einwandfreie" Vertragsabschluss behandelt. Dieser dürfte auch in der Rechtswirklichkeit stark überwiegen. Probleme etwaiger Vertragsmängel folgen im nächsten Kapitel (Rz 440 ff).

Fast alle Verträge können heute allein durch Willensübereinstimmung geschlossen werden **(Konsensualverträge).** Zum Teil findet sich im ABGB aber auch noch die altertümliche Form des **Realvertrages:** Neben der Willenseinigung ist für Vertragsperfektion die faktische Leistungserbringung nötig (*Beispiele:* Darlehen, Leihe, Verwahrung).

II. Das Angebot (Offert)

Um die Handlung oder Erklärung einer Person als **Angebot im Rechtssinn** **420**
werten zu können, müssen bestimmte Voraussetzungen erfüllt sein. Unabdingbar sind dabei **ausreichende inhaltliche Bestimmtheit** sowie ein entsprechender **Bindungswille** des Erklärenden. Nicht unbedingt notwendig ist hingegen, dass die Erklärung an *bestimmte* Personen gerichtet ist, wenn dies auch tatsächlich häufig der

Fall sein wird. So kann etwa eine Sache derart öffentlich – und damit einem unbestimmten Personenkreis – angeboten werden, dass der erste Barzahler diese Sache bekommt. Vertragspartner wird dann derjenige, der zuerst den geforderten Kaufpreis bar erlegt. Der erste Barerlag bringt damit aber nicht bloß den Kaufvertrag zum Entstehen, sondern gleichzeitig auch die Offerte zum Erlöschen. Meist sucht man sich allerdings denjenigen, mit dem man zu kontrahieren gedenkt, doch etwas näher aus.

421 Ein Angebot ist dann inhaltlich ausreichend **bestimmt,** wenn es durch die bloße Erklärung des Einverständnisses angenommen werden kann. Das bedeutet, es muss die **Mindestbestandteile des angestrebten Vertragstyps** enthalten. In diesem Sinn ist regelmäßig die Festlegung der jeweiligen Hauptleistungen ausreichend, beim Kaufvertrag also Ware und Preis. Generell genügt **Bestimmbarkeit** dieser Hauptleistungspflichten. Diese ist etwa dann gegeben, wenn im Vertrag auf den „derzeit gültigen Listenpreis" Bezug genommen wird; in manchen Fällen wird Vertragsunwirksamkeit wegen Unbestimmtheit aber auch schon durch das Gesetz selbst verhindert (vgl § 1152 ABGB, der für Dienst- und Werkverträge mangels konkreter Vereinbarung ein angemessenes Entgelt als geschuldet bestimmt).

Im Geschäftsverkehr können auch die früher so genannten *Handelsbräuche* (Rz 434) das Bestimmtheitserfordernis einschränken. So wird etwa vertreten, dass beim beiderseitigen Unternehmenskauf ohne konkrete Preisvereinbarung der Vertrag nicht ungültig ist; vielmehr muss ein angemessener Preis bezahlt werden.

422 Ein **endgültiger Bindungswille** liegt dann vor, wenn sich der Erklärende aus der Sicht des Erklärungsempfängers festlegen und nicht bloß unverbindlich zu Vertragsverhandlungen einladen will. Wer Preislisten oder Kataloge versendet, in Zeitungen inseriert oder Waren im Schaufenster ausstellt, offeriert grundsätzlich nicht. Zum einen ist in solchen Fällen nämlich jedem Interessenten erkennbar, dass der Erklärende mangels unendlichen Vorrats nicht jedem Kaufwilligen gegenüber zur Leistung verpflichtet sein will. Überdies ist regelmäßig anzunehmen, dass sich der „Verkäufer" seinen Vertragspartner noch individuell auswählen möchte. Von dessen Vertrauenswürdigkeit, Bonität und Ähnlichem hängt ja oft die Entscheidung ab, den Vertrag abzuschließen.

Sehr wohl als echte Offerte, genauer als **Realofferte,** ist hingegen das *Zusenden unbestellter Waren* anzusehen, wenn erkennbar ist, dass der Empfänger mit Annahme des Angebots bzw bei Bezahlung des geforderten Preises Eigentümer der Gegenstände werden soll. Es ist jedoch selbstverständlich niemand verpflichtet, diesem Angebot nachzukommen. – Zu Besonderheiten der Realofferte Rz 430 a.

Trotz vorhandenen Bindungswillens kann der Offerent in gesetzlich ausdrücklich geregelten Sonderfällen sein Angebot *widerrufen;* so im Bereich des **„Haustürgeschäftes"** (Rz 476 a).

423 Wie jede sonstige Willenserklärung kann auch das Angebot **ausdrücklich** („ich offeriere Ihnen ...") oder **stillschweigend (schlüssig)** gestellt werden; im zweiten Fall muss die Handlung des Offerenten vom Empfänger ohne vernünftigen Zweifel so zu verstehen sein, dass dieser damit ein Offert mit bestimmtem Inhalt stellen wolle. Dabei ist auch auf die im redlichen Verkehr geltenden Gewohnheiten und Gebräuche Rücksicht zu nehmen (§ 863 ABGB).

§ 846 ABGB

ABGB § 884

III. Die Annahme

1. Übereinstimmung mit Offert

Erste wesentliche Voraussetzung einer wirksamen Annahmeerklärung, die 424
einen Vertrag zustande bringt, ist die **Übereinstimmung mit dem Offert. Achtung!** Dies gilt auch für Vertragspunkte, die nicht die beiderseitigen Hauptleistungen betreffen. Daher hindert etwa Uneinigkeit über Leistungstermin oder Gewährleistungsfrist die Vertragsperfektion, wenn diese Nebenpunkte von zumindest einem Beteiligten in die Verhandlungen eingeführt wurden.

Da sich die Willen der beteiligten Personen bloß in ihren Erklärungen manifestieren und auch nur diese dem Erklärungsempfänger Rückschlüsse auf den dahinter stehenden Willen erlauben, hat für die Übereinstimmung ein **Vergleich der beiden abgegebenen Erklärungen** stattzufinden. Können diese zur Deckung gebracht werden, spricht man von **Konsens.** Fallen sie hingegen auseinander, liegt **Dissens** und damit **Ablehnung des gestellten Offerts** vor. Diese Rechtsfolge tritt ganz unabhängig vom Grund des Dissenses ein; es kommt auch nicht darauf an, ob die Nichtübereinstimmung offensichtlich oder „versteckt" ist. Gleiches gilt für die „abändernde Annahme": Jemand erklärt etwa, das Angebot anzunehmen, aber statt der geforderten 90 nur 80 zahlen zu wollen. Hier wurde das *Angebot* selbstverständlich *nicht angenommen;* der Erklärung ist aber ein neuer Antrag, gerichtet auf Vertragsabschluss zu 80, zu entnehmen. Wie schon hervorgehoben, ist Dissens jedoch auch dann anzunehmen, wenn es bloß um *Nebenpunkte* geht (der Oblat will die ihm angebotene Garantiefrist von zwei Jahren auf fünf Jahre ausdehnen).

Die Frage nach Vorliegen von Konsens oder Dissens kann also bloß durch **Vergleich der abgegebenen Erklärungen** gelöst werden. (***Achtung!*** Im Unterschied dazu prüft man beim *Irrtum,* ob die Erklärung einer Person von *ihrem* wirklichen Willen abweicht; vgl Rz 461.) Öfter sind Erklärungen jedoch auf den ersten Blick unklar; ebenso wie gesetzliche Bestimmungen sind sie daher **auszulegen** (dazu Rz 434). Damit können sogar äußerlich auseinander klaffende Erklärungen als übereinstimmend erkannt werden.

Beispiel: Wurde das Haus Türkenstraße 17 zum Verkauf angeboten und erklärt der Interessent brieflich, das Haus Nr 71 zu den vorgeschlagenen Bedingungen kaufen zu wollen, kann der Vertrag über das Haus Nr 17 perfekt geworden sein, wenn sich der Kaufinteressent ersichtlich bloß verschrieben hat (die Türkenstraße hat etwa nur 50 Hausnummern; auch wurde das Haus Nr 17 gemeinsam besichtigt).

Ablehnung bringt das Offert sofort zum Erlöschen. Das ist immer dann von 425
Bedeutung, wenn an sich die Annahmefrist (Rz 426 ff) noch offen wäre. Eine „Annahme", die vom Inhalt des Offerts – wenn auch nur geringfügig! – abweicht, ist Ablehnung und (Gegen-)Offert zugleich.

2. Rechtzeitigkeit und Zugang

Der Offerent muss von der Entscheidung des Angebotsempfängers (des 426
Oblaten) Kenntnis erlangen. Grundsätzlich reicht es nicht aus, wenn sich der Empfänger „im stillen Kämmerlein" für die Annahme des Offerts entscheidet. Die Annahme ist daher grundsätzlich eine **empfangsbedürftige Willenserklärung.** Zur Wirksamkeit der Annahmeerklärung ist somit der **Zugang beim Offerenten während der Bindungsfrist** notwendig.

427 Eine Offerte ist nur bei Vorliegen eines entsprechenden Bindungswillens wirksam (Rz 422). Die **Gebundenheit des Offerenten** äußert sich darin, dass dieser sein Angebot prinzipiell nicht mehr einseitig widerrufen kann. Diese Bindung tritt ein, sobald der Angebotsempfänger vom Offert Kenntnis erlangt. Die Bindung kann nun allerdings nicht ewig dauern. Denkbar ist einmal, dass der Offerent selbst eine bestimmte Bindungsfrist bestimmt hat. War dies nicht der Fall, sieht das Gesetz (§ 862 ABGB) folgende Differenzierung vor: Das unter Anwesenden oder mittels Fernsprechers gemachte Angebot bindet nur während der Verhandlungen; es muss also sofort angenommen werden, da es mit Ende des Gesprächs erlischt. Anderes gilt für den einem Abwesenden – also regelmäßig schriftlich – gemachten Antrag: Hier kommt es grundsätzlich darauf an, wann der Offerent bei üblichem Postlauf eine Antwort erwarten darf. Zu berücksichtigen sind also einmal die Transportdauer des Angebots sowie der Annahmeerklärung als auch eine ausreichende Überlegungsfrist.

428 Während der Bindungsfrist muss die Annahmeerklärung dem Offerenten also **zugehen.** Damit dieser aber nicht durch bloßes Ignorieren des Annahmeschreibens die Vertragsperfektion verhindern kann – etwa weil er inzwischen schon einen besseren Käufer gefunden hat oder einen höheren Preis verlangen möchte –, wird der **Zugang** als das **Gelangen in den Machtbereich des Empfängers** definiert. Verlangt wird überdies, dass dieser nach dem gewöhnlichen Lauf der Dinge Kenntnis von der Annahme hätte erlangen können. Danach tritt der Zugang mündlicher Erklärungen sofort ein; bei schriftlichen Erklärungen ist etwa auf die üblichen Geschäftszeiten abzustellen; in der Nacht oder am Wochenende in den Briefkasten des Empfängers eingeworfene Schriftstücke gehen erst zu Beginn des nächsten Geschäftstages zu.

Ausnahmsweise kann auch der **Zugang nach Ablauf der Bindungsfrist** einen Vertrag zustande bringen. Hat sich der Oblat nämlich sorgfältig verhalten und sein Annahmeschreiben rechtzeitig abgeschickt, wird in solchen Fällen sein Vertrauen auf Rechtzeitigkeit der Annahmeerklärung dann geschützt, wenn der Offerent die rechtzeitige Absendung (etwa auf Grund des Poststempels) erkennen musste. Liegt ein solcher Fall vor, kann der Offerent die Vertragsperfektion nur dadurch verhindern, dass er dem Oblaten unverzüglich mitteilt, an den Vertrag wegen der Verspätung nicht gebunden sein zu wollen (§ 862a ABGB). In vielen Fällen wird er zwar weiterhin am Vertragsabschluss interessiert sein; denkbar wäre aber auch, dass er mit einer Annahme durch den Oblaten nicht mehr rechnete und daher schon anders disponiert hat. Die Regelung des § 862a ABGB ist deshalb besonders gefährlich, weil sie vielen Wirtschaftstreibenden nicht bekannt ist und diese daher nach Ablauf der Bindungsfrist nicht mehr mit der Möglichkeit einer wirksamen Annahme rechnen.

Der Zugang ist nun bloß für die **Rechtzeitigkeit der Annahme** von Bedeutung. **Unwiderruflichkeit** tritt jedoch erst dann ein, wenn die Erklärung tatsächlich zur Kenntnis genommen wurde; vorher besteht ja noch keinerlei Vertrauen des Offerenten auf Vertragsperfektion, weshalb gegen den *Widerruf* einer schon zugegangenen, aber noch nicht zur Kenntnis genommenen Annahmeerklärung keine Bedenken bestehen. Dieser Gedanke passt auf *alle Willenserklärungen,* daher etwa auch für das Angebot.

3. Arten der Annahme

a) Durch Willenserklärung

429 Schon bisher wurde von der auch praktisch ganz im Vordergrund stehenden **Annahme durch Willenserklärung** ausgegangen. Diese kann ausdrücklich (etwa

durch mündliche Zusage oder Unterfertigung einer Vertragsurkunde) oder stillschweigend erfolgen. Beispiele für eine solche schlüssige Annahme wären etwa das Überweisen des vom Offerenten geforderten Kaufpreises oder die Vornahme vom Offerenten gewünschter Arbeiten.

b) Durch Willensbetätigung

Vom Zugang, ja sogar von der Abgabe einer Annahmeerklärung wird nur **430**
ausnahmsweise abgesehen. In Fällen, in denen eine Annahmeerklärung nach der Natur des Geschäftes, der Verkehrssitte oder infolge eines Verzichts des Offerenten nicht zu erwarten ist, kann der Vertrag auch dadurch zustande kommen, dass der Oblat dem Angebot innerhalb der Bindungsfrist **tatsächlich entspricht** (§ 864 Abs 1 ABGB). Diese Regel hat etwa im Bereich des Versandhandels praktische Bedeutung: So erwartet derjenige, der auf Grund eines Kataloges bestellt, keine besondere Annahmeerklärung, sondern bloß das tatsächliche Zusenden der von ihm gewünschten Waren. Die „tatsächliche Entsprechung" und damit auch die Vertragsperfektion liegt in solchen Fällen schon in der *Absendung.* Diese Vorverlegung des Vertragsabschlusses hat vor allem dann Bedeutung, wenn die Ware beim Transport beschädigt wird oder verloren geht (zu diesem Gefahrtragungsproblem beim Versendungskauf Rz 602).

Bei dieser **Willensbetätigung** verdient Folgendes ganz besondere Beachtung: Da keine Willenserklärung des Oblaten verlangt wird, besteht im Augenblick der Vertragsperfektion noch keinerlei Vertrauen des Offerenten auf Vertragsabschluss. Daraus folgt zum Ersten, dass hier der sonst aus der Erklärung erschließbare Wille durch den *tatsächlichen* Willen, das Angebot anzunehmen, substituiert wird. **Ohne tatsächlichen Willen gibt es also keine Annahme durch Willensbetätigung!** Eine entsprechende Vertrauensposition entsteht erst mit dem Zugang der bestellten Ware. Zum Zweiten ist aus denselben Gründen die Annahme durch Willensbetätigung leichter zu widerrufen; sie kann „zurückgenommen" werden, sofern beim Offerenten noch kein Vertrauen auf Vertragsperfektion entstanden ist und die Folgen der Annahmehandlung noch rückgängig gemacht werden können.

Für *unbestellte Zusendungen* gilt kraft ausdrücklicher gesetzlicher Anord- **430 a**
nung (§ 864 Abs 2 ABGB), dass bloßes Benutzen oder Behalten keine Annahme darstellt. Der Empfänger hat sogar das Recht, die ihm so aufgedrängte Ware wegzuwerfen. Benützt oder verbraucht er sie, kommen allenfalls Bereicherungsansprüche (Rz 811 ff) in Betracht. Motiv der Regelung ist das Zurückdrängen dieser aufdringlichen Vertriebsform. Daher besteht kein Vernichtungsrecht, wenn dem Empfänger auffallen musste, dass die Zusendung irrtümlich an ihn gelangte.

c) Durch Schweigen

Schweigen hat keinerlei Erklärungswert. Daher führt das bloße Nichtreagie- **431**
ren auf Angebote nicht zum Vertragsabschluss. Dies gilt insbesondere auch in Fällen, in denen der Offerent „angeordnet" hat, der Vertrag sei perfekt, wenn nicht innerhalb bestimmter Frist das Gegenteil erklärt werde. Der Offerent kann anderen Personen ja nicht einseitig Verpflichtungen (etwa zur ständigen Abwehr von Offerten) auferlegen!

Dieser Grundsatz ist auch auf das **kaufmännische Bestätigungsschreiben** anzuwenden, in dem ein Teil den Inhalt vorausgegangener mündlicher Vertragsverhandlungen zusammenfasst und dem anderen übermittelt. Wird darin das tatsächlich Vereinbarte *unrichtig* wiedergegeben, zieht schlichtes Schweigen des Empfängers eines solchen Schreibens keine Rechtswirkungen nach sich. Es bleibt vielmehr bei der Wirksamkeit des mündlich Vereinbarten (bzw bei der Unverbindlichkeit des Besprochenen, sofern im Gespräch kein Vertrag zustande kam). Zu beachten ist jedoch, dass die Nichtbeanstandung eines solchen „Bestätigungsschreibens" regelmäßig die *Beweislage* zu Lasten des Empfängers verschlechtert.

432 Bloßes Schweigen kann also nur ganz ausnahmsweise als Annahmeerklärung gedeutet werden. In Betracht käme etwa, dass die Parteien diese Rechtsfolge schon früher – etwa in einem Rahmenvertrag – *vereinbart* haben; dann liegt ja das entsprechende Einverständnis des Oblaten vor.

Von der – seltenen – Zustimmungswirkung des Schweigens ist die *Antwortpflicht* (unverzügliche Annahme oder Ablehnung) zu unterscheiden. Sie trifft zur Besorgung bestimmter Geschäfte öffentlich bestellte Personen (s § 1003 ABGB), anerkannter Maßen aber auch Personen, die sich öffentlich zur Besorgung von Geschäften angeboten haben, also Notare oder Rechtsanwälte, aber auch Banken, Wirtschaftstreuhänder und Spediteure. Unterlassung sofortiger Reaktion auf ein Angebot kann schadenersatzpflichtig machen.

4. Abschlusszwang

433 Grundsätzlich regiert im Schuldrecht das Prinzip der Privatautonomie. Es kann daher an sich jeder selbst bestimmen, mit wem und unter welchen Bedingungen er Verträge abschließt. Wichtigste Durchbrechung dieses Grundsatzes ist der so genannte **Kontrahierungszwang (Abschlusszwang).** Diese **Verpflichtung, Verträge zu üblichen Bedingungen mit jedermann abzuschließen,** besteht für alle monopolartigen Unternehmen, die Güter oder Leistungen anbieten, auf die jedermann üblicherweise oder in Notfällen angewiesen ist. In diesen Bereichen stehen soziale Aspekte im Vordergrund, weshalb die willkürliche Ablehnung von Vertragsabschlussinteressenten nicht in Betracht kommt.

Wesentliche Bereiche, in denen Kontrahierungszwang besteht, sind die Energieversorgung, das Postwesen sowie die öffentlichen Verkehrsmittel, uU auch die Nahversorgung mit Gütern des täglichen Bedarfs (vgl Rz 1251).

Kontrahierungszwang bedeutet allerdings bloß, dass bestimmte Personen gewisse Verträge abschließen *müssen.* Der Vertrag kommt also auch hier nicht bloß durch die Willenserklärung des Interessenten zustande. Allerdings kann die Pflicht des Vertragspartners zum Abschluss gerichtlich durchgesetzt werden und sind Schadenersatzansprüche bei Zuwiderhandeln die Folge.

IV. Die Auslegung von Willenserklärungen

434 Willenserklärungen sind häufig nicht ganz eindeutig. Wie schon erwähnt, ist es daher oft nötig, ihren Sinn bzw den dahinter stehenden Willen zu erschließen. Dies geschieht mit Hilfe der **Auslegung.** Dabei ist nicht bloß auf die enge Wortbedeutung zu achten; vielmehr sind die tatsächlichen Parteiabsichten zu erforschen und ist der Vertrag im Zweifel so zu verstehen, wie es der redlichen Verkehrsübung entspricht (§ 914 ABGB). Bei zweiseitigen Handelsgeschäften ist ferner gemäß § 346 UGB bei der Deutung von Handlungen und Unterlassungen auf – allgemein oder in bestimmten Branchen – übliche **Gebräuche im Geschäftsverkehr** (früher: „Handelsbräuche") Rücksicht zu nehmen. Man kann nämlich davon ausgehen, dass die Unternehmer des jeweiligen Verkehrskreises (etwa im Holz- oder Viehhandel) mangels gegenteiliger Äußerungen mit der Beachtung dort gebräuchlicher Usancen einverstanden sind.

Schließlich dürfen unvollständige Vereinbarungen vom Rechtsanwender auch „zu Ende gedacht" werden; man will ja dem tatsächlichen bzw vermutlichen Parteiwillen möglichst nahe kommen **(ergänzende Vertragsauslegung).** Die Vorgangsweise ist ähnlich wie bei der *Umdeutung* (vgl Rz 458).

Bleiben gewisse Äußerungen dennoch zwei- oder mehrdeutig, soll die Unklarheit bei zweiseitig verbindlichen Verträgen denjenigen treffen, der sich entsprechend unklar ausgedrückt hat. War also etwa schon das Offert in einem bestimmten Punkt unklar, das der Oblat bloß zustimmend zur Kenntnis genommen hat, so wird von den möglichen Auslegungsvarianten diejenige gewählt, die für den Oblaten am günstigsten – und damit für den Erklärenden am ungünstigsten – ist. Hingegen verdient bei bloß einseitig verbindlichen Verträgen der Freigebige den größeren Schutz; hier wird also die Auslegungsvariante als verbindlich ausgewählt, die den Verpflichteten am wenigsten belastet (§ 915 ABGB). Abweichendes soll für von Unternehmern gegenüber Verbrauchern verwendete **unklare AGB-Klauseln** gelten: Sie sind per se **unwirksam** (§ 6 Abs 3 KSchG).

Endgültige Unbestimmtheit führt zum Dissens (Rz 424) und damit zur **Unwirksamkeit des Vertrages.** Bloß diese Rechtsfolge kommt ja dann in Betracht, wenn die Klärung des tatsächlichen Parteiwillens anhand der abgegebenen Erklärungen sowie der bekannten Nebenumstände unmöglich bleibt.

V. Vertragsschluss unter Verwendung von Allgemeinen Geschäftsbedingungen (AGB)

1. Das Problem

Im Massengeschäftsverkehr halten sich Unternehmer selten damit auf, Bedingungen für übliche Geschäfte mit jedem Partner gesondert auszuhandeln. Zur Vereinfachung und Rationalisierung, aber häufig auch, um ihre Interessen bestmöglich durchzusetzen, stellen sie vielmehr **„Allgemeine Geschäftsbedingungen"** (vor allem als Verkaufs-, fallweise auch als Einkaufsbedingungen) auf, die sie ihren einzelnen Geschäftsabschlüssen zu Grunde legen; zT in Form vorgedruckter **Vertragsformulare.** Damit ist aber auch die Privatautonomie des potenziellen Vertragspartners deutlich eingeschränkt: Er hat regelmäßig bloß die Wahl, den Vertrag wie angeboten (also mit den AGB) abzuschließen oder von einem Vertragsabschluss ganz abzusehen. Anschaulich spricht man von „verdünnter Willensfreiheit" des Partners. Regelmäßig ist dieser aber auf den Erwerb gewisser Güter oder den Erhalt bestimmter Leistungen angewiesen. Überdies verwenden in manchen Branchen (so etwa im Bank- und Versicherungswesen) alle Anbieter solche vorformulierten Vertragsbedingungen. 435

Abgesehen davon, dass AGB grundsätzlich nur dann Vertragsbestandteil werden, wenn sie wie sonstige Abreden – also **durch Vereinbarung!** – in den Vertrag einbezogen werden, weichen sie aber auch inhaltlich zum Nachteil des Vertragspartners häufig vom dispositiven Recht ab. Deshalb und wegen der „verdünnten Willensfreiheit" der Vertragspartner des AGB-Aufstellers sieht der Gesetzgeber eine strenge Angemessenheitskontrolle vor. Diese lässt sich in **Geltungskontrolle** und **Inhaltskontrolle** trennen.

2. Geltungskontrolle

Es wurde bereits angesprochen, dass auch AGB bloß **kraft Vereinbarung** gelten. Plastisch und bezeichnenderweise spricht man in diesem Bereich von *„Unter-* 436 *werfung*" des Vertragspartners. Nur ganz selten gelten AGB – als Verordnungen – schon auf Grund objektiven Rechts.

Wie die Unterwerfung erfolgen muss, wird nicht einhellig beantwortet. Ausreichend ist es jedenfalls, wenn der Aufsteller deutlich erkennen lässt, dass er nur zu seinen AGB zu kontrahieren gedenkt, und sein Vertragspartner die Möglichkeit besitzt, vom Inhalt der AGB Kenntnis zu nehmen. Diese Erfordernisse sind etwa durch deutlichen Aushang im Geschäftslokal erfüllt. Zu weit geht wohl die bisweilen vertretene Ansicht, bei bestimmten Unternehmen müsse man von vornherein damit rechnen, dass diese zum Vertragsabschluss nur unter Zugrundelegung ihrer AGB bereit seien. Niemals reicht allerdings ein Hinweis auf die AGB *nach Vertragsschluss* aus; der in der Praxis häufige Abdruck der AGB auf der Rückseite der Rechnung ist daher unbeachtlich.

Neben dieser ganz allgemeinen **Geltungskontrolle,** bei der bloß gefragt wird, ob die AGB „an sich" Vertragsbestandteil wurden (besser daher wohl „*Einbeziehungskontrolle*"), gibt es jedoch noch eine **spezielle.** Bei dieser wird jede *Einzelklausel* für sich betrachtet: Inhaltlich ungewöhnliche Bestimmungen in AGB oder Vertragsformblättern werden dann von vornherein nicht Bestandteil des Vertrages, wenn sie für den anderen Teil – vor allem im Verhältnis zum dispositiven Recht – nachteilig sind und dieser mit ihnen auch nach den Umständen nicht zu rechnen brauchte. Solche Umstände sind insbesondere das äußere Erscheinungsbild der Urkunde; erfasst sollten damit vor allem „Kleingedrucktes" werden, aber auch Regelungen, die an ganz versteckter Stelle – etwa unter irreführender Überschrift – enthalten sind. Diese durch § 864a ABGB verfügte Nichtaufnahme solcher versteckter Bestimmungen in den Vertrag wird nur dann wieder ausgeschlossen, wenn der AGB-Aufsteller den anderen Vertragsteil auf die konkrete Regelung besonders hingewiesen hat. Das ist ganz konsequent. In diesem Fall kann ja nicht mehr befürchtet werden, der „Unterworfene" habe die Klausel übersehen.

3. Inhaltskontrolle

437 Hat eine Klausel die eben dargestellte Geltungskontrolle passiert, wird sie einer **Inhaltskontrolle** unterzogen. Dabei wird nur mehr auf **inhaltliche Unangemessenheit** geachtet. Das Privatrecht steht im Zuge des Ausbaues des Verbraucherschutzes Vertragsklauseln besonders ablehnend gegenüber, die ein Unternehmer zu Lasten eines privaten Vertragspartners (Konsumenten, Verbrauchers) aufstellt. Eine ganze Reihe in der Praxis häufig anzutreffender Klauseln enthält der **Klauselkatalog des § 6 KSchG.** Während in Abs 1 gewisse Vertragsbestimmungen als jedenfalls unverbindlich angesehen werden, gilt die Nichtigkeitssanktion des Abs 2 nur im Falle der schlichten Unterwerfung unter diese AGB; Aushandlung im Einzelfall kann diese Vertragsbestandteile somit retten. Die demonstrative Aufzählung des § 6 KSchG erfasst ganz unterschiedliche Bereiche. *Beispiele:* einseitige Entgeltserhöhung; Zugangsfiktionen; Umkehrung der Beweislast; besondere Form- oder Zugangserfordernisse (Abs 1); freies Rücktrittsrecht des Unternehmers; Übertragung seiner Pflichten auf Dritte (Abs 2). Einige weitere Regelungen werden im konkret passenden Zusammenhang behandelt.

Auch für Verträge zwischen Unternehmern bzw – praktisch seltener – zwischen Privaten, gilt eine Vorschrift, die sich allgemein mit der Inhaltskontrolle von AGB bzw Vertragsformblättern befasst: § 879 Abs 3 ABGB sieht vor, dass eine

Vertragsbestimmung, die nicht die beiderseitigen Hauptleistungen betrifft, jedenfalls nichtig ist, wenn sie „unter Berücksichtigung aller Umstände des Falles einen Teil gröblich benachteiligt". Die Hauptleistungen wurden im Bereich dieser Bestimmung deshalb ausgeschlossen, weil sie ohnehin bereits vom Wuchertatbestand (Rz 449) erfasst waren.

Was im Einzelfall eine gröblich benachteiligende Vertragsbestimmung darstellt, hängt von den individuellen Umständen ab, zu denen insbesondere auch die sonstigen Vertragsbestandteile gehören. Eine „negative" Klausel könnte etwa durch eine andere dem Unterworfenen günstige aufgewogen werden. Wird allerdings gröbliche Benachteiligung festgestellt, sind die **Rechtsfolgen** von Bedeutung: Diese bestehen in der Nichtigkeit, also der Unwirksamkeit, und *erfassen bloß die einzelne Klausel,* nicht aber den gesamten Vertrag. Nur dadurch ist dem Vertragspartner des AGB-Aufstellers wirklich geholfen: Bei Wegfall des gesamten Vertrages bekäme er die von ihm erstrebte Gegenleistung ja überhaupt nicht bzw müsste er diese wieder zurückstellen.

Auf Gesetz- und Sittenwidrigkeit einzelner AGB-Bestimmungen können sich nicht bloß die unmittelbar betroffenen Vertragspartner berufen; die §§ 28f KSchG gewähren vielmehr bestimmten Organisationen die bereits erwähnte **Verbandsklage** (Rz 233). **438**

VI. Vertragsschluss im Fernabsatz

Für den **Abschluss von Verbrauchergeschäften im Fernabsatz** gelten einige Sondervorschriften (§§ 5a–5i KSchG). Grund für die Einführung dieses Normenkomplexes soll die besondere Gefahr sein, der ein Verbraucher ausgesetzt ist, wenn der Vertragsschluss *„ohne gleichzeitige körperliche Anwesenheit der Parteien"* erfolgt: Waren werden schriftlich nach Katalog, per Telefon oder über das Internet bestellt. Der Schutz des Verbrauchers soll einerseits durch eine umfassende – im Internet wohl nicht leicht zu erfüllende – **Informationspflicht** des Unternehmers (§§ 5c und 5d) und andererseits durch ein **gesetzliches Rücktrittsrecht** des Konsumenten (§§ 5e–5h) erreicht werden. Die Fristen betragen je nach Verhalten des Unternehmers 7 Tage (bei korrekter Information) oder 3 Monate (bei Informationsmängeln). **438a**

§ 5i sieht mangels anderer Vereinbarung *für die Leistung des Unternehmers* eine *Maximalfrist von 30 Tagen* vor, was im Hinblick auf die allgemeine Regel über die Leistungszeit (§ 904 ABGB; dazu Rz 494) eine eklatante Schlechterstellung von Fernabsatz-Kunden bedeutet. Auch die dort normierten *Mitteilungspflichten* des Unternehmers bei fehlendem Annahmewillen und bei Unverfügbarkeit der vom Verbraucher gewünschten Leistung harmonieren nicht mit dem allgemeinen Zivilrecht. – Zum Missbrauch von Zahlungskarten im Fernabsatz siehe § 31a KSchG.

Bloß in losem Kontakt mit dem „Fern-Vertragsschluss" steht die Vorschrift des § 5j KSchG: Danach sind Unternehmer einem klagbaren Anspruch des Konsumenten ausgesetzt, wenn sie ihm persönlich **Gewinnzusagen** oder Ähnliches zusenden und damit den Eindruck erwecken, der Verbraucher habe einen bestimmten Preis gewonnen. Die Bestimmung wendet sich in der Sache gegen unlautere Vertriebspraktiken. Das kann dazu führen, dass sogar derjenige Rechte erhält, der nicht konkret auf einen Gewinn vertraut, etwa weil er sich bewusst ist, an keinem Gewinnspiel teilgenommen zu haben; eine im Zivilrecht an sich unübliche Rechtsfolge. **438b**

Für den **Fernabsatz von Finanzdienstleistungen** existiert seit 1. 10. 2004 ein eigenes Gesetz (Fern-FinanzdienstleistungsG – FernFinG). Erfasst sind Bankdienstleistungen sowie Dienstleistungen im Zusammenhang mit Kreditgewährung, Versicherung, Altersvorsorge, **438c**

Geldanlage oder Zahlung. Inhaltlich stehen wiederum umfangreiche Informationspflichten und besondere Rücktrittsrechte, die im Regelfall innerhalb von 14 Tagen auszuüben sind, im Vordergrund.

VII. Vertragsschluss im „elektronischen" Geschäftsverkehr

Weiterführende Literatur: *Blume/Hammerl,* E-Commerce-Gesetz Kommentar (2002); *Brenn* (Hrsg), E-Commerce-Gesetz Kommentar (2002); *Burgstaller/Minichmayr* E-Commerce-Gesetz Praxiskommentar (2002); *Kresbach,* E-Commerce[2] (2002); *Laga/Sehrschön,* E-Commerce-Gesetz Praxiskommentar (2002); *Pichlmair,* Vertragsrecht im Internet (2002); *Straube/Fina,* E-Commerce- und Internetrecht[4] (2007); *Wiebe,* Internetrecht (2004); *Zankl,* E-Commerce-Gesetz – Kommentar und Handbuch (2002).

438d Seit 1. 1. 2002 ist das **E-Commerce-Gesetz (ECG)** in Kraft. Auch wenn grundsätzliche Besonderheiten – entgegen den Behauptungen selbst ernannter „Spezialisten" – insoweit kaum auszumachen sind, enthält es einige den Vertragsschluss betreffende Regeln (§§ 9–12). Die Bestimmungen des ECG sind zu Gunsten von Verbrauchern besonders streng. Gedacht ist vor allem an Unternehmer *(„Diensteanbieter"),* die ihre Waren oder Dienstleistungen im Internet auf einer eigenen „Website" anbieten und bewerben; diese ist regelmäßig so gestaltet, dass ein Interessent („Nutzer") seine rechtsgeschäftlichen Erklärungen sofort auf elektronischem Weg abgeben kann. Damit dem Nutzer weitestgehend bewusst ist, was er – zB bei Anklicken des Zeichens „bestellen" – tut und inwieweit sein Handeln von rechtlicher Bedeutung ist, werden dem Diensteanbieter bestimmte *Informationspflichten* auferlegt (§ 9 ECG). Ferner muss er dem Nutzer die technischen Mittel zur Verfügung stellen, *Eingabefehler* rechtzeitig zu erkennen und zu berichtigen, und den *Erhalt der Erklärung* des Nutzers unverzüglich elektronisch *bestätigen* (§ 10 Abs 1 und 2 ECG). Auch die *Vertragsbestimmungen* (einschließlich der AGB) muss der Nutzer *speichern und wiedergeben* können (§ 11 ECG).

Die Regelung des **Zugangs** elektronischer Erklärungen harmoniert mit dem allgemeinen Zivilrecht: Entscheidend ist, wann sie der Empfänger *unter gewöhnlichen Umständen abrufen* kann (§ 12). Wie bei sonstigen Übermittlungsformen ist somit auf übliche Kenntnisnahmezeiten einzuschränken: Auch ein kurz vor Mitternacht einlangendes e-mail ist daher erst am nächsten Tag zugegangen (vgl Rz 428). Individuelle technische Störungen beim Empfänger (zB defekter PC) können den Zugang allerdings nicht verhindern.

VIII. Vertragssschluss nach Vergaberecht

Weiterführende Literatur: *Elsner,* Bundesvergabegesetz 2006 (2006); *König/Reichel-Holzer,* Bundesvergabegesetz 2006 (2007).

438e Manche Besonderheiten, auf die hier allerdings nicht einmal in Ansätzen eingegangen werden kann, sind schließlich beim Vertragsschluss durch **öffentliche Auftraggeber** zu beachten. In diesem Bereich, dem sog **Vergaberecht**, besteht besonderer Bedarf nach Transparenz und Objektivität, damit die Aufträge nach sachlichen Kriterien, also ohne Protektion und überhöhte Preise, vergeben werden. Für Auftragsvergaben des Bundes und ihm nahe stehender juristischer Personen (zB einer ausgegliederten GmbH) sind heutzutage die Vorschriften des **BundesvergabeG 2006 (BVergG)** zu beachten, die je nach Auftragsvolumen unterschiedlich streng bzw detailliert sind. Daneben bestehen für jedes Bundesland Landesvergabegesetze. Nach einer *öffentlichen Ausschreibung*, die als Aufforderung zur Legung von *Angeboten* zu verstehen ist, machen die Bieter ihre Angebote. Der von der Vergabestelle erteilte Zuschlag stellt die *Annahmeerklärung* dar. Den Bietern steht ein vielfältiges Instrumentarium aus formellen Rechten und aus Ersatzansprüchen zur Verfügung, wenn sie zu Unrecht übergangen wurden.

IX. Anhang: Das vorvertragliche Schuldverhältnis

Wirksame Verträge bringen ganz unterschiedliche Verpflichtungen der Vertragspartner zum Entstehen, so insbesondere die vertragstypischen Hauptleistungspflichten. Doch auch schon **bei der Anbahnung geschäftlicher Kontakte** wird von den Beteiligten ein größeres Maß an Sorgfalt als im deliktischen Bereich (dh gegenüber jedermann) verlangt. Verletzung vorvertraglicher Pflichten, die im Wesentlichen in **Aufklärungs-, Schutz- und Sorgfaltspflichten** bestehen, macht daher generell *wie bei Vertragsverletzung* schadenersatzpflichtig. **439**

Dieser gegenüber dem allgemeinen Deliktsbereich verstärkten Sorgfaltspflicht – auch im vorvertraglichen Bereich handelt ja jeder in Verfolgung eigener wirtschaftlicher Interessen – entspricht eine verschärfte Haftung. Von besonderer Bedeutung ist dabei die Einstandspflicht für die Schädigung durch Gehilfen (Rz 779 ff), die grundsätzlich voll eingreift, sowie die Umkehr der Beweislast für das Verschulden (Rz 751); im vertraglichen und vorvertraglichen Bereich wird nämlich bei rechtswidriger Schädigung das *Verschulden des Schädigers vermutet* (§ 1298 ABGB). Überdies kann auch für „bloße Vermögensschäden" (Rz 759) Ersatz zu leisten sein.

Achtung! Diese kurzen Hinweise sollte man nach Durcharbeitung des allgemeinen Schadenersatzrechts (Rz 747 ff) nochmals lesen, da die Besonderheiten erst dann wirklich deutlich werden.

Mit der **Verletzung vorvertraglicher Pflichten (culpa in contrahendo)** wird etwa die schon behandelte Haftung des Vertreters ohne Vertretungsmacht (Rz 282 f) begründet. Unter gewissen Umständen hat aber sogar derjenige Schadenersatz im Umfang des Vertrauensschadens (dazu Rz 764) zu leisten, der *grundlos* vom angebahnten Vertragsschluss Abstand nimmt, wenn er vorher beim Partner die sichere Erwartung des Zustandekommens hervorgerufen hat.

Beispiel: Für einen Unternehmenskauf sind vier Verhandlungsetappen geplant. Die ersten drei Sitzungen verlaufen reibungslos, zur vierten erscheint der Kaufinteressent jedoch ohne Begründung nicht mehr.

3. Kapitel

Gültigkeitsvoraussetzungen, Vertragsmängel und Bindungsintensitäten

Weiterführende Literatur: *P. Bydlinski,* AT[3] Rz 7/1–8/48 und Rz 10/1–10/35; *P. Bydlinski/F. Bydlinski,* Gesetzliche Formgebote für Rechtsgeschäfte auf dem Prüfstand (2001); *Koziol/Welser*[13] I 121–170; *Mayrhofer,* Schuldrecht AT 197–223.

I. Hindernisse für Vertragsperfektion und Vertragsabwicklung im Allgemeinen

Die Hindernisse, die einem mangelfreien Vertragsabschluss sowie in der Folge auch der Vertragsabwicklung im Wege stehen können, sind vielfältig und **440** sowohl rechtlicher als auch tatsächlicher Natur: Die Vertragspartner kommen zu keiner Einigung, sie verletzen zwingende Formvorschriften, ihre Vereinbarung ist auf gesetzlich Verbotenes gerichtet, ein Partner ist nicht ausreichend geschäftsfähig, der eine Teil hat den anderen durch Überlistung zur Abgabe der Willenserklärung bewogen, die vereinbarte Leistung kann überhaupt nicht oder bloß zum Teil erbracht werden usw. In diesem Kapitel sollen nur die so genannten **Wurzelmängel** behandelt werden, also *Fehlerhaftigkeiten,* die schon *im Zeitpunkt des Vertragsabschlusses* vorliegen und die (dauernde) Vertragswirksamkeit hindern könnten. Außer Betracht bleiben hier daher **Mängel in der** bloßen **Abwicklung** eines mangelfrei zustande gekommenen Vertrages (zu diesen *Leistungsstörungen* unter Rz 505 ff).

441 Die Wurzelmängel können ihrerseits nun wieder unterschiedlich intensiv wirken. Krasseste Fehlerhaftigkeiten führen dazu, dass der Vertrag von vornherein nicht zustande kommt. Mit dieser **absoluten Nichtigkeit** behaftet sind etwa nicht ausreichende Geschäftsfähigkeit (zur Möglichkeit nachträglicher Genehmigung durch den gesetzlichen Vertreter vgl Rz 62) sowie fehlende Vertretungsmacht (auch hier ist Heilung durch nachträgliche Genehmigung möglich; Rz 281), die Missachtung von Formvorschriften sowie die meisten Arten der Gesetz- und Sittenwidrigkeit. Mangels Vertrages waren etwa erbrachte Leistungen schon von vornherein rechtsgrundlos; sie sind daher grundsätzlich nach den Vorschriften des Bereicherungsrechts (Rz 811 ff) zurückzugewähren.

442 Manche Gültigkeitsvoraussetzungen sind allerdings bloß zum **Schutz eines der Vertragspartner** aufgestellt. In diesem Bereich liegt daher oftmals sog **relative Nichtigkeit** vor: Nicht jedermann kann sich auf die Unwirksamkeit des Geschäftes berufen, sondern bloß der durch die Nichtigkeitsanordnung geschützte Teil. In diesen Bereich fällt etwa die Nichtigkeit wegen Wuchers, aber wohl auch die Unwirksamkeit einzelner AGB-Bestimmungen etwa nach § 879 Abs 3 ABGB (dazu Rz 437). Solange sich der benachteiligte Vertragspartner somit nicht auf die Unwirksamkeit beruft, wird die Vereinbarung als wirksam angesehen.

443 Einer – gerichtlichen – **Anfechtungserklärung** bedarf es auch in den Fällen der „klassischen" **Willensmängel.** Haben bestimmte Irrtümer, List oder Zwang eine Person zum Vertragsabschluss bewogen, sieht das Gesetz die Vereinbarung zunächst als wirksam an. Der Teil, der seine Erklärung unter Willensmangel abgegeben hat, kann allerdings innerhalb bestimmter Fristen entscheiden, ob er am Vertrag festhalten will. Entschließt er sich für die Geltendmachung des Willensmangels, übt er also das ihm zustehende Gestaltungsrecht aus, fällt der Vertrag wieder weg. Dieser Wegfall ist mit **rückwirkender Kraft** ausgestattet; nach erfolgreicher Anfechtung ist die Rechtslage daher so, wie wenn ein Vertrag niemals zustande gekommen wäre. Damit werden etwa auch bereits vorgenommene Eigentumsübertragungen wieder aus der Welt geschafft.

444 In den hier nicht zu behandelnden Fällen der nachträglichen Mangelhaftigkeit (Gewährleistung, Nichterfüllung; dazu Rz 516 ff) bleibt die sachenrechtliche Lage hingegen trotz Vertragswegfalls unverändert. Dies ist damit zu begründen, dass der Titel keinen Mangel aufweist. Schon erfolgte Eigentumsübertragungen müssen daher durch eigenen Akt wieder rückgängig gemacht werden.

II. Wichtige Nichtigkeitsgründe

1. Fehlende Geschäftsfähigkeit und fehlende Vertretungsmacht

Wer ohne ausreichende Geschäftsfähigkeit oder ohne ausreichende Vertretungsmacht handelt, kann keinen Vertrag zustande bringen. Zu diesen Problemkreisen schon ausführlich unter Rz 57 ff und Rz 282 ff. **445**

2. Fehlende Willensübereinstimmung

Mangelnde Willensübereinstimmung (Dissens; Rz 424) lässt einen Vertrag ebenfalls nicht perfekt werden; es kommt also auch kein Vertrag „zum kleinsten gemeinsamen Nenner" zustande. Umso mehr gilt dies für das Scheingeschäft (Rz 477). **446**

3. Unbestimmtheit

Die Unbestimmtheit wurde ebenfalls bereits im Kapitel über den Vertragsabschluss behandelt (Rz 434). **447**

4. Gesetz- und Sittenwidrigkeit

Nach § 879 Abs 1 ABGB sind **Verträge nichtig, die gegen das Gesetz oder die guten Sitten verstoßen.** Diese Generalklausel wird zum Teil durch einige gesetzliche Anordnungen konkretisiert, zum Teil lassen sich Abgrenzungen auf Grund des Zwecks dieser Bestimmung vornehmen. **448**

Im Bereich der **Gesetzwidrigkeit** kommt es generell auf den **Schutzzweck der Verbotsnorm** an. Bloße **Abschlussverbote** führen daher nicht zur Nichtigkeit einer unter Missachtung der entsprechenden Vorschrift geschlossenen Vertrages. So kann etwa der Wirt auch für die Getränke Entgelt verlangen, die er nach der Sperrstunde ausgeschenkt hat; ihm drohen bloß Verwaltungsstrafen. Stellt die Verbotsnorm allerdings ein **Inhaltsverbot** auf, ist der Vertrag (ganz oder teilweise) nichtig. Dazu gehören etwa ohne Beschäftigungsbewilligung abgeschlossene Arbeitsverträge mit Ausländern, Verträge über den Erwerb von Rauschgift oder verbotenen Waffen wie überhaupt Vereinbarungen, die strafrechtlich sanktioniert sind (Hehlerei; Verträge, die zur Vornahme einer Straftat verpflichten usw). Wegen Gesetzwidrigkeit unwirksam sind auch Vertragsbestandteile im Verbrauchergeschäft, die der Klauselkatalog des § 6 KSchG aufzählt.

Achtung! Verträge über fremde Sachen sind nicht automatisch wegen Gesetzwidrigkeit nichtig. Das ergibt sich bereits aus der Möglichkeit gutgläubigen Erwerbs vom Nichtberechtigten, der ein wirksames Titelgeschäft zwingend voraussetzt (vgl Rz 341). Nichtigkeit liegt aber dann vor, wenn sich auch der Erwerber strafbar macht, zB bei Ankauf im Bewusstsein, dass die Sache gestohlen ist (Hehlerei).

Von den konkreten bürgerlich-rechtlichen Normen ist vor allem der **Wucher** zu erwähnen. Ein Vertrag ist dann wucherisch, wenn ein Vertragsteil bestimmte Eigenschaften beim Partner, die dessen klare Urteilsfähigkeit beeinträchtigen (Leichtsinn, Zwangslage, Verstandesschwäche, Unerfahrenheit, Gemütsaufregung), ausnutzt, indem er sich (oder einem Dritten) für eine Leistung eine Gegen- **449** leistung versprechen lässt, deren Vermögenswert zum Wert seiner Leistung in einem **auffallenden Missverhältnis** steht. Der Tatbestand des Wuchers vereint also subjektive (Ausbeuten) mit objektiven (Wertmissverhältnis) Elementen.

Rechtsfolge des wucherischen Geschäftes ist regelmäßig **Gesamtnichtigkeit,** in einigen Fällen allerdings auch bloß **Teilungültigkeit.** So hat der Benachteiligte beim besonders wichtigen *Kreditwucher* nicht die vereinbarten Zinsen, sondern bloß gesetzlich vorgesehene Zinsen zu zahlen, er kann sich aber weiterhin auf die vereinbarten Rückzahlungsfristen berufen (§ 7 WucherG). Diese Entscheidung gegen Totalnichtigkeit ist mit dem Zweck des Wucherverbots zu begründen: Auch hier wäre dem Benachteiligten nicht geholfen, wenn er den vollen Kreditbetrag sofort zurückgeben müsste.

Aus dem gleichen Grund führt die Verletzung eines gesetzlich angeordneten **Höchstpreises** bloß zur Teilnichtigkeit im Umfang des darüber hinausgehenden Betrages (§ 917a ABGB).

450 Die Nichtigkeitssanktion des § 879 ABGB kann auch die so genannten **Umgehungsgeschäfte** erfassen. Dabei geht es darum, dass die Parteien von der Nichtigkeit des primär in Aussicht genommenen Geschäftes Kenntnis haben und daher den gleichen Erfolg auf anderem Weg erreichen wollen. Dies kann grundsätzlich nicht gelingen; der Zweck der „umgangenen Norm“ wird auch auf das gewählte Umgehungsgeschäft angewendet.

Beispiel: Die Parteien vereinbaren eine Sicherungsübereignung ohne Sachübergabe, weil sie die für das Pfandrecht ausdrücklich angeordneten Publizitätsvorschriften umgehen wollen (vgl Rz 380).

451 Weit weniger leicht greifbar ist oft die **Sittenwidrigkeit** einer Vereinbarung. Unter die **guten Sitten** fallen zumindest im Gesetz nicht ausdrücklich festgelegte Rechtsnormen, zu denen vor allem die allgemeinen Rechtsgrundsätze gehören, nach manchen auch allgemein anerkannte Regeln der Moral.

Die Sittenwidrigkeit kann sich einmal aus **öffentlichen Interessen** ergeben. Danach können etwa aus der Vereinbarung mit einer Prostituierten keine klagbaren Rechte entstehen. Häufiger ist jedoch die Sittenwidrigkeit **auf Grund der Benachteiligung eines der beiden Vertragsteile.** So können langfristige Bezugsverpflichtungen (etwa von Bier im Gastgewerbe) wegen „Knebelung“ als (teil)nichtig anzusehen sein.

5. Ursprüngliche Unmöglichkeit

452 Kann eine Vereinbarung *von vornherein* nicht erfüllt werden, erscheint es nicht sehr sinnvoll, einen wirksamen Vertrag anzunehmen. Anderes gilt selbstverständlich für Fälle **nachträglicher Unmöglichkeit;** die dafür maßgebenden Rechtsfolgen hängen stark vom Grund der Unmöglichkeit ab (dazu Rz 508ff).

Das Gesetz differenziert jedoch auch im Bereich der **ursprünglichen Unmöglichkeit.** Ein Vertrag kommt nur dann nicht zustande, wenn der Vertragsgegenstand „geradezu unmöglich ist“ (§ 878 ABGB). Darunter wird nun bloß das **faktisch Absurde** sowie das **rechtlich Unmögliche** verstanden. Unwirksam ist daher etwa die Vereinbarung, jemandem gegen Entgelt ewiges Leben oder ein Recht zu verschaffen, das aus gesetzlichen Gründen von niemandem erworben werden kann; nicht hingegen der (mehrfache) Verkauf ein und derselben („Doppelverkauf") oder der Verkauf einer nicht mehr existenten bzw einer fremden Sache (siehe nur die §§ 923 und 367 ABGB).

Die Bestimmung des § 878 ABGB über den möglichen Vertragsinhalt enthält aber auch eine Regel über die bloße **Teilunmöglichkeit,** die auf andere Teilungültigkeitsarten erstreckt werden kann: Danach bleibt der Vertrag, soweit er auf Mögliches gerichtet ist, gültig, sofern anzunehmen ist, dass die Teilwirksamkeit dem Parteiwillen eher entgegenkommt als die volle Unwirksamkeit.

Wie sich aus anderen gesetzlichen Bestimmungen (etwa § 923 ABGB) ergibt, ist der auf **schlicht Unmögliches** gerichtete Vertrag jedoch gültig; daher kann der Gläubiger etwa auch einen an die Stelle der Leistung getretenen Ersatz beanspruchen (zB die Versicherungssumme statt der bereits vor Vertragsschluss zerstörten Kaufsache; vgl Rz 514). Der Käufer kann den Vertrag aber auch durch Rücktritt beseitigen. Schadenersatzansprüche kommen dann in Frage, wenn der eine Vertragsteil die Unmöglichkeit schon bei Vertragsabschluss kannte oder kennen musste, der andere hingegen nicht. Ähnliches sieht § 878 ABGB bereits für Fälle absurder und rechtlich unmöglicher Verpflichtungen vor. 453

Zu ersetzen ist jeweils der *Vertrauensschaden* (Rz 764). Während jedoch bei schlichter Unmöglichkeit *Mitverschulden* (Rz 775) den Ersatzanspruch regelmäßig bloß mindert, fällt er im Bereich des § 878 ABGB uU überhaupt weg. Dies kann damit erklärt werden, dass bei (objektiv) *erkennbarer* Unmöglichkeit der andere Teil keine Aufklärungspflicht verletzt.

Vertragserfüllung ist etwa dann schon ursprünglich (schlicht) unmöglich, wenn das verkaufte Reitpferd bereits bei Vertragsabschluss gestorben ist oder gerade der Schuldner die von ihm versprochene Leistung (zB Nachhilfe im Zivilrecht) nicht erbringen kann; im letzten Fall spricht man von *Unvermögen bzw subjektiver Unmöglichkeit.* Umso mehr ist der Verkauf fremder Sachen wirksam. Die Rechtsfolgen mangelhafter Erfüllung regelt vor allem das Gewährleistungsrecht (Rz 523 ff).

6. Verletzung von Formgeboten

a) Der Grundsatz

Im ABGB (§ 883) ist der Grundsatz verankert, dass Verträge zu ihrer Gültigkeit **keiner besonderen Form** bedürfen; es herrscht somit das **Prinzip der Formfreiheit.** Daraus ergibt sich – entgegen einer landläufigen Meinung –, dass etwa eine Kaufvereinbarung, die bloß mündlich und ohne Anwesenheit von Zeugen getroffen wurde, *voll wirksam* ist. **Die Wirksamkeitsfrage darf nicht mit der Beweisfrage verwechselt werden!** Tatsächlich sind bloß mündliche Vereinbarungen oft nicht leicht nachzuweisen; aus diesen Gründen empfiehlt es sich jedenfalls bei wirtschaftlich bedeutsameren Geschäften, eine Vertragsurkunde aufzusetzen und von beiden Vertragsteilen unterfertigen zu lassen. 454

b) Besondere gesetzliche Formvorschriften und ihre Zwecke

In weiten Bereichen ist der Grundsatz der Formfreiheit von Ausnahmebestimmungen durchbrochen. Diese können verschiedene Gründe haben. In manchen Fällen soll die vorgesehene Form den sich Verpflichtenden **vor Übereilung schützen;** er soll sich also durch einen formalen Akt der Reichweite und der Rechtsfolgen seines Handelns bewusst werden. Aus diesen Gründen sind etwa Testamente, Schenkungen ohne wirkliche Übergabe des Geschenks, Bürgschafts- 455 erklärungen und Vorsorgevollmachten ohne Einhaltung besonderer Formen unwirksam.

Der **Beweissicherungszweck** wurde schon erwähnt. Manchmal ist das Bedürfnis nach leichter Beweisbarkeit allerdings so groß, dass eine bestimmte Form nicht bloß empfohlen wird, sondern *Wirksamkeitsvoraussetzung* ist. Dies gilt insbesondere für den Bereich der letztwilligen Verfügungen, da man hier den Verstorbenen nach seinem Tod nicht mehr befragen kann. Zu den Formvorschriften im Erbrecht siehe Rz 155ff.

Andere Formvorschriften wollen bestimmte rechtlich bedeutsame Ereignisse besonders **offenkundig** machen (Eheschließung) oder werden zum **Schutz** spezifisch **behinderter Personen** (zB Blinder) aufgestellt.

Öfters verlangt das Gesetz **Schriftlichkeit.** Damit ist gemäß § 886 ABGB grundsätzlich (eigenhändige) **Unterschriftlichkeit** gemeint. Wie der unterfertigte Text geschrieben ist, ist hingegen gleichgültig. In manchen Fällen muss allerdings auch die öffentliche Form des **Notariatsaktes** eingehalten werden (vgl vor allem § 1 NotAktsG). Dadurch ist *fachkundige objektive* Beratung gewährleistet (dazu in den §§ 2, 52ff NO). Der Notariatsakt kann uU durch **Gerichtsprotokoll** ersetzt werden. – Zum Erfordernis der Beiziehung von **Zeugen** siehe Rz 157.

455a Auch eine **sichere elektronische Signatur** erfüllt das Erfordernis einer eigenhändigen Unterschrift, insbesondere der Schriftlichkeit iS des § 886 ABGB, sofern durch Gesetz oder Parteienvereinbarung nichts anderes bestimmt ist. Zugleich werden einige Ausnahmen von dieser Grundregel angeordnet; etwa für Rechtsgeschäfte des Familien- und Erbrechts, die an die Schriftform oder ein strengeres Formerfordernis gebunden sind (zB Testament), sowie für private Bürgschaftserklärungen; diese sind elektronisch nur dann wirksam, wenn sie auch die sicher signierte Erklärung eines Notars oder Rechtsanwalts enthalten, wonach der Bürge über die Folgen der von ihm übernommenen Verpflichtung aufgeklärt wurde (Details in § 4 SigG).

Das SigG will primär die sichere Zuordnung einer Erklärung zur als Absender bezeichneten Person erreichen; der persönliche Code darf also nicht (leicht) geknackt werden können. Dieses Ziel soll unter anderem durch die Einschaltung sog *Zertifizierungsdiensteanbieter* (§§ 6ff SigG) sowie einer *behördlichen Aufsicht* durch die Telekom-Control-Kommission erreicht werden (§§ 13ff SigG).

455b Ungeregelt und umstritten ist, ob eine *fernkopierte Urkunde mit eigenhändiger Unterschrift* ausreicht (zB Bürgschaftserklärung per Telefax). ME kann eine Fernkopie für denselben Übereilungsschutz sorgen wie der unterschriebene Originalbrief; anderer Ansicht ist der OGH, der zu Formnichtigkeit gelangt.

455c In Einzelfällen wird auch die **notarielle Beurkundung,** also die *Beglaubigung von Tatsachen* (zB der Echtheit einer Unterschrift oder der Übereinstimmung der Abschrift mit dem Original), verlangt. Eine solche Beurkundung ist etwa nach § 111 AktG für die Hauptversammlungsbeschlüsse einer AG vorgesehen.

456 Die Nichteinhaltung der gesetzlichen Form führt regelmäßig dazu, dass das Rechtsgeschäft **nichtig** ist. Soweit es allerdings um Verpflichtungen des Schuldners geht, sind diese *bloß unklagbar;* sie haben aber dennoch als so genannte **Naturalobligation** Bestand. Wird auf Grund einer solchen bloßen Naturalobligation geleistet (etwa auf Grund eines bloß mündlichen Schenkungsversprechens ohne wirkliche Übergabe), ist nach § 1432 ABGB eine Rückforderung ausgeschlossen (vgl Rz 820). Die tatsächliche Erfüllung saniert also insoweit den Formmangel. Eine solche **Heilung** ist selbstverständlich nur dann möglich, wenn auf diese Weise der Formzweck nicht vereitelt werden kann.

Beispiel: A verspricht seinem Freund B bei einem Glas Bier, ihm bei Lieferung des neuen seinen alten Wagen zu schenken. Auf Drängen des B wird dies sogar schriftlich niedergelegt. A glaubt nun, an sein Versprechen gebunden zu sein und übergibt B später nach einigem Zögern das alte Auto. Erst dann erfährt er, dass die Schenkung notariatsaktspflichtig gewesen wäre. (***Achtung!*** § 943 ABGB führt in die Irre!) Er kann den Wagen nicht zurückfordern.

Gelegentlich ist ausdrücklich vorgesehen, dass sich nur der durch das Formgebot geschützte Vertragsteil auf den Formmangel berufen kann; so beim Heimvertrag (Rz 644 a) oder nach § 1 Abs 3 NotAktsG (Rz 69). **456 a**

c) Gewillkürte Form

Auch im Bereich grundsätzlicher Formfreiheit ist es nicht selten, dass ein Vertragspartner deutlich macht, nur bei Einhaltung einer bestimmten Form gebunden sein zu wollen. Diese **gewillkürte Form** ist wie sonstige Besonderheiten etwa einer Offerte selbstverständlich zu beachten. Allerdings können die Vertragsparteien selbst von der geplanten Form wieder abgehen. Dieses Abweichen ist nun wieder auch bloß mündlich möglich. **457**

Für Verbrauchergeschäfte wird angeordnet, dass für Erklärungen und Anzeigen des Kunden keine strengere Form als die Schriftform wirksam vereinbart werden kann (§ 6 Abs 1 Z 4 KSchG). Das Verlangen nach einem eingeschriebenen Brief ist allerdings niemals Wirksamkeitserfordernis, sondern dient bloß Beweiszwecken. Wurde die Form von vornherein nur zu Beweiszwecken oder aus sonstigen Gründen, nicht aber als Gültigkeitserfordernis vorgesehen, sind mündliche Erklärungen voll wirksam; im Zweifel ist die gewillkürte Form jedoch wohl als Gültigkeitsvoraussetzung anzusehen (§ 884 ABGB).

d) Umdeutung

Vor allem bei Formmängeln, aber auch aus anderen Gründen, kann die Nichtigkeit des Geschäftes eine von beiden Parteien keinesfalls gewollte Rechtsfolge sein. Ergibt sich aus den getroffenen Abreden, dass die Parteien eher ein bestimmtes anderes Geschäft – das im Wesentlichen von den abgegebenen Erklärungen gedeckt ist – abgeschlossen hätten als überhaupt keinen wirksamen Vertrag, so darf und muss eine **Umdeutung** stattfinden. **458**

Beispiel: Eine Wechselverpflichtung ist deshalb formnichtig, weil das Wort „Wechsel" bloß in der Überschrift der Urkunde vorkommt (vgl Rz 865). Da die Parteien eine wirksame Verpflichtung begründen wollten und zwingendes Recht nicht entgegensteht, kann die Abrede als „minus" im Sinne einer kaufmännischen (Rz 856) oder bürgerlichrechtlichen *Anweisung* (Rz 852) aufrechterhalten werden.

III. Willensmängel

1. Irrtum

a) Allgemeine Anfechtungsvoraussetzungen bei entgeltlichen Geschäften

Häufigster und praktisch bedeutsamster Willensmangel ist der **Irrtum.** Allgemein ist ein Irrtum *die falsche Vorstellung von der Wirklichkeit.* Der Irrtum betrifft also regelmäßig Gegenwärtiges; im Hinblick auf Zukünftiges kann man wegen der naturgemäßen Ungewissheit bloß Zweifel haben, falsche Prognosen stellen oder Ähnliches. Zur Anfechtung eines Vertrages ist nun nicht jeder Irrtum geeignet: **459**

Ansonsten hätte kaum einmal ein Vertrag Bestand. Auch gäbe es für niemanden ausreichend Rechtssicherheit. Die (vollständige oder teilweise) Beseitigung eines Vertrages durch gerichtliche Irrtumsanfechtung ist daher nur unter ganz bestimmten Voraussetzungen möglich. Diese sind zum Teil den §§ 871 ff ABGB zu entnehmen und werden in der Folge systematisch dargestellt.

aa) Erklärungs- und Geschäftsirrtum

460 Zum Ersten muss der Irrtum eine besondere „Nahebeziehung" zum Vertrag haben. Der **Motivirrtum** als bloßer Beweggrund zum Vertragsabschluss scheidet daher aus. Wer also etwa Waren kauft, für die er eine günstige Weiterverkaufsmöglichkeit erwartet, kann den Vertrag nicht wieder beseitigen, wenn sich diese Chance nicht realisieren lässt. Solche Risken hat allein er, nicht jedoch sein Vertragspartner zu tragen.

461 Anderes gilt hingegen für **Erklärungs- und Geschäftsirrtümer.** Beim Erklärungsirrtum stimmt das Gewollte nicht mit dem Erklärten überein: Der Erklärende verspricht oder verschreibt sich, er irrt über die gewöhnliche Erklärungsbedeutung, oder seine Erklärung (etwa ein Telegramm) wird unrichtig übermittelt. **Achtung!** Einen Erklärungsirrtum stellt man durch Vergleich zwischen dem Willen und der objektiven Erklärungsbedeutung *des Erklärenden* fest, während im Unterschied dazu der Dissens durch Vergleich der von den beiden Partnern abgegebenen Erklärungen ermittelt wird!

Beim Geschäftsirrtum ist der Irrtum über den **Gegenstand des Geschäftes** der Hauptfall: Dazu gehören etwa wertbestimmende Eigenschaften des Kaufgegenstandes. Allerdings ist dabei zu beachten, dass auf den Vertragsabschlusszeitpunkt abgestellt werden muss und der Gegenstandsirrtum daher praktisch nur bei Speziesschulden von Bedeutung ist. Wird hingegen ein mangelhaftes Stück aus der geschuldeten Gattung geleistet, greifen regelmäßig bloß Gewährleistungsfolgen (Rz 530 ff) ein. Anderes gilt nur dann, wenn in der Gattung überhaupt keine vertragsgemäßen Stücke vorhanden sind.

Gemäß ausdrücklicher gesetzlicher Anordnung (§ 871 Abs 2 ABGB) gilt ein Irrtum über Umstände, über die der eine Teil den Irrenden auf Grund konkreter Rechtsvorschriften aufzuklären gehabt hätte, immer als Geschäftsirrtum. Zu den Geschäftsirrtümern zählen auch Irrtümer über geschäftswesentliche Eigenschaften des Vertragspartners, insbesondere über das Vorhandensein einer erforderlichen Gewerbeberechtigung.

462 Der bloße **Wertirrtum** wird hingegen ganz überwiegend beim Motivirrtum eingeordnet. Der gemeine Wert einer Sache gehört eben nicht zu ihren Eigenschaften. Tatsächlich ist die Bewertung von Leistung und Gegenleistung das Risiko jedes Vertragsteils, überdies werden krasse Wertirrtümer durch andere Instrumente berücksichtigt (Rz 475). Wurden bloß Kosten und zu erwartender Aufwand falsch eingeschätzt, fällt auch der **Kalkulationsirrtum** in den Bereich der nicht zu berücksichtigenden Wertirrtümer. Anderes gilt für Rechenfehler, die der Erklärung selbst zugehörig sind; überdies ist ein Kalkulationsirrtum dann Geschäftsirrtum, wenn die Kalkulationsgrundlagen Vertragsinhalt wurden.

463 Umstritten ist die Einordnung von **Rechtsfolgen- und Rechtsirrtümern.** Dabei geht es um Fälle, in denen ein Vertragsteil die Rechtslage, insbesondere die Rechtsfolgen des abgeschlossenen Vertrages, unrichtig beurteilt.

bb) Wesentlichkeit – Unwesentlichkeit – Unerheblichkeit

Eine Beseitigung des gesamten Vertrages kommt nur beim **wesentlichen Irrtum** in Betracht. Dieser liegt dann vor, wenn das Geschäft ohne Irrtum *überhaupt nicht* zustande gekommen wäre. Ergibt sich hingegen auf Grund einer hypothetischen Prüfung, dass die Parteien (also beide!) den Vertrag ohne Irrtum mit anderem Inhalt (so etwa mit geringerem Preis) abgeschlossen hätten, ist der Irrtum **unwesentlich;** die Berufung auf einen solchen Irrtum kann daher bloß zur **Vertragsanpassung** (auf die bei irrtumsfreiem Verhalten hypothetisch abgeschlossene Vereinbarung) führen. 464

Unerheblich ist ein Irrtum dann, wenn er für den konkreten Geschäftsabschluss in keiner Weise kausal war. Ein solcher ist im Bereich des Geschäftsirrtums etwa dann denkbar, wenn der Käufer mit gewissen *positiven* Eigenschaften des Kaufgegenstandes (das gekaufte Kfz verbraucht bloß 9 Liter auf 100 km, nicht wie angenommen 11 Liter) nicht gerechnet hat oder sie ihm gleichgültig waren.

b) Die alternativen besonderen Voraussetzungen

Ein entgeltlicher Vertrag kann also jedenfalls nur dann angefochten bzw angepasst werden, wenn ein wesentlicher bzw unwesentlicher Erklärungs- oder Geschäftsirrtum vorliegt. *Zusätzlich* muss jedoch auch noch *eine* der im Folgenden behandelten Voraussetzungen gegeben sein. Diese Voraussetzungen sind Ergebnis einer Interessenabwägung des Gesetzgebers; in allen diesen Fällen erscheint das Interesse des nichtirrenden Teils an Vertragsaufrechterhaltung weniger schutzwürdig als das des irrenden Teils an Vertragsbeseitigung. 465

aa) Irrtumsveranlassung durch den Partner

Stammt der Irrtum bloß aus der Sphäre des Irrenden, ist eine Anfechtung weniger leicht zu rechtfertigen als dann, wenn der Irrtum *vom Vertragspartner des Irrenden veranlasst* (verursacht) wurde. ***Achtung!*** Veranlassung hat nichts mit Verschulden zu tun. Ein Geschäftsirrtum ist daher auch dann veranlasst, wenn jemand eine Sache zum üblichen Preis als mangelfrei bzw als Original anbietet und dabei selbst nicht erkennen konnte, dass sie mangelhaft bzw eine Kopie ist. 466

Die Veranlassung muss adäquat sein; die Schlüsse, die der Irrende aus bestimmten Handlungen des Partners zieht, müssen daher im Bereich des Üblichen liegen. Veranlassung (durch Verschweigen) kann auch dann anzunehmen sein, wenn der Vertragspartner die in concreto zu erwartende *Aufklärung* unterlässt.

bb) Erkennbarkeit des Irrtums

Der Vertragspartner muss sich eine Anfechtung ebenfalls dann gefallen lassen, wenn er schon im Zeitpunkt des Vertragsschlusses bei gehöriger Sorgfalt den Irrtum des anderen Teils **hätte erkennen können;** umso mehr, wenn er den Irrtum sogar erkannte. 467

Wusste der Partner des Irrenden darüber hinaus, was tatsächlich gewollt war, wird überwiegend Vertragsperfektion mit dem Inhalt des Gewollten angenommen („normativer" Konsens). *Beispiel:* K betritt V's Geschäft und erklärt, den von V auf einem Werbeflugblatt um € 1000 angebotenen koreanischen Fotoapparat kaufen zu wollen. Tatsächlich beträgt der auf dem Flugblatt genannte Preis € 100. A, der noch immer in Schilling denkt, hat sich erkennbar versprochen.

cc) Rechtzeitige Aufklärung durch den Irrenden

468 Der Vertragswegfall ist auch dann vertretbar, **wenn der Irrende seinen Vertragspartner rechtzeitig über seinen Irrtum aufklärt.** Rechtzeitigkeit ist dann gegeben, wenn der Partner des Irrenden noch keine vermögenswerten Dispositionen im Vertrauen auf endgültige Vertragsperfektion vorgenommen hat. Umstritten ist hiebei, ob der Irrende den Vertrag auch dadurch beseitigen kann, dass er seinem Partner schon entstandene Vertrauensschäden ersetzt. Dies wird vor allem dann befürwortet, wenn bei Aufrechtbleiben des Vertrages auf Dauer ein grobes Äquivalenzmissverhältnis bestünde.

c) Sonderregeln für unentgeltliche Geschäfte

469 Auch im Bereich der Irrtumsanfechtung will man demjenigen entgegenkommen, der Geschäfte abgeschlossen hat, in denen er sich ohne Gegenleistung zu bestimmten Zuwendungen verpflichtet. In diesen Fällen wird der Vertrauensschutz des unentgeltlich Begünstigten schwächer bewertet. Bei letztwilligen Verfügungen und Schenkungen kann daher auch ein bloßer **Motivirrtum** geltend gemacht werden. In diesem Bereich ist die Anfechtung wegen Motivirrtums also nicht davon abhängig, dass der Beweggrund ausdrücklich zur Vertragsbedingung gemacht wurde, wie das bei entgeltlichen Geschäften gefordert wird (§ 901 ABGB). Allerdings darf man etwa auch einen Schenker nicht zu sehr begünstigen; er könnte ansonsten aus einer Laune heraus jede Kleinigkeit als Grund für eine Anfechtung vorschützen, die ihm seinerzeit in keiner Weise wesentlich war. Überdies zeigen die Widerrufsgründe (Rz 619), dass auch Schenkungsverträge nachträglich nur ausnahmsweise aufgelöst werden können. Daher ist der Ansicht zu folgen, die die Anfechtung wegen Motivirrtums auch bei unentgeltlichen Geschäften nur dann zulässt, wenn eine der drei besonderen Voraussetzungen des § 871 ABGB (Rz 465 ff) vorliegt.

d) Fristen

469a Für die Geltendmachung von **Irrtümern** gilt eine *dreijährige Verjährungsfrist,* die vom Vertragsabschlusszeitpunkt zu laufen beginnt (§ 1487 ABGB). Sie kann insbesondere auch in Fällen mangelhafter Leistung nach Ablauf der zweijährigen Gewährleistungsfrist (Rz 543) von Bedeutung sein: Bei einer Speziesschuld folgt nämlich aus bereits bei Vertragsabschluss vorhandenen Sachmängeln nicht selten ein vom Verkäufer veranlasster Geschäftsirrtum (vgl Rz 461).

Bei *List* (Rz 471) beträgt die Frist 30 Jahre, bei *Zwang* (Rz 472) 3 Jahre, jedoch gerechnet vom Wegfall der Zwangslage.

e) Rechtsfolgen

470 Die **Folgen der Anfechtung** wurden schon angedeutet (Rz 443): Der Vertrag wird rückwirkend aufgehoben; schon erbrachte Leistungen sind zurückzustellen. Bei bloßer **Anpassung** kommt es zu einer *Änderung* der Vertragsverpflichtungen; so muss etwa der über Eigenschaften der Kaufsache in Irrtum geführte Käufer weniger zahlen, als ursprünglich vereinbart.

Ausnahmen werden für **Dauerschuldverhältnisse** vertreten: So sollen diese nach einer verbreiteten Meinung dann, wenn sie sich schon im Abwicklungsstadium befinden, nicht mehr mit rückwirkender Kraft (ex tunc), sondern bloß ex nunc (wie durch Kündigung) aufgelöst werden können. Dies wird mit der Schwierigkeit einer Rückabwicklung begründet. Tatsächlich überzeugt diese Ansicht aber nicht voll, da Berechnungsprobleme auch in anderen Bereichen auftreten und hingenommen werden müssen und überdies etwa bei List diese Schwierigkeiten in Kauf genommen werden. – Für Mängel von *Gesellschaftsverträgen* gelten hingegen aus Gründen des Verkehrsschutzes verständlicherweise recht weit reichende Anfechtungsschranken (vgl Rz 944, 972ff; zur Beachtlichkeit von *Beschlussmängeln* Rz 1095f, 1117ff).

2. List

List (Arglist) ist eine **Sonderform des Irrtums:** Ein Vertragsteil erweckt beim anderen **bewusst falsche Vorstellungen** oder klärt Irrtümer nicht auf, obwohl er sie erkannt hat. Liegt das Verhalten allerdings bloß in Nichtaufklärung eines erkannten Irrtums, kann von Arglist nur dann gesprochen werden, wenn eine Pflicht zur Aufklärung des Irrtums besteht. **471**

Da Arglist besonders verwerfliches Verhalten darstellt, besteht bei jedem für den Irrtum kausalen Verhalten des Listigen ein Anfechtungsrecht des Überlisteten (§ 870 ABGB). Es sind damit einmal auch bloße Motivirrtümer beachtlich; zum anderen kann der Überlistete den gesamten Vertrag beseitigen, auch wenn der Irrtum an sich bloß ein unwesentlicher war. Er muss sich nämlich nicht an jemanden festhalten lassen, der schon einmal sein Vertrauen grob missbraucht hat. Ferner wird der listig Handelnde – auch ein Dritter! – *schadenersatzpflichtig;* ebenso jeder, der einen Vertrag durch Zwang (Rz 472) herbeigeführt hat (§ 874 ABGB).

3. Zwang

In den Rechtsfolgen Entsprechendes wie für die List gilt auch in den Fällen des **Zwangs.** Derjenige, der durch „ungerechte und gegründete Furcht" zu einem Vertragsabschluss bewogen wird, irrt zwar nicht; sein Entschluss ist aber ebenfalls nicht frei gefasst. Allerdings lässt nicht jede Drohung ein Anfechtungsrecht entstehen. Wie schon erwähnt, muss sie „ungerecht" sein, also *rechtswidrigen* Zwang darstellen. Schließlich muss die Drohung eine *begründete* Furcht auslösen (§ 870 ABGB), was nach Größe und Wahrscheinlichkeit der Gefahr sowie den Eigenschaften des Bedrohten zu beurteilen ist. Je größer das angedrohte Übel und je ängstlicher und hilfloser die bedrohte Person ist, desto eher wird daher ein Anfechtungsrecht gegeben sein. **472**

4. Veranlassung durch Dritte

Besonders problematisch ist die Situation, dass der Willensmangel nicht durch den Vertragspartner, sondern durch einen Dritten herbeigeführt wird. Damit ist bloß der **außen stehende Dritte** gemeint; das Verhalten von Verhandlungsgehilfen, Boten und Stellvertretern wird dem Geschäftsherrn wie sein eigenes zugerechnet. Auch hier hat der Gesetzgeber in § 875 ABGB durch Interessenabwägung eine differenzierte Lösung gefunden: Grundsätzlich bleibt der Vertrag gültig; der Mangel stammt hier ja nicht aus der Sphäre des Vertragspartners. Hat dieser jedoch an der Handlung des Dritten teilgenommen oder von dieser zumindest wissen müssen, besteht ein Anfechtungsrecht des unter Willensmangel abschließenden Teils. **473**

5. Das Problem der Geschäftsgrundlage

Schon bald wurde erkannt, dass das Festhalten an einem Vertrag auch dann des Öfteren nicht zumutbar erscheint, wenn kein Anfechtungsrecht nach konkreten gesetzlichen Bestimmungen besteht. Unter dem Stichwort **„Fehlen"** bzw **474**

„Wegfall der Geschäftsgrundlage“ wird diskutiert, ob in gewissen Fällen nicht doch ein Abgehen vom Vereinbarten möglich sein sollte. Auf Einzelheiten kann hier nicht eingegangen werden. Eine Berufung auf das Fehlen oder den Wegfall der Geschäftsgrundlage, die im Ergebnis der Geltendmachung eines Anfechtungsrechtes entspricht, wird aber im Allgemeinen unter folgenden Voraussetzungen zugelassen: Einmal muss es sich um von beiden Parteien erwartete oder doch dem Vertrag stillschweigend zu Grunde gelegte Umstände handeln, deren Fehlen oder Wegfall sich in der Folge herausstellt. Zum Zweiten müssen diese Umstände zu den geschäftstypischen Voraussetzungen gehören, die jedermann mit einem solchen Geschäft verbindet. Ferner darf es sich nicht um Tatsachen handeln, die der Sphäre desjenigen zuzurechnen sind, der vom Vertrag loskommen will. Die Umstände müssen vielmehr „von außen“ stammen. Schließlich wird als weitere Einschränkung vertreten, dass *vorhersehbare* Änderungen niemals berücksichtigt werden. Tatsächlich erscheint es sinnvoll, die Berufung auf Fehlen oder Wegfall der Geschäftsgrundlage nur in sehr engen Grenzen zuzulassen. Die Schranken des gesetzlich vorgesehenen Anfechtungsrechts wegen Willensmängel sollten nämlich bloß ausnahmsweise überschritten werden können.

Beispiele: Besonders anschauliches Anwendungsbeispiel der Lehre von der Geschäftsgrundlage ist der berühmte „Krönungszug-Fall“: Jemand hatte zum Zwecke der Besichtigung eines Krönungszuges einen Fensterplatz in der Straße gemietet, durch die der Zug führen sollte. Tatsächlich nahm der Krönungszug jedoch nicht diesen Weg. Auch der Ausbruch eines Krieges kann häufig dazu führen, dass vorher getroffene Vereinbarungen nicht mehr bindend sein sollen. Anderes gilt wohl zB für die Reduzierung der gesetzlich festgelegten „Bausparprämie“, die als Steuerrückerstattung ausgestaltet ist (siehe nunmehr aber auch § 3 a KSchG; dazu Rz 476 b).

6. Krasse Wertmissverhältnisse (laesio enormis)

475 Grundsätzlich finden Wertirrtümer – als bloße Motivirrtümer – keine Berücksichtigung. Ist die Äquivalenz von Leistung und Gegenleistung allerdings derart gestört, dass die versprochene Leistung des einen nicht einmal 50% der Leistung des anderen wert ist, gewährt das Gesetz dem solcherart Verkürzten ein **Anfechtungsrecht wegen laesio enormis (Verkürzung über die Hälfte).** Die Anfechtung kann der andere Teil dadurch abwenden, dass er sich zur Aufzahlung der Differenz auf den gemeinen Wert bereit erklärt. Der Partner des Verkürzten muss also die objektive Äquivalenz voll herstellen oder die Vertragsanfechtung akzeptieren.

Das Anfechtungsrecht wegen Verkürzung über die Hälfte ist grundsätzlich **zwingender Natur;** nur zulasten eines Unternehmers kann es vorweg ausgeschlossen werden (§ 351 UGB). Von vornherein fehlt es allerdings begreiflicherweise dann, wenn der Verkürzte bei Abschluss des Vertrages den wahren Wert positiv kannte; ebenso in Fällen, in denen jemand die Sache ausdrücklich auf Grund besonderer Vorliebe um einen außerordentlichen Wert gekauft hat (§§ 934 f ABGB).

Im Unterschied zum Wucher baut das Rechtsinstitut der laesio enormis im Wesentlichen bloß auf objektiven Elementen auf; subjektiv wird nur verlangt, dass dem Benachteiligten der *wahre Wert nicht bekannt* ist.

Die Rechtsfolgen einer auf laesio enormis gestützten Anfechtung sind strittig; da das Anfechtungsrecht aus einem Mangel in der Wurzel des Geschäftes resultiert, wird aber einer

Gleichschaltung mit den Rechtswirkungen der Irrtumsanfechtung und damit einer auch sachenrechtlichen Rückwirkung der Vorzug zu geben sein.

7. Gesetzliche Rücktrittsrechte auf Grund typisiert-unfreier Willensbildung

a) Grundsätzliches

Gerade im Zeitalter des Verbraucherschutzes gibt der Gesetzgeber dem Konsumenten immer öfter Rechtsbehelfe an die Hand, ohne dass konkrete Willensmängel oder inhaltliche Benachteilungen dargetan werden müssten. Angeknüpft wird vielmehr an Situationen, in denen die freie Willensbildung *typischerweise* beeinträchtigt sein könnte. Das allein soll ein Abgehen vom zentralen Prinzip der Vertragstreue rechtfertigen. Rechtlich relevante Willenserklärungen werden eben nicht selten *unüberlegt* abgegeben: Man bemerkt erst nachträglich, dass man die gekaufte Sache doch nicht benötigt, dass man keine Zeit zur Lektüre der abonnierten Zeitschriften findet, dass die vereinbarten Rückzahlungsraten weit schwerer als zunächst erwartet verkraftet werden können usw. Schon aus Gründen der Rechtssicherheit muss im Regelfall eine Berufung auf solche Fehleinschätzungen ausgeschlossen sein (bloße Motivirrtümer; dazu Rz 460). War die Situation, in der die Erklärung abgegeben wurde, bei generalisierender Betrachtung aber so, dass die Gefahr voreiligen Handelns massiv bestand, und wurde dieses Risiko auch noch vom Empfänger herbeigeführt, verdrängt das **„Verbraucherschutzprinzip“** den eben geschilderten Grundsatz (der „Vertragstreue“). Das Rechtsproblem ist unter dem Schlagwort „Rücktritt vom Haustürgeschäft“ geläufig. In der Sache geht es auch dabei um mangelhafte Willensbildung, ohne dass jedoch eine Prüfung auf subjektive Mängel im konkreten Einzelfall stattfindet. **476**

Während in den hier behandelten Fällen die strenge (an sich unwiderrufliche) Vertragsbindung *durch das Gesetz selbst* abgemildert wird, geht es in den Rz 478ff um *rechtsgeschäftliche* Regelungen der Bindungsintensität.

b) Rücktritt vom „Haustürgeschäft“

Schon seit längerem will § 3 KSchG vor **Überrumpelung** schützen. Der gesetzlichen Regelung stand wohl tatsächlich der Fall Pate, in dem ein Vertreter unangemeldet bei Pensionisten erscheint und seinen Fuß so lange in der Tür lässt, bis er die gewünschte Unterschrift auf einem Bestellschein erhält. Das Gesetz geht aber deutlich weiter: Sofern der Konsument die geschäftliche Verbindung nicht selbst angebahnt hat, steht ihm grundsätzlich dann ein **Rücktrittsrecht** zu, wenn er seine Erklärung *nicht in den vom Unternehmer dauernd benutzten Räumen* abgegeben hat. Erfasst werden damit alle ohne Aufforderung erfolgten „Hausbesuche“, aber auch etwa die bekannten eintägigen „Ausflugsfahrten mit Werbeveranstaltung“, nicht jedoch etwa Messebesuche, da Messen vom Verbraucher freiwillig aufgesucht werden und er sich der Gefahr des Umworbenwerdens voll bewusst sein muss. **476a**

§ 3 KSchG gewährt ein Rücktrittsrecht sowohl von der bloßen Offerte als auch von bereits abgeschlossenen Verträgen. Noch nicht angenommene Angebote können *ohne Befristung* widerrufen werden. Komplizierter ist die Rechtslage nach Vertragsschluss: Wurde der Verbraucher vom Unternehmer durch Ausfolgung einer Urkunde, die die wesentlichsten Angaben zur Person des Unternehmers und zum Vertragsinhalt enthalten muss, über seine Rechte gesetzeskonform belehrt, beträgt die **Rücktrittsfrist eine Woche.** Mangels korrekter Belehrung erlischt das Rücktrittsrecht grundsätzlich nicht. Merkwürdige Ausnahme: Bei Versicherungsverträgen besteht es nur bis einen Monat nach Vertragsschluss. Der Rücktritt muss *schriftlich* erklärt werden; über die Rechtzeitigkeit entscheidet die Absendung.

Das Rücktrittsrecht besteht auch dann, wenn der Unternehmer bestimmte gewerberechtliche Vorschriften verletzt (§ 3 Abs 5 KSchG).

Die Vertragsauflösung hat primär die Rückstellung bereits erbrachter Leistungen zur Folge. Details regelt § 4 KSchG.

c) Weitere vergleichbare Rücktrittsrechte

476b In jüngerer Zeit scheint der Gesetzgeber befristete Lösungsrechte geradezu als Allheilmittel anzusehen. Preis dafür ist eine mehr oder weniger lang währende Unsicherheit. So wird dem Verbraucher auch dann ein Rücktrittsrecht zugestanden, wenn der Unternehmer bei Vertragsschluss den Eintritt bestimmter Umstände – so etwa steuerliche Vorteile oder eine Kreditgewährung – als wahrscheinlich dargestellt hat und der Verbraucher den Vertrag (auch) deshalb abschloss, die Erwartungen sich aber nicht erfüllten (Details in § 3a KSchG).

Dem Verbraucher steht ein Rücktrittsrecht ferner bei bestimmten *Immobiliengeschäften* zu, das – ohne Angabe von Gründen – binnen einer Woche nach der Vertragserklärung des Verbrauchers ausgeübt werden kann. Voraussetzung ist bloß der „Erwerb" (Kauf oder Miete) einer Immobilie zur Deckung eines dringenden Wohnbedürfnisses (§ 30a KSchG).

§ 5b VersVG gewährt dem Versicherungsnehmer ein Rücktrittsrecht, wenn ihm die Durchschrift seiner eigenen Vertragserklärung und/oder die Vertragsbedingungen nicht ausgehändigt wurden. Ein vergleichbares, besonders ausführlich geregeltes Rücktrittsrecht *(etwa eine Seite Gesetzestext!)* enthält § 5 BauträgervertragsG (BTVG); dazu noch kurz Rz 619b (zum Rücktrittsrecht nach TNG Rz 619d). Auf Verbrauchereigenschaft des Lösungswilligen kommt es in beiden Fällen nicht an. Seit 1. 1. 2000 kann ein Verbraucher auch von *im Fernabsatz* zustande gekommenen Verträgen zurücktreten (§§ 5e ff KSchG; vgl schon Rz 438a). Das – soweit ersichtlich – jüngste Rücktrittsrecht enthält das Gesetz über den Fernabsatz von Finanzdienstleistungen (Rz 438c).

IV. Das Scheingeschäft

477 Immer wieder werden Geschäfte bloß **zum Schein** abgeschlossen; häufig sollen damit Dritte, insbesondere Behörden, *getäuscht* werden.

Beispiel: In die schriftliche Urkunde über einen Grundstückskauf wird bloß ein geringerer als der tatsächlich vereinbarte Betrag aufgenommen, um Grunderwerbsteuer zu „sparen".

Hier wollen die Parteien durch das Scheingeschäft das tatsächlich gewollte Geschäft „verdecken". Da sie übereinstimmend handeln, entfaltet das Scheingeschäft keinerlei Rechtswirkungen; es ist ja von beiden nicht wirklich gewollt. Gewollt ist vielmehr das verdeckte Geschäft. Dieses ist nach allgemeinen Regeln zu beurteilen; in manchen Fällen ist es wegen Gesetzwidrigkeit nach § 879 ABGB nichtig (zB der verdeckte Kokaindeal). Im Grundstückskaufsbeispiel besteht allerdings kein Anlass, das tatsächlich gewollte Geschäft (mit dem höheren Preis) als unwirksam anzusehen. Von diesem ist daher auch die Grunderwerbsteuer zu berechnen.

Ein Scheingeschäft kann bei außen stehenden Dritten eine gewisse Vertrauensposition begründen. Erwerben sie daher im Vertrauen auf die Gültigkeit des Scheingeschäftes Rechte, kann ihnen von den Vertragspartnern die Unwirksamkeit nicht entgegengehalten werden (§ 916 ABGB). Auf Grund dieser Bestimmung kann es daher ausnahmsweise zu einem Erwerb von nicht existenten Forderungen kommen (zur Abtretung von Forderungen Rz 552 ff). Überdies besteht eine gegenüber allgemeinen Regeln deutlich erleichterte Möglichkeit des gutgläubigen Erwerbs vom Nichtberechtigten.

Achtung! Das Scheingeschäft darf niemals mit dem *Umgehungsgeschäft* (Rz 450) verwechselt werden. Im Gegensatz zum Scheingeschäft wollen die Parteien das Umgehungsgeschäft mit all seinen Rechtsfolgen ja tatsächlich.

V. Besondere, rechtsgeschäftlich festgelegte Bindungsintensitäten

1. Der Grundsatz

Ein das Vertragsrecht beherrschender Grundsatz ist der der **Vertragstreue.** 478
Grundsätzlich hat jeder Vertragspartner zu seinem Wort zu stehen. Er kann also nicht nach Belieben von seinen vertraglich übernommenen Verpflichtungen abgehen. Eine Befreiung von seinen Pflichten ist grundsätzlich bloß mit Zustimmung des anderen Vertragsteils oder dann möglich, wenn dieser durch sein Verhalten entsprechenden Anlass zur Vertragsbeseitigung gegeben hat. Fallweise werden allerdings schon im Vertrag gewisse **Nebenvereinbarungen** getroffen, die im Ergebnis zu einer **Abschwächung** oder zu einer **Verstärkung der rechtsgeschäftlich übernommenen Hauptpflichten** führen. Überdies sind einem „Hauptvertrag" vorgelagerte Vereinbarungen denkbar, die dessen späteren Abschluss sichern sollen (**Vorvertrag;** Rz 488).

2. Zwecke abweichender Vereinbarungen

Gewisse Vereinbarungen drohen dem einen Vertragspartner Nachteile an, 479
wenn er sich nicht der Vereinbarung gemäß verhält, etwa nicht rechtzeitig erfüllt oder Ähnliches (zB Vertragsstrafe). Auf Grund dieser Gefahren ist die Wahrscheinlichkeit reibungsloser Vertragsabwicklung größer. Umgekehrt werden Vereinbarungen, die im Ergebnis eine Abschwächung des Grundsatzes der Vertragstreue bedeuten, häufig dann getroffen, wenn sich ein Vertragspartner zunächst die Rechte aus dem Vertrag sichern möchte, bei Abschluss aber noch nicht mit ausreichender Gewissheit davon ausgehen kann, dass er im vorgesehenen Erfüllungszeitpunkt noch Interesse an der Leistung haben wird. In solchen Fällen kann er sich regelmäßig die Möglichkeit des nachträglichen „Aussteigens" aus der Vereinbarung „erkaufen" (*Beispiel:* Stornoklausel bei Reiseverträgen); der Vertragspartner ist damit häufig schon deswegen einverstanden, weil er auch dann etwas erhält, wenn der Vertrag aufgelöst wird und er daher nichts zu leisten hat.

3. Einzelfälle

a) Bedingung

Wird ein Vertrag unter einer **rechtsgeschäftlichen Bedingung** abgeschlossen, 480
treten seine Rechtswirkungen erst mit Eintritt dieser Bedingung ein **(aufschie-**

bende Bedingung) oder sie fallen mit Bedingungseintritt wieder weg **(auflösende Bedingung).** Eine auflösende Bedingung wird meist dann gewählt werden, wenn der Eintritt der Bedingung eher unwahrscheinlich ist.

Als Bedingungseintritt kann Verschiedenes vorgesehen werden: Die Änderung der Außenhandelsvorschriften in bestimmter Art und Weise, das Erreichen einer bestimmten Altersgrenze, das Bestehen einer Prüfung, zufällige oder vom Willen eines der Beteiligten zu beeinflussende Ereignisse.

Ein im Gesetz vorgesehenes Beispiel einer Bedingung ist etwa der *Kauf auf Probe* (§§ 1080ff ABGB; dazu Rz 605).

481 Von den gewillkürten Bedingungen zu unterscheiden sind die so genannten **Rechtsbedingungen:** Diese gelten ganz unabhängig vom Willen der Parteien; anders als etwa beim Kauf auf Probe können sie auch nicht durch Vereinbarung geändert oder beseitigt werden. Von besonderer Bedeutung sind aufschiebende Rechtsbedingungen, die in der Zustimmung durch eine Behörde bestehen. Als Beispiel hiefür sind etwa bestimmte Rechtsgeschäfte in Bezug auf Grundstücke (Erwerb landwirtschaftlich gewidmeter Liegenschaften oder Erwerb durch Ausländer) zu nennen, die zu ihrer Wirksamkeit der Zustimmung einer Grundverkehrskommission bedürfen. Schon vor Bedingungseintritt resultieren aus der zustimmungsbedürftigen Vereinbarung allerdings „vorwirkende Vertragspflichten": Beide Partner haben etwa an der Erlangung der notwendigen Genehmigung mitzuwirken.

b) Befristung

482 Befristungen haben vor allem den Zweck, den Beginn und das Ende der Rechtswirkungen eines Vertrages festzulegen. Sie haben besondere Bedeutung bei Dauerschuldverhältnissen. Die Befristung kann mit einem bestimmten Datum fixiert oder auch unbestimmt („der Mietvertrag endet mit dem Tod des Mieters") sein.

Bei der Bedingung ist es im Unterschied zur Befristung ungewiss, ob das Ereignis eintreten wird. Daher ist etwa die Klausel „wenn X stirbt" Befristung, hingegen die Klausel „wenn X heiratet" Bedingung.

c) Auflage

483 **Auflage** ist die einem unentgeltlichen Geschäft oder einer letztwilligen Verfügung beigegebene Bestimmung, die dem Begünstigten ein bestimmtes Verhalten auferlegt. So kann etwa die Spende an eine karitative Organisation derart gewidmet sein, dass mit einem Teil davon ganz bestimmte Hilfsmaßnahmen finanziert werden.

Der Begünstigte ist insoweit auch verpflichtet, nämlich zur Einhaltung der Auflage. Diese könnte sogar gerichtlich durchgesetzt werden. Das ist auch der Unterschied zur bloßen Bedingung, die den bedingt Begünstigten zu nichts verpflichtet, ihm aber unter Umständen durch Bedingungseintritt die Zuwendung wieder nimmt. Bei der Auflage ist die Zuwendung allerdings nur dann zurückzustellen, wenn die Nichterfüllung ihren Grund im Verschulden des Zuwendungsempfängers hat.

d) Angeld

484 Das **Angeld** hat heutzutage nur mehr geringe praktische Bedeutung. Es wird als Zeichen des Vertragsabschlusses und zur Sicherung der Erfüllung eigener Vertragspflichten übergeben. Erfüllt der Geber nun den Vertrag nicht, kann der Empfänger das Angeld behalten. Er hat allerdings auch die Möglichkeit, stattdessen Vertragserfüllung oder Schadenersatz wegen Nichterfüllung zu begehren. Umgekehrt muss der Empfänger das Angeld in doppelter Höhe zurückzahlen, wenn er selbst die Vereinbarung schuldhaft nicht erfüllt.

Die heutzutage üblichen **Anzahlungen** („Angaben") sind grundsätzlich nicht als Angeld anzusehen. Sie sind jedoch vor allem bei Ratengeschäften mit Konsumenten von rechtlicher Relevanz (vgl § 20 KSchG; dazu Rz 600).

e) Reugeld

Das **Reugeld** ist Entgelt für die Einräumung eines *vertraglichen Rücktritts-* 485
rechts. Der das Reugeld versprechende Teil hat dadurch die Wahlmöglichkeit, den Vertrag wie vereinbart zu erfüllen oder sich durch Zahlung des Reugeldes vom Vertrag zu lösen. Von praktischer Bedeutung sind die unter der Bezeichnung „Stornovereinbarung" getroffenen Abreden etwa im Reisegewerbe. Das Reugeld wird regelmäßig als **Stornogebühr** bezeichnet.

Ein von einem Konsumenten versprochenes überhöhtes Reugeld kann ebenso wie ein Angeld – nach dem Vorbild der Vertragsstrafe (Rz 486) – gemäßigt werden (§ 7 KSchG).

f) Vertragsstrafe

Zur Sicherung der Gegenleistung des Vertragspartners wird nicht selten eine 486
so genannte **Vertrags-** oder **Konventionalstrafe** vereinbart. Damit verspricht der Schuldner dem Gläubiger für den Fall des Ausbleibens der (ordnungsgemäßen) Erfüllung die Zahlung einer bestimmten Summe. Die Vertragsstrafe ist damit **pauschalierter Schadenersatz,** weshalb sie im Zweifel auch nur bei Verschulden an der Nichterfüllung zu leisten ist. Ihr Zweck liegt vor allem darin, dem durch die Strafe Begünstigten die umständliche Berechnung des bei ihm tatsächlich eingetretenen Schadens abzunehmen. Der „Strafbetrag" gebührt an sich sogar dann, wenn keinerlei Schaden eingetreten ist. Weit überhöhte Vertragsstrafen sollen allerdings nicht bindend sein. Daher sieht das Gesetz eine **richterliche Mäßigung** vor, sofern die Vertragsstrafe im Verhältnis zum wirklich eingetretenen Schaden übermäßig ist (§ 1336 ABGB). Der gänzliche vertragliche Vorweg-Ausschluss einer solchen Mäßigung wird regelmäßig sittenwidrig sein; zwingendes Recht ist die Mäßigungsmöglichkeit aber wohl nicht.

Übersteigt der tatsächlich eingetretene Schaden hingegen die Höhe der Vertragsstrafe, kann der über sie hinausgehende Nachteil grundsätzlich ersetzt verlangt werden; von einem Verbraucher allerdings nur dann, wenn dies (Strafe als bloßer Mindestersatz) eigens ausgehandelt wurde, also nicht bloß mittels AGB-Klausel.

Für die Frage, ob und in welchem Umfang gemäßigt wird, sollen neben der Höhe des tatsächlich entstandenen Schadens vor allem auch die persönlichen Umstände des Schuldners sowie Art und Ausmaß seines Verschuldens maßgeblich sein.

g) Terminsverlust

Bei Ratengeschäften wird nicht selten vereinbart, dass der Schuldner seine 487
gesamten noch offenen Raten *auf einmal* begleichen muss, wenn er mit einer oder mehreren Teilleistungen in Verzug gerät. Diese Abrede wird als Vereinbarung eines **Terminsverlustes** bezeichnet. ***Achtung!*** Ohne entsprechende Abrede können

immer bloß die bereits fälligen Beträge gefordert werden (nicht also etwa Raten für zukünftige Monate).

Da die Rückzahlung der gesamten Raten auf einmal für denjenigen, der sich auf ratenweise Rückzahlung eingestellt hat, oft eine besondere wirtschaftliche Härte bedeutet, ist die Terminsverlustvereinbarung zu Lasten von Konsumenten nur unter ganz bestimmten Voraussetzungen wirksam: Der durch die Terminsverlustvereinbarung begünstigte Gläubiger kann sein Recht nur dann ausüben, wenn er seine eigenen Leistungen bereits erbracht hat, zumindest eine Rate des Verbrauchers seit mindestens 6 Wochen fällig ist sowie der Verbraucher unter ausdrücklicher Androhung des Terminsverlustes und unter Setzung einer Nachfrist von mindestens 2 Wochen erfolglos gemahnt wurde (§ 13 KSchG). Dabei kann die zweiwöchige Mahnfrist ohne weiteres in der 6-Wochen-Frist enthalten sein.

h) Vorvertrag

488 Soll oder kann aus irgendwelchen Gründen noch kein Hauptvertrag abgeschlossen werden – so, weil dieser nur als Realvertrag (Rz 419) gültig ist –, wird der **Vorvertrag** gewählt. In diesem verpflichtet sich ein oder verpflichten sich beide Vertragspartner zum späteren Abschluss des konkreten Hauptvertrags. Er muss daher zumindest die notwendigen Mindestbestandteile des in Aussicht genommenen Vertragstyps aufweisen, um gültig zu sein.

Vorverträge binden die Parteien schwächer als Hauptverträge; in der Zukunft kann sich ja manches auf unvorhersehbare Weise ändern. Daher muss einmal bis zum Ablauf eines Jahres, gerechnet vom geplanten Vertragsabschlusszeitpunkt, auf Abschluss geklagt werden, wenn ein Teil dazu nicht freiwillig bereit ist. Zum Zweiten fällt die Verpflichtung zum späteren Vertragsabschluss dann weg, wenn der angestrebte Vertragszweck durch Änderung der Umstände nicht mehr erreicht werden kann oder ein Teil zum anderen inzwischen begründet das Vertrauen verloren hat (§ 936 ABGB).

Gewisse Ähnlichkeit mit dem Vorvertrag, aber auch mit dem Recht aus einer Offerte, hat die **Option.** Diese wird *durch* – häufig entgeltlichen – *Vertrag* begründet und gibt dem Berechtigten für meist längere Zeit die Möglichkeit, durch Erklärung einen vorweg näher bestimmten Vertrag zustande zu bringen (*Beispiel:* Kaufoption in einem Miet- oder Leasingvertrag; vgl Rz 636).

4. Kapitel
Allgemeines zum Vertragsinhalt

Weiterführende Literatur: *Dullinger,* Schuldrecht AT[2] Rz 2/1–2/56; *Koziol/Welser*[13] II 25–45; *Mayrhofer,* Schuldrecht AT 72–78, 165–173, 354–364.

I. Inhaltsfreiheit

489 Das Vertragsrecht ist im Unterschied zum Sachenrecht vom **Grundsatz der Inhaltsfreiheit** geprägt. Die Parteien können in den Grenzen des gesetzlich Zulässigen (und Möglichen) gerade die Verpflichtungen vorsehen, die ihren – regelmäßig wirtschaftlichen – Zielsetzungen am Besten entsprechen.

II. Gesetzliche Vertragstypen

Die wichtigsten Vertragstypen sind im Gesetz detaillierter geregelt. Die Parteien müssen deshalb nicht für jeden nur irgendwie denkbaren Konfliktfall eine vertragliche Regelung vorsehen; das dispositive Recht tritt vielmehr vertragsergänzend zur Seite. **490**

III. Gemischte und atypische Verträge

Gerade im modernen Wirtschaftsleben hält die Gesetzgebung mit den faktischen Entwicklungen häufig nicht Schritt oder sieht keinen Grund für ein Eingreifen. Wegen der Inhaltsfreiheit bilden sich gesetzlich noch nicht ausgeformte Vertragsarten heraus, die aus verschiedensten – häufig aus steuerlichen – Gründen günstiger als die althergebrachten erscheinen. Diese können Mischformen aus bekannten Vertragstypen (so etwa das Elemente von Kauf und Miete enthaltende Leasing; Rz 635) oder gänzliche Neuschöpfungen der Vertragspraxis sein (zB der Franchisevertrag; Rz 643). Die rechtliche Beurteilung solcher Gebilde ist nicht immer leicht. Als Faustregel kann man sagen, dass die jeweils nächstverwandten konkreten gesetzlichen Bestimmungen (im Analogieweg), mangels solcher passender Regeln allgemeine Vertragsgrundsätze heranzuziehen sind. **491**

IV. Wichtige Regelungen für Austauschverträge

Nun sollen einige solcher allgemeiner Bestimmungen dargestellt werden, die grundsätzlich für alle Austauschverträge Gültigkeit haben. **492**

1. Ort der Leistung

Für die Feststellung des **Erfüllungsortes** ist primär die konkrete Vereinbarung ausschlaggebend, sekundär Natur und Zweck des Geschäftes. Ist auch danach keine sichere Entscheidung möglich, muss nach dem Grundsatz des § 905 Abs 1 ABGB jeder Vertragsteil seine Verpflichtung an seinem Wohnsitz bzw am Ort seiner geschäftlichen Niederlassung erfüllen. Damit ist also **Holschuld** die Regel. Vereinbart werden können aber etwa auch **Bringschuld** oder **Schickschuld.** **493**

Für **Geldschulden** enthält das Gesetz (§ 905 Abs 2 ABGB) eine Sonderregel: Sie sind zwar Schickschulden, was bedeutet, dass der Schuldner seine Verpflichtungen durch Abschicken des Geldes erfüllt. Allerdings trägt er sowohl die Kosten der Übersendung als auch das Risiko des Verlustes; bloße Verspätung soll hingegen zu Lasten des Gläubigers gehen.

Weiterer Fall einer Schickschuld ist der **Versendungskauf** (Rz 602).

2. Fälligkeit der Leistung

Wurde im Vertrag kein Fälligkeitstermin vorgesehen und ergibt sich ein solcher auch nicht aus der Natur des Geschäfts, kann die Gegenleistung gemäß § 904 ABGB *sofort* gefordert werden (zur davon abweichenden Regelung für den Fernabsatz Rz 438a). Die Aufforderung zur Leistung heißt **Mahnung** (§ 1334 S 3 ABGB). Leistet der Partner trotz einer solchen Mahnung nicht, gerät er in Schuldnerverzug (Rz 516ff). **494**

Details zur *Fristberechnung* enthalten die §§ 902f ABGB. Sie gelten sowohl für rechtsgeschäftliche (zB Angebotsbindung; Vertragserfüllung, etwa „Zahlung 30 Tage nach Lieferung") als auch für gesetzliche Fristen (zB Verjährung). Danach wird der Tag, auf den das den Fristlauf auslösende Ereignis fällt, nicht mitgezählt. Soll ein Recht an einem bestimmten Tag erworben bzw durchsetzbar werden, so tritt diese Folge bereits um 0 Uhr dieses Tages ein. Umgekehrt hat der Schuldner grundsätzlich den gesamten Leistungstag Zeit, um seine Verpflichtung termingerecht zu erfüllen.

Eine zunächst getroffene Fälligkeitsvereinbarung kann selbstverständlich nachträglich einvernehmlich abgeändert werden. Man spricht dann von **Stundung.** Da die Stundung in verschiedener Ausformung denkbar ist, sollte außer dem neuen Leistungstermin zumindest auch vereinbart werden, ob die Verzugszinsen dennoch mit dem ursprünglichen Termin zu laufen beginnen oder nicht.

3. Zug-um-Zug-Prinzip und Vorleistungspflicht

495 Fälligkeit des eigenen Anspruchs reicht nun aber häufig nicht aus, um diesen auch durchsetzen zu können. Im gegenseitigen Vertrag ginge nämlich derjenige ein Risiko ein, der seine Leistung vorweg erbringt, also die Gegenleistung kreditiert. Sein Partner könnte in der Folge ja vertragsuntreu werden oder gar in Konkurs fallen. Daher sieht das Gesetz vor, dass die Vertragsleistungen in der Regel *gleichzeitig* zu erbringen sind. Wegen dieses **Zug-um-Zug-Prinzips** (vgl § 1052 ABGB) kann derjenige Teil, der vom Partner zur Leistung aufgefordert wird, die **Einrede des nicht erfüllten Vertrages** erheben, wenn ihm nicht zugleich die Gegenleistung angeboten wird.

496 Manchen Verträgen wohnt jedoch schon von vornherein die **Vorleistungspflicht** eines Vertragsteils inne. Plastisches Beispiel ist etwa der Darlehensvertrag, bei dem der Darlehensgeber zunächst die Darlehenssumme auszuzahlen hat. Nicht selten wird eine Vorleistungspflicht auch vertraglich vereinbart: Die Ware wird sofort geliefert, dem Käufer wird jedoch ein „Zahlungsziel" von 30 Tagen eingeräumt; der Dienstgeber hat den Monatslohn erst am Monatsende auszuzahlen.

Vorleistung – und damit Kreditierung der Gegenleistung – ist gefährlich. Manches wurde nicht ausreichend bedacht oder kommt erst nachträglich ans Licht. Das Gesetz zwingt den an sich Vorleistungspflichtigen daher in besonders krassen Fällen nicht unbedingt zur Leistungserbringung: Erscheint die Erbringung der (späteren) Gegenleistung durch die bei Vertragsabschluss noch nicht erkennbaren schlechten Vermögensverhältnisse des Partners gefährdet, kann die Vorleistung mittels **Unsicherheitseinrede** so lange verweigert werden, bis der Partner – wie im Zug-um-Zug-Geschäft – seine eigene Leistung anbietet oder doch zumindest **Sicherstellung** für diese Gegenleistung erbringt (§ 1052 Satz 2 ABGB).

5. Kapitel

Personenmehrheiten

Weiterführende Literatur: *Dullinger,* Schuldrecht AT^2 Rz 6/1–6/45; *Koziol/Welser*^{13} II 136–164; *Mayrhofer,* Schuldrecht AT 78–110, 179–196.

I. Das Problem

497 Schon im zweipersonalen Verhältnis stellen sich manche Rechtsprobleme. Kommen weitere Personen mit dem Vertragsverhältnis in Kontakt, ergeben sich

zusätzliche Schwierigkeiten: Wer kann Leistung verlangen; wem stehen Einwendungen gegen den geltend gemachten Anspruch zu; haftet einer von mehreren Schuldnern bloß anteilig? Hier soll nur kurz dargestellt werden, welche „Drittbeteiligungen" von praktischer Bedeutung sind.

II. Schuldnermehrheit

Eine Personenmehrheit auf Schuldnerseite kann einmal dadurch zustande **498**
kommen, dass mehrere Personen gemeinsam einen Vertrag schließen: Die Ehegatten nehmen gemeinsam ein Darlehen auf, die Lebensgefährten mieten gemeinsam eine Wohnung. Häufig ist auch die Entstehung einer Schuldnermehrheit durch Erbschaft. Schließlich kann es auch auf rechtsgeschäftlichem Weg (Schuldbeitritt, Rz 562f) zum Hinzutreten eines weiteren Schuldners kommen.

Die **Rechtsfolgen** einer Mehrheit von Schuldnern können durchaus unterschiedliche sein: Haftet jeder nur auf einen Teil der gesamten Vertragsverpflichtung, spricht man von **Teilschuld.** Diese ist nach dem Gesetz im Zweifel dann anzunehmen, wenn die Leistung *teilbar* ist (§§ 888f ABGB). Da Geldschulden jedenfalls darunter fallen, schuldet etwa ein Mitmieter an sich bloß einen Anteil des Mietzinses. Die Zahlungsunfähigkeit auch nur eines Schuldners trifft also den Gläubiger. Aus diesem Grund kommt es im Vertrag häufig zu abweichenden Vereinbarungen: Die Mieter erklären, dass jeder den vollen Mietzins schuldet (der Vermieter aber selbstverständlich nur einmal kassieren kann). Dann liegt eine **Solidarschuld** oder **Gesamtschuld** vor. Diese ist bei Verpflichtung mehrerer Unternehmer zu einer teilbaren Leistung auch ohne gesonderte Abrede anzunehmen (§ 348 UGB). Von Gesetzes wegen besteht eine Gesamtschuld etwa auch bei unteilbaren Verpflichtungen, bei Schädigung durch mehrere Täter oder bei nachträglichem Schuldbeitritt.

Zahlt einer der Gesamtschuldner dem Gläubiger den vollen Forderungsbetrag, entscheidet das konkret bestehende Verhältnis zu den übrigen Schuldnern, ob und in welchem Umfang er gegen diese **Regress** nehmen kann (§ 896 ABGB). Bloß im Zweifel kommt es zu einem Rückgriff nach Kopfteilen.

Von praktisch geringer Bedeutung sind im Zivilrecht die **Gesamthandschulden** (vgl Rz 335 zum Gesamthand*eigentum*). In solchen Fällen muss die Leistung von allen Schuldnern (zB zwei Autoren eines Buches) *gemeinsam* erbracht werden.

III. Gläubigermehrheit

Auch auf Gläubigerseite können die bei der Schuldnermehrheit besproche- **499**
nen Konstellationen spiegelbildlich auftreten.

IV. Verträge zu Gunsten und zu Lasten Dritter

Praktische Bedeutung haben ferner die **Verträge zu Gunsten Dritter.** Entge- **500**
gen dem Grundsatz, dass bloß die jeweiligen Vertragspartner Rechte aus einem zwischen ihnen abgeschlossenen Vertrag erwerben, können die Partner vorsehen, dass die Vertragsleistung einem am Vertrag nicht beteiligten Dritten zukommen soll. Diese Drittbegünstigung kann sich auch aus den Umständen ergeben. Der Dritte soll dann unter bestimmten Voraussetzungen ein **eigenes Forderungsrecht** erlangen.

Doch ist diese Rechtsfolge nicht schon immer dann anzunehmen, wenn im Ergebnis ein Dritter begünstigt werden soll. Sie greift nach § 881 ABGB – abgesehen von eindeutigen vertraglichen Abreden – dann ein, wenn sich ein entsprechender Wille schon aus der Natur des Geschäftes ergibt oder wenn die Leistung *hauptsächlich dem Dritten* zum Vorteil gereichen soll. Man spricht dann vom **echten Vertrag zu Gunsten Dritter.** Soll der Dritte hingegen kein eigenes Forderungsrecht erhalten, kann bloß der eine Vertragspartner vom anderen *Leistung an den Dritten* begehren **(unechter Vertrag zu Gunsten Dritter).** Wichtiger Anwendungsfall dieser Form ist etwa die Haftpflichtversicherung (vgl Rz 742, aber auch Rz 744).

Da niemandem gegen seinen Willen Rechte aufgedrängt werden können, besteht beim echten Vertrag zu Gunsten Dritter die Möglichkeit, das Recht *zurückzuweisen.* In diesem Fall gilt es als vom Dritten niemals erworben. Selbstverständlich hat aber auch der Dritte niemals mehr Rechte als der Vertragspartner selbst: Der Schuldner kann daher auch ihm alle Einwendungen entgegenhalten, die er gegen seinen Vertragspartner hat (§ 882 ABGB).

501 **Verpflichtungen** können jedoch niemandem ohne seine Zustimmung auferlegt werden. Deshalb sind **Verträge zu Lasten Dritter grundsätzlich unwirksam.** Hat jemand die *Leistung eines Dritten* zugesagt, kann dies aber uU als Haftungserklärung für den Fall verstanden werden, dass der Dritte die Leistung in der Folge nicht erbringt (vgl § 880a ABGB). Die Erklärung kann also immer nur zu einer Verpflichtung des Erklärenden führen, niemals aber zu einem direkten Anspruch gegen den Dritten. Dies wäre nur auf Grund einer *eigenen* Verpflichtungserklärung des Dritten möglich.

502 Vor allem im Bereich des Schadenersatzrechtes sind auch die **Verträge mit Schutzwirkung zu Gunsten Dritter** von Bedeutung. Im Unterschied zu den Verträgen zu Gunsten Dritter wird hier dem oder den Dritten jedoch nicht die Erbringung der Hauptleistung zugesagt; vielmehr bestehen diesen Personen gegenüber bloß *Schutz- und Sorgfaltspflichten* bei der weiterhin allein dem Vertragspartner zu erbringenden Leistung. Von den Schutzpflichten eines Vertrages erfasst sind somit häufig nicht bloß der Gläubiger, sondern auch solche Personen, die durch die Vertragserfüllung in erhöhtem Maße gefährdet sind und zur Interessenssphäre des Gläubigers gehören (*Beispiel:* Familienangehörige des Gläubigers, die gemeinsam mit diesem leben, wenn der Schuldner in der Wohnung des Gläubigers Arbeiten zu verrichten hat). Die Erstreckung dieser Schutzwirkungen über den Bereich der eigentlichen Vertragspartner hinaus hat zur Folge, dass auch diese Dritten nicht bloß deliktisch, sondern weitestgehend nach Vertragsrecht geschützt sind. Für Einzelheiten kann hier auf die Ausführungen zum vorvertraglichen Schuldverhältnis (Rz 439) verwiesen werden.

V. Anweisung

503 Auch die **Anweisung** ist ein dreipersonales Schuldverhältnis. Da sie jedoch für das Verständnis des **Wertpapierrechts** von besonderer Bedeutung ist, wird sie im dortigen Zusammenhang (Rz 852 ff) ausführlich als Vorfrage behandelt.

VI. Weitere Mehrheiten

504 Auf weitere Gründe für das Entstehen von Personenmehrheiten soll hier nur beispielhaft hingewiesen werden; Details dazu finden sich an anderer Stelle: Abtretung, Schuldbeitritt und Schuldübernahme, Bürgschaft und Garantievertrag usw.

6. Kapitel

Leistungsstörungen

Weiterführende Literatur: *Dullinger,* Schuldrecht AT[2] Rz 3/1–3/163; *Koziol/Welser*[13] II 45–95; *Mayrhofer,* Schuldrecht AT 351–467. – Literatur zum seit 1. 1. 2002 geltenden Gewährleistungsrecht s auch vor Rz 523.

I. Begriff und Regelungsbereich

Leistungsstörungen sind im Unterschied zu den Wurzelmängeln (Rz 440ff) **Fehler in der Abwicklung eines** an sich mangelfrei zustande gekommenen **Vertrages.** Diese Fehler können in qualitativer und quantitativer Hinsicht ganz unterschiedlich aussehen: Die geschuldete Speziessache wird vor Ablieferung vollständig zerstört; statt 100 kg Kohle werden nur 95 geliefert, statt Rotwein Weißwein; das gelieferte Elektrogerät kann wegen des Fehlens einer Gebrauchsanweisung nicht bedient werden usw. **505**

II. Die Verteilung von Leistungs- und Preisgefahr (Gefahrtragung)

Wurde ein Vertrag deswegen nicht vollständig korrekt erfüllt, weil die vom Schuldner zur Erfüllung vorgesehenen Sachen beschädigt oder zerstört wurden, stellt sich das Problem der **Leistungsgefahr:** Vom Schuldner aus gesehen ist sie das Risiko, die geschuldete Leistung nochmals, das heißt mit anderen Gegenständen, erbringen zu müssen. Aus der Sicht des Gläubigers geht es hingegen um die Frage, ob er die ihm geschuldete Leistung weiterhin verlangen kann, obwohl die zur Erfüllung vorgesehenen Sachen zerstört wurden. **506**

Bei einer *Speziesschuld* (vgl Rz 300) trägt selbstverständlich der Gläubiger die Leistungsgefahr: Da kein anderer Gegenstand zur vertragsgemäßen Erfüllung in Frage kommt, erhält er nichts. Hingegen wird bei *Gattungsschulden* regelmäßig nach Grund und Zeitpunkt des Sachuntergangs unterschieden.

Steht fest, dass der Schuldner nicht nochmals leisten muss, stellt sich die Frage der **Preisgefahr** (oder allgemein der **Gegenleistungsgefahr**): Dabei ist zu entscheiden, ob der Gläubiger der Sachleistung den vereinbarten Preis bezahlen muss, obwohl er nichts erhält, oder ob der Schuldner keine Zahlung verlangen kann, womit der Untergang der Sache endgültig sein Vermögen mindert. Auch diese Frage löst das Gesetz differenziert, was in der Folge im Einzelnen dargestellt wird. **507**

III. Unmöglichkeit

Wird die Erfüllung des Vertrages auf einer Seite unmöglich, kann der angestrebte Vertragszweck nicht mehr (vollständig) erreicht werden. Zu klären ist daher, welche Auswirkungen die Leistungsunmöglichkeit auf den Vertrag hat. **508**

1. Ursprüngliche und nachträgliche Unmöglichkeit

Wie schon ausgeführt (Rz 452f), verhindert die **ursprüngliche Unmöglichkeit** unter Umständen schon das Zustandekommen eines wirksamen Vertrages. Die schlichte ursprüngliche Unmöglichkeit wird vom Gesetz eigenartigerweise dem **509**

Gewährleistungsrecht zugeordnet (vgl § 923 ABGB). Der Vertrag kann in solchen Fällen nachträglich selbstverständlich beseitigt werden; hätte der versprechende Teil die ursprüngliche Unmöglichkeit seiner Leistung erkennen müssen oder hat er sie sogar erkannt, haftet er dem Vertragspartner auf den diesem entstandenen *Vertrauensschaden.*

Hier werden nun bloß Fälle **nachträglicher Unmöglichkeit** behandelt, also Sachverhalte, in denen das *Leistungshindernis erst nach Vertragsabschluss* eintritt.

2. Objektive und subjektive Unmöglichkeit

510 Grundsätzlich ist Unmöglichkeit in einem **objektiven Sinn** zu verstehen: Die Leistung kann faktisch von niemandem erbracht werden. Der Erfüllung muss also ein *dauerndes Hindernis* entgegenstehen. Wegen der gleichen Interessenlage der Vertragsparteien wird die **subjektive Unmöglichkeit (Unvermögen)** gleich wie die objektive behandelt; dem Gläubiger nützt es ja nichts, wenn die Leistung zwar von anderen Personen, aber gerade nicht von seinem Vertragspartner erbracht werden könnte. Zur subjektiven Unmöglichkeit wird allerdings bloß *habituelles* Unvermögen gezählt (der Schuldner wurde nach Vertragsabschluss derart schwer verletzt, dass er die geschuldeten Arbeitsleistungen nicht mehr erbringen kann); eine Berufung etwa auf Geldmangel ist jedoch niemals möglich. Eine Leistung ist aber auch dann im Rechtssinn unmöglich, wenn ihre Erbringung **unzumutbar** oder **wirtschaftlich unerschwinglich** ist. In diesen Fällen könnte man von keinem vernünftigen Menschen und daher auch nicht vom Schuldner die Vertragsabwicklung erwarten.

Bei der Unmöglichkeit ist der Frage, ob *Spezies- oder Gattungsschuld* (vgl Rz 300) vereinbart wurde, besonderes Augenmerk zu schenken. Der Untergang bloß einzelner Stücke aus der geschuldeten Gattung führt ja niemals zur Unmöglichkeit der Leistung. Sachuntergang *nach Konzentration* (Rz 513) befreit den Schuldner jedoch von seiner Leistungspflicht.

3. Vom Schuldner zu vertretende Unmöglichkeit

511 Der Schuldner kann strenger behandelt werden, wenn ihm das Unmöglichwerden *vorzuwerfen* ist. Regelmäßig ist das dann der Fall, wenn er den Sachuntergang selbst verschuldet hat oder sich zumindest Gehilfenverhalten zurechnen lassen muss (dazu Rz 779 ff). Doch sogar dann, wenn die Sache zufällig, jedoch *im verschuldeten Verzug des Schuldners* untergeht, liegt **zu vertretende Unmöglichkeit** vor.

In solchen Fällen soll dem Gläubiger ein etwaiger Geschäftsgewinn erhalten bleiben. Das Gesetz (§ 920 ABGB) räumt ihm daher ein **Wahlrecht** ein. Einerseits kann er am Vertrag festhalten; dann erbringt er seine eigene Leistung und erhält den Wert der unmöglich gewordenen Gegenleistung. Dieser **Austauschanspruch** ist vor allem dann von Bedeutung, wenn die Verpflichtung des Gläubigers nicht in einer Geldleistung besteht (zB beim Tausch), da er dadurch die von ihm geschuldete Leistung „loswerden“ kann. Zur Wahl steht ihm aber auch der **Vertragsrücktritt,** der den Vertrag beseitigt und einen **Differenzanspruch** des Gläubigers zum Entstehen bringt, wenn ihm das Geschäft einen Gewinn gebracht hätte. Hat er also etwa eine Sache im Wert von 1000 günstig um 900 gekauft, steht ihm ein Anspruch in Höhe des Erfüllungsinteresses von 100 zu.

Beispiel: A verkauft sein Turnierpferd „Mister X“ sowohl an B als auch an C („Doppelverkauf“). Er übergibt es schließlich an C, der das Pferd unverzüglich nach Australien verschifft. B kann das Erfüllungsinteresse verlangen.

Zu beachten ist auch hier, dass diese Rechtsfolgen immer nur dann eingreifen, wenn die Erfüllung der *Vertragsverpflichtung* unmöglich wurde: Dies ist bei Gattungsschulden nur dann der Fall, wenn *die gesamte Gattung* untergegangen ist.

4. Vom Gläubiger zu vertretende Unmöglichkeit

In manchen Fällen ist die Leistungsunmöglichkeit auf ein (objektives oder **512**
subjektives) *Fehlverhalten des Gläubigers* zurückzuführen: Er holt die Sache nicht wie vereinbart ab oder zerstört sie vor Übernahme. Der Gläubiger hat dann grundsätzlich seine Leistung zu erbringen, obwohl er keine Gegenleistung erhält. Er trägt also sowohl Leistungs- als auch Preisgefahr.

Diese Rechtsfolge tritt einmal dann ein, wenn er den ihm geschuldeten Gegenstand selbst zerstört; ferner dann, wenn die Sache während seines *Annahmeverzuges* (Rz 522) zufällig zu Grunde geht; schließlich dann, wenn er den durch den Vertrag gewünschten Erfolg selbst herbeiführt (der gerufene Abschleppwagen erscheint vergeblich, weil das Abschleppen des beschädigten Autos inzwischen schon ein zufällig vorbeigekommener Freund besorgt hat).

In den Fällen des Annahmeverzuges stellen sich bei der Gattungsschuld zusätzliche Probleme, da trotz Untergangs einzelner Stücke aus der Gattung eine Vertragserfüllung an sich noch möglich wäre. Zum Problem der *Konzentration* sofort Rz 513.

5. Zufälliges Unmöglichwerden

Die Vertragserfüllung kann auch durch ein von außen kommendes Ereignis, **513**
also **zufällig,** unmöglich werden. Geht die geschuldete **Spezies** unter, fällt dadurch der Vertrag von selbst weg (§ 1447 ABGB). Der Gläubiger erhält also nichts, muss jedoch auch seine Gegenleistung nicht erbringen. Der Nachteil trifft damit den, dessen Leistung unmöglich wird.

Wurde hingegen aus einer **Gattung** geschuldet, ist zu unterscheiden: Der Untergang einzelner Gattungssachen hat grundsätzlich keinen Einfluss auf die Gültigkeit des Vertrages. Der Schuldner muss dann eben die noch vorhandenen unbeschädigten Gegenstände zur Erfüllung verwenden. Hat er hingegen schon ganz bestimmte Stücke aus der Gattung für die Erfüllung des Vertrages ausgewählt, kommt es darauf an, ob dadurch die Vertragspflicht bloß auf diese Stücke *konzentriert* wurde. Eine solche **Konzentration** liegt dann vor, wenn die Sachgefahr etwa wegen Gläubigerverzugs oder der Versendung einer Schickschuld (zum Versendungskauf Rz 602) hinsichtlich konkreter Stücke bereits auf den Gläubiger übergegangen ist. In diesen Fällen greifen die Regeln über die Speziesschuld ein. Dies führt dazu, dass der Gläubiger seine Gegenleistung erbringen muss, ohne etwas zu erhalten.

Besonderes gilt dann, wenn der zerstörte Vermögensgegenstand einen „vermögensmä- **514**
ßigen Ersatz“ zurückgelassen hat: So tritt etwa an die Stelle des verkauften Kraftfahrzeuges nach dessen Zerstörung die Kaskoversicherungssumme. Diese stellt nun ein so genanntes **stellvertretendes Commodum** für den aus dem Vertrag geschuldeten Leistungsgegenstand dar; dadurch wird dem Gläubiger die Möglichkeit eingeräumt, statt den Rechtsfolgen der Vertragsauflösung diesen Vermögenswert als Ersatz des Geschuldeten zu wählen.

6. Teilunmöglichkeit

515 Vielfach wird die geschuldete Leistung nicht zur Gänze, sondern bloß **zu einem Teil unmöglich:** Die Sache wird nicht gänzlich zerstört, sondern bloß (irreparabel) beschädigt; einige der verkauften Weinflaschen gehen zu Bruch. Dann kommt es regelmäßig darauf an, ob der verbliebene Teil für den Gläubiger weiterhin von Interesse ist. Das ist etwa dann anzunehmen, wenn bei einer „beschränkten Gattungsschuld" auf Grund eines Schadensereignisses nur mehr eine geringere als die geschuldete Menge geleistet werden kann. In diesen Fällen wird der Vertrag bloß zum Teil aufgelöst. Kann der Gläubiger allerdings mit dem verbliebenen Teil ersichtlich nichts anfangen, sind die Regeln über die *Gesamtunmöglichkeit* anzuwenden, die bereits dargestellt wurden.

IV. Verzug

1. Verzug des Schuldners

516 **Schuldner-** oder **Leistungsverzug** (§ 918 ABGB) liegt dann vor, wenn der Schuldner seine Leistung bei Fälligkeit (Rz 494) überhaupt nicht oder doch nicht in der gehörigen Art anbietet, weshalb sie der Gläubiger nicht (oder ausdrücklich nur als Teilerfüllung) annimmt. Man spricht auch von *Verzögerung* (§ 1334 ABGB). Dazu gehört etwa das Anbieten am falschen Ort, in vereinbarungswidriger Qualität oder Quantität usw. Auf Grund dieses vertragswidrigen Handelns gewährt das Gesetz dem Gläubiger verschiedene Rechte.

a) Objektiver und subjektiver Verzug

517 Bestimmte Rechtsfolgen knüpft das Gesetz schon an den **objektiven (unverschuldeten) Verzug:** Die Interessen des Gläubigers sind ja auch dann zu beachten, wenn dem Schuldner in concreto kein Vorwurf am Verzug gemacht werden kann (etwa, weil er bewusstlos im Spital liegt). Der Gläubiger kann in solchen Fällen **auf vertragsgemäßer Erfüllung** bestehen – und diesen Anspruch auch gerichtlich durchsetzen – oder den Vertrag durch **Rücktritt** zum Erlöschen bringen. Um dem Schuldner aber nochmals eine Erfüllungsmöglichkeit und damit die Chance zu geben, den Vertrag zu retten, muss zugleich mit der Rücktrittserklärung eine **angemessene Nachfrist** gesetzt werden. Erst ihr fruchtloses Verstreichen löst den Vertrag auf. Von der Gewährung einer Nachfrist wird bloß dann abgesehen, wenn eine Erfüllung nicht mehr zu erwarten ist; dies ist etwa bei Unmöglichkeit (vgl Rz 510) oder dann der Fall, wenn der Schuldner die Erfüllung ausdrücklich verweigert.

517a Ist der Schuldner mit einer *Geldleistungsverpflichtung* säumig, hat er den geschuldeten Betrag auch bei bloß objektivem Verzug mit dem gesetzlichen Zinsfuß zu verzinsen. Diese **Verzugszinsen** werden als Ausgleich dafür gewährt, dass der Gläubiger das ihm an sich schon zustehende Kapital nicht selbst nutzen kann; sie betragen mangels anderer Vereinbarung 4% (§ 1000 Abs 1 ABGB), im Wechsel- und Scheckrecht hingegen 6% (Art 48 WG, Art 45 ScheckG). Zum Anspruch auf *Zinseszinsen* s § 1000 Abs 2 ABGB.

Mitte 2002 wurden die **Verzugszinsen** zwecks Bekämpfung der schlechten Zahlungsmoral (nur) für das Verhältnis **zwischen Unternehmern** deutlich erhöht: Vom Schuldner sind

Zinsen in Höhe von *8 Prozentpunkten über dem – variablen – Basiszinssatz* (seit 1. 3. 2007 3,19% – aktuelle Höhe unter http://www.oenb.at abrufbar; näher zum Basiszinssatz § 1 Abs 1 des 1. Euro-JuBeG) zu bezahlen (§ 352 UGB; ganz ähnlich für Geldansprüche im Zusammenhang mit einem Arbeitsverhältnis § 49 a S 1 ASGG); eine Größenordnung, die für die – seltenen – Fälle unverschuldeten Zahlungsverzugs deutlich über das Ziel hinausschießt und von der der Regelung zu Grunde liegenden EG-Richtlinie auch nicht gefordert wird.

Verschärfte Rechtsfolgen treffen den Schuldner, der sich in **subjektivem (verschuldetem) Verzug** befindet. Zusätzlich zu den Rechtsfolgen des objektiven Verzugs wird er auf Grund seines schuldhaften rechtswidrigen Handelns auch **schadenersatzpflichtig.** Er hat als Verzugsschaden das **Erfüllungsinteresse** zu ersetzen, dh den Gläubiger so zu stellen, wie wenn ordnungsgemäß erfüllt worden wäre. Ersatzfähig sind insoweit nicht zuletzt die notwendigen Kosten für außergerichtliche Eintreibungsversuche (§ 1333 Abs 2 ABGB). Tritt der Gläubiger zurück, spricht man von **Nichterfüllungsschaden,** wählt der Gläubiger die Erfüllung, gebührt ihm *daneben* der **Verspätungsschaden.** 518

Für den **Warenkauf,** an dem zumindest ein Unternehmer beteiligt ist, enthält § 376 UGB spezielle Regelungen, die insbesondere die *Berechnung* des Nichterfüllungsschadens betreffen.

Wichtigste **Rechtsfolge des Rücktritts** ist die Beseitigung des Vertrages. Aus diesem Grund sind bereits erbrachte Leistungen (Zug um Zug) zurückzustellen. Mangels sachenrechtlicher Rückwirkung der Vertragsaufhebung muss – anders als nach Anfechtung – Eigentum rückübertragen werden. Dieser Unterschied hat vor allem im Konkurs eines Beteiligten praktische Bedeutung, da nur dem Eigentümer ein Aussonderungsrecht zusteht (Rz 1357).

b) Einfaches Termingeschäft und Fixgeschäft

Die bisherigen Erwägungen betrafen das **einfache Termingeschäft.** Dieses enthält zwar auch regelmäßig eine genaue Festlegung der Leistungszeit; eine verspätete Erfüllung soll damit aber noch nicht gänzlich ausgeschlossen sein. 519

Anderes gilt für das so genannte **Fixgeschäft:** Bei diesem ist der Natur des Geschäftes, dem dem Schuldner bekannten Zweck der Leistung oder einer besonderen Vereinbarung zu entnehmen, dass der Gläubiger an einer verspäteten Leistung kein Interesse mehr hat (§ 919 ABGB). Der Vertrag steht also schon von vornherein unter einer Rücktrittsklausel für den Fall der Nichteinhaltung des Termins. Versäumt der Schuldner den Fälligkeitstermin, fällt der Vertrag daher grundsätzlich von selbst weg. Auf Grund der Natur des Geschäftes ist etwa dann ein Fixgeschäft anzunehmen, wenn jemand Brötchen für eine Party oder einen Christbaum für den 24. Dezember bestellt. Ebenso wie in den Fällen des gewöhnlichen Termingeschäftes hat der Schuldner bei schuldhafter Nichteinhaltung des Termins selbstverständlich Schadenersatz zu leisten. 520

Ist der Gläubiger ausnahmsweise nachträglich doch noch an verspäteter Leistung interessiert, hat er die Möglichkeit, das Geschäft zu „retten". Er muss dies dem Schuldner jedoch unverzüglich mitteilen, da auch dieser an sich davon ausgehen kann, dass nach Verstreichen des Termins beim Gläubiger kein Interesse an Vertragserfüllung mehr vorhanden ist.

Auf Grund der Natur der Sache ist dieses nachträgliche Erfüllungsbegehren selbstverständlich nur dann von Bedeutung, wenn die Erfüllung noch *möglich* ist

(relatives Fixgeschäft). So können etwa die Brötchen auch noch am nächsten Tag oder zur nächsten Party geliefert werden. Kommt eine Nachholung aber schon aus tatsächlichen Gründen nicht mehr in Betracht – wie etwa bei einer bestellten Fotoserie anlässlich der Hochzeit oder der Trauerrede am offenen Grab –, fällt der Vertrag jedenfalls dahin **(absolutes Fixgeschäft).**

c) Teilverzug

521 Für den **Teilverzug** gilt Ähnliches wie für die Teilunmöglichkeit (Rz 515): Es ist entscheidend, ob die geschuldete Leistung nach dem Parteiwillen teilbar ist. Bei Teilbarkeit kann nur *Teilrücktritt,* bei Unteilbarkeit hingegen *Gesamtrücktritt* erklärt werden.

Besonderes gilt für Verträge, die von beiden Seiten in **Teillieferungen** zu erfüllen sind: Bei Teilbarkeit hat der Gläubiger das Wahlrecht, ob er sich nur hinsichtlich der verzögerten oder auch hinsichtlich aller noch ausständigen Teilleistungen vom Vertrag löst (§ 918 Abs 2 ABGB).

2. Verzug des Gläubigers

522 **Gläubiger-** oder **Annahmeverzug** liegt dann vor, wenn der Gläubiger die vom Schuldner vertragsgemäß angebotene Leistung nicht annimmt. Grundsätzlich kommt es für die Rechtsfolgen des Gläubigerverzuges schon deswegen auf kein Verschulden des Gläubigers an, weil er **zur Abnahme** der Leistung des Vertragspartners **nicht verpflichtet** ist.

Nach dem Gesetz hat der Gläubiger „die widrigen Folgen" seines Verzuges selbst zu tragen (§ 1419 ABGB). Ihn trifft somit die **Preisgefahr** (Rz 507); er muss auch dann seine Leistung voll erbringen, wenn die Gegenleistung während des Gläubigerverzuges durch Zufall ganz oder zum Teil unmöglich wurde. Ferner werden mit Eintritt des Gläubigerverzuges die an den Schuldner gestellten Sorgfaltsanforderungen herabgesetzt: Er muss also etwa Sachen, die er nach der Vereinbarung schon „los wäre", nicht mehr ebenso sorgfältig verwahren wie vor Fälligkeit. Diese Begünstigung des Schuldners im Gläubigerverzug wird zum Teil auch so formuliert, dass er für **leicht fahrlässige** Beschädigung oder Zerstörung des Leistungsgegenstandes nicht mehr haftet.

Ist dem Schuldner besonders daran gelegen, den Leistungsgegenstand aus seiner Gewahrsame zu entfernen – etwa weil er den Platz benötigt –, steht ihm auch das Recht zur **Hinterlegung** (Rz 575) zu. Noch weiter reichende, bis hin zum Selbsthilfeverkauf gehende Rechte bestehen gemäß § 373 UGB beim Warenkauf (Rz 590a). In Einzelfällen hat der Schuldner die Möglichkeit, gewisse an sich dem Gläubiger obliegende Handlungen auf Grund dessen Verzugs selbst wirksam vorzunehmen. Dazu gehört etwa die Ausübung des Bestimmungsrechts beim Spezifikationskauf (Rz 603).

V. Gewährleistung

Weiterführende Literatur: *W. Faber,* Handbuch zum neuen Gewährleistungsrecht (2001); *Kletečka,* Gewährleistung neu. Kommentar zum GewRÄG für Praxis und Ausbildung (2001); *Kolmasch,* Das neue Gewährleistungsrecht (2001); *Maitz-Strassnig/Sehrschön,* Das neue Gewährleistungs- und Garantierecht nach der Änderung durch das Gewährleistungsrechts-Änderungsgesetz 2001 (2001); *Pirker-Hörmann/Hammerl* (Hrsg), Das neue Gewährleistungsrecht (2004); *Welser/B. Jud,* Die neue Gewährleistung (2001).

1. Begriff

523 Unter Gewährleistung (§§ 922ff ABGB, zum 1. 1. 2002 vor allem in Umsetzung der Verbrauchsgüterkauf-Richtlinie umfassend novelliert) versteht man die Einstandspflicht des Schuldners für jede **negative Abweichung der tatsächlich erbrachten von der vertraglich geschuldeten Leistung.** Man spricht dann davon, dass die Leistung **mangelhaft** war. Die Definition zeigt aber auch schon, dass es keine „an sich mangelhaften" Sachen gibt. Vergleichsmaßstab ist immer die vertragliche Vereinbarung! Damit kann also etwa die Leistung eines fahruntauglichen Kraftfahrzeuges ohne Motor durchaus vertragsgemäß und daher mangelfrei sein; dies ist etwa dann der Fall, wenn das Auto zum Verschrotten um den bloßen Metallwert gekauft wurde. Anderes gilt selbstverständlich bei der Veräußerung eines Gebrauchtwagens. ***Achtung!*** **Gewährleistungsrechte setzen niemals Verschulden des Veräußerers voraus.** Vielmehr soll verhindert werden, dass jemand für eine minderwertige Leistung die volle Gegenleistung erhält. Das Gewährleistungsrecht reagiert somit nicht auf Schädigungen, sondern auf Äquivalenzstörungen.

523a Bei **positiver Abweichung vom Geschuldeten** ist zu unterscheiden: Bei *Mehrlieferung* muss der Käufer die über den Vertrag hinausgehende Menge grundsätzlich nicht bezahlen; der Ausgleich findet vielmehr über das *Bereicherungsrecht* (Rz 811ff) statt: Der Verkäufer kann danach primär Rückgabe der Zuvielleistung begehren; ist diese unmöglich, ist vom Käufer Wertersatz zu leisten. Die *Leistung besserer Qualität* (zB Lieferung von Äpfeln Handelsklasse 1, obwohl nach dem Vertrag Äpfel mittlerer Art und Güte ausgereicht hätten; siehe § 905b ABGB) führt hingegen zu keinen zusätzlichen Rechten des Veräußerers, da sie eine korrekte Vertragserfüllung darstellt.

2. Abgrenzung vom Verzug (Nichterfüllung)

524 Da die Gewährleistungsregeln andere Rechtsfolgen als die Verzugsregeln aufweisen, müssen die jeweiligen Anwendungsbereiche genau unterschieden werden. Grundsätzlich greift ab der **„Annahme als Erfüllung"** Gewährleistungsrecht ein; darunter versteht man einen äußeren Akt, dem der Schuldner (= Übergeber, Veräußerer) entnehmen kann, dass der Gläubiger (= Übernehmer, Erwerber) die erbrachte Leistung als vertragsgemäß ansieht. Nach den Grundgedanken des Gesetzes darf der Schuldner diesfalls prinzipiell von ordnungsgemäßer Erfüllung ausgehen, weshalb ihm etwa die kurzen Gewährleistungsfristen zugute kommen sollen; Rechte aus Verzug sind hingegen durch keine besonderen Fristen beschränkt.

Grundsätzlich kann allerdings bloß dann Gewährleistungsrecht eingreifen, wenn die geleisteten Sachen zumindest „äußerlich" dem Geschuldeten entsprechen. Damit muss von der mangelhaften Erfüllung die **Aliudleistung (Anderslieferung)** unterschieden werden. Wer gänzlich andere als die geschuldeten Sachen (Schrauben statt Computerchips, Steine statt Nüsse usw) leistet, ist daher jedenfalls weiterhin in Verzug.

Von manchen wird die Regel des § 378 UGB als Abgrenzungskriterium angesehen, wonach zwischen „genehmigungsfähigem" (zB Merlot aus falschem Jahrgang) und „nicht genehmigungsfähigem" Aliud (zB Limonade statt Champagner) unterschieden wird. Diese Unterscheidung dürfte allerdings bloß für das Erfordernis einer **Mängelrüge** (Rz 547) von Bedeutung sein; im Bereich des Gewährleistungsrechts wird die Leistung eines Aliud hingegen immer bloß zu Verzugsfolgen, nicht zu Gewährleistungsrechten führen.

3. Der Mangelbegriff: Sach- und Rechtsmängel

525 **Sachmängel sind körperliche Abweichungen vom Geschuldeten.** Das ist allerdings in einem weiten Sinn zu verstehen; erfasst ist etwa auch der Fall, dass ein Gemälde nicht vom als Urheber Genannten, sondern von einem seiner weniger bekannten Schüler stammt. Demgegenüber spricht man von einem **Rechtsmangel, wenn der Gläubiger nicht die ihm zugesagte Rechtsposition erlangt hat.** Dabei geht es regelmäßig um Fälle, in denen dem Erwerber – mangels Berechtigung des Veräußerers – kein Eigentum verschafft wurde. **Mangel** bedeutet somit das Fehlen vereinbarter und/oder im Verkehr gewöhnlich vorausgesetzter (positiver) Eigenschaften, wobei auch Werbeaussagen zu berücksichtigen sind (§§ 922f ABGB; zu Montagefehlern und fehlerhaften Montageanleitungen siehe § 9a KSchG). Entscheidender Zeitpunkt ist die **Übergabe** (näher Rz 537).

Oftmals wird die geschuldete **Qualität** nicht ganz genau umschrieben. Soll die Schuld bloß aus einer bestimmten Gattung erfüllt werden, so genügt die Leistung von Gattungsstücken „mittlerer Art und Güte" (§ 905b ABGB).

Abgesehen von Unterschieden beim Beginn der Gewährleistungsfrist (Rz 542 und 545) werden Sach- und Rechtsmängel gleich behandelt. Demgegenüber sind die folgenden Unterschiede sehr wohl für die Rechtsfolgen von Bedeutung.

4. Geringfügige und nicht geringfügige Mängel

526 Für die konkreten Rechtsfolgen mangelhafter Leistung kann es auf die **Schwere des konkreten Mangels** ankommen. Das Gesetz verwendet den Begriff der Geringfügigkeit (§ 932 Abs 4 ABGB), erklärt ihn aber nicht näher, weshalb insoweit noch letzte Klarheit fehlt. Ein Mangel wird dann **nicht geringfügig** sein, wenn der Erwerber die erhaltene Leistung zu dem für sie charakteristischen (= üblichen) oder zu einem speziellen, dem Veräußerer bekannten, Zweck überhaupt nicht oder nur mit wesentlichen Einschränkungen verwenden kann.

527 Sonstige Mängel, die den Gebrauch bloß etwas erschweren oder nur gering vom Geschuldeten abweichen, sind **geringfügig.** Dazu gehören uU leichte Rostschäden bei einem Gebrauchtwagen, nicht hingegen bei einem Neuwagen. Dass einige Seiten des gekauften Buches vergilbt sind, wird im Regelfall ebenfalls nur ein geringfügiger Mangel sein; er ist allerdings dann nicht mehr nur geringfügig, wenn das Buch ausdrücklich als Geschenk gekauft wurde.

528 Nach altem Recht hatte eine unerhebliche Minderung des Wertes außer Betracht zu bleiben. Diese Vorschrift existiert nicht mehr; sie wäre sicherlich auch nicht richtlinienkonform. Sofern ein Mangel vorliegt, stehen dem Erwerber – wenn auch uU bloß geringfügige – Gewährleistungsrechte zu.

5. Behebbare und unbehebbare Mängel

529 Mängel, die auch nachträglich nicht mehr beseitigt werden können, sind **unbehebbar.** Die Mangelbehebung (Verbesserung iwS) kann durch Manipulationen an der geleisteten Sache, durch Nachlieferung fehlender Teile oder durch Austausch gegen ein mangelfreies Stück aus der geschuldeten Gattung erfolgen. Zur Unbehebbarkeit im Rechtssinn werden allerdings auch Fehler gezählt, die nur mit *wirtschaftlich unzumutbaren Mitteln* ausgemerzt werden könnten. Unzumutbar wäre etwa die Beseitigung eines kleinen Fehlers, wenn zu diesem Zweck das

gesamte Hausdach abgedeckt und wieder neu gedeckt werden müsste. Ist hingegen die Beseitigung mit wirtschaftlich vernünftigen Mitteln möglich, liegt ein **behebbarer Mangel** vor.

6. Rechtsfolgen

a) Grundsätzliches

Je nach Art und Gewicht des Mangels stehen dem Gläubiger unterschiedliche Rechtsbehelfe zur Verfügung. Nach dem Gesetz (§ 932 Abs 1 ABGB) kommen folgende **vier Möglichkeiten** in Betracht: 530

- **Verbesserung** (Nachbesserung oder Nachtrag des Fehlenden);
- **Austausch der Sache;**
- **Preisminderung** (angemessene Minderung des Entgelts);
- **Wandlung** (Vertragsaufhebung).

Dabei ist die – in den Abs 2 bis 4 des § 932 ein wenig versteckte – **Rangfolge der Rechte des Erwerbers** von besonderer Bedeutung. Im Regelfall ist er zunächst auf die (primären) Verbesserungs- bzw Austauschansprüche beschränkt. Dahinter steht die Überlegung, dass es dem Veräußerer möglich sein soll, seinen gesamten Gegenleistungsanspruch zu „retten", wenn er dem Erwerber rasch – wenn auch nachträglich – das vertraglich Geschuldete vollständig zukommen lässt. Der Gewährleistungspflichtige erhält also eine *zweite Chance.* Nur wenn das nicht geschieht, unmöglich oder für einen Teil unzumutbar ist, kann vom Erwerber auch ein sekundäres Gewährleistungsrecht (Preisminderung oder Wandlung) geltend gemacht werden. Damit zu den Voraussetzungen im Einzelnen:

b) Verbesserung, Nachtrag des Fehlenden und/oder Austausch

Der Vertragsanspruch des Gläubigers war auf Leistung einer mangelfreien Sache gerichtet. Dieses Recht geht durch den Übergang in die Gewährleistungsphase nun nicht unter; es wird bloß modifiziert und besteht in Gestalt des **Verbesserungsanspruchs** (iwS) weiter. Diesen kann der Erwerber immer dann geltend machen, wenn der Mangel *behebbar* ist. **Behebung kann durch Reparatur („Nachbesserung") des konkreten Stücks, bei Gattungsschulden aber auch durch Austausch erfolgen.** Lag der Mangel nicht in der geleisteten Qualität, sondern in der zu geringen Quantität (10 kg zu wenig) bzw im Fehlen von Teilen des Geschuldeten (zwei von 30 Schrauben einer Kommode zum Selbstzusammenbauen), entspricht dem Verbesserungsrecht ein Anspruch auf **Nachtrag des Fehlenden.** 531

Im Regelfall kann der Erwerber entscheiden, auf welche Art und Weise der Veräußerer seine Leistung vertragsgemäß macht. Ist jedoch die gewählte Form unmöglich oder für den Veräußerer im Vergleich zur anderen Abhilfe mit einem unverhältnismäßigen Aufwand verbunden, kann sich der Veräußerer auf diesen Umstand berufen und den geschuldeten Zustand auf dem weniger aufwändigen Weg herbeiführen (§ 932 Abs 2 ABGB). Verbesserung bzw Austausch muss der Veräußerer *innerhalb angemessener Frist* und mit für den Erwerber geringstmöglichen Unannehmlichkeiten bewirken; bei der Konkretisierung dieser Begriffe – vor allem der Angemessenheit – sind die Art der Sache sowie der mit ihrer Anschaffung verfolgte Zweck zu berücksichtigen (§ 932 Abs 3 ABGB). 532

Grundsätzlich haben die Verbesserung und der Nachtrag des Fehlenden am ursprünglichen Erfüllungsort stattzufinden. Bei **Verbrauchergeschäften** enthält 533 das Gesetz jedoch für den Konsumenten günstigere Regelungen: Wurde die Sache vom Unternehmer an den Wohnort des Konsumenten im Inland versandt, muss die Verbesserung dort geleistet werden. Befindet sich die Sache allerdings nicht mehr an dem Ort, wohin sie versandt wurde, kann der Verbraucher auch verlangen, dass Verbesserung dort zu leisten ist, wo sich die Sache tatsächlich befindet, sofern dieser Ort im Inland liegt, für den Unternehmer nicht überraschend sein musste und die Zurückbeförderung der Sache zum Unternehmer wegen deren Beschaffenheit untunlich ist. Kann die Sache allerdings dem Unternehmer zurückgesandt werden, so kann dieser regelmäßig Rückübersendung begehren, wobei er dann aber Gefahr und Kosten der Übersendung trägt (§ 8 KSchG).

c) Preisminderung

534 In folgenden Fällen kann der Erwerber das (Gestaltungs-)Recht der Preisminderung ausüben bzw vom Verbesserungsanspruch auf die Minderung „umsteigen" (§ 932 Abs 4 ABGB):

- Verbesserung und Austausch sind **unmöglich** (zB unbehebbar mangelhafte Speziessache);
- der **Aufwand** für Verbesserung und Austausch wäre für den Veräußerer **unverhältnismäßig hoch;**
- der **Veräußerer verweigert die Erfüllung** des vom Erwerber zu Recht geltend gemachten Primäranspruchs;
- der Veräußerer gerät mit der Erfüllung des Primäranspruchs in **Verzug;**
- die **Primärbehelfe** sind dem Erwerber **unzumutbar;** sei es wegen der für ihn damit verbundenen erheblichen Unannehmlichkeiten (zB Herausbrechen der fehlerhaft verlegten Fliesen), sei es wegen in der Person des Veräußerers liegender Umstände (so, wenn der Erwerber nachweisen kann, dass ihm der Veräußerer absichtlich eine mangelhafte Sache unterjubeln wollte).

In den drei zuletzt aufgezählten Fällen bleibt es dem Erwerber selbstverständlich unbenommen, weiterhin auf Verbesserung bzw Austausch zu bestehen. Er hat also ein **Wahlrecht.**

535 Während der Verbesserungsanspruch dazu führt, dass der Gläubiger die vertragsgemäße Leistung erhält, die Leistung also dem Geschuldeten angepasst wird, führt die **Preisminderung** auf umgekehrtem Weg zur Herstellung der (subjektiven) Vertragsäquivalenz: Die Gegenleistung des Gläubigers, also regelmäßig der Kaufpreis, wird durch entsprechende Berücksichtigung des Mangels gemindert. Um die vereinbarten Wertrelationen (die „subjektive Äquivalenz") jedoch möglichst zu erhalten, wird vom geschuldeten Preis nicht bloß die infolge des Mangels bestehende Wertminderung der Sache abgezogen. Vielmehr findet eine **relative Berechnungsmethode** Anwendung: Berücksichtigt werden dabei der objektive Wert der Sache ohne Mangel (W), der objektive Wert der Sache mit Mangel (w) sowie der vereinbarte Preis (P). Ebenso wie sich W zu w verhält, muss sich P zum geminderten Preis (p) verhalten.

Beispiel: Der Wert der (vertragsgemäßen) Sache ohne Mangel sei 120 (W), der Wert der tatsächlich geleisteten mangelhaften Sache bloß 60 (w). Ist es dem Käufer nun gelungen, diese Sache um 100 (P) zu kaufen, soll ihm sein Gewinn anteilig erhalten bleiben. Man rechnet daher 120 : 60 = 100 : p. Daraus ergibt sich, dass der Käufer für die mangelhafte Sache im Wert von 60 bloß 50 (p) bezahlen muss.

d) Wandlung

Liegt einer der in Rz 534 aufgezählten Gründe vor *und* ist der *Mangel nicht geringfügig* (vgl Rz 526), so kann der Gewährleistungsberechtigte den **Vertrag durch Wandlung zur Gänze beseitigen** (§ 932 Abs 4 ABGB). **Achtung!** Diese Voraussetzungen sind nicht einmal dann automatisch gegeben, wenn das tatsächlich geleistete Stück total unbrauchbar ist. Bei der **Gattungsschuld** kann ein Mangel ja auch durch **Austausch** des mangelhaften Stücks gegen ein mangelfreies aus der geschuldeten Gattung behoben werden. Bei Gattungsschulden kommt daher sofortige Wandlung vor allem dann in Betracht, wenn die gesamte Gattung mit dem nicht geringfügigen und unbehebbaren Mangel behaftet ist. (*Beispiel:* Nicht nur die gelieferte Diskette, sondern die verkaufte Software an sich ist für die Vertragsinhalt gewordenen Zwecke des Erwerbers völlig unbrauchbar.) **536**

Im Regelfall kann der Gläubiger auch bei an sich zur Wandlung berechtigenden Mängeln stattdessen die Preisminderung (Rz 534) **wählen;** das ist etwa dann von praktischer Bedeutung, wenn der günstig erworbenen Sache bloß besonders vereinbarte, nicht hingegen die üblichen Eigenschaften fehlen, weshalb sie durchaus von Wert und für den Erwerber auch von Interesse ist. (***Beispiel:*** Die veräußerte Motorjacht erreicht nicht die zugesagte Höchstgeschwindigkeit.) Geht der Wert der mangelhaften Sache hingegen gegen Null, wird wohl nur Wandlung in Betracht kommen. **536a**

7. Gesetzliche und vertragliche Gewährleistungsschranken

Gewähr ist immer bloß für Mängel zu leisten, die **bis zum vereinbarten Übergabetermin entstanden** sind. Erleidet die Sache hingegen im Gläubigerverzug oder schon beim Erwerber Schäden, hat dafür der Veräußerer prinzipiell nicht aufzukommen. Ob eine negative Eigenschaft bereits bei Übergabe existierte, ist nun aber häufig nicht mit hinreichender Sicherheit zu klären. Das Gesetz kommt dem Erwerber hier mit einer **Beweislastumkehr** zu Hilfe: Sofern diese Vermutung nicht mit der Art der Sache oder des Mangels unvereinbar ist, wird **widerleglich vermutet,** dass ein Mangel bereits bei Übergabe vorhanden war, wenn er sich *innerhalb von sechs Monaten ab Übergabe* zeigt (§ 924 ABGB). Unvereinbarkeit wird man etwa dann annehmen können, wenn der Erwerber 5 Monate nach Erhalt des Neuwagens typische Abnutzungserscheinungen als Mangel geltend machen möchte. **537**

Dafür, dass ein Mangel überhaupt vorliegt – dass also das Geleistete vom Geschuldeten in negativer Weise abweicht –, ist in jedem Fall der Erwerber beweispflichtig; ebenso dafür, dass der Mangel innerhalb der 6 Monate hervorgekommen ist, wenn sich der Erwerber erst nach Ablauf dieser Frist darauf beruft und in den Genuss der Beweislastumkehr kommen möchte.

Grundsätzlich ist das **Gewährleistungsrecht dispositiv.** Das bedeutet, dass die Parteien alle oder doch manche Rechtsfolgen der Gewährleistung wirksam abbedingen können (vgl § 929). Schon nach allgemeinem bürgerlichen Recht sind hierbei der Vertragsfreiheit allerdings Grenzen gesetzt: So wird der generelle Gewährleistungsausschluss etwa bei der Veräußerung fabriksneuer Waren und bei gravierenden Mängeln als sittenwidrig angesehen. Für **Verbrauchergeschäfte** ist das Gewährleistungsrecht zugunsten des Konsumenten ohnehin fast ausnahmslos *zwingend* (§ 9 KSchG; zu einer Ausnahme im Verjährungsrecht Rz 544a). **538**

Schon von Gesetzes wegen hat der Veräußerer nicht für Mängel einzustehen, die *bei Vertragsschluss* augenfällig waren (§ 928 ABGB). ***Achtung!*** Für die An- **539** wendung dieser Bestimmung kommt es auf den Vertragsabschlusszeitpunkt, nicht auf die Übergabe an. Genau besehen wird dem Gläubiger dadurch aber kein an sich bestehendes Gewährleistungsrecht genommen, sondern der Vertrag bloß nach den konkreten Umständen *ausgelegt:* Schon bei den Vertragsverhandlungen offenkundige negative Eigenschaften wurden eben regelmäßig bei der Bemessung der Gegenleistung berücksichtigt, weshalb sich die Vertragspflichten des Veräußerers bloß auf diese fehlerhafte Sache bezogen haben. Anders formuliert: Die Leistung war von vornherein mangelfrei. Selbstverständlich scheiden Gewährleistungsansprüche auch dann aus, wenn einzelne Fehler des Vertragsgegenstandes dem Erwerber bei Abgabe seiner Willenserklärung **positiv bekannt** waren.

Die Haftung auch für offenkundige Mängel greift allerdings dann wieder ein, wenn der Veräußerer die fehlende Eigenschaft **ausdrücklich zugesichert oder arglistig verschwiegen** hat. Schulden und Rückstände, die auf der Sache haften (Hypotheken, Steuern usw), hat der Veräußerer kraft ausdrücklicher Anordnung jedenfalls zu vertreten (§ 928 ABGB).

8. Fristen

540 **Fristen** sind im Gewährleistungsrecht von überragender Bedeutung. Die Frage, ob ordnungsgemäß oder mangelhaft erfüllt wurde, soll grundsätzlich innerhalb kurzer Zeit entschieden werden. Einmal soll der Schuldner nach Ablauf einer gewissen Zeit davon ausgehen dürfen, dass er seine Vertragsverpflichtungen voll erfüllt hat. Zum Zweiten werden die Beweisschwierigkeiten immer größer, je weiter man sich vom Ablieferungszeitpunkt entfernt.

541 Das Gesetz (§ 933 ABGB) verlangt daher **gerichtliche Geltendmachung** der Gewährleistungsrechte. Eine *außergerichtliche Anzeige des Mangels* hindert somit die Verjährung der Gewährleistungsrechte grundsätzlich nicht. Hat der Erwerber allerdings dem Veräußerer innerhalb der Gewährleistungsfrist die Mängel angezeigt, kann er die Mangelhaftigkeit auch einer nach Fristablauf eingebrachten Kaufpreiszahlungsklage des Veräußerers (defensiv) entgegenhalten (§ 933 Abs 3 ABGB). Diese außergerichtliche Mängelanzeige ist also dann von Bedeutung, wenn der Gewährleistungsberechtigte seine Gegenleistung (zB den Kaufpreis) noch nicht zur Gänze erbracht hat. Gerichtliche (offensive) Rückforderung des schon Geleisteten oder die Geltendmachung von Verbesserungsansprüchen ist allerdings an die präzise Einhaltung der Fristen gebunden.

542 Die Gewährleistungsfristen für **Sachmängel** beginnen grundsätzlich **mit dem Zeitpunkt der Ablieferung** zu laufen. Sobald der Erwerber die Sache in Händen hält, hat er nämlich die Möglichkeit der Überprüfung und der Feststellung etwaiger Mängel.

543 Die Dauer der Verjährungsfristen ist je nach Art der veräußerten Sache unterschiedlich: Sie beträgt bei **beweglichen Sachen 2 Jahre, bei unbeweglichen Sachen 3 Jahre und bei Viehmängeln 6 Wochen;** uU zuzüglich einer Vermutungsfrist bei bestimmten Tierkrankheiten (§ 933 Abs 1 und 2 ABGB). Von praktisch größter Bedeutung ist dabei die 2-Jahre-Frist. Unter die 3-Jahre-Frist fallen nicht nur die Veräußerung von Grundstücken, sondern auch Arbeiten an unbeweglichen Sachen.

Unter den „Viehmängeln" wird man nach dem Zweck der Bestimmung wohl alle Tierkrankheiten verstehen müssen; beim Erwerb durch Verbraucher greifen die Vorschriften über Viehmängel allerdings generell nicht ein (§ 9 Abs 2 KSchG).

Auch hinsichtlich der Gewährleistungsfristen genießt der Verbraucher gesetzliche Begünstigungen: Bei **Abzahlungsgeschäften** (Rz 599ff) soll der Konsument so lange die Möglichkeit haben, sich auf das Vorliegen von Sachmängeln zu berufen, wie er zur Ratenzahlung verpflichtet ist. Daher kann ein Verbraucher Gewährleistungsrechte bis zur Fälligkeit der letzten Teilzahlung sogar dann noch durch Klage geltend machen, wenn die eigentliche Gewährleistungsfrist bereits verstrichen ist; überdies bleibt ihm die Einrede gegen Zahlungsansprüche erhalten, wenn er bis zu diesem Zeitpunkt die Mängel dem Veräußerer bekannt gegeben hat (§ 23 KSchG). **544**

Grundsätzlich sind die Gewährleistungsfristen zu Gunsten des Verbrauchers zwingend. Ausnahme: Sofern individuell ausgehandelt (also nicht im Rahmen von AGB vereinbart), kann die zweijährige Verjährungsfrist bei der **Veräußerung gebrauchter beweglicher Sachen** bis zu einem Jahr verkürzt werden, wobei bei Kraftfahrzeugen seit der Erstzulassung mindestens ein Jahr verstrichen sein muss (§ 9 Abs 1 KSchG). **544a**

Für **Rechtsmängel** beginnt die Frist nicht mit der Ablieferung, da solche Fehler durch Besichtigung und Prüfung des Gegenstandes nicht erkannt werden können. Ausschlaggebend ist vielmehr jener Zeitpunkt, in dem die Berechtigung des Dritten (etwa des wahren Eigentümers oder eines Pfandgläubigers) unzweifelhaft ist, der Rechtsmangel also dem Erwerber bekannt wird (§ 933 Abs 1 ABGB). Obwohl für die Geltendmachung von Rechtsmängeln die Art des erworbenen Gegenstandes somit ganz irrelevant ist, soll dennoch die an sich nur für Sachmängel passende Differenzierung zwischen beweglichen und unbeweglichen Sachen (Rz 543) auch hier beachtlich sein. **545**

Zur Frage, ob mangelhafte Vertragserfüllung nach Ablauf der kurzen Gewährleistungsfrist innerhalb der längeren Schadenersatzverjährung geltend gemacht werden kann, siehe Rz 550a; zur Möglichkeit einer Irrtumsanfechtung Rz 461, 469a. **545a**

9. Garantiezusagen

Bei wertvolleren Waren erhält der Erwerber häufig mit der Ware einen *„Garantieschein"*. Darin wird regelmäßig für eine bestimmte Frist die Garantie der uneingeschränkten Gebrauchstauglichkeit übernommen. Das Verhältnis solcher **Garantiezusagen (unechter Garantieverträge)** zum gesetzlichen Gewährleistungsrecht ist aber häufig unklar. Stammt die Garantie vom Veräußerer selbst, führt sie regelmäßig zu einer Modifizierung der gesetzlichen Bestimmungen: So werden etwa Gewährleistungsfristen verlängert oder auch die Haftung für alle Mängel übernommen, die während der Gewährleistungsfrist *auftreten*. Öfters stammt die Garantie jedoch nicht vom Veräußerer, sondern vom *Hersteller*. Rechte aus einer solchen Garantie bestehen dann grundsätzlich *neben* der gesetzlichen Gewährleistungshaftung des Veräußerers. **546**

Um diesbezügliche Unklarheiten möglichst von vornherein zu verhindern, sind Unternehmer **im Verkehr mit Verbrauchern** zu besonderer **Transparenz** angehalten. Zwar ist kein Unternehmer gesetzlich zur Übernahme einer Garantie verpflichtet. Tut er dies aber, so hat er insbesondere präzise auf das Verhältnis dieser Garantie zur Veräußerer-Gewährleistung hinzuweisen und dem Verbraucher die Garantie auf dessen Verlangen schriftlich zu geben (Details in § 9b KSchG). Verletzungen dieser gesetzlichen Vorgaben können zu Schadenersatzpflichten des garantierenden Unternehmers führen. **546a**

10. Mängelrüge

547 Nicht jeder, der sich innerhalb der Gewährleistungsfrist gerichtlich auf das Vorliegen von Mängeln beruft, kann diese Mängel tatsächlich erfolgreich geltend machen. Da im unternehmerischen Verkehr besonders schnelle Abwicklung wünschenswert erscheint, wird **beim beiderseits unternehmensbezogenen Warenkauf** (Rz 590 a) vom Erwerber ein erhöhtes Maß an Sorgfalt verlangt. Gemäß § 377 UGB trifft ihn die **Obliegenheit** (Rz 8), **Mängel** der Ware **binnen angemessener Frist anzuzeigen,** nachdem er sie bei ordnungsgemäßem Geschäftsgang nach Ablieferung durch Untersuchung festgestellt hat oder feststellen hätte müssen **(offener Mangel).** War der Mangel hingegen zunächst **geheim,** läuft die angemessene Frist ab seiner Entdeckung. Selbstverständlich ist bei größeren Warenlieferungen das Ziehen von Stichproben ausreichend. Als grober Richtwert für die Frist werden 14 Tage angesehen; bei verderblicher Ware deutlich weniger, bei komplizierten technischen Geräten deutlich mehr.

Die Anzeige muss den Mangel näher *konkretisieren.* Ausreichend wird etwa der Hinweis sein, das gelieferte Elektrogerät lasse sich nicht einschalten, jedenfalls zu wenig wäre die Qualifikation der Ware als „Schund" oder „Ausschuss". **Rechtsfolge der unterlassenen (korrekten) Anzeige** ist der **Verlust vieler Rechte,** die dem Käufer bei Schlechtlieferung an sich zustünden: Rechte auf Gewährleistung, auf Schadenersatz wegen des Mangels sowie Rechte wegen eines Irrtums über die Mangelfreiheit der Sache. Die genannten Rechte bleiben allerdings vor allem dann aufrecht, wenn der Verkäufer die Mängel kannte oder sie aus grober Sorglosigkeit übersehen hat.

Der Käufer hat seiner Obliegenheit zur Rüge Genüge getan, wenn er die Mängelanzeige rechtzeitig *absendet.* Fehler auf dem Postwege (Verzögerung oder Verlust) schaden ihm daher nicht, wenn er die Absendung nachweisen kann.

548 § 378 UGB erstreckt die Rügevorschriften ausdrücklich auch auf die Fälle des **„genehmigungsfähigen Aliud"** sowie auf **Quantitätsmängel.** Der Käufer muss also nicht bloß Qualitätsmängel der geleisteten Waren rügen, sondern auch Anzeige von einer *Anderslieferung* (Rz 524) sowie von Mengenfehlern (Mindermenge!) machen, wenn die gelieferte Ware nicht offensichtlich von der Bestellung so erheblich abweicht, dass der Verkäufer die Genehmigung des Käufers als ausgeschlossen betrachten musste (übrigens eine ausgesprochen misslungene Formulierung, da der Verkäufer ja vom Mangel nichts weiß und daher niemals Genehmigung erwartet, wegen des Mangels aber auch nicht erwarten darf). Die Gleichbehandlung ist insoweit nachvollziehbar, als man nicht jede mangelhafte Leistung als im Vergleich zur Aliudleistung für den Käufer günstiger („vertragsnäher") bezeichnen kann: So ist es dem Wirtshausbesitzer regelmäßig lieber, wenn er Weißwein statt Rotwein bekommt als völlig ungenießbaren Rotwein.

548 a Wie das Gewährleistungsrecht überhaupt ist auch die Regelung über die Mängelrüge *dispositiv;* sie weicht also einer (schon bei Vertragsschluss oder erst später getroffenen) gegenteiligen Vereinbarung.

Von vornherein unanwendbar sind die §§ 377 f UGB dann, wenn das tatsächlich Geleistete *positiv* vom Geschuldeten abweicht. Trotz unterlassener Rüge muss der Käufer daher eine Mehrlieferung nicht nach Vertragsgrundsätzen bezahlen, sondern nur zurückgeben (siehe auch Rz 523 a).

11. Rückgriff in der Veräußererkette

Da für Mängel auch ohne Verschulden einzustehen ist, muss regelmäßig der Letztverkäufer Gewähr leisten, obwohl eigentlich nicht er, sondern (meist) der Hersteller für die Mangelhaftigkeit verantwortlich ist. Daher besteht in der Veräußererkette – merkwürdigerweise nur zwischen Unternehmern – ein ebenfalls **verschuldensunabhängiger Rückgriffsanspruch** (§ 933b ABGB). Unabhängig vom Ablauf einer für dieses Verhältnis geltenden Gewährleistungsfrist kann zunächst der (letzte) Unternehmer, der einem Verbraucher Gewähr geleistet hat, *gegen seinen unmittelbaren Vormann gewährleistungsrechtlich vorgehen,* wobei der Anspruch jeweils auf den getätigten Aufwand (zB Rückzahlung eines Kaufpreisteils) beschränkt bleibt. Im nächsten Schritt kann dieser Vormann seinen Vormann belangen, bis schließlich der Produzent erreicht ist. Um eine rasche Erledigung sicherzustellen, ist allerdings gerichtliche Geltendmachung des jeweiligen Rückgriffsanspruchs *innerhalb von 2 Monaten* nach Erfüllung der eigenen Gewährleistungspflichten vorgesehen. Ferner verjährt die Haftung jedes Rückgriffspflichtigen *5 Jahre* nach Erbringung seiner Leistung. 549

Achtung! Der zunächst Gewähr leistende Unternehmer wird beim Rückgriff *nur fristenmäßig privilegiert.* Ob und inwieweit ihm davon abgesehen Gewährleistungsrechte gegen seinen Vormann zustehen, ist jeweils gesondert zu prüfen. So scheidet ein Rückgriff etwa dann aus, wenn sich der Nachmann infolge von Verletzungen seiner Rügeobliegenheit (Rz 547) oder auf Grund einer wirksamen Gewährleistungsausschlussvereinbarung nicht (mehr) auf die Mangelhaftigkeit berufen kann; aber auch dann, wenn der Letztverkäufer dem Verbraucher auf Grund besonderer Eigenschaftszusicherungen einstehen muss, die ihm sein Vormann nicht gemacht hat.

12. Gewährleistung und Schadenersatz

Von der reinen Gewährleistung sind Schadenersatzansprüche streng zu unterscheiden. Mit dem GewRÄG wird das Verhältnis dieser unterschiedlichen Bereiche zueinander erstmals ausdrücklich geregelt. Der Kernsatz lautet: **Bei vom Veräußerer verschuldeten Mängeln kann der Erwerber auch Schadenersatz verlangen** (§ 933a Abs 1 ABGB). Davon sind zunächst Nachteile erfasst, die der Erwerber infolge der Mangelhaftigkeit an *anderen* Rechtsgütern erleidet **(Mangelfolgeschäden):** Der Verkäufer von verunreinigtem Motoröl muss für den beschädigten Motor (nur) dann Ersatz leisten, wenn er die Mängel des Öls bei gehöriger Sorgfalt hätte bemerken können (zur davon zu unterscheidenden verschuldensunabhängigen Produkthaftung, die den Hersteller trifft, Rz 804ff). 550

Vor allem nach Ablauf der Gewährleistungsfrist kommt der – lange umstrittenen – Frage Bedeutung zu, ob auch diejenigen Nachteile mit Schadenersatzansprüchen geltend gemacht werden können, die im Mangel der gelieferten Sache selbst liegen **(Mangelschaden).** Nach neuem Recht ist sie unter der Voraussetzung eines schuldhaften Verhaltens des Veräußerers ohne weiteres zu bejahen. Allerdings ist dieser Anspruch auf Mangelschadenersatz dem Gewährleistungsrecht stark angeglichen, weshalb der Erwerber insbesondere zunächst auf Schadenersatz durch Verbesserung bzw Austausch beschränkt wird und ihm erst subsidiär Geldersatz gebührt (siehe § 933a Abs 2, der weitestgehend § 932 Abs 4 ABGB entspricht). Das **Erfüllungsinteresse** ist dabei aber selbstverständlich immer nur dann zu leisten, wenn ordnungsgemäße Erfüllung *möglich* gewesen wäre; etwa 550a dann, wenn der Schuldner den Mangel vor Übergabe noch hätte beheben können, nicht jedoch dann, wenn der Mangel schon *ursprünglich unbehebbar* war. Im zweiten Fall hat ja mangels Möglichkeit niemals eine Rechtspflicht des Schuldners zu ordnungsgemäßer Leistung bestanden. Ihm kann höchstens vorgeworfen werden, die Sache trotz erkennbarer Mangelhaftigkeit als mangelfrei angeboten zu haben. Rechtsfolge ist daher nur die Pflicht zum **Vertrauensschadenersatz;** der Schuldner muss den Gläubiger so stellen, wie wenn dieser niemals auf ordnungsgemäße Erfüllung vertraut hätte. Ausschlaggebend für den Umfang der Schadenersatzpflicht ist somit immer die **Kausalität des pflichtwidrigen Verhaltens** (Rz 764).

550b Für Schadenersatzansprüche wegen verschuldeter Mängel gelten die **Verjährungsvorschriften des Schadenersatzrechts** (§ 1489 ABGB; dazu Rz 794). Das **Verschulden** des Veräußerers wird bei Schlechtleistung **vermutet** (Beweislastumkehr nach § 1298 ABGB; vgl Rz 751); allerdings nur innerhalb der ersten 10 Jahre ab Übergabe der Sache (§ 933a Abs 3 ABGB).

VI. Positive Vertragsverletzung

551 Die bisher behandelten Leistungsstörungen haben sich auf die **Hauptleistungspflicht** des Schuldners bezogen. Denkbar ist allerdings auch, dass der Schuldner dadurch vertragswidrig handelt, dass er im Zuge der (mangelfreien oder mangelhaften) Leistungserbringung andere Rechtsgüter des Gläubigers in Mitleidenschaft zieht. In diesen Fällen spricht man von **positiver Vertragsverletzung** oder **Schlechterfüllung.** Man kann sie deshalb als eigene Kategorie zusammenfassen, weil es jeweils um Nachteile geht, die bei völliger Nichterbringung der geschuldeten Leistung niemals entstanden wären. ***Beispiel:*** Der Malermeister beschädigt durch unsachgemäßes Hantieren mit der Leiter den wertvollen Kronleuchter. Hätte der Maler nicht ausgemalt, wäre der Schaden nicht eingetreten.

551a Grundsätzlich hat der Schuldner für jede positive Vertragsverletzung einzustehen, die er *schuldhaft* begangen hat. Es sind ja alle Voraussetzungen eines Schadenersatzanspruches erfüllt (dazu Rz 750ff). Da es um Ansprüche aus Vertrag und nicht bloß aus Delikt geht, greifen auch hier die für den Schädiger strengeren Bestimmungen ein (vgl Rz 439).

7. Kapitel
Vertragsänderungen

Weiterführende Literatur: *Dullinger,* Schuldrecht AT² Rz 5/1–5/92; *Koziol/Welser*[13] II 110–136; *Lukas,* Zession und Synallagma (2000); *Mayrhofer,* Schuldrecht AT 468–556, 630–637.

I. Abtretung (Zession)

1. Begriff

552 Unter **Abtretung (Zession)** versteht das Gesetz einen **Gläubigerwechsel:** Die Forderung scheidet aus dem Vermögen des bisherigen Gläubigers (Altgläubiger, Zedent) aus und steht nunmehr dem Neugläubiger (Zessionar) zu. Die gesetzliche Zulassung der Forderungsabtretung erweitert somit die wirtschaftlichen Entscheidungsmöglichkeiten eines Forderungsberechtigten: Er kann die Forderung gegen den Schuldner geltend machen, er kann aber auch – eben durch Abtretung – über sie verfügen.

Die Abtretung führt zum Gläubigerwechsel; sie ist der dafür erforderliche **modus,** das Verfügungsgeschäft. Doch auch eine Zession ist nur dann wirksam, wenn ihr ein **Titel** zu Grunde liegt (siehe Rz 288). Als solcher kommen verschiedenste Rechtsgeschäfte in Frage. Besonders bedeutsam sind der Kauf oder eine Sicherungsabrede, möglich aber etwa auch Tausch, Schenkung usw.

2. Objekt

Wie schon der Definition zu entnehmen ist, regelt das Gesetz die Abtretung 553
von **Forderungsrechten** (§§ 1392 ff ABGB). Einerseits können aber solche Rechte ausnahmsweise auch unabtretbar sein; man spricht dann von **höchstpersönlichen** Rechten. Zu solchen gehören etwa Unterhaltsansprüche wie überhaupt alle Rechte, die auf Grund ihres Zwecks oder einer ausdrücklichen gesetzlichen Vorschrift an einen ganz bestimmten Gläubiger gebunden sind. Anderseits können die Bestimmungen über die Forderungsabtretung grundsätzlich entsprechend auch auf sonstige Rechte, etwa **Gestaltungsrechte** (Rz 35), angewendet werden. Die Übertragung von **dinglichen Rechten** wie dem Eigentum ist hingegen im Sachenrecht eigens geregelt (Rz 336 ff).

Der Abtretbarkeit schadet es auch nicht, wenn das konkrete Forderungsrecht noch nicht fällig oder gar bedingt ist. Tritt die Bedingung ein, entsteht es dann direkt beim Zessionar. Die **Abtretung noch nicht fälliger Forderungen** ist sogar von ganz überragender praktischer Bedeutung. Solche Forderungen sind nämlich häufig die Kreditbasis des Unternehmers. So werden insbesondere betagte und zukünftige Forderungen **zur Sicherung abgetreten** (Rz 395) oder im Wege des **Factoring** verkauft (Rz 604).

Zulässig ist auch die so genannte **Globalzession.** Bei dieser wird der Übergang einer 554
Vielzahl zukünftiger, jedoch individualisierbarer Forderungen vereinbart: Ein Unternehmer überträgt seiner Hausbank alle zukünftigen Forderungen aus seinem Geschäftsbetrieb zur Sicherung eines Kredites. Der wirkliche Forderungsübergang ist selbstverständlich nicht vor dem Entstehen der Forderung möglich, die Übertragung daher mit dem Entstehen bedingt. Auch der bei Sicherungszessionen notwendige Publizitätsakt kann nicht vorweg gesetzt werden.

3. Akt der Abtretung

Wenngleich begrifflich Verpflichtungs- und Verfügungsgeschäft auch bei der 555
Veräußerung von Forderungen streng auseinander gehalten werden müssen, fallen diese praktisch häufig ununterscheidbar zusammen. Auch für das Verfügungsgeschäft reicht hier nämlich **schlichte Willenseinigung.** Der Forderungsübergang findet also allein dadurch statt, dass sich Altgläubiger und Neugläubiger auf Grund eines Titels über die Übertragung einigen!

Anderes gilt nur bei der **Abtretung zu Sicherungszwecken,** da dabei – wie bei der Verpfändung – zum Schutz des Verkehrs die Setzung eines **Publizitätsaktes** erforderlich ist (Rz 380, 392). Dieser kann in der Verständigung des Schuldners, aber auch in der Aufnahme eines entsprechenden Vermerks in den Geschäftsbüchern des Altgläubigers liegen, sofern es sich um eine Forderung handelt, die üblicherweise in den Geschäftsbüchern aufscheint.

4. Schuldnerschutz

556 **Eine Zustimmung des Schuldners ist zur Abtretung nicht erforderlich.** Dies ergibt sich daraus, dass der Neugläubiger immer bloß die *Rechte* erwirbt, die schon dem Altgläubiger zustanden; die Position des Schuldners kann also durch eine Abtretung niemals verschlechtert werden.

Zum Schutz des Schuldners war aber eine weitere Regelung notwendig. Da der Gläubigerwechsel ohne jede Kenntnis des Schuldners stattfinden kann, besteht die Gefahr, dass dieser seine Leistung dem Altgläubiger – als dem vermeintlich Berechtigten – erbringt. Rechtlich steht die Forderung jedoch nicht mehr diesem, sondern bereits dem Neugläubiger zu. Das Gesetz sieht daher vor, dass der Schuldner so lange **schuldbefreiend** an den Altgläubiger zahlen kann, wie er noch keine Kenntnis von der Abtretung hat. Den Schuldner trifft also grundsätzlich nicht das Risiko, zweimal zahlen zu müssen; vielmehr verliert in solchen Fällen der **stillen Abtretung** der Neugläubiger durch die Zahlung des Schuldners an den Altgläubiger seine Rechte (§§ 1395f ABGB). Daher wird der Neugläubiger im eigenen Interesse regelmäßig dafür sorgen, dass er dem Schuldner rechtzeitig als neuer Berechtigter bekannt wird.

557 Immer wieder untersagen – ausreichend verhandlungsmächtige – Schuldner ihren Gläubigern durch eine entsprechende Vertragsklausel die Abtretung der Forderungen (**vertraglicher Abtretungsausschluss,** öfters ungenau auch als *„Abtretungsverbot"* bezeichnet), um sich gewisse Lästigkeiten und Unsicherheiten zu ersparen. Dem stehen allerdings gewichtige Nachteile des Gläubigers gegenüber, der in seiner Verfügungsmöglichkeit deutlich eingeschränkt ist; so wären ihm etwa keine Sicherungsabtretungen (Rz 395) mehr möglich. Daher hat der Gesetzgeber im Jahre 2005 eine ausdrückliche Regelung getroffen, die vor allem die Gläubigerinteressen stärker berücksichtigt: Aus Unternehmensgeschäften resultierende **Geldforderungen zwischen Unternehmern** bleiben trotz rechtsgeschäftlicher Abtretungsausschlussklausel abtretbar; regelmäßig ist die Klausel überhaupt unwirksam. Schuldbefreiende Wirkung kommt nach Verständigung des Schuldners vom neuen Gläubiger grundsätzlich nur mehr der Zahlung an den Zessionar zu (§ 1396a ABGB).

5. Die Rechte des Neugläubigers

558 Grundsätzlich kann der neue Gläubiger vom Schuldner das fordern, was bisher dem Altgläubiger zustand. Nun sind jedoch mehrere Gründe denkbar, aus denen der Schuldner dem Neugläubiger die Leistung nicht oder bloß teilweise erbringt: Er erhebt erfolgreich Einwendungen, gerät in Zahlungsverzug oder fällt gar in Konkurs. In solchen Fällen wird sich der Neugläubiger an den Altgläubiger zu halten versuchen. Ausschlaggebend für dieses Verhältnis ist an sich der der Abtretung zu Grunde liegende Titel. Nur für die **Gewährleistung bei entgeltlicher Abtretung** enthält das Gesetz (§ 1397 ABGB) eine eigene Regelung: Der Altgläubiger hat dem Neugläubiger für die **Richtigkeit** und **Einbringlichkeit** der Forderung einzustehen. Unrichtig ist die Forderung etwa dann, wenn sie niemals entstanden ist oder dem Schuldner Einreden zustehen, uneinbringlich dann, wenn der Schuldner zahlungsunfähig ist.

Bei Verschulden des Altgläubigers kommen daneben **Schadenersatzansprüche** in Betracht; so wenn der Zedent bereits Kenntnis von berechtigten Einwendungen des Schuldners hat, diese dem Zessionar jedoch verschweigt.

6. Vertragliche und gesetzliche Abtretung

559 Regelmäßig ist **Titel der Abtretung** eine rechtsgeschäftliche Vereinbarung, also ein **Vertrag.** In Einzelfällen kommt es jedoch auch zu einem **Forderungs-**

übergang kraft Gesetzes (Legalzession). So tritt etwa derjenige, der für eine fremde Schuld haftet (zB ein Bürge), durch Befriedigung des Gläubigers automatisch in dessen Rechte ein (§ 1358 ABGB). Entsprechendes gilt für den Versicherer, der dem Versicherungsnehmer auf Grund des Versicherungsvertrages vom Dritten verursachte Schäden ersetzt; auch dieser erwirbt damit automatisch einen etwaigen Schadenersatzanspruch gegen den Schädiger (§ 67 VersVG; vgl Rz 740).

Zahlt hingegen jemand eine fremde Schuld, für die er *nicht haftet,* ist die **560**
Rechtsfolge eine schwächere: Der zahlende Dritte erwirbt nur dann die Rechte des Gläubigers, wenn er die Abtretung bei Zahlung verlangt. Tut er dies, wirkt die Befriedigung des Gläubigers als Einlösung der Forderung (**notwendige Zession** nach § 1422 ABGB).

II. Schuldübernahme und Schuldbeitritt

1. Schuldübernahme

Nicht nur auf Gläubigerseite, sondern auch auf Schuldnerseite kann es zu ei- **561**
nem Personenwechsel kommen. Ein solcher **Schuldnerwechsel (privative Schuldübernahme)** tangiert allerdings regelmäßig berechtigte Interessen des Gläubigers: Dieser hat ja auf die Zahlungsfähigkeit und Zahlungswilligkeit eines ganz bestimmten Schuldners vertraut und daher etwa mit diesem einen Vertrag abgeschlossen. Doch auch ohne ein solches Vertrauen (zB bei deliktischen Schadenersatzansprüchen) soll es generell auf die Bonität desjenigen ankommen, bei dem die Verpflichtung entstanden ist. Aus all diesen Gründen ist der **Schuldnerwechsel nur mit Zustimmung des Gläubigers möglich.**

Wird die Zustimmung des Gläubigers erteilt, scheidet damit der Altschuldner vollkommen aus der Haftung aus. Da allerdings auch diejenigen, die für den Altschuldner Sicherheit geleistet haben (zB Bürgen oder Pfandbesteller), bloß für die Zahlungswilligkeit und Zahlungsfähigkeit *dieser* Person einzustehen haben, haften auch sie nur bei Zustimmung zur Schuldübernahme für die Verpflichtung des Neuschuldners.

Wurde hingegen die **Zustimmung verweigert,** ändert sich an den Rechten des Gläubigers nichts. Vielmehr ist die als Neuschuldner geplante Person bloß dem „Altschuldner" gegenüber, also *nur im Innenverhältnis,* zur Befriedigung des Gläubigers verpflichtet (§ 1405 ABGB). Der „Übernehmer" muss also dafür sorgen, dass der wahre Schuldner vom Gläubiger nicht belangt wird, er haftet dem Gläubiger jedoch nicht unbedingt direkt. Eine solche **Erfüllungsübernahme** (§ 1404 ABGB) kann selbstverständlich auch durch unmittelbar darauf gerichtete Vereinbarung zustande kommen.

Besonderes gilt auch für den Fall, dass eine mit einer Hypothek belastete Liegenschaft erworben wird. Da die Hypothek immer den jeweiligen Grundstückseigentümer belastet, wird diese meist bei der Ausmessung des Entgelts berücksichtigt und häufig zwischen Veräußerer und Erwerber eine Schuldübernahme vereinbart. In solchen Fällen wird nun vom Gläubiger keine ausdrückliche Zustimmung zum Schuldnerwechsel verlangt. Vielmehr genügt es, wenn der Gläubiger nach Eigentumswechsel zur Annahme des neuen Schuldners aufgefordert wird und sich dazu binnen 6 Monaten nicht ablehnend äußert (§ 1408 ABGB).

2. Schuldbeitritt

562 Tritt hingegen **neben den bisherigen Schuldner ein weiterer Schuldner,** spricht man von **Schuldbeitritt (kumulative Schuldübernahme).** Da dabei die Stellung des Gläubigers bloß verbessert wird, ist seine Zustimmung nicht notwendig.

Die Vereinbarung eines Schuldbeitritts kann verschiedenste Gründe haben; erfolgt er **zu Sicherungszwecken,** wird der Beitretende in weiten Bereichen wie ein **Bürge und Zahler** (Rz 713) behandelt.

563 Von weit größerer wirtschaftlicher Bedeutung als der vertragliche ist aber der **gesetzliche Schuldbeitritt.** So hat etwa der rechtsgeschäftliche Erwerber eines Vermögens oder Unternehmens neben dem Veräußerer für dessen Schulden zu haften, die zum übernommenen Vermögen oder Unternehmen gehören (§ 1409 ABGB). Der Gläubiger soll sich also einerseits weiterhin an seinen Vertragspartner, anderseits an den Inhaber des „schuldnerischen" Unternehmens wenden können. Dem Übernehmer wird eine Haftung allerdings nur dann auferlegt, wenn er die konkreten Schulden bei Übernahme des Unternehmens kannte oder zumindest kennen musste. Ferner haftet er bloß bis zur Höhe des übernommenen Aktivvermögens.

Um den Erfolg von Sanierungsversuchen nicht schon von vornherein zu vereiteln, ist eigens bestimmt, dass den Übernehmer etwa bei Erwerb eines Unternehmens im Wege der Zwangsvollstreckung, des Konkurses oder des Ausgleichsverfahrens keine Haftung trifft (§ 1409a ABGB). In diesen Fällen ist überdies gesichert, dass der Kaufpreis den Gläubigern zugute kommt.

III. Vertragsübernahme

564 Unter den Voraussetzungen des Gläubiger- und Schuldnerwechsels ist auch die **Übertragung der gesamten Vertragspartnerposition** möglich. Diese **rechtsgeschäftliche Vertragsübernahme** verlangt deshalb zwingend die Zustimmung des verbleibenden Vertragspartners, weil sie regelmäßig auch einen Schuldnerwechsel beinhaltet. Eine solche Zustimmung ist bloß in den seltenen Fällen ausdrücklicher gegenteiliger Gesetzesanordnung entbehrlich; so etwa für den Erwerb der Vertragsposition eines Mieters bei Erwerb eines in den Mieträumlichkeiten betriebenen Unternehmens und beim Wohnungstausch nach den §§ 12f MRG oder bei Erwerb der versicherten Sache nach den §§ 69ff VersVG **(gesetzliche Vertragsübernahme).**

564a Auch § 38 UGB sieht bei **Veräußerung eines lebenden Unternehmens** eine Art Vertragsübernahme vor: Auf den Erwerber gehen – mangels abweichender, im Firmenbuch eingetragener oder anders kundgemachter Vereinbarung – alle bestehenden unternehmensbezogenen, nicht höchstpersönlichen Rechtsverhältnisse des Veräußerers zu dritten Personen mit den bereits entstandenen Rechten und Verbindlichkeiten über. Besonderheiten: Der Dritte kann dem Übergang des Vertrages innerhalb von drei Monaten *widersprechen.* Und der Veräußerer haftet dem Dritten trotz Übergangs weiter; er wird von dieser *Weiterhaftung* erst mit Ablauf bestimmter Fristen frei (s § 39 UGB).

565 Sogar ein **Vertragsbeitritt** ist möglich; dieser bedarf aber der Zustimmung des anderen Vertragspartners. ***Beispiel:*** Der Mieter möchte, dass seine Lebensgefährtin als Mitmieterin in den Mietvertrag aufgenommen wird.

IV. Vergleich

566 Zu einer Änderung zunächst bestehender Vertragspflichten kann es auch durch Abschluss eines **Vergleiches** kommen: Die Parteien sind sich über das Bestehen oder die Reichweite bestimmter Rechte uneinig; um die Unklarheiten nicht durch das Gericht entscheiden lassen zu müssen und um den Geschäftsfall möglichst schnell und reibungslos abwickeln zu können, gelangen sie dadurch zu einem Kompromiss, dass jeder zu Gunsten des anderen von seinen Vorstellungen abrückt. **Im Vergleich werden also unter beiderseitigem Nachgeben streitige oder zweifelhafte Rechte neu festgelegt** (§ 1380 ABGB).

Haben die Parteien einvernehmlich eine solche endgültige Festlegung gewollt, wirkt der Vergleich **konstitutiv:** Beide Parteien sind an den Vergleichsinhalt gebunden. Die Berufung auf nachträglich aufgefundene Beweismittel, die den seinerzeitigen Standpunkt eines der Streitteile bekräftigen oder gar verifizieren (etwa Quittungen, die die bereits erfolgte Zahlung belegen), ist daher unbeachtlich. Der Vergleich ist jedoch trotz der konstitutiven Wirkung kein abstraktes Geschäft, sondern wie alle zweipersonalen Verträge kausal: Von der Rechtsordnung anerkannter Rechtsgrund ist hier die **Streitbereinigung** als solche.

V. Anerkenntnis

567 Im Unterschied zum Vergleich liegt im **Anerkenntnis** nicht beidseitiges, sondern **bloß einseitiges Nachgeben** eines der Streitteile. Die Rechtsordnung gestattet auch eine solche Verpflichtung durch Anerkenntnis, weil sie der Streitbereinigung dient. Ohne vorausgehenden Streit oder Zweifel wäre jedoch eine als „Anerkenntnis" bezeichnete Verpflichtung als rein abstrakte unwirksam (Rz 418).

Das Anerkenntnis bildet wie der Vergleich nur dann einen **eigenständigen Verpflichtungsgrund,** der eine Berufung auf die „wahre Rechtslage" abschneidet, wenn die Vereinbarung von den Parteien tatsächlich als **rechtsbegründend (konstitutiv)** gemeint war. Dies ist etwa dann der Fall, wenn der vom Gläubiger bedrängte Schuldner erklärt, er verpflichte sich hiermit unabhängig vom Bisherigen feierlich, dem Gläubiger die aus dem strittigen Kaufvertrag geforderten € 1000 zu bezahlen. Hier soll der Streit über Bestehen oder Nichtbestehen *endgültig* bereinigt werden; es liegt somit ein **konstitutives Anerkenntnis** vor.

568 Davon streng zu unterscheiden ist das bloß **deklaratorische Anerkenntnis.** Dabei gibt der Schuldner keine Erklärung ab, die unmittelbar auf die Herbeiführung von Rechtsfolgen gerichtet ist (Willenserklärung), sondern bestätigt bloß, dass das vom Gläubiger behauptete Recht seines Wissens bestehe (Wissenserklärung über Tatsachen). Ein solches deklaratorisches Anerkenntnis liegt häufig vor, wenn ein Unfallbeteiligter dem anderen unmittelbar nach dem Ereignis die Alleinschuld am Unfall „zugesteht". Es ändert zwar nicht die Rechtslage; ein solches Zugeständnis ist aber insofern von Belang, als es ein starkes Beweismittel zu Lasten des Anerkennenden darstellt. Im Falle des gerichtlichen Streits bleibt jedoch eine **Widerlegung** durch andere Beweismittel **möglich:** Es findet sich etwa eine Reihe glaubwürdiger Zeugen, die zwar die Vorrangverletzung des Anerkennenden, jedoch ebenso die weit überhöhte Geschwindigkeit des Unfallgegners bestätigen.

VI. Novation und Schuldänderung

569 Im Gegensatz zu einer sonstigen (unwesentlichen) **Schuldänderung** spricht man von **Novation** (§§ 1376 ff ABGB), wenn es zur **Änderung des Rechtsgrundes oder Hauptgegenstandes** einer Forderung kommt: Die Parteien des bisherigen Tauschvertrages vereinbaren, dass der eine Teil statt der Sachleistung eine Geldleistung erbringen soll; hier ändert sich sowohl der Rechtsgrund (Kauf statt Tausch) als auch der Hauptgegenstand (Geld statt Sache). Betrifft die Änderung hingegen bloß Nebenpunkte, etwa die Höhe von Darlehenszinsen oder die Fälligkeit einer Forderung, hat man es mit einer schlichten Schuldänderung zu tun.

Die Feststellung, ob es zu einer Novation gekommen ist, hat praktisch bloß dann Bedeutung, wenn die ursprüngliche Forderung durch Bürgschaften, Pfänder usw gesichert war. Da die Sicherungsgeber nicht die Haftung auch für die Neuverbindlichkeit übernommen haben, fällt ohne ihre Zustimmung zur Novation die Haftung grundsätzlich dahin. Bei der bloßen Schuldänderung bleibt sie hingegen bestehen; allerdings kann die Änderung zu keinen zusätzlichen Belastungen der Sicherungsgeber führen (daher weiterhin Haftung bloß für 4% Zinsen, wenn die Zinsenvereinbarung zwischen Gläubiger und Schuldner nach Bestellung der Sicherheit auf 6% geändert wurde).

8. Kapitel

Beendigung des Vertragsverhältnisses

Weiterführende Literatur: *Dullinger,* Schuldrecht AT[2] Rz 4/1–4/56; *dies,* Handbuch der Aufrechnung (1995); *Koziol/Welser*[13] II 95–110; *Mayrhofer,* Schuldrecht AT 537–630.

570 In diesem Kapitel werden die wichtigsten Gründe behandelt, aus denen es zur **Beendigung eines Vertragsverhältnisses** kommen kann. Unter „Beendigung" wird dabei die *reguläre* Abwicklung oder die Auflösung eines Vertrages verstanden; irreguläre Gründe (Mängel beim Vertragsabschluss oder bei der Vertragsabwicklung, die zur Vertragsauflösung berechtigen) wurden schon an anderer Stelle (Rz 440 ff) ausführlich erörtert.

Beendigung des Vertragsverhältnisses heißt jedoch nicht, dass sich die Rechtsfolgen nunmehr so beurteilen, als wenn überhaupt nie ein gültiges Vertragsverhältnis bestanden hätte. Vielmehr geht es bei Zielschuldverhältnissen vor allem darum, dass keine Hauptleistungsansprüche mehr geltend gemacht werden können, und bei Dauerschuldverhältnissen darum, dass nach Beendigung keine Hauptleistungspflichten mehr entstehen.

I. Erfüllung

1. Begriff

571 Zum Erlöschen einer vertraglichen Verpflichtung führt primär die **Erfüllung.** Sie besteht in der **Leistung des Geschuldeten** (§ 1412 ABGB). Dazu ist einmal nötig, dass der Schuldner die Leistung wie vereinbart (am richtigen Ort, zur richtigen Zeit, in der vertragsgemäßen Qualität usw) **anbietet.** Bloßes Anbieten führt allerdings niemals zur Erfüllung, sondern nur zu den Rechtsfolgen des **Annahmeverzuges** (Rz 522). Dem Schuldner ist die Nichterfüllung zwar nicht vorzuwerfen, er muss aber leisten, wenn der Gläubiger in der Folge die notwendigen Mitwirkungshandlungen setzt.

Zur **Befreiung von der Verbindlichkeit** ist neben dem Anbieten also noch erforderlich, dass der Gläubiger die Leistung **annimmt.** Dieses Annehmen ist regelmäßig aktives Mitwirken: Der Gläubiger erscheint am vereinbarten Ort, um die Ware in Empfang zu nehmen, er fährt mit dem gekauften Auto davon usw. Unter Umständen kann es allerdings auch ohne Zutun des Gläubigers zur Erfüllung kommen, so wenn der Schuldner die Geldschuld vereinbarungsgemäß auf das Konto des Gläubigers überweist oder der Werkunternehmer das Haus des Bestellers wie aufgetragen anstreicht.

Der Gläubiger muss immer bloß eine **vereinbarungsgemäße Leistung** als Erfüllung annehmen (§ 1415 ABGB). Bei Geldschulden gerät er jedoch wohl in Teilverzug, wenn er die Annahme von Teilbeträgen verweigert. Praktisch wird ein Gläubiger aber ohnehin auch Teilleistungen nach dem Motto „besser etwas als gar nichts" entgegennehmen und lieber bloß dem Rest nachlaufen als dem gesamten Betrag.

2. Einschaltung Dritter

Grundsätzlich hat die Erfüllung durch **Leistung des Schuldners an den Gläubiger** zu erfolgen. Schuldbefreiend ist jedoch einmal auch eine Leistung an dritte Personen, wenn der Gläubiger schon bei Vertragsabschluss oder in der Folge Leistung an diese verlangt hat oder der Gläubiger den Dritten zur Empfangnahme ermächtigt hat. Damit befreit den Schuldner also etwa Leistung an den Anweisungsempfänger (Rz 854) oder an den Vertreter des Gläubigers. 572

Umgekehrt hat der Schuldner regelmäßig bloß **in seiner Verantwortung** zu leisten. Er kann also zur Erfüllung ohne weiteres auch *Gehilfen* einsetzen: Das Haus wird unter Anleitung des Meisters, der aus dem Werkvertrag Schuldner ist, von Lehrlingen und Gesellen verputzt.

Dritte Personen können eine Verpflichtung sogar gegen den Willen des Schuldners erfüllen, wenn bloß der Gläubiger zustimmt (§ 1423 ABGB): Der Vater tilgt Zahlungsverpflichtungen seines Sohnes, der sich dagegen ausgesprochen hat, weil er dem verhassten Gläubiger unter keinen Umständen etwas zukommen lassen will.

3. Rechtsfolgen

Regelmäßig führt die Befriedigung des Gläubigers zum **Erlöschen der Schuld.** Haben allerdings nicht im Namen des Schuldners handelnde Dritte geleistet, fällt die Forderung des Gläubigers nicht unter allen Umständen dahin; abgesehen von der Möglichkeit rechtsgeschäftlicher Abtretung an den zahlenden Dritten Zug um Zug gegen Zahlung kommt auch eine notwendige oder gesetzliche Abtretung in Frage (Rz 559f). 573

Umgekehrt ist der Gläubiger verpflichtet, dem Schuldner bei Zahlung eine **Quittung** auszustellen, die ein schriftliches Zeugnis über die Erfüllung der Verbindlichkeit ist (§ 1426 ABGB). Die Quittung hat ebenso wie ein *Schuldschein* bloß Beweiskraft, wirkt jedoch nicht konstitutiv; ihre Unrichtigkeit im Einzelfall könnte also geltend gemacht werden.

4. Geldschulden

Nun sollen ganz kurz einige Sonderregeln der im Wirtschaftsleben wohl besonders bedeutsamen **Geldschuld** dargestellt werden. Ist ein Schuldner vertraglich zu einer Geldleistung verpflichtet, hat er grundsätzlich **Bargeld** zu leisten. Häufiger ist allerdings die Zahlung mit sog **Buchgeld:** Der Schuldner zahlt nicht bar, sondern überweist die geschuldete Geldsumme auf ein Konto des Gläubigers. 574

Rechtlich verschafft damit der Schuldner dem Gläubiger (bloß) eine **Forderung gegen das kontoführende Kreditinstitut.** In weiten Bereichen steht das Buchgeld dem Bargeld gleich. Im Unterschied zum Bargeld ist das Buchgeld jedoch nicht immer verfügbar (man denke nur an ein Wochenende, an dem auch die Bankomatkarte ihren Geist aufgibt); überdies besteht sogar bei Kreditinstituten die Gefahr der Zahlungsunfähigkeit. Die Forderung wäre dann uU nicht mehr (voll) einbringlich (zur Einlagensicherung und ihren Grenzen s Rz 694 a).

Wegen der Vereinfachung sowie der Gebräuchlichkeit im Wirtschaftsverkehr können Geldschulden jedoch sehr häufig auch durch Verschaffung von Buchgeld getilgt werden. Zwar ist dazu eine entsprechende *Zustimmung des Gläubigers* notwendig. Diese wird aber etwa schon darin gesehen, dass der Gläubiger in seinem Briefpapier oder der Rechnung eine Kontoverbindung abdruckt; keinerlei Zweifel besteht schließlich bei der Übersendung von Zahlscheinen.

Hat ein Schuldner bei einem Gläubiger mehrere gleichartige Verpflichtungen (insbesondere Geldschulden), so kann manchmal zweifelhaft sein, welche Schuld durch eine bestimmte Zahlung getilgt werden sollte. Nähere Regelungen treffen die §§ 1415 f ABGB. Mangels einer Vereinbarung zwischen Schuldner und Gläubiger oder einer vom Gläubiger unwidersprochenen Widmung durch den Zahler lautet das Prinzip, dass die für den Verpflichteten *beschwerlichere* Schuld getilgt wird (Zinsen vor Kapital, gesicherte vor ungesicherten Ansprüchen usw). – Zur *Verzinsung* von Geldschulden s Rz 517 a.

II. Hinterlegung

575 Kommt es mangels Mitwirkung des Gläubigers nicht zur Erfüllung, so kann der Schuldner seine Verpflichtung auch dadurch begleichen, dass er das von ihm Geschuldete **hinterlegt,** sofern es sich dazu eignet (§ 1425 ABGB). Man kann jedoch niemals allein dadurch von seiner Verpflichtung frei werden, dass man etwa im Gasthaus den Kellner dreimal zum Kassieren auffordert. Dies kann bei Verstreichen einer unangemessenen langen Wartefrist höchstens zum Annahmeverzug führen.

Die Hinterlegung ist außer im Fall des Annahmeverzuges etwa auch dann berechtigt, wenn der Gläubiger unbekannt oder abwesend ist. Schuldbefreiende Wirkung hat die Hinterlegung jedoch nur dann, wenn sie **beim Gericht des Erfüllungsortes** erfolgt. Vor allem Geld und kleinere Wertgegenstände werden unmittelbar bei Gericht erlegt und verwahrt, ansonsten wird vom Gericht ein Verwahrer bestellt.

III. Leistung an Zahlungs statt

576 Will oder kann der Schuldner die von ihm versprochene Leistung nicht erbringen und ist er weiterhin zur Erfüllung verpflichtet (also etwa nicht im Falle der zufälligen Unmöglichkeit), **befreit die Erbringung einer anderen Leistung nur dann, wenn der Gläubiger damit einverstanden ist** (§ 1414 ABGB). Dieses Rechtsinstitut ist damit der Novation (Rz 569) verwandt: Während bei der Novation jedoch bloß die ursprüngliche Vertrags*verpflichtung* durch eine andere ersetzt wird, kommt es bei der **Leistung an Zahlungs statt** zur gleichzeitigen *Erfüllung.*

577 ***Achtung!*** Die Leistung an Zahlungs statt darf nicht mit der **Leistung zahlungshalber** verwechselt werden. Wird etwas bloß zahlungshalber (erfüllungshalber) gegeben, ist damit bezweckt, dass sich der Gläubiger *primär* aus dieser Leistung Befriedigung verschafft: Da der Geldschuldner im Erfüllungszeitpunkt kein Bargeld hat, tritt er dem Gläubiger die Geldforderung gegen einen Dritten ab. Die Schuld des Abtretenden ist erst dann getilgt, wenn der Gläubiger aus der Forderung tatsächlich Zahlung erhält; wurde die Forderung hingegen an Zahlungs statt abgetreten, wäre die Schuld schon allein dadurch erfüllt. Auch eine Leistung zahlungshalber kann dem Gläubiger ohne seine Zustimmung nicht aufgedrängt werden.

Die Unterscheidung ist oft nicht leicht: Wechsel und Scheck werden im Zweifel zahlungshalber, körperliche Sachen hingegen an Zahlungs statt gegeben.

IV. Aufrechnung

1. Begriff und Zweck

Unter **Aufrechnung** (**Kompensation;** §§ 1438ff ABGB) versteht man die **578**
Aufhebung einer (Haupt-)Forderung durch eine Gegenforderung. Sie ist praktisch nur bei Geldforderungen von Bedeutung. Hat jemand gegen seinen Geschäftspartner eine Forderung, dem er seinerseits Geld schuldet, wäre die tatsächliche Erfüllung der einzelnen Verbindlichkeiten zwar möglich, aber umständlich. Der gleiche Erfolg kann einfacher durch Aufrechnung erreicht werden. Überdies ist der, der aufrechnen kann, in Höhe der Gegenforderung nicht von der Bonität seines Schuldners abhängig; dies bezeichnet man als **Sicherungszweck** der Aufrechnung.

2. Vollzug

Die Aufrechnung erfolgt durch **Abgabe einer Aufrechnungserklärung** gegen- **579**
über dem Aufrechnungsgegner. Diese kann grundsätzlich von jedem der beiden Beteiligten abgegeben werden, da ja jeder zugleich Gläubiger und Schuldner ist. Hindernis wäre bloß ein (vertragliches oder gesetzliches) **Aufrechnungsverbot** (besser: Aufrechnungs*ausschluss*), das einen oder beide Teile an der Aufrechnung hindern könnte.

3. Voraussetzungen

Selbstverständlich kann nicht mit jeder Forderung gegen eine andere aufge- **580**
rechnet werden. Grundsätzlich wird **Gegenseitigkeit, Gleichartigkeit, Gültigkeit und Fälligkeit** verlangt. Das bedeutet, dass tatsächlich der eine Teil jeweils Gläubiger und Schuldner des anderen ist; dass die Verpflichtungen Schulden gleicher Art – also vor allem Geldschulden – sind; schließlich, dass jeder Teil seine Forderung allein erfolgreich einklagen könnte, wobei jedoch Fälligkeit der (Gegen-) Forderung des Aufrechnenden genügt.

Grundsätzlich kann also *mit* einer so genannten **Naturalobligation** (Rz 42) nicht aufgerechnet werden. Die Aufrechnungsmöglichkeit soll ja bloß eine vereinfachte Abwicklung erreichen, nicht aber die Rechte eines der Beteiligten stärken. Da eine Naturalobligation wirksam beglichen werden kann, ist Aufrechnung *gegen* solche Forderungen selbstverständlich wirksam, wirtschaftlich aber alles andere als sinnvoll. Schließlich wird von vielen bei der *Verjährung* eine Ausnahme gemacht: Auch mit verjährten Forderungen soll dann aufgerechnet werden können, wenn Forderung und Gegenforderung einander einmal aufrechenbar und unverjährt gegenübergestanden sind. Diese Abweichung widerspricht jedoch wesentlichen Grundsätzen des Verjährungsrechts, ist von den anerkannten Zwecken der Aufrechnung nicht gedeckt und ergibt sich auch nicht zwingend aus dem Gesetz.

4. Rechtsfolgen

581 Die zuletzt hinsichtlich der verjährten Forderung geschilderte Ausnahme wird mit der – ihrerseits zweifelhaften – **Rückwirkung der Aufrechnung** (§ 1438 ABGB) erklärt: Nach Aufrechnung sollen die Forderungen so zu behandeln sein, als wären sie schon in dem Zeitpunkt, in dem sie einander das erste Mal aufrechenbar gegenüberstanden, getilgt worden. Ab diesem Zeitpunkt würden also etwa auch keine Zinsen mehr laufen.

Gewisse Ähnlichkeiten mit der Aufrechnung hat die Abrechnung mittels **Kontokorrents** (Rz 698f).

V. Verzicht

582 Die Privatautonomie gibt einem Gläubiger selbstverständlich die Möglichkeit, auf sein Recht zu Gunsten des Schuldners zu **verzichten** (§ 1444 ABGB). Ein solcher **Erlass** ist auch *entgeltlich* denkbar: Der Gläubiger erklärt sich gegen Zahlung einer bestimmten Summe zum Verzicht auf den auf Leistung eines Computers gerichteten Vertragsanspruch bereit. Jeder Verzicht, also auch der unentgeltliche, bedarf als **Vertrag** einer Einigung zwischen Gläubiger und Schuldner.

VI. Vereinigung der Position von Gläubiger und Schuldner

583 Erlangt der Schuldner – etwa im Erbwege – auch die entsprechende Forderung, so erlischt sie durch **Vereinigung (Konfusion).** Dieser in § 1445 ABGB verankerte Grundsatz erklärt sich leicht daraus, dass niemand gegen sich selbst Ansprüche geltend machen kann. Ist jedoch ein Wiederaufleben der Forderung sinnvoll möglich, kann der Anspruch während der Vereinigung auch bloß „ruhen". Dies wird etwa dann angenommen, wenn der Schuldner Inhaber- oder Orderpapiere (Rz 847ff) selbst erworben hat. Gibt er sie weiter, wird der Erwerber Gläubiger. Ähnliches kann auch im Bereich der Hypotheken wünschenswert sein, da dort die Rangordnung des Pfandrechts eine besondere Rolle spielt (vgl Rz 387, 374): Der Gläubiger erwirbt das Grundstück, das zu seinen Gunsten mit einer Hypothek belastet ist.

VII. Ordentliche Kündigung

584 Im Wirtschaftsleben sind ständige Geschäftsverbindungen von besonderer Bedeutung: Der Unternehmer kennt seinen Partner, er kann mit gleich bleibender Qualität rechnen und erfährt in Notfällen eine begünstigte Behandlung. Solche Geschäftsverbindungen sind regelmäßig auch vertraglich abgesichert. Will nun einer der Teile diese Beziehung abbrechen, so ist zu unterscheiden:

Sofern es bloß um **Zielschuldverhältnisse** geht, wird der Unternehmer keine Folgeverträge mehr abschließen. Noch nicht vollständig erfüllte Verträge sind jedoch abzuwickeln. Anderes gilt für **auf unbestimmte Zeit abgeschlossene Dauerschuldverhältnisse.** Diese können grundsätzlich – Ausnahmen gibt es etwa im Mietrecht – durch **ordentliche Kündigung** aufgelöst werden. Eine solche Auflösung erfolgt durch (außergerichtliche oder gerichtliche) Kündigungserklärung, wobei insbesondere im Arbeitsrecht bestimmte **Kündigungstermine** (Zeitpunkt der Beendigung des Vertragsverhältnisses) und **Kündigungsfristen** (Zeit, die zwischen Zugang der Kündigungserklärung und geplantem Vertragsende verstreichen muss) einzuhalten sind. – Zur *außerordentlichen* Kündigung Rz 416.

Für gewisse **Konsumentengeschäfte** finden sich zu Gunsten der Verbraucher relativ zwingende Vorschriften (§ 15 KSchG): Haben sich Unternehmer und Verbraucher jeweils zu wiederholten Leistungen – der Konsument zu Geldleistungen – verpflichtet, und wurde eine unbestimmte oder eine ein Jahr übersteigende Vertragsdauer vorgesehen, kann der Verbraucher den Vertrag zum Ablauf des ersten Jahres und später zum Ablauf jedes halben Jahres kündigen. Die **Kündigungsfrist** beträgt jeweils **zwei Monate.** **585**

Die Regelung gilt an sich für *Dauerschuldverhältnisse.* Doch auch wenn der Unternehmer insgesamt eine *unteilbare* Leistung (Lexikon mit 24 Bänden, Schachspiel usw) schuldet *(Zielschuldverhältnis!),* besteht eine solche Kündigungsmöglichkeit (Details in § 15 Abs 2 KSchG).

Um eine immer wieder auftretende Streitfrage von vornherein zu klären, wird gesetzlich angeordnet, dass **fristwidrige Kündigungserklärungen** automatisch auf den nächsten zulässigen Kündigungstermin wirken. Diese Regel entspricht sicherlich dem typischen Verbraucherwillen. (*Beispiel:* Der Abonnent einer Zeitschrift kündigt den Bezugsvertrag am 30. 11. „zum Jahresende" auf. Die Kündigung wird mit dem 30. 6. des nächsten Jahres wirksam, ohne dass es einer neuen – korrekten – Kündigungserklärung bedarf.)

War die Kündigung wirksam, können mit Ablauf des Kündigungstermins keine neuen Vertragsverpflichtungen mehr entstehen; die Durchsetzung bereits davor entstandener bleibt jedoch weiterhin möglich. So kann der Arbeitnehmer etwa Zahlung des für den Monat vor dem Kündigungstermin ausstehenden Entgelts verlangen, nicht jedoch Lohn für den Monat danach. **586**

VIII. Zeitablauf

Beendigung allein durch **Zeitablauf** kommt dann in Betracht, wenn der Vertrag von vornherein mit einem bestimmten **Endtermin** begrenzt war. **587**

IX. Tod einer Vertragspartei

An sich hat der **Tod einer Vertragspartei** keinen Einfluss auf Bestand und Inhalt vertraglicher Rechte und Pflichten. Forderungen und Schulden gehen vielmehr auf die Erben des Gläubigers bzw Schuldners über. Ausnahmen von diesem Grundsatz gelten vor allem dann, wenn es um höchstpersönliche oder solche Verhältnisse geht, bei denen dem persönlichen Vertrauen besondere Bedeutung zukommt: So wird etwa ein Vollmachtverhältnis durch Tod von Vollmachtgeber oder Bevollmächtigtem grundsätzlich aufgehoben (§ 1022 ABGB). Nicht durch den Tod des Vollmachtgebers erlöschen regelmäßig aber etwa Prozessvollmachten oder solche, die von einem Unternehmer erteilt wurden (vgl § 52 Abs 3 und § 58 Abs 3 UGB); in diesem Bereich werden die Interessen an der Fortführung des Gerichtsverfahrens bzw am Fortbetrieb des Unternehmens als vorrangig angesehen. Aus höchstpersönlichen Gründen erlischt etwa die Verpflichtung eines Künstlers zum Malen eines Bildes. Der Gläubiger hätte mit einem Werk des Erben ja regelmäßig nicht viel Freude. **588**

X. Konkurs einer Vertragspartei

589 Auch der **Konkurs** eines Vertragspartners gefährdet die reibungslose Abwicklung des Geschäftes. Dennoch führt allein der Konkurs regelmäßig keine Beendigung herbei. Im Einzelnen unterscheidet die **Konkursordnung (KO)** nach dem Abwicklungsstadium des betreffenden Geschäftes. Häufig steht dem Masseverwalter ein Wahlrecht zu (vgl Rz 1361). Denkbar ist aber auch, dass dem Partner des in Konkurs Gefallenen bloß ein Anspruch in Höhe der (regelmäßig sehr niedrigen) Konkursquote gewährt wird. Diese Rechtsfolge tritt etwa dann ein, wenn der Partner seine Leistung bereits vollständig erbracht hat und nicht dinglich gesichert ist.

Ausnahmsweise beseitigt schon der Konkurs selbst Rechte und Pflichten. So erlischt etwa die Vollmacht bei Konkurs des Vollmachtgebers oder des Vertreters (§ 1024 ABGB) und wird eine stille Gesellschaft durch den Konkurs eines Gesellschafters aufgelöst (vgl Rz 1169).

9. Kapitel
Veräußerungsverträge

Weiterführende Literatur: *Apathy/Riedler,* Schuldrecht BT² Rz 1/1–2/10; *Kalss/Schauer,* Allgemeines Handelsrecht Rz 10/1–10/57; *Keinert,* Unternehmensrecht Rz 284–289; *Koziol/Welser*¹³ II 165–195; *Krejci,* Handelsrecht³ 291–982; *Roth/Fitz,* Unternehmensrecht² Rz 932–964.

I. Kaufvertrag

1. Begriff und Rechtsquellen

590 Der **Kaufvertrag** ist als Umsatzgeschäft der wirtschaftlich weitaus wichtigste Vertragstyp. Er ist dadurch gekennzeichnet, dass ein Vertragsteil dem anderen die Bezahlung einer bestimmten Summe Geldes gegen Übereignung einer Sache verspricht. Wegen des weiten Sachbegriffs können etwa auch Forderungen oder sonstige unkörperliche Sachen (Rechte) gekauft werden. Gegenleistung muss immer Geld sein; dabei ist es gleichgültig, ob die Parteien die Zahlung von Bar- oder Buchgeld (Rz 700) oder etwa Zahlung in ausländischer Währung vereinbart haben.

590 a Gesetzliche Regeln enthält das ABGB in den §§ 1053–1089. Für den *internationalen Warenkauf* greifen primär die Vorschriften des UN-Kaufrechts (Rz 613 a ff) ein. Einige Sondervorschriften für den (nationalen) **Warenkauf** finden sich in den §§ 373–381 UGB. Sie gelten für Kauf und Tausch von Waren und Wertpapieren sowie für die entgeltliche Herstellung beweglicher körperlicher Sachen (Rz 659), sofern es sich um ein unternehmensbezogenes Rechtsgeschäft handelt. Unter *Waren* werden nur bewegliche, körperliche Sachen, die auch umlauffähig sind, verstanden; also zB nicht Grundstücke und Forderungsrechte. Gleich zu behandeln sind wohl nur solche *Wertpapiere,* die nach sachenrechtlichen Grundsätzen übertragen werden (vgl Rz 832, 849). Zur praktisch besonders bedeutsamen *Mängelrüge* bereits Rz 547.

Beim Verkauf von Gebäuden bzw Wohnungen trifft den Verkäufer die Pflicht, dem Käufer einen *Energieausweis* zu übergeben (dazu kurz Rz 623 a).

2. Zustandekommen

Wie auch für die meisten sonstigen Verpflichtungsgeschäfte ist für einen gültigen Vertragsabschluss eine entsprechende Willenseinigung notwendig. Die **Mindestbestandteile Ware und Preis** müssen zumindest *bestimmbar* sein. Gültig ist daher neben der Festlegung einer bestimmten Summe auch die Abrede „aktueller Listenpreis“, „heutiger Tageshöchstpreis“, ebenso die Festlegung durch eine dritte Person (vgl die §§ 1056ff ABGB). Ausnahmsweise kann sogar ein Vertragsteil nachträglich den Preis festsetzen. 591

Jedenfalls beim Verkauf an Private enthält der vereinbarte Kaufpreis im Zweifel auch die *Umsatzsteuer.*

Bei Veräußerung *preisgeregelter Waren* sind nur Vereinbarungen wirksam, die sich im Rahmen der Preisregelungsvorschriften bewegen. Insbesondere führt das Überschreiten von Höchstpreisen zur *Teilnichtigkeit* der Entgeltsabrede; der vereinbarte Preis wird durch den gesetzlichen verdrängt (§ 917a ABGB). 592

3. Pflichten des Käufers

a) Hauptpflicht

Hauptpflicht des Käufers ist die **Zahlung des vereinbarten Kaufpreises.** Grundsätzlich ist Barzahlung Zug um Zug gegen Erhalt der Kaufsache geschuldet (§ 1062 ABGB); typische Abweichungen davon werden in der Folge behandelt. 593

b) Nebenpflichten

Den Käufer treffen die allgemeinen Schutz- und Sorgfaltspflichten eines Vertragspartners. Auf Käuferseite sind diese kaum von Bedeutung. 594

4. Pflichten des Verkäufers

a) Hauptpflicht

Der Verkäufer hat die verkaufte Ware im vereinbarten Zeitpunkt mangelfrei in das Eigentum des Käufers zu übergeben. Der Verkäufer schuldet also nicht nur Überlassung der Gewahrsame, sondern das dingliche Vollrecht an der Sache. 595

b) Nebenpflichten

Je nach Art der Kaufsache treffen den Verkäufer unterschiedliche Nebenpflichten: Der Verkäufer hat etwa vor besonderen Gefahren, die mit der Kaufsache verbunden sind, zu warnen, er hat Gebrauchsanweisungen mitzuliefern, er muss bestimmte Urkunden (Kfz-Papiere) ausfolgen usw. 596

5. Wichtige Sonderformen

a) Kreditkauf

aa) Begriff

Sehr häufig kommt aus wirtschaftlichen Gründen sofortige volle Barzahlung des Kaufpreises nicht in Betracht. Der Käufer soll aber die Kaufsache möglichst sofort nutzen können. Ihm wird daher der Kaufpreis (ganz oder zum Teil) **kreditiert:** Er erhält die Sache sofort, muss seine Zahlungen aber erst in Zukunft erbrin- 597 gen. Da die Verfügungsgeschäfte an sich voneinander unabhängig sind, erhält der Käufer mangels gegenteiliger Vereinbarung (Eigentumsvorbehalt) in dem Augenblick Alleineigentum am Kaufgegenstand, in dem er die Sache übergeben erhält (§ 1063 ABGB).

bb) Kauf unter Eigentumsvorbehalt

598 Regelmäßig geht der Verkäufer jedoch nicht das Risiko ein, die von ihm verkaufte Sache ohne Erhalt einer Gegenleistung zu übereignen. Im Konkurs des Käufers ist er dann ja nicht mehr gesichert. Regelmäßig wird daher ein Kreditkauf bloß **unter Eigentumsvorbehalt** (Rz 396ff) geschlossen: Die Parteien kommen überein, dass der Verkäufer solange Eigentümer der Kaufsache bleiben soll, bis der Kaufpreis zur Gänze getilgt ist. Bei Zahlungsverzug hat der Verkäufer dann sowohl eine Rücktrittsmöglichkeit als auch in Gestalt seines Eigentums regelmäßig ausreichende Sicherheit für seine noch offene Kaufpreisforderung. ***Achtung!*** Der Eigentumsvorbehalt verlangt eine gesonderte *vertragliche Vereinbarung;* ansonsten führt Vorleistung zum Eigentumsverlust!

Veräußert der Vorbehaltskäufer die Kaufsache vor vollständiger Kaufpreiszahlung, stellt sich mangels Genehmigung durch den Verkäufer das Problem des gutgläubigen Eigentumserwerbs vom Nichtberechtigten (Rz 339ff).

cc) Ratenkauf

599 Die Möglichkeit des Kreditkaufs ist für viele finanzschwache Personen eine große Verlockung. Sie können auch dann zu einem von ihnen gewünschten Gegenstand kommen, wenn sie kaum Bargeld besitzen. Zum Schutz der Konsumenten vor voreiligen Vertragsabschlüssen oder nachteiligen Rechtsfolgen solcher Verträge hat der Gesetzgeber das **Abzahlungsgeschäft** (den **Ratenkauf**) in den §§ 16ff KSchG besonders geregelt. Nach der gesetzlichen Definition liegt ein solches Abzahlungsgeschäft dann vor, wenn bewegliche körperliche Sachen gekauft werden, deren Barzahlungspreis € 25.000 nicht übersteigt, diese dem Käufer (Verbraucher) vom Verkäufer (Unternehmer) vor vollständiger Kaufpreiszahlung übergeben werden sollen und das Entgelt durch eine Anzahlung und mindestens zwei Teilzahlungen zu begleichen ist.

600 Abgesehen von einigen Bestimmungen, die dem Konsumenten wichtige Informationen sichern sollen (zB Pflicht des Unternehmers zur Ausstellung eines *Ratenbriefs* mit näher festgelegtem Inhalt), sind vor allem folgende Besonderheiten zu beachten:

Der Verkäufer muss spätestens bei Übergabe des Kaufgegenstandes eine gesetzlich festgelegte **Mindestanzahlung** kassieren (bei einem Kaufpreis bis zu € 220 10%, ansonsten 20%). Tut der Verkäufer dies nicht, verliert er insoweit seinen Zahlungsanspruch.

Die **Tilgungsfrist** soll 5 Jahre nicht übersteigen. Bei Vereinbarung längerer Fristen sieht das Gesetz für den Verkäufer Zinsennachteile vor (§ 21 KSchG).

Gemäß § 23 KSchG kann der Verbraucher **Gewährleistungsrechte bis zur Fälligkeit der letzten Kaufpreisrate** geltend machen (dazu Rz 544).

Sonderregeln enthält das KSchG in den §§ 26–26b auch für Verträge im *Handel mit Druckwerken.*

b) Drittfinanzierter Kauf

Aus der Sicht des Käufers, nicht auch des Verkäufers, könnte man den **drittfinanzierten Kauf** ebenfalls zum Kreditkauf zählen. Bei diesem kreditiert jedoch nicht der Verkäufer selbst, sondern ein Dritter, der sog *Finanzierer:* Dieser zahlt den vollen Kaufpreisbetrag sofort an den Verkäufer aus und erhält vom Käufer eine bestimmte Summe in Raten zurück. **601**

Für den Konsumenten erscheint der drittfinanzierte Kauf regelmäßig nicht viel anders als der zweipersonale Ratenkauf: Er erhält die Sache sofort und zahlt seine Schuld ratenweise ab. Auch soll auf Verkäuferseite nicht die Möglichkeit bestehen, die zwingenden Regeln über das Abzahlungsgeschäft durch Beiziehung eines Finanzierers – regelmäßig der Bank, mit der der Verkäufer ständig zusammenarbeitet – zu umgehen. Diese Gefahr besteht etwa dann nicht, wenn sich der Käufer bei seiner eigenen Bank ein entsprechendes Darlehen verschafft, wohl aber dann, wenn der Verkäufer selbst den Kredit „vermittelt" und ihm die Kreditsumme direkt ausbezahlt wird. Für solche Fälle, in denen Kaufvertrag und Kreditvertrag eine **wirtschaftliche Einheit** bilden, sieht § 18 KSchG daher vor, dass dem Verbraucher **die gleichen Rechte wie im zweipersonalen Abzahlungsgeschäft** zustehen. So kann sich der Verbraucher etwa auf die Nichtzahlung der gesetzlichen Mindestanzahlung berufen. Viel wichtiger ist jedoch, dass er auch dem Finanzierer alle Einwendungen aus dem Kaufvertrag entgegenhalten kann, so insbesondere die Mangelhaftigkeit der erworbenen Ware. Er kann die Kreditraten so lange zurückhalten, bis der Kaufgegenstand in einen vertragsgemäßen Zustand versetzt wurde.

Achtung! Unter etwas anderen Voraussetzungen besteht zu Gunsten des Konsumenten bei Drittfinanzierung des Bezugs von Waren oder Dienstleistungen, damit zB auch für Werkverträge, generell ein solcher **Einwendungsdurchgriff** (§ 26c KSchG). **601 a**

c) Versendungskauf

Beim **Versendungskauf** übernimmt der Verkäufer die Pflicht, die Ware dem Käufer zu übersenden. Erfüllt er seine Verpflichtungen, hat er auch dann Anspruch auf den vollen Kaufpreis, wenn die Ware auf dem Transport beschädigt oder zerstört wird. Der Verkäufer schuldet bloß *Versendung,* nicht aber mangelfreies Einlangen der Ware beim Käufer. Das **Eigentum** geht bereits mit Übergabe der Kaufsache an die Transportanstalt auf den Käufer über, wenn der Verkäufer eine vom Käufer genehmigte Versendungsart wählt (§ 429 ABGB; vgl Rz 325), wobei Verschicken durch Post oder Bahn als jedenfalls genehmigt angesehen wird. Ansonsten kommt es auf die Ablieferung beim Käufer an. Parallel mit dem Eigentums- erfolgt der **Gefahrenübergang** (zur Gefahrtragung bereits Rz 506f). **602**

d) Spezifikationskauf

Gelegentlich will sich jemand – etwa wegen besonders günstiger Preise – mit bestimmten Arten von Waren eindecken, bevor er alle benötigten Eigenschaften im Detail kennt. Behält er sich somit beim Kauf einer beweglichen Sache die nähere Bestimmung über Form, Maß oder ähnliche Verhältnisse vor, schließt er einen sog **Spezifikationskauf** (§ 1063b ABGB). Diese Vereinbarung begründet ein **Wahlrecht des Käufers.** Meist ist die Ware nach Grundstoff und Menge sowie **603**

Preis bestimmt. Konkrete Eigenschaften wie Farbe oder Form kann der Käufer aber noch nachträglich festlegen.

Besondere Probleme entstehen dann, wenn der Käufer die Spezifikation zum vereinbarten Zeitpunkt nicht vornimmt. In diesem Fall hat der Verkäufer die Wahl, ob er nach Setzung einer fruchtlos verlaufenen angemessenen Frist die Bestimmung selbst vornimmt, Schadenersatz wegen Nichterfüllung fordert oder vom Vertrag zurücktritt (§ 906 Abs 2 ABGB).

Vom Spezifikationskauf unterscheidet sich die **Wahlschuld** nur dadurch, dass verschiedene Gegenstände, nicht bloß mehrere Ausstattungsvarianten, zur Wahl stehen. Wahlberechtigt ist im Zweifel der Verkäufer bzw – allgemeiner – der Schuldner (§ 906 ABGB).

e) Factoring

604 Unter **Factoring** versteht man den **Ankauf von Forderungen.** Spezialisierte Factoringbanken nehmen dem Unternehmer dabei häufig das gesamte Mahnwesen ab. Ein Gewinn für sie entsteht dadurch, dass sie als Kaufpreis nur eine gegenüber dem Forderungsnominale verminderte Summe auszahlen.

Im Unterschied zum unechten Factoring trifft den Factor beim **echten Factoring** das Risiko der Zahlungsunfähigkeit des Schuldners; der Zedent hat also bloß für Unrichtigkeit, nicht auch für Uneinbringlichkeit der Forderung zu haften (dazu Rz 558). Das Factoring dient insbesondere deshalb auch der Finanzierung des Unternehmers, weil der Factor häufig noch nicht fällige Forderungen erwirbt und den Kaufpreis dafür – abzüglich der vereinbarten Prozentsätze – sofort bezahlt.

f) Kauf auf, nach und zur Probe

605 Der **Kauf auf Probe** (§§ 1080ff ABGB) steht unter der Bedingung der Genehmigung der Ware durch den Käufer. Im Zweifel ist dieser Vertrag aufschiebend bedingt und kann der Käufer nach Gutdünken genehmigen oder ablehnen. Wurde keine besondere Probezeit vereinbart, beträgt sie bei beweglichen Sachen 3 Tage und bei unbeweglichen Sachen (Grundstücken) ein Jahr. Hat der Käufer die Sache bereits in Händen, so gilt Stillschweigen während der Probefrist als Genehmigung.

606 Beim **Kauf nach Probe** muss die Qualität der Ware einem früher begutachteten oder gekauften Probeexemplar entsprechen.

607 Beim **Kauf zur Probe** erklärt der Käufer dem Verkäufer ohne jede rechtliche Konsequenz, dass er bei positiver Prüfung eine größere Quantität derselben Ware zu erstehen gedenkt.

g) Kauf mit Umtauschvorbehalt

608 Ein **Umtauschrecht** besteht nur dann, wenn es vereinbart wurde. Ansonsten liegt der Umtausch bei vertragsgemäßer Leistung (anders selbstverständlich bei mangelhafter Erfüllung!) in der Kulanz des Verkäufers. Der Umtauschvorbehalt berechtigt den Käufer, die zunächst erstandene Ware gegen eine wertgleiche andere aus dem Sortiment des Verkäufers auszutauschen. Wie schon angedeutet, stellt sich bei mangelhaften Waren jedoch nicht das Problem des Umtausches, sondern bloß das der Gewährleistung. In solchen Fällen muss der Kunde daher auch nicht mit einem „Gutschein" vorlieb nehmen!

Auch beim Kaufvertrag gilt, dass die Parteien im Rahmen des gesetzlich Zulässigen alles im Einzelfall als sinnvoll Erachtete vereinbaren können. Im Gesetz vorgesehen ist etwa der **Verkauf mit Vorbehalt eines besseren Käufers** (§§ 1083ff ABGB). 609

h) Bezugs- und Sukzessivlieferungsverträge

Bezugs- und Sukzessivlieferungsverträge sind insoweit atypische Kaufverträge, als sie nicht durch einmaligen Leistungsaustausch erlöschen. Vielmehr wohnt ihnen regelmäßig ein mehr oder weniger starkes Dauerelement inne. Man denke bloß an Strombezugsverträge oder Zeitungsabonnements. 610

6. Vorkaufs-, Wiederkaufs- und Rückverkaufsrechte

Die nun behandelten Rechte sind im ABGB (§§ 1067ff) näher geregelt. Insbesondere das **Vorkaufsrecht** ist von besonderer praktischer Bedeutung. Da die meisten dieser **Gestaltungsrechte** (Rz 35) zu Verkehrsbeschränkungen führen, können sie nur in bestimmten Grenzen wirksam vereinbart werden. 611

Beim **Vorkaufsrecht** muss der Eigentümer, der die Sache weiterverkaufen will, dem Vorkaufsberechtigten die Einlösung anbieten. Der Berechtigte kann dann durch einseitige Erklärung einen Vertrag zustande bringen, der inhaltlich dem Offert des dritten Kaufinteressenten entspricht. Er muss sich bei beweglichen Sachen innerhalb von 24 Stunden, bei Liegenschaften innerhalb von 30 Tagen entscheiden.

Das Vorkaufsrecht hat insbesondere bei Liegenschaften praktische Bedeutung; bloß bei Eintragung im Grundbuch wirkt es *absolut* und ist dann dem grundbücherlichen Veräußerungsverbot (vgl Rz 357) ähnlich. Mit rein schuldrechtlicher Wirkung kann es auch im Hinblick auf bewegliche Sachen vereinbart werden. Das Recht erlischt spätestens mit dem Tode des Berechtigten.

Beim **Wiederkaufsrecht** kann der Verkäufer die verkaufte Sache zu einem bestimmten Preis zurückkaufen. Der Wiederkaufsvertrag entsteht dabei grundsätzlich bloß durch Abgabe einer entsprechenden Gestaltungserklärung. Auch dieses Recht unterliegt einer Reihe gesetzlicher Einschränkungen. 612

Beim **Rückverkaufsrecht** hat der Käufer die Möglichkeit, die Sache dem Verkäufer wieder zu verkaufen. In diesem Sinn wird etwa das Flaschenpfand verstanden: Der Verkäufer von Pfandflaschen muss die leeren Flaschen um den „Einsatz" zurücknehmen. 613

7. Internationaler Warenkauf

Weiterführende Literatur: *Schlechtriem/Schwenzer* (Hrsg), Kommentar zum Einheitlichen UN-Kaufrecht (CISG-Kommentar)[4] (2004); *Honsell* (Hrsg), Kommentar zum UN-Kaufrecht (1997); *Hoyer/Posch,* Das Einheitliche Wiener Kaufrecht (1992); *Karollus,* UN-Kaufrecht (1991); *Koziol/Welser*[13] II 182–189; *Loewe,* Internationales Kaufrecht (1989 mit ErgBl 1991); *Posch* in Schwimann, Praxiskommentar[3] IV (2006); *ders,* Internationales Privatrecht[3] (2002) 141–156; *Wilhelm,* UN-Kaufrecht (1993).

a) Anwendungsbereich

Regelungen für grenzüberschreitende Geschäfte enthält das **Übereinkommen der Vereinten Nationen über Verträge über den Internationalen Warenkauf (UNK),** das auch CISG oder „Wiener Kaufrecht" genannt wird. Ihm sind nahezu alle wichtigen Handelspartner Österreichs beigetreten. Das Abkommen ist auf 613a

Kaufverträge über Waren zwischen Parteien anzuwenden, die ihre Niederlassung in verschiedenen Staaten haben, wenn diese Staaten Vertragsstaaten des Übereinkommens sind oder wenn die Regeln des internationalen Privatrechts (vgl Rz 1373 ff) zur Anwendung des Rechts eines Vertragsstaates führen (Art 1 Abs 1 UNK). Nicht erfasst sind insbesondere als solche erkennbare Privatkäufe (Art 2 lit a UNK). Nationale Regeln über die Gültigkeit von Verträgen und deren Wirkungen auf das Eigentum bleiben grundsätzlich unberührt (Art 4 UNK). Die Anwendung des UNK kann vertraglich ausgeschlossen werden (Art 6).

Achtung! Das **UNK ist** trotz seines internationalen Ursprungs – vom österreichischen Gesetzgeber beschlossenes – **österreichisches Recht.** Ein österreichischer Vertragspartner, der sich diesem ihm vielleicht noch weitgehend unbekannten Normenkomplex nicht „ausliefern" will, sollte daher nicht die Klausel vorschlagen: „Dieser Vertrag unterliegt österreichischem Recht." Der Ausschluss gerade des UNK sollte vielmehr deutlicher werden.

b) Vertragsschluss

613b Der **Vertragsschluss** ist *formfrei* möglich (Art 11 UNK). Unterschiede zum ABGB ergeben sich einmal durch die Möglichkeit, ein Angebot bis zur Absendung der Annahme zu *widerrufen* (Art 16 UNK, mit Einschränkungen in Abs 2). Dann ist die *Annahme* trotz Abweichungen vom Angebot wirksam, wenn diese unwesentlich sind und sich der Offerent nicht unverzüglich dagegen ausspricht (Art 19 Abs 2 UNK im Unterschied zu Rz 425). Jedenfalls wesentliche Abweichungen werden in Art 19 Abs 3 UNK aufgezählt: Preis, Qualität, Menge usw.

c) Rechte und Pflichten

613c Die **Pflichten der Vertragspartner** (Verkäufer: Art 30 ff, Käufer: Art 53 ff) unterscheiden sich ebenfalls von den Regelungen des ABGB: So trifft den Käufer eine *Abnahmepflicht.* Vor allem aber ist dem UNK eine Unterscheidung zwischen Unmöglichkeit, Verzug, Gewährleistung und positiver Vertragsverletzung fremd. Zentraler Begriff des **Leistungsstörungsrechts** (vgl Rz 505–551) ist die **wesentliche Vertragsverletzung.** Vereinfacht gesagt liegt sie dann vor, wenn dem anderen Teil das, was er aus dem Vertrag erwarten durfte, im Wesentlichen entgeht (Art 25 UNK).

Beispiele: Der Käufer erhält nur 15% der bestellten Ware; die zur Inbetriebnahme eines technischen Gerätes unbedingt notwendige Betriebsanleitung wird nicht mitgeliefert.

Bei wesentlicher Vertragsverletzung des *Verkäufers* kann der Käufer Ersatzlieferung verlangen oder die Aufhebung des Vertrages erklären. Bei *Unwesentlichkeit* kann der Käufer wählen: Erfüllung der Verkäuferpflichten, Verbesserung oder Herabsetzung des Preises (relative Berechnungsmethode; vgl Rz 535). Diese Rechte sind allerdings an die Untersuchung der Ware und die (konkretisierte) rechtzeitige *Mängelrüge* gebunden (Art 38 f UNK). Verdeckte Sachmängel müssen spätestens zwei Jahre nach Übergabe angezeigt werden. – Auch der Verkäufer hat unter entsprechenden Voraussetzungen die Möglichkeit, sich vom Vertrag zu lösen (Art 64 UNK).

Achtung! Im Unterschied vor allem zum ABGB werden viele Erklärungen (zB Nachfristsetzung, Mängelrüge; zu dieser s allerdings auch Rz 547) unabhängig von ihrem Zugang wirksam (vgl Art 27 UNK).

Das Übereinkommen regelt ferner unter anderem den **Gefahrenübergang** (Art 66ff UNK); grundsätzlich *verschuldensunabhängige* **Schadenersatzansprüche** (Art 74ff UNK; Haftungsbefreiung gemäß Art 79 möglich), die *neben* die Rechtsbehelfe wegen wesentlicher Vertragsverletzung treten und auch den entgangenen Gewinn (dazu Rz 753) einschließen; sowie die **Rückabwicklung aufgehobener Verträge** (Art 81ff UNK). **613d**

II. Tauschvertrag

1. Der klassische Tausch

Beim Tausch wird im Unterschied zum Kauf nicht Ware gegen Geld, sondern Ware gegen Ware geschuldet. Die Rechtsfolgen eines solchen Vertragsabschlusses sind in weiten Bereichen denen des Kaufes ähnlich. Auch gelangen grundsätzlich alle allgemeinen Bestimmungen für gegenseitige Verträge (zB über Verzug oder Gewährleistung) zur Anwendung. Diese müssen jedoch zum Teil modifiziert werden: So kommt etwa bei mangelhafter Leistung eine Preisminderung im eigentlichen Sinne des Wortes nicht in Betracht. **614**

2. Mischformen

Neben dem „lupenreinen" Tausch sind einige Mischformen denkbar. Einmal kann die Leistung eines Vertragspartners zum Teil in Geld und nur zum Teil in einer Sache bestehen. Hier stellt das Gesetz darauf ab, welcher Teil wertvoller ist. Praktische Bedeutung hat die Problematik etwa bei der Inzahlungnahme von Gebrauchtwagen. Da hier die einzelnen Leistungen voneinander nicht getrennt werden sollen, muss man nach dem Willen der Parteien regelmäßig ein einheitliches Geschäft annehmen; Alternative wäre ein „Doppelkauf", bei dem das eine Geschäft vom anderen in gewisser Weise unabhängig wäre. **615**

3. Bartergeschäfte und Ringtauschverträge

In neuerer Zeit gewinnt der Tausch („barter") vor allem im internationalen Wirtschaftsverkehr wieder mehr an Bedeutung. Vorteil ist einmal, dass keine Geldmittel (und vor allem keine wertvollen Devisen) eingesetzt werden müssen; zum Zweiten bestehen bestimmte steuerliche Vorteile. Praktisch laufen solche Geschäfte über eine Zentralstelle, die Warenangebot und Warenwünsche sammelt und verbreitet, Geschäfte vermittelt und für jeden Beteiligten Verrechnungskonten führt. Beim „Ringtauschvertrag" sind zumindest drei Personen beteiligt. **616**

III. Schenkungsvertrag

1. Begriff

Die **Schenkung** (§§ 938–956 ABGB) ist ein einseitig verpflichtendes Rechtsgeschäft, aber dennoch ein Vertrag. Es muss sich nämlich niemand gegen seinen Willen etwas aufdrängen lassen. In diesem Vertrag verpflichtet sich der Schenker, einem anderen (dem Beschenkten) eine Sache unentgeltlich in dessen Eigentum zu überlassen. Diese (endgültige) Eigentumsverschaffungspflicht unterscheidet die Schenkung von anderen unentgeltlichen Verträgen wie etwa der Leihe, dem Darlehen ohne Verzinsungspflicht, unentgeltlichen Aufträgen usw. **617**

617a Schenkungen, die gewisse Freibeträge übersteigen, sind *schenkungssteuerpflichtig.* Generell befreit sind etwa Zuwendungen an mildtätige Vereinigungen und Parteispenden (Details in den §§ 14–17 Erbschafts- und Schenkungssteuergesetz). – Hinweise zur Berechnung der Steuerhöhe in Rz 188a.

2. Zustandekommen

618 An sich kommt auch der Schenkungsvertrag durch Vereinbarung zustande. Da der Schenker für seine Leistung allerdings nichts erhält, schützt ihn das Gesetz durch besondere Formvorschriften vor Übereilung. Dieses Schutzes bedarf er nur dann nicht, wenn er das Geschenk tatsächlich aus der Hand gibt; nach der *wirklichen Übergabe* kann ein Formmangel des Titelgeschäftes daher nicht mehr geltend gemacht werden. Das *bloße Schenkungsversprechen* (Schenkungsvertrag ohne gleichzeitige Übergabe) löst allerdings nur dann klagbare Ansprüche des Beschenkten aus, wenn der Schenkungsvertrag als Notariatsakt (Rz 455) errichtet wurde (§ 943 ABGB, § 1 NotAktsG).

3. Schenkungswiderruf

619 Wegen der Freigebigkeit des Schenkers, der keinerlei Gegenleistung erhält, haben Schenkungsverträge eine geringere Bestandsgarantie. Dies zeigt sich schon einmal daran, dass sie auch wegen bloßen Motivirrtums des Schenkers angefochten werden können (Rz 469). Doch auch Ereignisse nach Vertragsabschluss können zu einer Beseitigung der Schenkung führen. Von Bedeutung ist etwa der **Widerruf wegen groben Undankes:** Hat sich der Beschenkte gewisser gerichtlich strafbarer Handlungen gegen den Schenker schuldig gemacht, die einen Mangel an dankbarer Gesinnung bekunden, kann die Schenkung widerrufen werden. Ein Widerruf ist etwa auch dann möglich, wenn der Schenker nachträglich in eine dauernde finanzielle Notlage gerät. Ausnahmsweise kommen auch Widerrufsrechte dritter Personen in Betracht (§§ 946ff ABGB).

IV. Bauträgervertrag

Weiterführende Literatur: *S. Bydlinski,* Bauträgervertragsgesetz (1997); *Engin-Deniz,* Bauträgervertragsgesetz[2] (1999); *Gartner,* Musterverträge im Rahmen des BTVG[3] (2000); *Langer,* Bauträgervertragsgesetz (1997).

1. Begriff

619a Der **„Bauträgervertrag“** ist weder ein besonderer Vertragstyp noch gehört er ausschließlich zu den Veräußerungsverträgen. Vielmehr wurden durch das **BauträgervertragsG (BTVG)** spezielle Schutzvorschriften eingeführt, die *neben* den Regelungen des konkreten Vertragstyps zur Anwendung kommen. Das BTVG findet Anwendung auf Verträge über den Erwerb von (Wohnungs-)Eigentum oder von Nutzungsrechten (Miete, Pacht, Leasing) an Gebäuden oder Wohnungen, *die erst zu errichten oder durchgreifend zu erneuern sind* (§ 2 BTVG). Unter dieser Voraussetzung besteht die besondere Gefahr, dass der Erwerber bzw Nutzungsberechtigte Vorleistungen erbringt, ohne später die versprochene Gegenleistung oder zumindest das Gezahlte (zurück) zu erhalten. Vertragspartner sind der **Bauträger** und der **Erwerber.**

2. Zustandekommen und Inhalt

Der Bauträgervertrag bedarf der *Schriftform.* Auf einen Formmangel kann sich allerdings nur der Erwerber berufen; und auch das bloß so lange, wie seine Erfüllungsansprüche gefährdet sind (§ 3 BTVG). Der Vertrag muss einen bestimmten *Mindestinhalt* aufweisen: so die genaue Bezeichnung des Vertragsgegenstandes, den (spätesten) Übergabetermin des Objekts sowie die Art der Sicherung eines vom „Erwerber" im Voraus bezahlten Entgelts (§ 4 BTVG). Dem Erwerber steht ein *Rücktrittsrecht* zu, wenn ihm der Bauträger nicht rechtzeitig alle wesentlichen Informationen gibt; ein Rücktrittsrecht des Bauträgers kann hingegen nur in engen Grenzen vereinbart werden (§§ 5f BTVG). Die Schutzbestimmungen des BTVG sind zu Gunsten von Verbrauchern einseitig zwingend. **619b**

3. Sicherung des Erwerbers

Die Vorfinanzierung der Errichtung von Gebäuden durch Leistungen der späteren Nutzer ist für den Bauträger aus wirtschaftlichen Gründen häufig eine Notwendigkeit. Sie soll auch nach dem BTVG zulässig bleiben. Insbesondere für den Fall der – nicht seltenen – Insolvenz eines Bauträgers soll aber ein zwingender Schutz des Erwerbers gewährleistet sein, der nicht selten große Summen vorstreckt. Der Bauträger hat den Erwerber daher gegen den Verlust seiner Vorauszahlungen *sicherzustellen.* Das kann mit Hilfe von Bürgschaften bzw Garantien (vgl Rz 711ff bzw 720ff) finanzkräftiger Dritter (Banken, Versicherungen, Gebietskörperschaften), durch geeignete Versicherung oder durch bestimmte grundbücherliche Sicherung geschehen (Details in den §§ 7ff BTVG). Jedenfalls bei Wahl der letzten Variante ist vom Bauträger zusätzlich ein Treuhänder (Rechtsanwalt oder Notar) zu bestellen (§ 12 BTVG). **619c**

V. Teilzeitnutzungsvertrag

Weiterführende Literatur: *Fellner,* Time-sharing (1997); *Feil,* Teilzeitnutzungsgesetz (1998); *Stabentheiner,* Teilzeitnutzungsgesetz (1998).

Ähnliche Einordnungsprobleme wie beim Bauträgervertrag (Rz 619a) zeigen sich auch beim **Teilzeitnutzungsvertrag.** Dieser ist nach dem **TeilzeitnutzungsG (TNG)** dadurch gekennzeichnet, dass durch ihn für mindestens drei Jahre dingliche oder obligatorische Nutzungsrechte an Wohnungen oder Häusern begründet werden (§ 2 TNG). ***Beispiel:*** Der Erwerber erhält das Recht, die Wohnung Nr. 7 in der Kärntner Ferienanlage „Sonnenalpe" jeweils in den ersten drei Juliwochen zu nutzen. **619d**

Der Nutzungsvertrag bedarf der Schriftform. Ähnlich dem BTVG bestehen zu Gunsten des Nutzers auch Informationspflichten des Unternehmers; ebenso hat der Nutzer besondere Rücktrittrechte sowie die Möglichkeit grundbücherlicher Sicherstellung etwaiger Rückforderungsansprüche.

Auch das TNG ist durch die schlechten Erfahrungen in der jüngeren Vergangenheit (unseriöse Anwerbemethoden, überhöhte Preise, Zusammenbrüche nach kurzer Zeit usw) motiviert. ***Achtung!*** Der vom TNG geschaffene Schutz greift nur dann ein, wenn der Teilzeitnutzungsvertrag österreichischem Recht untersteht. Das ist bei ausländischen *Timesharing*-Anlagen regelmäßig nicht der Fall (vgl Rz 1373ff). Eine spezielle Regelung für **Nutzungsverträge mit Auslandsbezug,** die leichter zum Recht des Erwerbers führt als nach allgemeinem Kollisionsrecht, enthält § 11 TNG (allgemein zum Problemkreis „Auslandsbezug" Rz 1373ff).

10. Kapitel

Gebrauchsüberlassungsverträge

Weiterführende Literatur: *Feil,* Bestandvertrag[4] (2000); *Hausmann/Vonkilch* (Hrsg), Österreichisches Wohnrecht – Kommentar (Loseblatt, Stand 2006); *Koziol/Welser*[13] II 202–209, 215–247; *Kuprian/Prader,* Der Mietvertrag (2004); *Palten,* Untermiete – Erläuterungen und Rechtsprechung (2002); *Prader* (Hrsg), Mietrechtsgesetz, Wohnungseigentumsgesetz 2002[2] (2006); *Rainer* (Hrsg), Handbuch des Miet- und Wohnrechts (Loseblatt, Stand 2006); *Stabentheiner,* Mietrecht (2004); *Würth/Zingher/Kovanyi,* Miet- und Wohnrecht[21] (2004) + Wohnrecht '07 (2007).

I. Miete

1. Begriff

620 Unter **Miete** versteht man die **Überlassung einer Sache zum Gebrauch gegen Entgelt** (§ 1091 ABGB). Vermietet können alle unverbrauchbaren Sachen werden, auch wenn sie bloß unselbstständige Bestandteile sind. Aus diesem Grund ist die Miete eines Autos (fälschlich wird häufig von „Leihwagen" gesprochen) ebenso möglich wie die einer Wohnung.

621 Im Unterschied zur Miete ist die **Leihe** (Rz 637) unentgeltlich und darüber hinaus ein Realvertrag (Rz 419). Das **Prekarium** ist ebenfalls unentgeltlich, doch hat der Gebrauchsüberlasser die Möglichkeit des jederzeitigen Widerrufs. Nutzungsverträge zwischen gemeinnützigen Wohnungsgenossenschaften und ihren Mitgliedern („Genossenschaftswohnungen") unterliegen grundsätzlich dem Mietrecht.

2. Grundprinzipien

a) Allgemeines

622 Das Mietrecht ist eine ebenso heikle wie wichtige Materie. Zum einen ist jedermann auf ein Dach über dem Kopf angewiesen. Anderseits muss aber auch eine Art Enteignung des Eigentümers zu Gunsten des Mieters vermieden werden. Tatsächlich ist der zunächst vor allem für Notzeiten vorgesehene besondere Mieterschutz zu einer Dauereinrichtung geworden. Wichtigste Prinzipien hierbei sind der **Kündigungsschutz** sowie zum Teil **zwingende Mietzinsobergrenzen.**

b) ABGB und MRG

623 Das ABGB regelt den Mietvertrag gemeinsam mit der Pacht unter der Bezeichnung „Bestandvertrag" und im Vergleich zu seiner praktischen Bedeutung nur sehr spärlich (§§ 1090–1121). Überdies sind seine Regeln außer auf die Miete beweglicher Sachen sowie unbebauter Grundstücke nur selten für sich allein anwendbar; so etwa auf Mietgegenstände in einem Gebäude mit nicht mehr als zwei selbstständigen Wohnungen oder Geschäftsräumlichkeiten. Für sonstige Wohnungen und Geschäftsräumlichkeiten geht nämlich grundsätzlich das **MietrechtsG (MRG) 1981** als Sondergesetz vor (zum genauen Anwendungsbereich s § 1 MRG). An diesem praktisch überaus bedeutsamen Gesetz wird ständig herumgedoktert. Die letzte größere Novellierung des MRG im Rahmen der Wohnrechtsnovelle 2006 wurde zum 1. 10. 2006 wirksam; aber auch in den Jahren 2002, 2003 und 2004 erfolgten größere und kleinere Änderungen. Die Regelungen des MRG sind zum Schutz des – typischerweise sozial schwächeren – Mieters regelmäßig

(relativ) **zwingend.** Auf einige besonders wichtige Vorschriften soll in der Folge eingegangen werden.

c) Vertragsabschluss

Mietverträge können an sich *formlos* abgeschlossen werden. Gewisse Abreden sind im Anwendungsbereich des MRG zum Schutz des Mieters jedoch nur bei schriftlichem Abschluss wirksam; so zB Befristungen (Rz 632). 623a

Vermutlich ab 1. 1. 2008 ist der Vermieter verpflichtet, dem Mieter anlässlich der Inbestandgabe einen höchstens 10 Jahre alten **Energieausweis** zu übergeben, der die Energieeffizienz (zumindest des Gebäudes) beschreibt, damit der Mieter die auf ihn zukommenden Heizkosten besser abschätzen kann. Wird ein solcher Ausweis nicht vorgelegt, gilt eine dem Alter und der Art des Gebäudes entsprechende Energieeffizienz als vereinbart. Details regelt das Energieausweis-Vorlage-G (EAVG).

d) Mietzins, Aufwendungen und Ablöse

Der MRG-Mietzins setzt sich aus dem so genannten **Hauptmietzins** sowie weiteren Bestandteilen wie den anteiligen Betriebskosten oder den anteiligen öffentlichen Abgaben zusammen, die auf die gesamte Liegenschaft entfallen (Details in § 15 MRG). Betriebskosten (taxative Aufzählung in § 21 Abs 1 MRG) und Ähnliches stellen in der Sache zu Gunsten der Mieter getätigte *Aufwendungen* des Vermieters dar (zu deren Aufteilung Rz 624a). Eigentliches Entgelt für die Gebrauchsüberlassung ist somit vor allem der Hauptmietzins. Wird in der Folge von „Mietzins" gesprochen, ist regelmäßig der Hauptmietzins gemeint. 624

Bei der Vereinbarung des (Haupt-)Mietzinses ist die Privatautonomie der Parteien im Bereich des MRG für Wohnungen stark eingeschränkt. Die Rechtslage ist sehr kompliziert und im Grundsatz wie folgt: Zunächst teilt das Gesetz (§ 15a MRG) die Wohnungen **nach Ausstattungskategorien (A–D)** ein; ausschlaggebend dabei ist vor allem ihr Standard (Bad, WC, Heizung usw). Die Vereinbarung eines von gesetzlich vorgegebenen Beträgen unabhängigen, sog *„angemessenen"*, Mietzinses ist aber bloß in engen Bereichen möglich; zB für eine Wohnung der Kategorie A oder B, wenn ihre Nutzfläche 130 m^2 übersteigt und sie innerhalb von 6 Monaten nach Freiwerden wieder vermietet wird, oder bei Wohnungen in nach 1945 errichteten Gebäuden (Details in § 16 Abs 1 MRG).

Die „Kategoriezinse" selbst sind heute aber nur noch von untergeordneter Bedeutung; so für Mietverträge, die vor dem 1. 3. 1994 abgeschlossen wurden, sowie für Wohnungen der Kategorie D. Seit diesem Zeitpunkt gilt für die Kategorien A bis C das **Richtwertsystem** (§ 16 Abs 2 MRG). Dabei wird von einer (fiktiven) **mietrechtlichen Normwohnung** ausgegangen, die in § 2 Abs 1 RichtwertG detailliert definiert ist (30 bis 130 m^2, brauchbarer Zustand, Küche, WC, zeitgemäße Badegelegenheit, Etagenheizung, durchschnittliche Lage usw). Dieser Wohnung ist durch RichtwertV ein je Bundesland unterschiedlicher *„Richtwertmietzins"* zugeordnet (zB zum 1. 4. 2006 pro m^2 für Wien € 4,57, für Vorarlberg € 7,01 und für das Burgenland € 4,17; aktuelle Werte für alle Bundesländer abrufbar zB unter www.jusline.at). Dieser Wert bildet die Ausgangsbasis bei der Berechnung des höchstzulässigen Mietzinses. Positive Abweichungen von der Normwohnung (zB sehr gute Lage, Aufzug, Garage, Balkon) rechtfertigen einen *Zuschlag* nach oben, negative Abweichungen (zB schlechte Lage, Sanierungsbedarf, Ölofen, Kategorie B oder C) verlangen einen *Abschlag* (§ 16 Abs 2 MRG). Bei *befristeten*

Mietverträgen dürfen höchstens 75% des an sich höchstzulässigen Mietzinses verlangt werden (§ 16 Abs 7, § 26 Abs 3 MRG). Damit soll einmal erreicht werden, dass Wohnraum vom Vermieter möglichst auf Dauer bereitgestellt wird, und zum Zweiten, dass jene Mieter finanziell begünstigt werden, die relativ bald wieder auf kostspielige Wohnungssuche gehen müssen.

Der Mietzins ist mangels anderer Vereinbarung zu Monatsbeginn *im Voraus* zu bezahlen (§ 15 Abs 3 MRG). Soweit der vereinbarte Mietzins über den gesetzlich zulässigen hinausgeht, ist die Vereinbarung unwirksam (*Teilnichtigkeit;* vgl Rz 592). Details in den § 16 Abs 8, § 26 Abs 4 MRG.

624a **Aufwendungen,** die für das gesamte Haus gemacht wurden und nicht endgültig vom Vermieter zu tragen sind (vgl Rz 624 und 627), sind mangels anderer Vereinbarung *nutzflächenabhängig* auf die einzelnen Mieter aufzuteilen (§ 17 MRG). Das gilt grundsätzlich auch für Aufwendungen, die durch den Betrieb besonderer Anlagen wie Aufzüge oder Waschküchen entstehen (§ 24 MRG). Zur Abrechnung von Heizkosten s bereits Rz 371.

625 **Ablösen,** denen nicht tatsächliche Leistungen gegenüberstehen, sind verboten und ungültig: Der Mieter kann dennoch geleistete Ablösezahlungen zurückverlangen, der Empfänger der Zahlungen macht sich strafbar (§ 27 MRG). Trotz dieser Bestimmungen dürfte die Bezahlung verbotener Ablösen immer noch üblich sein.

3. Gefahrtragung und Gewährleistung

626 Grundsätzlich trägt der Vermieter das Risiko der Unbenützbarkeit des Mietgegenstandes: Er erhält also auch dann keinen Mietzins, wenn die Sache ohne sein Verschulden ganz oder zum Teil unbenützbar geworden ist. Umso mehr greift diese Rechtsfolge ein, wenn der Mietgegenstand bereits in mangelhaftem Zustand übergeben wurde. Die Unbrauchbarkeit muss jedoch vom Mieter angezeigt werden, um dem Vermieter Gelegenheit zur Verbesserung zu geben (§ 15a MRG).

4. Instandhaltung und Verbesserung

627 Der Vermieter hat den Mietgegenstand in vertragsgemäßem, brauchbarem Zustand zu *erhalten* (§ 1096 ABGB, § 3 MRG). Insbesondere sind erheblich gesundheitsgefährdende Zustände zu beseitigen, zB alte Wasserrohre, die Blei abgeben, auszutauschen. Der Mieter kann zunächst von ihm getragene Kosten nach Vertragsbeendigung auf den Vermieter überwälzen, sofern wesentliche Verbesserungen vorgenommen wurden und soweit sie noch fortwirken; so etwa durch Einbau einer neuen Gastherme (§ 10 MRG).

Erhaltungsarbeiten sind vom Vermieter grundsätzlich aus den Mieteinnahmen zu bestreiten. Reichen diese nicht aus, kann es unter bestimmten Umständen zur **Erhöhung der Hauptmietzinse** (§ 18 MRG) kommen.

5. Das Gebrauchsrecht des Mieters

a) Inhalt

628 Das **Gebrauchsrecht** des Mieters geht sehr weit. Er allein kann entscheiden, welche Personen etwa Zutritt zur Mietwohnung erhalten. Auch kann er gewisse

Änderungen am Mietgegenstand ohne Zustimmung des Vermieters vornehmen, wenn vor allem die Kostentragung durch den Mieter gesichert ist und auch sonst keine Gefahr der Beeinträchtigung schutzwürdiger Interessen anderer Personen besteht (§ 9 MRG). So wurde etwa entschieden, dass sich der Eigentümer nicht gegen den Einbau eines Kabel-TV-Anschlusses durch den Mieter wehren kann.

b) Weitergabe

Grundsätzlich hat der Mieter auch die Möglichkeit, sein Gebrauchsrecht an Dritte „weiterzugeben", was häufig in Form der **Untervermietung** geschieht. Nach § 1098 ABGB wäre ein vertragliches Untervermietverbot voll wirksam, nach § 11 MRG hat es nur ausnahmsweise Geltung. Der (Haupt-)Mieter darf vom Untermieter (zur Definition von Haupt- und Untermiete s § 2 MRG) einen den zulässigerweise entrichteten Hauptmietzins um nicht mehr als 50% übersteigenden Untermietzins verlangen (§ 26 MRG). 629

c) Eintrittsrechte

Verlässt der Hauptmieter die Wohnung, so können seine nahen Angehörigen, die schon gewisse Zeit mit ihm in der Mietwohnung gewohnt haben, in den Mietvertrag eintreten. Ähnliches gilt dann, wenn das im Mietgegenstand betriebene *Unternehmen veräußert* wird (§ 12a MRG). Für den Mieterwechsel notwendig ist bloß eine Anzeige an den Vermieter, nicht aber dessen Zustimmung. In der Sache ist damit im Mietrecht eine **Vertragsübernahme** (Rz 564) auch gegen den Willen eines Beteiligten möglich (§§ 12, 12a; zum *Wohnungstausch* § 13 MRG). Allerdings hat der Vermieter unter bestimmten Umständen das Recht, den Mietzins anzuheben (§§ 46ff, § 12a Abs 2 MRG). 630

Nach dem **Tod des Mieters** können bestimmte Personen, die ebenfalls im Mietobjekt gewohnt haben, das Mietverhältnis mit dem Vermieter fortsetzen. Zu diesen gehören nicht nur nahe Verwandte, sondern auch etwa der Lebensgefährte (§ 14 MRG; dazu schon Rz 128). Auf diese Weise bleiben „gute" Mietrechte oft über Generationen hinaus in der Familie. Der Vermieter muss häufig den gesamten niedrigen Mietzins für Erhaltungsarbeiten aufwenden. Da das Mietverhältnis weiterläuft, hat er auch nicht die Möglichkeit der Neuvermietung zu günstigeren Konditionen. 631

6. Beendigung des Mietvertrages

a) Mietverträge auf bestimmte Zeit

Nach MRG ist die wirksame Vereinbarung von **Befristungen** nicht ohne weiteres möglich: Dem Mieter soll die Wohnung möglichst auf Dauer erhalten bleiben. Eine Novelle hat im Jahre 2000 allerdings sowohl Vereinfachungen als auch mehr Dispositionsfreiheit für den Vermieter gebracht. Für nach dem 1. 7. 2000 getroffene Befristungsvereinbarungen gelten im Bereich des MRG im Wesentlichen bloß zwei Einschränkungen: Die Beendigung des Vertrages durch Zeitablauf muss *schriftlich* vereinbart werden; und die ursprünglich vereinbarte oder die Verlängerung der Vertragsdauer muss bei Wohnungen *mindestens drei Jahre* betragen (§ 29 Abs 1 Z 3 MRG). An die vereinbarte Frist ist jedoch nur der Vermieter gebunden. Hingegen kann der Mieter schon nach Ablauf des ersten Jahres unter Einhaltung 632 einer dreimonatigen Kündigungsfrist zu jedem Monatsende den Mietvertrag durch Kündigung vorzeitig beenden (siehe § 29 Abs 2 MRG sowie Rz 633 aE).

Die Vereinbarung kürzerer als der gesetzlich vorgesehenen Fristen oder das Fehlen der Schriftlichkeit führt dazu, dass der Vertrag als auf unbestimmte Zeit abgeschlossen gilt (zur Kündigung solcher Verträge Rz 633).

Wurden Mietverträge wirksam auf bestimmte Zeit abgeschlossen, so können diese *vor* Fristablauf nur ausnahmsweise aufgelöst werden. Abgesehen von den bereits angesprochenen vorzeitigen Auflösungsrechten des Mieters kommt nur eine **Kündigung aus wichtigem Grund** (allgemein dazu schon Rz 416) in Betracht. Regelungsbedürftig erschien vor allem die vorzeitige Auflösung durch den *Vermieter* (vgl insbesondere § 30 MRG): Berechtigte Gründe sind etwa die Nichtzahlung des Mietzinses oder die wiederholte vertragswidrige Benutzung des Mietgegenstandes auf Seiten des Mieters, die längere Unbrauchbarkeit der Wohnung oder ständige Schikanen auf Seiten des Vermieters.

Wird ein wirksam befristeter Mietvertrag nach Zeitablauf weder vertraglich verlängert noch aufgelöst – der Mieter räumt die Wohnung nicht und der Vermieter lässt es dabei bewenden (vgl § 1114 ABGB) –, so gilt der Vertrag einmalig als auf drei Jahre verlängert, danach mangels Auflösung auf unbestimmte Zeit (§ 29 Abs 3 lit b MRG)

b) Unbefristete Mietverträge

633 Grundsätzlich können unbefristete Verträge durch **ordentliche Kündigung** aufgelöst werden. Diese bedarf keiner besonderen Gründe; sie ist bei Bestandverträgen aber an die Einhaltung bestimmter Fristen und Termine gebunden (§ 560 ZPO). Während nun ABGB-Mietverträge auf diese Weise aufgelöst werden können, schließt das MRG die Auflösung von Haupt- und Untermietverträgen durch den Vermieter mittels ordentlicher Kündigung aus! Solche Verträge können vielmehr **nur aus wichtigem Grund** gekündigt werden **(Kündigungsbeschränkung).** § 30 MRG zählt solche Gründe ausführlich beispielhaft auf: qualifizierter Mietzinsrückstand, Vernachlässigung bzw Beschädigung des Mietgegenstandes, strafbare Handlungen gegen den Vermieter oder gegen Mitbewohner, unter gewissen Einschränkungen vollständige Weitergabe des Mietgegenstandes, qualifizierter Eigenbedarf des Vermieters usw. In manchen Fällen kommt eine Kündigung nur dann in Betracht, wenn der Vermieter dem Mieter angemessenen Ersatz beschafft.

Für den Vermieter kommt nur eine **gerichtliche Kündigung** in Frage; demgegenüber kann der Mieter stattdessen auch *schriftlich* außergerichtlich kündigen. Verspätete Kündigungen wirken immer zum nächsten Kündigungstermin (§ 33 Abs 1 MRG).

II. Pacht

634 Die **Pacht** gehört mit der Miete zu den Bestandverträgen; sie ist die **entgeltliche Überlassung einer Sache zu Gebrauch und Nutzung** (§ 1091 ABGB). Damit ist der Fruchtbezug gemeint. Ein Bauerngut oder ein intakter Geschäftsbetrieb wird also gepachtet, da er grundsätzlich Erträge, so genannte „Früchte", abwirft. Die Pacht unterliegt nicht dem MRG. Daher ist die Abgrenzung der Unternehmenspacht von der bloßen Geschäftsraummiete von besonderer Bedeutung. Geschäftsraummiete liegt dann vor, wenn die Mietrechte im Wesentlichen die einzigen Werte des Unternehmens sind. In den Rechtsfolgen ist die Pacht der ABGB-Miete sehr ähnlich.

III. Leasing

Weiterführende Literatur: *Egger/Krejci* (Hrsg), Das Leasinggeschäft (1987); *Fischer-Czermak,* Mobilienleasing (1995); *Papst,* Leasing (2006).

1. Begriff

Das **Leasing** ist ein Musterbeispiel für gesetzlich nicht ausgeformte Vertragstypen, die in der Wirtschaftspraxis *aus steuerlichen Motiven* entstanden sind. Zivilrechtlich ist es unterschiedlich ausgeformt: Einmal steht es dem Mietvertrag näher, ein anderes Mal dem (Raten-)Kaufvertrag. Nur die mietähnliche Variante ist steuerlich begünstigt: Die Leasingraten können vom Unternehmer zur Gänze als Betriebsausgaben abgesetzt werden. Hingegen erfolgt beim Kauf regelmäßig eine Abschreibung auf mehrere Jahre. 635

Wirtschaftlich geht es ebenso wie bei der Miete und dem Kreditkauf darum, Konsum- oder Investitionsgüter zu bekommen, ohne das volle Kapital für einen sofortigen Erwerb auf den Tisch legen zu müssen.

Das Leasing ist so vielfältig wie das Wirtschaftsleben selbst: Neben dem Leasing von Mobilien (insb von Maschinen) nimmt das Immobilienleasing immer größeren Raum ein. Bestimmte Waren werden vom Produzenten selbst verleast, andere von einer eigenen Leasinggesellschaft. Bei diesem **Finanzierungsleasing** kauft der Leasinggeber den Gegenstand ganz nach den Vorstellungen des Leasingnehmers; damit kommt dem Leasinggeber im Wesentlichen die Funktion eines *Finanzierers* zu.

2. Möglicher Vertragsinhalt

Inhaltlich ist für den Leasingvertrag typisch, dass den Leasingnehmer im Unterschied zum Mieter (Rz 626) die **Gefahr** des teilweisen oder vollständigen Unterganges des Leasinggegenstandes während der Leasingdauer trifft. Häufig werden im Leasingvertrag auch die Gewährleistungsrechte ausgeschlossen; der Leasingnehmer erhält dafür regelmäßig die Rechte gegen den Lieferanten des Leasinggebers. Demgegenüber hat der Leasingnehmer die vereinbarten Leasingraten zu bezahlen. 636

Oft wird dem Leasingnehmer auch die Möglichkeit eingeräumt, nach Ablauf der Leasingdauer den gebrauchten Gegenstand sehr günstig zu kaufen. Wäre das Nichtkaufen nach den konkreten Vereinbarungen von vornherein wirtschaftlich unvernünftig, wird man den Vertrag zivilrechtlich als Ratenkauf einordnen und die entsprechenden Rechtsfolgen anwenden müssen. Gesetzliche Regelungen des Leasing gibt es ja nicht. Soll hingegen nach dem Vertrag der wirkliche Restwert zum Ende der Laufzeit Kaufpreis sein, hat der Leasingnehmer also mit Fristablauf faktisch eine sinnvolle Wahlmöglichkeit (**Kaufoption;** vgl Rz 488), könnte die Anwendung von Mietrecht näher liegen.

IV. Leihe

1. Unterschied zu Miete und Pacht

Zum Ersten ist der **Leihvertrag** (§§ 971–982 ABGB) **unentgeltlich;** der Verleiher erhält für seine Gebrauchsüberlassung also nichts. Zum Zweiten ist die Leihe ein **Realvertrag:** Der Vertrag kommt erst dadurch zustande, dass der Leih- 637 gegenstand, eine bewegliche oder eine unbewegliche körperliche Sache, tatsächlich dem Entleiher übergeben wird.

2. Inhalt

638 Der Entleiher ist zum vertraglich vereinbarten bzw üblichen Gebrauch der Sache befugt. Vor Ablauf der vereinbarten Leihzeit kann der Verleiher die Sache nicht zurückfordern; anderes gilt bloß für das schon Rz 621 erwähnte **Prekarium** (die Bittleihe).

Die mit dem Gebrauch der Sache verbundenen Kosten, so etwa das Benzin für ein Auto, trägt der Entleiher. Hingegen fallen außerordentliche Aufwendungen, etwa für eine größere notwendige Reparatur, dem Verleiher (als Eigentümer) zur Last.

3. Gefahrtragung

639 Schuldhafte Beschädigung der Leihsache durch den Entleiher hat selbstverständlich dieser zu verantworten. Anderes gilt für zufällige Beschädigungen: Diese treffen den Eigentümer, also den Verleiher.

V. Darlehen

Weiterführende Literatur: *Apathy/Riedler,* Schuldrecht BT^{2} Rz 9/1–9/12; *Avancini/Iro/Koziol,* Österreichisches Bankvertragsrecht II (1993) Rz 1/3–1/74; *Koziol/Welser* II^{13} 205–209.

1. Begriff

640 Beim **Darlehen** (§§ 983–992 ABGB) erhält der Darlehensnehmer vertretbare Sachen in sein freies Eigentum; zugleich wird vereinbart, dass dieser zu einem bestimmten Zeitpunkt die gleiche Menge in der gleichen Qualität dem Darlehensgeber zurückzugeben hat. Von praktischer Bedeutung ist insbesondere das Darlehen an Geld. Auch kommt im Wirtschaftsleben bloß das **entgeltliche Darlehen** vor, bei dem ein bestimmter Prozentsatz der Darlehenssumme als Zinsen geschuldet wird. In aller Regel wird gerade der Zinsenvereinbarung große Sorgfalt gewidmet; fehlt sie ausnahmsweise einmal, sind 4% Jahreszinsen zu bezahlen (§ 1000 Abs 1 ABGB).

2. Unterschied zum Kreditvertrag

641 Das im ABGB geregelte Darlehen ist wie die Leihe (Rz 637) ein **Realvertrag.** Er kommt daher erst mit Zuzählung des Darlehensbetrages zustande. Da diese gesetzliche Ausformung die Vertragsfreiheit allerdings nicht begrenzt, sind auch Vereinbarungen, die auf *zukünftige* Kreditgewährung gerichtet sind, ohne weiteres möglich. Sind sie auf späteren Abschluss eines echten Darlehensvertrages gerichtet, müssen die Regeln über den Vorvertrag (Rz 488) herangezogen werden. Regelmäßig sind aber die Einschränkungen des Vorvertrages nicht gewünscht. Daher wird auch der **Kredit(eröffnungs)vertrag,** also die Abrede, dass ein Teil nach Bedarf Geld bis zu einer Höchstgrenze – etwa durch Verfügung über ein Konto – in Anspruch nehmen könne, als voll wirksamer Hauptvertrag angesehen (Rz 695).

Jedenfalls nach Auszahlung sind Darlehens- und Kreditverträge gleich zu behandeln. Das vor allem für den *Verbraucherkredit* (Rz 642 a ff) bedeutsame **BankwesenG (BWG)** differenziert generell nicht.

3. Rechte des Darlehensgebers

Die **Rückzahlungs-** sowie die **Zinszahlungspflicht** wurden schon erwähnt. Haben die Parteien keinen Rückzahlungszeitpunkt vereinbart, kann das Darlehen wie jedes sonstige Dauerschuldverhältnis aufgekündigt werden (Rz 416, 584). **642**

4. Sonderregeln für Verbraucherkredite

Bei Kreditverträgen, die **Verbraucher** aufnehmen, ist die Vertragsfreiheit aus Konsumentenschutzgründen eingeschränkt. So hat der Verbraucher auch bei Befristungen grundsätzlich das Recht *vorzeitiger Rückzahlung* des Darlehens. Die Kreditkosten werden dann ermäßigt. Nicht in Betracht kommt diese Begünstigung allerdings etwa bei Krediten mit einem über € 25.000 hinausgehenden Volumen oder bei hypothekarischer Sicherung (§ 12 a KSchG). **642 a**

Fungiert – wie häufig – eine **Bank** als Kreditgeber, so sind vorrangig Vorschriften des BWG zu beachten. Die Regelungen sind unübersichtlich und kompliziert; so finden sich bereits vier unterschiedliche Verbraucherkreditarten (Definitionen in § 33 Abs 1 BWG). Auch Bauspardarlehen sind erfasst. **642 b**

Die wichtigsten Einzelregelungen: **642 c**

- Die Bank hat dem privaten Kunden bei Abschluss des Kreditvertrages schriftlich wichtige **Informationen** zu geben, die in die Ausfertigung des Kreditvertrages aufzunehmen sind; zB die *Gesamtbelastung* und der *effektive Jahreszins* (für Details vgl nur § 33 Abs 2 BWG). Die bisher häufig anzutreffende Verschleierung der Konditionen durch Aufspaltung in mehrere Faktoren (Zinssatz, Bereitstellungsgebühr, Bearbeitungsgebühr usw), die oftmals Vergleichbarkeit verhinderte und günstigere Bedingungen suggerierte, sollte damit ein Ende haben.

Darüber hinausgehende, auf das Risiko solidarischer Haftung bezogene Aufklärungspflichten der Bank bestehen dann, wenn Ehegatten als Verbraucher gemeinsam einen Kredit aufnehmen (vgl § 25 a KSchG). Unabhängig von einem Eheverhältnis sind Verbraucher, die die Haftungsübernahme für den Kredit eines anderen erwägen, vom Kreditgeber über die wirtschaftliche Lage des Kreditnehmers zu informieren, wenn die Gefahr von Rückzahlungsschwierigkeiten erkennbar ist (§ 25 c KSchG). Solidarschuldner sind überdies gesondert zu mahnen (§ 25 b Abs 1 KSchG).

- Das **Recht zur vorzeitigen Kreditrückzahlung** ist zum Teil *abweichend* von der Vorschrift des KSchG geregelt (zu dieser Rz 642 a). So kann es etwa auch für hypothekarisch gesicherte Kredite nicht abbedungen werden; bloß die Vereinbarung von Kündigungsfristen ist möglich. Details in § 33 Abs 8 BWG.
- Der Verbraucher hat Anspruch auf eine **Kontomitteilung zum 31. 12.,** die ihm im ersten Quartal des Folgejahres zugehen und zumindest die Summe der Zahlungen und Belastungen sowie den Saldo enthalten muss (§ 33 Abs 9 BWG).
- Eine zwingende Regelung hat auch die so genannte **Wertstellung** erfahren: Rückzahlungen auf Verbraucherkredite, aber auch Zahlungen auf private Girokonten und auf Sparbücher, müssen spätestens mit dem ersten Werktag nach dem Einlangen gutgeschrieben werden (§ 37 BWG).

642d Für die Gewährung von Privatkrediten durch Gewerbetreibende ab € 218 ist überdies die **VerbraucherkreditV** zu beachten, die ebenfalls Regelungen über den (schriftlich zu fixierenden) Vertragsinhalt und die vorzeitige Rückzahlung enthält. Sonderregeln gelten auch für die Kreditvergabe im *Fernabsatz* (Rz 438c).

VI. Franchising

Weiterführende Literatur: *Grohmann,* Die Praxis des Franchising[2] (1999); *Harrer,* Neue Vertragstypen im Handelsrecht (2001) 20–25; *Liebscher/Heinrich/Petsche,* Vertriebsverträge[2] (2001); *Liebscher/Petsche,* Franchising in Österreich[2] (2002); *M. Mohr,* Der Franchisevertrag (1999).

643 Das **Franchising** ist ebenso wie das Leasing gesetzlich noch nicht ausgeformt. Es gehört zu den vielgestaltigen Formen des modernen Waren- und Dienstleistungsvertriebs und weist bloß am Rande Gebrauchsüberlassungselemente auf. Ein Franchisevertrag liegt dann vor, wenn der Franchisegeber einem Unternehmer, dem Franchisenehmer, für dessen Betriebsführung zur Nutzung gegen Entgelt und Übernahme einiger weiterer Pflichten Handelswaren oder Handelsmarken, Vertriebsmethoden und Know-how und insbesondere das Recht überlässt, bestimmte Waren oder Dienstleistungen zu vertreiben. Diese Rechte werden regelmäßig exklusiv für bestimmte Gebiete vergeben.

Der Franchisenehmer profitiert von der großen Erfahrung des Franchisegebers sowie regelmäßig von Bekanntheitsgrad und gleich bleibender Qualität einer berühmten Marke, während sich der Franchisegeber durch die Vereinbarung von Mindestkontingenten, Zahlungen für Werbemaßnahmen und Ähnlichem zum Teil hohe Entgelte sichert. Rechtlich ist jeder Franchisenehmer jedoch selbstständiger und eigenverantwortlicher Unternehmer. *Beispiele* für solche Franchisesysteme sind etwa McDonald's, Benetton, Coca-Cola und Wienerwald.

VII. Dingliche Gebrauchs- und Nutzungsverträge

644 Auch den **dinglichen Gebrauchs- und Nutzungsverträgen** wie etwa den Dienstbarkeiten (Servituten; Rz 359), so dem Recht der Wohnung, liegen regelmäßig obligatorische Verträge zu Grunde. Das dingliche Recht selbst wird allerdings erst mit Vornahme des Verfügungsgeschäftes erworben.

VIII. Heimverträge

Weiterführende Literatur: *Barth/Engel,* Heimrecht – Heimaufenthaltsgesetz und Heimvertragsrecht (2004); *Laimer/Russegger/Thiele,* Heimvertrags- und Heimaufenthaltsgesetz (2004).

644a Eine Mischform von Gebrauchsüberlassung und Dienstleistung (dazu sofort Rz 645ff) stellt der **Heimvertrag** dar. Ähnlich, aber tendenziell noch stärker als bei der Hotelaufnahme, begibt sich der Aufgenommene in fremde Obhut. Bei Heimverträgen (Aufnahme in Alten-, Pflegeheime uä) erhält er neben Unterkunft und Verpflegung Betreuung und Pflege. Besonderer, zwingend ausgestalteter zivilrechtlicher Schutz wird den Bewohnern dieser Heime durch die seit 1. 7. 2004 anwendbaren **§§ 27b–27i KSchG** bereits bei bloß vorübergehender Aufnahme gewährt. Nicht erfasst ist die Aufnahme Minderjähriger in Pflege- und Erziehungsheime sowie die Aufnahme Kranker bzw Rehabilitationsbedürftiger in entsprechende Anstalten.

Der schriftformbedürftige Vertrag muss einen bestimmten Mindestinhalt aufweisen, zu dem etwa auch Feststellungen hinsichtlich der Persönlichkeitsrechte der Heimbewohner gehören. Auch kann jeder Heimbewohner jederzeit eine Vertrauensperson namhaft machen. Nicht nur bei mangelhafter Leistungserbringung, sondern auch bei Abwesenheit des Bewohners von mehr als drei Tagen ist der Entgeltanspruch des Heimträgers entsprechend zu mindern. Ausführlich geregelt ist schließlich die Kündigung des Heimvertrages durch Bewohner und Träger.

Diese Vorschriften werden durch ein **HeimaufenthaltsG** ergänzt, das seit 1. 7. 2005 in Geltung steht. Es regelt insbesondere die Zulässigkeit freiheitsbeschränkender Maßnahmen.

11. Kapitel
Dienstleistungsverträge

I. Dienstvertrag

Weiterführende Literatur: *Achitz/Krapf,* Muster für den arbeitsrechtlichen Schriftverkehr[3] (2006); *Apathy/Riedler,* Schuldrecht BT[2] Rz 4/1–4/8; *J. Berger,* Einführung in das österreichische Arbeits- und Sozialrecht[6] (2003); *Binder,* Arbeitsvertragsrechts-Anpassungsgesetz (2001); *Brodil/Risak/Wolf,* Arbeitsrecht in Grundzügen[4] (2006); *Dittrich/Tades,* Angestelltengesetz[23] (2006); *Floretta/Spielbüchler/Strasser,* Arbeitsrecht I[4] (1998), II[4] (2001); *Fuchs/Marhold,* Europäisches Arbeitsrecht[2] (2006); *Koziol/Welser*[13] II 248–254; *Kuras* (Hrsg), Handbuch Arbeitsrecht (2004); *Löschnigg,* Arbeitsrecht[10] (2003); *Marhold/Burgstaller/Preyer* (Hrsg), Angestelltengesetz (Loseblatt, Stand 2007); *Marhold/Friedrich,* Österreichisches Arbeitsrecht (2006); *Mazal/Engelbrecht,* Der Angestelltendienstvertrag[2] (1999); *Neumayr/Reissner* (Hrsg), Zeller Kommentar zum Arbeitsrecht (2006); *Reissner,* Das neue Lern- und Übungsbuch Arbeitsrecht[2] (2005); *Schrammel/Winkler,* Arbeits- und Sozialrecht der Europäischen Gemeinschaft (2002); *Schrank,* Arbeitsrecht[3] (2006); *Strasser/Jabornegg/Resch,* Kommentar zum Arbeitsverfassungsgesetz (Loseblatt, Stand 2006); *Tomandl* (Hrsg), Kommentar Arbeitsverfassungsgesetz (Loseblatt, Stand 2005); *Tomandl/Schrammel,* Arbeitsrecht I[5] (2004), II[5] (2004).

Gesetzessammlungen: *Dittrich/Tades,* Arbeitsrecht (Loseblattsammlung in 5 Mappen); *Mazal,* Kodex Arbeitsrecht[28] (2006); *Schmid/Murr,* Kodex EU-Arbeitsrecht[5] (2006); *Strasser/Jabornegg,* Arbeitsverfassungsgesetz[3] (1999); *Wachter* (Hrsg), Sammlung arbeitsrechtlicher Gesetze[8] (2005).

1. Begriff

Ein **Dienstvertrag** liegt vor, wenn sich jemand **auf gewisse Zeit zur Arbeitsleistung** für einen anderen verpflichtet (§ 1151 Abs 1 ABGB). Im Unterschied zum Werkvertrag (Rz 659ff) wird nicht die Herbeiführung eines bestimmten Erfolges, sondern – im Rahmen eines Dauerschuldverhältnisses – die *Zurverfügungstellung von Arbeitskraft* geschuldet. Das Spektrum reicht daher vom Hilfsarbeiter bis zum Bankdirektor. Je nach dem Grad der wirtschaftlichen und persönlichen Abhängigkeit des Dienstleistenden entscheidet sich, ob jemand Arbeitnehmer (= Dienstnehmer) im eigentlichen Sinn (Rz 647) ist und damit zur Gänze dem Schutz des Arbeitsrechts untersteht, oder ob er seine Dienste so selbstständig erbringt, dass nur mehr einzelne arbeitsrechtliche Normen analog auf ihn angewendet werden können („freie Dienstverträge“; Rz 653). **645**

Das große Heer der *Beamten* schließt mit dem Bund, dem Land oder der Gemeinde keine (privatrechtlichen) Dienstverträge; ihr Dienstverhältnis ist rein nach öffentlichem Recht ausgestaltet (BeamtendienstrechtsG). Bei Gebietskörperschaften angestellte *Vertragsbedienstete* unterliegen jedoch dem Privatrecht, auch wenn für sie primär die besonderen Regeln des VBG gelten.

2. Bedeutung

646 Die Bedeutung des Dienstvertrages in der Volkswirtschaft ist enorm. Ein Großteil aller Erwerbstätigen bezieht daraus seinen (häufig einzigen) Lebensunterhalt. Wenn die Freiheit des Einzelnen so weit eingeschränkt ist, dass er Arbeit in voller **persönlicher Abhängigkeit** erbringt, soll finanzielle wie körperliche und psychische Ausbeutung hintangehalten werden. Der Arbeitnehmer wird daher zu den sozial besonders schutzbedürftigen Personen gezählt, zu dessen Gunsten eine ganze Reihe von Schutzgesetzen in Kraft ist (Beispiele: höchstzulässige Wochenarbeitszeit, Mindesturlaub); daneben existieren Spezialvorschriften für „Sonderarbeitnehmer" wie Schicht- und Schwerarbeiter.

3. Abhängige Arbeit (Arbeitsvertrag im eigentlichen Sinn)

a) Allgemeines

647 Das Arbeitsrecht wird häufig als das **Recht der unselbstständig Erwerbstätigen** bezeichnet. Sie erbringen ihre Dienste in persönlicher Abhängigkeit, werden daher in Bezug auf Arbeitszeit, Arbeitsort und konkrete Arbeitsabfolge vom Arbeitgeber bestimmt und haben sich vorgegebenen Betriebsstrukturen unterzuordnen. Dem Arbeitgeber steht ein Weisungs- und Kontrollrecht zu.

Bei den Arbeitnehmern wird privatrechtlich zwischen **Angestellten** und **Arbeitern** unterschieden. Angestellter ist, wer im Betrieb eines Kaufmannes oder sonstigen Gewerbetreibenden vorwiegend zur Leistung kaufmännischer oder höherer nichtkaufmännischer Dienste oder zu Kanzleiarbeiten angestellt ist (§ 1 AngG). Arbeiter sind alle übrigen Arbeitnehmer. Gesetzlich werden die Rechte beider Gruppen einander immer mehr angeglichen. Unterschiede bestehen nach wie vor etwa im Bereich der Entlassungsgründe, der Kündigungsfristen und der Entgeltfortzahlung im Krankheitsfall.

Um ihre sozialen, personellen und wirtschaftlichen Interessen wirkungsvoller wahrnehmen zu können, bilden die Arbeitnehmer **Belegschaften.** Die Geschäfte einer Belegschaft führt der **Betriebsrat;** er vertritt sie auch nach außen, insbesondere gegenüber dem Arbeitgeber (zu den Kompetenzen des Betriebsrates vgl § 113 ArbVG).

b) Rechtsquellen

648 Arbeitsverhältnisse werden durch Vertrag begründet. Grundlage sind die eher dürftigen Regeln des ABGB über den Dienstvertrag (§§ 1151–1164). Sie werden allerdings von einer ganzen Reihe von Sondergesetzen verdrängt und sind daher nur subsidiär anwendbar. Diese Vorschriften wollen zum Teil *bestimmte Personengruppen* begünstigen (zB MutterschutzG, BehinderteneinstellungsG), zum Teil bestimmte Mindeststandards für *Arbeitsbedingungen* schaffen (zB ArbeitszeitG, NachtschwerarbeitsG) oder auch die Arbeit *einzelner Berufe* konkre-

ter regeln (zB JournalistenG, SchauspielerG, Hausgehilfen- und HausangestelltenG, Land- und Forstarbeiter-DienstrechtsG).

Recht ausführlich geregelt sind die Rechte der Angestellten im **AngestelltenG (AngG) 1921** (Arbeiter hingegen unterliegen den Normen der GewerbeO 1859) und die der Vertragsbediensteten (Rz 645 aE) im **VertragsbedienstetenG (VBG) 1948.** Die Vorschriften des ABGB gelten jeweils subsidiär.

Um die Fülle der speziellen Regelungsbereiche und des arbeitsrechtlichen Normenmaterials anzudeuten, seien hier einige weitere Gesetze bloß aufgezählt: Arbeiter-AbfertigungsG, ArbeitnehmerInnenschutzG, Arbeits- und SozialgerichtsG, AusländerbeschäftigungsG, BetriebspensionsG, BerufsausbildungsG, DienstnehmerhaftpflichtG, EntgeltfortzahlungsG, Väter-KarenzG, HeimarbeitsG, UrlaubsG.

Wegen der besonderen Schutzbedürftigkeit des Arbeitnehmers haben verschiedenste *zwingende* oder zu Gunsten der Arbeitnehmer halb zwingende *gesetzliche Vorschriften* Vorrang vor gegenteiligen vertraglichen Vereinbarungen. **649**

Für die Einzelverträge unmittelbar von Bedeutung sind auch Kollektivverträge und Betriebsvereinbarungen. Zustandekommen und möglicher Inhalt sind im **ArbeitsverfassungsG (ArbVG)** geregelt. **650**

Kollektivverträge dürfen vor allem das regeln, was regelmäßiger Inhalt eines Arbeitsvertrages ist (vgl § 2 Abs 2 Z 2 ArbVG). Sie enthalten *Mindestarbeitsbedingungen* für die einzelnen Branchen (Metallarbeiter, Holzarbeiter usw); vor allem werden Mindestentgelte festgesetzt. Schlechtere Bedingungen können einzelvertraglich nicht vereinbart werden (**Günstigkeitsprinzip;** § 3 Abs 1 ArbVG). Der Abschluss von Kollektivverträgen erfolgt zwischen den gesetzlichen oder freiwilligen Interessenvertretungen, denen durch das Bundeseinigungsamt Kollektivvertragsfähigkeit zuerkannt wurde. Auf Arbeitgeberseite tritt regelmäßig die Wirtschaftskammer (als *gesetzliche* Interessenvertretung), auf Arbeitnehmerseite häufig der Österreichische Gewerkschaftsbund – ÖGB auf (und zwar als *freiwillige* Interessenvertretung; gesetzliche wäre die Arbeiterkammer).

Betriebsvereinbarungen werden zwischen dem einzelnen Betriebsinhaber und dem Betriebsrat für die im Betrieb Beschäftigten abgeschlossen. Sie sind für die Einzelarbeitsverträge ebenfalls unmittelbar rechtsverbindlich. Durch Betriebsvereinbarung geregelt darf allerdings nur werden, was von einer Regelungsermächtigung des Kollektivvertrags oder des Gesetzes gedeckt ist (vgl die §§ 29, 96f ArbVG).

c) Rechte und Pflichten im Arbeitsverhältnis

- **Arbeitspflicht des Arbeitnehmers:** Der Dienstnehmer hat seine Arbeitskraft in der Regel höchstpersönlich am vom Dienstgeber vorgegebenen Ort zur festgelegten Zeit bereitzustellen. Die persönliche Abhängigkeit zeigt sich vor allem daran, dass die Arbeitspflicht (hinsichtlich Ort, Zeit und Abfolge) im vertraglichen Rahmen durch **Weisung** des Dienstgebers konkretisiert wird. **651**
- **Weitere Pflichten des Arbeitnehmers:** Der Dienstnehmer darf kein Verhalten setzen, das das Vertrauen des Arbeitgebers in ihn zerstört (vgl zB § 27 Z 4 AngG). So darf den Interessen des Betriebes nicht zuwidergehandelt werden (zB Rufschädigung). Häufig wird insoweit von *Treuepflicht* gesprochen. *Nebentätigkeiten* dürfen die Arbeitskraft nicht derart beeinträchtigen, dass der Arbeitneh-

mer seiner eigentlichen Aufgabe nicht mehr nachkommen kann. Durch Nebentätigkeiten darf dem Arbeitgeber auch keine Konkurrenz gemacht werden (*Wettbewerbsverbot;* für Angestellte § 7 AngG). Öfters werden Arbeitnehmer durch vertragliche Konkurrenzklauseln angehalten, auch *nach* Beendigung ihrer Beschäftigung für eine gewisse Zeit mit dem Arbeitgeber nicht in Wettbewerb zu treten; damit soll verhindert werden, dass mit Hilfe betriebsspezifischer Kenntnisse der Kundenstock abgeworben wird (vgl § 36 AngG). Der Arbeitnehmer muss darüber hinaus insbesondere *Betriebs- und Geschäftsgeheimnisse* wahren.

Schädigt der Arbeitnehmer im Rahmen seiner Tätigkeit den Arbeitgeber oder Dritte, so unterliegt er dem milderen Haftungsmaßstab des **DienstnehmerhaftpflichtG (DHG) 1965** (Rz 772). Zum Schutz des Arbeitnehmers darf eine bestimmte Dauer der Arbeitszeit nicht überschritten werden (vgl zur Normalarbeitszeit § 3 AZG; Ausnahmen dazu in den §§ 4–9 AZG). Neue Arbeitszeitformen, zB Gleitzeit, sollen zur Flexibilisierung beitragen.

651a • **Entgeltzahlungspflicht des Arbeitgebers:** Zwar ist der Dienstvertrag nicht zwingend entgeltlich. Üblicherweise sehen aber bereits die Kollektivverträge Mindestlöhne vor. Daher erhält der Arbeitnehmer für seine Dienste in aller Regel das – wie auch immer – vereinbarte **Entgelt,** das häufiger als Zeitlohn (dann meist am Monatsende), seltener als Akkordlohn ausbezahlt wird. Der Lohn kann Gewinnbeteiligungen, Prämien, Provisionen und Sonderzahlungen (zB Weihnachts- und Urlaubsgeld, Betriebsjubiläumsgelder) beinhalten. Bei Beendigung des Arbeitsverhältnisses besteht grundsätzlich ein Anspruch auf **Abfertigung;** Genaueres regelt das Betriebliche Mitarbeitervorsorgegesetz (BMVG), das allerdings nur für nach dem 31. 12. 2002 begründete Arbeitsverhältnisse gilt. Nach altem Recht hatte der Arbeitnehmer einen unmittelbaren Auszahlungsanspruch gegen seinen Arbeitgeber. Nunmehr kann er nur verlangen, dass der Arbeitgeber einen bestimmten Prozentsatz des Monatsentgelts (derzeit 1,52%) in die betriebliche Mitarbeitervorsorgekasse einzahlt; diese Kasse ist dann bei Vorliegen der gesetzlichen Voraussetzungen zur Auszahlung der Abfertigung an den Arbeitnehmer verpflichtet. Bei entsprechender Vereinbarung ist dem pensionierten Arbeitnehmer ein *Ruhegeld* zu leisten, das weder mit der Abfertigung noch mit der gesetzlichen Pension verwechselt werden darf.

In bestimmten Fällen erhält der Arbeitnehmer *auch ohne Arbeitsleistung* seinen Lohn, so vor allem im Falle von Krankheit, einer Schwangerschaft oder Entbindung, wenn nicht die Sozialversicherung leistungspflichtig ist (dazu § 8 AngG, § 2 EntgeltfortzahlungsG), und während des Urlaubs (§ 2 UrlG), aber uU auch bei Arbeitsverhinderung aus persönlichen Gründen, zB wegen Erkrankung eines Kindes (§ 8 Abs 3 AngG, § 1154b Abs 5 ABGB).

Zahlreiche Normen dienen der Sicherung des (frei verfügbaren) Entgelts: Lohn darf nicht in Gegenständen eigener Produktion ausbezahlt werden (Truckverbot); im Falle der Insolvenz des Arbeitgebers erfolgt die Entgeltzahlung aus dem öffentlich-rechtlichen Insolvenz-Ausfallgeld-Fonds (s Rz 1365).

• **Fürsorgepflicht des Arbeitgebers:** Der Dienstgeber hat ferner Leben, Gesundheit und Eigentum des Arbeitnehmers zu schützen (§ 18 AngG, § 1157 ABGB). Dem dienen Schutzvorschriften technischer (Ausgestaltung der Arbeitsräume, Schutzausrüstungen für gefährliche Tätigkeiten usw; Regelungen im **ArbeitnehmerInnenschutzG**) und persönlicher Natur (Beispiele: Beschäftigungsverbot für Kinder, eingeschränkte Beschäftigungsmöglichkeit für Jugendliche:

Kinder- und JugendlichenbeschäftigungsG; Beschäftigungsverbot für Schwangere vor der Entbindung und Mütter nach der Geburt: **MutterschutzG**). Der *Gleichbehandlungsgrundsatz* verbietet dem Arbeitgeber, Arbeitnehmer in sachlich nicht zu rechtfertigender Weise ungleich zu behandeln. Damit sich der Arbeitnehmer leicht über seine Rechtsposition informieren kann und für den Konfliktfall über ein Beweismittel verfügt, muss ihm der Arbeitgeber unverzüglich nach Vertragsbeginn einen *Dienstzettel* aushändigen, in dem seine wichtigsten Rechte und Pflichten enthalten sind (§ 2 AVRAG).

Der Arbeitnehmer hat zudem einen **Urlaubsanspruch,** dessen Ausmaß von **651b** der Dienstzeit abhängt. Der Urlaubsantritt ist grundsätzlich *einvernehmlich* festzulegen. Erkrankt der Arbeitnehmer im Urlaub für länger als drei Tage, so kann diese Zeit nicht auf seinen Urlaub angerechnet werden. Selbstverständlich steht dem Arbeitnehmer für die Zeit des Urlaubes Anspruch auf Entgelt zu; der Urlaub darf jedoch nicht in Geld abgelöst werden (Details in den §§ 5ff UrlG).

4. Beendigung des Dienstverhältnisses

Auch für den Arbeitsvertrag sind im Grundsatz die allgemeinen Regeln der **652** Auflösung von Dauerschuldverhältnissen (Rz 416) zu beachten. *Befristete* Verträge enden daher durch **Zeitablauf.** Vorzeitige Kündigung ohne wichtigen Grund kommt für keinen Vertragspartner in Betracht, einvernehmliche Auflösung selbstverständlich schon. Da die Dauer eines Arbeitsverhältnisses häufig für gewisse Rechte des Beschäftigten (Abfertigung, Urlaubsanspruch usw) von Bedeutung ist, werden mehrere unmittelbar hintereinander zwischen denselben Partnern abgeschlossene Verträge **(Kettenarbeitsverträge)** wie ein einheitlicher Vertrag behandelt, sofern die neuerliche Befristung nicht durch sachliche Gründe gerechtfertigt ist (zB Karenzvertretung).

Unbefristete Dienstverträge können durch **ordentliche Kündigung** (Rz 584) ohne Angabe besonderer Gründe von beiden Seiten aufgelöst werden (§ 20 AngG, §§ 1159ff ABGB). Arbeitern steht bloß eine Kündigungsfrist von 14 Tagen zu, die überdies (auch durch Kollektivvertrag) abdingbar ist (§ 77 GewO 1859), während für Angestellte zwingend – je nach Dauer der Betriebszugehörigkeit – eine zumindest sechswöchige Frist gilt und der Arbeitgeber überdies gesetzlich fixierte Kündigungstermine einzuhalten hat. Kündigungen durch den Angestellten selbst sind hingegen unter Einhaltung einer einmonatigen Frist zu jedem Monatsletzten möglich.

Beispiel: Soll ein Angestellter zum 30. 6. des Jahres gekündigt werden und wird ihm die Kündigung am 31. 5. zugestellt, so ist die sechswöchige Kündigungsfrist nicht eingehalten worden. Die Kündigung wird in der Regel erst zum nächstmöglichen Kündigungstermin wirksam.

Vielfach wird jedoch bestimmten Personengruppen (Betriebsratsmitglieder, Schwangere usw) ein spezieller Schutz vor Kündigungen gewährt. Existiert ein Betriebsrat, ist dieser bei sonstiger Unwirksamkeit von jeder beabsichtigten Kündigung zu informieren. Widerspricht er der Kündigung innerhalb von 5 Tagen, kommt zunächst eine **gerichtliche Kündigungsanfechtung** durch den Betriebsrat, subsidiär eine Anfechtung durch den Gekündigten selbst in Betracht. Dafür steht jeweils eine Wochenfrist zur Verfügung; für den Arbeitnehmer ebenso dann, wenn der Betriebsrat die 5-Tage-Frist verstreichen lässt. Erfolg hat die Anfechtung insbesondere dann, wenn *„Sozialwidrigkeit“* vorliegt. Extremes Bsp: Ein Arbeitnehmer, der Unterhaltspflichten hat und der schon Jahrzehnte in diesem Betrieb gearbeitet hat, wird einige Jahre vor seinem Pensionsantritt gekündigt, was nahezu unausweichlich zu (längerer) Arbeitslosigkeit führt. Stimmt der Betriebsrat hingegen der Kündigung ausdrücklich zu („Sperrrecht“ des Betriebsrats), kommt nur mehr eine Anfechtung durch den Arbeitnehmer wegen verpönten Motivs, nicht aber wegen „bloßer“ Sozialwidrigkeit in Betracht. Bsp: Der Arbeitgeber will einen unbequemen Gewerkschafter loswerden. Details regelt § 105 ArbVG.

Nur wenn einem Vertragsteil die Aufrechterhaltung des Dienstverhältnisses bis zum nächsten Kündigungstermin nicht zumutbar ist, kommt eine *fristlose* Auflösung in Frage, so zB bei Untreue, Pflichtvernachlässigung oder Verleitung zum Ungehorsam von Kollegen durch den Arbeitnehmer, bei Entgeltzahlungsverweigerung oder Verletzung von Schutzpflichten durch den Arbeitgeber (vgl die §§ 26f AngG). Die fristlose Auflösung durch den Arbeitgeber heißt **Entlassung,** die durch den Arbeitnehmer **Austritt.**

Selbstverständlich kann das Dienstverhältnis auch *im Einvernehmen* beider Vertragspartner aufgelöst werden. Die Art der Beendigung ist für eine ganze Reihe von Ansprüchen wichtig (Entgelte, Abfertigung, Urlaubsersatzleistung usw).

652a Übernimmt ein neuer Inhaber einen lebenden Betrieb, so erlöschen die mit dem bisherigen Betriebseigner abgeschlossenen Arbeitsverträge nicht. Vielmehr gehen sie von Gesetzes wegen auf den neuen Inhaber über **(gesetzliche Vertragsübernahme).** Details regeln die §§ 3ff AVRAG.

5. Freie Dienstverträge

653 Wer sich zur Erbringung von Dienstleistungen verpflichtet, ohne in persönlicher Abhängigkeit zu stehen (vgl Rz 647), ist kein Arbeitnehmer im eigentlichen Sinn. Häufig werden solche Leistungen bloß gattungsmäßig umschrieben (zB ständige Rechtsberatung eines Anwalts für ein Unternehmen; Vorstandsfunktion in einer AG); überdies sind sie ihrem Wesen nach nicht an die Eingliederung in eine fremde Betriebsorganisation gebunden. Man spricht vom **freien Dienstvertrag,** auf den nur jene arbeitsrechtlichen Normen (analog) zur Anwendung kommen, die nichts mit dem Schutz persönlich Abhängiger zu tun haben; daher zB die Kündigungsfristen des ABGB, nicht aber Regeln über Abfertigung oder Entgeltfortzahlung im Krankheitsfall.

Arbeitnehmerähnliche Personen (zB Betreiber einer Tankstelle als Franchisenehmer) sind ebenfalls nicht persönlich, wohl aber *wirtschaftlich abhängig.* Arbeitsrecht ist auf sie nur dann anzuwenden, wenn dies ausdrücklich angeordnet ist (so etwa für DHG – dazu Rz 772, ASGG oder AusländerbeschäftigungsG).

6. Arbeitnehmerüberlassung

654 Die Geschäftstätigkeit einiger Unternehmen liegt ausschließlich in der **Überlassung von Arbeitskräften:** Die Arbeitskräfte sind formell Arbeitnehmer dieser Unternehmen, leisten jedoch ihre Dienste faktisch bei (wechselnden) Dritten. Die Aufspaltung zwischen rechtlichem und faktischem Arbeitgeber erleichtert nun Umgehungen zwingender Normen des Arbeitnehmerschutzes (zB des DHG). Dem begegnet das **ArbeitskräfteüberlassungsG (AÜG) 1988.**

II. Handelsvertretervertrag

Weiterführende Literatur: *Feil,* Makler- und Handelsvertreterrecht (1996); *Kalss/Schauer,* Allgemeines Handelsrecht Rz 11/9–11/23; *Krejci,* Handelsrecht[3] 332–346; *Nocker,* Der Handelsvertretervertrag (2000); *ders,* Ausgleichsanspruch des Handelsvertreters, Vertragshändlers und Franchisenehmers (2001); *Roth/Fitz,* Unternehmensrecht[2] Rz 996–1000.

1. Begriffe und Rechtsquellen

Der **Handelsvertreter** ist als selbstständiger Gewerbetreibender von einem Geschäftsherrn ständig damit betraut, in dessen Namen und für dessen Rechnung Rechtsgeschäfte zu vermitteln oder abzuschließen. Der Handelsvertreter ist also Unternehmer. Seine Rechtsstellung ist im konkreten Vertrag mit dem Geschäftsherrn sowie im **HandelsvertreterG (HVertrG) 1993** geregelt. Nicht unter das HVertrG fallen Geschäfte über unbewegliche Sachen (§ 1), hingegen seit 1. 7. 2006 kraft ausdrücklicher Anordnung auch Versicherungsverträge, wobei für den *Versicherungsvertreter* einige wenige Sondervorschriften gelten (§§ 26b–26d HVertrG). Das Gesetz enthält – vor allem im Zusammenhang mit dem Provisionsanspruch – zum Schutz des Handelsvertreters eine Reihe *halb zwingender* Vorschriften; einige sind überhaupt zwingend (vgl § 27 HVertrG). **655**

Der Handelsvertreter steht in ständiger Geschäftsbeziehung zu einem oder mehreren Geschäftsherren. Je nach der Vereinbarung bereitet er Geschäftsabschlüsse bloß vor **(Vermittlungsvertreter)** oder schließt diese als Vertreter direkt ab **(Abschlussvertreter).** Im Zweifel besteht bloß eine Vermittlungsbefugnis. Schließt der Handelsvertreter dennoch ab, so ist sein Geschäftsherr an den Vertrag gebunden, wenn er nicht unmittelbar nach Kenntnisnahme dem Dritten, also dem Geschäftspartner, die Ablehnung erklärt (§ 2 HVertrG). – Zum *Vertragshändler* bereits Rz 229.

2. Rechte und Pflichten

Der Handelsvertreter hat die Interessen des Geschäftsherrn sorgfältig wahrzunehmen und von jedem abgeschlossenen Geschäft sofort Nachricht zu geben. Als Gegenleistung erhält er eine **Provision,** die meist in Form eines gewissen Prozentsatzes vom Volumen des abgeschlossenen Geschäfts berechnet wird. Grundsätzlich steht die Provision nur dann zu, wenn das vermittelte Geschäft in der Folge tatsächlich zustande kommt und vom Partner des Geschäftsherrn auch erfüllt wird (§ 9 HVertrG). Mangels besonderer vertraglicher Vereinbarung ist die Provision *vierteljährlich* spätestens einen Monat nach Quartalsende abzurechnen; ein *Vorschuss* kann verlangt werden (§ 14 HVertrG). **656**

III. Maklervertrag

Weiterführende Literatur: *S. Bydlinski,* Das Maklergesetz (1996); *Feil,* Makler- und Handelsvertreterrecht (1996); *Fromherz,* Kommentar zum Maklergesetz (1997); *ders* in *Jabornegg,* Kommentar zum HGB (1997) 534–644; *Kalss/Schauer,* Allgemeines Handelsrecht Rz 11/24–11/35; *Koban,* Maklergesetz 1996 (1996); *Krejci,* Handelsrecht[3] 346–363; *Noss,* Maklerrecht[2] (2004); *Ostermayer/Schuster,* Maklerrecht (1996).

1. Begriffe und Rechtsquellen

657 Nach § 1 **MaklerG 1996** vermittelt der Makler für einen Auftraggeber Geschäfte mit einem Dritten, ohne ständig damit betraut zu sein. Das MaklerG enthält neben allgemeinen Vorschriften Sonderbestimmungen für Immobilienmakler, Handelsmakler, Versicherungsmakler (Spezialfall des Handelsmaklers; s § 26 Abs 1 MaklerG) und Personalkreditvermittler. Handelsmakler ist trotz Ersetzung des HGB durch das UGB nach wie vor jener Makler, der gewerbsmäßig Geschäfte über Gegenstände des Handelsverkehrs vermittelt (§ 19 Abs 1 MaklerG).

Sonderbestimmungen zu Gunsten von *Verbrauchern* finden sich in den §§ 30 a, 30 b, 30 c und 31 KSchG (Rücktrittsrechte, Aufklärungspflichten, Grenzen von Alleinvermittlungsaufträgen usw). Ergänzt wird das MaklerG schließlich durch zwei Verordnungen, die *Standes- und Ausübungsregeln für Immobilienmakler* (IMV) bzw *Personalkreditvermittler* (PKVV) enthalten. Siehe insbesondere die ausführlichen Vorschriften über Provisionshöchstbeträge in den §§ 11–27 IMV.

2. Rechte und Pflichten

658 Im Gegensatz zu den meisten sonstigen Verträgen verpflichtet der Maklervertrag grundsätzlich zu keinen Aktivitäten (§ 4 Abs 1 MaklerG); Ausnahmen gelten für „Alleinvermittlungsaufträge“ (§ 14 MaklerG) und für Versicherungsmakler. Der Vertrag ist also im Regelfall bloß **einseitig verpflichtend,** allerdings **entgeltlich,** da der Makler dann, wenn er den vom Vertragspartner gewünschten Erfolg herbeiführt, einen *Provisionsanspruch* erwirbt. Aus diesem Grund wird der Makler auch ohne Rechtspflicht von sich aus aktiv werden.

Im Allgemeinen hat der Makler, auch wenn er zugleich für den Dritten tätig ist, (nur) die Interessen des Auftraggebers zu wahren (§ 3 Abs 1 MaklerG). Der *Handelsmakler* kann hingegen auch für beide Parteien des zu vermittelnden Geschäfts tätig werden, muss dann also die Interessen beider beachten. Hingegen hat der *Versicherungsmakler* auch bei Doppeltätigkeit überwiegend die Kundeninteressen zu vertreten.

Grundsätzlich besteht der **Provisionsanspruch** des Maklers dann, wenn das Geschäft mit dem Dritten durch seine vertragsgemäße Tätigkeit wirksam zustande gekommen ist. Das Entgelt ist also *erfolgsbezogen,* wobei als Erfolg grundsätzlich bereits der bindende Vertrag zwischen Auftraggeber und Dritten anzusehen ist; nur wenn feststeht, dass die Ausführung des vermittelten Vertrags aus Gründen unterbleibt, die der Auftraggeber nicht zu vertreten hat, ist keine Provision geschuldet (Details in den §§ 6–11 MaklerG). Vereinbarungen, die dem Makler trotz fehlenden Vermittlungserfolges Provision gewähren, setzt § 15 MaklerG enge Grenzen: Wirksam ist eine solche Abrede etwa dann, wenn der Vertrag mit einer vom Auftraggeber oder dem zu vermittelnden Dritten verschiedenen Person zustande kommt, weil dieser Person die Geschäftsgelegenheit vom Auftraggeber oder Dritten bekannt gegeben worden ist. ***Beispiel:*** Der Mann lässt sich vom Makler informieren, die Lebensgefährtin schließt den Vertrag. Provisionsschuldner ist auch in einem solchen Fall der Auftraggeber (als Vertragspartner des Maklers).

Wird ein *Handelsmakler* für beide Parteien tätig, so schuldet im Zweifel jeder Vertragspartner die halbe Provision.

IV. Werkvertrag

Weiterführende Literatur: *Apathy/Riedler,* Schuldrecht BT^{2} Rz 3/1–3/23; *Koziol/ Welser*[13] II 254–269; *Straube/Aicher* (Hrsg), Handbuch Bauvertrags- und Bauhaftungsrecht (Loseblatt, Stand 2006) 1., 2. und 4. Kapitel.

1. Begriffe und Rechtsquellen

Der Anwendungsbereich des **Werkvertrages** (§§ 1165–1171 ABGB) ist weit. **659** Er ist dadurch gekennzeichnet, dass sich der *Werkunternehmer* dem *Werkbesteller* gegenüber zur Herstellung eines bestimmten **Erfolges** verpflichtet. Die **Erfolgsbezogenheit** ist auch der wesentliche Unterschied zum Dienstvertrag. Als Erfolg kann ganz Unterschiedliches in Betracht kommen: Die Herstellung einer Sache, die Abfassung eines Gutachtens, der Transport einer Sache von einem Ort zum anderen, die Organisation und Durchführung einer Reise (vgl allerdings auch Rz 664 a) usw.

Abgrenzungsprobleme zum Kaufvertrag können sich dann ergeben, wenn der Werkunternehmer den gewünschten Gegenstand aus *eigenen* Materialien herzustellen hat. Hier kann die Abgrenzung zwischen Gattungs- und Speziessachen (Rz 300) hilfreich sein: Anfertigung auf Grund besonderer Wünsche und Bedürfnisse des Bestellers (Einbauschrank im Schlafzimmer) führt zum Werkvertrag, die Herstellung verkehrsüblicher Gegenstände (zB Schild mit der Aufschrift „Bissiger Hund") zum Kaufvertrag. Ferner sieht § 381 Abs 2 UGB ausdrücklich vor, dass die Vorschriften des (UGB-)Warenkaufs auch auf Werkverträge über die Herstellung beweglicher körperlicher Sachen (*Werklieferungsvertrag* iwS) anzuwenden sind, wobei es anders als früher nicht darauf ankommt, dass auch das Material vom Werkunternehmer stammt.

Spezifische Verbraucherschutzvorschriften betreffen den Kostenvoranschlag (§ 5 **659 a** KSchG; siehe Rz 662), Verträge über Wohnraumsanierungen (§ 26 d KSchG) sowie den Entgeltanspruch bei Unterbleiben des Werkes (§ 27 a KSchG; siehe Rz 664).

2. Vertragsinhalt

Der Werkunternehmer hat das Werk zwar an sich *persönlich* auszuführen. Im **660** Zweifel darf er aber auch Erfüllungsgehilfen beiziehen. Der Werkbesteller hat das vereinbarte, sonst ein **angemessenes Entgelt** zu leisten. Dieses wird erst mit Vollendung des Werkes fällig. Die Vereinbarung kann allerdings auch Vorschüsse oder anteilmäßige Zahlungen bei Vertragsabschluss, bei Beginn der Arbeiten oder zu sonstigen Zeitpunkten vorsehen. Bei *Bauverträgen* besteht ein Sicherstellungsanspruch (§ 1170 b ABGB).

Jedenfalls unwirksam sind Vereinbarungen, nach denen von Konsumenten einem Unternehmer zur Bearbeitung übergebene Sachen in unangemessen kurzer Zeit verfallen; einzeln ausgehandelt werden müsste die Klausel, die in solchen Fällen (Reparatur, Wäscherei usw) die Schadenersatzpflicht des Unternehmers für Schäden an der übernommenen Sache ausschließt oder beschränkt (vgl § 6 KSchG; allgemein dazu Rz 437).

3. Kostenvoranschlag

Regelmäßig will der (spätere) Werkbesteller schon vor Abschluss des Vertrages wissen, was ihn die Sache in etwa kosten wird. Auch wird er regelmäßig mehrere Angebote vergleichen. Er holt daher **Kostenvoranschläge** ein, die in einer **661** mehr oder weniger differenzierten Aufstellung der mit der Ausführung des Werkes verbundenen Kosten durch den Werkunternehmer bestehen.

662 Kostenvoranschläge können nun ganz unterschiedliche **Rechtsfolgen** auslösen. Zunächst ist zu klären, ob der Werkunternehmer allein für die Herstellung des Kostenvoranschlages ein Entgelt begehren kann. Im Konsumentengeschäft ist dies jedenfalls nur dann möglich, wenn der Verbraucher vom Unternehmer vorher auf die Zahlungspflicht ausdrücklich hingewiesen worden ist (§ 5 KSchG). Ansonsten ist im Zweifel ein Entgelt zu leisten, wenn die Erstellung des Voranschlages mit gewissem Aufwand verbunden war.

Von praktisch weit größerer Bedeutung ist jedoch die Frage, ob und inwieweit der Unternehmer an seinen Voranschlag gebunden ist. Hat er die Richtigkeit ausdrücklich **garantiert,** ist die Endsumme des Kostenvoranschlags wie ein Pauschalpreis zu behandeln. Während nun beim **Konsumentengeschäft** mangels gegenteiliger Erklärung die Richtigkeit automatisch als gewährleistet gilt (§ 5 KSchG), ist nach § 1170a ABGB im Zweifel keine Garantie anzunehmen. Kleinere Überschreitungen muss der Werkbesteller daher hinnehmen. Größere Mehrkosten hat der Unternehmer dem Besteller anzuzeigen. Tut er dies nicht, verliert er jedenfalls jeglichen Mehranspruch. Bei entsprechender Anzeige kann der Werkbesteller wählen, ob er vom Vertrag zurücktritt und dem Unternehmer die bereits geleisteten Arbeiten ersetzt oder ob er sich mit den zusätzlichen Kosten einverstanden erklärt.

4. Besondere Regelungen

663 Mit dem GewRÄG wurden die bisherigen Besonderheiten im Bereich der **Gewährleistung** beseitigt. § 1167 ABGB verweist seither schlicht auf die allgemeinen Regeln der §§ 922–933b ABGB (dazu Rz 523ff).

664 Unter Umständen trifft den Werkunternehmer eine besondere **Warnpflicht** (§ 1168a ABGB): Er hat den Besteller darauf hinzuweisen, dass der zu bearbeitende Stoff untauglich ist oder Anweisungen des Bestellers unrichtig sind. War die Untauglichkeit bzw Unrichtigkeit hingegen nicht erkennbar, trifft das Misslingen des Werks den Besteller. Er hat dann also auch den vereinbarten Werklohn zu zahlen. Gleiches gilt, wenn der Besteller die Warnungen in den Wind geschlagen hat.

Grundsätzlich entscheidet über die Verteilung der **Preisgefahr** (Rz 507) allerdings auch im Werkvertrag die **Sphärentheorie** (§ 1168 ABGB): Es kommt darauf an, welcher Sphäre die Umstände zuzuordnen sind, die die Ausführung des Werkes verhindert haben. Der Unternehmer erhält also etwa dann nichts, wenn er die zur Reparatur benötigten Materialien infolge eines Streiks seiner Zulieferer nicht erhält; der Besteller muss hingegen zahlen, wenn der herbeigerufene Automechaniker leistungsbereit war, das Auto aber inzwischen durch die Hilfe eines Passanten wieder angesprungen ist. In solchen Fällen hat sich der Unternehmer jedoch immer das anrechnen zu lassen, was er sich infolge der Nichtausführung der konkreten Arbeiten erspart oder inzwischen anderweitig erworben bzw zu erwerben absichtlich versäumt hat.

Um die Beweislage eines **Verbrauchers** zu verbessern, muss der Unternehmer, der auf der Zahlung des *gesamten* vereinbarten Entgelts besteht, dem Besteller gegenüber begründen, warum er sich nichts erspart (usw) hat (§ 27a KSchG). Die Folgen einer Verletzung dieser Informations- und Begründungspflicht sind allerdings wenig klar; fraglich ist ferner, ob bei bloß geringfügigen „freiwilligen" Abschlägen wirklich anderes gelten soll.

5. Reiseveranstaltungsvertrag

Weiterführende Literatur: *Bläumauer,* Reiserecht[2] (2006); *Graziani-Weiss,* Reiserecht in Österreich (1995); *Kietaibl,* Pauschalreiserecht (2007); *Lindinger/Scheibenpflug,* Reiserechtsprozess (2006); *Michitsch,* Reiserecht (2004); *Saria* (Hrsg), Wer hat Recht im Urlaub? (2002); *Zechner,* Reisevertragsrecht (1989).

Eigene Regelungen gelten für den **Reiseveranstaltungsvertrag.** Dieser ist definiert als im Voraus festgelegte Kombination von mindestens zwei Dienstleistungen aus Beförderung, Unterbringung und anderen touristischen Leistungen, die einen beträchtlichen Teil der Gesamtleistung ausmachen (zB Vollpension; freie Benützung aller Sportstätten in einem Club; Reiseführung). **664a**

Die Vorschriften, die auf einer EG-Richtlinie (vgl Rz 2b) über **Pauschalreisen** beruhen, wurden in das KSchG aufgenommen (§§ 31b–31f), finden aber nicht nur auf Verbraucherverträge Anwendung. Sie sind generell (zu Gunsten des Reisenden) *halb zwingend.*

Geregelt sind etwa die Zulässigkeit nachträglicher Preiserhöhungen; Rechte des Reisenden bei Ausfall oder wesentlicher Änderung der Pauschalreise; Rechtsfolgen von „Reisemängeln"; schließlich das Recht des Reisenden, das Vertragsverhältnis auf eine andere Person zu übertragen. Jüngste Besonderheit ist die ausdrückliche Zuerkennung eines verschuldensabhängigen Schadenersatzanspruchs für *entgangene Urlaubsfreude,* sofern der Veranstalter einen „erheblichen" Teil seiner Leistung nicht erbracht hat (§ 31e Abs 3 KSchG). Dieses Kriterium ist entgegen dem Wortlaut nicht primär quantitativ, sondern qualitativ zu verstehen. (*Beispiel:* Der Reisende erkrankt am dritten Urlaubstag auf Grund einer verdorbenen Mahlzeit, weshalb er den Rest seines 14-tägigen Cluburlaubs im Bett und auf dem WC verbringen muss.)

Achtung! **Reiseveranstalter** ist derjenige, der im eigenen Namen von ihm organisierte Reiseleistungen anbietet. Hingegen werden **Reisebüros** regelmäßig bloß als *Vermittler* tätig. Die vom Reiseveranstalter herangezogenen Erbringer der einzelnen Teilleistungen (Unterbringung, Flugreise usw) bezeichnet man als **„Leistungsträger".** Sie stehen zum Reisenden in keinem Vertragsverhältnis, sondern sind Erfüllungsgehilfen (Rz 781) des Veranstalters.

V. Verlagsvertrag

Weiterführende Literatur: *Dittrich,* Das österreichische Verlagsrecht (1969); *Gschnitzer,* Schuldrecht BT[2] 253–259.

1. Begriff

Der **Verlagsvertrag** ist im österreichischen Recht nur sehr rudimentär geregelt (§§ 1172f ABGB). Vieles Wichtige ist daher durch das allgemeine Vertragsrecht, aber auch etwa durch das Urheberrecht (dazu Rz 1311ff) zu ergänzen. **665**

Verlagsverträge sind dadurch gekennzeichnet, dass sich der Urheber eines Werkes der Literatur, der Tonkunst oder der bildenden Künste dazu verpflichtet, das Werk dem Verleger zu Vervielfältigung und Verbreitung für eigene Rechnung zu überlassen. Demgegenüber verpflichtet sich der Verleger, das Werk zu vervielfältigen und die Vervielfältigungsstücke zu verbreiten.

Der Verlagsvertrag ist in jedem Fall ein *entgeltlicher* Vertrag: Der Urheber stellt dem Verleger sein Werk zur Verfügung; der Verleger hat dafür zu sorgen, dass das Werk (und damit auch der Urheber) in der Öffentlichkeit möglichst bekannt wird.

2. Rechte des Verlegers

666 Der Verleger hat also das Recht, das Werk auf eine ihm sinnvoll erscheinende Art zu vervielfältigen und zu verbreiten sowie daraus Gewinn zu ziehen. Einen etwaigen Verlust hat er allein zu tragen. Aus dem Verlagsrecht folgt auch, dass er gegen Dritte vorgehen kann, die das Werk ohne Berechtigung vervielfältigen und verbreiten. Ebenso kann er vom Urheber verlangen, dass dieser sein Werk nicht nochmals einem anderen zum Verlegen übergibt.

Ist im Verlagsvertrag nichts anderes vorgesehen, ist der Verleger nur zu einer Auflage berechtigt (§ 1173 ABGB).

3. Pflichten des Verlegers

667 Die Frage, *ob* er das Werk überhaupt verlegt, kann der Verleger nach Vertragsschluss nicht mehr entscheiden. Er ist zur Vervielfältigung und Verbreitung eben nicht bloß berechtigt, sondern *auch verpflichtet.*

Nicht selten trifft den Verleger daneben noch die Pflicht zur Zahlung eines **Honorars.** Dieses kann grundsätzlich beliebig ausgehandelt werden. Dies betrifft sowohl Höhe als auch Art der Auszahlung. Zur Kontrolle der korrekten Abrechnung bestehen regelmäßig Auskunfts- und Rechnungslegungspflichten.

Schließlich hat der Verleger dem Urheber meist eine gewisse Anzahl vertraglich vereinbarter *Freiexemplare* zu überlassen; häufig können vom Urheber weitere Stücke begünstigt erworben werden *(Autorenexemplare).*

VI. Auftrag

Weiterführende Literatur: *Apathy/Riedler,* Schuldrecht BT[2] Rz 5/1–5/12; *Koziol/Welser*[13] II 209–214.

1. Begriff

668 Nicht alles, was landläufig als **Auftrag** bezeichnet wird, ist das auch im Rechtssinn. So ist der „Auftrag" an einen Handwerker regelmäßig Werkvertrag (oder Offerte zum Abschluss eines solchen). Präzise verpflichtet der Auftragsvertrag den Beauftragten, **auf Rechnung des Auftraggebers rechtsgeschäftlich tätig zu werden.** Die Besonderheit liegt also in der Vornahme von **Rechtshandlungen.** Bloß *tatsächliche* Tätigkeiten können daher nur Gegenstand eines Werk- oder Dienstvertrages sein. Erfasst sind aber etwa die Vorbereitung oder der Abschluss eines Vertrages für den Auftraggeber.

Wie schon erwähnt (Rz 242), unterscheidet das ABGB in den §§ 1002ff nicht zwischen der Vollmacht, die das Außenverhältnis betrifft, und dem Auftrag, der bloß für die Rechtsbeziehung Auftraggeber – Beauftragter von Bedeutung ist. Häufig ist der Beauftragte aber tatsächlich zugleich bevollmächtigt und umgekehrt.

2. Rechte und Pflichten

669 Maxime des Auftragsrechts ist die **Verfolgung der Interessen des Auftraggebers.** Grundsätzlich hat sich der Beauftragte daher genau an seinen Auftrag zu halten; bei Unklarheiten muss er rückfragen. Ergibt sich im konkreten Fall keine Möglichkeit dazu, hat er bei unerwarteter Sachlage sogar nur dann seine

Pflicht erfüllt, wenn er zum Wohle des Auftraggebers von den seinerzeitigen Vereinbarungen abgeht. Grundsätzlich hat der Beauftragte den Auftrag *persönlich* auszuführen, wobei auch die Beiziehung von Erfüllungsgehilfen nicht schadet.

Eine **vollständige Weitergabe (Substitution),** also eine Übergabe des gesamten Auftragsvertrages an einen Dritten, ist nur bei besonderer Gestattung oder dann zulässig und wirksam, wenn sie durch die Umstände unvermeidlich wurde.

Der Beauftragte kann im eigenen Namen oder im Namen des Auftraggebers handeln. Jedenfalls handelt er aber immer **auf dessen Rechnung.** Daher hat er alles, was er aus dem Auftrag erhält, an seinen Auftraggeber herauszugeben. Die Übergabe von Sachen führt dadurch zum Eigentumserwerb des Auftraggebers. Ebenso hat der Beauftragte über von ihm abgewickelte Geschäfte Rechnung zu legen.

Bei den **Ansprüchen des Beauftragten** ist genau zwischen **Entgelt** und dem **670**
Aufwendungsersatz zu unterscheiden. Eine gesonderte **Vergütung** steht nur bei *entgeltlichen* Aufträgen zu (§ 1004 ABGB). Gemäß § 354 UGB gebührt einem (beauftragten) Unternehmer mangels anderer Vereinbarung (Fixpreis oder Unentgeltlichkeit) ein angemessenes Entgelt. Dies ergibt sich aus der einleuchtenden Vermutung, dass ein Unternehmer nichts umsonst macht.

Beim **Aufwendungsersatz** (§ 1014 ABGB) geht es hingegen bloß darum, dass dem Beauftragten die für den Auftraggeber getätigten Auslagen ersetzt werden: Der mit einer Behördeneingabe Beauftragte stellt dem Auftraggeber die Kosten für Stempelmarken in Rechnung, der zum Einkauf Beauftragte den an den Verkäufer geleisteten Kaufpreis. Der Aufwand ist vom Auftraggeber auch dann zu ersetzen, wenn die Tätigkeit des Beauftragten ohne seine Verschulden zu keinem Erfolg geführt hat. Dem Beauftragten steht überdies Ersatz für alle mit dem Auftrag verbundenen Schäden zu.

VII. Kommissionsgeschäft und Trödelvertrag

Weiterführende Literatur: *Apathy/Riedler,* Schuldrecht BT[2] Rz 1/27–1/29; *Kalss/Schauer,* Allgemeines Handelsrecht Rz 11/45–11/51; *Koziol/Welser*[13] II 214–215; *Krejci,* Handelsrecht[3] 318–332; *Roth/Fitz,* Unternehmensrecht[2] Rz 965–995.

1. Kommissionsgeschäft

a) Begriffe

Für gewisse typische Auftragsinhalte hat der Gesetzgeber eigene Regelungen **671**
geschaffen, so etwa für das **Kommissionsgeschäft** (§§ 383–405 UGB). Trotz insoweit etwas unklarer Gesetzesformulierung – so wird die Voraussetzung der „Gewerbsmäßigkeit" nicht mehr erwähnt – muss der **Kommissionär** auch nach neuem Recht **Unternehmer** sein; sei es, dass er ein Kommissionärsunternehmen betreibt, es also regelmäßig übernimmt, **Waren oder Wertpapiere für Rechnung des Kommittenten (des Auftraggebers) im eigenen Namen** zu kaufen oder zu verkaufen; sei, es, dass er einen anderen Unternehmensschwerpunkt besitzt und solche Geschäfte nur gelegentlich tätigt. Die Bestimmungen der §§ 383ff UGB gelangen allerdings auch dann zur Anwendung, wenn sich ein Kommissionär zum Abschluss

anderer Geschäfte, insbesondere von Werklieferungsverträgen (Rz 659), verpflichtet (§ 383 Abs 1 UGB).

Die eigentlichen Kommissionsgeschäfte werden in **Einkaufs-** und **Verkaufskommission** sowie **Waren-** und **Effektenkommission** unterteilt. Weitere Regeln für die Effektenkommission enthält insbesondere das DepotG 1969.

Wer von ein und demselben Kommittenten ständig mit Kommissionsgeschäften betraut wird, ist **Kommissionsagent.** In Ausführung der Kommission, also gegenüber seinen Vertragspartnern, ist er nach Kommissionsrecht zu behandeln, seinem (ständigen) Auftraggeber gegenüber hingegen nach Handelsvertreterrecht (§ 383 Abs 2 UGB; zum HVertrG Rz 655f).

Die Tätigkeit des Kommissionärs kann in den Abschluss eines **Ausführungsgeschäftes** und in den Abschluss eines **Abwicklungsgeschäftes** unterteilt werden. So kommt bei der Einkaufskommission das Ausführungsgeschäft zwischen Kommissionär und Verkäufer zustande. Durch Empfangnahme der Ware wird der Kommissionär zunächst selbst Eigentümer, da er im eigenen Namen abschließt. Da das Kommissionsgeschäft nur ein Unterfall des Auftrages ist, muss der Kommissionär alles Erhaltene an den Kommittenten herausgeben. Durch die Vornahme dieses Abwicklungsgeschäftes geht das Eigentum auf den Kommittenten über.

b) Rechte und Pflichten

672 Gewisse **Pflichten** eines Beauftragten sind im Gesetz für den Kommissionär besonders erwähnt. So hat er die Interessen des Kommittenten sorgfältig wahrzunehmen und auch dessen Weisungen zu befolgen. Von besonderer Bedeutung ist hierbei das vom Kommittenten gesetzte **Limit** (Höchstpreis bzw Mindestpreis). Ferner sind die Benachrichtigungspflicht, die Rechenschaftspflicht sowie die Herausgabepflicht zu erwähnen.

Demgegenüber hat der Kommissionär **Anspruch auf Auslagenersatz sowie Provision.** Diese wird regelmäßig in einem Prozentsatz vom Wert des Kaufpreises berechnet. Mangels abweichender Vereinbarung entsteht der Provisionsanspruch erst dann, wenn der Kommittent die ihm nach der Vereinbarung zustehende Leistung *erhalten* hat, nicht also bereits mit Abschluss des Ausführungsgeschäftes.

673 Für seine noch offenen Forderungen (aus dem betreffenden Kommissionsgeschäft oder aus sonstigen Kommissionsgeschäften mit dem Kommittenten) steht dem Kommissionär darüber hinaus ein **gesetzliches Pfandrecht** am Kommissionsgut zu. Dies allerdings nur so weit bzw so lange, wie er dieses Gut besitzt oder darüber mittels entsprechender Traditionspapiere (Rz 843) verfügen kann. An Rechten, die er im eigenen Namen innehat (Eigentum am Kommissionsgut bei der Einkaufskommission, Zahlungsansprüche gegen den Dritten bei der Verkaufskommission), stehen ihm ferner **gesetzliche Befriedigungsrechte** zu.

674 Unter bestimmten Voraussetzungen kann der Kommissionär auch von seinem **Selbsteintrittsrecht** Gebrauch machen (§§ 400ff UGB). Das bedeutet, dass er den vom Kommittenten gewünschten Vertrag *mit sich selbst* zustande bringt. Dieses Recht steht deshalb unter strikten Einschränkungen, weil sich der Kommissionär grundsätzlich nicht zu Lasten des Kommittenten durch Selbsteintritt Vorteile verschaffen darf. Bei zulässigem Selbsteintritt entsteht also zwischen Kommissi-

onär und Kommittent auch ein Kaufvertrag, daneben bleiben aber alle Rechte und Pflichten aus dem Kommissionsverhältnis aufrecht.

Besondere Probleme stellen sich dann, wenn Kommissionär oder Kommittent in ein Konkurs- oder Ausgleichsverfahren gezogen werden. Wegen der wirtschaftlichen Zuordnung des Kommissionsgutes bzw des schon bezahlten Erlöses an den Kommittenten wird zum Teil der Grundsatz durchbrochen, dass alle Rechte und Pflichten aus dem Ausführungsgeschäft zunächst allein dem Kommissionär zustehen, da er im eigenen Namen agiert (vgl § 392 Abs 2 UGB). **675**

2. Trödelvertrag

Der praktisch weit weniger wichtige **Trödelvertrag (Verkaufsauftrag;** §§ 1086–1088 ABGB) ist dadurch gekennzeichnet, dass der Eigentümer dem Trödler eine bewegliche Sache mit der Verabredung übergibt, sie binnen einer festgesetzten Frist zurückzugeben oder einen im Voraus fixierten Kaufpreis zu zahlen. Nach Ablauf der Frist hat der Eigentümer jedenfalls den Zahlungsanspruch. **676**

Der Trödelvertrag ist der Verkaufskommission insoweit ähnlich, als der Trödler über eine fremde Sache infolge der ihm gewährten Veräußerungsermächtigung wirksam verfügen kann. Der Trödler handelt jedoch *auf eigene Rechnung.* Er erhält keine Provision, sondern kann den über der zunächst festgelegten Summe liegenden Preis zur Gänze behalten. Ebenso trifft ihn aber auch ein schlechterer Verkauf voll. Diesen wird der Trödler daher sinnvollerweise nicht vornehmen, sondern die Sache in einem solchen Fall vor Fristablauf zurückstellen.

VIII. Verwahrungsvertrag und Lagergeschäft

Weiterführende Literatur: *Apathy/Riedler,* Schuldrecht BT^2 Rz 6/1–6/20; *Kalss/Schauer,* Allgemeines Handelsrecht Rz 12/20–12/24; *Koziol/Welser*^{13} II 195–202; *Krejci,* Handelsrecht^3 382–391.

1. Verwahrungsvertrag

a) Grundsätzliches

Bei der **Verwahrung** (§§ 957–969 ABGB) **übernimmt der Verwahrer eine fremde Sache in Obsorge.** Auch dieser Vertrag ist gesetzlich als **Realvertrag** ausgeformt. Er ist regelmäßig entgeltlich. Sein Gegenstand können bewegliche und unbewegliche Sachen sein. **677**

Die Verwahrung ist ein **Dauerschuldverhältnis.** Der Verwahrer hat die ihm übergebene Sache sorgfältig vor Schaden oder Diebstahl zu bewahren. Diese Pflichten können je nach Art und Wert des Gegenstandes stärkere oder schwächere sein. Für zufällige Schädigung haftet der Verwahrer jedenfalls nicht.

Soll der Verwahrer nach der Vereinbarung Eigentümer der in Verwahrung gegebenen Gegenstände werden, liegt keine wirkliche Verwahrung mehr vor. Ein solcher Vertrag ist dem Darlehensrecht zu unterstellen.

Grundsätzlich verbleibt die in Verwahrung gegebene Sache bis zum Ablauf der vereinbarten Zeit beim Verwahrer. Er hat sie dann im übernommenen Zustand zurückzustellen. Ein vorzeitiges Rückgaberecht besteht nur ganz ausnahmsweise. Umgekehrt kann sie der Hinterleger prinzipiell auch vorzeitig herausverlangen; dem Verwahrer dadurch entstandene Mehrkosten sind jedoch zu ersetzen.

Der Verwahrer kann nicht bloß die vereinbarten Hinterlegungskosten verlangen, sondern auch aufgelaufene notwendige und nützliche Aufwendungen sowie vom Hinterleger verschuldete Schäden. Diese können etwa dadurch entstehen, dass der Hinterleger den Verwahrer nicht ausreichend vor besonderen Risken der in Verwahrung gegebenen Sache gewarnt hat.

678 Spezielle Verwahrungsarten für Wertpapiere sind im DepotG 1969 geregelt. Dabei wird insbesondere zwischen dem **Summendepot** und der **Sammelverwahrung** unterschieden. Bei Ersterem hat der Hinterleger immer Alleineigentum an bestimmten Wertpapieren, im zweiten Fall kommt ihm bloß Miteigentum am Sammelbestand zu. Vgl auch Rz 707.

b) Gastwirtehaftung

679 Nicht vom Abschluss eines eigenen Verwahrungsvertrages abhängig ist die **gesetzliche Haftung der Gastwirte** für von den Gästen eingebrachte Sachen. Spezialregelungen enthalten die §§ 970–970c ABGB sowie ein eigenes Bundesgesetz über die Haftung der Gastwirte und anderer Unternehmer. Gleichgestellt werden etwa die Besitzer von Badeanstalten. Die Bestimmungen wollen der **Gefahr des offenen Hauses** Rechnung tragen und die daraus resultierenden Risken eher dem Gastwirt als dem einzelnen Gast auferlegen.

Die Haftung betrifft die so genannten *eingebrachten Sachen,* also solche, die der Gast dem Wirt oder einem seiner Leute übergeben hat oder die an einen von diesen angewiesenen oder zur Aufbewahrung bestimmten Ort gebracht wurden. Damit sind jedenfalls etwa Kleidungsstücke erfasst, die der Gast in den Schrank hängt, oder der Wecker, der auf das Nachtkästchen gestellt wird.

Werden solche Sachen gestohlen oder beschädigt, hat dafür der Gastwirt grundsätzlich zu haften; ihn trifft eine Art **Gefährdungshaftung** (Rz 795 ff). Der Gastwirt kann sich von der Haftung jedoch durch einen Entlastungsbeweis befreien: Er müsste nachweisen, dass der Schaden weder durch ihn selbst noch durch einen seiner Leute *verschuldet* und auch nicht durch fremde, im Haus aus- und eingehende Personen *verursacht* wurde. Gehaftet wird danach jedenfalls für Angestellte, doch etwa auch für den Einschleichdieb, nicht aber für Einbrecher und Räuber.

Die Gastwirtehaftung ist **zwingend** und kann insbesondere nicht durch Anschlag ausgeschlossen werden. Das entsprechende gesetzliche Schuldverhältnis entsteht mit der *Gastaufnahme;* da jedoch *Beherbergung* erforderlich ist, greift die Haftung nicht bei Schädigung in Kaffeehäusern oder Restaurants, wohl aber in Hotels oder Fremdenpensionen ein. Ein Mitverschulden des Geschädigten ist immer zu berücksichtigen. Überdies bestehen für die Gefährdungshaftung **gesetzliche Höchstgrenzen.** Sofern der Gastwirt bestimmte Gegenstände nicht in Kenntnis ihrer Beschaffenheit zur Aufbewahrung übernommen hat, hat er für den Verlust von Kostbarkeiten, Geld und Wertpapieren nur bis zum Betrag von € 550 einzustehen; der allgemeine Höchstbetrag beläuft sich auf € 1100. Unbegrenzt haftet der Gastwirt allerdings dann, wenn der Schaden von ihm selbst oder seinen Leuten verschuldet wurde.

2. Lagergeschäft

a) Begriff und Rechtsquellen

680 Ein **Lagergeschäft** im Sinne der §§ 416–424 UGB liegt dann vor, wenn jemand, der **Lagerhalter,** im Rahmen seines Unternehmens die Lagerung und Aufbewahrung von Gütern übernimmt. **Güter"** in diesem Sinn sind (lagerfähige) be-

wegliche Sachen, gleichgültig ob für den Handel bestimmt oder nicht. Geld und Wertpapiere dürften nicht erfasst sein, lebende Tiere wohl schon.

Der Lagervertrag kommt schon durch schlichte Vereinbarung zustande. Verpflichtet sich der Lagerhalter zur *gesonderten* Aufbewahrung, spricht man von **Stücklagergeschäft.** Es ist mangels anderer Vereinbarung die Regel. Denkbar ist daneben auch das **Sammellagergeschäft:** Dabei darf der Lagerhalter Sachen gleicher Art und Güte *vermischt* aufbewahren. Dies ist für ihn regelmäßig aus Kostengründen interessant. Die beteiligten Einlagerer werden hier Miteigentümer nach Bruchteilen. Soll der Lagerhalter Eigentümer vertretbarer Sachen werden **(Summenlagergeschäft),** ist der Bereich des Lagergeschäftes verlassen.

b) Rechte und Pflichten

Auch der Lagerhalter hat Anspruch auf das vereinbarte oder übliche **Lager- 681
geld** sowie auf **Auslagenersatz.** Ferner kommt ihm ein **Pfandrecht am eingelagerten Gut** zu.

Zu seinen **Pflichten** gehört die Lagerung und Aufbewahrung der Güter mit der Sorgfalt eines ordentlichen Kaufmannes. Bei Verlust oder Beschädigung kann er seine Haftung nur durch den Beweis abwenden, die Sorgfalt eines ordentlichen Kaufmanns eingehalten zu haben.

c) Der Lagerschein

Der Einlagerer kann die Ausstellung eines **Lagerscheins** durch den Lagerhal- 682
ter verlangen. Dieser ist im Zweifel bloß *Lagerempfangsschein,* also Beweisurkunde dafür, dass das im Schein angeführte Gut in Verwahrung genommen wurde. Verspricht der Lagerhalter im Lagerschein allerdings die Aufbewahrung und Herausgabe des näher angeführten eingelagerten Guts, übernimmt er damit eine weitergehende Verpflichtung. Er kann etwa nachträglich in aller Regel nicht mehr vorbringen, das im Lagerschein verzeichnete Gut nicht oder nicht in dieser Qualität bzw Quantität erhalten zu haben. Ein solcher Lagerschein stellt ein **Wertpapier** dar. Jeder berechtigte Inhaber des Scheins kann grundsätzlich Herausgabe des Gutes gegen Zahlung der Lagerkosten verlangen. Im Einzelnen ist zwischen Namenslagerschein, Inhaberlagerschein und Orderlagerschein zu unterscheiden (ausführlich zu diesen Wertpapierarten Rz 845 ff). Zweck solcher Papiere ist die dadurch erzielte Umlauffähigkeit: Statt das eingelagerte Gut mühsam tatsächlich zu übergeben, übergibt man an seiner Stelle die Urkunde (Traditionspapier; vgl § 424 UGB).

IX. Speditionsvertrag

Weiterführende Literatur: *Csoklich,* Einführung in das Transportrecht (1990); *Kalss/Schauer,* Allgemeines Handelsrecht Rz 12/4–12/7; *Krejci,* Handelsrecht[3] 368–381; *Roth/Fitz,* Unternehmensrecht[2] Rz 1007–1017.

1. Grundsätzliches

Auch beim **Speditionsgeschäft** deckt sich der Rechtsbegriff mit dem des täg- 683
lichen Sprachgebrauchs nicht. Die Bestimmungen über das Speditionsgeschäft (§§ 407–414 UGB) greifen dann ein, wenn ein Unternehmer, der **Spediteur,** die

Güterversendung durch Frachtführer oder durch Verfrachter von Seeschiffen für Rechnung eines anderen (des Versenders) im eigenen Namen zu besorgen übernimmt (zum Begriff „Güter" Rz 680). Diese etwas umständliche Formulierung ist so zu verstehen, dass der Spediteur nicht selbst transportiert. Er hat vielmehr den **Transport** bloß **zu organisieren** und entsprechende Verträge mit den transportierenden Frachtführern (Rz 687) abzuschließen. Der **Versender** schließt also mit dem Spediteur den Speditionsvertrag, dieser mit dem Frachtführer – im eigenen Namen, aber auf fremde Rechnung – den Frachtvertrag. ***Achtung!*** Der Partner des Spediteurs heißt **Versender,** der des Frachtführers **Absender.**

Regelmäßig werden bei Abschluss eines Speditionsvertrages, aber auch anderer von einem „Speditionsunternehmer" geschlossener Verträge (Fracht, Lager, Kommission usw), die **Allgemeinen Österreichischen Spediteurbedingungen (AÖSp)** vereinbart; die neueste Fassung datiert vom 1. 1. 2003. Diese gelten grundsätzlich nicht als objektives Recht, sondern wie sonstige Allgemeine Geschäftsbedingungen (Rz 435) bloß auf Grund ihrer Einbeziehung in den konkreten Vertrag. Die AÖSp sind weitaus ausführlicher und konkreter als die gesetzlichen Regelungen und daher von überragender praktischer Bedeutung.

2. Rechte und Pflichten

684 Auch den Spediteur treffen prinzipiell die gleichen Pflichten wie sonstige Beauftragte, was sich schon daran zeigt, dass subsidiär Kommissionsrecht anzuwenden ist (§ 407 Abs 2 UGB). Diese Pflichten werden hier daher nicht nochmals im Einzelnen aufgezählt. Insbesondere darf der Spediteur etwa dem Versender keine höhere Fracht berechnen als die mit dem Frachtführer tatsächlich vereinbarte. Auch einen vom Frachtführer gewährten Rabatt hat er an den Versender weiterzugeben.

Was die **Haftung des Spediteurs** für Verlust, Minderung, Beschädigung oder verspätete Ablieferung des Speditionsgutes betrifft, so ist dieser gegenüber allgemeinen Regeln in mehrfacher Weise begünstigt: Einmal verjähren Schadenersatzansprüche binnen Jahresfrist, gerechnet ab dem Tage der bedungenen Ablieferung (§ 414 UGB). Überdies enthalten die AÖSp weitere Haftungseinschränkungen; diese sind als Vertragsbestandteile allerdings einer Inhaltskontrolle gemäß § 879 Abs 3 ABGB (Rz 437) zu unterziehen.

Regelmäßig werden die drohenden Schäden durch eine Transport- und Lagerversicherung oder eine Speditionsversicherung abgedeckt. Die Speditionsversicherung ist weitestgehend Haftpflichtversicherung (vgl Rz 742 f). Für sie gilt nach den AÖSp das Prinzip *„Versicherung statt Haftung":* So weit die Versicherung deckungspflichtig ist, fällt die Ersatzpflicht des Spediteurs selbst weg.

Der Spediteur hat ebenfalls Anspruch auf **Provision** sowie **Auslagenersatz** und besitzt ein **gesetzliches Pfandrecht** am Speditionsgut. Ist nichts anderes vereinbart, kommt ihm auch das **Selbsteintrittsrecht** zu; er kann also den Transport selbst übernehmen. Tut er dies, besteht zwischen Versender und Spediteur nicht bloß der Speditionsvertrag, sondern auch ein Frachtvertrag.

3. Arten

685 Neben der **Fixkostenspedition (Spedition zu festen Spesen),** bei der mit dem Versender vorweg ein Pauschalbetrag vereinbart wird, wodurch der Spediteur eigentlich auf eigene Rechnung handelt, wird aus Kostengründen häufig auch die **Sammelladungsspedition** durchgeführt (§ 413 UGB). Bei dieser bewirkt der Spediteur die Versendung des Gutes zusammen

mit den Gütern anderer Versender, indem er einen einzigen Frachtvertrag über die gesamte Sammelladung schließt. Dies ist immer dann sinnvoll, wenn die Güter denselben Reiseweg haben. Bei der Sammelladungsspedition hat der Spediteur bloß die Rechte und Pflichten eines Frachtführers, bei der Fixkostenspedition treten trotz gegenteiliger Gesetzesformulierung die frachtrechtlichen Pflichten wohl neben die speditionsrechtlichen.

X. Frachtvertrag

Weiterführende Literatur: *Csoklich,* Einführung in das Transportrecht (1990); *Kalss/Schauer,* Allgemeines Handelsrecht Rz 12/8–12/19; *Krejci,* Handelsrecht[3] 391–419; *Roth/Fitz,* Unternehmensrecht[2] Rz 1020–1033; *Wiesbauer/Zetter,* Transporthaftung (1984, mit ErgBd 1990).

1. Allgemeines

Das **Frachtrecht** ist ganz besonders zersplittert. So ist die Anwendung einzel- 686
ner Gesetze oder Gesetzesabschnitte davon abhängig, mit welchem Transportmittel transportiert wird oder ob es sich um einen grenzüberschreitenden Transport handelt. Hier können in aller Kürze nur die wichtigsten Grundsätze dargestellt werden. Kaum in den Griff zu bekommen ist heutzutage auch der *gemischte Transport,* bei dem etwa Container gewisse Strecken mit dem LKW, dann mit der Eisenbahn und schließlich mit einem Binnen- oder Seeschiff transportiert werden.

Da der Transportvertrag ein Unterfall des Werkvertrages ist, gelten die Bestimmungen des ABGB subsidiär. Das **Landfrachtgeschäft** ist in den §§ 425–450 UGB geregelt. Für das **Frachtgeschäft zur Güterbeförderung auf Flüssen und sonstigen Binnengewässern** sind die Regelungen des BinnenschiffahrtsG zu beachten. Auf das **Luftfrachtgeschäft** ist neben den §§ 425–450 UGB das LuftfahrtG anzuwenden. Die **Güterbeförderung durch die Post** unterliegt dem PostG 1997; zum **Eisenbahnfrachtrecht** siehe Rz 693. Die inländische **Personenbeförderung** ist hingegen ausschließlich dem Werkvertragsrecht unterstellt. – Zu internationalen Übereinkommen kurz Rz 1383.

Achtung! Gemäß § 439a UGB sind die Bestimmungen über den internationalen Straßengütertransport **(CMR)** auch auf *rein innerstaatliche* Transporte anzuwenden. Sie gelten für alle entgeltlichen Verträge über die Beförderung von Gütern auf der Straße mittels Fahrzeugen. Damit ist dieser Teil des Transportrechts weitgehend *zwingend* ausgestaltet (vgl Art 41 CMR). Das UGB dient also auch in diesem Bereich nur noch zur Lückenfüllung. Abweichungen in AGB, wie etwa für den Fall des Selbsteintritts des Spediteurs in den AÖSp, sind unwirksam. Detaillierte Regelungen über den Vertragsabschluss und den Frachtbrief sowie die Ausführung des Beförderungsvertrages enthalten die Art 4–16 CMR; die Haftung des Frachtführers findet sich in den Art 17–29 CMR.

2. Frachtvertrag im eigentlichen Sinn

a) Begriff

Im **Frachtvertrag** übernimmt ein Unternehmer, der **Frachtführer,** die Aus- 687
führung der Beförderung von Gütern (Rz 680) zu Land oder auf Flüssen oder sonstigen Binnengewässern (§ 425 UGB). Im Gegensatz zum Spediteur schuldet er also den Transport, dh die Verlagerung vom Absende- zum Bestimmungsort.

Der Frachtvertrag kommt durch bloße Willenseinigung zustande. Dabei schließt der Absender, der auch ein Spediteur sein kann, im eigenen Namen den Frachtvertrag ab. Der Frachtführer übernimmt die Beförderung zum Empfänger. Ist dieser nicht mit dem Absender identisch, liegt ein Vertrag zu Gunsten eines Dritten (Rz 500) vor.

b) Der Frachtbrief

688 Gerade im Frachtrecht ist die Verwendung verschiedenster Urkunden besonders gebräuchlich. Hier sollen nur die beiden wichtigsten Papiere erwähnt werden. Den **Frachtbrief** (§ 426 UGB) hat der Absender auf Verlangen des Frachtführers auszustellen. Dieses Papier soll die wichtigsten Angaben über den Frachtführer, den Empfänger, das Gut usw enthalten. Die Annahme des Frachtbriefes durch den Frachtführer macht den Brief zum Inhalt des Frachtvertrages. Der Frachtbrief ist allerdings kein Wertpapier, sondern zum Ersten Beweisurkunde und zum Zweiten eine gewisse **Garantie** für den Frachtführer: Der Absender haftet dem Frachtführer nämlich für die Richtigkeit der Frachtbriefangaben ohne Rücksicht auf Verschulden.

Der Frachtbrief reist mit dem Frachtgut; regelmäßig wird er nach der Ankunft am Ablieferungsort dem Empfänger übergeben. Wesentlichste Wirkung dieser Übergabe ist es, dass der Absender dadurch das Verfügungsrecht über das Gut verliert. Ab diesem Zeitpunkt hat er also kein Weisungsrecht mehr und kann insbesondere nicht mehr in den Transport eingreifen.

c) Der Ladeschein

689 Vor allem im Binnenfrachtverkehr wird vom Frachtführer auf Verlangen des Absenders ein **Ladeschein** ausgestellt (vgl die §§ 444 ff UGB). Dieser ist ein **Wertpapier.** Er enthält die **Verpflichtungserklärung,** das Gut dem im Schein bezeichneten Empfänger gegen Rückgabe des Scheins und Zahlung der Fracht (Rz 690) auszuhändigen. Der vom Frachtführer unterschriebene Ladeschein wird regelmäßig vom Absender dem Empfänger übergeben. Hat der Frachtführer das Gut schon übernommen, so wirkt die Übergabe des Ladescheins an den Empfänger ebenso, wie wenn dieser das Gut selbst erhalten hätte. Alle Verfügungsrechte über das Gut gehen damit schon vor der Ankunft am Ablieferungsort vom Absender auf den Empfänger über.

d) Rechte und Pflichten

690 Dem Frachtführer steht neben dem Aufwendungsersatz auch ein **Entgelt** zu, das **„Fracht“** genannt wird. Dieser Anspruch entsteht regelmäßig mit Übergabe des Guts und des Frachtbriefs an den Empfänger. Zahlung kann der Frachtführer zunächst vom Absender als seinem Vertragspartner verlangen, nach Annahme des Guts und des Frachtbriefs aber überdies vom als Gesamtschuldner haftenden Empfänger. Auch zu Gunsten des Frachtführers ist ein **gesetzliches Pfandrecht** am Frachtgut normiert (§ 440 UGB).

Das Gut kann im Laufe seiner Reise mit mehreren gesetzlichen Pfandrechten belastet sein. § 443 UGB normiert eine dem Prioritätsprinzip entgegengesetzte Rangordnung. Dabei wird vor allem dem Gedanken Rechnung getragen, dass der Wert des Frachtguts mit fortschreitender Beförderung *steigt.* Niemand soll sich daher von der Weiterbeförderung durch möglicherweise schon bestehende gesetzliche Pfandrechte abschrecken lassen. Um diesen Zweck zu erreichen, gewährt das Gesetz dem letzten Frachtführer die stärksten Rechte.

e) Haftung des Frachtführers

691 Die **Haftung des Frachtführers** weist manche Besonderheiten auf. So haftet der Frachtführer nicht bloß für Erfüllungsgehilfen, sondern auch **für jedes Ver-**

schulden seiner Leute (§ 431 UGB, ähnlich Art 3 CMR; zur „Leutehaftung“ Rz 784). Andererseits hat der Frachtführer bei leichter Fahrlässigkeit immer nur den gemeinen Handelswert der Ware zu bezahlen (§ 430 UGB), obwohl unter Unternehmern ansonsten bei jedem Verschuldensgrad auch der entgangene Gewinn zu ersetzen ist (Rz 770). Konkrete Regelungen zur Schadensberechnung bei Verlust oder Beschädigung der Güter sowie bei Lieferverzögerungen nach CMR enthält Art 23; in Art 17 finden sich Haftungsbefreiungen.

Häufig sind an einem Transport **mehrere Frachtführer** beteiligt. Je nachdem, mit wem sie im Vertragsverhältnis stehen und ob ein *durchlaufender Frachtbrief* ausgestellt wurde oder nicht, bemessen sich auch ihre Rechte und Pflichten gegenüber Absender und Empfänger. Auf Details kann wiederum nicht eingegangen werden. Erwähnt werden sollen hier bloß die Regeln des § 441 UGB: Soweit der Frachtbrief nichts anderes vorsieht, ist der letzte Frachtführer verpflichtet, bei der Ablieferung des Gutes auch die Forderungen der Vormänner einzuziehen sowie deren Rechte (etwa Pfandrechte) auszuüben. Befriedigt der letzte Frachtführer hingegen seine Vormänner, erwirbt er deren Forderungen und Pfandrechte, die er nun für eigene Rechnung gegen den Empfänger geltend machen kann. – Zur Rechtslage nach CMR vgl die Art 34–40. **692**

3. Eisenbahnfracht

Werden Güter im Inland mit den dem öffentlichen Verkehr dienenden Eisenbahnen befördert, ist das **Eisenbahnbeförderungsgesetz (EBG) 1988** anzuwenden. Für das zwischenstaatliche Eisenbahntransportgeschäft sind hingegen zwei wichtige internationale Übereinkommen zu beachten (dazu Rz 1383). **693**

Detaillierte Regeln über die innerstaatliche Eisenbahnfracht enthalten die §§ 53–113 EBG. Zu erwähnen ist etwa der *Kontrahierungszwang* (Rz 433) der Eisenbahn, der Abschluss des Frachtvertrages durch formbedürftigen Realvertrag sowie die Ausstellung eines *Frachtbriefdoppels*, das bloße Sperrwirkung hat: Der Absender kann nachträgliche Verfügungen über das Gut nur dann treffen, wenn er der Eisenbahn das mit den entsprechenden Eintragungen versehene Frachtbriefdoppel vorlegen kann.

12. Kapitel
Bank- und Börsenverträge

Weiterführende Literatur: *Apathy/Iro/Koziol,* Österreichisches Bankvertragsrecht[2] I (2007); *Avancini/Iro/Koziol,* Österreichisches Bankvertragsrecht I (1987), II (1993); *Brandl ua* (Hrsg), Handbuch Kapitalmarktrecht I (2005), II (2006), III (2006); *Chini/Frölichsthal,* Praxiskommentar zum Bankwesengesetz mit Nebengesetzen[2] (1997); *Eiselsberg,* Bankwesengesetz – Wertpapieraufsichtsgesetz[2] (1997); *Fletzberger/Schopper,* Fernabsatz von Finanzdienstleistungen (2004); *Fremuth/Laurer/Linc/Pötzelberger/Strobl,* Bankwesengesetz[2] (1999 mit ErgBd 2002); *Iro/Koziol,* Allgemeine Bedingungen für Bankgeschäfte – Kommentar (2001); *Kalss/Schauer,* Allgemeines Handelsrecht Rz 9/40–9/57; *Koppensteiner* (Hrsg), Österreichisches und Europäisches Wirtschaftsprivatrecht, Bd III/1: Bankenrecht (1996), Bd IV: Börsen- und Kapitalmarktrecht (1996); *Krejci,* Handelsrecht[3] 252–261.

Gesetzesausgaben: *Feuchtmüller/Lucius/Schaffer,* Börsegesetz und WAG (1999); *Hausmaninger,* Bankwesengesetz[3] (2002); *G. Weilinger,* Kodex Banken- und Börserecht[11] (2006).

I. Allgemeines

Es gibt wohl niemanden, der nicht zumindest ab und zu mit Banken zu tun hat. So hat beinahe jedermann zumindest ein Konto oder ein Sparbuch. Fast jeder **694**

Vorgang im Zusammenhang mit Bank- und Börsengeschäften ist auch von zivilrechtlicher Bedeutung. Wer ein Konto eröffnet, Überweisungen tätigt, mit der „Bankomatkarte" Geld abhebt bzw bezahlt oder die Bank Wertpapiere besorgen lässt, wird rechtsgeschäftlich tätig. Für den Einzelnen stehen dabei die Verträge mit einer Bank weit im Vordergrund; sogar an der Börse gehandelte Papiere werden regelmäßig über die „Hausbank" besorgt.

Das Bank- und Börsenrecht ist so vielfältig und komplex wie die dahinter stehenden wirtschaftlichen Aspekte. Auch spielen eine ganze Reihe öffentlich-rechtlicher Komponenten hinein. In diesem Buch können daher kaum Andeutungen gemacht werden. Die getroffene Auswahl orientiert sich daran, was in der Praxis häufig vorkommt und in der gebotenen Kürze einigermaßen verständlich dargestellt werden kann.

An bank- und börsenrechtlich bedeutsamen Rechtsquellen (vor allem Gesetzen und Verordnungen) herrscht kein Mangel. Zentral sind vor allem das **BankwesenG (BWG)** und das **BörseG 1989;** zu erwähnen sind ferner etwa SparkassenG, BausparkassenG, PostsparkassenG, InvestmentfondsG und KapitalmarktG (KMG). Des Weiteren ist zu beachten, dass im Bankvertragsrecht bereits bekannte zivilrechtliche Institute bloß in besonderer Ausformung vorkommen. So stehen Kreditverträge dem Darlehen (Rz 640 ff) sehr nahe; Bankgarantien gehören zu den Sicherungsgeschäften (vgl Rz 720 ff); die Rechtsfolgen unrichtiger oder unvollständiger Bankauskünfte richten sich nach den Vorschriften der (Sachverständigen-)Haftung für Rat und Auskunft im Schadenersatzrecht (Rz 791). Echte Sonderregeln sind daher gar nicht so häufig; ein Beispiel wäre das *Bankgeheimnis* (dazu bereits Rz 87).

Gerade auch bei den Bankverträgen kommt den Allgemeinen Geschäftsbedingungen (Rz 435 ff) sehr große Bedeutung zu. Neben den **„Allgemeinen Bedingungen für Bankgeschäfte"** (ABB) gibt es beinahe für alle Sparten (Konto, Sparbuch, Bankomat usw) Sonderbedingungen. Die ABB wurden übrigens von der Wirtschaftskammer Österreich im Jahr 2000 neu ausgearbeitet und haben nahezu wörtlich in die AGB der einzelnen Kreditinstitute Eingang gefunden. Allerdings wurden diese bereits wieder geändert; nicht zuletzt aufgrund einer Entscheidung des OGH, die in einem vom Verein für Konsumenteninformation angestrengten Verbandprozess (s Rz 233) gleich 12 Klauseln für sittenwidrig erachtete.

Eine Definition des **Kreditinstituts** (gleichbedeutend: Bank) sowie der diesem vorbehaltenen **Bankgeschäfte** enthält § 1 Abs 1 BWG (zu den *Finanz*instituten s Abs 2).

694 a Zum **Schutz der Verbraucher** enthält das BWG in den §§ 33–37 einige Sondervorschriften, zB über Kreditverträge (näher Rz 642 a ff), Preisaushang und Werbung sowie Geschäftsbeziehungen zu Jugendlichen. Von großer praktischer Bedeutung sind die Regeln über die **Einlagensicherung** (§§ 93, 93 a BWG): Danach müssen die einzelnen Fachverbände Einlagensicherungseinrichtungen unterhalten. Damit wird sichergestellt, dass bei Insolvenz einer Bank Einlagen bis zum Betrag von € 20.000 an den Einleger voll ausbezahlt werden.

II. Der Kontovertrag

695 **Bankkonten** sind etwa als „Gehaltskonto", „Studentenkonto", „Pensionskonto" oder allgemeiner als „Girokonto" bekannt. Das Rechtsverhältnis zwischen Bank und Kunden entsteht durch den **Kontoeröffnungsvertrag.** Dieser ist ein zweiseitiges Rechtsgeschäft, in dem sich die Bank verpflichtet, die Verbuchung der in das Konto eingestellten gegenseitigen Forderungen und Leistungen vorzunehmen, wofür der Kunde etwaige Spesen und Gebühren zu tragen hat. Der Kontoeröffnungsvertrag ist in gewissem Sinn ein *Rahmenvertrag,* der durch Sondervereinbarungen ergänzt wird. So wird dem Kunden häufig eine bestimmte Überziehungsmöglichkeit eingeräumt. Auch verpflichtet sich die Bank, im Rahmen des jeweiligen Guthabens (zuzüglich der vereinbarten Überziehung) Überweisungen vorzunehmen. Das Konto dient ganz generell der Vereinfachung: Statt Bargeld zu kassieren oder zu übergeben, werden bloß Überweisungen auf und von Konten vorgenommen (dazu noch näher Rz 700f).

Sonderregeln für **Verbrauchergirokonten** enthält § 34 BWG.

Über das Konto kann grundsätzlich nur der Kontoinhaber verfügen. Dieser kann allerdings auch anderen Personen *Zeichnungsberechtigung* erteilen. Der Zeichnungsberechtigte hat im Wesentlichen dieselben Rechte wie der Kontoinhaber. Er kann jedoch weder das Konto schließen noch weitere Zeichnungsberechtigungen erteilen oder entziehen. **696**

Das Konto wird regelmäßig periodisch (vierteljährlich oder jährlich) abgerechnet. Diese Abrechnung erfolgt nach *Kontokorrentgrundsätzen* (dazu sofort). **697**

III. Das Kontokorrentverhältnis

Das **Kontokorrent (laufende Rechnung)** hat eine nähere Regelung in den §§ 355–357 UGB erfahren. ***Achtung!*** Das Kontokorrent hat zwar seine größte Bedeutung im Bankverkehr – weshalb es hier behandelt wird –, doch ist es nicht auf diesen Bereich beschränkt. So findet es etwa auch Anwendung zwischen Groß- und Einzelhändlern, Unternehmern und ihren Handelsvertretern usw. **698**

Beim Kontokorrent werden die aus einer Geschäftsverbindung entspringenden beiderseitigen Ansprüche und Leistungen einschließlich Zinsen in Rechnung gestellt und in regelmäßigen Zeitabschnitten durch Verrechnung und Feststellung des für den einen oder anderen Teil sich ergebenden Überschusses ausgeglichen. Derjenige, dem beim Rechnungsabschluss ein Überschuss gebührt, kann vom Tage dieses Abschlusses an Zinsen von dem Überschuss verlangen, auch soweit in der Rechnung Zinsen enthalten sind (Zinseszinsen).

Das Kontokorrent hat vor allem **Vereinfachungsfunktion:** An die Stelle wiederkehrender Zahlungsvorgänge tritt die bloße Verrechnung. Dadurch wird auch eine Vereinheitlichung erreicht. An sich können Forderungen ja hinsichtlich Verzinsung, Verjährung, Gerichtsstand usw ganz unterschiedliche Schicksale erleiden. Durch die **Saldofeststellung** (Anerkenntnis; dazu Rz 567), die jeder Vertragsteil vom anderen verlangen kann, werden alle Forderungen einer Einheitsbehandlung unterworfen. Nebeneffekt ist eine *Sicherungsfunktion.* Soweit sich Forderung und Gegenforderung gegenüberstehen, ist die Befriedigung ja nicht gefährdet. Während der Kontokorrentperiode ist es nämlich keinem der beteiligten Gläubiger möglich, über einzelne Forderungen zu verfügen. Auf die *Unrichtigkeit* des festgestellten Saldos kann sich der benachteiligte Partner berufen, die Feststellung hat also bloß abgeschwächt abstrakte Wirkung; allerdings trifft ihn die volle Beweislast für die behauptete Unrichtigkeit.

Bisher wurde nur das gesetzliche **Periodenkontokorrent** angesprochen. Daneben ist auch die Vereinbarung eines so genannten *Staffelkontokorrents* möglich. Bei dieser Art der laufenden Rechnung begründet jede Buchung einen neuen Saldo. Es wird also ständig und nicht erst am Ende einer Abrechnungsperiode verrechnet.

699 Besondere Probleme stellen sich dann, wenn einzelne in das Kontokorrent eingestellte Forderungen – das sind praktisch immer Geldforderungen – etwa durch Bürgschaft oder Pfandrecht gesichert sind. Allein die Saldoanerkennung führt nicht zum Wegfall der Sicherheiten. Allerdings muss im Einzelnen geprüft werden, ob die gesicherte Forderung im Saldo überhaupt noch enthalten ist (s § 356 UGB). Ob der Schuldner auf die gesicherte Forderung hin bereits Zahlungen geleistet hat, ist nach den §§ 1415f ABGB zu klären (dazu Rz 574).

IV. Giroüberweisungs- und Einzugsermächtigungsvereinbarungen

1. Grundsätzliches

700 Nach dem Gesetz sind Geldschulden an sich durch **Barzahlung** zu tilgen. Allerdings entspricht dies heutzutage nicht mehr dem Bedürfnis nach Raschheit, Sicherheit und Einfachheit der Zahlungsvorgänge. Deshalb wird häufig Gegenteiliges vereinbart: Wer etwa seiner Rechnung einen Zahlschein beilegt oder auf der Rechnung seine Kontonummer anführt, ist stillschweigend mit Zahlung durch so genanntes **„Buchgeld"** einverstanden. Der Schuldner wird von seiner Verpflichtung frei, wenn er dem Gläubiger den geschuldeten Betrag auf dessen Konto zur Verfügung stellt. Ähnliches gilt für die Zahlung mittels Schecks oder Kreditkarten: Auch diese ist nur mit Zustimmung des Gläubigers möglich. Schecks werden überdies regelmäßig bloß *zahlungshalber* (Rz 577) gegeben.

2. Giroüberweisung

701 Wer Zahlungen auf ein fremdes Konto zu tätigen hat, kann von seiner kontoführenden Bank die Durchführung solcher Giroüberweisungen verlangen. Neben Einzelüberweisungen ist der so genannte *„Dauerauftrag"* ein wesentliches Instrument zur Vereinfachung der Erfüllung regelmäßiger Verpflichtungen in gleicher Höhe (zB Miete, Rückzahlung eines Bauspardarlehens usw).

702 Die Vereinbarung zwischen kontoführender Bank und Kunden, einem Dritten einen bestimmten Betrag zu überweisen, ist kein Vertrag zu Gunsten des Dritten (Rz 500). Ein Forderungsrecht erwirbt der Empfänger erst mit der *Gutschrift.* Dies ergibt sich aus Grundsätzen des Rechts der *Anweisung* (dazu Rz 852ff). Konstruktiv noch schwieriger ist die Situation dann, wenn der Empfänger sein Konto bei einer anderen Bank als der des Überweisungsauftraggebers unterhält.

702a Während das Recht der Inlandsüberweisung keine spezielle Regelung erfahren hat, gilt für bestimmte **Auslandsüberweisungen** seit August 1999 ein eigenes, auf Grund einer EG-Richtlinie erlassenes **ÜberweisungsG.** Es enthält detaillierte Vorschriften über die Rechtsstellung der beteiligten Banken und der Kunden und gilt für **grenzüberschreitende Überweisungen,** die in einer Währung der Vertragsstaaten des EWR oder in Euro im Gegenwert bis zu € 50.000 getätigt werden. Die wichtigsten Anordnungen:

- Weit reichende **Informationspflichten** der Banken über die Konditionen für solche Überweisungen (§ 2).

• (Dispositive) **gesetzliche Maximalfristen** zur Ausführung der Überweisung (auf Grund eines Überweisungsauftragsvertrags; § 3) sowie zur Gutbuchung beim Empfänger (§§ 4f).

• Strenge Folgen bei **Leistungsstörungen** (§ 6): Der Überweisungsbetrag ist beim Empfänger mangels anderer Vereinbarung *vollständig* – also ohne Abzüge für Überweisungskosten – gutzuschreiben. Bei Fristüberschreitung sind erhöhte *Verzugszinsen* zu leisten; bei „verloren gegangener“ Überweisung trifft die erstbeauftragte Bank eine **„Geld-zurück-Garantie“** bis zum Betrag von € 12.500.

Die EG-Verordnung über grenzüberschreitende Zahlungen in Euro enthält ebenfalls Vorschriften zur Verbesserung der Gebührentransparenz; vor allem aber wird dort angeordnet, dass grenzüberschreitende Überweisungen bis € 50.000 nicht mehr kosten dürfen als inländische.

3. Einzugsermächtigungsverfahren

Beim **Einzugsermächtigungsverfahren** geht es darum, dass der Schuldner seinem Gläubiger das (jederzeit widerrufliche) Recht einräumt, von seinem Konto fällige Forderungen abbuchen zu lassen. Diese Form wird vor allem dann gewählt, wenn ein Dauerauftrag (Rz 701) nicht in Frage kommt, da die Höhe des Geschuldeten variiert (etwa bei der Telefonrechnung). Bei korrekter Handhabung ist dieses Verfahren sowohl für Gläubiger als auch für Schuldner von Vorteil: Der Gläubiger bekommt sein Geld rechtzeitig, der Schuldner läuft nicht Gefahr, Zahlungsfristen zu versäumen und dadurch etwa Verzugszinsen zahlen zu müssen. **703**

Die Risiken dieses Verfahrens sind allerdings auch nicht zu unterschätzen: Der Gläubiger hat nämlich die Möglichkeit, mehr abbuchen zu lassen, als seinen wirklichen Forderungen entspricht. Da die Bank die Berechtigung des Gläubigers regelmäßig nicht prüfen kann und auch nicht prüfen muss, belastet sie auch in solchen Fällen das Konto ihres Kunden zu Recht. Dieser hat nach dem entsprechenden, zwischen den Bankenfachverbänden geschlossenen Abkommen zwar das Recht, binnen 42 Tagen von seinem Institut ohne Angabe von Gründen die Stornierung der Belastungsbuchung zu verlangen. Danach kann er aber nur mehr versuchen, das zu viel Gezahlte nach Bereicherungsrecht vom Gläubiger zurückzuerhalten. Wegen dieser Gefahren hat der Schuldner auch die Möglichkeit, Abbuchungsaufträge gegenüber seiner Bank für die Zukunft zu widerrufen. Damit verletzt er zwar uU Vereinbarungen mit seinem Gläubiger; dennoch sind danach Abbuchungen nicht mehr möglich, weil das Einzugsermächtigungsverfahren eine aufrechte Vereinbarung zwischen dem Schuldner und dessen Bank voraussetzt.

Das eigentliche **Lastschriftverfahren** verliert demgegenüber immer mehr an Bedeutung. Dieses ist ebenfalls durch ein eigenes Bankenabkommen geregelt und dadurch gekennzeichnet, dass ein Kontoinhaber seinen Gläubiger nach Abschluss eines konkreten Geschäfts, also *im Einzelfall*, schriftlich dazu ermächtigt, von seinem Konto einen genau bestimmten Betrag abbuchen zu lassen. Im Einkaufsalltag steht heute allerdings die Nutzung von Bankomatkassen bereits deutlich im Vordergrund (vgl Rz 705 a). **703a**

V. Die „Bankomatkarte“

Seit 1980 sind **Bankomaten** in Verwendung: Jeder Kunde eines beteiligten Geldinstitutes kann mittels Bankomatkarte unter Eingabe seines Codes bei allen **704**

Bankomaten Bargeld beziehen. Wichtigste (vertragliche) Rechtsgrundlage sind die entsprechenden AGB, die sog *Bankomatbedingungen.*

Der Bankomat darf nur von Kunden benutzt werden, deren Konto die erforderliche Deckung aufweist. Die Automaten sind jedoch nicht so programmiert, dass Auszahlungen unterbleiben, wenn das Konto (bzw ein etwaiger Überziehungsrahmen) erschöpft ist. Vielmehr kann die Bank in solchen Fällen jederzeit Abdeckung des Saldos verlangen.

705 In den Bankomatbedingungen sind weitere Details geregelt, so etwa die Rechtsfolgen bei Abhandenkommen, missbräuchlicher Verwendung oder Fälschung der Bankomatkarte. Um gewisse Risken von vornherein zu vermeiden, wird überdies vorgesehen, dass der Kontoinhaber seine Bankomatkarte nicht weitergeben darf (zur Kreditkarte Rz 895f).

705a Zunehmender Beliebtheit erfreut sich die **bargeldlose Zahlung an Bankomatkassen** im Rahmen des „Maestro"-Service. Jüngste Neuheit ist die **Geldkartenfunktion,** besser bekannt als *„Quick".* Der auf der Karte befindliche Chip kann elektronisch mit einem Guthaben geladen werden. Dieses „elektronische Geld" (E-Geld; s dazu § 2 Z 58 BWG sowie das E-Geldgesetz) soll kleinere Zahlungsvorgänge erleichtern: Der entsprechend ausgerüstete Unternehmer bucht das Entgelt elektronisch ab. Auch diese neue Möglichkeit des Zahlungsverkehrs wird durch gesonderte Geschäftsbedingungen geregelt.

VI. Das Spareinlagengeschäft

706 **Spareinlagen** sind Geldeinlagen bei Kreditinstituten, die nicht dem Zahlungsverkehr, sondern der Anlage dienen und als solche nur gegen Ausfolgung von besonderen Urkunden entgegengenommen werden dürfen (§ 31 Abs 1 Satz 1 BWG). Diese Urkunden sind regelmäßig die so genannten *Sparbücher,* die zu den Wertpapieren gehören (dazu Rz 903ff).

In der Sache handelt es sich beim Spareinlagengeschäft um eine *Kreditgewährung des Sparers an die Bank.* Daneben spielt wohl auch noch ein – untergeordneter – Verwahrungszweck mit; jedenfalls ist das Risiko des Verlusts vom Sparer übergebener Gelder von der Bank zu tragen. Ganz unterschiedliche Sparformen sind denkbar: So gibt es Spareinlagen mit bestimmter Mindestbindung, mit fixen oder variablen Zinsen, mit und ohne Zuzahlungsmöglichkeit usw.

Da sich aus der Sparurkunde möglichst immer der wahre Forderungsbetrag ergeben soll, ist jede Verminderung oder Erhöhung der Einlage so schnell wie möglich zu vermerken. Einzahlungen auf Sparbücher können in bar, aber auch durch Überweisung vorgenommen werden; hingegen sind Abhebungen nur in bar möglich (§ 32 Abs 1–3 BWG).

Geht ein Sparbuch verloren oder wird es vernichtet bzw gestohlen, muss ein *Kraftloserklärungsverfahren* (vgl Rz 836) durchgeführt werden.

VII. Das Depotgeschäft

707 Das Depotgeschäft ist eine besondere Form der Verwahrung (zu dieser Rz 677). Regelmäßig geht es dabei um die **Verwahrung und Verwaltung von Wertpapieren.** Der Depotvertrag ist ein aus Verwahrungs- und Auftragsvertrag kombiniertes Geschäft.

Ausführliche Sonderregeln für die Verwahrung bestimmter Wertpapiere enthält das **DepotG (DepG) 1969.** Erfasst sind etwa Aktien, Genussscheine, Teilschuldverschreibungen, Pfandbriefe usw.

Das DepG kennt unterschiedliche Verwahrungsarten, von denen hier nur die wichtigsten kurz genannt werden sollen. Bei der **Sonderverwahrung** werden die vom Hinterleger eingelieferten Stücke gesondert (durch Anbringung eines Streifbandes oder in eigenen Umschlägen) verwahrt. Bei der **Sammelverwahrung** werden vertretbare Wertpapiere derselben Art gemeinsam mit Stücken anderer Hinterleger gelagert. Zu dieser Verwahrungsart ist eine ausdrückliche und schriftliche Zustimmung des Hinterlegers nötig. Für die **Summenverwahrung** gilt grundsätzlich das Gleiche wie für die Sonderverwahrung; allerdings hat der Verwahrer das Recht, die verwahrten Wertpapiere gegen Stücke derselben Art zu tauschen. Schließlich ist noch die **unregelmäßige Verwahrung** zu erwähnen, bei der der Verwahrer das Eigentum an den Wertpapieren erlangen soll. Der Hinterleger hat also nur einen obligatorischen Anspruch auf Übereignung entsprechender Wertpapiere.

VIII. Der Safevertrag

Beim **Safevertrag** mietet der Kunde ein in einem Stahlschrank oder in einer **708**
Stahlkammer befindliches Fach (Schrankfach, Schließfach). Details dieses Vertrages sind wieder durch Sonderbedingungen geregelt. Der Vertrag ist jedoch kein reiner Mietvertrag. Die Bank trifft nämlich eine ganze Anzahl von Obsorge- und Dienstleistungspflichten. So hat sie die Safes streng zu überwachen, den Zutritt Unbefugter zu verhindern usw.

Grundsätzlich steht nur dem Mieter das Recht zum Zutritt zu. Er kann aber auch einen Vertreter namhaft machen. Dem Mieter wird ein Safeschlüssel ausgefolgt. Allerdings ist zur Öffnung des Schrankfaches immer die Mitwirkung der Bank notwendig. Man sagt daher auch, dass der Safe *unter Mitverschluss* des Kreditunternehmens steht.

Neben Safeverträgen gibt es auch Vereinbarungen über die Benutzung des **Tag- und Nacht-Tresors.** Manche Kunden sind daran interessiert, jederzeit Wertgegenstände (vor allem Geldkassetten) zu deponieren. Sie erhalten dann einen Schlüssel und können in den von der Straße zugänglichen Tresor versperrbare Kassetten einlegen. Auch dabei handelt es sich wieder um einen *gemischten* Vertrag. Näheres über Rechte und Pflichten der Beteiligten enthalten hier wieder die Sonderbedingungen.

IX. Börsenrecht

1. Allgemeines

Das Börsenrecht ist vor allem im **BörseG 1989** geregelt. Dieses Gesetz hat **709**
starke öffentlich-rechtliche Aspekte. Seine wichtigsten Zielsetzungen sind: Anpassung an den internationalen Standard, so insbesondere an die Richtlinien der Europäischen Gemeinschaften; Verbesserung des Anlegerschutzes durch mehr Publizität und Aufsicht; Verwaltungsvereinfachung durch Übertragung bisher hoheitlicher Aufgaben an die Börsenorgane; Schaffung rechtlicher Rahmenbedingungen für moderne Formen des Wertpapierhandels.

Für in Österreich getätigte Börsegeschäfte sind die **Bedingungen der Wiener Börse** zu beachten (aktuelle Fassung unter www.wienerboerse.at).

2. Die Haftung für mangelhafte Prospekte

710 Etwas näher soll hier nur ein zivilrechtlicher Aspekt behandelt werden, nämlich die besondere börsenrechtliche **Prospekthaftung.** Dabei geht es um einen Sonderbereich des *Anlegerschutzes.* Wer Wertpapiere erwerben will, soll die Bonität des Emittenten einigermaßen verlässlich beurteilen können. Für den Handel mit amtlich notierten oder zum geregelten Freiverkehr zugelassenen Wertpapieren (zur Börsefähigkeit anderer Verkehrsgegenstände § 69 BörseG) besteht daher eine *Prospektpflicht* (§ 74 BörseG), die vor kurzem auf außerbörsliche öffentliche Angebote erweitert wurde (§ 2 **KapitalmarktG – KMG;** Ausnahmen in § 75 BörseG und § 3 KMG). Seit August 2005 sind auch die – reichen – Details (Prospektinhalt, Haftung für fehlerhafte Prospekte usw) im KMG geregelt. Zentral ist die Vorgabe, dass jene Angaben vollständig enthalten sein müssen, die erforderlich sind, um den Anlegern ein fundiertes Urteil, über die Vermögens-, Finanz- und Ertragslage des Emittenten und über die mit den Wertpapieren bzw Veranlagungen verbundenen Rechte zu ermöglichen (§ 7 Abs 1 KMG). Der Prospekt bedarf einer Billigung durch die *Finanzmarktaufsicht* (FMA).

§ 11 KMG regelt die Prospekthaftung sehr eingehend und zum Teil – zB hinsichtlich der Verjährung – abweichend von allgemeinen Regeln. Die Anleger können jene (Vertrauens-)Schäden ersetzt verlangen, die ihnen im Vertrauen auf die für die Beurteilung der getätigten Veranlagung erheblichen, schuldhaft unrichtigen fehlerhaften Prospektangaben entstanden sind. Haftpflichtig sind – jeweils unter der Voraussetzung eigenen Verschuldens oder Verschuldens der ihnen zuzurechnenden Hilfspersonen – primär der Emittent, ferner aber etwa auch Prospektkontrollore, Abschlussprüfer oder die Wiener Börse AG (hinsichtlich dort zum Handel zugelassener Wertpapiere). Zum Schutz der Anleger kann die Ersatzpflicht im Voraus weder ausgeschlossen noch beschränkt werden. Abgesehen von seltenen Fällen vorsätzlicher Schädigung ist der Ersatzanspruch des Anlegers allerdings begrenzt durch den vom Anleger bezahlten Preis zuzüglich Spesen und Zinsen seit dem Ankauf.

Die Prospekthaftung ist zT eine spezielle Ausformung der Ersatzpflicht wegen *Verletzung vorvertraglicher Pflichten* (Rz 439), zT geht sie darüber hinaus.

13. Kapitel

Sicherungsverträge

Weiterführende Literatur: *Avancini/Iro/Koziol,* Österreichisches Bankvertragsrecht II (1993) Rz 3/1 ff zur Bankgarantie; *P. Bydlinski,* Die Kreditbürgschaft im Spiegel von aktueller Judikatur und Formularpraxis[2] (2003); *Dullinger,* Schuldrecht AT[2] Rz 6/21–6/45; *Eigner,* Interzedentenschutz unter besonderer Berücksichtigung der Ehegattenhaftung (2004); *Harrer,* Neue Vertragstypen im Handelsrecht (2001) 51–78; *ders,* Sicherungsrechte (2002) 18–49; *Koziol,* Der Garantievertrag (1981); *Koziol/Welser*[13] II 146–159; *Mayrhofer,* Schuldrecht AT 110–152; *Th. Rabl,* Die Bürgschaft (2000).

I. Bürgschaft

1. Wesen und Zweck

711 Die **Bürgschaft** ist die wichtigste *persönliche Sicherheit.* Sie ist in den §§ 1346–1367 ABGB geregelt. Von einer Bürgschaft spricht man dann, wenn sich jemand

einem Gläubiger gegenüber für den Fall, dass der Hauptschuldner die Verpflichtung nicht erfüllt, zur Befriedigung des Gläubigers bereit erklärt. Eine Sicherstellung durch Bürgschaftserklärung wird von Banken häufig zur Sicherung von Privatkrediten verlangt. Damit schützt sich der Kreditgeber insbesondere gegen die Zahlungsunfähigkeit seines Vertragspartners: Zahlt dieser nicht, kann er immer noch auf den mithaftenden Bürgen greifen.

2. Zustandekommen

Der Bürgschaftsvertrag wird regelmäßig zwischen Bürgen und Gläubiger abgeschlossen. Aus eigenem hat der Bürge jedoch selten Grund, eine Bürgschaftserklärung abzugeben. Grundsätzlich liegt seinem Tätigwerden daher ein Auftragsvertrag (Rz 668ff) mit dem Hauptschuldner zu Grunde. Da der Bürge überdies aus seinem Tätigwerden keinerlei Vorteile zu gewärtigen hat, sondern vielmehr erhebliche Risken übernimmt, soll ihn das gesetzlich vorgesehene **Schriftformerfordernis der Bürgschaftserklärung** (§ 1346 Abs 2 ABGB) vor übereilten Haftungsübernahmen schützen. Mündliche Bürgschaften sind seit dem HaRÄG überhaupt nur mehr dann wirksam, wenn sie von Kreditinstituten übernommen werden (§ 1 Abs 6 BWG); zur Verbürgung mittels sicherer elektronischer Signatur s § 4 Abs 4 SigG (dazu Rz 455 a). 712

3. Akzessorietät und Subsidiarität

Jede Bürgschaft ist zwingend **akzessorisch,** dh vom Bestehen der Hauptschuld abhängig, die gewöhnliche Bürgschaft darüber hinaus auch **subsidiär;** der Bürge kann also grundsätzlich erst dann in Anspruch genommen werden, wenn der Hauptschuldner erfolglos gemahnt wurde. Viel häufiger verlangt der Gläubiger allerdings eine Verpflichtung **als Bürge und Zahler.** Dann entfällt die Voraussetzung der Mahnung des Hauptschuldners; der Bürge kann vielmehr sofort belangt werden. 713

Diese Haftung unterscheidet sich von der eines Mitschuldners (vgl Rz 562) nur mehr in Nuancen; beim Schuldbeitritt haftet der Beigetretene auch dann weiter, wenn dem zunächst allein Haftenden in der Folge seine Schuld erlassen wird, während die Bürgschaft ohne Haftung des Hauptschuldners nicht bestehen kann. Wegen der Ähnlichkeit ist richtigerweise auch für den Schuldbeitritt Schriftlichkeit zu fordern.

Die zwingende Akzessorietät führt dazu, dass vom Bürgen nie mehr als die aktuell offene Hauptschuld verlangt werden kann. Geringere Verpflichtung im Bürgschaftsvertrag (etwa bloß bis zu einem bestimmten Höchstbetrag) ist aber selbstverständlich möglich. Eine rechtspolitisch bedenkliche Ausnahme trifft das Gesetz bloß für die Bürgschaft zu Gunsten geschäftsunfähiger Personen: Der Bürge haftet danach auch dann, wenn die Hauptschuld wegen der Geschäftsunfähigkeit des Schuldners nicht wirksam entstanden ist. Diese unbegründbare Begünstigung des Gläubigers sollte durch entsprechende Interpretation so restriktiv wie möglich gehandhabt werden. 714

4. Sonderformen

Bei der **Ausfallsbürgschaft** haftet der Bürge erst dann für den dem Gläubiger entstandenen Ausfall, wenn Klage und Exekution gegen den Hauptschuldner er- 715 folglos waren. Der **Nachbürge** verpflichtet sich dem Gläubiger dafür, dass *der Bürge* seine Verpflichtung erfüllt. Bei der **Rückbürgschaft** ist hingegen der Hauptbürge Begünstigter: Der Rückbürge hat ihm alle Nachteile zu ersetzen, die er infolge der Bürgschaft erleidet.

5. Einreden des Bürgen

716 Einige **Einreden** des Bürgen gegenüber dem Begehren des Gläubigers ergeben sich schon aus dem Bisherigen: Eine Gruppe von Einwendungen folgt **aus dem Verhältnis des Bürgen zum Gläubiger,** eine zweite **aus der Beziehung des Gläubigers zum Hauptschuldner.** Der Bürge könnte also einmal vorbringen, die Bürgschaft sei mangels Einhaltung der Schriftform nicht entstanden oder werde nunmehr wegen List des Gläubigers bei Abschluss des Bürgschaftsvertrages angefochten; zum Zweiten könnte sich der Bürge auf Grund der Akzessorietät darauf berufen, dass die Hauptschuld vom Hauptschuldner schon zur Gänze getilgt worden sei oder dass *dem Hauptschuldner* gegen den Anspruch des Gläubigers eine Einrede (etwa die des nicht gehörig erfüllten Vertrages) zustehe. Der Bürge kann sich im Ergebnis also aller Verteidigungsmittel bedienen, die auch dem Hauptschuldner zu Gebote stünden.

716a Hat ein Verbraucher eine Bürgschaft übernommen, die in einem unbilligen Missverhältnis zu seiner Leistungsfähigkeit steht, so kann der Richter seine **Haftung** auf Antrag **mäßigen,** in krassen Fällen sogar ganz erlassen. Dabei sind vor allem eine Zwangslage des Bürgen bei Übernahme der Haftung, das Interesse des Gläubigers an der Haftung, der Nutzen des Bürgen aus dem Kredit sowie sein Verschulden am Leistungsunvermögen angemessen zu berücksichtigen. Eine Kürzung der vertraglich übernommenen Haftung kommt allerdings von vornherein nur dann in Betracht, wenn die Gründe für das Missverhältnis zwischen Haftungsumfang und Leistungsfähigkeit dem Gläubiger bei Abschluss des Bürgschaftsvertrags erkennbar waren (§ 25d KSchG). Diese Vorschriften streben größere Gerechtigkeit an; sie sind aber zugleich ein Beispiel dafür, dass unter sehr allgemeinen Abwägungsanweisungen die Rechtssicherheit leiden kann.

Die gleichen Rechtsfolgen greifen ein, wenn der Verbraucher als *Garant* (Rz 720ff) oder als *„gutstehender Mitschuldner"* haftet; das Gesetz verwendet den Überbegriff *„Interzession"* (siehe § 25c KSchG).

§ 25b KSchG ordnet spezielle Rechtsfolgen für den Fall an, dass der Bürge bzw Garant nicht in angemessener Frist vom Verzug des Hauptschuldners verständigt wird.

717 Besonderes gilt schließlich für die **Ehegattenbürgschaft:** Häufig lassen die Kreditinstitute nämlich den Ehegatten des Kreditnehmers fast „automatisch" als Bürgen und Zahler (oder gar als Mitschuldner) mithaften, um dann im Ernstfall denjenigen belangen zu können, der vermögender und/oder leichter greifbar ist. Der Gesetzgeber will nun denjenigen, der bloß „formell" mithaftet, wenigstens dann besser stellen, wenn die Ehe inzwischen durch Scheidung beendet wurde. Erster Schritt ist eine Belehrungspflicht der Bank gegenüber den Ehegatten bei Kreditaufnahme über die Rechtslage nach Scheidung (§ 25a KSchG). Diese stellt sich wie folgt dar: An sich haften die Ehegatten auch nach Scheidung wie vorher; Rechtsgrund ihrer Verpflichtung ist ja ein Vertrag, der durch die Scheidung nicht tangiert wird. § 98 EheG sieht aber vor, dass der Richter im Scheidungsverfahren über Antrag auszusprechen hat, welcher der Ehegatten, die gemeinsam für Kreditverbindlichkeiten haften, im Innenverhältnis zur Zahlung verpflichtet ist. Dieser Ausspruch wirkt nun auch *unmittelbar gegen den Gläubiger:* Derjenige, der im Innenverhältnis nicht zur Tragung verpflichtet ist, wird als **Ausfallsbürge** (Rz 715) behandelt. Der Gläubiger muss also auf näher geregelte Art

und Weise erst gegen den anderen Teil vorgehen, bevor er den „Ausfallsbürgen" in Anspruch nehmen kann. Im Ergebnis nützt diese gesetzliche Regelung in den heiklen Fällen nichts, in denen der im Innenverhältnis Verpflichtete vermögenslos ist. Regelmäßig kommt es dann sogar zu einer Schlechterstellung des „Ausfallsbürgen": Auf Grund entsprechender Vereinbarungen, auf die die Kreditinstitute selten vergessen, hat er dann nämlich auch die für die erfolglose Rechtsverfolgung gegen den Hauptschuldner aufgewendeten Kosten zu tragen.

6. Verhältnis des Bürgen zum Hauptschuldner

Durch die Zahlung an den Gläubiger erwirbt der Bürge von Rechts wegen **718**
(§ 1358 ABGB) die Rechte des Gläubigers gegen den Hauptschuldner (Legalzession; Rz 559). Er erwirbt also sowohl die Forderung des Gläubigers als auch etwaige weitere Sicherheiten. Damit kann er jedenfalls im Umfang seiner Zahlung gegen den Hauptschuldner Rückgriff nehmen. Liegt der Bürgschaft – wie regelmäßig – ein Auftragsverhältnis zu Grunde, kann er diese Summe auch aus dem Titel notwendiger Aufwendungen ersetzt verlangen.

7. Mehrere Sicherheiten

Wie eben erwähnt, erwirbt der Bürge über § 1358 ABGB auch sonstige für **719**
die Hauptschuld bestellte Sicherheiten. Kann er vom Hauptschuldner keinen Ersatz erhalten, weil dieser – wie häufig – zahlungsunfähig ist, wird er sich nun aus den übrigen Sicherheiten befriedigen wollen. Gegenüber einem **Mitbürgen** hat er nur ein anteiliges Rückgriffsrecht; mehrere Bürgen werden wie Mitschuldner behandelt (Rz 498). Nach richtiger Ansicht ist dieser anteilige Rückgriff auch dann anzunehmen, wenn die andere Sicherheit in einem Pfandrecht oder einer Garantie besteht.

Beispiel: Hat der Bürge B an den Gläubiger G die Restschuld in Höhe von 1000 geleistet, der Schuldner S aber selbst eine goldene Uhr als Pfand bestellt, erwirbt B neben dem gesicherten Anspruch auch das Pfandrecht. Vom Erlös aus der Verwertung der Uhr kann B 1000 behalten, der Überschuss gebührt S. Wurde das Pfand hingegen nicht von S selbst, sondern von dessen Freund F bestellt, stehen B vom Erlös nur 500 zu.

II. Garantievertrag

1. Begriff und Zweck

Der **Garantievertrag** zu Sicherungszwecken ist im Gesetz nur rudimentär ge- **720**
regelt (§ 880a ABGB). Er ist vor allem als Bankgarantie im internationalen Handel sehr gebräuchlich. Allgemein übernimmt der Garant gegenüber dem Begünstigten die Haftung für einen noch ungewissen Erfolg, mitunter auch für einen möglicherweise entstehenden Schaden. Hier soll nur die **dreipersonale Garantie** etwas näher besprochen werden, bei der der Garant (etwa eine Bank) dem Begünstigten den Erhalt einer bestimmten Leistung, häufig einer Geldzahlung, garantiert. Nur auf Grund dieser Sicherheit ist der Begünstigte oft bereit, grenzüberschreitende Verträge abzuschließen und seine Leistungen vorweg zu erbringen. Von ganz entscheidender Bedeutung ist nun, dass die Garantie dem Begünstigten regelmäßig größtmögliche Sicherheit bieten soll: Die Verpflichtung des Garanten ist daher **nicht akzessorisch,** seine Verpflichtung ist vielmehr **abstrakt** (Rz 418), also von einem bestehenden Grundverhältnis prinzipiell unabhängig. Der Garant haftet allein auf Grund seiner Garantieerklärung.

2. Das Außenverhältnis (Begünstigter – Garant)

720a Oft muss auf Grund einer solchen Garantie **„auf erste Anforderung"** durch den Begünstigten geleistet werden. Das bedeutet: Auch wenn die Garantie wirtschaftlich einen Kaufpreisanspruch sichern soll, der Nachweis seines Bestehens nach den Garantiebedingungen aber nicht erforderlich ist, steht der Anspruch gegen den Begünstigten dem Garanten sogar dann zu, wenn mangelhafte Ware geleistet wurde oder der Kaufvertrag aus welchen Gründen immer nicht gültig zustande kam. Die Konstruktion steht unter dem Motto: „Erst zahlen, dann streiten!" Den Garanten geht also ein Streit im gesicherten Grundverhältnis in aller Regel nichts an. In krassen Fällen kann dem Begehren des Begünstigten jedoch der **Einwand des Rechtsmissbrauchs** entgegengehalten werden; dies etwa dann, wenn evident ist, dass der Begünstigte die Zahlung bereits vom Käufer erhalten hat.

3. Das Innenverhältnis (Auftraggeber – Garant)

721 Ebenso wie eine Bürgschaft wird eine Garantie prinzipiell nur auf Grund eines *Auftragsverhältnisses* erklärt. Muss der Garant leisten, hat er daher Anspruch auf Aufwandsersatz. Unabhängig davon gebührt ihm regelmäßig die vereinbarte Provision.

4. Das Grundverhältnis (Begünstigter – Auftraggeber)

722 Steht dem Begünstigten die erhaltene Summe aus dem Grundverhältnis (zB Kaufvertrag, der von ihm nicht erfüllt wurde) nicht zu, darf er sie selbstverständlich nicht endgültig behalten. Eine solche Folge ergibt sich auch nicht aus der Abstraktheit der Garantie. Vielmehr kann nun der Auftraggeber versuchen, die mangels entsprechenden Grundverhältnisses rechtsgrundlose Leistung vom Begünstigten zurückzuerhalten. Dies ist aber schon aus praktischen Gründen häufig deswegen nicht ganz einfach, weil ein solcher Rückforderungsprozess nicht selten vor einem ausländischen Gericht anhängig gemacht werden muss.

Beispiel: Die Bank hat zu Gunsten eines Verkäufers, der seine Leistung vorweg erbringen sollte, eine Garantie „auf erstes Anfordern" übernommen. Begehrt der begünstigte Verkäufer nun von der Bank unter der Behauptung des Eintritts des „Garantiefalls" (Nichtzahlung durch den Käufer) Zahlung, muss diese regelmäßig leisten. Sie erhält jedoch nach Zahlung den geleisteten Betrag vom Auftraggeber (= Käufer) ersetzt. Dieser kann seinerseits vom Verkäufer Rückzahlung begehren, wenn er entgegen der Vereinbarung gar keine oder völlig verdorbene Ware erhalten hat.

III. Pfandbestellungsvertrag

723 Auch *dingliche* Sicherheiten bedürfen zu ihrem Entstehen eines gültigen Titels. Rechtsgrund für den Pfandrechtserwerb ist regelmäßig ein zwischen Gläubiger und Sacheigentümer abgeschlossener **Pfandbestellungsvertrag.** Sein Zustandekommen soll formfrei möglich sein; wegen des wohl auch hier nötigen Übereilungsschutzes könnte aber in Analogie zum Bürgschaftsrecht die Einhaltung der Schriftform erwogen werden. Ebenso spricht auch im Verbraucherrecht viel für ein gleich hohes Schutzniveau, was etwa eine Heranziehung des § 25c KSchG (Rz 642c) auch zugunsten eines Drittpfandbestellers nahe legt (dagegen allerdings der OGH).

IV. Sicherungsabrede

Gleiches wie für die Begründung von Pfandrechten gilt für die Begründung von **Sicherungseigentum** (Rz 391 ff) sowie für die **Abtretung zu Sicherungszwecken** (Rz 395). Der auf das Entstehen solcher Sicherungsrechte gerichtete Titel wird regelmäßig als **Sicherungsabrede** bezeichnet. 724

14. Kapitel

Glücksverträge

Weiterführende Literatur: *Apathy/Riedler,* Schuldrecht BT[2] Rz 10/1–11/5; *Koziol/Welser*[13] II 269–272; *Mayrhofer,* Schuldrecht AT 177–178.

I. Wette und Spiel

Wette und Spiel (§§ 1270 ff ABGB) sind die klassischen Glücksverträge. 725
Grundsätzlich übernimmt dabei jeder Beteiligte ein Risiko. Solche Verträge sind regelmäßig nicht wirtschaftlich motiviert, sondern werden häufig in der Hoffnung auf das „große Glück" eingegangen. An sich geht es darum, ob sich die Behauptung über ein den Beteiligten noch unbekanntes – häufig zukünftiges – Ereignis als richtig erweist: In diesem Sinn „behauptet" jeder Lottospieler, dass die von ihm angekreuzten Zahlen gezogen werden.

Grundsätzlich begründen erlaubte Spiele und Wetten bloß eine **Naturalobligation** (Rz 42). Nur wenn der jeweilige Einsatz bei einem Dritten hinterlegt wurde, kann ihn der Gewinner auch gerichtlich einfordern. Gewinne in den Staatslotterien (§ 1274 ABGB), zu denen nach heutiger Ansicht auch bloß behördlich genehmigte Wetten (zB Buchmacherwetten aus Anlass sportlicher Veranstaltungen) gehören, sind gemäß dem GlücksspielG allerdings regelmäßig einklagbar. **Verbotene Spiele** sind hingegen von vornherein ungültig; schon Geleistetes kann jedenfalls zurückgefordert werden.

II. Leibrentenvertrag

Durchaus wirtschaftliche Motive stehen hinter den vom ABGB ebenfalls als 726
Glücksverträge bezeichneten Versicherungsverträgen (Rz 727 ff) und **Leibrentenverträgen** (§§ 1284 ff ABGB). Im Leibrentenvertrag verpflichtet sich ein Teil zur Zahlung einer Rente auf Lebensdauer des Vertragspartners oder einer dritten Person. Regelmäßig wird diese Rente für eine Gegenleistung versprochen. So werden nicht selten Liegenschaften „auf Leibrente" gekauft: Der Käufer muss den gesamten Kaufpreis nicht auf einmal erlegen, der Verkäufer ist bis an sein Lebensende versorgt.

Die Rente muss mit einem bestimmten Betrag festgesetzt werden; häufig wird sie wertgesichert. Da das Ende der Zahlungspflicht bei der klassischen Leibrente ganz unsicher ist, erscheint die Einordnung unter die Glücksverträge verständlich. Soll die Zahlung hingegen über eine ganz bestimmte Zeit erfolgen, wobei etwa nach dem Tod des ursprünglich Berechtigten das Forderungsrecht auf die Erben übergeht *(„Zeitrente"),* liegt ein gewöhnlicher Ratenkauf vor.

15. Kapitel

Versicherungsverträge

Weiterführende Literatur: *Grubmann,* Das Versicherungsvertragsgesetz[5] (2002); *Heiss/Lorenz,* Versicherungsvertragsgesetz[2] (1996); *Koban/Rubin/Vonkilch,* Aktuelle Entwicklungen im Versicherungsrecht (2005); *Rudisch,* Das neue Versicherungsrecht (1994); *Schauer,* Das österreichische Versicherungsvertragsrecht[3] (1995).

Rechtsquellen und Versicherungsbedingungen: *Fenyves/Koban,* Österreichisches Versicherungsrecht II[3] (2000); *Krejci/Weilinger,* Österreichisches Versicherungsrecht I[2] (1992); *Weilinger,* Kodex Versicherungsrecht[10] (2006).

I. Begriffe und Rechtsquellen

727 Im **Versicherungsvertrag** übernimmt es der Versicherer gegen Prämie, ein im Vertrag näher bestimmtes Risiko abzudecken. Der Vertragspartner wird als *Versicherungsnehmer* bezeichnet. *Versicherter* ist derjenige, um dessen Risiko es geht; das ist häufig der Versicherungsnehmer selbst, kann aber auch eine dritte Person sein.

Um eine Abgrenzung vor allem vom Garantievertrag (Rz 720) zu ermöglichen, wird für das Vorliegen eines Versicherungsvertrages des Weiteren verlangt, dass die erforderlichen Mittel durch eine *Gefahrengemeinschaft* aufgebracht werden; sie besteht aus der Gesamtheit der Versicherten. Die jeweiligen Prämien werden unter Berücksichtigung von Wahrscheinlichkeitsstatistiken nach versicherungsmathematischen Grundsätzen kalkuliert.

728 Zentrale Rechtsquelle ist das **VersicherungsvertragsG (VersVG) 1958.** Dieses wird allerdings durch umfangreiche Allgemeine Versicherungsbedingungen ergänzt, wobei es für die einzelnen Versicherungssparten regelmäßig noch Sonderbedingungen gibt. Das VersVG enthält eine ganze Reihe von Vorschriften, die zu Gunsten des Versicherungsnehmers *relativ zwingend* ausgestaltet sind. Die Allgemeinen Versicherungsbedingungen sind hingegen wie sonstige AGB Vertragsbestandteile, für die die allgemeinen Regeln (Rz 435 ff) gelten.

II. Wichtige Formen

729 Versicherbar sind ganz unterschiedliche Risken. Das VersVG hat jedoch nur die wichtigsten Versicherungsarten gesetzlich geregelt. Für alle übrigen gilt im Wesentlichen allgemeines Vertragsrecht; Einzelanalogien zu Bestimmungen des VersVG liegen jedoch nicht fern.

730 Zunächst kann man **Schadens- und Personenversicherung** unterscheiden. In der zweiten Gruppe geht es um den Eintritt von Nachteilen, die durch Beeinträchtigungen der menschlichen Gesundheit – bis hin zum Tod – erfolgen. Die Schadensversicherung soll hingegen Vermögensschäden ausgleichen, die vor allem durch Einwirkungen auf körperliche Sachen entstehen.

Bekanntes Beispiel für eine Schadensversicherung ist die Kfz-Kaskoversicherung. Dabei wird die Gefahr von Schäden am *eigenen* Auto versichert. Regelmäßig findet sich in solchen Versicherungsverträgen ein *Selbstbehalt;* einen gewissen Mindestanteil am Schaden muss der Versicherte also selbst tragen.

Einige Sonderformen der Schadensversicherung hat der Gesetzgeber im VersVG näher geregelt: Feuerversicherung, Hagelversicherung, Tierversicherung und Transportversicherung.

Zur Schadensversicherung im weiteren Sinn gehört auch die **Haftpflichtversicherung:** Hier lässt sich der Versicherungsnehmer das Risiko abdecken, anderen Personen gegenüber schadenersatzpflichtig zu werden.

Zur Personenversicherung zählen vor allem Lebens-, Unfall- und Krankenversicherung. Letztere tritt häufig als Eigenvorsorge neben die Sozialversicherung, da deren Leistungen oft als nicht ausreichend empfunden werden.

Eine relativ junge, aber schon recht wichtige und im Zuge der EWR-Anpassung gesetzlich geregelte Sparte ist die **Rechtsschutzversicherung** (§§ 158j–158m VersVG). Auch dabei gibt es wieder eine ganze Anzahl von Untersparten. Grundsätzlich geht es darum, sich gegen hohe Prozess- und Rechtsverfolgungskosten vor Gerichten und Verwaltungsbehörden abzusichern. Die Rechtsschutzversicherung deckt dieses Risiko. Man kann sich dann auch auf recht ungewisse Prozesse einlassen, da man bei Erfolglosigkeit die Kosten nicht selbst tragen muss. **731**

Die Versicherer bieten aber nicht bloß die einzelnen Versicherungstypen für sich an. Vielmehr werden **„Versicherungspakete"** für bestimmte Bedürfnisse zugeschnitten, in denen beinahe aus allen Sparten etwas enthalten ist. Bekanntes Beispiel dafür ist die Haushaltsversicherung. **732**

III. Beginn und Ende des Versicherungsschutzes

Grundsätzlich beginnt der Versicherungsschutz am Mittag des Tages, an welchem der Vertrag abgeschlossen wird (§ 7 VersVG). Der Schutz besteht dann schon mit Zugang des Antrags, wenn dieser auf einem vom Versicherer stammenden Formular erfolgte, in dem nicht auf einen späteren Beginn hingewiesen wird (§ 1a Abs 2 VersVG). **733**

Der Versicherungsschutz erlischt mit Beendigung des Vertrags; dh mit Fristablauf oder durch Kündigung bei Abschluss auf unbestimmte Zeit. Bei befristeten Verträgen haben *Verbraucher* trotz vereinbarter längerer Dauer das Recht, zum Ende des dritten Jahres – und dann jährlich – zu kündigen (Details in den §§ 7f VersVG). Damit soll sowohl eine überlange Bindung verhindert als auch der Wettbewerb verstärkt werden.

IV. Rechtsfolgen des Prämienverzuges

Das Bestehen des Versicherungsschutzes während der Laufzeit des Versicherungsvertrages ist nur dann selbstverständlich, wenn der Versicherungsnehmer auch seine Prämien rechtzeitig bezahlt. Tut er dies nicht, so wird der Versicherer unter qualifizierten Voraussetzungen (Mahnung, Fristablauf usw) *leistungsfrei,* dh er muss das versicherte Risiko nicht decken (Einzelheiten in den §§ 38 bis 39a VersVG). Bei bestimmten Versicherungen – etwa der Lebensversicherung – besteht allerdings auch die Möglichkeit, sie für die restliche Laufzeit „prämienfrei" zu stellen, was natürlich bei Eintritt des Versicherungsfalls die Versicherungsleistungen reduziert (vgl die §§ 173ff VersVG). **734**

V. Der Versicherungsfall

Der **Versicherungsfall** ist die Verwirklichung des versicherten Risikos. Dieser hängt von der Art der Versicherung ab und wird im Vertrag auch häufig näher um- **735** schrieben. Oft ist die Feststellung seines Eintritts ganz unproblematisch: Beschädigung eines fremden Kfz in der Kfz-Haftpflichtversicherung, Körperverletzung in der Unfallversicherung, Tod bei der Lebensversicherung.

Die zeitliche Fixierung des Eintritts des Versicherungsfalls ist aus manchen Gründen von wesentlicher Bedeutung. So treffen den Versicherungsnehmer gewisse Pflichten bzw Obliegenheiten nur vor dem Versicherungsfall, andere wieder nur nach diesem.

Der Versicherer wird von seiner vertraglichen Leistungspflicht jedenfalls frei, wenn der Versicherungsnehmer den Versicherungsfall *vorsätzlich* herbeiführt (Brandstiftung bei der Feuerversicherung, Selbstmord bei der Lebensversicherung usw). Bei der Schadensversicherung schadet ihm generell bereits *grobe Fahrlässigkeit* (§ 61 VersVG); anders bei der Haftpflichtversicherung, wo der Versicherer nur bei Vorsatz leistungsfrei wird (§ 152 VersVG).

VI. Pflichten und Obliegenheiten des Versicherungsnehmers

736 Gesetz und Vertrag legen dem Versicherungsnehmer eine ganze Reihe von Pflichten bzw Obliegenheiten (zur Unterscheidung Rz 33b und c) auf. Diese haben einmal den Zweck, dass der Versicherer schon bei Abschluss des Versicherungsvertrages sein Risiko in etwa kalkulieren kann. Des Weiteren soll verhindert werden, dass sich das Risiko nach Vertragsabschluss erhöht bzw soll eine unvermeidliche Risikoerhöhung berücksichtigt werden können. Schließlich ist dem Versicherer daran gelegen, dass nach Eintritt des Versicherungsfalls der Schaden so gering wie möglich gehalten wird und er alle nötigen Informationen erhält. Der besonders sensible Bereich *personenbezogener Gesundheitsdaten* (Ermittlung, Verwendung, Übermittlung) hat dabei eine spezielle Regelung erfahren (§ 11 VersVG).

Regelungen über die Verletzung von **Anzeigepflichten bei Vertragsabschluss** enthalten die §§ 16ff VersVG (*Beispiel:* Bei Abschluss einer Lebensversicherung verschweigt der Versicherungsnehmer eine ihm bekannte schwere Krankheit oder antwortet auf die Frage nach schweren Krankheiten wahrheitswidrig mit „nein"); die **Gefahrerhöhung** wird in den §§ 23ff VersVG geregelt (*Beispiel:* Jemand „frisiert" nach Vertragsabschluss sein Fahrzeug, wodurch die Unfallgefahr erhöht wird); **Obliegenheiten** – vor oder nach Eintritt des Versicherungsfalls – finden sich an mehreren Stellen des VersVG. (*Beispiel:* Der Versicherungsnehmer hat dem Versicherer unverzüglich vom Eintritt des Versicherungsfalles Nachricht zu geben sowie jede Auskunft zu erteilen, die zur Feststellung des Versicherungsfalles oder des Umfanges der Leistungspflicht des Versicherers erforderlich ist – §§ 33f VersVG.)

Die **Rechtsfolgen,** die sich an eine Verletzung der Pflichten bzw Obliegenheiten durch den Versicherungsnehmer knüpfen, hängen von mehreren Faktoren ab: Zunächst tritt Leistungsfreiheit nur nach dem *Grundsatz der Verhältnismäßigkeit (Proportionalitätsprinzip)* ein. Dieser Grundsatz bedeutet, dass die Äquivalenz zwischen dem Risiko und Prämie erhalten bleiben soll. Daher kann es zu (teilweiser) Leistungsfreiheit kommen, wenn die Obliegenheitsverletzung Einfluss auf den Umfang der vom Versicherer zu erbringenden Leistung gehabt hat; bei Verletzung bloßer (nachträglichen) „Meldeobliegenheiten" hingegen nur bei Vorsatz (§ 6 Abs 1a VersVG). Auch bei Verletzung von Anzeigepflichten, die auf die Risikobeurteilung keinen Einfluss hatte, tritt Leistungsfreiheit bloß bei Vorsatz ein. Gleiches gilt, wenn der Versicherungsnehmer nicht schriftlich über bestehende Obliegenheiten informiert worden ist (§ 6 Abs 5 VersVG). Ein Rücktrittsrecht wegen Anzeigepflichtverletzung steht dem Versicherer jedoch schon bei grober Fahrlässigkeit des Versicherungsnehmers zu (§ 16 Abs 3 VersVG).

VII. Schadensversicherung

1. Pflichten des Versicherers

Hat sich das versicherte Risiko verwirklicht, ist also der Versicherungsfall eingetreten, muss der Versicherer **Schadenersatz in Geld** leisten. Er haftet dabei nur bis zur Höhe der Versicherungssumme. **737**

2. Über- und Unterversicherung

Der Festlegung der **Versicherungssumme** muss bei Vertragsabschluss allerdings großes Augenmerk geschenkt werden. Entspricht diese Summe nämlich nicht dem tatsächlichen versicherten Risiko, ist das für den Versicherungsnehmer regelmäßig von Nachteil. So hat es wenig Sinn, eine Wohnungseinrichtung im Wert von € 20.000 um € 50.000 zu versichern; der tatsächlich eingetretene Vermögensnachteil ist ja immer die Obergrenze der Ersatzpflicht. In einem solchen Fall der **Überversicherung** besteht bloß die Möglichkeit, die Versicherungssumme unter verhältnismäßiger Minderung der Prämie herabzusetzen. Dies kann der Versicherungsnehmer jederzeit verlangen. **738**

Besteht hingegen eine **Unterversicherung,** so haftet der Versicherer für den Schaden nur nach dem Verhältnis der Versicherungssumme zum Wert der versicherten Sache im Zeitpunkt des Versicherungsfalles (§ 55 VersVG). **739**

Beispiel: Jemand versichert eine Sache mit Wert € 1 Million auf € 500.000. Wird nun der Wert der Sache auf Grund einer Beschädigung um die Hälfte gemindert, so entspräche dieser Nachteil zwar genau der Versicherungssumme. Die Versicherung muss hier jedoch nur die Hälfte des Schadens, also € 250.000, ersetzen.

3. Schadenersatzpflichten Dritter

Nicht selten wurde der Schaden des Versicherungsnehmers durch einen Dritten verursacht, der nach allgemeinem Schadenersatzrecht dafür ersatzpflichtig wäre. Der Geschädigte muss sich nun zwar nicht primär an diesen Schädiger halten, sondern kann sofort von der Versicherung Ersatz verlangen. Soweit der Versicherer den Schaden ersetzt, geht der Anspruch gegen den dritten Schädiger jedoch auf ihn über (**Legalzession** nach § 67 VersVG; vgl auch Rz 559). **740**

4. Veräußerung der versicherten Sache

Veräußert der Versicherungsnehmer die versicherte Sache (Haus, Auto usw), so geht damit der Versicherungsschutz, aber auch die Pflicht zur Prämienzahlung automatisch mit über (**gesetzliche Vertragsübernahme;** vgl Rz 564). Will der Erwerber die Versicherung nicht, steht ihm ein *besonderes Kündigungsrecht* zu. Doch auch der Versicherer hat die Möglichkeit, sich binnen kurzer Frist vom Versicherungsvertrag zu lösen; etwa weil der Erwerber im Verdacht steht, Versicherungsbetrügereien begangen zu haben, oder auch nur als schlechter Zahler bekannt ist. Details regeln die §§ 69ff VersVG. **741**

VIII. Haftpflichtversicherung

1. Allgemeines

742 Bei der Haftpflichtversicherung, einer Sonderform der Schadensversicherung, ist der Versicherer verpflichtet, dem Versicherungsnehmer die Leistung zu ersetzen, die dieser auf Grund seiner Verantwortlichkeit für eine während der Versicherungszeit eintretende Tatsache an einen Dritten zu bewirken hat (§ 149 VersVG). Vereinfacht gesagt geht es um Schadenersatzpflichten, die den Versicherungsnehmer gegenüber einem Dritten treffen. Der Gesetzeswortlaut zeigt auch, dass der Versicherer aus dem Versicherungsvertrag *bloß dem Versicherungsnehmer* verpflichtet ist. Trotz Versicherung kann der geschädigte Dritte somit grundsätzlich nur vom Schädiger (dem Versicherungsnehmer) Ersatz fordern. Der Versicherungsvertrag ist also regelmäßig *kein echter Vertrag zu Gunsten Dritter* (dazu Rz 500); eine Ausnahme besteht etwa bei der gesetzlich vorgeschriebenen Kfz-Haftpflichtversicherung (s Rz 744).

2. Pflichten des Versicherers

743 Steht fest, dass der Versicherungsnehmer dem Dritten ersatzpflichtig ist, so hat der Versicherer im Rahmen der Versicherungssumme die Ansprüche des geschädigten Dritten zu decken. Denkbar sind aber auch Fälle, in denen der Versicherungsnehmer vom Dritten auf Schadenersatz belangt wird, sich im Prozess jedoch herausstellt, dass eine Schadenersatzpflicht überhaupt nicht oder bloß zu einem Teil besteht. In diesen Fällen hat der Haftpflichtversicherer alle zur Verteidigung nötigen gerichtlichen und außergerichtlichen Kosten zu tragen (§ 150 VersVG).

3. Kfz-Pflichthaftpflichtversicherung

744 An sich kann jeder frei entscheiden, ob er gewisse Risken versichern will. So ist niemand verpflichtet, eine Haushalts- oder eine Unfallversicherung abzuschließen. Glaubt er, dass ihm ohnehin nichts passiert, kann er sich die Prämien ersparen. Kommt es in der Folge doch zu einem Schadensereignis, muss er den Nachteil uU aus seinem eigenen Vermögen tragen. In gewissen Bereichen besteht allerdings ein massives öffentliches Interesse am Versicherungsschutz. Dies namentlich dort, wo große Schäden drohen, die der Einzelne aus eigenem Vermögen häufig nicht selbst gutmachen kann. Wichtigstes und bekanntestes Beispiel dafür ist die Kfz-Pflichthaftpflichtversicherung: So wird ein Auto nur dann zugelassen, wenn der Abschluss einer solchen Haftpflichtversicherung nachgewiesen wird.

Nur zwei Besonderheiten des **Kraftfahrzeug-Haftpflichtversicherungsgesetzes (KHVG) 1994** seien erwähnt: Zum Ersten wird dem geschädigten Dritten ein **Direktanspruch** gegen den Versicherer eingeräumt (§ 26; ebenso § 24 AtomHG und § 166 LuftfahrtG); zum Zweiten soll dem Versicherten der Wechsel zu einem anderen, günstigeren Versicherer erleichtert werden: Daher darf die vertragliche Bindung nicht länger als ein Jahr betragen (§ 14).

Für gesetzlich vorgeschriebene Haftpflichtversicherungen **(Pflichtversicherung)** wie die Kfz-Haftpflicht gelten einige Sonderregeln (§§ 158b –158i VersVG).

16. Kapitel

Gesellschaftsverträge

Ein **Gesellschaftsvertrag** (im weiteren Sinn) ist dadurch gekennzeichnet, dass sich zwei oder mehrere Personen rechtsgeschäftlich zur Erreichung eines gemeinsamen Zwecks zusammenschließen. Gegenüber den „klassischen" Verträgen liegt die Besonderheit vor allem darin, dass es sich bei Gesellschaftsverträgen sehr häufig um mehrseitige Rechtsverhältnisse handelt. Solche Zusammenschlüsse können ganz unterschiedliche Zwecke haben; auch führen sie manchmal zum Entstehen einer *juristischen Person* (Rz 189ff): Vier Unternehmer bilden zum Zwecke der Durchführung eines konkreten Bauvorhabens eine Arbeitsgemeinschaft (Gesellschaft bürgerlichen Rechts; Rz 918ff); jemand beteiligt sich mit € 1 Million Kapital an einem Handelsgewerbe (stille Gesellschaft; Rz 916f); ein Vater gründet mit seinen drei Kindern zum Zweck des Betriebs eines Modegroßhandels eine Familien-OG (Rz 921f); sechs Enthusiasten schließen sich in einem ideellen Verein (Rz 930) zusammen, dessen Zweck die Befassung mit klassischen Automobilen ist; usw. 745

Ausführlich zum Gesellschaftsrecht im 4. Teil Rz 906ff.

4. Abschnitt

Gesetzliche Schuldverhältnisse

1. Kapitel

Allgemeines

Von „gesetzlichen Schuldverhältnissen" spricht man dann, wenn sich einzelne Rechte und Pflichten zwischen bestimmten Personen *direkt aus dem Gesetz* ergeben. Der Begriff dient aber primär Systematisierungszwecken, weshalb er in beide Richtungen nicht streng durchgehalten wird: So ist das Verhältnis zwischen Eigentümer und Besitzer einer Sache mit Sicherheit auch ein gesetzliches; es wird jedoch im Sachenrecht behandelt. Umgekehrt kann es etwa im Schadenersatzrecht sehr wohl eine Rolle spielen, ob ein Vertrag besteht und ein Vertragspartner daher vertragliche Pflichten verletzt hat oder nicht. 746

Im Folgenden werden die drei wichtigsten Arten gesetzlicher Schuldverhältnisse etwas näher behandelt: **Schadenersatz, Bereicherung und Geschäftsführung ohne Auftrag.** Von sonstigen Rechtsgebieten aus diesem Bereich sei hier nur die *Gläubigeranfechtung* erwähnt, die bei der Rechtsdurchsetzung (Rz 1362ff) kurz angesprochen wird.

2. Kapitel

Schadenersatz

Weiterführende Literatur: *Apathy/Riedler,* Schuldrecht BT[2] Rz 13/1–14/59; *Danzl/Gutierrez-Lobos/Müller,* Das Schmerzengeld in medizinischer und juristischer Sicht (2003); *Harrer,* Schadenersatzrecht (1999); *Koziol,* Österreichisches Haftpflichtrecht I[3] (1997), II[2] (1984); *Koziol/Welser*[13] II 299–391; *Mayrhofer,* Schuldrecht AT 247–350; *Vrba/Lampelmayer/Wulff-Gegenbaur,* Schadenersatz in der Praxis[2] (Loseblatt, Stand 2004).

Zu wichtigen Sondergesetzen: *Apathy,* Kommentar zum EKHG (1992); *Danzl,* Das Eisenbahn- und Kraftfahrzeughaftpflichtgesetz[7] (2002); *Eustacchio,* Produkthaftung (2002); *Fitz/Grau/Reindl,* Produkthaftung[2] (2004); *Kerschner,* Dienstnehmerhaftpflichtgesetz[2] (2004); *Preslmayr,* Handbuch der Produkthaftung[2] (2002); *Schragel,* Kommentar zum Amtshaftungsgesetz[3] (2003); *Schwimann* (Hrsg), Praxiskommentar zum ABGB[3] VII: Haftpflichtgesetze (2005); *Stefula,* Schadenersatz für Passagiere im Luftfahrtgesetz (2001); *Welser/Rabl,* Produkthaftungsgesetz[2] (2004).

I. Grundsätzliches

1. Zwecke des Schadenersatzrechts

747 Im Schadenersatzrecht geht es primär um folgende Frage: **Wer soll den Nachteil endgültig tragen, der sich in der Sphäre einer bestimmten Person ereignet hat?** Der Versicherungsaspekt wird hier allerdings beiseite gelassen (dazu Rz 737 ff). Abgesehen von den Sondergesetzen enthält das **ABGB** die wichtigsten Vorschriften in den §§ **1293 ff.**

Der **Grundsatz** lautet: Der Schaden trifft denjenigen, in dessen Vermögen oder Person er sich ereignet hat (§ 1311 ABGB). Wer also mit seinem Auto gegen einen Baum fährt, wer beim Wandern stolpert und sich den Fuß bricht oder wem seine Kamera im Urlaub in ein tiefes Gewässer fällt, der hat grundsätzlich alle daraus entstehenden Nachteile selbst zu tragen. Anderes gilt nur dann, wenn jemand für diese Nachteile haftpflichtig (schadenersatzpflichtig) ist. Ob und wann dies der Fall ist, klärt das Schadenersatzrecht. So bleibt es bei der Schadenstragung durch den Geschädigten, wenn dieser am Steuer eingeschlafen ist, nicht aber dann, wenn jemand an seinen Bremsen manipuliert hat; sogar bei Wanderunfällen können Schadenersatzpflichten in Betracht kommen, so wenn der für die Wegeerhaltung Zuständige seine Verkehrssicherungspflichten grob schuldhaft verletzt hat. Ersatz für die Kamera könnte der Eigentümer etwa dann erhalten, wenn er von jemandem gestoßen wurde oder der Produzent den Trageriemen der Kamera nicht ordnungsgemäß am Gerät befestigt hat.

748 Zu den wichtigsten **Zwecken** des Schadenersatzrechts gehört jedenfalls die **Ausgleichsfunktion:** Der Geschädigte soll einen Ausgleich für den erlittenen Nachteil erhalten. *Straffunktion* ist jedoch auch dem Schadenersatzrecht – wie dem Zivilrecht überhaupt – an sich fremd. So wird vorsätzliche Sachbeschädigung etwa durch das Strafrecht ohnehin geahndet. Im Schadenersatzrecht gilt hingegen der Grundsatz, dass die Schadenersatzpflicht durch den beim Geschädigten tatsächlich eingetretenen Nachteil begrenzt ist. Von Bedeutung ist jedoch auch die **Präventionsfunktion:** Die Androhung von Ersatzpflichten wird nämlich manche zu sorgfältigem Verhalten bzw zur Vermeidung der Gefährdung und Schädigung anderer anhalten.

2. Systeme des Schadenersatzrechts

749 Das Schadenersatzrecht ist von zwei großen Gruppen geprägt: **der Verschuldens- und der Gefährdungshaftung.** Die Haftungsnormen des ABGB gehören grundsätzlich in den Bereich der **Verschuldenshaftung.** Wie der Name schon sagt, kann nur derjenige für den Schaden eines anderen haftpflichtig werden, der ihn *schuldhaft* (subjektiv vorwerfbar) verursacht hat. Bei der **Gefährdungshaftung** wird hingegen dem eine strengere Haftung auferlegt, der sich zu seinem Nutzen einer gefährlichen Sache bedient. Entsteht gerade wegen der spezifischen Gefähr-

lichkeit dritten Personen ein Schaden, ist dafür einzustehen (***Beispiel:*** Verwendung eines Kraftfahrzeuges). Eine schlichte *Erfolgshaftung* kennt das österreichische Recht hingegen nicht. Auf der Seite des Schädigers müssen vielmehr immer irgendwelche belastende Momente (besondere Gefährlichkeit einer Sache, rechtswidriges und schuldhaftes Verhalten) gegeben sein, um eine Schadenersatzpflicht begründen zu können. Entgegen früheren Ansichten ist heutzutage auch anerkannt, dass die Grenzen zwischen Verschuldens- und Gefährdungshaftung fließend sind: So nehmen manche Normen des ABGB, wie etwa § 1320 über die Tierhalterhaftung, eine Mittelstellung ein (dazu Rz 793).

Eine Sonderstellung kommt der **Eingriffshaftung** zu: Bei dieser ist der *Eingriff* in die fremde Rechtssphäre sogar *erlaubt,* löst aber *Ausgleichsansprüche* aus (vgl Rz 356 zum Nachbarrecht und Rz 761 a zum Notstand). Zur weiteren Spezialregelungen einer Schadenersatzhaftung ohne vorwerfbares Verhalten des Ersatzpflichtigen siehe Rz 789 a.

II. Verschuldenshaftung

1. Allgemeine Voraussetzungen

Zunächst sollen die Voraussetzungen der Verschuldenshaftung bloß aufgezählt werden; diese Elemente müssen *kumulativ* erfüllt sein, um eine Schadenersatzpflicht zu rechtfertigen: **Der Täter muss bei einem Dritten rechtswidrig und schuldhaft einen Schaden verursacht haben.** Man prüft daher folgende Schadenersatzvoraussetzungen: 750

- Schaden
- Rechtswidrigkeit
- Verursachung
- Verschulden

Was sich zunächst so einfach anhört, ist es oft ganz und gar nicht. In manchen Fällen kann schon die Feststellung eines Schadens im Rechtssinn problematisch sein. So hat der OGH im Jahre 2006 gemeint, die Unterhaltslast von Eltern eines ungewollten gesunden Kindes sei von vornherein nicht als ein solcher Nachteil anzusehen. (Kurz vorher hatte er allerdings den gesamten Unterhaltsbedarf eines behinderten Kindes – nicht bloß den aufgrund der Behinderung erhöhten – als ersatzfähigen Schaden qualifiziert.) Häufig ist auch die Klärung nicht einfach, ob der „Schädiger" rechtswidrig gehandelt hat (*Beispiele:* Wettbewerbshandlungen eines Mitbewerbers; Operation eines Bewusstlosen).

Grundsätzlich trifft die **Beweislast** für alle Schadenersatzvoraussetzungen *den Geschädigten.* Das wird dann besonders einleuchtend, wenn man sich die prozessuale Streitsituation vor Augen hält. Wird jemand auf Schadenersatz geklagt, so kann es nicht an ihm liegen, im Einzelnen darzutun, dass er für den behaupteten Schaden nicht verantwortlich ist. Vielmehr muss der Kläger (= Geschädigter) nachweisen, dass er den behaupteten Schaden tatsächlich erlitten hat und dass ihm dieser vom Beklagten rechtswidrig und schuldhaft zugefügt wurde (§ 1296 ABGB). Hinsichtlich des *Verschuldens* gibt es allerdings dann eine *Beweislastumkehr,* wenn es um Pflichten geht, die den Schädiger – etwa aus einem Vertrag – speziell gegenüber dem Geschädigten treffen. Dann liegt es an ihm, seine Schuldlosigkeit zu beweisen (§ 1298 ABGB; zur vertraglichen Beschränkung der Fahrläs- 751 sigkeitshaftung s Rz 768a). Bei Schädigungen ohne Bezug auf einen Vertrag spricht man allgemein von **Deliktshaftung.** Manche Sondervorschriften bürden allerdings auch in diesem Bereich die Beweislast dem Schädiger auf (siehe etwa § 33 Abs 3 DSG; dazu Rz 86f).

Beispiele: Fällt das Fahrrad des A auf das des B und wird dieses dadurch beschädigt (deliktische Eigentumsverletzung), so muss B beweisen, dass A für den Schadensfall verantwortlich ist. Hat A dem B hingegen aus einem Kaufvertrag oder aus einem Unterhaltsurteil am 2. 5. € 500 zu zahlen und tut er das nicht, so wird zunächst davon ausgegangen, dass A seine Zahlungspflicht *schuldhaft* verletzt hat. Kann A aber etwa nachweisen, dass der Überweisungsbeleg auf dem Bankweg liegen geblieben ist, so hat er die Verschuldensvermutung erfolgreich entkräftet.

2. Der Schaden

a) Arten

752 Zunächst unterscheidet man **Vermögensschäden (materielle Schäden) und immaterielle (ideelle) Schäden.** Vermögensschäden sind durch eine *Minderung des Vermögens* des Geschädigten definiert: Das Auto war vor dem Unfall € 10.000 und ist danach nur mehr € 3000 wert. Jemand hätte durch den Weiterverkauf einer Sache € 1000 Gewinn machen können. Infolge verspäteter Lieferung durch seinen Lieferanten „platzt" das Geschäft. Demgegenüber führen ideelle Schädigungen keine Veränderung in der Vermögenslage des Geschädigten herbei: Der durch einen Schlag Verletzte büßt zwar keinen Cent ein, hat aber 14 Tage lang starke Kopfschmerzen. Der Eigentümer hat zwar den Wert des gestohlenen Schmuckstücks ersetzt erhalten; da es ein Familienerbstück war, fühlt er sich durch den Geldbetrag aber nicht voll entschädigt.

753 Im Bereich der Vermögensschäden kann man wieder zwischen **positivem Schaden und entgangenem Gewinn** unterscheiden. Im ersten Fall wurde ein schon vorhandenes Vermögensgut vermindert. Dieses kann auch ein bereits entstandenes Forderungsrecht sein, das nach der schädigenden Handlung nicht mehr durchsetzbar ist. ***Beispiel:*** A hat eine Sache im Wert von € 10.000 um € 12.000 verkaufen können, er hat sie dem Käufer aber noch nicht übergeben. Wird nun die Sache zerstört, ist ihm ein positiver Schaden in Höhe von € 2000 entstanden, da er den Kaufpreis vom Käufer nicht erhält und damit den Geschäftserfolg nicht realisieren kann. Von entgangenem Gewinn spricht man hingegen dann, wenn eine *bloße Erwerbschance* vernichtet wird: Wegen der Beschädigung einer Maschine kann ein Unternehmer 3 Tage lang nicht produzieren. Für die Hälfte der geplanten Produktion hatte er zwar noch keinen vertraglichen Abnehmer; es bestand aber eine gute Chance, sie am Markt mit Gewinn zu verkaufen.

Der positive Vermögensschaden ist bei jeder schuldhaften und rechtswidrigen Schadenszufügung zu ersetzen; entgangenen Gewinn erhält der Geschädigte hingegen nur dann, wenn der Schaden *grob schuldhaft* zugefügt wurde (§§ 1323f ABGB). Die Rechtsordnung will den Schädiger, der sich nur leicht sorglos verhalten hat, nicht in jedem Fall mit exorbitanten Schadenersatzpflichten belasten. Zu Abweichungen im Unternehmensrecht Rz 770.

b) Bedeutung der Unterscheidung

754 Die eben gemachten Unterscheidungen sind deshalb von Bedeutung, weil nicht immer alle eingetretenen Schäden vom Schädiger ersetzt werden müssen. So gewährt die Rechtsordnung für **ideelle Schäden** nur in Ausnahmefällen Ersatz. Wichtigstes Beispiel ist das *Schmerzengeld* (§ 1325 ABGB, § 13 EKHG). Ersatz für immaterielle Nachteile wird auch bei sexuellem Missbrauch und bei rechtswidriger Freiheitsberaubung gewährt (§§ 1328f ABGB), ebenso bei qualifiziert-öffentlicher Persönlichkeitsverletzung (§§ 6ff MedienG, dazu Rz 77); uU auch nach dem DSG (Rz 86a) und neuerdings auch für massive Verletzungen der Privatsphäre (§ 1328a ABGB) sowie für die Beeinträchtigung des Genusses einer Urlaubsreise (Rz 664a).

3. Rechtswidrigkeit

Wer sich erlaubt verhält, muss in aller Regel keinen Ersatz leisten. Dieser Grundsatz ist durchaus einleuchtend und nur selten von Ausnahmen durchbrochen (*Beispiel:* Schädigung im Notstand; vgl Rz 761a). Wie weiß man aber, ob sich jemand **rechtswidrig (verboten)** verhalten hat? Nur in einfachen Konstellationen ist das ganz sicher zu klären. Ansonsten ist aber häufig eine *umfassende Interessenabwägung* notwendig, um feststellen zu können, ob der Schädiger gerade gegenüber dem Beschädigten bestehende Pflichten verletzt hat. Dies gilt insbesondere für den vertraglichen Bereich, wo Nebenpflichten (Schutz-, Sorgfalts- und Aufklärungspflichten) selten ausdrücklich im Vertrag oder im Gesetz verankert sind. **755**

Hier soll nur aufgezählt werden, woraus sich die Rechtswidrigkeit eines Verhaltens (aktives Tun oder passives Unterlassen) ergeben *könnte.* **Verletzung absoluter Rechte** (zB Eigentum, Freiheit, körperliche Unversehrtheit usw); **Verletzung konkreter gesetzlicher Verhaltensnormen bzw Schutzgesetze** (zB Vorschriften der Straßenverkehrsordnung); **Verletzung von Vertragspflichten** (Hauptleistungs- oder Nebenpflichten; zB Unterlassung rechtzeitiger Lieferung einer Sache; mangelnde Aufklärung über die Gefährlichkeit eines Produkts); **Verletzung von Verkehrssicherungspflichten** (zB mangelhafte Absicherung einer Baugrube; Unterlassung der Streuung auf einem vereisten Gehweg); **Verstoß gegen die guten Sitten** bzw **Rechtsmissbrauch.** (*Beispiel:* A weiß, dass B eine Sache schon an C verkauft hat, überredet B aber dazu, den Vertrag mit C zu brechen und ihm die Sache gegen ein etwas höheres Entgelt zu übergeben.) **756**

Folgendes ist von zentraler Bedeutung: Maßstab der Rechtswidrigkeitsprüfung ist immer das **Verhalten eines Menschen.** Es wäre ein Irrtum anzunehmen, für jeden Schaden müsse es auch einen Haftpflichtigen geben. Das Schadenersatzrecht unterliegt vielmehr dem **Grundsatz des Verhaltensunrechts,** nicht dem des *Erfolgs*unrechts. Man muss also immer fragen, ob eine *Handlung oder Unterlassung* gegen Gebote oder Verbote der Rechtsordnung oder gegen die guten Sitten verstößt. **757**

Doch auch nicht jedes (schuldhaft) *rechtswidrige* Verhalten, das einen Schaden verursacht, macht automatisch haftpflichtig. Vielmehr muss man zusätzlich klären, ob das in concreto übertretene Gebot der Rechtsordnung gerade Schäden von der Art des tatsächlich eingetretenen verhindern wollte. Damit ist die Frage nach dem **Schutzzweck der Verhaltensnorm** angesprochen; man spricht auch von **„Rechtswidrigkeitszusammenhang“.** Die Problematik ist im Einzelnen sehr komplex; ein ***Beispiel*** soll sie verdeutlichen: Wer sein Auto in einer Halteverbotszone **758** abstellt, handelt rechtswidrig. Der Zweck des Verbots ist nun aber nicht immer der gleiche. So soll etwa das Verbot des Haltens im Kreuzungsbereich jedenfalls auch Unfälle verhindern. Anderes gilt aber etwa für das Halten in einer für Diplomaten reservierten Zone oder in einer Ladezone. Kollidiert also jemand mit einem Privat-Pkw, der verbotenerweise in einer Diplomatenzone abgestellt ist, so kann er nicht unter Berufung auf das rechtswidrige Verhalten des Parkers Schadenersatz fordern. Das Verbot hat hier allein den Zweck, privilegierten Personen Parkraum zu reservieren, es dient aber nicht der Verhinderung von Unfällen.

759 Von der Rechtswidrigkeit bestimmter Verhaltensweisen sind also häufig bloß gewisse Personen oder Rechtsgüter erfasst. Man muss fragen: Will das Schadenersatzrecht in einer konkreten Konstellation gerade auch den Ansprüche stellenden Geschädigten schützen? Wer etwa nahe einer bereits bestehenden Feinkosthandlung ein ähnliches Geschäft eröffnet und durch besonderes Engagement (Kundenfreundlichkeit, niedrige Preise, hochwertige Produkte) dem bisherigen „Platzhirsch" Kunden entzieht, handelt in aller Regel rechtmäßig (lauterer Wettbewerb; zum unlauteren Rz 1232 ff). Er muss die dem Konkurrenten verursachten (!) Nachteile also nicht ersetzen.

Häufig ist auch **„das bloße Vermögen"** deliktsrechtlich nicht geschützt. Wer andere durch irrtümlich falsche Information zu ungünstigen Geschäften verleitet (zB Rat zum Kauf bestimmter Aktien), haftet grundsätzlich nicht (Rz 791). Schützgüter sind eben oft nur *absolute* Rechte (Eigentum, körperliche Unversehrtheit usw).

Doch sogar bei Verletzung solcher Rechtsgüter erhalten **bloß mittelbar Geschädigte** regelmäßig nichts. (*Beispiel:* Jemand fährt einen Opernsänger an; deshalb muss die Abendvorstellung entfallen, der Buffetier verdient nichts usw. Der Täter hat bloß die Schäden des Sängers zu ersetzen, nicht hingegen die anderer Personen.) Nur so kann das ruinöse Ausufern von Ersatzpflichten verhindert werden. Ausnahmen gelten für Fälle bloßer **Schadensüberwälzung (Schadensverlagerung),** da der Schädiger dann keine Zusatzbelastungen tragen muss. (*Beispiel:* Im Annahmeverzug des Käufers – Rz 522 – wird der Kaufgegenstand beim Verkäufer durch einen Dritten schuldhaft beschädigt. Auf Grund der Gefahrtragungsregeln kann der unmittelbar Geschädigte – der in seinem Eigentum verletzte Verkäufer – vom Käufer dennoch den vollen Kaufpreis fordern. Er erleidet durch die Beschädigung somit in aller Regel keinen Vermögensnachteil. Der Käufer erhält jedoch nur die beschädigte Sache. Da eine Entlastung des Schädigers ganz unbillig wäre, soll der Käufer den Ersatzanspruch erhalten.)

760 Ein ebenfalls immer wieder beachtlicher Sonderaspekt ist der des **rechtmäßigen Alternativverhaltens.** Dabei geht es darum, dass sich jemand rechtswidrig verhalten hat, der dadurch verursachte Schaden aber auch bei völlig korrektem Verhalten eingetreten wäre. In solchen Fällen ist es unbillig, den Schädiger haften zu lassen. Allerdings trifft ihn – steht sein rechtswidriges Verhalten einmal fest –, die strenge Beweislast dafür, dass sein Gesetzesverstoß die Gefahr in keiner Weise erhöht hat.

Beispiel: Jemand fährt mit leicht überhöhter Geschwindigkeit und wird von einem Wagen gerammt, der eine Stopptafel überfährt. Kann nachgewiesen werden, dass sich der Unfall bei richtiger Geschwindigkeit ebenso ereignet hätte, ist kein Ersatz zu leisten. Wäre der Schaden bei richtiger Fahrweise geringer gewesen, besteht eine Ersatzpflicht nur hinsichtlich der Schadenserhöhung; das Mitverschulden des Unfallgegners (dazu Rz 775) ist ebenfalls zu berücksichtigen.

Unter bestimmten Umständen kann auch ein an sich rechtswidriges Verhalten gerechtfertigt und daher schadenersatzrechtlich unerheblich sein. Man spricht von **Rechtfertigungsgründen.** Wichtigster Fall ist die **Notwehr,** also Schädigung bei der Abwehr eines rechtswidrigen Angriffs. 761

Beispiel: Die auf der Straße überfallene Frau schlägt wild um sich und verletzt dabei den Handtaschenräuber am Auge. Er kann keinen Ersatz fordern.

Doch auch ohne rechtswidrigen Angriff kann die Beeinträchtigung fremder Güter erlaubt sein; nämlich dann, wenn die Interessen des Gefährdeten die des Geschädigten überwiegen **(Notstand).** Ob Ersatz zu leisten ist, wird – ähnlich wie bei Schädigung durch Unmündige (Rz 72) – durch Abwägung verschiedener Aspekte entschieden (§ 1306a ABGB). Wer sich schuldhaft in einen Notstand (oder in den Zustand der Zurechnungsunfähigkeit) versetzt hat, haftet jedenfalls (§ 1307 ABGB). 761a

Beispiel für Notstand: Ein Spaziergänger kann sich des Angriffs eines Hundes nur dadurch erwehren, dass er diesen mit seinem Spazierstock schwer verletzt. Ein Wanderer gerät unerwartet in einen Schneesturm und bricht eine verlassene Almhütte auf, um sein Leben zu retten. Der Wanderer wird dem Eigentümer für den an der Hütte verursachten Schaden nach § 1306a ABGB ersatzpflichtig.

4. Verursachung (Kausalität)

Dass jemand nur dann einen Schaden ersetzen muss, wenn er diesen auch **verursacht** hat, erscheint als Selbstverständlichkeit. Um gewisse Konstellationen kann es aber sogar in diesem Bereich rechtliche Schwierigkeiten geben. 762

Auch die Ursächlichkeits- bzw Kausalitätsprüfung knüpft wieder an menschliches *Verhalten* an. Dabei fragt man: Wäre der Schaden auch eingetreten, wenn der Schädiger die konkrete Handlung nicht gesetzt hätte? Wäre der Schaden ausgeblieben, wenn der Schädiger die pflichtgemäße Handlung vorgenommen hätte? Im ersten Fall geht es um Schädigung durch aktives Tun, im zweiten um Schädigung durch Unterlassen. Mit einer neueren Ansicht erscheint es sinnvoll, in jedem Fall, also auch bei Schädigung durch Handeln, immer die **Kausalität des pflichtwidrigen Verhaltens** zu untersuchen, den Rechtswidrigkeitsaspekt also mit einzubeziehen. Ansonsten bestünde nämlich die Gefahr, eine Handlung auf Rechtswidrigkeit hin zu untersuchen, jedoch eine andere in Bezug auf Ursächlichkeit.

Sofern nur eine Schadensursache in Frage steht, kann die Kausalitätsprüfung schnell abgehakt werden. Wenn jemand etwas aus dem Fenster wirft und dabei einen Passanten trifft, der verletzt wird, besteht keinerlei Zweifel, dass sein Verhalten kausal war: Ohne Wurf wäre der Passant unversehrt am Haus vorbeispaziert. Von den Problemfällen sei hier jedoch nur einer erwähnt, nämlich der *mehrerer* Schädiger: Sollen fünf Lieferanten Rohstoffe für ein Produkt liefern und sind zwei säumig, sodass der Produzent seinen Verpflichtungen nicht nachkommen kann, könnte an sich jeder der beiden säumigen Lieferanten sagen: Mein Verhalten war nicht kausal, da auch bei rechtzeitiger Lieferung meines Rohstoffs das Produkt nicht hätte hergestellt werden können. Eine solche Sonderkonstellation darf nun aber einem vertragswidrig Handelnden nicht zum Vorteil gereichen. In solchen Fällen **kumulativer Kausalität** wird daher Solidarhaftung aller säumigen Lieferanten angenommen. 763

764 Kausalitätsprobleme verbergen sich auch hinter dem Begriffspaar **Nichterfüllungsschaden und Vertrauensschaden.** Dabei geht es um die Feststellung der Ersatzpflicht nach Verletzung vertraglicher oder vorvertraglicher Verpflichtungen. Das **Erfüllungsinteresse** ist der Vorteil, den der Vertragspartner des Schädigers bei korrekter Vertragserfüllung erhalten hätte. Der **Vertrauensschaden** ist demgegenüber der Nachteil, der eingetreten ist, weil der Geschädigte auf Vertragsperfektion vertraut hat.

Grundsätzlich ist allein entscheidend, für welche Nachteile das pflichtwidrige Verhalten des Schädigers *ursächlich* war. Tritt etwa jemand als Stellvertreter auf, obwohl er für das angestrebte Geschäft die erforderliche Vertretungsmacht nicht hat (falsus procurator; dazu Rz 282 f), so kann ihm bloß vorgeworfen werden, dass er den Verhandlungspartner über den Mangel der Vollmacht nicht aufgeklärt hat (bzw dass er überhaupt in Vertragsverhandlungen eingetreten ist). Doch auch noch so korrektes Verhalten hätte niemals dazu führen können, dass der Vertragspartner einen vertraglichen Erfüllungsanspruch erworben hätte. Mangels Vollmacht hätte der Scheinvertreter ja niemals einen gültigen Vertrag schließen können! In solchen und ähnlichen Fällen ist daher nach allgemeinen Regeln bloß der **Vertrauensschaden** zu ersetzen. Gleiches gilt aber auch bei wirksamem Vertragsabschluss, wenn die Leistung von vornherein nicht wie versprochen erbracht werden kann. (*Beispiel:* Jemand verspricht ein Software-Programm mit bestimmten Eigenschaften, die jedoch nicht miteinander kombiniert werden können.) Konnte der Schuldner hingegen einmal seine Vertragsverpflichtung erfüllen, vereitelt er seine Leistungsmöglichkeit jedoch in der Folge oder gerät er in Verzug, so hat er den **Nichterfüllungsschaden** zu ersetzen. Korrektes Verhalten hätte nämlich dazu geführt, dass der Gläubiger die vertragsgemäße Leistung zur vereinbarten Zeit erlangt hätte.

5. Verschulden

765 Im Bereich der Verschuldenshaftung kommt dem Element des Verschuldens besondere Bedeutung zu. Zum Ersten ist es hier unabdingbare Haftungsvoraussetzung. Zum Zweiten ist aber auch der Umfang der Ersatzpflicht nach der Verschuldensintensität abgestuft. Daher sollen nun die unterschiedlichen rechtlich relevanten Verschuldensarten kurz dargestellt werden.

766 **Verschulden ist subjektive Vorwerfbarkeit.** Die massivste Verschuldensform ist der **Vorsatz.** Zum vorsätzlichen Handeln gehört neben dem Bewusstsein der Rechtswidrigkeit (zumindest) die Billigung eines Schadenseintritts. Doch auch gewisse Vorsatzfärbungen haben im Schadenersatzrecht Bedeutung. Als *Beispiel* sei nur die „Schädigung aus Mutwillen und Schadenfreude“ erwähnt, die auch zur Pflicht zum Ersatz des Wertes der besonderen Vorliebe führt (§ 1331 ABGB).

Der Begriff des Vorsatzes hat im Schadenersatzrecht also immer einen starken Bezug zum verursachten Schaden. Daher schädigt nicht vorsätzlich, wer im Ortsgebiet *bewusst* und in Kenntnis der geltenden Beschränkung 60 km/h fährt und dabei mit einem unvorsichtigen Radfahrer kollidiert; schädigen wollte der Autofahrer ja keinesfalls. Ebenso wenig treffen die Rechtsfolgen der vorsätzlichen Schädigung denjenigen, der im Glauben, es sei seine eigene, eine fremde Sache zerstört.

Fahrlässigkeit liegt dann vor, wenn jemand die gehörige Sorgfalt außer Acht lässt. Grundsätzlich ist in Bezug auf den konkreten Schädiger zu prüfen, ob dieser bei zumutbarer Aufmerksamkeit hätte bemerken können, dass er rechtswidrig handelt, dass er fremde Güter gefährdet usw, und dass er sich anders hätte verhalten können (zum Rechtsirrtum kurz Rz 3). Um nicht in jedem Fall die konkreten Fähigkeiten und Kenntnisse des betreffenden Täters ermitteln zu müssen, enthält das Gesetz aber eine Vermutung: Nach § 1297 ABGB ist davon auszugehen, dass jeder Deliktsfähige eines solchen Grades des Fleißes und der Aufmerksamkeit fähig ist, welcher bei gewöhnlichen Fähigkeiten angewendet werden kann. Unterdurchschnittliche Kenntnisse und Fähigkeiten, die in concreto ein Verschulden ausschließen, müsste der Schädiger dartun. **767**

Von **grober Fahrlässigkeit** spricht man dann, wenn der Sorgfaltsverstoß eine Intensität erreicht, wie er einem durchschnittlich ordentlichen Menschen in einer solchen Situation keinesfalls unterläuft. **Leicht fahrlässig** ist ein Verhalten dann, wenn Ähnliches auch einem an sich sorgfältigen Menschen einmal passieren könnte. Eine Sonderstellung innerhalb der leichten Fahrlässigkeit nimmt die so genannte **„entschuldbare Fehlleistung"** ein. Dabei handelt es sich um den leichtesten Grad der Fahrlässigkeit; diese Verschuldensform hat im Bereich der Dienstnehmerhaftpflicht (Rz 772) Bedeutung.

Eine gewisse Objektivierung der Verschuldensprüfung wird auch dadurch erreicht, dass Verschulden *Deliktsfähigkeit* voraussetzt. Diese beginnt bei geistig gesunden Menschen grundsätzlich mit dem 14. Lebensjahr (dazu bereits Rz 70ff; dort auch zur ausnahmsweisen Haftung Deliktsunfähiger). **768**

Jedenfalls in Verbraucherverträgen kann der Unternehmer die Haftung für grobes Verschulden nicht ausschließen (§ 6 Abs 1 Z 9 Fall 2 KSchG). Wird vorweg vereinbart, dass eine Vertragspartei für den Fall leicht fahrlässiger Schädigung von Ersatzpflichten freigestellt ist, so trifft sie die *Beweislast* für das Fehlen groben Verschuldens (§ 1298 ABGB), sofern diese Freizeichnung für leichtes Verschulden überhaupt wirksam ist (anders für Personenschäden von Verbrauchern: § 6 Abs 1 Z 9 Fall 1; vgl ferner § 6 Abs 2 Z 5 KSchG). **768a**

6. Art und Umfang des Schadenersatzes

a) Natural- und Geldersatz

Im Prinzip soll der Geschädigte so gestellt werden, wie er ohne Schädigung stünde. Daher sieht § 1323 ABGB primär **Naturalherstellung (Naturalrestitution)** vor. Dies ist aber nur in wenigen Fällen sinnvoll, so wenn der Dieb die gestohlene Sache dem Bestohlenen herauszugeben hat. Von weitaus größerer Bedeutung ist heutzutage der **Geldersatz;** auch deshalb, weil es etwa einem Geschädigten nicht zuzumuten wäre, die beschädigte Sache vom Schädiger instand setzen zu lassen. Der Geschädigte kann vom Schädiger also die Wertdifferenz zwischen unbeschädigter und beschädigter Sache oder die zur Reparatur aufgewendeten Kosten *in Geld* verlangen. **769**

b) Positiver Schaden und entgangener Gewinn

Dieses Begriffspaar wurde bereits in Rz 753 behandelt. Hinzuweisen ist hier bloß darauf, dass **bei beiderseits unternehmensbezogenen Geschäften** der entgangene Gewinn bereits bei leichtem Verschulden zu ersetzen ist (§ 349 UGB). **770**

c) Dienstnehmerhaftung und Organhaftung

771 Wie sich schon mehrfach gezeigt hat, will das Gesetz dem Schädiger nicht in allen Fällen den *gesamten* verursachten Schaden aufbürden. So ist der entgangene Gewinn nur bei besonderer subjektiver Vorwerfbarkeit zu ersetzen; auch ein *Mitverschulden* des Geschädigten (dazu Rz 775) mindert den Ersatzanspruch. Hier sollen *zwei Sondergesetze* angesprochen werden, die im Verhältnis zu allgemeinen Schadenersatzregeln Haftungserleichterungen vorsehen.

772 Das **DienstnehmerhaftpflichtG (DHG) 1965** ist dann anzuwenden, wenn ein Dienstnehmer (Lehrling usw) bei Erbringung der Dienstleistung Schäden zufügt. Das DHG gewährt nun dem Dienstnehmer Haftungserleichterungen, weil seine Tätigkeit regelmäßig schadensträchtig ist, er der wirtschaftlich schwächere Teil des Arbeitsverhältnisses ist und der Arbeitgeber typischerweise Vorteile aus der Tätigkeit seiner Dienstnehmer zieht.

Im Einzelnen sollte man sich Folgendes merken: Schädigt der Dienstnehmer seinen Dienstgeber, so haftet er bei entschuldbaren Fehlleistungen überhaupt nicht; bei leicht oder grob fahrlässiger Schädigung kann das Gericht aus Gründen der Billigkeit und mit Rücksicht auf die besonderen Umstände den Ersatz mäßigen; bei leichter Fahrlässigkeit ist sogar ein gänzlicher Erlass möglich. Schädigt der Dienstnehmer einen Dritten und wird er diesem (nach allgemeinen Regeln) schadenersatzpflichtig, so wirkt sich die Haftungsmilderung dahingehend aus, dass er in entsprechendem Umfang Regress gegen seinen Dienstgeber nehmen kann. Im Ergebnis Gleiches gilt dann, wenn der Dienstgeber für seinen Dienstnehmer nach Gehilfenhaftungsgrundsätzen (Rz 779ff) einstehen muss und nun beim Dienstnehmer *Regress* nehmen will.

Achtung! Das DHG enthält an sich keine Anspruchsgrundlagen. Vielmehr ist immer nach allgemeinem Zivilrecht zu ermitteln, ob ein Schadenersatzanspruch gegen einen Dienstnehmer zusteht. Wird dies bejaht, kann der Anspruch in seinem Umfang nach den Bestimmungen des DHG gemäßigt oder erlassen werden.

773 Das **OrganhaftpflichtG (OrgHG) 1967** enthält in der Sache ganz ähnliche Bestimmungen wie das DHG. Es ist dann anzuwenden, wenn **Organe in Vollziehung der Gesetze,** also in Ausübung hoheitlicher Tätigkeit, *ihrem Rechtsträger* Schaden zufügen. Als Rechtsträger kommen vor allem der Bund, die Länder, die Gemeinden, aber auch sonstige Körperschaften öffentlichen Rechts in Betracht.

774 Schädigt das Organ nicht seinen Rechtsträger, sondern einen Dritten, so greift das **AmtshaftungsG** ein (dazu Rz 788f).

7. Ausgewählte Probleme

a) Mitverschulden des Geschädigten

775 Vor allem bei Straßenverkehrsunfällen, aber auch sonst nicht selten ist der Fall, dass zwar der eine (der Schädiger) zurechenbar einen Schaden verursacht, der andere (der Geschädigte) aber ebenfalls durch „Verschulden in eigenen Angelegenheiten“ eine Ursache für den Schadenseintritt gesetzt hat. ***Beispiel:*** Der eine Lenker fährt zu schnell, der andere übersieht eine Stopptafel. Wäre nun der Schaden allein durch die Unterlassung einer dieser beiden sorgfaltswidrigen Handlungen vermieden worden, stellt sich das Problem des **Mitverschuldens (der**

Mitverantwortlichkeit) des Geschädigten. In einem solchen Fall ginge es nicht an, den Schädiger für den gesamten Schaden haften zu lassen. Hätte sich nämlich der Geschädigte selbst sorgfältig verhalten, wäre überhaupt nichts passiert. Für solche Fälle sieht § 1304 ABGB eine Schadensteilung vor: Grundsätzlich richten sich dabei die *Quoten nach dem Ausmaß des Verschuldens* der Beteiligten. (Ähnliche Probleme stellen sich auch im Bereich der Gefährdungshaftung. Treffen die Zurechnungsmomente Gefährdung und Verschulden einmal aufeinander, wird als grobe Grundregel gelten können, dass der Gefährlichkeitsaspekt so wie leichte Fahrlässigkeit wiegt.)

Achtung! Eine Schadensteilung kann immer nur für jene Nachteile eingreifen, die sowohl vom Schädiger als auch vom Geschädigten verursacht wurden. Wurde der Schaden durch eigene Sorglosigkeit des Geschädigten *bloß vergrößert,* so kann nur dieser Teil gemäß § 1304 ABGB aufgeteilt werden. Der vom Schädiger allein verursachte Schaden ist hingegen mit 100% zu ersetzen. Des Weiteren muss jeder Schaden für sich betrachtet werden. Es ist daher unzulässig, zunächst vom Schaden des einen den Schaden des anderen abzuziehen und nur die Differenz nach Verschuldensgrundsätzen zu verteilen.

Beispiele: **1.** A fährt im Ortsgebiet mit 60 km/h, B überfährt eine Stopptafel. Beim Zusammenstoß erleidet der Wagen des A einen Schaden in Höhe von € 6000 und der des B einen Schaden in Höhe von € 3000. Die leicht überhöhte Geschwindigkeit des A wird man als leichte Fahrlässigkeit, das Überfahren einer Stopptafel durch B als grobe Fahrlässigkeit einzustufen haben. Da die Überschreitung der zulässigen Höchstgeschwindigkeit von 50 km/h nicht bloß minimal war, käme man in etwa zu einer Verschuldensaufteilung im Ausmaß von 2:1 zu Lasten des B. (Bei bloß 53 oder 54 km/h würde man wohl eher zu einem Verhältnis 1:3 kommen; allerdings gibt es hier keine eindeutigen Regeln.) Geht man davon aus, dass der Unfall – und damit der gesamte Schaden – schon bei korrektem Verhalten nur eines der Beteiligten verhindert worden wäre (dh beide Lenker waren für beide Schäden kausal), erhält A von seinem Schaden (€ 6000) $^2/_3$ ersetzt, B von seinem (€ 3000) bloß $^1/_3$. Nach Verrechnung hat also A gegen B im Ergebnis Anspruch auf Zahlung von € 3000. **2.** A zertrümmert eine Fensterscheibe von B's Haus. Da Sommer ist, kümmert sich B längere Zeit nicht um die Reparatur. Eines Tages steigt ein Dieb durch das ungesicherte Fenster und macht gute Beute. Den Schaden an der Scheibe hat allein A zu verantworten. Auch den Diebstahlschaden hat A rechtswidrig und schuldhaft verursacht. Diesbezüglich trifft B jedoch ein weit überwiegendes Mitverschulden, da er die ihn treffende **Schadensminderungsobliegenheit** verletzt hat.

b) Körperverletzung, sexueller Missbrauch und Tötung

Der rechtswidrige und schuldhafte Eingriff in die körperliche Unversehrtheit **776**
eines Menschen ist die am schwersten wiegende Rechtsgutsverletzung. Das Gesetz regelt die Fälle der Körperverletzung und Tötung daher in eigenen Bestimmungen und ist dabei auch sehr „großzügig" bei der Zuerkennung von Ersatzansprüchen.

Wer einen anderen **am Körper verletzt,** hat auch bei bloß leicht fahrlässiger **777**
Schädigung **Heilungskosten, Verdienstentgang und Schmerzengeld** zu leisten (§ 1325 ABGB). Heilungskosten sind so wie angefallen zu ersetzen. Bei Verletzung eines Sozialversicherten erhält der Sozialversicherungsträger insoweit den Ersatzanspruch. Da der Geschädigte auch so gestellt werden soll, als bezöge er weiterhin sein Einkommen, ist der Verdienstentgang regelmäßig durch monatliche Rentenzahlungen zu ersetzen. Das Schmerzengeld ist der wichtigste Fall ideellen Schadenersatzes. Zur Abgeltung seiner Leiden soll der Geschädigte in die Lage versetzt werden, sich mit Hilfe eines Geldbetrages Annehmlichkeiten zu ver-

schaffen. Konkrete Zahlen können hier nicht angegeben werden; die Rechtsprechung differenziert nach der Dauer starker, mittelstarker und leichter Schmerzen und gelangt so zu Beträgen, die bei schlimmen Dauerschäden ohne weiteres € 100.000 übersteigen können. (In solchen extremen Fällen ist die Erlangung von „Annehmlichkeiten" durch Geldeswert allerdings reine Illusion.)

777a Die entstandenen materiellen und immateriellen Schäden („angemessene Entschädigung für die erlittene Beeinträchtigung") sind auch demjenigen – Frau oder Mann – zu ersetzen, der auf bestimmte Weise (strafbare Handlung, Ausnutzung eines Autoritätsverhältnisses oä) zum Geschlechtsverkehr oder zu sonstigen geschlechtlichen Handlungen missbraucht wurde (§ 1328 ABGB).

778 Bei **Tötung** kann dem Getöteten auch kein Schadenersatzanspruch mehr helfen. Leidtragende sind im Ergebnis regelmäßig die nahen Verwandten. Der Schädiger muss hier neben den Kosten der versuchten Heilung die des *Begräbnisses* ersetzen; daneben erhalten all jene Personen einen direkten Schadenersatzanspruch, denen der Getötete nach dem Gesetz Unterhalt zu gewähren hatte (§ 1327 ABGB). Der Schädiger muss hier also an Stelle des getöteten Unterhaltspflichtigen „einspringen". Allerdings kann wiederum ein Mitverschulden des Getöteten Schadenersatzansprüche der hinterbliebenen Unterhaltsberechtigten gemäß § 1304 ABGB mindern.

c) Haftung für Gehilfen

779 In der heutigen modern strukturierten arbeitsteiligen Wirtschaft werden viele Leistungen nicht vom Unternehmer direkt erbracht. Vielmehr setzt er regelmäßig Hilfspersonal ein. Was gilt nun, wenn diese Personen Dritten Schaden zufügen? Haften sie selbst dem Geschädigten? Oder kann dieser (auch) gegen den Geschäftsherrn vorgehen? Die damit angesprochenen Fragen werden unter dem Stichwort **„Gehilfenhaftung"** behandelt.

780 Die Grundentscheidung des Gesetzgebers geht dahin, dass man einem Geschäftsherrn von seinem Gehilfen verursachte Schäden prinzipiell zurechnen kann: Zum einen trägt er den Vorteil aus der Gehilfentätigkeit, zum anderen ist der Unternehmer regelmäßig finanzkräftiger als der Gehilfe, weshalb auch die Interessen des Geschädigten einen Anspruch gegen den Geschäftsherrn wünschenswert erscheinen lassen. Nun kann man einen Geschäftsherrn jedoch nicht für alles verantwortlich machen, was seine Angestellten treiben. Erste Voraussetzung einer Haftung *für Gehilfenverhalten* ist daher, dass die **Schädigung** des Dritten **bei Erbringung der Dienstleistung** erfolgt.

781 Besondere Pflichten bestehen überdies nur jenen Personen gegenüber, mit denen der Geschäftsherr in vertraglichen (oder vorvertraglichen) Kontakt getreten ist oder mit denen er sonst in einer *rechtlichen Sonderverbindung* steht. Bedient er sich nun bei der Erfüllung solcher Verpflichtungen seiner Hilfspersonen und verursachen diese schuldhaft beim Geschäftspartner Schäden, so hat der Geschäftsherr diese Schäden ganz generell zu ersetzen. In solchen Fällen ist die Hilfsperson als **Erfüllungsgehilfe** tätig; für deren Verschulden haftet der Geschäftsherr wie für sein eigenes (§ 1313a ABGB).

Achtung! Entscheidend ist hierbei also das Bestehen eines Schuldverhältnisses *zwischen Geschäftsherrn und Geschädigtem,* nicht aber zwischen Geschäftsherrn und Gehilfen. Dieses liegt in Gestalt eines Arbeits- oder Lehrvertrages ja praktisch ohnehin in jedem Fall vor. Doch würde auch dessen Mangelhaftigkeit an der Einstandspflicht nach § 1313a ABGB nichts ändern.

Die Erfüllungsgehilfeneigenschaft bezieht sich nicht bloß auf den Vertrags- **782** partner des Geschäftsherrn, sondern auf alle Sachen und Personen, die *in den Schutzbereich des Vertragspartners* gehören (Familienangehörige, Gäste sowie Mieter und deren Sachen usw).

Das Gesetz stellt in § 1313a ABGB dem Erfüllungsgehilfen den *gesetzlichen Vertreter* (Rz 64f) des Geschäftsherrn gleich.

Schädigt eine Hilfsperson hingegen jemanden, mit der der Geschäftsherr in **783** keiner Sonderbeziehung steht, so wird sie als **Besorgungsgehilfe** bezeichnet. In solchen Fällen ist die Haftung des Geschäftsherrn sehr eingeschränkt. Er hat den Schaden des Dritten nur dann zu ersetzen, wenn der Gehilfe **habituell untüchtig** ist oder der Geschäftsherr für die Tätigkeit **wissentlich eine gefährliche Person** eingesetzt hat (§ 1315 ABGB).

Beispiele: Setzt jemand einen nicht schwindelfreien Arbeiter auf einem hohen Baugerüst zu Maurerarbeiten ein und fällt diesem infolge eines Schwindelanfalls ein Stein aus der Hand, der einen Passanten trifft, so ist die Hilfsperson gerade für die ihm aufgetragene Tätigkeit untüchtig; auch hat gerade diese Untüchtigkeit zum Schadenseintritt geführt. Der Geschäftsherr haftet somit dem Passanten. Anderes würde gelten, wenn der Arbeiter ganz ausnahmsweise einmal zu viel Bier getrunken hat und daher den Stein fallen lässt. Eine Haftung des Geschäftsherrn greift allerdings dann wieder ein, wenn der Stein gerade den Hauseigentümer trifft, der den Bauauftrag erteilt hat. Ihm gegenüber ist der Arbeiter nämlich Erfüllungsgehilfe.

In einzelnen neueren Bestimmungen wird neben der Besorgungs- und Erfül- **784** lungsgehilfenhaftung eine so genannte **Leutehaftung** vorgesehen: So haftet der Wegehalter auch gegenüber Nichtvertragspartnern für seine Leute, die den Mangel vorsätzlich oder grob fahrlässig verschuldet haben (§ 1319a ABGB; vgl Rz 787). Im Bereich der Gefährdungshaftung ist ebenfalls generell für Gehilfen einzustehen.

Hat der Geschäftsherr dem geschädigten Dritten Schadenersatz geleistet, so **785** kann er regelmäßig gegen seinen Gehilfen **Regress** nehmen (§ 1313 ABGB). Dieser hat durch die Schädigung des Dritten ja regelmäßig auch Verpflichtungen aus seinem Dienstvertrag verletzt. Allerdings sind auch beim Regress die für den Dienstnehmer günstigen Modifizierungen durch das DHG (Rz 772) zu beachten.

Ob der Gehilfe selbst dem Geschädigten *direkt* haftet, ist immer gesondert zu **786** prüfen. ***Achtung!*** Eine Haftung des Gehilfen entfällt nicht schon dadurch, dass der Dritte auf den Geschäftsherrn greifen kann. In der Sache handelt es sich um ein Problem der *Rechtswidrigkeit:* Schädigungen durch einen Erfüllungsgehilfen liegt nicht immer rechtswidriges Verhalten des Erfüllungsgehilfen gegenüber dem Geschädigten zu Grunde. Beim Besorgungsgehilfen ist hingegen faktisch immer rechtswidrige Schädigung anzunehmen.

Beispiele: **1.** Der Geschäftsherr weist seinen Gehilfen an, eine bestimmte Ware auf schnellstem Wege dem Käufer zu liefern; dieser warte schon darauf. Der Gehilfe bleibt jedoch in einem Gasthaus hängen und stellt die Ware erst am nächsten Tag zu. Der Käufer erleidet wegen dieser Verspätung einen Schaden. In diesem Fall kann sich der Käufer nur an den Geschäftsherrn (als seinen Vertragspartner) halten, der die (von seinem Gehilfen) verzögerte Leistung zu vertreten hat. Der Gehilfe selbst ist hingegen nicht auf Grund eines Vertrages mit dem Käufer zu rechtzeitiger Lieferung verpflichtet. Ebenso wenig hat er in absolut geschützte Rechte des Käufers (zB Eigentum) eingegriffen. **2.** Der untüchtige Maurergehilfe, der den Ziegelstein einem Passanten – oder dem Hauseigentümer – auf den Kopf fallen lässt, handelt selbst rechtswidrig, da er in die absolut geschützte körperliche Unversehrtheit des Passanten eingegriffen hat. Verschulden vorausgesetzt, haftet er diesem also selbst.

d) Wegehaftung

787 Nach allgemeinen Grundsätzen haftet ein Schädiger bereits bei leichter Fahrlässigkeit für rechtswidrig verursachte Schäden; überdies hat er im außervertraglichen (deliktischen) Bereich für Gehilfen nur im engen Rahmen des § 1315 ABGB einzustehen. Für die **Wegehaftung** macht das Gesetz davon jedoch einige merkwürdige und sachlich kaum gerechtfertigte Ausnahmen. In diesem Bereich ist nämlich die Haftung für leicht fahrlässige Schädigung ausgeschlossen. Umgekehrt hat der **Wegehalter** (das ist jene Person, die für den ordnungsgemäßen Zustand des Weges verantwortlich ist) über § 1315 ABGB hinaus *für seine Leute* schlechthin einzustehen (§ 1319a ABGB).

Achtung! Diese Bestimmung betrifft nur den Deliktsbereich. Besteht zwischen Wegehalter und geschädigtem Benutzer ein Vertragsverhältnis (zB bei Mautstraßen), so greift daneben die normale Haftung für Vertragsverletzungen ein: In der Sache wird dann auch für leicht fahrlässige Nichtherstellung des ordnungsgemäßen Wegezustandes gehaftet.

e) Amtshaftung

788 Zum Teil Besonderes gilt auch dann, wenn Organe **in Vollziehung der Gesetze** rechtswidrig und schuldhaft dritten Personen Schäden zufügen: Jemand wird durch ein mit überhöhter Geschwindigkeit fahrendes Gendarmeriefahrzeug verletzt; Beamte einer Umweltbehörde schließen ohne rechtliche Grundlage eine Fabrik, wodurch der Unternehmer große finanzielle Nachteile erleidet.

Schadenszufügungen solcher und ähnlicher Art werden durch das **AmtshaftungsG (AHG) 1949** geregelt. Es gilt gleichermaßen für richterliche und verwaltungsbehördliche Organe. Wesentlich ist vor allem eines: Bei rechtswidrigen und schuldhaften Schädigungen haftet **immer allein der Rechtsträger, niemals das Organ selbst!** Dies hat seinen Grund einmal darin, dass der Geschädigte die konkrete Person selten nennen kann, die den Schaden real herbeigeführt hat (zB Lenker des Gendarmeriefahrzeuges). Des Weiteren soll sich der Rechtsträger den Rückersatz mit seinem Organ allein ausmachen. Für diesen Rückersatz gelten ähnliche Mäßigungsregeln wie im DHG.

789 Das AHG kommt immer nur dann zur Anwendung, wenn das Organ bei Schadenszufügung *eine hoheitliche Funktion* ausgeübt hat. Schädigungen im Rahmen der Privatwirtschaftsverwaltung (dazu Rz 9) sind nach allgemeinen Regeln zu behandeln. Des Weiteren wird dem Geschädigten dann kein Ersatzanspruch zuerkannt, wenn er den Schaden *durch Rechtsmittel* hätte abwenden können. Hat er also etwa einen Bescheid rechtskräftig werden lassen, den er bei der nächsten Instanz hätte bekämpfen können, bekommt er nach AHG keinen Ersatz. Anderes gilt im gebrachten Beispiel der Fabriksschließung jedenfalls für die Nachteile, die bis zur Entscheidung über ein Rechtsmittel entstanden sind.

Unabhängig von Rechtswidrigkeit und Vorwerfbarkeit des Handelns von Bundesorganen hat der Bund nach dem *Polizeibefugnis-EntschädigungsG* Ersatz für gewisse Schäden zu leisten, wenn polizeilicher Zwang ausgeübt und dieser nicht durch rechtswidriges Verhalten des Geschädigten ausgelöst wurde. Ersetzt werden Sach- und Personenschäden, die nicht durch eine Versicherung oder durch Hilfeleistung nach dem *VerbrechensopferG* gedeckt sind. **789 a**

Unter bestimmten Umständen ist einem zu Unrecht Inhaftierten vom Bund der erlittene materielle und ideelle Schaden zu ersetzen, den dieser durch den Entzug der persönlichen Freiheit erlitten hat; Details regelt das *strafrechtliche EntschädigungsG 2005.* Schließlich existiert ein besonderes *VerkehrsopferschutzG,* das Straßenverkehrsopfern dann Ersatzansprüche gegen den Fachverband der Versicherungsunternehmen gewährt, wenn sie keinen Direktanspruch gegen den Versicherer haben (§ 26 KHVG, siehe Rz 744); etwa weil der Täter unerkannt geflohen ist oder die Tat mit einem nicht versicherten Fahrzeug erfolgte (Details in § 2 Abs 1).

f) Mehrzahl von Schädigern

Nicht immer kommt bloß eine Person als Schädiger in Betracht. Bei Beteiligung mehrerer gilt als **Grundsatz:** Jeder der Schädiger haftet für den gesamten Schaden, den er durch rechtswidriges und schuldhaftes Verhalten zugefügt hat. Der Geschädigte erhält seinen Nachteil aber selbstverständlich bloß einmal ersetzt. Leistet im Falle einer solchen *Solidarhaftung* zweier Personen ein Schädiger den gesamten Schadensbetrag, so kann er vom anderen Schädiger anteiligen Rückersatz begehren (vgl § 896 ABGB). Dieser beträgt im Zweifel die Hälfte des Geleisteten, sofern zwischen den Schädigern nicht ein besonderes Verhältnis besteht. (*Beispiel:* Wird der Geschäftsherr aus Gehilfenhaftung in Anspruch genommen, so hat er grundsätzlich vollen Rückersatz nach § 1313 ABGB gegen den Gehilfen. Dieser kann allerdings durch die Vorschriften des DHG gemäßigt werden oder sogar ganz entfallen.) **790**

Hat hingegen jeder der Schädiger *bloß einen Teil* des Schadens verursacht, muss er nur für diesen einstehen. Dann gibt es natürlich auch keine Rückgriffsmöglichkeiten gegen andere Schädiger. Bei besonders verwerflichem Zusammenwirken (Anstiftung oder Beihilfe) haften die Täter jedenfalls solidarisch, ohne dass im Einzelnen geprüft wird, ob wirklich jeder den Gesamtschaden verursacht hat. Man spricht dann von *Mittätern.*

g) Sachverständigenhaftung

Das ABGB enthält auch Sondervorschriften für die **Haftung von Sachverständigen und Ratgebern** (§§ 1299f ABGB). Sachverständige sind Personen, die sich zu einem Amte, zu einer Kunst, zu einem Gewerbe oder Handwerke öffentlich bekennen; ebenso Personen, die freiwillig Geschäfte übernehmen, deren Ausführung besondere Kenntnisse und Fähigkeiten erfordert. Dieser Begriff wird heutzutage sehr weit interpretiert: So soll etwa jeder Führerscheinbesitzer Sachverständiger in Bezug auf das Lenken von Kraftfahrzeugen sein. **791**

Die Haftung des Sachverständigen ist bereits auf der Verschuldensebene verschärft: Er hat jedenfalls für das Fehlen von Kenntnissen einzustehen, die von einem durchschnittlichen Angehörigen seines Berufszweiges erwartet werden können. Er kann sich somit niemals auf „unterdurchschnittliche Fähigkeiten" berufen; der Verschuldensmaßstab wird angehoben und objektiviert.

Erteilt ein Sachverständiger gegen Belohnung, also entgeltlich, Auskünfte oder Ratschläge, dann wird er schon bei leichter Fahrlässigkeit schadenersatzpflichtig. Ansonsten hat er bloß für mit Schädigungsvorsatz erteilten *wissentlich falschen Rat* einzustehen (§ 1300 ABGB); eine Regelung, die wohl auf jeden Ratgeber anzuwenden ist.

h) Kreditschädigung

792 Neben der Schadenszufügung durch Ehrenbeleidigung kennt § 1330 ABGB auch die **Kreditschädigung:** Wer *Tatsachen* verbreitet, die den Kredit, den Erwerb oder das Fortkommen eines anderen gefährden und deren Unwahrheit er kannte oder kennen musste, hat den dadurch eingetretenen Schaden zu ersetzen. Milder wird hingegen der behandelt, der seine Tatsachenbehauptungen nicht sofort an die Öffentlichkeit trägt. Bloß fahrlässig unrichtige Mitteilungen führen dann zu keiner Haftung, wenn sie nicht öffentlich vorgebracht wurden und der Mitteilende oder der Empfänger der Mitteilung an ihr ein berechtigtes Interesse hat. Durch diese Einschränkung soll verhindert werden, dass jemand wichtige Tatsachen für sich behält – und etwa nicht der Behörde meldet –, weil er sich ihres Wahrheitsgehalts nicht ganz sicher ist und deshalb Schadenersatzpflichten befürchtet.

Beispiel: Der Baumeister X behauptet, der Architekt Y könne bestimmte Aspekte eines Bauvorhabens nicht sachkundig beurteilen. Einige mögliche Auftraggeber des Y erfahren davon, worauf dessen Aufträge zurückgehen. Tatsächlich kann ein durchschnittlicher Architekt den angesprochenen Bauaspekt nicht hinreichend beurteilen, Y auf Grund einer Zusatzausbildung allerdings schon. Dies hätte X auch wissen können, wenn er sich entsprechend erkundigt hätte. – Hat nun X seine unwahre Tatsachenbehauptung öffentlich vorgebracht, haftet er für die dadurch dem Y entstandenen Schäden. Hat er hingegen bloß den Bauherrn informiert, weil er diesen vor Nachteilen bewahren wollte, wird seine Haftung zu verneinen sein.

i) Haftung für Bauwerke und Tiere

793 Im Unterschied zu den bisher besprochenen klassischen Verschuldenshaftungsnormen stellt die **Haftung für Bauwerke** (§ 1319 ABGB) und die **Haftung für Tiere** (§ 1320 ABGB) bereits einen Übergang zur Gefährdungshaftung dar. Sie ist ganz wesentlich an die *Gefährlichkeit* eines Gebäudes (Gefahr des Einsturzes oder der Ablösung von Teilen) sowie die Gefährlichkeit von Tieren, die vom Menschen niemals völlig beherrscht werden können, geknüpft. So ist der Tierhalter für alle Schäden, die das Tier verursacht, verantwortlich, wenn er nicht beweist, dass er für die erforderliche Verwahrung oder Beaufsichtigung gesorgt hat. Ob es sich bei dieser Norm bereits um eine echte Gefährdungshaftungsregel handelt, ist strittig. Sicher ist jedoch, dass der Geschädigte konkretes Verschulden des Tierhalters nicht beweisen muss. Jedenfalls aber messen diese Bestimmungen der Gefährlichkeit konkreter Sachen besondere Bedeutung zu; das Verschuldenselement ist zumindest zurückgedrängt.

j) Verjährung

794 Besondere praktische Relevanz kommt der **Sonderverjährungsvorschrift** für Schadenersatzansprüche zu (§ 1489 ABGB). In Spezialgesetzen finden sich auch Abweichungen von diesen Regeln (vgl etwa Rz 810 zum PHG). Prinzipiell beginnt

mit der *Kenntnis des Geschädigten von Schaden und Schädiger* eine **dreijährige Frist** zu laufen. Unabhängig davon sind Ersatzansprüche spätestens in 30 Jahren ab dem Schadenseintritt verjährt (*absolute* Frist). Allein die lange Frist greift zu Lasten besonders verwerflich handelnder Schädiger ein (Schadenszufügung durch bestimmte strafbare Vorsatztaten).

III. Gefährdungshaftung

1. Prinzipien und Rechtsquellen

Bestimmte Sachen sind besonders schadensträchtig (= gefährlich). Der Gesetzgeber hat hier im Wesentlichen zwei Möglichkeiten: Er kann ihre Benutzung überhaupt verbieten oder ihre Gefährlichkeit dadurch berücksichtigen, dass er bei Verwirklichung des Risikos (= des Eintritts von Schäden) „großzügig" Ersatzansprüche gewährt. Der zweite Weg ist der der **Gefährdungshaftung.** Jeder weiß, dass etwa die Benutzung von Kraftfahrzeugen gefährlich ist. Wegen des prinzipiellen Nutzens solcher Gegenstände (die Verwendung von Kraftfahrzeugen ist insgesamt gesehen volkswirtschaftlich von Vorteil, sie ermöglicht eine größere Freizügigkeit usw) wird ihre Benutzung gestattet. Eine Schadenersatzpflicht greift aber prinzipiell schon dann ein, wenn sich das besondere Risiko (der schnellen Fortbewegung großer Massen, die nicht immer vollständig kontrolliert werden können) verwirklicht. **Rechtswidriges und schuldhaftes Verhalten ist nicht Voraussetzung der Gefährdungshaftung!** 795

Da die drohenden Schäden außerordentlich groß sein können, wird die – öfters betraglich beschränkte – Gefährdungshaftung nicht selten mit einer *Pflichthaftpflichtversicherung* (Rz 744) gekoppelt; auch hier ist wieder die Verwendung von Kraftfahrzeugen das bekannteste Beispiel.

In der österreichischen Rechtsordnung findet sich eine ganze Reihe von **Gefährdungshaftungsvorschriften.** Für noch nicht geregelte gefährliche Sachen kommt auch eine Gefährdungshaftung infolge einer Analogie zu den gesetzlichen Gefährdungshaftungsbestimmungen in Betracht. Von praktisch größter Bedeutung ist die Haftung nach dem **Eisenbahn- und KraftfahrzeughaftpflichtG (EKHG) 1959.** Schädigungen durch Luftfahrzeuge unterliegen ebenfalls einer Gefährdungshaftung nach dem LuftfahrtG; allerdings nur, soweit sie Dritten entstehen. Passagieren gewährt eine EG-Verordnung verschuldensunabhängige Ansprüche. Eine Haftung ohne Rechtswidrigkeit und Verschulden sehen ferner das AtomhaftungsG, das MineralrohstoffG, das ForstG und das GentechnikG vor. Auch für Schäden durch fehlerhafte Produkte wird nach dem **ProdukthaftungsG (PHG)** verschuldensunabhängig gehaftet. Im Folgenden werden nur zwei Regelungskomplexe näher angesprochen, nämlich die Haftung für Kraftfahrzeuge und die für fehlerhafte Produkte. 796

2. Haftung für Kraftfahrzeuge

a) Anwendungsbereich des EKHG

Wie schon erwähnt, regelt das EKHG die Haftung für Schäden, die Eisenbahnen und Kraftfahrzeuge verursachen. In der Folge werden Eisenbahnen jeweils beiseite gelassen. Die Gefährdungshaftungsbestimmungen dieses Gesetzes 797 sind anzuwenden, wenn durch einen Unfall beim Betrieb eines Kraftfahrzeuges ein Mensch getötet, verletzt oder eine Sache beschädigt wird (§ 1 EKHG). Die Einschränkung „beim Betrieb“ erklärt sich daraus, dass vom Fahrzeug nur dann, nicht aber etwa beim korrekten Parken, eine besondere Gefahr ausgeht. Auf Grund einer ähnlichen Überlegung sind vom Anwendungsbereich des Gesetzes Kraftfahrzeuge ausgenommen, die auf ebener Strecke eine Geschwindigkeit von 10 km/h nicht überschreiten können (§ 2 Abs 2 EKHG).

b) Ersatzpflichtige Personen

798 Haften soll prinzipiell derjenige, der aus der gefährlichen Sache ansonsten Nutzen zieht. Das ist der **Halter.** Dieser kann Eigentümer, aber auch Mieter oder Leasingnehmer des Fahrzeuges sein. Ausschlaggebend ist, dass er über die Verwendung des Fahrzeuges bestimmen kann und es auf eigene Rechnung in Gebrauch hat. Halter eines Firmenwagens ist dementsprechend der Unternehmensträger, Halter eines Gendarmeriefahrzeuges der Bund. ***Achtung!*** Den bloßen *Lenker* trifft keine Gefährdungshaftung; er haftet vielmehr nach Verschuldensgrundsätzen.

Die Haftung des Halters (§ 5 EKHG) muss allerdings dann ausgeschlossen sein, wenn eine Zurechnung des Unfalls an ihn sachlich nicht begründbar ist. Wird also etwa dem Halter, der sein Auto ordnungsgemäß versperrt abgestellt hat, dieses gestohlen und verursacht der Dieb einen Unfall, so haftet der Dieb als **Schwarzfahrer** anstelle des Halters nach Gefährdungshaftungsgrundsätzen. Hat jedoch der Halter die unbefugte Benutzung durch sein Verschulden erleichtert (zB Steckenlassen des Zündschlüssels; Nichtversperren der Heckklappe usw), so haften Schwarzfahrer und Halter *solidarisch* (zu all dem § 6 EKHG).

c) Haftungsausschlüsse

799 Auch die Haftung nach EKHG ist keine reine Erfolgshaftung. Daher muss der Halter nicht schlechthin jeden Schaden ersetzen, der aus dem Betrieb des Kraftfahrzeuges resultiert.

800 Werden *Sachen* beschädigt, die von dem Kraftfahrzeug befördert werden, das den Unfall verursacht hat, so besteht eine Ersatzpflicht nach EKHG nur insoweit, als diese Sachen von einem Fahrgast als Handgepäck mitgenommen wurden (§ 4 EKHG).

801 Bestimmte *Personen* können für ihre Schäden ebenfalls keinen Ersatz verlangen: So haftet der Halter nicht für Schäden, die ein „blinder Passagier“ erleidet. [Der entsprechende Ausschluss für Autostopper wurde 2004 beseitigt.] Schließlich wird aus sozialversicherungsrechtlichen Gründen auch Personen kein Ersatz nach EKHG gewährt, die beim Betrieb des Kraftfahrzeuges tätig waren; diesen Personen werden ihre Schäden nämlich ohnehin durch die Sozialversicherung abgegolten, für die der Halter als Unternehmer regelmäßig Versicherungsbeiträge einzahlt. Näheres in § 3 EKHG.

802 Schließlich ist die Haftung dann ausgeschlossen, wenn der Unfall *durch ein unabwendbares Ereignis* verursacht wurde (§ 9 EKHG). Die Regelung ist im Einzelnen äußerst kompliziert. Der Halter muss etwa dann keinen Ersatz leisten, wenn der Unfall durch ein Tier verursacht wurde und der Lenker jede nach den Umständen des Falles gebotene Sorgfalt beachtet hat. Auch davon gibt es allerdings wieder Ausnahmen.

d) Haftungshöchstgrenzen

Um die Haftung ohne Verschulden nicht ins Unermessliche steigen zu lassen und versicherbar zu machen, sieht das EKHG **Haftungshöchstbeträge** vor. ***Beispiel:*** Von einem Kraftfahrzeug verursachte Sachschäden müssen nur bis zum Betrag von € 400.000 ersetzt werden. Näheres in den §§ 15f EKHG. **803**

Vor allem wenn die eingetretenen Schäden die Haftungshöchstgrenzen überschreiten, ist es von Bedeutung, dass die EKHG-Normen die Verschuldenshaftung nach ABGB *nicht verdrängen* (**Normenkonkurrenz;** vgl Rz 33). Wurde der Unfall rechtswidrig und schuldhaft verursacht – was im Einzelfall genau zu prüfen ist –, so wird ohne Höchstgrenzen nach ABGB gehaftet. ***Achtung!*** Lenkt der Halter das Fahrzeug nicht selbst, so kann ihn bestenfalls nach den Regeln der Gehilfenhaftung (Rz 779ff) eine Verschuldenshaftung treffen. Unmittelbar nach ABGB haftet in solchen Fällen prinzipiell bloß der Lenker.

3. Produkthaftung

a) Anwendungsbereich des PHG

Das **ProdukthaftungsG (PHG) 1988** ist ein Produkt der europäischen Rechtsangleichung. Vorbild war eine Richtlinie der EG. Im Zuge des EWR-Beitritts wurde das Gesetz zwecks vollständiger Angleichung novelliert. **804**

Eine Haftung nach dem PHG greift dann ein, wenn durch den Fehler eines Produkts ein Mensch getötet, am Körper verletzt oder an der Gesundheit geschädigt oder eine von dem Produkt verschiedene körperliche Sache beschädigt wird (§ 1 Abs 1 PHG), also bei Personen- und bei Sachschäden, nicht hingegen bei bloßen Vermögensschäden (vgl Rz 759). Dabei ist **Produkt** jede bewegliche körperliche Sache einschließlich Energie (§ 4 PHG). Der Produktbegriff ist also sehr weit.

b) Ersatzpflichtige Personen

Die Produkthaftung ist primär eine Haftung des **Herstellers (Produzenten).** Diesem ist ja regelmäßig die Fehlerhaftigkeit seines Produkts zuzurechnen. Um dem Geschädigten jedoch eine Rechtsverfolgung im fernen Ausland zu ersparen, kann er sich bei Auslandsprodukten auch an den **Importeur** halten. Das ist jener Unternehmer, der das Produkt erstmals in den europäischen Wirtschaftsraum (EWR) eingeführt und dort in Verkehr gebracht hat (§ 1 Abs 2 Z 2; siehe ferner § 17 PHG). Manchmal sind dem Geschädigten allerdings weder Hersteller noch Importeur bekannt: Dann haftet **jeder Unternehmer, der das Produkt in Verkehr gebracht hat,** sofern er nicht dem Geschädigten in angemessener Frist den Hersteller bzw den Importeur oder denjenigen nennt, der ihm das Produkt geliefert hat („Vormannbenennung"). **805**

Beispiel: Die Hausfrau H kauft im Supermarkt X einen fehlerhaften Schlagobersautomaten, der beim ersten Gebrauch Schäden anrichtet. Ist dem Gerät selbst weder Hersteller noch Importeur zu entnehmen, kann sie sich zunächst an X wenden. Nennt dieser rechtzeitig seinen Lieferanten (oder einen anderen Vormann) – der weder der Importeur noch der Hersteller sein muss –, so haftet X nicht; H muss sich dann an diesen Lieferanten wenden, der sich uU wieder durch Vormannbenennung befreien kann. Ansonsten kann H gegen X Klage erheben.

c) Ersatzberechtigte Personen

806 Nach altem Recht war die Produkthaftung als vertragsähnliche Haftung ausgestaltet: Nur der Erwerber des Produkts und die zu seinem Schutzbereich gehörenden Personen (zum Vertrag mit Schutzwirkungen zu Gunsten Dritter Rz 502) erhielten ihre Schäden ersetzt, nicht jedoch außen stehende Dritte. Nach PHG ist jedoch an sich *jeder Geschädigte* geschützt. Um beim Beispiel des Schlagobersautomaten zu bleiben: Durchschlägt sein Verschluss eine Fensterscheibe und verletzen Glassplitter einen vor dem Haus stehenden Passanten, so kann dieser nach PHG ebenfalls Ersatz seiner Schäden begehren. Von der Ersatzpflicht nach PHG ausgenommen sind bloß *Sachschäden,* die ein Unternehmer erleidet, sofern er das Produkt überwiegend in seinem Unternehmen verwendet hat (§ 2 PHG).

d) Der Fehlerbegriff

807 Von ganz entscheidender Bedeutung ist im Bereich des PHG die Frage, wann ein Produkt **fehlerhaft** ist. Nach § 5 PHG sind dafür die *berechtigten Sicherheitserwartungen* entscheidend. Von Bedeutung sind dabei vor allem die Darbietung des Produkts, der zu erwartende Gebrauch sowie der Zeitpunkt seines Inverkehrbringens. Ein Produkt kann also etwa fehlerhaft sein, weil es Konstruktionsmängel aufweist; die Fehlerhaftigkeit kann aber auch allein durch missverständliche oder unvollständige Bedienungsanleitungen begründet werden. Schließlich kann sogar schlichte *Wirkungslosigkeit* Fehlerhaftigkeit begründen.

Beispiel: Jemand kauft im Winter Frostschutzmittel für das Kühlwasser seines Autos. Dem Produkt fehlt ein wesentlicher Wirkstoff, weshalb das Kühlwasser einfriert und der Kühler birst.

e) Haftungsausschlüsse

808 Zunächst wird nach PHG für *Schäden am Produkt selbst* nicht gehaftet. Für diese gelten vielmehr allgemeine Regeln, insbesondere Gewährleistungsrecht (Rz 523 ff).

Das PHG normiert zwar keine Erfolgshaftung, wohl aber eine Art Gefährdungshaftung. Allein das Fehlen von Verschulden kann einen Haftpflichtigen somit nicht befreien. Jedoch wird seine Haftung aus anderen Gründen ausgeschlossen: Der Produzent haftet nicht, wenn der Fehler gerade aus der Einhaltung einer Rechtsvorschrift resultiert; wenn die Eigenschaften des Produkts nach dem Stand der Wissenschaft und Technik nicht als Fehler erkannt werden konnten; wenn der Belangte einen fehlerfreien Grundstoff oder ein Teilprodukt hergestellt hat und der Fehler erst durch die Konstruktion des Produkts oder durch Anleitungen des Herstellers verursacht wurde (§ 8 PHG).

Die Haftung nach dem PHG ist *zwingend* ausgestaltet (§ 9).

f) Selbstbehalt

809 Wird die Sache eines Verbrauchers beschädigt, so ist nur der € 500 übersteigende Teil zu ersetzen. Darunter liegende Schäden sind **Selbstbehalt** des Geschädigten (§ 2 PHG) und nur nach allgemeinen Verschuldenshaftungsgrundsätzen ersatzfähig. Wurde die Sache von einem *Unternehmer* genutzt, gibt es nach PHG überhaupt keinen Ersatz.

Obwohl die Produkthaftung auf keinen allzu massiven Haftungsgrundlagen aufbaut, enthält das PHG *keine Haftungshöchstgrenzen.*

g) Konkurrenzen, Mitverschulden und Erlöschen

Die Haftung nach PHG tritt bloß *neben* die Schadenersatzbestimmungen des ABGB. Auch im Bereich des PHG ist ein **Mitverschulden des Geschädigten** zu berücksichtigen. Schließlich wird für Ansprüche nach PHG die *absolute Verjährungsfrist verkürzt:* Ersatzansprüche erlöschen (vgl Rz 43) 10 Jahre nach dem Zeitpunkt, zu dem der Ersatzpflichtige das Produkt in Verkehr gebracht hat (zur allgemeinen Schadenersatzverjährung Rz 794). **810**

3. Kapitel

Ungerechtfertigte Bereicherung

Weiterführende Literatur: *Apathy/Riedler,* Schuldrecht BT[2] Rz 15/1–15/47; *Koziol/Welser*[13] II 272–299.

I. Das Sachproblem

Vermögenswerte, seien es dingliche oder obligatorische Rechte, sind prinzipiell ganz konkreten Personen zugeordnet. Vermögensverschiebungen zwischen Personen bedürfen daher einer Rechtfertigung. Diese liegt häufig in einem Vertrag: Jemand kauft eine Sache, bezahlt den Kaufpreis und erhält die Sache übergeben; auf Grund eines Schenkungsvertrages wird unentgeltlich Eigentum an einem Grundstück übertragen. Vermögensverschiebungen können aber auch ohne Vertrag begründet sein: Der Schädiger übergibt dem Geschädigten € 5000, um den angerichteten Schaden wieder gutzumachen. In all diesen Fällen soll die Vermögensverschiebung endgültigen Bestand haben, da sie *vertraglich oder gesetzlich gerechtfertigt* ist. Anderes gilt selbstverständlich für **ungerechtfertigte Vermögensverschiebungen.** Man spricht von **ungerechtfertigter Bereicherung** oder kurz vom **Bereicherungsrecht.** Wer einen Vermögenswert ohne Rechtsgrund erhalten hat, soll diesen grundsätzlich nicht behalten dürfen. Er ist (ungerechtfertigt) bereichert. Die sich daraus ergebenden Ansprüche nennt man *Bereicherungsansprüche* oder *Kondiktionen.* **811**

Vor allem bei Beteiligung mehrerer Personen ist nicht immer klar, wer zu wessen Lasten ungerechtfertigt bereichert wurde. Auch der Umfang des Bereicherungsanspruchs steht nicht immer eindeutig fest. Einige Aspekte der Problematik werden in der Folge kurz behandelt.

II. Verhältnis zum Schadenersatz

Die **Ansprüche wegen ungerechtfertigter Bereicherung** sind auch deshalb von Bedeutung, weil sie **verschuldensunabhängig** sind. Sogar wer ohne Fahrlässigkeit fremde Vermögenswerte für sich verwendet, muss prinzipiell Vergütung leis- **812** ten. Überdies könnten Schadenersatzansprüche bereits verjährt sein (Rz 794); für Bereicherungsansprüche gilt prinzipiell die lange 30-jährige Frist.

Achtung! Bereicherungsansprüche können auch jemandem zustehen, der keinerlei Schaden erlitten hat. (*Beispiel:* Benutzung einer fremden Sache ohne Wertminderung, die während dieser Zeit beim Berechtigten nutzlos herumgestanden wäre.)

III. Arten von Bereicherungsansprüchen

1. Leistungskondiktion

813 Hat der Verkürzte (Entreicherte) einen Vermögenswert bewusst zugewendet, der Empfänger aber keinen Rechtsgrund zum Behalten, liegt ein Fall der **Leistungskondiktion** vor. Der Leistende kann seine Leistung vom Empfänger (dem – ungerechtfertigt – Bereicherten) zurückverlangen. Nur wenn die Rückgabe unmöglich ist, richtet sich der Anspruch auf Wertersatz (siehe Rz 817).

Beispiele: **1.** A gibt dem M € 1000, weil er glaubt, ihm diesen Betrag zu schulden. Tatsächlich schuldet A das Geld P, dem Zwillingsbruder des M.

2. Die Versicherung zahlt dem Geschädigten einen Schadensbetrag aus. Erst nachträglich stellt sich heraus, dass gar kein Schaden eingetreten ist, die Versicherung wegen Prämienverzugs nicht leistungspflichtig oder der Versicherungsvertrag gar nicht wirksam war.

814 Das ABGB kennt ganz *unterschiedliche Tatbestände* von Leistungskondiktionen. Im Grundsatz gilt aber für alle dasselbe, weshalb eine nähere Differenzierung hier nicht zu erfolgen braucht. So muss ein als Kaufpreis gezahlter Betrag vom Empfänger unabhängig davon zurückgegeben werden, ob ein Kaufvertrag niemals zustande gekommen ist, der Kaufvertrag nachträglich durch Irrtumsanfechtung beseitigt wurde oder wegen wesentlicher und unbehebbarer Mängel eine Wandlung des Vertrages erfolgte. Nähere Regeln finden sich vor allem in den §§ 1431 ff ABGB.

2. Verwendungsanspruch

815 Erfolgte die Vermögensverschiebung hingegen nicht durch eine bewusste Zuwendung, sondern auf sonstige Weise, sind häufig die Voraussetzungen des **Verwendungsanspruchs** gegeben (§ 1041 ABGB). Wer eine fremde Sache (im weiteren Sinn) ohne Rechtsgrund zu seinem Nutzen verwendet, hat dafür Ersatz zu leisten.

Beispiele: Trotz erfolgter Abtretung zieht der Zedent vom Zessus den Forderungsbetrag ein (zur Abtretung Rz 552 ff); jemand stiehlt ein Auto, benützt es selbst einige Zeit und vermietet es auch fallweise an Freunde; Rinder dringen auf das Nachbargrundstück ein und fressen die Wiese und den Gemüsegarten des Nachbarn kahl; jemand macht mit einem fremden Patent große Gewinne.

3. Aufwandersatz nach § 1042 ABGB

816 Das Gesetz hat weitere „Bereicherungen in sonstiger Weise" gesetzlich besonders ausgeformt. Hier sei nur § 1042 ABGB erwähnt, wonach jener, der für einen anderen einen Aufwand macht, den dieser nach dem Gesetz selbst hätte machen müssen, Ersatz fordern kann.

Beispiel: A schuldet dem B Unterhalt oder den Kaufpreis für eine Sache. Obwohl C nicht dazu verpflichtet ist, zahlt er aus welchen Gründen immer den offenen Betrag an B. A wird dadurch gegenüber B von seiner Verpflichtung befreit. C wollte den A aber von seiner Leistungspflicht nicht endgültig freistellen, sondern bloß dem B das diesem Gebührende – etwa den lebensnotwendigen Unterhalt – zukommen lassen. Er kann daher von A Rückersatz fordern.

IV. Inhalt des Anspruchs

Primär kann der Entreicherte **Herausgabe des Geleisteten** (oder des sonst in das Vermögen des Bereicherten Gelangten) verlangen. So ist das ohne Rechtsgrund im Besitz des Bereicherten befindliche Auto wieder dem Eigentümer zurückzustellen. Die Rückgabe kann aber inzwischen unmöglich geworden sein; manchmal kommt sie von vornherein nicht in Betracht wie bei rechtsgrundlos erbrachten Arbeitsleistungen. In solchen Fällen ist der **Wert der Sache bzw der Leistung** zu vergüten. Der Bereicherte soll eben keine ungerechtfertigten Vorteile behalten. 817

Wer also etwa fremdes Baumaterial oder fremde Lebensmittel verbraucht hat, muss deren Wert bezahlen. War der Bereicherte *redlich,* durfte er also von seiner Berechtigung ausgehen, so wird er vom Gesetz privilegiert: Mehr als die *noch vorhandene Bereicherung* hat er niemals zu ersetzen. Verkauft also ein redlicher Bereicherter die fremde Sache unter ihrem Wert, so hat er nur den erlösten Kaufpreis an den Eigentümer herauszugeben. **Gutgläubiger Verbrauch** ohne nachhaltigen Vermögensvorteil kann überhaupt entschädigungsfrei bleiben (*Beispiel:* überhöht ausgezahlter Arbeitslohn wurde zur Gänze für eine Urlaubsreise ausgegeben). Der *Unredliche* muss hingegen immer zumindest den objektiven Sachwert vergüten.

Lag die ungerechtfertigte *Bereicherung im Gebrauch* einer fremden Sache, so ist grundsätzlich ein **Benutzungsentgelt** zu leisten. Schließlich sind dem Berechtigten in aller Regel auch die **Früchte (Nutzungen)** herauszugeben, die aus der fremden Sache gezogen wurden. (*Beispiel:* Wer fremdes Geld auf ein Sparbuch legt, muss jedenfalls auch die aufgelaufenen Zinsen herausgeben.)

Haben allerdings besondere Anstrengungen des Bereicherten zur Erzielung ungewöhnlicher Vorteile geführt, so sind solche „Früchte" aufzuteilen. Diese Ausnahme gilt etwa für den Fall, dass jemand mit € 100.000 fremden Geldes ein Unternehmen aufbaut, das nach einiger Zeit einen Jahresgewinn von € 1 Million abwirft. 818

V. Sonderprobleme bei Dreipersonenverhältnissen

Besondere Schwierigkeiten treten immer bei **„Dreiecksverhältnissen"** auf, also bei Beteiligung mehrerer Personen. So ist nicht immer leicht festzustellen, wer zu wessen Lasten ungerechtfertigt bereichert wurde. Die Problematik kann hier nicht vertieft, sie soll vielmehr nur an einem ***Beispiel*** deutlich gemacht werden: Ein Bürge (zur Bürgschaft Rz 711 ff) zahlt auf Drängen des Gläubigers das von diesem Geforderte. Nachträglich stellt sich heraus, dass gar keine Verpflichtung des Hauptschuldners bestand. Steht nun dem Bürgen selbst der Rückforderungsanspruch gegen den Gläubiger zu, weil seine Leistung ohne Rechtsgrund erfolgte? Oder kann der Hauptschuldner kondizieren, weil der Bürge auf dessen Verpflichtung hin leistete, also (auch) eine Verpflichtung des Hauptschuldners er- 819 füllen wollte? Für solche und ähnliche Fälle gibt es keine Patentlösungen; auch die Ansichten in der Rechtswissenschaft sind oft uneinheitlich.

VI. Rückforderungsausschlüsse

820 In einigen Fällen gewährt das Gesetz keinen Bereicherungsanspruch, obwohl eine Vermögensverschiebung ohne Rechtsgrund erfolgte. Meist geht es um Fälle, in denen der Leistende (bzw allgemeiner der Entreicherte) als nicht schutzwürdig angesehen wird bzw besondere berücksichtigungswerte Interessen auf Seiten des Empfängers vorhanden sind. Auch kann die tatsächlich erbrachte Leistung das Fehlen einer ursprünglichen Leistungsverpflichtung heilen.

Keine Leistungskondiktion steht etwa demjenigen zu, der eine Leistung erbringt, obwohl er *weiß,* dass ihn keine Leistungspflicht trifft; ebenso wenig demjenigen, der auf eine verjährte oder formungültige Verpflichtung hin leistet (§ 1432 ABGB). Wird eine Leistung direkt dem Geschäftsunfähigen – und nicht seinem gesetzlichen Vertreter – erbracht, so kann nur das zurückgefordert werden, was an Wert noch vorhanden ist. Der Geschäftsunfähige steht eben unter besonderem Schutz. Hat er etwa einen Teil des ihm übergebenen Geldes ohne verbliebenen Nutzen verbraucht (zB an Automaten verspielt), soll eher der Entreicherte als der Geschäftsunfähige den Nachteil tragen (vgl § 1424 ABGB, der Gleiches sogar für mit Rechtsgrund erbrachte Leistungen anordnet). Ferner sei der Fall erwähnt, dass eine Leistung wissentlich zur Bewirkung einer unerlaubten Handlung gegeben wurde (*Beispiel:* Bestechung eines Beamten zur Erlangung rechtswidriger Vorteile). Tritt der angestrebte Erfolg nicht ein, kommt eine Rückforderung dennoch nicht in Betracht. Schließlich kann die Bereicherung auch *aufgedrängt* worden sein, ohne zu einem subjektiven Nutzen des „Bereicherten“ geführt zu haben. (*Beispiel:* A jätet irrtümlich auch einen Teil des Gartens seines Nachbarn B, der dies am Wochenende selbst erledigen wollte.)

4. Kapitel

Geschäftsführung ohne Auftrag

Weiterführende Literatur: *Apathy/Riedler,* Schuldrecht BT^{2} Rz 16/1–16/13; *Koziol/Welser*^{13} II 392–396; *Meissel,* Geschäftsführung ohne Auftrag (1993).

I. Das Sachproblem

821 Im Wirtschaftsleben ist es eher selten, dass jemand ohne vertragliche Verpflichtung oder Ermächtigung für einen anderen tätig wird. Regelmäßig werden Aktivitäten erst dann gesetzt, wenn man sich einer vertraglichen Gegenleistung sicher sein kann: Der Installateur verlegt die Rohre erst, nachdem er einen entsprechenden Auftrag (und vielleicht auch einen Vorschuss) erhalten hat; der Handelsvertreter wird erst dann mit präsumptiven Vertragspartnern verhandeln, wenn er mit „seinem“ Unternehmer einen Handelsvertretervertrag abgeschlossen hat.

Manchmal wird jemand aber auch „ohne Auftrag“ tätig. Dabei sind hier jene Fälle außer Acht zu lassen, in denen jemand irrtümlicherweise glaubt, dass ein Auftrags- oder Werkvertrag ohnehin bestehe. Solche Konstellationen werden allein durch das Bereicherungsrecht (Rz 811 ff) erfasst. Weiß der Handelnde hingegen, dass keinerlei Verpflichtung besteht, und besorgt er dennoch Angelegenheiten eines anderen, so geht es um **Geschäftsführung ohne Auftrag** (§§ 1035–1040 ABGB). Entscheidend ist dabei die *Absicht, Interessen eines anderen* – nicht etwa die eigenen – *zu fördern.*

Die Einstellung des Gesetzes zur Geschäftsführung ohne Auftrag ist zwiespältig: Einerseits soll sich niemand eigenmächtig in Angelegenheiten eines anderen einmengen; will er für einen anderen tätig werden, soll er sich um eine vertragliche Vereinbarung mit diesem bemühen. Anderseits ist dies oft gerade dann nicht möglich, wenn ein rasches Eingreifen im Interesse des Geschäftsherrn wünschenswert erscheint. Das Gesetz differenziert daher ganz sachgerecht danach, ob die Geschäftsführungshandlung für den Geschäftsherrn als sinnvoll und/oder notwendig anzusehen war oder nicht. Danach bemessen sich auch die Rechte und Pflichten des Geschäftsführers. Die einzelnen Arten der Geschäftsführung ohne Auftrag sollen nun kurz angesprochen werden.

II. Arten und Rechtsfolgen

1. Geschäftsführung im Notfall

Von **Geschäftsführung ohne Auftrag im Notfall** spricht man dann, wenn jemand den bevorstehenden Schaden eines anderen abzuwenden versucht und die Zustimmung des Geschäftsherrn nicht mehr rechtzeitig eingeholt werden kann (§ 1036 ABGB). In solchen Fällen ist das Eingreifen auch ohne vertragliche Vereinbarung von der Rechtsordnung erwünscht. Der Geschäftsführer hat daher Anspruch auf **Ersatz seiner Aufwendungen.** Dies gilt immer, wenn die Aufwendungen als notwendig und zweckmäßig anzusehen sind, auch wenn sie in concreto nicht zum Erfolg geführt haben. – Wer eine fremde Sache vor dem ansonsten unvermeidlichen Untergang rettet, hat Anspruch auf Aufwendungsersatz und Belohnung (§ 403 ABGB). **822**

Beispiel: A bemerkt, dass bei seinem verreisten Nachbarn B eingebrochen wurde. Er ruft die Polizei und lässt die eingeschlagene Wohnzimmerscheibe neu verglasen. Den Ersatz der Kosten für die Fensterscheibe kann er von B auch dann verlangen, wenn dieselben Einbrecher zwei Tage später auf dem gleichen Weg nochmals ihr Glück versuchen. – Lässt A jedoch eine dreimal so dicke (und auch dreimal so teure) Scheibe einsetzen, so kann er nur die Kosten einer normalen Scheibe verlangen, da der von ihm getätigte Aufwand in diesem Umfang nicht notwendig und zweckmäßig war. ***Achtung!*** Der Glaser hat nur (vertragliche) Ansprüche gegen den Werkbesteller (hier A, der den Auftrag zur Neuverglasung im eigenen Namen erteilt hat).

2. Nützliche Geschäftsführung

Die **nützliche Geschäftsführung** ist vom konkreten Erfolg her definiert. Die Geschäftsführung muss zum *klaren und überwiegenden Vorteil* des Geschäftsherrn geführt haben. Der Vorteil muss sowohl objektiv (Wertvermehrung) als auch subjektiv vorhanden sein, das heißt dem Willen des Geschäftsherrn entsprechen. Sind diese Voraussetzungen erfüllt, ist im Umfang des Vorteils ein Aufwendungsersatzanspruch des Geschäftsführers auch ohne Notfall gerechtfertigt (§ 1037 ABGB). **823**

Bei Fehlen eines Notfalls ist die Einmengung in fremde Angelegenheiten definitionsgemäß nicht notwendig. Der **Aufwendungsersatzanspruch** ist daher **dop-**

pelt begrenzt: Einerseits durch die Höhe der Aufwendungen, andererseits durch den objektiv und subjektiv zu beurteilenden Vorteil der Handlung.

Beispiel: Jemand lässt den Gehsteig vor seinem Haus asphaltieren. Weil er es für rationeller hält, lässt er den Bautrupp auch gleich den Nachbargehsteig „mitmachen". Die anteiligen Kosten will er nun von seinen Nachbarn ersetzt verlangen. – Auch wenn das Nachbargrundstück dadurch objektiv eine Wertvermehrung erfahren hat, muss sich niemand solche Vorteile aufdrängen lassen. Der Nachbar könnte ganz unterschiedliche Gründe haben, diese Arbeiten gerade nicht durchführen zu lassen. Anderes gilt hingegen dann, wenn die Grundstückseigentümer einen behördlichen Auftrag zur Gehsteigsanierung erhalten haben. Dann war das Verhalten des Geschäftsführers ohne Auftrag nützlich, weil dadurch auch die öffentlich-rechtliche Pflicht seines Nachbarn erfüllt wurde. Dieser hätte die Aufwendungen ja jedenfalls selbst tätigen müssen.

3. Nutzlose und verbotene Geschäftsführung

824 Führt jemand gegen den ausdrücklichen Willen des Geschäftsherrn dessen Geschäfte oder bringt die Geschäftsführungshandlung keinerlei Nutzen, steht selbstverständlich auch kein Aufwandersatz zu. Vielmehr hat sich gerade umgekehrt der Geschäftsherr in solchen Fällen häufig rechtswidrig verhalten. Er muss etwa entstandene Nachteile ersetzen und auf Verlangen des Geschäftsherrn den vorigen Stand wieder herstellen.

3. Teil
Wertpapierrecht

Weiterführende Literatur: *Micheler,* Wertpapierrecht zwischen Schuld- und Sachenrecht (2004); *Roth,* Grundriß des österreichischen Wertpapierrechts² (1999).

1. Kapitel
Allgemeines

I. Vorweg: Eine anerkannte Wertpapierdefinition

Dass es Wertpapiere gibt, ist jedem bekannt. Auf den Wirtschaftsseiten der Zeitungen kommen sie täglich vor. Dort ist die Rede von Aktien, Pfandbriefen, Investmentzertifikaten, Anleihen, Schecks usw. Diese Begriffe sind allerdings zum Teil der Wirtschaftssprache und nur zum Teil der Rechtssprache entlehnt; die rechtliche Behandlung solcher Papiere ist eine durchaus unterschiedliche. **825**

Das österreichische Recht kennt keine Legaldefinition des Wertpapierbegriffs. Folgende „Formel" ist jedoch durchaus allgemein anerkannt: **Ein Wertpapier ist eine Urkunde, in der ein privates Recht in der Weise verbrieft ist, dass zur Geltendmachung des Rechts die Innehabung der Urkunde erforderlich ist.**

II. Wichtige Rechtsquellen

In der österreichischen Rechtsordnung findet sich ganz verstreut eine Unzahl von Vorschriften, die zum Wertpapierrecht iwS gehören. Hier sollen nur die wichtigsten aufgezählt werden: §§ **363 ff UGB** („unternehmerische Wertpapiere"; dazu Rz 855 ff), **WechselG (WG)** und **ScheckG, DepotG** und **PfandbriefG.** **826**

Wesentliche Bedeutung für den Handel mit Wertpapieren kommt auch dem **BörseG** sowie dem **KapitalmarktG (KMG)** und dem **BankwesenG (BWG)** zu. Vor allem den Schutz der Anleger verfolgen das **InvestmentfondsG,** das **Immobilien-InvestmentfondsG** und das **BeteiligungsfondsG;** zum **FinanzmarktaufsichtsG** kurz Rz 897 aE. Für Aufbewahrung von Wertpapieren kommt dem **DepotG** (s Rz 707) besondere Bedeutung zu.

III. Wirtschaftliche und rechtliche Gründe für die Ausbildung von Wertpapieren

Die mit der Schaffung von Wertpapieren verfolgten Zwecke sind vielfältig. Folgende Erwägung lag aber der Ausbildung praktisch aller Wertpapiere zu Grunde: Die in Frage stehenden Rechte – meist Forderungsrechte – sind häufig bloß obligatorischer Natur. Sind diese Rechte unverkörpert, bedeutet dies ein beträchtliches Risiko für den Wirtschafts- und Rechtsverkehr: Mangels verkörperten Objekts ist man in großem Maße auf bloße Behauptungen der Beteiligten und andere unsichere Indizien angewiesen. Dies zeigt ein Vergleich mit der bereits be- **827** handelten Forderungsabtretung (Rz 552ff) deutlich: Dort erhält der Zessionar niemals mehr Rechte, als sie der Zedent hatte. Auch kann der Schuldner solange schuldbefreiend an den Zedenten leisten, wie er von der Abtretung noch nicht Kenntnis hat. Gutgläubiger Erwerb vom Nichtberechtigten ist ausgeschlossen. Manche Unsicherheiten kann man nun in unterschiedlichem Ausmaß dadurch verhindern, dass das betreffende **Recht mit einer Urkunde verbunden** wird. Man spricht von **„Verbriefung“** oder **„Verkörperung“.**

Beispiel: Der Schuldner einer Kaufpreisforderung, die auf zwei Monate gestundet ist, unterfertigt einen Wechsel. Diesen kann der Gläubiger einerseits schon vor Fälligkeit verwerten, andererseits in einem einfachen und raschen Verfahren einziehen (Details in Rz 862).

828 Bei Forderungen, die *für den Umlauf bestimmt* sind, sind die Zessionsregelungen ungenügend. Forderungen, die häufig abgetreten werden oder in großen Mengen auftreten (zB Aktien), sind ja nicht einmal individualisierbar. Verbrieft man das in Frage stehende Recht nun in einer Urkunde, könnte zum Ersten die Rechtsstellung der beteiligten Personen abgesichert und zum Zweiten die Rechtsausübung erleichtert werden.

Jedenfalls hat die Urkunde einmal *auf der Beweisebene* Bedeutung: So spricht das Vorhandensein eines Papiers dafür, dass die in ihr verbriefte Forderung noch besteht. Wer vom Inhaber erwirbt, kann also grundsätzlich davon ausgehen, dass er tatsächlich die verbrieften Rechte erhält. Umgekehrt kann der Schuldner, der dem Inhaber der Urkunde leistet, regelmäßig davon ausgehen, den tatsächlich Berechtigten zu befriedigen. Wie im Sachenrecht ist also der *Rechtsschein der Innehabung* (Rz 285) mit gewissen Rechtsfolgen ausgestattet. Das Prinzip lautet: Das Vertrauen auf einen bestimmten Rechtsschein wird ebenso geschützt, wie wenn die vermutete Rechtslage tatsächlich bestünde.

Das **Rechtsscheinprinzip** geht nun über den reinen Beweisaspekt weit hinaus: So ist denkbar, dass jemand auch dann Rechte erwirbt, wenn nachträglich nachgewiesen werden kann, dass der Veräußerer gar nicht berechtigt war. Damit ist bereits die **Reichweite des Vertrauensschutzes** angesprochen, die bei den einzelnen Wertpapieren ein ganz unterschiedliches Ausmaß erreichen kann. Mögliche Differenzierungen können hier nur ganz kurz angedeutet werden: Soll das Gesetz nur den Gutgläubigen schützen oder auch den, der die Nichtberechtigung des Veräußerers hätte erkennen können? Wird auch der in seinem Vertrauen auf den Rechtsschein geschützt, der vom Dieb erwirbt? Konsequenz müsste ja dann Rechtsverlust des Bestohlenen sein; der Vertrauensschutz würde also zu Lasten des bisher Berechtigten verwirklicht werden.

829 Unabhängig von der Reichweite führt die Berücksichtigung des Rechtsscheingedankens zum **Verkehrsschutz,** was unmittelbar eine *Erhöhung der Umlauffähigkeit des verbrieften Rechts* zur Folge hat: Sie erleichtert schon dem ersten Gläubiger die Geltendmachung, sie hilft dem Schuldner bei der Feststellung seines Gläubigers und erleichtert (oder erspart) einem Dritterwerber die Prüfung, ob der Veräußerer tatsächlich Inhaber dieses Rechts ist.

IV. Die einzelnen Elemente des Wertpapierbegriffs

830 Ausgehend von der in Rz 825 gebrachten Umschreibung sollen ganz kurz die einzelnen **Elemente des Wertpapierbegriffs** angesprochen werden.

- **Urkunde:** Unter „Urkunde" ist regelmäßig ein Papier zu verstehen, auf dem sich ein Text befindet; ob gedruckt oder handschriftlich, ist ohne Bedeutung. Das Material muss auch nicht Papier im engen Wortsinn sein.
- **Privates Recht:** Damit wird von sonstigen verbrieften Rechten abgegrenzt, wie etwa von Promotionsurkunden oder Führerscheinen. Private Rechte sind jedoch nicht nur Forderungsrechte, sondern etwa auch Mitgliedschaftsrechte oder Sachenrechte.
- **Verbriefung (Beurkundung):** Damit ist gemeint, dass sich aus der Urkunde das Bestehen eines privaten Rechtes ergibt. Dieses Element ist also für den Wertpapierbegriff *notwendig,* aber nicht ausreichend. So ist etwa ein schriftlicher Kaufvertrag oder ein Schuldschein noch kein Wertpapier. In den zuletzt genannten Fällen sind die Rechte nicht an das Bestehen oder die Innehabung der Urkunde geknüpft.
- **Geltendmachung an Innehabung geknüpft:** Diese Voraussetzung hebt das Wertpapier von anderen Urkunden ab. Die Geltendmachung des Rechts ist in gewisser Weise an die Innehabung der Urkunde gebunden. Die Intensität dieser Verknüpfung ist allerdings bei den verschiedenen Wertpapieren ganz unterschiedlich; dazu sofort.

V. Der Zusammenhang von Urkunde und darin verbrieftem Recht

1. Grundsätzliches

Im Bereich der Wertpapiere müssen zwei Rechte voneinander streng unter- **831**
schieden werden, wenn sie auch oft parallel laufen. Im Vordergrund steht das Recht, das in der Urkunde verbrieft ist, etwa eine Forderung auf € 1000. *Wirtschaftlich* geht es praktisch allein um dieses Recht. Anschaulich spricht man vom **Recht aus dem Papier.** Mehr im Hintergrund steht das Papier selbst, das als Sache Objekt des Rechtsverkehrs ist. Man spricht vom **Recht am Papier.** Wünschenswert wäre nun, dass der Träger des verbrieften Rechtes und der Eigentümer der Urkunde ein und dieselbe Person ist. Der aus dem Papier Berechtigte benötigt die Urkunde ja regelmäßig, um sein Recht durchzusetzen; umgekehrt ist der selbstständige wirtschaftliche Wert des Objektes „Papier" ganz zu vernachlässigen.

Um diesen Gleichklang in aller Regel zu ermöglichen, bieten sich zwei Lösungen an; beide hat der Gesetzgeber in gewissen Bereichen berücksichtigt (dazu sofort).

2. Das Recht aus dem Papier folgt dem Recht am Papier

Im Geltungsbereich dieses Grundsatzes muss durch einen geeigneten modus **832**
(vgl Rz 325) **Eigentum am Papier erworben** werden. Damit geht automatisch auch das verbriefte Recht über.

Achtung! Auf diese Weise erreicht man, dass die Regeln des Sachenrechts im Ergebnis auch auf den Erwerb des verbrieften Rechts Anwendung finden! So kann ein Forderungsrecht in der Urkunde „versachlicht" sein. Wesentliche Rechtsfolge dieser Konstruktion wäre die Möglichkeit gutgläubigen Erwerbs vom Nichtberechtigten, was für schlichte Forderungen nach Zessionsrecht ja nicht in Frage käme. Eine solche Konstruktion würde die Übertragbarkeit und damit die Umlauffähigkeit des verbrieften Rechts deutlich steigern.

3. Das Recht am Papier folgt dem Recht aus dem Papier

833 Wo dieser Grundsatz uneingeschränkt gilt, muss das verbriefte **Recht durch Abtretung** (Rz 552 ff) **übertragen** werden. Zugleich wird der Erwerber *Eigentümer des Papiers,* ohne dass es zu einer wirklichen Übergabe der Urkunde gekommen sein muss.

4. Entstehen

834 Bereits aus der Definition folgt, dass ein in einem Wertpapier verkörpertes Recht ohne Urkunde nicht entstehen kann. Es mangelt ja dann an einem ganz entscheidenden Tatbestandsmerkmal.

5. Bestand

835 Ist das Recht aus dem Wertpapier einmal wirksam entstanden, so erlischt es auch nicht durch Untergang der Urkunde. Wäre dies anders, würden Wertpapiere wohl kaum verwendet werden. Niemand nähme das Risiko auf sich, dass die Vernichtung bloß eines Stückes Papier Millionenverluste nach sich ziehen würde. Auch wäre die Befreiung des Schuldners allein auf Grund solcher Zufälle völlig sachwidrig. Der Aktionär, dessen Aktien verbrennen, bleibt also weiterhin Mitglied der AG; ebenso büßt etwa der Wechselgläubiger seine Forderung durch Sachuntergang nicht ein. Nur für die *Geltendmachung* gilt dann Besonderes (dazu sofort).

6. Geltendmachung

836 Grundsätzlich ist zur Geltendmachung des verbrieften Rechts **Innehabung der Urkunde** erforderlich; das Recht wird durch **Vorlage** des Papiers beim Schuldner ausgeübt. Dieser Grundsatz kann bei Vernichtung oder Verlust der Urkunde nicht durchgehalten werden. Allerdings kann es auch nicht genügen, dass jemand den Verlust bloß behauptet. Zahlt der Schuldner in einem solchen Fall, muss er noch einmal leisten, wenn später das Wertpapier von einem anderen vorgelegt wird.

Um die beteiligten Interessen angemessen zu berücksichtigen, hat der Gesetzgeber für solche Fälle das **Kraftloserklärungsverfahren** vorgesehen. Es ist im **KraftloserklärungsG (KEG)** geregelt.

Details des Verfahrens sind hier nicht zu erörtern. Nur so viel: Primär wird *dem Berechtigten* geholfen. Er kann sein Recht im Ergebnis (mit Hilfe des gerichtlichen Kraftloserklärungsbeschlusses) durchsetzen, obwohl er keine Urkunde mehr hat. Die Interessen des Schuldners werden dadurch berücksichtigt, dass auf Grund der Kraftloserklärung das betreffende Wertpapier *keine Kraft mehr* besitzt. Wer die Urkunde nachträglich vorlegt, hat also keinerlei Rechte.

7. Übertragung

837 Grundsätzliches zur Übertragung wurde bereits in Rz 832 f gesagt. Folgt das Recht am Papier dem Recht aus dem Papier (so bei den Rekta- bzw Namenspapieren; zum Begriff noch Rz 846), setzt die Übertragung des Rechts nicht zwingend Innehabung (und Übergabe) der Urkunde voraus. Konkrete Gesetzesbestimmungen sehen vor allem aus Gründen der Rechtssicherheit allerdings doch wieder vor, dass zum Rechtserwerb Übergabe des Papiers *notwendig* ist; manchmal werden

auch spezielle Übertragungsformen vorgesehen (vgl etwa das Indossament im Wechselrecht: Rz 871).

8. Erlöschen

Auch hier darf der Verkörperungsgedanke nicht überspannt werden. Wieder besteht kein zwingender Zusammenhang zwischen dem Erlöschen des verbrieften Rechts und dem Schicksal des Papiers. So erlöschen etwa die Rechte aus einem Wechsel auch dann, wenn der Schuldner an den Gläubiger zahlt, die Urkunde aber nicht ausgehändigt bekommt. Häufig wird man allerdings annehmen können, dass Erlöschen des verbrieften Rechts automatisch Eigentumserwerb des Schuldners an der Urkunde zur Folge hat. Dadurch kann er nämlich das Papier von jedem Inhaber herausverlangen und so dem Risiko einer nochmaligen Inanspruchnahme entgegenwirken; hingegen besteht kein schützenswertes Interesse des Gläubigers am Aufrechtbleiben seines Eigentumsrechts an der Urkunde. **838**

VI. Mögliche Rechtsscheinwirkungen

Die mit der Ausstellung von Wertpapieren verfolgten Zwecke können nur mit Hilfe von **Rechtsscheinwirkungen** erreicht werden. Gesteigerte Verkehrsfähigkeit bedarf eben der Ausschaltung gewisser Risken. Die Reichweite der Rechtsscheinwirkung kann aber nun im Einzelfall ganz unterschiedlich sein. Dies ergibt sich zum Teil aus gesetzlichen Vorgaben, zum Teil aus den erkennbaren Plänen der Personen, die das Wertpapier geschaffen haben. **839**

Hier können nur ganz kurz die Möglichkeiten aufgezählt werden, die bei einzelnen Wertpapieren – gesondert oder kumuliert – zu einem **gesteigerten Verkehrsschutz** (vor allem Schuldner- und/oder Erwerberschutz) führen:

1. Der Schuldner kann an den Papierinhaber (oder an den, der seine Berechtigung nachweist) mit schuldbefreiender Wirkung leisten.

2. Der Schuldner kann schuldbefreiend *nur an den Inhaber* leisten.

3. Der Schuldner *muss* an den Inhaber leisten, sofern er nicht dessen Nichtberechtigung nachweisen kann.

4. Die Rechte aus dem Papier können auch von einem nichtberechtigten Papierinhaber nach den Regeln des gutgläubigen Erwerbs erworben werden.

Beispiel: Ist in der Urkunde der Berechtigte *namentlich* genannt (Rektapapier), so braucht der Schuldner jedenfalls nur an den legitimierten Papierinhaber zu leisten. Gutglaubenserwerb durch einen Nichtberechtigten scheidet aus. Der Inhaber muss also nachweisen, dass er die im Papier genannte Person ist oder von dieser wirksam erworben hat.

VII. Arten von Wertpapieren

Erst nach diesen „Vorüberlegungen" erscheint es sinnvoll, auf die unterschiedlichen **Arten von Wertpapieren** einzugehen. Solche Systematisierungen sind nach unterschiedlichen Gesichtspunkten möglich; hier sollen nur die wichtigsten genannt werden. **840**

1. Einteilung nach ihrer wirtschaftlichen Funktion

a) Zahlungs- und Kreditverkehr

Manche Papiere, so der Scheck, schaffen Erleichterungen bei der Zahlung; andere, so der Wechsel, werden zu Kreditzwecken verwendet. **841**

b) *Kapitalmarkt (Effekten)*

842 **Effekten** oder **Kapitalmarktpapiere** haben einen doppelten Zweck: Dem Ausgeber (Emittenten) dienen sie zur Kapitalaufbringung; er erhält für die Ausgabe solcher Papiere unmittelbar Liquidität. Dem Erwerber dienen sie hingegen zur Vermögensveranlagung (Kapitalanlage). ***Beispiele*** sind etwa Aktien, Sparbücher, Pfandbriefe und Anleihen. – Zur *Aufbewahrung* mancher dieser Papiere bereits Rz 707.

c) *Güterumlauf (Traditionspapiere)*

843 **Papiere des Güterumlaufs** dienen dazu, Verfügungen über die in ihnen genannten Güter (= Waren) zu erleichtern. ***Beispiel*** ist etwa der beim Frachtgeschäft ausgestellte **Ladeschein** nach § 444 UGB, ferner der **Lagerschein** und das **Konnossement** (zu diesen unternehmerischen Wertpapieren Rz 855 ff).

2. Einteilung nach der Art des verbrieften Rechts

844 *Schuldrechtliche* Wertpapiere verbriefen eine Forderung. Sie finden sich im praktischen Rechtsverkehr besonders häufig. *Beispiele:* Wechsel, Scheck, Anleihe, Sparbuch, Ladeschein.

Andere Wertpapiere verbriefen (unmittelbar oder mittelbar) ein *Sachenrecht.* Zu nennen ist etwa der Hypothekenpfandbrief, wobei die Hypotheken (vgl Rz 385) zwar nicht unmittelbar den Pfandbriefinhabern zugeordnet, aber doch als Sondervermögen für die Sicherung und Erfüllung ihrer Ansprüche reserviert sind.

Auch die Verbriefung von *Mitgliedschaftsrechten* kommt in Betracht; ein solches *Mitgliedspapier* ist etwa die Aktie.

3. Einteilung nach der Art des Rechtserwerbs

845 *Achtung!* Von größter Bedeutung ist die Einteilung nach der **Art des Rechtserwerbs.** Man fragt: Wie wird der aus dem Papier Berechtigte bestimmt?

a) *Rekta- oder Namenspapiere*

846 **Rekta-** oder **Namenspapiere** sind dadurch gekennzeichnet, dass bei ihnen *eine bestimmte Person als Berechtigter bezeichnet* wird. Auch Rechte aus Namenspapieren können selbstverständlich übertragen werden. Dies geschieht allerdings nach allgemeinen Regeln, das heißt durch Abtretung. Somit steht die Übertragung des verbrieften Rechts und nicht die Übertragung der Urkunde im Vordergrund.

Beispiele: Auf Namen lautende Sparbücher, Rektawechsel und Rektaschecks. (Bei Wechsel und Scheck ist zu beachten, dass diese an sich Orderpapiere sind und erst durch „negative Orderklausel“ zu Rektapapieren werden.)

b) *Orderpapiere*

847 Ein **Orderpapier** liegt dann vor, wenn der Aussteller die Leistung einer bestimmten Person (A) *oder* derjenigen Person verspricht, welche die zuerst

genannte Person *durch Indossament* als Gläubiger bezeichnet. Der Aussteller verspricht also Leistung „an A oder dessen Order“. Damit ist gemeint, die Leistung habe (primär) an A zu erfolgen, werde aber von A selbst *in der Urkunde* ein anderer als Berechtigter bezeichnet, so habe der Aussteller *an diesen* zu leisten.

Die Besonderheit gegenüber den Rektapapieren liegt somit in der eigentümlichen Übertragungsform, dem **Indossament.** Diesen Vermerk setzt der Erstberechtigte auf die Urkunde. Er lautet etwa „für mich an die Order von B“. Damit ist gemeint, dass B von A die Rechte aus dem Papier erwerben soll. *Indossament und Übergabe* des Papiers an den Erwerber verschafft diesem das Recht aus dem Papier. Das Indossament ist vor allem im *Wechselrecht* von überragender Bedeutung (Rz 871). Seine Hauptfunktion liegt im Schutz des Berechtigten vor den Gefahren des gutgläubigen Erwerbs. Da der Berechtigte im Papier ja namentlich genannt ist, wäre für die Übertragung durch einen Nichtberechtigten eine Unterschriftsfälschung vonnöten. Dieses stellt eine beachtliche sowohl praktische als auch psychologische Barriere dar. **848**

Beispiele: Manche Papiere sind schon von Gesetzes wegen Orderpapiere, so der Wechsel, der Namensscheck und die Namensaktie. Andere Papiere werden durch *positive Orderklausel* zu Orderpapieren. Dies gilt etwa für die unternehmerischen Wertpapiere des § 363 UGB.

c) *Inhaberpapiere*

Ein **Inhaberpapier** liegt dann vor, wenn das verbriefte Recht vom jeweiligen Inhaber geltend gemacht werden kann. Der Inhaber muss also seine Berechtigung nicht im Einzelnen beweisen; der Aussteller hat an ihn zu leisten, sofern er nicht seinerseits nachweisen kann, dass der Inhaber in Wahrheit materiell nicht berechtigt ist. **849**

Achtung! „Inhaberpapier“ bedeutet also nicht, dass immer der Inhaber des Papiers der Berechtigte ist. Wer etwa ein Inhaberpapier stiehlt, hat weder ein Recht am Papier noch ein solches aus dem Papier. Bloß der *Rechtsschein* kommt zunächst jedem Inhaber zugute, was vor allem für den Schuldner bedeutsam ist, der damit in aller Regel an den Inhaber schuldbefreiend leisten kann.

Für die *Übertragung* von Rechten aus Inhaberpapieren gilt als Grundsatz: Das Recht aus dem Papier folgt dem Recht am Papier. Der Eigentumserwerb am Papier hat also prinzipiell zugleich den Erwerb des verbrieften Rechts zur Folge. Es gelten sachenrechtliche Grundsätze und nicht das Recht der Zession.

Beispiele: Inhaberschuldverschreibungen, Inhaberschecks (so genannter „Überbringerscheck“), Inhaberaktie, niemals aber der Wechsel.

4. Einteilung nach der Bedeutung der Ausstellung für die Rechtsentstehung

Ist die Ausstellung des Wertpapiers für die Rechtsentstehung *zwingend notwendig*, spricht man von einem **konstitutiven Wertpapier.** Dazu gehört etwa der streng formgebundene Wechsel; die Entstehung einer Wechselverbindlichkeit ist ohne Ausstellung einer Urkunde unmöglich. Hat das Recht hingegen schon vorher bestanden und wird es erst nachträglich in einer Urkunde verbrieft, hat die Ausstellung bloß **deklaratorische** Wirkung. Dies gilt etwa für die in einer Aktie verbrieften Rechte des Aktionärs. **850**

5. Einteilung nach dem Verhältnis des Rechts zum Grundgeschäft

851 Je nachdem, ob das verbriefte Recht mit dem zu Grunde liegenden Schuldverhältnis verknüpft oder von diesem losgelöst ist, spricht man von **kausalen** oder **abstrakten Wertpapieren.** Auch diese Einteilung ist von besonderer praktischer Bedeutung.

Kausale Wertpapiere gewähren materiell nicht mehr an Rechten, als dem Berechtigten bereits aus dem Grundverhältnis zustehen. Beispiel ist die Aktie: Sie verbrieft lediglich das regelmäßig schon vor Ausgabe der Aktie bestehende Mitgliedschaftsrecht aus dem Gesellschaftsvertrag. Ähnliches gilt etwa für Ladeschein und Konnossement. Im Unterschied dazu sind Wechsel und Scheck Musterbeispiele für *abstrakte* Wertpapiere. Für die *Entstehung* des Rechts aus dem Wechsel ist also nicht von Bedeutung ob der entsprechende Anspruch aus dem Grundverhältnis besteht. (*Beispiel:* Der Käufer, dem die Kaufpreisforderung gestundet wurde, unterfertigt einen Wechsel in Höhe der Kaufpreisforderung. Auch wenn sich nachträglich herausstellt, dass der Kaufvertrag nicht wirksam zustande gekommen ist, bleibt die Forderung aus dem Wechsel vorerst bestehen; zu möglichen Einwendungen des Wechselzeichners s Rz 873 a.)

Die Funktion der Abstraktheit liegt in einer *Verstärkung* der Rechtsstellung des Papierinhabers. Zunächst genügt es, wenn er das Wertpapier vorlegt. Im bloß zweipersonalen Verhältnis muss der „Schuldner" das Fehlen der Verpflichtung im Kausalverhältnis zwar im Ergebnis geltend machen können; jedenfalls trifft ihn dafür aber die Beweislast. Anderes gilt hingegen gegenüber Dritten, die das Wertpapier inzwischen erworben haben: Ihr Vertrauen wird prinzipiell voll geschützt.

VIII. Die Anweisung als Grundform wichtiger Wertpapiere

Weiterführende Literatur: *Dullinger,* Schuldrecht AT[2] Rz 5/56–5/73; *Koziol/Welser*[13] II 159–164; *Mayrhofer,* Schuldrecht AT 537–551.

1. Bedeutung der Anweisung

852 Zum Verständnis der Strukturen einiger wichtiger Wertpapiere ist nähere Kenntnis des **Rechts der Anweisung** (§§ 1400 ff ABGB) notwendig. Dieses Rechtsinstitut soll daher noch vor Behandlung einzelner Wertpapiere vorgestellt werden. Im bürgerlichen Recht ist seine Bedeutung nicht sehr groß. Anwendungsfälle sind die *Giroüberweisung* (Rz 701 f) und das *Akkreditiv.* Dabei erhält der aus dem Akkreditiv Berechtigte die von ihm geforderte Zahlung erst dann, wenn er die Erbringung seiner eigenen Leistung nachweist (etwa durch vorher vereinbarte Dokumente: „Dokumentenakkreditiv").

2. Die rechtliche Konstruktion

853 Die recht komplizierte und wenig anschauliche rechtliche Konstruktion soll gleich mit Hilfe eines ***Beispiels*** verdeutlicht werden: B schuldet dem A € 50.000. A hat seinerseits eine Schuld im selben Umfang gegenüber C. Ein Weg wäre nun, dass A von B das Geld kassiert und denselben Betrag an C zahlt. Man könnte das Verfahren aber auch vereinfachen: B zahlt direkt an C. Eine Zahlung würde dann

zugleich zwei Verpflichtungen zum Erlöschen bringen. Der Anstoß zu dieser Vereinfachung muss nun von A ausgehen; nur dieser steht ja mit den beiden anderen Personen in einer Rechtsbeziehung. Ist A an dieser Art der Schuldtilgung interessiert, erteilt er B die **Anweisung,** direkt an C zu leisten. Darin liegt eine *Anweisung auf Schuld,* da B dem A bereits verpflichtet ist. Davon ist die *Anweisung auf Kredit* zu unterscheiden. Im hier behandelten Fall der Anweisung auf Schuld ist B *verpflichtet,* der Anweisung Folge zu leisten, das heißt die Leistung dem C zu erbringen. Diese Pflicht besteht allerdings nur gegenüber seinem Gläubiger A.

Allein durch die Anweisung, an der C ja nicht beteiligt ist, erhält dieser also noch keinen *selbstständigen Anspruch* gegenüber B. B ist ja nur Schuldner des A. Einen eigenständigen Anspruch erhält C erst durch die **Annahme der Anweisung** durch B. Diese Annahme (Akzept) ist das Versprechen des Angewiesenen (B) *gegenüber C,* diesem Zahlung zu leisten. Daraus resultiert ein *abstrakter* Anspruch des Anweisungsempfängers (C). Zu einer solchen Annahme ist der Angewiesene jedoch nicht verpflichtet.

Zusammenfassend kann also festgehalten werden: Die Anweisung stellt ein **854** **dreipersonales Rechtsverhältnis** dar. Beteiligt sind der **Anweisende** (A), der **Angewiesene** (B) und der **Anweisungsempfänger** (C). Durch die Anweisung wird der Angewiesene ermächtigt, an den Anweisungsempfänger zu leisten. Zugleich liegt darin die Ermächtigung des Anweisungsempfängers, die Leistung des Angewiesenen als solche des Anweisenden anzunehmen. Die Erfüllung durch den Angewiesenen bedeutet zugleich Leistung des Angewiesenen an den Anweisenden und Leistung des Anweisenden an den Anweisungsempfänger.

2. Kapitel
Die unternehmerischen Wertpapiere

Weiterführende Literatur: *Roth,* Wertpapierrecht[2] 111–123.

I. Allgemeines

§ 363 UGB zählt die so genannten **unternehmerischen Wertpapiere** auf: An- **855** weisung und Verpflichtungsschein, Konnossement, Ladeschein, Lagerschein und Transportversicherungspolizze. Aus diesen Papieren kann immer nur ein *Unternehmer* verpflichtet sein.

Nach dem Gesetz sind die hier behandelten Papiere **Namenspapiere.** Durch **positive Orderklausel** können sie allerdings auch zu **Orderpapieren** gemacht werden. Sogar die Ausstellung als **Inhaberpapier** kommt in Betracht.

Als Orderpapiere werden die unternehmerischen Wertpapiere **durch Indossament übertragen** (zum Begriff genauer Rz 871). Diese Wirkung (Rechtsübergang) bezeichnet man als **Transportfunktion** des Indossaments. Es hat aber auch **Legitimationsfunktion:** Dem durch Indossament legitimierten Inhaber der Urkunde kann der Schuldner nur solche Einwendungen entgegensetzen, welche die Gültigkeit seiner Erklärung in der Urkunde betreffen oder sich aus dem Inhalt der Urkunde ergeben oder ihm unmittelbar gegen den Inhaber zustehen (§ 364 Abs 2

UGB). Hinsichtlich der Form des Indossaments, aber auch für andere Fragen gelten kraft Verweises (§ 365 UGB) die Vorschriften des Wechselrechts entsprechend.

II. Die unternehmerische Anweisung

856 Die **unternehmerische Anweisung** stellt eine Sonderform der bürgerlichrechtlichen Anweisung (dazu Rz 852ff) dar. Sie ist auf einen Unternehmer über die Leistung von Geld, Wertpapieren oder anderen vertretbaren Sachen ausgestellt, ohne dass im Papier die Leistung von einer Gegenleistung abhängig gemacht ist (§ 363 Abs 1 UGB). Da es sich um ein Wertpapier handelt, muss die Anweisung *schriftlich* sein und vom Aussteller unterschrieben werden; dies im Gegensatz zur „normalen“ Anweisung, die auch mündlich wirksam ist.

Im praktischen Wirtschaftsleben kommt die unternehmerische Anweisung vor allem als *Warenanweisung* vor („Lieferschein“); lautet sie auf Wertpapiere, spricht man von *Effektenanweisung.*

III. Der unternehmerische Verpflichtungsschein

857 Der **unternehmerische Verpflichtungsschein** ist definiert als von einem Unternehmer ausgestellte Urkunde, in der sich dieser zu einer bestimmten Leistung in Geld, Wertpapieren oder anderen vertretbaren Sachen verpflichtet, ohne dass diese Leistung von einer Gegenleistung abhängig gemacht ist (§ 363 Abs 1 UGB). Im Unterschied zur Anweisung soll hier also die Leistung *vom Aussteller selbst,* nicht von einer anderen Person (dem Angewiesenen) erbracht werden. Der Verpflichtungsschein ist wie der eigene Wechsel zweipersonal, die Anweisung wie der gezogene Wechsel dreipersonal (vgl Rz 861).

Beispiel: Ein Unternehmer stellt so genannte „Bezugsscheine“ aus, die die schriftliche Verpflichtung enthalten, eine bestimmte Warenmenge gegen Aushändigung der Urkunde zu liefern.

IV. Die Transportpapiere

858 **Lagerschein** und **Ladeschein** wurden bereits behandelt (Rz 682 und 689). Im Unterschied zum Ladeschein der Frachtführer und Binnenschiffer ist das **Konnossement** ein Papier des *Seefrachtgeschäftes.* Gemeinsam ist allen diesen Papieren, dass sie **Traditionspapiere** sind. Dies bedeutet vereinfacht gesagt: Dispositionen über die Urkunde führen zu entsprechenden *sachenrechtlichen* Rechtsänderungen in Bezug auf die im Papier angeführte Ware.

Der Inhalt der genannten Papiere ist ein doppelter: zum Ersten das **Empfangsbekenntnis** (des Lagerhalters, Frachtführers usw) über die betreffenden Güter, zum Zweiten das **Versprechen,** diese Güter an den in der Urkunde bezeichneten Berechtigten oder an dessen Order auszuliefern.

Traditionspapiere sollen sachenrechtliche Dispositionen über Wirtschaftsgüter bloß *erleichtern;* so genügt etwa statt zeitaufwändiger und teurer Manipulationen mit der Ware (Transport von einem Lagerhaus ins andere) Übergabe der Urkunde. Abgesehen davon soll der Rechtserwerb aber nicht vereinfacht sein; bloß die Sachübergabe wird durch Urkundenübergabe ersetzt. Aus diesem Grund kommt etwa ein *gutgläubiger Erwerb* (Rz 339ff) des eingelagerten oder transportierten Gutes nur dann in Betracht, wenn auch Übergabe der Ware selbst Eigentum verschaffen könnte.

Die **Transportversicherungspolizze** verbrieft Ansprüche aus einer Versicherung gegen die Gefahren der Güterbeförderung. Erfasst ist sowohl die Beförderung zu Lande und auf Binnengewässern (§§ 129ff VersVG) als auch die Beförderung zur See (Seeversicherung nach den §§ 778ff UGB). **859**

3. Kapitel
Wechselrecht

Weiterführende Literatur: *Hauser,* Österreichisches Wechsel- und Scheckrecht[2] (1999) Rz 1–215; *Pimmer,* Wechselgesetz und Scheckgesetz[9] (1992); *Roth,* Wertpapierrecht[2] 24–109; *Wagner,* Wechsel und Protest (1992).

I. Begriff und Rechtsnatur des Wechsels

Der Inhalt des Wechsels ist streng formalisiert (Art 1 WG; zu Details Rz 864). Damit soll zum einen eine möglichst rasche und sichere Realisierung der verbrieften Forderung sichergestellt werden; zum anderen soll aber auch eine Warnung aller am Wechselverkehr Beteiligten vor den damit verbundenen Gefahren erfolgen. Für den Wechsel ist Folgendes charakteristisch: Er ist ein **schuldrechtliches Wertpapier,** weil er eine *Geldforderung* verbrieft. Die Ausstellung der Wechselurkunde ist *konstitutiv* (ohne Urkunde kann keine Wechselforderung entstehen). Der Wechsel verbrieft ein *abstraktes,* also von einem materiellen Grundverhältnis losgelöstes Forderungsrecht. Schließlich ist der Wechsel **Orderpapier** und enthält er häufig eine *Mehrheit von Verpflichtungen.* **860**

II. Arten des Wechsels

Zunächst kann zwischen dem **gezogenen Wechsel** und dem **eigenen Wechsel** unterschieden werden. Nur der Erste ist von praktischer Bedeutung. Dem gezogenen Wechsel liegt die Anweisungskonstruktion (Rz 856ff) zu Grunde. Dabei entspricht der **Aussteller** des Wechsels dem Anweisenden, der **Bezogene** dem Angewiesenen und der **Wechselnehmer (Remittent)** dem Anweisungsempfänger. Hat der Bezogene die Anweisung angenommen, heißt er im Wechselrecht **Akzeptant.** Bei einem *eigenen Wechsel* sind hingegen bloß zwei Personen beteiligt. Hier verpflichtet sich der Aussteller selbst zur Zahlung; einen Bezogenen gibt es nicht. **861**

Auch nach dem mit der Wechselausstellung verfolgten Zweck kann unterschieden werden: Man spricht von Warenwechsel, Akzeptantenwechsel, Kreditwechsel oder Sicherungswechsel. Von großer praktischer Bedeutung ist darüber hinaus der sogar im Gesetz vorgesehene **Blankowechsel,** der ohne vollständige Ausfüllung begeben wird (Rz 876).

III. Wirtschaftliche Bedeutung

Was ist nun eigentlich der Zweck der Verwendung von Wechseln? Seine größte Bedeutung liegt im **Kreditverkehr.** Am Beispiel eines Handelswechsels (Warenwechsels) sollen die wirtschaftlichen und rechtlichen Hintergründe plastisch gemacht werden. **862**

Beispiel: Ein Unternehmer will Waren zum Zwecke der Weiterveräußerung erwerben. Da er erst durch den Weiterverkauf liquide Mittel erhält, die er zur Bezahlung der Lieferung verwenden möchte, vereinbart er mit dem Verkäufer ein „Zahlungsziel“: Die Zahlung soll erst in drei Monaten nach Lieferung erfolgen; ihm wird der Kaufpreis also so lange kreditiert. Nun braucht aber auch häufig der Verkäufer das Geld möglichst sofort, um seinen Betrieb fortführen zu können (Zahlung von Löhnen, Einkauf von Rohstoffen usw). Mit einer unverbrieften Kaufpreisforderung kann er in der Regel nicht viel anfangen. Daher wird über die Kaufpreisforderung ein Wechsel ausgestellt („Dreimonatsakzept“). Dabei stellt der Verkäufer selbst den Wechsel über die Kaufpreissumme aus (regelmäßig „an eigene Order“; der Aussteller ist dann zugleich erster Wechselnehmer: Art 3 Abs 1 WG) und lässt diesen vom Käufer (als Bezogenem) akzeptieren. Man formuliert auch, dass der Aussteller den Wechsel „auf den Käufer zieht“. Diesen Wechsel überlässt der Verkäufer nun einem Geldgeber, also regelmäßig der ihm kreditierenden Hausbank. Dieser so genannte **Wechseldiskont** ist ein wichtiges Geschäft der Banken. Von *Diskont* spricht man deshalb, weil die Wechselforderung im Zeitpunkt der Begebung des Wechsels noch nicht fällig ist, weshalb der Verkäufer nicht die volle Wechselsumme erhält. Die von der Bank für die Zwischenzeit abgezogenen Zinsen werden Diskont genannt.

Auch für jemanden, der an sich nicht plant, den Wechsel zum Diskont zu geben, ist der Erwerb von Wechselrechten von Vorteil. Zwar ist der Wechsel keine Sicherheit im eigentlichen Sinn, weil die Durchsetzbarkeit der Wechselforderung von der Bonität des Wechselschuldners abhängt. Allerdings wird ein Wechselschuldner alles versuchen, einen Wechsel nicht „platzen“ zu lassen, da dies praktisch das offene Eingeständnis der Zahlungsunfähigkeit bedeutete. Überdies können Wechselforderungen in einem vereinfachten Verfahren durchgesetzt werden.

863 Die besondere **Umlauffunktion** des Wechsels hat schließlich zur gesetzlichen Anordnung geführt, dass einem Wechselnehmer regelmäßig alle Personen haften, die ihre Unterschrift auf den Wechsel gesetzt haben. Im Unterschied zur Abtretung, wo die Sach- und Rechtslage durch mehrfache Zessionen immer undurchsichtiger und unsicherer wird, stärkt mehrfache Wechselbegebung also die Rechte des Wechselinhabers!

863a Gebräuchlich ist auch der so genannte **Sicherungswechsel:** Jemand übernimmt (anstelle oder neben einer Bürgschaft) eine wechselrechtliche Haftung zu Kreditsicherungszwecken. Wegen seines beschränkten Zwecks *darf* ein solcher Wechsel nicht weiter begeben werden. Die Weitergabe ist zwar wirksam, kann den Veräußerer aber ersatzpflichtig machen. Nicht selten werden Sicherungswechsel *blanko* begeben (Rz 876).

IV. Die Ausstellung des Grundwechsels

1. Gesetzlich geforderte Bestandteile

864 Nach **Art 1 WG** muss der Wechsel folgende **acht Bestandteile** enthalten:

- Die Wechselklausel, also die Bezeichnung als Wechsel *im Text* der Urkunde;
- die unbedingte Anweisung, eine bestimmte Geldsumme zu zahlen;
- die Unterschrift des Ausstellers;
- die Angabe des Namens dessen, der zahlen soll, also des Bezogenen;
- die Angabe des Namens dessen, an den oder an dessen Order gezahlt werden soll, also des Wechselnehmers (Remittenten);
- die Angabe der Verfallzeit, also des Termins, an dem Zahlung verlangt werden kann;
- die Angabe des Zahlungsortes;
- die Angabe von Tag und Ort der Ausstellung des Wechsels.

Gebräuchliche **Wechselformulare** sehen folgendermaßen aus:

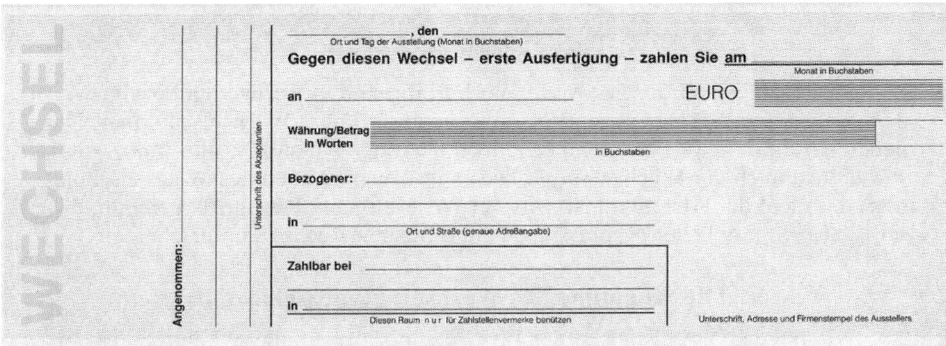
WECHSEL

Angenommen:

Unterschrift des Akzeptanten

______, den ______
Ort und Tag der Ausstellung (Monat in Buchstaben)

Gegen diesen Wechsel – erste Ausfertigung – zahlen Sie am ______
Monat in Buchstaben

an ______ EURO

Währung/Betrag in Worten ______
in Buchstaben

Bezogener: ______

in ______
Ort und Straße (genaue Adreßangabe)

Zahlbar bei ______

in ______
Diesen Raum n u r für Zahlstellenvermerke benützen

Unterschrift, Adresse und Firmenstempel des Ausstellers

Eine Verletzung der genannten Formvorschriften hat grundsätzlich **Nichtigkeit** der Wechselverpflichtung zur Folge. Einige Ausnahmen von diesem Grundsatz enthält jedoch Art 2 WG. Fehlt etwa die Verfallzeit, so gilt der Wechsel als Sichtwechsel; das bedeutet, die Wechselforderung ist mit Vorlage zur Zahlung fällig. Fehlt hingegen etwa die Bezeichnung „Wechsel" im Text der Urkunde, kommt bloß eine *Umdeutung* (Rz 458) in eine (kaufmännische oder bürgerlich-rechtliche) Anweisung in Betracht. **865**

2. Stellvertretung

Auch Wechselerklärungen können durch Stellvertreter abgegeben werden. **866** Um die Rechte der Wechselnehmer zu stärken, ordnet Art 8 WG für den Fall der Vertretung ohne Vertretungsmacht (Rz 282 f) Besonderes an: Der falsus procurator haftet selbst wechselmäßig. Er wird also so behandelt, als hätte er sich im eigenen Namen verpflichtet.

3. Fälschung

Gleiches wird für den Fall der **Fälschung** angenommen: Der *Unterschrifts*fälscher soll so haften, als hätte er sich selbst verpflichtet. Diese Ansicht ist aber wohl mit Art 7 WG unvereinbar. **867**

Bei (unerkennbarer) **Verfälschung** eines bereits wirksam begebenen Wechsels, zB Erhöhung der Wechselsumme, ist zu unterscheiden: Gutgläubige Erwerber können gegen jene, die sich vor der Verfälschung wechselmäßig verpflichtet haben, nur den früheren Betrag geltend machen; wer den Wechsel jedoch danach unterschrieben hat, haftet für die von ihm akzeptierte höhere Summe.

4. Selbstständigkeit der Wechselerklärungen

Eine Wechselverpflichtung kann aus mehreren Gründen (zB fehlende Geschäftsfähigkeit des Ausstellers) unwirksam sein. Würde diese Unwirksamkeit nun auf weitere Wechselverpflichtungen ausstrahlen, so wäre das für den Wechselverkehr eine große Belastung. Art 7 WG normiert daher den **Grundsatz der Selbstständigkeit der einzelnen Wechselerklärungen.** Die Unwirksamkeit einer **868**

Verpflichtung schließt nur die Haftung des unmittelbar Betroffenen aus, lässt die Gültigkeit aller übrigen Wechselerklärungen jedoch unberührt.

5. Die Wechselverpflichteten

869 Im Ergebnis soll der gezogene Wechsel durch den **Bezogenen** bezahlt werden. Hat er den Wechsel **akzeptiert,** so ist er der primäre Wechselschuldner. Daneben haften dem Wechselnehmer jedoch auch der Aussteller, alle Indossanten sowie etwa auch ein **Wechselbürge.** Die Inanspruchnahme eines Wechselschuldners, der nicht der Akzeptant ist, wird im Wechselrecht „Rückgriff" genannt; dieser ist also vom üblichen Regress nach bürgerlichem Recht zu unterscheiden.

V. Die Annahme des Wechsels (Wechselakzept)

870 Wie bei der Anweisung ist der Bezogene noch nicht allein dadurch aus dem Wechsel verpflichtet, dass er auf der Urkunde als Bezogener genannt ist. Dies wäre ja eine Verpflichtung zu Lasten Dritter. Er haftet frühestens dann, wenn er selbst eine Erklärung auf der Wechselurkunde abgibt. Diese heißt **Akzept** oder **Annahme.**

Üblicherweise erfolgt das Akzept dadurch, dass der Bezogene seine *Unterschrift auf die Vorderseite des Wechsels* setzt. Die Beifügung des Wortes „angenommen" oder eines ähnlichen Ausdruckes kommt vor, ist jedoch nicht nötig (Art 25 WG). Die Annahme führt zu einer wechselmäßigen Haftung des Bezogenen. Diese besteht gegenüber jedem Wechselberechtigten, also auch gegenüber dem Aussteller selbst. Wird also etwa der Aussteller vom Wechselinhaber belangt, weil der Akzeptant nicht gezahlt hat, so kann der Aussteller nach Zahlung gegen den Akzeptanten vorgehen.

Das durchaus gebräuchliche **Blankoakzept** ist dadurch definiert, dass die Annahmeerklärung auf ein noch nicht (vollständig) ausgefülltes Wechselformular gesetzt wird.

VI. Die Übertragung des Wechsels (Indossament)

871 Auch die Forderung aus einem Wechsel kann immer durch *Zession* übertragen werden; bei Rektawechseln kommt nur diese Form in Betracht. Regelmäßig erfolgt die Übertragung eines Wechsels jedoch durch **Indossament** (Art 11 WG). Verschafft wird sowohl das Eigentum an der Wechselurkunde als auch das Recht aus dem Wechsel.

Für die Wirksamkeit des Indossaments wird Unterschrift des durch die bisherigen Wechselerklärungen legitimierten Inhabers verlangt. Das Indossament wird üblicherweise *auf die Rückseite des Wechsels* gesetzt. Es lautet etwa: „an die Order von Herrn X" oder „an Herrn X". Auch bloße Unterschrift auf der Rückseite des Wechsels reicht aus (Blankoindossament; vgl Rz 872).

Neben der für Orderpapiere charakteristischen *Legitimationsfunktion* und *Transportfunktion* hat das Indossament bei Wechsel und Scheck auch *Garantiefunktion.* ***Legitimationsfunktion*** bedeutet zweierlei: 1. Wer den Wechsel in Händen hat und sein Recht durch eine ununterbrochene Reihe von Indossamenten nachweist, gilt als rechtmäßiger Inhaber des Wechsels. 2. Die Indossamentenkette bildet die Grundlage des gutgläubigen Erwerbs; auch wenn der unmittelbare Vormann nicht berechtigt war, können also die Wechselrechte erworben werden

(Art 16 WG). **Transportfunktion** bedeutet Übertragung des Wechsels und der in ihm verbrieften wechselrechtlichen Ansprüche. Das Indossament weist deshalb auch **Garantiefunktion** auf, weil der Indossant für die Annahme und die Zahlung des Wechsels haftet (Art 15 WG). Diese Haftung könnte allerdings durch besonderen Vermerk ausgeschlossen werden.

Von **Blankoindossament** spricht man dann, wenn es denjenigen, an den der Wechsel indossiert wird (den Indossatar), nicht bezeichnet (Art 13 WG). Es liegt dann vor, wenn der letzte Indossant bloß seine Unterschrift auf den Wechsel setzt. Auf diese Weise wird der Wechsel einem *Inhaberpapier* angenähert: Der Wechsel kann ohne weiteres weitergegeben werden. Will ein Inhaber die Wechselrechte geltend machen, so setzt er einfach seinen Namen ein. – Zum davon streng zu unterscheidenden **Blankowechsel** noch Rz 876. **872**

VII. Die wechselrechtlichen Einwendungen

1. Das Problem

Die im Wechselrecht besonders wichtige Verkehrsfähigkeit (Umlauffähigkeit) kann nur dann erreicht werden – und das Wechselrecht kann nur dann seinen Zweck erfüllen –, wenn sich der Rechtsverkehr im Wesentlichen auf den Inhalt der Wechselurkunde verlassen kann. Mögliche Unwirksamkeitsgründe einer Verpflichtung außerhalb der Urkunde sollen daher gegenüber dem Wechselinhaber nur ganz ausnahmsweise geltend gemacht werden können. Dem Verkehrsschutz steht allerdings der Schutz des einzelnen (möglichen) Wechselschuldners gegenüber. So ist zB anerkannt, dass ein Geschäftsunfähiger auch dann nicht Schuldner werden kann, wenn er seine Unterschrift auf einen Wechsel gesetzt hat. Was gilt aber etwa dann, wenn der Wechsel unter dem Einfluss einer Drohung oder Täuschung ausgestellt wurde, wenn das der Wechselbegebung zu Grunde liegende Kausalgeschäft nichtig ist oder wenn die Wechselschuld bereits getilgt wurde? Mit diesen und vielen weiteren Fragen beschäftigt sich die **wechselrechtliche Einwendungslehre.** Hier kann bloß über das Wichtigste Auskunft gegeben werden. Man unterscheidet vor allem **absolute** und **relative** Einwendungen. **873**

Achtung! Ein besonderes *Schutzbedürfnis* besteht *bloß im Falle der Wechselweitergabe* und bloß für den Erwerber. Hingegen können im Grundverhältnis dem ersten Wechselnehmer alle (persönlichen) Einwendungen entgegengehalten werden. Ein Erwerber kann überdies nur dann Vertrauensschutz beanspruchen, wenn er selbst an sich alle Erwerbsvoraussetzungen erfüllt; vgl den Gutglaubenserwerb Rz 339ff, wo nur vom Recht des Veräußerers, nicht aber von Titel und modus abgesehen wird. **873a**

Beispiele: Erwirbt X den Wechsel vom durch Indossament legitimierten Y, so kann ihm der Wechselschuldner nicht entgegenhalten, Y habe unwirksam erworben. Der Aussteller A könnte X, dem er den Wechsel selbst übergeben hat, jedoch – allerdings bei voller Beweislast! – erfolgreich einwenden, die dadurch gesicherte Kaufpreisforderung sei noch nicht fällig; aber auch, X habe den Wechsel wegen Geschäftsunfähigkeit des Y nicht wirksam erworben.

2. Absolute Einwendungen

Absolute Einwendungen können auch gutgläubigen Wechselerwerbern entgegengehalten werden. Man unterscheidet wieder **unmittelbare, inhaltliche und** **874**

Zurechenbarkeitseinwendungen. Im ersten Fall fehlt es an einem schutzwürdigen Erwerbsakt. (*Beispiele:* Dissens bei Erwerb des Wechsels selbst, weshalb der Erwerber – wie etwa auch bei sonstigen Käufen – keine Rechte erwirbt; Ausstellung eines eigenen Wechsels auf Grund eines relevanten Geschäftsirrtums, wenn der Remittent selbst die Rechte aus dem Wechsel geltend macht.) Inhaltliche (urkundliche) Einwendungen können deshalb geltend gemacht werden, weil kein objektiver Scheintatbestand vorliegt. (*Beispiel:* Die Urkunde enthält das Wort „Wechsel" nur in der Überschrift, nicht aber im Text.) Bei den Zurechenbarkeitseinwendungen hat der angebliche Schuldner den Rechtsschein nicht oder jedenfalls nicht in zurechenbarer Weise verursacht. (*Beispiel:* Die Wechselverpflichtungserklärung wurde im Zustand der Volltrunkenheit und damit der Geschäftsunfähigkeit abgegeben.)

3. Relative Einwendungen

875 Andere Mängel gehören in den Bereich der **relativen Einwendungen.** Das bedeutet, dass sie einem **redlichen Erwerber** des Wechsels nicht entgegengehalten werden können. In gewissen Fällen schadet dem Erwerber bereits grobe Fahrlässigkeit (*Beispiel:* Der Erwerb des Wechsels durch den Vormann war – für den Erwerber leicht erkennbar – mangelhaft; *Gültigkeitseinwendung),* manchmal schadet bloß bewusstes Handeln zum Nachteil des Schuldners (*Beispiel:* Der Gläubiger erwirbt den Wechsel im Wissen, dass der Wechselbegebung ein mangelhaftes oder ein gar nicht bestehendes Kausalverhältnis zu Grunde liegt; *persönliche Einwendung*).

VIII. Der Blankowechsel

876 In der Praxis werden nicht selten **Blankowechsel** verwendet. Ein solcher liegt nach Art 10 WG dann vor, wenn der Wechsel bei der Begebung unvollständig war, jedoch gewisse Ausfüllungsvereinbarungen getroffen wurden. Diese Abrede ist auch der Unterschied zum formnichtigen Wechsel, bei dem gewisse Bestandteile ungewollt fehlen. Blankowechsel werden nicht selten dann ausgestellt, wenn die genaue Höhe der Forderung des Wechselnehmers noch nicht bekannt ist, aber bereits vorweg eine wechselmäßige Sicherheit geschaffen werden soll. (*Beispiel:* Vom Bürgen wird neben der Unterfertigung des Bürgschaftsvertrages auch die Ausstellung eines Blankowechsels verlangt.)

Da der Blankowechsel im Gesetz vorgesehen ist, kann er selbstverständlich nicht formnichtig sein. Rechte aus dem Blankowechsel können aber immer erst nach vollständiger Ausfüllung geltend gemacht werden. Bei *vereinbarungsgemäßer* Vervollständigung ist der Blankowechsel so zu behandeln, als wäre er von vornherein vollständig gewesen. Für die abredewidrige Ausfüllung sieht Art 10 WG vor, dass die Nichteinhaltung der Ausfüllungsvereinbarung dem Wechselinhaber nicht entgegengesetzt werden kann, außer dieser hat den Wechsel in bösem Glauben erworben oder ihm fiel beim Erwerb grobe Fahrlässigkeit zur Last.

877 Die **Übertragung** eines Blankowechsels ist nach allgemeinen Regeln, also durch Indossament, möglich. Wegen des gleichen Erscheinungsbildes kann auch ein *formnichtiger* Wechsel als Blankowechsel erscheinen. Wer gutgläubig oder bloß leicht fahrlässig einen solchen Wechsel erwirbt, erhält ebenfalls entsprechend Art 10 WG wechselrechtliche Ansprüche.

IX. Die Erfüllung der Wechselverpflichtung

1. Fälligkeit

Grundsätzlich kann der Wechselinhaber bei Fälligkeit („Verfall") Zahlung fordern. Ergibt sich aus der Wechselurkunde kein bestimmter Verfallstag, so ist der Wechsel mit Vorlage fällig (Sichtwechsel); aus dem Wechsel selbst kann sich aber auch eine bestimmte Frist nach Sicht ergeben (Nachsichtwechsel). Für die nachträgliche Hinausschiebung der Fälligkeit stehen mehrere Möglichkeiten der **Prolongation** (Verlängerung) zur Wahl. **878**

2. Vorlage

Wer aus dem Wechsel Zahlung beanspruchen will, muss ihn *zur Zahlung vorlegen;* man spricht auch von **Präsentation.** Davon ist die Vorlage zum Akzept (Rz 870) zu unterscheiden. Die Vorlage hat den Zweck, dem Schuldner die Prüfung der Legitimation des Anspruchswerbers zu ermöglichen. Vorzulegen ist *am Zahlungsort.* Die **Vorlegungsfristen** sind sehr streng geregelt (Art 38 WG): Vorlage hat frühestens am Zahltag, spätestens am zweiten Werktag nach dem Zahltag zu erfolgen. Versäumung dieser Frist bringt alle Ansprüche gegen Rückgriffsschuldner zum Erlöschen; bloß die Forderung gegen den Akzeptanten bleibt aufrecht. Die Rückgriffsschuldner sollen nämlich nicht längere Zeit im Ungewissen darüber bleiben, ob sie noch in Anspruch genommen werden oder nicht. **879**

3. Rechtsfolgen der Zahlung

Zahlung hat zunächst einmal **Tilgung** der betreffenden Wechselverpflichtung zur Folge. Leistet der Akzeptant (bzw der Bezogene), fallen alle Wechselverpflichtungen weg. Zahlung durch bloß subsidiär Haftende lässt hingegen die Verpflichtungen der *Vormänner* unberührt, da diese ja dem Leistenden wechselrechtlich haften. Zug um Zug gegen Zahlung hat der Gläubiger den quittierten Wechsel dem Zahler auszuhändigen. **880**

Sonderprobleme wirft die **Zahlung an einen Nichtberechtigten** auf. Wer vor Verfall zahlt, handelt auf eigene Gefahr. Zahlung nach Verfall führt zur Befreiung des Schuldners, sofern diesem nicht Arglist oder grobe Fahrlässigkeit zur Last fällt. Der Schuldner hat die Ordnungsgemäßheit der Indossamentenkette, aber nicht die einzelnen Unterschriften der Indossanten zu prüfen (Art 40 WG). **881**

X. Rückgriff (Wechselregress)

1. Begriffe

Von **Rückgriff** oder **Regress** spricht man im Wechselrecht dann, wenn der Wechselinhaber gegen einen anderen als den Bezogenen vorgeht. Dabei ist vor allem **Regress mangels Zahlung** und **Regress mangels Annahme** möglich. Im ersten Fall zahlt der Bezogene den ihm ordnungsgemäß präsentierten fälligen Wechsel nicht. Im zweiten Fall verweigert der Bezogene bereits die Annahme, was Nichtzahlung wahrscheinlich macht. Regress ist dann sogar *vor Fälligkeit* möglich. **882**

2. Wechselprotest

883 Will der Wechselinhaber nun Regress nehmen, genügt es nicht, dass er die Voraussetzungen des Rückgriffs *bloß behauptet.* Vielmehr sind besonders glaubhafte Nachweise vonnöten. Aus diesem Grund ist der so genannte **Wechselprotest** notwendig: Der Wechselinhaber muss sich die zum Rückgriff berechtigenden Tatsachen *öffentlich beurkunden* lassen (Art 44 WG). In Österreich wird eine solche Beurkundung von einem Gerichtsbeamten oder einem Notar vorgenommen (Art 79–88 WG). Auch hier gilt eine kurze **Protestfrist,** die beim Protest mangels Annahme mit der Frist zur Vorlage zur Annahme identisch ist (vgl Art 22ff WG). Protest mangels Zahlung muss grundsätzlich innerhalb von zwei Tagen vom Zahlungstag an gerechnet erhoben werden. Versäumung der Frist führt zur **Präjudizierung** des Wechsels: Der Wechselinhaber verliert alle Rückgriffsansprüche gegen seine Vormänner. Diese Rechtsfolge greift allerdings dann nicht ein, wenn **Protesterlass** vorgesehen ist. Dieser Erlass erfolgt relativ häufig, weil die öffentliche Beurkundung Kosten verursacht, für die ebenfalls die Rückgriffsschuldner aufkommen müssen.

3. Rechtsfolgen erfolgreichen Rückgriffs

884 Wie bereits mehrfach betont, kann der Wechselinhaber grundsätzlich gegen jeden Wechselverpflichteten vorgehen. Zahlt etwa ein Indossant, so erhält dieser den Wechsel und kann nun seinerseits gegen seine Vormänner (insbesondere den Aussteller) und einen etwaigen Akzeptanten die Wechselforderung geltend machen. Diese erhöht sich um Zinsen sowie Prozesskosten und andere Auslagen. Das Gesetz sieht überdies eine Provision als Vergütung für die Mühewaltung des Regressnehmers vor (vgl Art 48 WG). Dies gilt bereits für den ersten Rückgriff.

4. Kapitel
Scheckrecht

Weiterführende Literatur: *Avancini/Iro/Koziol,* Bankvertragsrecht I 396–442; *Hauser,* Österreichisches Wechsel- und Scheckrecht[2] (1999) Rz 216–271; *Pimmer,* Wechselgesetz und Scheckgesetz[9] (1992); *Roth,* Wertpapierrecht[2] 24–109.

I. Grundsätzliches

885 Das Scheckrecht wird durch das **ScheckG** geregelt. Dieses entspricht weitestgehend dem WG. In diesem Abschnitt werden daher prinzipiell bloß die Bereiche angesprochen, in denen sich das Scheckrecht von den wechselrechtlichen Vorschriften unterscheidet.

II. Die Rechtsnatur des Schecks

886 Der Scheck ist wie der Wechsel eine **schriftliche Zahlungsanweisung.** Sie muss ebenfalls ausdrücklich als Scheck bezeichnet werden und abstrakt sowie unbedingt auf Zahlung einer bestimmten Geldsumme lauten.

Im Unterschied zur gewöhnlichen Anweisung (Rz 852ff) ist für den Scheck charakteristisch, dass sein Aussteller für die Einlösung des Schecks haftet. Ein Ausschluss dieser Haftung kommt nicht in Betracht (Art 12 ScheckG).

III. Die wirtschaftliche Funktion des Schecks

Anders als mit einem Wechsel, dessen Hauptbedeutung im Kreditverkehr liegt, verfolgt man mit dem Scheck **Zahlungszwecke.** Aus diesem Unterschied resultiert auch die abweichende rechtliche Behandlung im Detail. Der Scheck ist ein *Instrument des bargeldlosen Zahlungsverkehrs* und hat eine ähnliche Funktion wie die *Giroüberweisung* (Rz 701 f). Den Scheckaussteller, aber auch etwaige sonstige Scheckverpflichtete, trifft bei Nichteinlösung durch die bezogene Bank eine zwingende Regresshaftung (Art 40 ScheckG). **887**

IV. Form und Inhalt des Schecks

Auch ein Scheck muss gewisse Voraussetzungen erfüllen, um als Urkunde im Sinne des ScheckG zu gelten. **Art 1 ScheckG** zählt folgende **sechs Merkmale** auf: **888**

- Die Bezeichnung als Scheck im Text der Urkunde,
- die unbedingte Anweisung zur Zahlung einer bestimmten Geldsumme,
- den Namen des Bezogenen,
- die Angabe des Zahlungsortes,
- die Angabe des Tages und des Ortes der Ausstellung,
- die Unterschrift des Ausstellers.

Art 2 ScheckG hält wie Art 2 WG subsidiäre Bestimmungen für den Fall parat, dass gewisse Angaben fehlen (zB Zahlungsort, Ausstellungsort). Auch ein nichtiger Scheck kann uU in eine Anweisung *umgedeutet* werden (vgl Rz 458). **889**

V. Wesentliche Unterschiede zum Wechselrecht

1. Der Bezogene

An sich darf ein Scheck nur auf eine **Bank** gezogen werden, bei der der Aussteller ein Guthaben hat. Eine Verletzung dieser Vorschrift berührt die Gültigkeit der Urkunde als Scheck jedoch nicht (Art 3 ScheckG). **890**

2. Die Übertragung

Ergibt sich aus der Urkunde nichts anderes, ist der Scheck **Orderpapier.** Er wird dann durch **Indossament** (Rz 871) übertragen. Nicht üblich, aber zulässig ist die Ausstellung als **Rektapapier.** Hingegen wird ein Scheck – was beim Wechsel nicht möglich ist – häufig als **Inhaberscheck** ausgestellt. Ein solcher liegt dann vor, wenn die Person des Berechtigten in der Urkunde namentlich gar nicht genannt wird oder wenn der Zusatz „oder Überbringer" hinzugefügt wird (Art 5 ScheckG). Inhaberschecks werden durch Einigung und Übergabe des Papiers übertragen. Mangels Indossaments tritt eine Haftung des Übertragenden regelmäßig nicht ein; ein solcher Scheck weist also immer nur einen Scheckschuldner (den Aussteller) auf. Heutzutage werden jedenfalls im Inlandsgeschäft beinahe ausschließlich Inhaberschecks verwendet. **891**

3. Das Akzeptverbot

Um zu verhindern, dass der Scheck ähnlich dem Wechsel zu Kreditzwecken verwendet wird, hat der Gesetzgeber ein **Akzeptverbot** angeordnet: Der Scheck **892** kann nicht angenommen werden. Ein auf den Scheck gesetzter Annahmevermerk gilt als nicht geschrieben (Art 4 ScheckG). Daraus folgt: **Der Bezogene (die Bank) kann niemals scheckrechtlich haften!** Daher ist die Annahme eines Schecks anstelle von Bargeld (wenn auch ohnehin bloß *zahlungshalber;* Rz 577) riskant: Hat der Aussteller bei der Bank kein Guthaben, wird diese die Einlösung des Schecks häufig verweigern. Dann muss der Gläubiger seinem Geld doch wieder nachlaufen.

4. Die Fälligkeit

893 Da der Scheck ein Mittel des reinen Zahlungsverkehrs bleiben soll, gilt auch für die **Fälligkeit** vom Wechselrecht Verschiedenes: **Ein Scheck ist stets bei Sicht fällig.** Auch wenn der Scheck einen bestimmten Verfallstag enthält, kann er also vorher zur Einlösung vorgelegt werden (Art 28 ScheckG). Das Gesetz sieht überdies **kurze Vorlegungsfristen** vor, die ab dem Ausstellungsdatum zu laufen beginnen. Die Frist für Inlandsschecks beträgt acht Tage; sie kann allerdings durch Vordatieren hinausgeschoben werden (Art 29 ScheckG).

VI. Der Verrechnungsscheck

894 Vor allem beim gebräuchlichen Inhaberscheck besteht eine weit reichende *Missbrauchsgefahr.* Wird ein Scheck verloren oder gestohlen, so kann grundsätzlich jeder Inhaber die Einlösung vornehmen. Dieses Risiko kann dadurch etwas verringert werden, dass der Scheck als **Verrechnungsscheck** ausgestellt wird. Man schreibt dann etwa „nur zur Verrechnung“ auf die Vorderseite des Schecks. In einem solchen Fall erhält der Einlöser keine Barzahlung; vielmehr darf der Bezogene den Scheck nur im Wege der Gutschrift einlösen. Dadurch kommt es zu einer Gutbuchung des Scheckbetrages auf dem Girokonto des Einreichers. Auf diese Weise ist es zumindest möglich, den Lauf eines Schecks zu verfolgen.

VII. Anhang: Die Kreditkarte

Weiterführende Literatur: *Vogel,* Missbrauch von Kreditkarten aus zivilrechtlicher Sicht (2000).

895 Nachdem die Scheckkartengarantie der kontoführenden Bank abgeschafft wurde, traten im Alltag andere Formen bargeldloser Zahlung noch stärker in den Vordergrund; so insbesondere mittels Bankomatkarte (Rz 704 ff) und **Kreditkarte.**

896 Bei der Kreditkarte sieht die **Konstruktion** im Groben wie folgt aus: Die Kreditkartengesellschaft vereinbart mit einer Vielzahl von Unternehmen, dass diese von Kunden Kreditkarten als Zahlungsmittel akzeptieren. Der Vorteil für den Unternehmer ist eine Erweiterung seines Geschäftsvolumens. Die Kreditkartengesellschaft erhält gewisse prozentuelle Anteile vom Entgelt als Provision. Im Vertrag zwischen Kreditkartengesellschaft und Kunden (Kreditkarteninhaber) werden die wechselseitigen Rechte und Pflichten näher festgelegt. So erhält der Kunde in bestimmten Zeitabständen Abrechnungen der von ihm mittels Kreditkarte getätigten Geschäfte. Bis dahin treffen ihn keine Zinsenlasten. Er hat jedoch dafür zu sorgen, dass Negativsalden umgehend ausgeglichen werden. Häufig ar-

beiten Kreditkartenunternehmen unmittelbar mit den kontoführenden Instituten zusammen, was die Verrechnung erleichtert.

5. Kapitel

Kapitalmarktpapiere (Effekten) und Sparbücher

Weiterführende Literatur: *Avancini/Iro/Koziol,* Bankvertragsrecht I 455–555; *P. Berger,* Das Recht des Sparbuchs (1989); *Kastner/Doralt/Nowotny,* Gesellschaftsrecht[5] 193–202 (zur Aktie); *Roth,* Wertpapierrecht[2] 135–182.

I. Allgemeines

Wertpapiere dienen nicht bloß Kredit- oder Zahlungszwecken. Sie werden auch zur **Vermögensanlage** verwendet. Die wichtigsten Papiere aus diesem Bereich sind hier anzusprechen. Der Emittent der Urkunde erhält sofort Bargeld, das er für konkrete Projekte benötigt; der Erwerber des Papiers hofft auf sichere Geldanlage und regelmäßig auch auf Wertvermehrung. Neben festverzinslichen Anlagen (zB Spareinlagen und Anleihen) gibt es so genannte „Risikopapiere", bei denen die Chance hoher Gewinne, aber auch das Risiko von Verlusten gegeben ist. Ein klassisches Risikopapier ist die Aktie. 897

Professionelle Wertpapierhändler (Kreditinstitute, Wertpapierdienstleistungsunternehmen usw) werden durch die Finanzmarktaufsichtsbehörde (vormals: Wertpapieraufsicht) überwacht (FinanzmarktaufsichtsG – FMAG). Dadurch sollen das gesamtwirtschaftliche Interesse an einem funktionsfähigen Kapitalmarkt und das Interesse der Anleger gewahrt werden.

Zahlreiche Rechtsvorgänge am Kapitalmarkt unterliegen einer besonderen Besteuerung nach dem *KapitalverkehrsteuerG.*

II. Die Inhaberschuldverschreibung

Unter den rechtlichen Begriff **„Inhaberschuldverschreibung"** fallen viele Papiere, die unter anderen Bezeichnungen bekannt sind: Anleihen, Wandelschuldverschreibungen, Optionsanleihen, Pfand- und Hypothekenpfandbriefe, Genussscheine und Gewinnschuldverschreibungen usw. **Anleihen** werden von der öffentlichen Hand ausgegeben. Sie sind häufig Schuldverschreibungen der Republik Österreich selbst (Staatsanleihen), manchmal auch anderer öffentlich-rechtlicher Körperschaften (zB der Länder). Die Laufzeit beträgt etwa 10 Jahre, der Zinssatz derzeit um 4%. Durch die Kreditwürdigkeit des Schuldners ist diese Anlageform recht sicher. Als weiteres Beispiel seien die **Hypothekenpfandbriefe** genannt: Solche Papiere werden von Banken ausgegeben. Diese Schuldverschreibungen müssen in ihrem gesamten Nennwert durch Hypotheken in mindestens gleicher Höhe und mit gleichem Zinsertrag gedeckt sein. Näheres regelt das PfandbriefG sowie das HypothekenbankG. 898

Schon aus der Bezeichnung ergibt sich, dass Inhaberschuldverschreibungen **Inhaberpapiere** sind. Das Recht wird durch Übereignung des Papiers übertragen, gutgläubiger Erwerb vom Nichtberechtigten kommt in Betracht. Folgende Kriterien sind bei fast allen Inhaberschuldverschreibungen erfüllt: In der Urkunde ist ein Anspruch auf Rückzahlung eines bestimmten Geldbetrages verbrieft, die Laufzeit beträgt über 5 Jahre und der Zinssatz ist vorweg fixiert.

Die Ausgabe von Inhaberschuldverschreibungen unterliegt strenger staatlicher Reglementierung und Kontrolle. Nähere Vorschriften enthält etwa das BeteiligungsfondsG. Zu *Partizipationsscheinen* Rz 902. – Anteilscheine von *Kapitalanlagefonds* (nach dem InvestmentfondsG oder dem Immobilien-InvestmentfondsG) verbriefen demgegenüber *Miteigentumsrechte* an dem aus Wertpapieren bestehenden Fondsvermögen.

III. Die Aktie

1. Allgemeines

899 Genaueres zu den Rechten eines Aktionärs finden sich im Abschnitt über die AG (Rz 1099 ff). Hier ist nur die **Aktie als Wertpapier** zu behandeln. Sie verbrieft ein *Mitgliedschaftsrecht,* aus dem verschiedene Vermögens- und Mitwirkungsrechte resultieren (zB Anspruch auf Dividende, Stimmrecht in der Hauptversammlung).

2. Arten

900 Aktien sind **kausale Wertpapiere** (Rz 851). Sie können als **Inhaber-** oder als **Namensaktien** ausgegeben werden. Für Namensaktien ist ein **Aktienbuch** zu führen; ferner kann die Satzung der AG vorsehen, dass Übertragungen nur mit Zustimmung der Gesellschaft möglich sind (**vinkulierte Aktien;** § 62 AktG). Aktien sind von Gesetzes wegen etwa dann zu vinkulieren, wenn mit ihnen bestimmte Nebenverpflichtungen oder etwa das Recht des Aktionärs zur Entsendung von Aufsichtsratsmitgliedern verbunden ist.

Aktien können auf einen bestimmten **Nennbetrag** lauten oder als (nennwertlose) **Stückaktien** ausgegeben werden. In ein und derselben AG darf nur eine Aktienart verwendet werden. Bei der Verwendung von *Stückaktien* muss jedem Aktionär erkennbar sein, wie viele Aktien insgesamt ausgegeben wurden, da jede Aktie gleich viel wert ist und einen entsprechenden Anteil an der AG verbrieft. *Nennbetragsaktien* müssen auf mindestens € 1 oder ein Vielfaches davon lauten (Details in § 8 AktG).

Nicht zwingend ist es, dass aus jeder Aktie gleiche Rechte der Aktionäre folgen. So können neben den normalen **Stammaktien** auch **Vorzugsaktien** ausgegeben werden. Diese sind für reine Anlagezwecke interessant, weil sie Vorteile bei der Gewinnverteilung (Rz 1099 f) gewähren; jedoch haben Vorzugsaktionäre kein Stimmrecht in der Hauptversammlung (Rz 1106).

3. Nennwert und Kurswert

901 Zu unterscheiden sind **Nennwert** und **Kurswert:** Nennwert ist der auf der Aktie vermerkte Betrag, Kurswert der „innere" Wert der Beteiligung an der AG. Dieser ist häufig deutlich höher als der Nennwert. So kann etwa eine Aktie der X-AG mit € 10 Nennwert einen aktuellen Kurswert von € 43,65 haben. Dieser Betrag ist zu zahlen, wenn man eine solche Aktie erwerben will. Der Kurswert entspricht auch nicht präzise dem tatsächlichen *Vermögen* der AG (vgl Rz 1041). Er bildet sich vielmehr durch Angebot und Nachfrage und ist nicht immer rational zu erklären. Die aktuelle Vermögenslage der Gesellschaft stellt dabei bloß einen Aspekt dar; von größerer Bedeutung sind vor allem Prognosen über die zukünftige Entwicklung des Unternehmens sowie die allgemeine Wirtschaftslage.

4. Weitere Wertpapiere einer AG

Hat der Aktionär seine Einlageverpflichtung noch nicht voll erfüllt, so können ihm auf seinen Namen lautende **Zwischenscheine** ausgestellt werden (§ 10 Abs 5 AktG). Diese werden bei Einzahlung des ausständigen Restes in Aktien umgetauscht. 902

Die AG kann auch *Wandel-* bzw *Gewinnschuldverschreibungen* sowie *Genussscheine* ausgeben (siehe § 174 AktG). Diese gesetzlich nicht näher determinierten „Beteiligungen" verbriefen kein Mitgliedschaftsrecht, sondern gewähren bloß obligatorische Ansprüche gegen die AG; Wandelschuldverschreibungen enthalten das Recht zum Aktienbezug. Betreibt die ausgebende Gesellschaft Bank- oder Versicherungsgeschäfte, so können Genussscheine als **Partizipationsscheine** ausgegeben werden. Unter bestimmten Voraussetzungen wird dieses Partizipationskapital dem Eigenkapital der AG zugerechnet (vgl § 23 Abs 4 BWG).

IV. Das Sparbuch

1. Begriff

Das **Sparbuch** ist eine Urkunde, die die Bank dem Sparer über eine Spareinlage ausstellt (§ 31 BWG). In der Sache gewährt der Sparer der Bank ein Darlehen; aus dem Sparbuch steht ihm ein Rückzahlungsanspruch gegen die Bank zu. Im Detail kann der der Ausgabe eines Sparbuchs zu Grunde liegende Spareinlagenvertrag ganz unterschiedlich ausgestaltet sein: So werden insbesondere im Hinblick auf Verzinsung und Laufzeit ganz verschiedene Varianten angeboten (s Rz 706). 903

Zur Verhinderung von *Geldwäsche* – das Gesetz verwendet regelmäßig den unpassenden Ausdruck „Geldwäscherei" – haben die Kreditinstitute bei Ein- und Auszahlungen ab € 15.000 eine Identitätsprüfung vorzunehmen (vgl die weit über die Eröffnung von Sparbüchern hinausgehende Vorschrift des § 40 BWG).

2. Rechtsnatur des Sparbuchs und Rechte des Sparers

Das Sparbuch ist ein **echtes Wertpapier.** Auszahlungen aus dem Sparguthaben können nämlich nur bei Vorlage der Sparurkunde verlangt werden (§ 32 Abs 2 BWG). 904

Lange Zeit war das anonyme **Überbringersparbuch,** ein *Inhaberpapier,* sehr beliebt. Heutzutage kann es aber nicht mehr ausgestellt werden; eine weitere Folge des Kampfes gegen Geldwäsche. Weiterhin existierende anonyme Sparbücher – die es sicherlich auch heute noch in großer Zahl gibt – dürfen seit 1. 7. 2002 rechtsgeschäftlich nicht mehr übertragen werden (§ 31 Abs 5 BWG). Wer etwas abheben will, muss sich vorher identifizieren und das Sparbuch entsprechend umwandeln.

Im **Namenssparbuch** ist der Berechtigte namentlich genannt; es stellt daher an sich ein *Rektapapier* (Rz 846) dar. Bei einem Guthaben ab € 15.000 kann nur diese Form gewählt werden, wobei die Vereinbarung eines Losungswortes (Rz 905) möglich ist. Beheben kann immer nur derjenige, auf dessen Namen das Buch lautet. Die Übertragung erfolgt durch Abtretung. Das Sparbuch ist von der Bank allerdings auf den neuen Berechtigten „umzuschreiben". Erst dann kann dieser über das Guthaben verfügen.

Sparurkunden mit einem Guthaben von weniger als € 15.000 können – nach Identitätsfeststellung – jedoch auch auf eine andere Bezeichnung als den Namen des Sparers lauten (zB „Almhütte Gaberl"); in diesem Fall ist die **Verwendung eines Losungswortes zwingend** (§ 31 Abs 3 BWG). Über die Spareinlage kann „anonym", nämlich von jedem Inhaber, der das Sparbuch vorlegt und das Losungswort kennt, verfügt werden.

Details zu Ein- und Auszahlungen sowie Verzinsung regelt § 32 BWG.

3. Das Losungswort

905 Nicht selten wird zur Vermeidung von Missbrauch vorgesehen, dass zur Auszahlung die Vorlage des Sparbuchs allein nicht genügt. Vielmehr ist *daneben* die Angabe eines **Losungswortes** erforderlich. Damit der Schutz des Berechtigten nicht ins Gegenteil umschlägt, trifft das Gesetz auch eine Regelung für den Fall, dass der Vorleger das Losungswort nicht angeben kann (weil er es etwa vergessen oder das Sparbuch im Erbwege erlangt hat): Er kann Auszahlung verlangen, wenn er seine Berechtigung auf andere Weise dartut (§ 31 Abs 3 BWG). Zahlt die Bank einmal an einen Nichtberechtigten aus, der das (richtige) Losungswort nicht nennt und sich auch nicht auf andere Weise als befugt legitimiert, so kann dies selbstverständlich niemals zu Lasten des Berechtigten gehen: Sein Sparguthabensstand bleibt rechtlich unberührt, auch wenn bereits Abbuchungen eingetragen wurden: Buchungen sind nämlich an sich bloß deklarativ, nicht konstitutiv.

4. Teil
Gesellschaftsrecht

Weiterführende Literatur: *Bertl/Mandl/Mandl/Ruppe* (Hrsg), Die Personengesellschaft im Handels- und Steuerrecht (2001); *Holzhammer/Roth,* Gesellschaftsrecht[2] (1997); *Krejci,* Gesellschaftsrecht I (2005); *Reich-Rohrwig,* EU-Gesellschaftsrechtsänderungsgesetz (1996); *Roth/Fitz,* Unternehmensrecht[2] Rz 233–682.

1. Kapitel
Allgemeiner Teil

I. Begriff der Gesellschaft; Gründe für ihre Ausprägung

Die **Gesellschaft** iwS ist nach einer anerkannten **Definition** ein rechtsgeschäftlicher Zusammenschluss zweier oder mehrerer Personen zur Erreichung eines – regelmäßig gemeinsamen – Zwecks durch organisiertes Zusammenwirken. Die entscheidenden **Merkmale** sind daher: 906

- Rechtsgemeinschaft
- Entstehung durch Vertrag (Rechtsgeschäft)
- bestimmter gemeinsamer Zweck
- organisiertes Zusammenwirken der Gesellschafter

Die erwähnten Merkmale grenzen die privatrechtliche Gesellschaft gegenüber anderen rechtlich relevanten Zusammenschlüssen ab. So bildet etwa die Gesamtheit der Miteigentümer einer körperlichen Sache (Rz 329 ff) eine „schlichte" Rechtsgemeinschaft; sie kann etwa durch Erbgang oder rein faktische Verhaltensweisen (Verarbeitung, Vermengung) entstanden sein. Im Unterschied zur Gesellschaft steht nicht das gemeinsame *Wirken,* sondern das gemeinsame *Haben* im Vordergrund. Die zwingende Voraussetzung des vertraglichen Zustandekommens stellt auch den Unterschied zu Interessengemeinschaften dar, die auf öffentlich-rechtlichem Akt beruhen (zB Zwangsmitgliedschaften in Kammern). Der (gemeinsame) Zweck muss im **Gesellschaftsvertrag** ebenfalls bereits festgelegt sein. Im Vordergrund stehen dabei materielle Zwecke, denkbar sind jedoch auch gemeinnützige (Wohnbaugenossenschaften) oder bloß ideelle (Kultur- und Sportvereine). Die Voraussetzung einer **Mindestorganisation** führt dazu, dass für einen möglichst reibungslosen Ablauf gesetzlich oder vertraglich vorgesorgt werden muss. Es muss insbesondere festgelegt werden, wie „Gesellschaftsentscheidungen" zustande kommen und wer sie durchzuführen hat.

Zusammenschlüsse von Personen zur Erreichung bestimmter **Zwecke** gibt es schon seit eh und je. Wesentliche Gründe der Verbandsbildung wurden bereits 907

Rz 189 genannt. Häufig geht es darum, dass bestimmte Vorhaben von einer Einzelperson nicht oder nur mit allzu großem Risiko ausgeführt werden können. Daneben spielen allerdings immer mehr auch steuerrechtliche Aspekte eine Rolle. Nicht selten sind überdies organisatorische Gründe (*Beispiel:* Ausgliederung einzelner Teilbetriebe durch Gründung einer gesonderten Gesellschaft).

II. Rechtsquellen

908 Das Gesellschaftsrecht ist auf Grund seiner wirtschaftlichen Bedeutung zum Großteil sehr ausführlich geregelt. Für einzelne Gesellschaftsformen existieren eigene *Sondergesetze* (zB AktG, GmbHG). Wesentliche Bestimmungen enthalten aber auch ABGB und UGB. Genauere Hinweise finden sich bei den einzelnen Arten von Gesellschaften Rz 916ff. In jüngerer Zeit wurde insbesondere das Kapitalgesellschaftsrecht nicht zuletzt auf Grund europäischer Vorgaben mehrfach – zum Teil durchgreifend – novelliert. Die letzten größeren Änderungen erfolgten durch das GesellschaftsrechtsänderungsG 2004 und – vor allem für die Personengesellschaften – durch das HaRÄG.

III. Wesentliche Prinzipien

1. Geschlossene Zahl der Gesellschaftsformen

909 Zunächst ist darauf hinzuweisen, dass es einen **numerus clausus** der Gesellschaftsformen gibt. Daher können nur Gesellschaften gegründet werden, die gesetzlich vorgesehen sind. Auch inhaltlich sind bestimmte Gesellschaftsformen stark durch zwingendes Recht determiniert. Grund dafür ist einmal der notwendige Schutz von Gläubigern der Gesellschaft (dazu sofort), aber auch der der Gesellschafter selbst; zum Teil wird überdies das öffentliche Interesse berücksichtigt. Das Gesellschaftsrecht kennt somit einen **Typenzwang,** aber auch einen recht weitgehenden **Inhaltszwang.**

909a Vom Typenzwang ist die Frage zu unterscheiden, ob den Gründungswilligen ein freies **Wahlrecht** zwischen den gesetzlich anerkannten Gesellschaftsformen zusteht. Vor allem auf Grund entgegenstehender öffentlicher Interessen findet sich eine Vielzahl von Einschränkungen: So können Hypothekenbanken nur in der Rechtsform einer AG betrieben werden (§§ 1f HypothekenbankG). Wer in Österreich ein Versicherungsunternehmen gründen will, kann zwischen der AG, der Europäischen Gesellschaft (Rz 932b) und dem Versicherungsverein auf Gegenseitigkeit (Rz 931) wählen (§ 3 Abs 1 VersicherungsaufsichtsG). Für das Bausparkassengeschäft kommt hingegen bloß eine AG in Betracht (§ 5 Abs 1 BausparkassenG). Demgegenüber können GmbH, OG oder KG heutzutage zu jedem erlaubten Zweck gegründet werden (§ 1 GmbHG, § 105 UGB).

2. Gläubigerschutz

910 Wie eben erwähnt, hat der Typenzwang seinen Hauptgrund im notwendigen **Gläubigerschutz.** Wären Gesellschaftsverträge mit jedem beliebigen Inhalt wirksam, bestünden für den Rechts- und Wirtschaftsverkehr große Gefahren; so wenn etwa im Vertrag ein geringes Eigenkapital der Gesellschaft vorgesehen, zugleich aber die persönliche Haftung der Gesellschafter für Gesellschaftsschulden vollkommen ausgeschlossen wäre.

In der österreichischen Rechtsordnung finden sich *zwei Grundmodelle:* Entweder muss den Gläubigern zumindest ein Gesellschafter – wie der Einzelunternehmer – unbeschränkt und persönlich mit seinem gesamten Vermögen haften (so bei den Personengesellschaften); oder es bestehen detailliert und zwingend geregelte Pflichten über Aufbringung und Erhaltung des Gesellschaftskapitals, deren Einhaltung einer mehr oder weniger strengen Kontrolle unterliegt (so etwa bei AG und GmbH).

In Gefahr gerät der Gläubigerschutz heutzutage durch **im Ausland errichtete Gesellschaften,** die nach dem dortigen Recht **nahezu ohne Mindestkapital und ohne persönliche Haftung** gegründet werden können; so zB die „Limited Company" nach britischem Recht. Die Judikatur des EuGH scheint Gründung und Betrieb solcher Gesellschaften sogar dann zuzulassen, wenn von vornherein ausschließlich Aktivitäten in Österreich geplant sind und die – sehr billige und mit Hilfe von Internet-Agenturen offenbar auch sehr einfache – Gründung in London vor allem den Zweck hat, sich die Aufbringung eines nennenswerten Mindest-Gesellschaftskapitals zu ersparen: Für die „Limited Company" genügt eine Einlage von zwei Pfund! **910 a**

IV. Arten von Gesellschaften

1. Beispiele

Das Spektrum des Gesellschaftsrechts ist ausgesprochen groß. Dies soll hier nur an einigen Beispielen gezeigt werden. **1.** Ein Unternehmer möchte expandieren, benötigt dazu aber zusätzliches Kapital. Anstatt bei einer Bank einen Kredit aufzunehmen, schließt er mit einem Privaten einen Gesellschaftsvertrag, wonach dieser den Unternehmer finanziell unterstützt, zugleich aber auch an einem etwaigen Aufschwung des Unternehmens teilhaben soll. Nach außen tritt weiterhin bloß der Einzelunternehmer in Erscheinung. **2.** Mehrere Bauunternehmer schließen sich für ein konkretes Projekt, das keiner allein ausführen kann, zu einer Arbeitsgemeinschaft (ARGE) zusammen. **3.** Drei Geschwister gründen zur Fortführung des von ihrem Vater übernommenen Unternehmens eine Gesellschaft, die auf Dauer angelegt ist. **911**

2. Außen- und Innengesellschaft

Regelmäßig tritt die Gesellschaft als solche auch nach außen in Erscheinung. **912**
Man spricht dann von **Außengesellschaft.** Reine **Innengesellschaften** sind selten. Beispiel wäre die genannte Vereinbarung des Einzelkaufmanns mit dem privaten Geldgeber (stille Gesellschaft; dazu Rz 916).

3. Rechtsfähige, nicht rechtsfähige und teilrechtsfähige Gesellschaften

Auch im Hinblick auf die **Rechtsfähigkeit** kann man unterscheiden: Die **juris-** **913**
tischen Personen (Rz 189 ff) besitzen eigene Rechtspersönlichkeit; Beispiele sind AG und GmbH. Rechtsfähig sind seit dem HaRÄG kraft ausdrücklicher Anordnung aber auch OG und KG (s § 105 UGB). Ohne eigene Rechtspersönlichkeit ist etwa die Gesellschaft bürgerlichen Rechts ausgestattet, zB eine Bau-ARGE. – Zur Ultra-vires-Lehre bereits Rz 197.

4. Kapital- und Personengesellschaften

914 Verbreitet ist auch die Unterscheidung zwischen **Kapitalgesellschaften** und **Personengesellschaften.** Bei den Personengesellschaften kommt den Gesellschaftern zentrale rechtliche Bedeutung zu. Daher ist eine Mitgliedschaft auch ohne Vermögensbeteiligung möglich. Klassische Personengesellschaften des Unternehmensrechts sind die OG und die KG. Demgegenüber steht bei den Kapitalgesellschaften das Gesellschaftsvermögen im Vordergrund. Sie sind immer juristische Personen. Da nur die Kapitalgesellschaft selbst Rechtsträger (Eigentümer, Schuldner usw) und – anders als bei den Personengesellschaften – allein sie dem Zugriff der Gläubiger ausgesetzt ist, sind zwingende gesetzliche Gläubigerschutzbestimmungen von großer Wichtigkeit. Kapitalgesellschaften sind in Österreich GmbH und AG.

Zusätzliche Schwierigkeiten bei der rechtlichen Beurteilung entstehen dann, wenn die betreffende Gesellschaft auf Grund der Ausgestaltung ihres Gesellschaftsvertrages eine **Zwischenform** darstellt. So tritt etwa bei der „Publikums-KG" das kapitalistische Element stark in den Vordergrund: Eine große Zahl von Personen beteiligt sich an einer KG ausschließlich zu Anlagezwecken als Kommanditist; Kontrollrechte sind vertraglich abbedungen. Ist persönlich haftender Gesellschafter gar eine GmbH, verschieben sich die Relationen nochmals. Auf die Besonderheiten solcher Formen einzugehen, würde jedoch zu weit führen.

5. Körperschaften und Gesellschaften ieS

915 Gesellschaften, die gegenüber ihren Mitgliedern *verselbstständigt* sind, werden häufig auch als **Körperschaften** bezeichnet und den **Gesellschaften ieS** gegenübergestellt. Zu den Körperschaften gehören jedenfalls alle juristischen Personen, also neben AG und GmbH auch der Verein oder die Genossenschaft; ebenso SE und SCE.

V. Die Gesellschaftsformen im Überblick

1. Stille Gesellschaft

Weiterführende Literatur: *Bauer,* Die Stille Gesellschaft als Finanzierungsinstrument (2001); *Hochedlinger/Fuchs,* Stille Gesellschaft (2006); *Krejci,* Gesellschaftsrecht I Rz 434–460; *Neuner,* Die Stille Gesellschaft im Abgabenrecht[4] (1998); *Roth/Fitz,* Unternehmensrecht[2] Rz 473–481.

916 Die **stille Gesellschaft** ist in den §§ 179–188 UGB geregelt. Sie stellt eine *reine Innengesellschaft* dar. Dritten, vor allem Geschäftspartnern des Unternehmers gegenüber, tritt der stille Gesellschafter also überhaupt nicht in Erscheinung. Er selbst ist auch nicht Unternehmer. Außenstehende können aus dem Bestehen eines stillen Gesellschaftsverhältnisses niemals Rechte ableiten; oft wissen sie auch nichts davon. Das Gesetz muss daher grundsätzlich auch bloß die Rechtsverhältnisse zwischen Unternehmer und dem stillen Gesellschafter regeln (Rz 1053 f). Besonderes gilt nur im Konkurs des Unternehmers (vgl Rz 1173).

Begriff und Wesen der stillen Gesellschaft definiert § 179 UGB. Stiller Gesellschafter ist danach derjenige, der sich an dem Unternehmen, das ein anderer betreibt, mit einer Vermögenseinlage beteiligt. Diese Einlage ist so zu leisten, dass sie in das Vermögen des Unternehmers übergeht. Auch nach Abschluss der stillen Gesellschaft wird allein der Unternehmer aus den im Betrieb des Unternehmens geschlossenen Geschäften berechtigt und verpflichtet (Innengesellschaft).

Praktisch nicht selten sind **atypische** stille Beteiligungen. So könnten dem stillen Gesellschafter vertraglich bestimmte Sonderrechte am Vermögen oder Geschäftsführungsrechte eingeräumt werden. Öfters kommt es auch zur Annäherung der Position des stillen Gesellschafters an die eines Kommanditisten (dazu Rz 1071 ff). Diese Konstruktionen sind zivilrechtlich nicht zu beanstanden; steuerrechtlich werden solche Vereinbarungen aber häufig nicht mehr als stille Gesellschaft qualifiziert. **917**

2. Gesellschaft bürgerlichen Rechts (GesbR)

Weiterführende Literatur: *Krejci* (Hrsg), Das Recht der Arbeitsgemeinschaften in der Bauwirtschaft (1979); *Krejci,* Gesellschaftsrecht I Rz 217–271; *Kühne/Straube,* Die bürgerlich-rechtliche Gesellschaft (ARGE)[3] (1990); *Roth/Fitz,* Unternehmensrecht[2] Rz 448–472.

Bereits zu den *Außengesellschaften* kann die **Gesellschaft bürgerlichen Rechts (GesbR)** gehören, die in den §§ 1175–1216 ABGB geregelt ist. Diese Bestimmungen sind gegenüber den unternehmensrechtlichen Vorschriften grundsätzlich subsidiär. Liegt etwa eine OG vor, sind die genannten Paragrafen nur zur Lückenfüllung heranzuziehen. **918**

Eine GesbR entsteht durch Vertrag zwischen zwei und mehreren Personen, indem diese vereinbaren, „ihre Mühe allein, oder auch ihre Sachen zum gemeinschaftlichen Nutzen zu vereinigen" (§ 1175 ABGB). Die GesbR ist im modernen Wirtschaftsleben nach wie vor sehr verbreitet. ***Beispiele:*** Gelegenheitsgesellschaften, bei denen es bloß um die Durchführung eines einzelnen Projektes geht, nicht hingegen ein Dauerbetrieb geplant ist (ARGE); Betrieb eines nicht zur Eintragung in das Fimrenbuch geplanten kleineren Unternehmens; Zusammenschlüsse von Angehörigen freier Berufe usw. Allerdings besteht die Möglichkeit (und nur selten der Zwang), für manche Tätigkeiten stattdessen die Rechtsform der OG oder KG zu wählen. **919**

Im Einzelnen ist Folgendes zu beachten: Die GesbR ist **keine juristische Person,** also nicht rechtsfähig. Träger der Rechte und Pflichten sind daher *die Gesellschafter selbst.* Wer also etwa mit einer ARGE Verträge abschließt, kontrahiert mit allen Gesellschaftern. Auch das der Gesellschaft gewidmete Vermögen steht *im gemeinschaftlichen Eigentum* der Gesellschafter. Dabei handelt es sich nach herrschender Meinung um *Miteigentum* nach ideellen Anteilen, nicht um Gesamthandeigentum (vgl Rz 329 und 335). **920**

3. Offene Gesellschaft (OG)

Weiterführende Literatur: *Krejci,* Gesellschaftsrecht I Rz 272–357; *Oberhammer,* Die offene Handelsgesellschaft im Zivilprozeß (1998); *Roth/Fitz,* Unternehmensrecht[2] Rz 275–391.

Regelungen über die **offene Gesellschaft (OG)** finden sich in den §§ 105–160 UGB. Eine OG liegt dann vor, wenn die Gesellschaft unter eigener Firma geführt wird, die – mindestens zwei – Gesellschafter gesamthandschaftlich verbunden sind und bei keinem von ihnen die persönliche Haftung gegenüber Gesellschaftsgläubigern beschränkt ist. Die OG kann zu jedem erlaubten Zweck gegründet werden (§ 105 UGB). Ein Unternehmen muss also nicht betrieben werden. Sie entsteht als eigene Rechtspersönlichkeit durch die Eintragung in das Firmenbuch (§ 123 Abs 1 UGB). Vorher ist sie grundsätzlich nach dem Recht der **921**

GesbR zu behandeln (zur Sonderregelung des Auftretens als OG vor Eintragung s Rz 943).

Vor Inkrafttreten des HaRÄG konnten Unternehmen unter engeren Voraussetzungen (vollkaufmännische Handelsgewerbe) als *offene Handelsgesellschaften (OHG)* betrieben werden; ansonsten – auch bloß zur Nutzung und Verwaltung eigenen Vermögens – als *offene Erwerbsgesellschaften (OEG).* Über all diese Einschränkungen geht § 105 UGB nunmehr hinweg. Damit ergeben sich aber neue Probleme. So stellt sich insbesondere die Frage, welche Normen des UGB auf eine OG anzuwenden ist, die *kein Unternehmen* betreibt: Die OG ist ja weder Unternehmerin kraft Rechtsform (Rz 209) noch fällt sie unter § 3 UGB (dazu Rz 210), da die Eintragung der OG im Firmenbuch zu Recht besteht.

922 Die OG ist *rechtsfähig,* allerdings **keine juristische Person,** sondern Personen*vereinigung;* daher kommt etwa eine OG mit bloß einem Mitglied nicht in Betracht (s § 105 UGB).

4. Kommanditgesellschaft (KG)

Weiterführende Literatur: *Bertl/Mandl/Mandl/Ruppe* (Hrsg), GmbH oder GmbH & Co KG? Folgen und Gestaltungsmöglichkeiten der alternativen Rechtsformwahl (2000); *Kastner/Stoll* (Hrsg), Die GmbH & Co KG im Handels-, Gewerbe- und Steuerrecht[2] (1977); *Kastner/Straube,* Die GmbH & Co KG[2] (1981); *Krejci,* Gesellschaftsrecht I Rz 358–388; *Roth/Fitz,* Unternehmensrecht[2] Rz 392–447; *Straube/Torggler,* Die KG (1989).

923 Der OG weitestgehend nachgebildet ist die **Kommanditgesellschaft (KG).** Nähere Regelungen finden sich in den §§ 161–177 UGB. Im Unterschied zur OG, bei der alle Gesellschafter Gesellschaftsgläubigern unbeschränkt haften, kennt die KG zwei Arten von Gesellschaftern: den **Kommanditisten,** der der Gesellschaftsform auch ihren Namen gegeben hat, und den – gleich einem OG-Gesellschafter – unbeschränkt persönlich haftenden **Komplementär.** Die Haftung des Kommanditisten gegenüber den Gesellschaftsgläubigern ist auf den Betrag einer bestimmten Haftsumme beschränkt (§ 161 UGB). Wie viele Gesellschafter eine KG besitzt, ist an sich irrelevant. Notwendig sind bloß ein Kommanditist und ein Komplementär.

924 Rechtlich eine Personengesellschaft, aber doch eine Sonderform, ist die praktisch häufige **GmbH & Co KG.** Durch diese Konstruktion sollen (auch steuerliche) Vorteile einer Kapitalgesellschaft mit denen einer Personengesellschaft verbunden werden. Die Besonderheit liegt aber darin, dass eine GmbH die Position des persönlich haftenden Gesellschafters (des Komplementärs) einnimmt. Häufig herrscht überdies Identität der beteiligten natürlichen Personen. ***Beispiel:*** Gesellschafter der GmbH sind A und B. In der KG ist die GmbH Komplementär, A und B sind Kommanditisten. Im Extremfall kann an einer solchen GmbH & Co KG jedoch auch bloß eine natürliche Person beteiligt sein! – Zur Einmann-GmbH Rz 927.

5. Offene Erwerbsgesellschaft und Kommandit-Erwerbsgesellschaft (OEG und KEG)

925 Das **ErwerbsgesellschaftenG (EGG) 1990**, in dem OEG und KEG geregelt waren, trat **Ende 2006 außer Kraft**. Es wird hier vor allem deshalb erwähnt, weil man auch noch in den nächsten Jahren mit Firmenwortlauten konfrontiert sein wird, die die Abkürzung „OEG" oder „KEG" enthalten. Rechtlich sind diese eingetragenen Gesellschaften zwar bereits seit 1. 1. 2007 OG oder KG, doch dürfen sie ihre bisherige Firma noch bis Ende 2009 weiterführen (Details in § 907 UGB).

6. Gesellschaft mit beschränkter Haftung (GmbH)

Weiterführende Literatur: *Fritz,* GmbH-Praxis I: Vertragsmuster und Eingaben (2003); *Frizberg/Frizberg,* Die GmbH – systematischer Überblick und ausgewählte Musterverträge[2] (2002); *Gellis/Feil,* Kommentar zum GmbH-Gesetz[6] (2006); *Herberstein,* Die GmbH in Europa[2] (2001); *Kalss/Eckert,* Zentrale Fragen des GmbH-Rechts (2005); *Koppensteiner,* GmbHG-Kommentar[2] (1999); *Kostner/Umfahrer,* Die Gesellschaft mit beschränkter Haftung[5] (1998); *Reich-Rohrwig,* Das österreichische GmbH-Recht[2] I (1997); *Roth/Fitz,* Unternehmensrecht[2] Rz 482–607; *Straube,* Die Gesellschaft mit beschränkter Haftung[8] (2004); *Torggler/Torggler,* GmbH-Gesetz[8] (2000).

Ausführliche Vorschriften über die **Gesellschaft mit beschränkter Haftung** 926
(GmbH), jedoch keine Begriffsbestimmung, enthält das **GmbHG 1906.** Die GmbH ist als Kapitalgesellschaft juristische Person, verfügt also über eigene Rechtspersönlichkeit. Daraus folgt auch, dass die einzelnen Gesellschafter den Gesellschaftsgläubigern grundsätzlich nicht haften. Vielmehr können sich die Gläubiger nur an das Vermögen ihres Schuldners, also der GmbH selbst, halten. Das **Stammkapital** einer GmbH muss **mindestens € 35.000** betragen. Es setzt sich aus den **Stammeinlagen** der einzelnen Gesellschafter zusammen; jedes Mitglied besitzt einen **Geschäftsanteil.**

Achtung! Die Bezeichnung „Gesellschaft mit beschränkter Haftung" ist ungenau und irreführend: Zum einen haftet die Gesellschaft mit ihrem gesamten Vermögen, also *unbeschränkt.* Zum anderen haften die Gesellschafter prinzipiell überhaupt nicht, also auch nicht beschränkt (vgl Rz 1043).

Die Rechtsform der GmbH ist heutzutage sehr verbreitet. Grund dafür ist wohl unter anderem die Möglichkeit, durch die Wahl dieser Gesellschaftsform eine persönliche Haftung weitestgehend auszuschließen und damit das Vermögensrisiko zu minimieren. Eine GmbH kann *zu jedem gesetzlich zulässigen Zweck* gegründet werden (§ 1 GmbHG). Ausgeschlossen ist diese Gesellschaftsform auf Grund von Sondervorschriften etwa für den Betrieb von Versicherungs-, Hypothekenbank- oder Bauspargeschäften (vgl § 1 Abs 2 GmbHG sowie Rz 909a). Auch Angehörige *freier Berufe* können sich mangels gegenteiliger (Standes-)Vorschriften zur Berufsausübung in einer GmbH zusammenschließen. Ausdrücklich gestattet wird das etwa Wirtschaftstreuhändern und Steuerberatern (§ 66 WirtschaftstreuhandberufsG), Ziviltechnikern (§ 21 ZiviltechnikerG) und Rechtsanwälten (siehe nur § 1a RAO). Hingegen besteht ein Verbot für Ärzte (§ 52a ff ÄrzteG). Die GmbH ist Unternehmerin kraft Rechtsform (§ 2 UGB; s Rz 209).

Eine gewisse Pervertierung des Gesellschaftsgedankens stellt die Anerkennung der 927
Einmann-GmbH (weniger prägnant, aber gleichheitskonform: Eine-*Person*-GmbH) dar. Sogar die einpersonale *Gründung* ist zulässig. Der Gesellschaftsvertrag wird dann durch eine Erklärung über die Errichtung der Gesellschaft ersetzt, auf die die Vorschriften über den Gesellschaftsvertrag sinngemäß anzuwenden sind (§ 3 Abs 2 GmbHG).

7. Aktiengesellschaft (AG)

Weiterführende Literatur: *Doralt/Nowotny/Kalss* (Hrsg), Kommentar zum Aktiengesetz, 2 Bände (2003); *Eiselsberg* (Hrsg), AktG[2] (2004); *Havranek/Heine/Prochaska,* Die AG. Mustersammlung für die Praxis (2004); *Heidinger,* Aktiengesetz[4] (2001); *Jabornegg/Strasser,* Kommentar zum Aktiengesetz[4] I/1 (2006), I/2 (2004), II (2001), III (2002); *Roth/Fitz,* Unternehmensrecht[2] Rz 482–578.

Die zweite wirtschaftlich bedeutsame Kapitalgesellschaft ist die **Aktien-** 928
gesellschaft (AG). Sie ist im **AktienG (AktG) 1965** detailliert geregelt. Eine **Defi-**

nition findet sich in § 1 AktG: Danach ist die AG eine Gesellschaft mit eigener Rechtspersönlichkeit, deren Gesellschafter mit Einlagen auf das in Aktien zerlegte Grundkapital beteiligt sind, ohne persönlich für die Verbindlichkeiten der Gesellschaft zu haften. Die AG ist ebenso wie die GmbH Unternehmerin kraft Rechtsform (Rz 209).

Der **Mindestnennbetrag des Grundkapitals** einer AG beträgt **€ 70.000** (§ 7 AktG). Die AG ist die geeignete Organisationsform für *große Betriebe.* Auf Grund ihrer Ausgestaltung ist sie auch besonders zur Aufnahme vieler Mitglieder geeignet. Das persönliche Element tritt regelmäßig sehr stark in den Hintergrund.

Seit Oktober 2004 ist auch die Gründung einer **einpersonalen AG** ausdrücklich zugelassen (§ 2 Abs 2, § 35 AktG). Dabei muss eine Person alle Aktien übernehmen. Einer natürlichen Person ist dies nun in aller Regel schon aus finanziellen Gründen nicht möglich. Praktische Bedeutung kommt dieser Organisationsform aber etwa bei der Konzernbildung zum Zwecke industrieller Konzentration zu (Rz 1223 ff), ferner im verstaatlichten Bereich. AGs mit bloß einem Aktionär sind im Firmenbuch als „Einpersonen-Gesellschaft" einzutragen; auch dann, wenn es erst nachträglich zur Konzentration aller Aktien in einer Hand kommt.

8. Genossenschaft

Weiterführende Literatur: *Dellinger* (Hrsg), Genossenschaftsgesetz (2005); *Keinert,* Österreichisches Genossenschaftsrecht (1988); *Österreichischer Raiffeisenverband* (Hrsg), Genossenschaftsrecht[2] (1989); *Reich-Rohrwig,* Genossenschaftsrecht (1998); *Roth/Fitz,* Unternehmensrecht[2] Rz 630–650.

929 **Genossenschaften,** genauer Erwerbs- und Wirtschaftsgenossenschaften, werden durch das **GenossenschaftsG (GenG)** geregelt. Sie sind Vereinigungen von nicht geschlossener Mitgliederzahl, die im Wesentlichen der Förderung des Erwerbes oder der Wirtschaft ihrer Mitglieder dienen. § 1 GenG nennt ausdrücklich Kredit-, Einkaufs-, Verkaufs-, Konsum-, Verwertungs-, Nutzungs-, Bau-, Wohnungs- und Siedlungsgenossenschaften. Konkrete *Beispiele* sind etwa die Raiffeisenorganisation sowie Molkereiorganisationen. Die leitenden Grundgedanken des Genossenschaftsrechts sind *Selbsthilfe und Selbstverwaltung.* Jedenfalls der Intention nach stehen Förderung und Unterstützung der wirtschaftlichen Belange der Genossenschafter im Vordergrund.

Als Körperschaften sind Genossenschaften **juristische Personen.** Sie werden im Firmenbuch eingetragen. Erwerbs- und Wirtschaftsgenossenschaften sind Unternehmer kraft Rechtsform (§ 2 UGB).

9. Verein

Weiterführende Literatur: *Brändle/Schnetzer,* Das österreichische Vereinsrecht[3] (2002); *Fessler/Keller,* VerG. Kommentar zum Vereinsgesetz 2002 (2004); *Krejci/S. Bydlinski/Rauscher/Weber-Schallauer,* Vereinsgesetz 2002 (2002); *Prändl,* Vereinsgesetz 2002 (2002); *Scherff,* Das neue Vereinsrecht (2002); *Vartian,* Vereinsrecht (2002); *Vogl,* Vereinsgesetz 2002 (2002).

930 Die meisten **Vereine** sind heutzutage noch nach dem VereinsG 1951 konstituiert; dieses wurde zum 1. 7. 2002 vom **VereinsG 2002 (VerG)** abgelöst. Es erfasst nur „Idealvereine", also solche, die – ohne Gewinnerzielungsabsicht – ideellen Zwecken dienen (*Beispiele:* Sportvereine, Förderungsvereine usw). Unternehmerische Zwecke können nur mit einem nach dem **Vereinspatent 1852** (außer Kraft

seit 1. 1. 2000) gegründeten Verein verfolgt werden. Solche Vereine bestehen jedoch nur mehr ganz vereinzelt.

Auch der Verein zählt zu den Körperschaften und damit zu den **juristischen Personen.** Aus diesem Grund regelt das VerG 2002 all jene Fragen, die bei solchen Gebilden von Bedeutung sind, etwa Gründung einschließlich Statuten, Vereinsorganen usw (§§ 2–14), interne Vereinsgebarung einschließlich Rechnungslegung (§§ 20–22), Haftung für Vereinsschulden (§§ 23–26) sowie Vereinsbeendigung (§§ 27–30). Soweit zum 30. 6. 2002 bereits bestehende **Vereinsstatuten** dem VerG 2002 widersprachen, waren sie bis spätestens 30. 6. 2006 zu ändern (§ 33 Abs 3 VerG).

In gewisser Weise zwischen Genossenschaft und Verein steht der **Versicherungsverein** 931
auf Gegenseitigkeit. Nähere Regelungen finden sich in den §§ 26ff VersicherungsaufsichtsG (VAG). Der Versicherungsverein auf Gegenseitigkeit, ebenfalls Unternehmer kraft Rechtsform (§ 2 UGB), ist einmal dadurch gekennzeichnet, dass die Mitglieder zugleich die Versicherten sind. Damit wird das wirtschaftliche Risiko des gesamten Betriebes von diesen Personen selbst getragen. Die Mitglieder nehmen jedenfalls am Gewinn teil. Verlustabdeckung wird hingegen häufig vertraglich ausgeschlossen. Auch Versicherungsvereinen auf Gegenseitigkeit kommt eigene Rechtspersönlichkeit zu. Aus nahe liegenden Gründen bedürfen Versicherungsunternehmen besonderer Aufsicht. Sie können daher überhaupt nur als Versicherungsvereine auf Gegenseitigkeit oder als Versicherungsaktiengesellschaften betrieben werden. Auch die Vereine gemäß den §§ 26ff VAG unterliegen im Wesentlichen aktienrechtlichen Grundsätzen.

Regelungen für **Sparkassenvereine** enthält das SparkassenG. Sparkassenver- 932
eine können neben Gemeinden (Gemeindesparkassen) als Gründer von Sparkassen (Vereinssparkassen) auftreten, haften anders als die Gemeinde jedoch nicht für die Schulden der Sparkasse. Die **Sparkasse** selbst besitzt eigene Rechtspersönlichkeit und ist Unternehmer kraft Rechtsform (§ 2 UGB), hat jedoch keine Eigentümer bzw Mitglieder und gehört daher zu den *Anstalten* (Rz 191).

10. Europäische wirtschaftliche Interessenvereinigung (EWIV)

Weiterführende Literatur: *Fritz,* Die Europäische Wirtschaftliche Interessenvereinigung (1997); *Hausmaninger/Feyl,* Europäische Wirtschaftliche Interessenvereinigung (1995); *Krejci,* Gesellschaftsrecht I Rz 403–433; *Roth/Fitz,* Unternehmensrecht[2] Rz 662–670.

Eine neue Organisationsform der Zusammenarbeit von in unterschiedlichen 932a
EU-Ländern angesiedelten Unternehmen eröffnet die **Europäische wirtschaftliche Interessenvereinigung (EWIV),** die 1985 durch EG-Verordnung geschaffen wurde (vgl Rz 2b) und seit dem EU-Beitritt auch österreichischen Unternehmen offen steht. Details regelt das EWIV-Ausführungsgesetz (EWIVG) aus dem Jahre 1995. Diese neue Gesellschaftsform soll vor allem die grenzüberschreitende Zusammenarbeit von Klein- und Mittelbetrieben sowie von Angehörigen freier Berufe erleichtern.

Anders als sonst ist die EWIV nicht darauf gerichtet, für sich selbst Gewinn zu erzielen. Vielmehr darf sie nur zu dem Zweck gegründet werden, die Tätigkeit ihrer einzelnen Mitglieder zu erleichtern. Mitglieder können natürliche oder juristische Personen und auch Freiberufler sein. Mindestens zwei von ihnen müssen ihren Sitz in zwei verschiedenen Staaten der EU haben oder dort wenigstens hauptsächlich tätig sein.

Die EWIV ist ohne Rücksicht auf den Unternehmensgegenstand Unternehmerin kraft Rechtsform (§ 2 UGB). Grundsätzlich ist das *Recht der OG* anzuwenden. Ihre *Firma* muss zwingend zumindest den Zusatz „EWIV" enthalten.

11. Europäische Gesellschaft (Societas Europaea)

Weiterführende Literatur: *Barnert/Dolezel-Huber/Egermann/Illigasch,* Societas Europaea (2005); *Kalss/Hügel* (Hrsg), Europäische Aktiengesellschaft. SE-Kommentar (2004); *Kalss/Nowotny/Schauer,* Societas Europaea. GesRZ-Sonderheft (2004); *Lind,* Die europäische Aktiengesellschaft (2004); *Reich-Rohrwig,* Societas Europea (2006); *Roth/Fitz,* Unternehmensrecht² Rz 662–670.

932b Die **„Europäische Gesellschaft" (Societas Europaea, SE)** kann auf Grund einer EG-Verordnung (SE-V) sowie des (österreichischen) Gesetzes über das Statut der Europäischen Gesellschaft (SEG) seit Oktober 2004 gegründet werden. Zweck der Einführung dieser neuen Gesellschaftsform ist die Vereinfachung grenzüberschreitender Zusammenarbeit auf im Kern einheitlicher gesellschaftsrechtlicher Basis. Die Rechtslage ist allerdings nicht zuletzt deshalb äußerst komplex, weil die SE-V nur Teilregelungen enthält, während die sonstigen Fragen – von jedem Mitgliedstaat gesondert – weitgehend in Anlehnung an das nationale Recht der AG geregelt sind.

Die **Gründung** einer SE setzt voraus, dass zumindest zwei Mitglieder dem Recht verschiedener EU-Mitgliedstaaten unterliegen (Art 2 Abs 2 SE-V). Fünf *Gründungsformen* sind anerkannt, zB Verschmelzung von Aktiengesellschaften, Umwandlung einer AG in eine SE, sofern die AG bereits seit mindestens zwei Jahren eine in einem anderen EU-Staat tätige Tochtergesellschaft hat, oder Gründung einer Tochter-SE durch eine SE (Details dazu in den §§ 17 ff SEG). Das **Mindestgrundkapital** liegt mit **€ 120.000** deutlich über dem der AG (Rz 928).

Die SE muss dann zur Eintragung in das österreichische Firmenbuch angemeldet werden, wenn ihre Satzung als **Sitz** einen Ort im Inland bestimmt. Dafür ist grundsätzlich ein Betrieb, der tatsächliche Sitz der Geschäftsführung oder die Führung der Verwaltung in Österreich nötig (§ 5 SEG); zur Sitzverlegung siehe Art 8 SE-V sowie die §§ 6 ff SEG. Die SE ist Unternehmerin kraft Rechtsform (§ 2 UGB). Organisationsrechtlich ist von Bedeutung, dass in der Satzung anstelle des – für die AG zwingenden – *dualistischen Systems* (mit Vorstand und Aufsichtsrat; vgl Rz 1005 ff) auch das *monistische* gewählt werden kann. In diesem Fall ist ein 3- bis 10-köpfiger, grundsätzlich arbeitnehmermitbestimmter (vgl Rz 1017 f) **Verwaltungsrat** nicht nur für die Geschäftsführung, sondern auch für die Überwachungsaufgaben zuständig; dabei können auch weisungsunterworfene *geschäftsführende Direktoren* eingesetzt werden. Ausführliche Regelungen zur monistischen Organisation enthalten die §§ 38–60 SEG.

12. Europäische Genossenschaft

Weiterführende Literatur: *Münkner,* Europäische Genossenschaft (SCE) und europäische Genossenschaftstradition (2006); *Roth/Fitz,* Unternehmensrecht² Rz 671–677.

932c Im Jahre 2003 hat die EU eine Verordnung über das Statut einer **Europäischen Genossenschaft (Societas Cooperativa Europea – SCE)** erlassen, die im August 2006 wirksam wurde. Zugleich ist das österreichische Ausführungsgesetz (SCEG) in Kraft getreten. Mit der SCE sollen grenzüberschreitend ähnliche Zwecke wie mit der nationalen Genossenschaft verfolgt werden können (Deckung des Bedarfs der Mitglieder bzw Förderung ihrer wirtschaftlichen oder sozialen Tätigkeiten; vgl Rz 929). Für die Regelung der SCE, ebenfalls Unternehmerin kraft

Rechtsform (§ 2 UGB), waren die für die SE (Rz 932b) erlassenen Vorschriften über weite Strecken Vorbild.

VI. Die unterschiedlichen Regelungsbereiche

Gesellschaftsrechtliche Fragestellungen können von ganz unterschiedlicher Art sein. Ganz wesentlich ist die Unterscheidung zweier Regelungsbereiche: des **Innenverhältnisses** und des **Außenverhältnisses.** 933

Das **Innenverhältnis** betrifft primär die *Rechtsstellung der Gesellschafter zur Gesellschaft bzw zueinander.* In einem weiteren Sinn kann man zu diesem Verhältnis auch die Beziehung von Gesellschaftern zu Gesellschaftsorganen rechnen, die nicht zugleich Gesellschafter sind (zB angestellter Geschäftsführer einer GmbH). Auch das Verhältnis der Gesellschaft zu Gesellschaftsorganen, das regelmäßig durch Dienstvertrag und Gesellschaftsrecht (vgl etwa § 25 GmbHG) determiniert ist, wird hierher gehören. Am Innenverhältnis sind also keine vollständig außerhalb der Gesellschaft stehenden Personen beteiligt. Daher sind in diesem Bereich vertragliche Vereinbarungen weitestgehend zulässig und wirksam. Dieser Grundsatz hat dort seine Grenzen, wo Gesellschaftsgläubiger (mittelbar) betroffen sein können. So kann etwa die Haftung der GmbH-Geschäftsführer bei Schädigung der Gesellschaft vertraglich nicht eingeschränkt werden, soweit die Ersatzleistungen zur Befriedigung der Gläubiger erforderlich sind (§§ 25 Abs 7 iVm 10 Abs 6 GmbHG). 934

Das **Außenverhältnis** betrifft die Rechtsbeziehung der Gesellschaft bzw der Gesellschafter *gegenüber außen stehenden Dritten.* Insbesondere für Gläubiger der Gesellschaft stellen sich etwa folgende Fragen: Wen kann ich als Schuldner in Anspruch nehmen? Welches Vermögen bildet einen Haftungsfonds für meine Ansprüche? Aus nahe liegenden Gründen ist der Schutz außen stehender Gläubiger im Wesentlichen *durch zwingendes Recht* ausgestaltet. Abweichende vertragliche Vereinbarungen wären also unwirksam. 935

Ausnahmsweise können außen stehende Dritte auch Ansprüche gegen Gesellschaftsorgane haben; so wenn der angestellte Geschäftsführer einer GmbH den Konkurs der GmbH verschleppt, weil er fahrlässig oder vorsätzlich nicht rechtzeitig die Eröffnung des Konkursverfahrens beantragt. In solchen Fällen ergibt sich seine Haftung allerdings nicht aus dem Gesellschaftsrecht, sondern auf Grund schadenersatzrechtlicher Überlegungen.

Beispiel zur Unterscheidung von Außen- und Innenverhältnis: Haben die drei OG-Gesellschafter A, B und C vereinbart, dass C reiner Arbeitsgesellschafter sein soll und dessen Vermögen keinesfalls zu Gesellschaftszwecken herangezogen wird, so kann ein Gesellschaftsgläubiger dennoch auf das Vermögen des C Zugriff nehmen. Es ist zum Schutz der Gesellschaftsgläubiger eben *zwingendes Recht,* dass jeder OG-Gesellschafter persönlich und unbeschränkt haftet. Zahlt C nun Gesellschaftsschulden, hat er auf Grund der Vereinbarung aber das Recht, von A und B Vergütung des Geleisteten zu erhalten.

Bei etwas detaillierterer Betrachtung finden sich insbesondere folgende Bereiche, die das Gesellschaftsrecht zu regeln hat (Genaueres dazu im Besonderen Teil, Kapitel 2. bis 8., Rz 940ff): Entstehen der Gesellschaft, übliche Geschäftstätigkeit (Geschäftsführung und Vertretung), Vermögenszuordnung (zur Gesellschaft oder zu den Gesellschaftern) und Haftung für Gesellschaftsschulden, Rechte und Pflichten der Gesellschafter untereinander und gegenüber der Gesellschaft, Vertragsänderungen, insbesondere Möglichkeiten eines Personenwechsels ohne Auflösung und Neugründung, Beendigung und Umwandlung von Gesellschaften, schließlich Unternehmensverbindungen (Stichwort: Konzernierung). 936

VII. Gesellschaftsorgane und ihre Aufgaben im Grundsätzlichen

937 Gesellschaften müssen effizient betrieben werden, wenn sie Bestand und Erfolg haben wollen. Es ist häufig weder möglich noch sinnvoll, dass jeder einzelne der Gesellschaft zuzurechnende Akt *von allen Gesellschaftern* vorgenommen wird. Verschiedene Aufgaben werden daher – gesetzlich und/oder vertraglich – an bestimmte **Organe** verteilt. Im Wesentlichen haben die Organe drei unterschiedliche Aufgaben zu erfüllen: **Willensbildung, Leitung und Aufsicht.**

938 Nur ausnahmsweise können Organfunktionen ausschließlich von Gesellschaftern wahrgenommen werden. So steht etwa die Leitung (Geschäftsführung und Vertretung) bei Personengesellschaften nur den – unbeschränkt haftenden – Gesellschaftern zu (sog **Selbstorganschaft**). In der Geschäftsführung einer Kapitalgesellschaft können hingegen sowohl Gesellschafter als auch Nichtgesellschafter tätig sein (sog **Fremd-** oder **Drittorganschaft**).

939 Die einzelnen **Aufgaben und Zuständigkeiten der Organe** sind je nach Art der Gesellschaft durchaus unterschiedlich. So liegt bei Personengesellschaften an sich alles in der Hand von Gesellschaftern. Anderes gilt für Kapitalgesellschaften, wo die Teilung der Gewalten sowohl der Verflechtung als auch der Kontrolle der Organtätigkeit dient. Bei der AG hat etwa der *Aufsichtsrat* die Aufgabe, die Geschäftsführung im Interesse der Aktionäre zu überwachen. Die Geschäftsführung wird vom *Vorstand* weisungsfrei in eigener Verantwortung durchgeführt. Die Gesamtheit der Gesellschafter, also der Aktionäre, kann sich in Geschäftsführungsfragen jedoch prinzipiell nicht einmengen. Ihr sind durch das Gesetz als *Hauptversammlung* vielmehr nur ganz bestimmte Aufgaben zugewiesen. So ist die Hauptversammlung namentlich zu Änderungen des Gesellschaftsvertrages (der Satzung) berufen.

Zur Terminologie: Als *Organ* bezeichnet man das *Amt* (zB des Geschäftsführers einer GmbH); die jeweilige Person, die dieses Amt aktuell bekleidet, wird korrekt *Organwalter* genannt (zB Herr Mag. X).

2. Kapitel
Gründung

I. Allgemeines

1. Begriff der Gründung

940 Unter **Gründung** versteht man das Setzen all jener Maßnahmen, die notwendig sind, um eine Gesellschaft zum Entstehen zu bringen. Zwingend notwendig ist eine rechtsgeschäftliche Grundlage **(Gesellschaftsvertrag);** häufig stellt das Gesetz weitere Erfordernisse auf.

Schon diese ersten Bemerkungen zeigen, dass die Gründung kein punktueller Akt ist. Vielmehr gibt es bei vielen Gesellschaften *unterschiedliche Gründungsstadien* (eine Parallele dazu besteht für die Beendigung der Gesellschaft: Rz 1162ff). Auch vor Setzung des letzten – konstitutiven – Aktes sind die einzelnen Gründungsschritte regelmäßig bereits rechtlich bedeutsam. So ergibt sich etwa aus dem Abschluss eines Vertrages über die Errichtung einer GmbH, dass alle Gründungsgesellschafter zur Mitwirkung an den Handlungen verpflichtet sind, die das Gesetz darüber hinaus für die Entstehung der GmbH als juristische Person verlangt. Wird schon vorher im Namen der GmbH gehandelt, erfolgt eine Zurechnung nach den Regeln der *Vorgesellschaft* (Rz 943).

Auf Grund schlechter Erfahrungen der Vergangenheit will der Gesetzgeber das Entstehen nicht lebensfähiger Gesellschaften möglichst von vornherein verhindern. Er sieht daher insbesondere für AG und GmbH ziemlich strenge – und komplizierte – Gründungsvorschriften vor, die eine mehrstufige Kontrolle sowie eine etwaige Haftung an der Gründung beteiligter Personen gewährleisten. Damit werden sowohl für Anleger (zB Aktionäre) als auch für Gesellschaftsgläubiger die Gefahren minimiert, durch eine „Schwindelfirma" geschädigt zu werden. Zum Unterlaufen dieser Kontrollmechanismen durch Auslandsgründungen s Rz 910a.

2. Abschluss des Gesellschaftsvertrages

Geradezu begriffsnotwendig ist der **Abschluss eines Gesellschaftsvertrages** 941
(zu Ausnahmen Rz 927). Bei manchen Gesellschaftsformen spricht man auch von *Satzung* oder von *Statuten.* Notwendig sind formwirksame korrespondierende Willenserklärungen *aller* Gründungsgesellschafter. Bei der Gründung kann kein Mehrheitsprinzip gelten!

Wirksam ist der Gesellschaftsvertrag dann, wenn er weder gegen das Gesetz noch gegen die guten Sitten verstößt; häufig stellt das Gesetz *inhaltliche Mindesterfordernisse* auf, manchmal auch Formgebote.

3. Weitere Entstehungsvoraussetzungen

Die Einhaltung zwingender Vorschriften wird häufig durch das Registerge- 942
richt überprüft. In solchen Fällen ist die **Registrierung** (Eintragung der Gesellschaft im Firmenbuch) für deren vollständiges Entstehen **konstitutiv.** – Zu den unterschiedlichen Entstehungssystemen bereits Rz 193ff.

Damit es zur Registrierung kommt, sind neben dem Abschluss des Gesellschaftsvertrages häufig noch weitere Handlungen bzw Erklärungen von Beteiligten nötig. Erwähnt sei an dieser Stelle bloß die Leistung zumindest eines bestimmten Teils der übernommenen Einlage (vgl § 10 GmbHG). Wichtige Details finden sich bei den einzelnen Gesellschaftsformen.

4. Die Rechtslage vor vollständiger Entstehung

Nicht selten wurde der für die Entstehung einer bestimmten geplanten Ge- 943
sellschaft konstitutive Akt noch nicht gesetzt, jedoch werden bereits im Namen der Gesellschaft Geschäfte abgeschlossen. Die Geschäftstätigkeit wird etwa aufgenommen, sobald der Gesellschaftsvertrag vorliegt, auch wenn die Registrierung im Firmenbuch noch fehlt. Für eine solche so genannte **Vorgesellschaft** bestehen zum Teil ausdrückliche Regelungen: So haften nach § 2 GmbHG die *Handelnden* persönlich und solidarisch für Verpflichtungen aus solchen Geschäften. Für den häufigen Fall, dass die GmbH nachträglich ordnungsgemäß entsteht, sieht die zitierte Bestimmung eine erleichterte Überbindungsmöglichkeit der Schulden auf die Gesellschaft vor (ähnlich § 34 Abs 2 AktG; dazu Rz 971). Demgegenüber normiert § 123 Abs 2 UGB für die Vor-OG wegen ihrer Organisation als Gesamthand – alle Mitglieder werden als Mitunternehmer angesehen – grundsätzlich eine Haftung aller *Gesellschafter.* Mit Eintragung gehen solche bereits im Namen der OG begründete Rechtsverhältnisse automatisch auf die OG über.

5. Gründungsmängel

944 Wie bei sonstigen Verträgen können beim Abschluss eines Gesellschaftsvertrages Fehler, insbesondere Willensmängel, unterlaufen. Auch dafür existieren zum Teil Sonderregeln (vgl die §§ 216ff AktG; dazu Rz 972ff). Wegen des notwendigen Verkehrsschutzes und des Dauerelements einer Gesellschaft ist folgender **Grundsatz** anerkannt: Hat die Gesellschaft ihren Geschäftsbetrieb bereits aufgenommen, soll eine rückwirkende Vertragsbeseitigung nicht mehr in Betracht kommen. Die Geltendmachung von Willensmängeln wirkt daher grundsätzlich bloß *ex nunc.* In krassen Fällen (zB List) wird davon jedoch für das Innenverhältnis eine Ausnahme gemacht (vgl bereits Rz 470).

II. Stille Gesellschaft und GesbR

945 Diese beiden Arten der Gesellschaft kommen *allein* durch den Abschluss des Gesellschaftsvertrages zustande. Formvorschriften bestehen nicht. Es erfolgt auch keine (deklarative) Registrierung in irgendwelchen öffentlichen Büchern.

III. OG und KG

1. Innenverhältnis

946 Differenzierter ist die Situation bei OG und KG. Man sagt, im *Innenverhältnis* entstehe die OG bereits mit (formfreiem) Abschluss des Gesellschaftsvertrages. Damit ist gemeint, dass intern – also zwischen den Gesellschaftern – die Rechtsbeziehungen am Inhalt des Gesellschaftsvertrages zu messen sind. Darin liegt nun aber eigentlich keine Besonderheit, da jeder wirksame Vertragsabschluss die im Vertrag vorgesehenen Rechte und Pflichten der Vertragspartner entstehen lässt.

2. Außenverhältnis

947 Das Charakteristische bei den meisten Gesellschaften, so auch bei OG und KG, ist jedoch ihre *Außenwirkung.* Erst wenn auch gegenüber außen stehenden Dritten besondere Rechte und Pflichten entstehen (können), liegt eine „vollständige" – selbst rechtsfähige – Personengesellschaft vor.

948 Da OG und KG nach neuem Recht „zweckoffen" ausgestaltet sind, dh zu jedem erlaubten Zweck gegründet werden können, hat sich die Rechtslage insoweit vereinfacht: OG und KG entstehen mit eigener Rechtsfähigkeit immer (erst) **mit Eintragung im Firmenbuch** (§ 123 Abs 1 UGB).

949 Vor Eintragung sind OG und KG als GesbR zu behandeln, wobei das vorherige rechtsgeschäftliche Handeln für die Gesellschaft besonders geregelt ist. Zur Vor-OG siehe Rz 943, zur Vor-KG Rz 1040.

950 Die **Anmeldung** zum Firmenbuch muss den in § 106 UGB iVm dem FBG vorgesehenen Inhalt aufweisen; so etwa Firma, Rechtsform und Sitz der Gesellschaft sowie Name und Geburtsdatum aller vertretungsbefugten Personen und aller nicht vertretungsbefugten persönlich haftenden Gesellschafter; bei der KG ferner Name und Geburtsdatum der Kommanditisten unter Angabe ihrer jeweiligen Haftsumme. Der Gesellschaftsvertrag selbst ist nicht vorzulegen.

IV. GmbH

1. Die Registrierung als konstitutiver Akt

Nähere Vorschriften über die Gründung einer GmbH enthalten die §§ 1–12 GmbHG. Das Verfahren ist umständlicher als bei Personengesellschaften, im Vergleich zur AG aber noch deutlich einfacher. Die GmbH als juristische Person des Privatrechts entsteht ausnahmslos mit der **Registrierung** (**Normativsystem;** vgl die §§ 2, 11 GmbHG). Dieser geht eine genaue Prüfung durch das Registergericht voraus. Wesentliche Passagen des Gesellschaftsvertrages werden nicht nur in das Firmenbuch eingetragen, sondern im Interesse des Geschäftsverkehrs in der Folge auch veröffentlicht (s die §§ 11f GmbHG). Das Registergericht geht selbstverständlich niemals von Amts wegen vor. Vielmehr bedarf es einer *Anmeldung,* die von allen Geschäftsführern – also nicht von den Gesellschaftern – gemeinsam vorzunehmen ist (§ 9 GmbHG). **951**

Der Anmeldung und den beigelegten Urkunden muss zu entnehmen sein, dass alle gesetzlichen Gründungsvoraussetzungen erfüllt sind (Details insb in § 9 Abs 2 GmbHG). Die wesentlichsten werden nun etwas näher behandelt. **952**

2. Die wichtigsten Bestandteile der Anmeldung

a) Gesellschaftsvertrag

Der **Gesellschaftsvertrag** muss in Form eines *Notariatsaktes* geschlossen werden (§ 4 Abs 3 GmbHG); dies soll reifliche Überlegung sichern und korrekte Eintragungen gewährleisten. **953**

Den **zwingenden Inhalt** eines Vertrages über die Errichtung einer GmbH legt § 4 Abs 1 GmbHG fest: Firma und Sitz (im Inland; Details dazu in § 5 Abs 2 GmbHG), Unternehmensgegenstand (zB Handel mit Waren aller Art, Erzeugung und Verkauf von elektronischen Geräten), Höhe des Stammkapitals sowie Betrag der von jedem Gesellschafter zu leistenden Einlage (Stammeinlage).

Häufig enthält der Gesellschaftsvertrag daneben noch andere (fakultative) Bestimmungen. ***Beispiele*** sind etwa Regelungen über die Übertragung und den Erwerb von Geschäftsanteilen an der GmbH (Übertragung nur mit Zustimmung der Gesellschaft, Vorkaufs- und Aufgriffsrechte usw).

Zum Sonderfall der Gründung durch bloß *eine* Person bereits Rz 927.

b) Gesellschafterliste

Die Geschäftsführer müssen eine von ihnen unterfertigte Liste vorlegen, in denen alle Gesellschafter mit näheren Angaben enthalten sind. Anzuführen sind vor allem Name, Geburtsdatum natürlicher Personen, Zustellanschrift, Betrag der übernommenen Stammeinlage sowie der darauf geleisteten Einzahlung. **954**

c) Verzeichnis der Geschäftsführer

Die Bestellung der Geschäftsführer ist in beglaubigter Form nachzuweisen. Fallweise erfolgt die Bestellung unmittelbar im Gesellschaftsvertrag. Die erforderlichen persönlichen Daten sind – abgesehen von der Stammeinlage – im We- **955** sentlichen die gleichen, die bereits unter b) aufgezählt wurden. Die Geschäftsführer haben auch eine Unterschriftsprobe einzureichen.

d) Verzeichnis der Aufsichtsratsmitglieder

956 Die Vorlage eines Verzeichnisses der Aufsichtsratsmitglieder (mit Namen und Geburtsdatum) ist dann notwendig, wenn nach dem Gesetz oder dem Gesellschaftsvertrag ein Aufsichtsrat vorgesehen ist. Seine gesetzliche Notwendigkeit regelt § 29 GmbHG sehr detailliert; entscheidend ist insbesondere die Anzahl der Arbeitnehmer, aber auch etwa die Höhe des Stammkapitals.

e) Nachweis der Erbringung von Einlagen

957 Eine Registrierung kommt nur in Betracht, wenn mit Sicherheit feststeht, dass sich eine bestimmte Quote des Stammkapitals bereits in der freien Verfügung der Geschäftsführer befindet. Insbesondere aus Verkehrsschutzgründen soll verhindert werden, dass die GmbH vorher ihren Geschäftsbetrieb aufnimmt. Als Nachweis der Einzahlung von **Bareinlagen** ist immer eine Bankbestätigung vorzulegen, für deren Richtigkeit die Bank haftet.

Auf die bar zu leistenden Einlagen müssen insgesamt zumindest € 17.500 eingezahlt sein; je Stammeinlage ist zumindest $^1/_4$ zu leisten. Einzahlungen sind in bar oder durch Gutschrift auf ein Konto eines österreichischen Kreditinstitutes vorzunehmen. Das Konto kann auf die Gesellschaft oder auf die Geschäftsführer lauten. Details finden sich in § 10 GmbHG; dort auch zur Haftung für falsche Angaben.

958 Oft sieht der Gesellschaftsvertrag nicht bloß Bareinlagen (Geld), sondern auch **Sacheinlagen** vor. Dieser Begriff ist sehr weit. Er erfasst im Wesentlichen alle in der Bilanz aktivierbaren vermögenswerten Sachen und Rechte, deren wirtschaftlicher Wert feststellbar ist (*Beispiele:* Liegenschaften, ganze Unternehmen, Mietrechte, Patentrechte usw), nicht jedoch Dienstleistungen. Wegen der bestehenden wirtschaftlichen Bedürfnisse sind Sacheinlagen durchaus zulässig. Warum auch sollte es nicht möglich sein, eine für den Geschäftsbetrieb nötige Maschine von vornherein als Einlage einzubringen, als sie erst später mit Hilfe der Bareinlagen zu kaufen? Bedenken bestehen bloß gegen *Überbewertungen,* wodurch das vom Gesetz zwingend vorgesehene Mindestkapital der GmbH von vornherein nicht vorhanden wäre.

Die Hälfte des Stammkapitals darf ohne weiteres durch Sacheinlagen aufgebracht werden; ausnahmsweise sogar mehr (vgl § 6a GmbHG). Gegenstand und Wert müssen jedoch bereits im Gesellschaftsvertrag festgelegt sein. Bei Überbewertung besteht eine *verschuldensunabhängige Deckungspflicht* des einbringenden Gesellschafters (§ 10a GmbHG).

f) Erklärung über Firma

959 Die zuständige Kammer der gewerblichen Wirtschaft erklärt, ob gegen den gewünschten **Firmenwortlaut** Bedenken bestehen. Insbesondere darf die geplante Firma einer bereits bestehenden nicht täuschend ähnlich sein.

Die Firmenbildung einer GmbH regelt § 5 GmbHG iVm dem UGB (zu den dortigen Vorgaben schon Rz 212ff). Dabei wird besonderer Wert auf den – warnenden – zwingenden Rechtsformzusatz gelegt, der zumindest „GmbH“ zu lauten hat.

g) *Steuerliche Unbedenklichkeitserklärung*

Schließlich ist eine steuerliche Unbedenklichkeitserklärung vorzulegen. Diese wird von der Finanzbehörde nach Entrichtung der *Kapitalverkehrsteuer* (1% vom Wert der Leistungen der Gesellschafter) ausgestellt. **960**

V. AG

1. Die Registrierung als konstitutiver Akt

Auch die AG entsteht nach dem *Normativsystem:* **durch Registrierung auf Grund einer gesetzeskonformen Anmeldung.** Dieser folgt die *Veröffentlichung* der Eintragung (vgl Rz 951). Allerdings sind die Voraussetzungen der Registrierung weit detaillierter als bei der GmbH. Noch mehr als bei jener wollte man Schädigungen des Verkehrs von vornherein vermeiden. Geschützt werden sollen dabei nicht bloß außen stehende Gesellschaftsgläubiger, sondern vor allem auch das anlagewillige Publikum, also die *Aktionäre.* **961**

2. Anmeldung

Die Anmeldung zur Eintragung in das Firmenbuch ist von allen Gründern, Vorstands- und Aufsichtsratsmitgliedern vorzunehmen (§ 28 Abs 1 AktG). Wieder ist die Einhaltung aller gesetzlich geforderten Eintragungsvoraussetzungen urkundlich nachzuweisen. **962**

3. Wichtige Registrierungsvoraussetzungen

a) *Abschluss des Gesellschaftsvertrages (Feststellung der Satzung)*

Auch bei der AG muss der Gesellschaftsvertrag in Notariatsaktsform abgeschlossen werden. (§ 16 AktG spricht von „Feststellung der Satzung durch notarielle Beurkundung“, wie überhaupt zu beachten ist, dass die Bezeichnungen für im Wesentlichen Gleiches in AktG und GmbHG öfters unterschiedlich sind.) **963**

Die **Satzung** muss gemäß § 17 AktG zwingend vor allem folgende Fragen regeln: Firma (die das Wort „Aktiengesellschaft“ oder dessen Abkürzung wie AG enthält; § 4 AktG) und Sitz (s § 5 AktG) der Gesellschaft, Unternehmensgegenstand, Höhe des Grundkapitals; weiters, ob Inhaber- oder Namensaktien (Rz 900), Nennwert- oder Stückaktien ausgestellt wurden, Zusammensetzung des Vorstandes, Form der Veröffentlichungen der AG; ferner die Namen der Gründer, Nennbetrag und Ausgabebetrag für einzelne Aktien (bzw für die einzelnen Aktiengattungen), die jeder Beteiligte übernimmt (§§ 16f AktG). – Zu den unterschiedlichen Arten von Aktien Rz 900.

b) *Übernahme der Aktien*

Bei der heute allein üblichen **Einheitsgründung** müssen *die Gründer* alle Aktien übernehmen. Davon ist die rechtlich ebenfalls mögliche **Stufengründung** zu unterscheiden, bei der bereits bei der Gründung Aktien an Nichtgründer (Anleger) ausgegeben werden (dazu § 30 AktG). **964**

c) Bestellung von Aufsichtsrat, Abschlussprüfer und Vorstand

965 Die Gründer müssen den ersten Aufsichtsrat sowie den Abschlussprüfer für den ersten Jahresabschluss bestellen. Der Aufsichtsrat bestellt daraufhin den ersten Vorstand. Dies alles ist bei der Registeranmeldung urkundlich nachzuweisen. Vor allem sind auch Angaben über die *Vertretungsbefugnis* der Vorstandsmitglieder (vgl Rz 1013) zu machen (§ 29 AktG).

d) Gründungsbericht und Gründungsprüfung

966 Die Gründer haben einen schriftlichen **Gründungsbericht** zu verfassen. Der Hergang der Gründung ist darüber hinaus von Vorstand und Aufsichtsrat zu prüfen. Unter bestimmten Umständen, etwa bei *Sachgründung* (Rz 969), sind vom Gericht bestellte (außen stehende) **Gründungsprüfer** beizuziehen; dies sind Fachleute, regelmäßig beeidete Wirtschaftsprüfer und Steuerberater (Näheres in den §§ 24ff AktG).

Die Gründungsprüfung erfolgt im Interesse des Verkehrs. Die Prüfung erfasst daher etwa die Angabe der Gründer über die Übernahme der Aktien und die Einlagen auf das Grundkapital, die geleisteten Sacheinlagen usw (§ 26 AktG). Zur Haftung für Prüfungsfehler s § 42 AktG iVm § 275 UGB (dazu Rz 1024).

e) Leistung der Bareinlagen

967 Bei Gründung ist zumindest ein Viertel als **Bareinlage** auf das Grundkapital zu entrichten (in bar oder auf ein Bankkonto im Inland; vgl Rz 957). Dabei ist zu beachten, dass bei *Überpariemission,* also bei Ausgabe von Aktien zu einem Kurs über dem Nennwert (zu Nenn- und Kurswert Rz 901), zumindest der einem Viertel des Nennbetrages des Grundkapitals entsprechende Wert sowie das gesamte *Aufgeld (Agio)* eingezahlt werden muss. *Unterpariemissionen* sind von vornherein ausgeschlossen (vgl § 9 und § 28 Abs 2 Satz 2 AktG).

Beispiel: Mindestnennbetrag des Grundkapitals € 70.000; der Nennbetrag jeder Aktie beträgt € 10, der Ausgabekurs 105%. Pro Aktie sind nicht bloß mindestens € 2,50, sondern € 3 (2,50 + 0,50) einzufordern.

968 Sofern Zahlungen auf die Einlage noch ausständig sind, dürfen bloß **Namensaktien** (Rz 900) ausgegeben werden. Auf diesen muss der Betrag der bereits erbrachten Teilleistung angegeben sein (§ 10 Abs 2 AktG). – Zu **Zwischenscheinen** Rz 902.

969 Auch das AktG gestattet **Sacheinlagen** (Rz 958) und **Sachübernahmen.** Darunter versteht man den Erwerb von Sachen eines Gesellschafters durch die AG. In solchen Fällen müssen bereits in der Satzung wesentliche Angaben enthalten sein: Der Gegenstand der Sacheinlage oder Sachübernahme, die Person, von der die Gesellschaft den Gegenstand erwirbt und etwa der Nennbetrag der für die Sacheinlage zu gewährenden Aktien. Ansonsten sind solche Vereinbarungen der Gesellschaft gegenüber unwirksam (§ 20 AktG). – Entsprechende Schutzvorschriften gelten auch für **Nachgründungen** (vgl § 45 AktG).

f) Steuerliche Unbedenklichkeitsbescheinigung

970 Auch bei der AG ist die erfolgte Bezahlung der Kapitalverkehrsteuer (s Rz 960) nachzuweisen.

4. Rechtsgeschäfte vor Registrierung

Das allgemeine Problem der **Vorgesellschaft** wurde bereits mehrfach erwähnt (insb in Rz 943). Am Beispiel der AG soll noch etwas näher darauf eingegangen werden. Die Frage lautet: Welche Rechtsfolgen hat es, wenn vor Registrierung *im Namen der AG* Rechtsgeschäfte abgeschlossen werden? Teilaspekte sind durch § 34 AktG geregelt. 971

Geschäfte, die mit der Gründung zwangsläufig verbunden sind, werden ab der nachfolgenden Registrierung unmittelbar der AG selbst zugerechnet. Insoweit besteht ja kein entgegenstehendes Schutzbedürfnis außen stehender Dritter. Für Schulden, die in einem in die AG eingebrachten Unternehmen begründet wurden, findet sich die Lösung eines (gesetzlichen) Schuldbeitritts der AG über § 1409 ABGB (Rz 563), eventuell auch über § 38 UGB (vgl Rz 564 a). Ansonsten haftet derjenige, der im Namen der AG vor deren Registrierung kontrahiert, dem Geschäftspartner *persönlich* auf Erfüllung (vgl Rz 943). Entsteht die AG in der Folge nicht, bleibt es bei dieser Haftung. Wird sie hingegen registriert, kann es entgegen dem allgemeinen Grundsatz (Rz 561) auch ohne Zustimmung des Gläubigers zu einer Schuldübernahme kommen. Die AG haftet dann *anstelle* des Handelnden (Details in § 34 Abs 2 AktG). Diese Lösung überzeugt deshalb, weil der Geschäftspartner damit nur jene Person als Schuldner bekommt, mit der er ohnehin von vornherein kontrahieren wollte. Die Regelung ist mit ihrer Fokussierung auf die auf Seiten der Gesellschaft bestehende *Schuld* aber wohl ein wenig zu eng geraten. Regelmäßig geht es ja um zweiseitig verbindliche Verträge und damit um die gesamte Stellung als *Vertragspartner,* die die AG ebenfalls einnehmen sollte.

5. Gründungsmängel

Auch dieser Problemkreis wurde bereits angesprochen (Rz 944). Er soll ebenfalls für die AG etwas näher erörtert werden. Dies deshalb, weil gerade das AktG dafür die ausführlichsten Regelungen bereithält (§§ 216–218 AktG). 972

a) Der Grundsatz

Ist eine AG durch Registrierung entstanden und schon seit längerem geschäftlich aktiv, wäre es aus mehreren Gründen (Vertrauen des Rechtsverkehrs auf Wirksamkeit, faktische Schwierigkeiten bei der Rückabwicklung von Geschäften usw) nicht wünschenswert, wenn die Gesellschaft als rechtlich niemals zu Stande gekommen oder mit Rückwirkung aufgelöst behandelt werden müsste. Deshalb schränkt das Gesetz die Unwirksamkeitsgründe auf ganz krasse Fälle ein, die überdies innerhalb recht kurzer Fristen geltend zu machen sind. *Vor* Registrierung finden Gründungsmängel hingegen wie sonstige Willensmängel Beachtung. 973

b) Nichtigkeitsgründe

Eine **Klage auf Nichtigerklärung** der AG kann nur dann erhoben werden, wenn die Satzung in § 17 AktG zwingend vorgeschriebene Bestimmungen nicht enthält oder diese unwirksam sind. Fehlen werden sie selten, da dies bei der Prüfung durch das Registergericht in aller Regel auffällt und daher die Eintragung ohnehin unterbleibt. Überdies kann die Nichtigkeitsklage nur innerhalb *eines Jahres* ab Registrierung der AG von Aktionären, Vorstands- und Aufsichtsratsmitglie- 974 dern erhoben werden; unter gewissen Umständen kommt auch eine amtswegige Löschung in Betracht.

975 Wesentliche **Rechtsfolge** der Nichtigerklärung ist die *Abwicklung* der AG (Rz 1213ff). Zum Schutz der Gläubiger bleiben die von ihnen mit der AG getätigten Geschäfte aber wirksam. Soweit es zur Befriedigung der Gläubiger notwendig ist, müssen die Aktionäre auch nach Nichtigkeit auf ihre übernommene Einlage Zahlungen leisten.

c) Haftung für Gründungsmängel

976 Kommt es trotz Verletzung von Gründungsvorschriften zur Registrierung der AG, sollen die für die Mängel Verantwortlichen für daraus der AG erwachsene Nachteile einstehen. Gehaftet wird also immer *gegenüber der AG,* nicht gegenüber außen stehenden Dritten; allerdings kommt die dadurch erreichte Vermehrung des AG-Vermögens automatisch auch den Gläubigern der AG zugute. Details finden sich in den §§ 39ff und 47 AktG. Primär haften die **Gründer,** etwa für unrichtige Angaben im Gründungsbericht, für die Auswahl eines ungeeigneten Kreditinstituts usw, sofern sie die Sorgfalt eines ordentlichen Geschäftsmannes nicht beobachtet haben. Bei Einschaltung von Treuhändern können auch die *Hintermänner* haftbar werden, unter bestimmten Voraussetzungen darüber hinaus Mitglieder von Vorstand und Aufsichtsrat, die Gründungsprüfer und ihre Gehilfen usw.

3. Kapitel
Geschäftsführung und Vertretung

I. Allgemeines

1. Begriffsbestimmungen

977 Die Gründung von Gesellschaften ist nicht Selbstzweck. Regelmäßig stehen wirtschaftliche Überlegungen dahinter: Die Beteiligten wollen Gewinn machen. Dazu bedarf es der Geschäftstätigkeit. Rechtlich stellen sich dabei vor allem zwei Fragen: 1. Wer ist der Gesellschaft oder den Gesellschaftern gegenüber im Rahmen der geschäftlichen Tätigkeit zur Vornahme von Handlungen berechtigt und verpflichtet? 2. Wessen Verhalten wird unmittelbar der Gesellschaft zugerechnet?

Die erste Frage nach der **Geschäftsführung** betrifft das *Innenverhältnis,* die zweite nach der **Vertretungsmacht** das *Außenverhältnis.* Das Begriffspaar ist der bereits behandelten Unterscheidung zwischen Auftrag und Vollmacht (Rz 272) vergleichbar: Wer hat das Recht und wen trifft die Pflicht, für die Gesellschaft tätig zu werden (Geschäftsführung); wer hat die Rechtsmacht, durch sein Handeln unmittelbar die Gesellschaft zu binden (Vertretung)?

Unter **„Geschäftsführung“** versteht man alle rechtlichen und wirtschaftlichen Tätigkeiten, die auf die Verfolgung des Gesellschaftszwecks gerichtet sind (Leistung von Zahlungen, Einstellung von Arbeitnehmern, Leitung eines Betriebes, Führung der Handelsbücher usw). – Zum Begriff der **Vertretung** bereits Rz 236f.

978 Geschäftsführung und (organschaftliche) Vertretung fallen auch im Gesellschaftsrecht personell regelmäßig zusammen. Zwingend ist dies jedoch nicht. Da die Geschäftsführung bloß das Innenverhältnis betrifft, kann sie intern nahezu be-

liebig ausgestaltet werden. Die Vertretungsvorschriften gehören wegen des notwendigen Verkehrsschutzes hingegen im Wesentlichen zum zwingenden Recht.

Beispiel: Ist für die OG ein Gesellschafter gesellschaftsvertraglich bloß von der Geschäftsführung ausgeschlossen, kommt ein von ihm dennoch im Namen der OG abgeschlossener Vertrag wirksam zustande. Er verhält sich bloß intern rechtswidrig.

2. Erwerb der Organstellung

Rechtsgeschäftliche Beauftragung und Bevollmächtigung (zB durch Bestellung von Prokuristen) ist auch bei Gesellschaften nach allgemeinen Regeln (Rz 241) möglich. In diesem Abschnitt geht es jedoch im Wesentlichen bloß um die **organschaftliche Stellung** als Geschäftsführer und Vertreter (zum Begriff Rz 240). Diese wird regelmäßig in gesellschaftsrechtlichen Gesetzesnormen grundgelegt. Bei manchen Gesellschaften bedarf es darüber hinaus eines förmlichen Bestellungsverfahrens. **979**

II. Stille Gesellschaft

Die stille Gesellschaft als solche tritt nach außen überhaupt nicht auf. Vielmehr agiert ausschließlich der Inhaber des Handelsgeschäftes. **980**

III. GesbR

Die GesbR kann zwar Außengesellschaft sein. Ihr fehlt es aber jedenfalls an eigener Rechtspersönlichkeit. Handeln „der GesbR" muss also immer Handeln aller Gesellschafter sein. Dies erfolgt häufig durch einen für alle bestellten Vertreter. **981**

Was die **Geschäftsführung** anbelangt, so sind nach § 1185 ABGB alle Gesellschafter im Zweifel zur gleichen (persönlichen) Mitwirkung verpflichtet. Sie dürfen und müssen sich also an Beratungen und Entscheidungen über gesellschaftliche Angelegenheiten beteiligen. Bloße Arbeitsgesellschafter haben jedoch kein Stimmrecht (§ 1188 ABGB). Demnach kann man zwar noch von einem **Grundsatz der Gesamtgeschäftsführung** sprechen, da *alle* Gesellschafter zumindest an den Beratungen beteiligt sind. Für konkrete Geschäfte ist ebenso wie bei der *Miteigentumsgemeinschaft* (Rz 331 f) – auf deren Regelung das Gesetz verweist – zwischen Maßnahmen der ordentlichen Verwaltung und wichtigen Veränderungen zu unterscheiden. Prinzipiell gilt das *Mehrheitsprinzip;* entscheidend ist die Kapitalbeteiligung, nicht die Kopfzahl. **982**

Vertragliche Abweichungen von diesen Grundsätzen sind zulässig und deshalb häufig, weil man nicht selten ein rasches Agieren den ausführlichen Beratungen aller Gesellschafter vorzieht. So können etwa einzelne Gesellschafter, aber auch Nichtgesellschafter, zu Geschäftsführern bestellt werden. In solchen Fällen wird man darüber hinaus regelmäßig auch *Bevollmächtigung* dieser Personen annehmen müssen.

Ohne besondere Vereinbarung gilt für die **Vertretung** „der GesbR" – also rechtlich: aller Gesellschafter – Folgendes: Grundsätzlich steht die *Vertretungsbefugnis* der *Kapitalmehrheit* zu. Im Zweifel gibt es also einen Gleichlauf von Entscheidungsbefugnis nach innen (Geschäftsführung) und Vertretung nach außen. Anders als bei den OG und KG ist damit aber ein besonderer *Verkehrsschutz* nicht **983** gegeben; dieser besteht bloß im Rahmen des allgemeinen Stellvertretungsrechts (vgl Rz 267 f).

983 a Für eine **unternehmerisch tätige, unter einem eigenen Namen auftretende GesbR** ist allerdings nach dem Vorbild der OG (Rz 987 a) vorgesehen, dass an sich *jeder* Gesellschafter Alleinvertretungsmacht besitzt; ferner, dass sich der Dritte **Vertretungsmängel** handelnder Gesellschafter nur dann entgegen halten lassen muss, wenn er sie kannte oder kennen musste (§ 178 UGB).

IV. OG

1. Der Grundsatz

984 Bei der OG ist die Ausgangslage einfacher. Wegen ihres personalistischen Charakters gilt das Prinzip der **Selbstorganschaft:** Grundsätzlich sind zur Führung der Geschäfte alle Gesellschafter berechtigt und verpflichtet (§ 114 Abs 1 UGB). Im Zweifel gilt *Einzelgeschäftsführung;* allerdings besteht ein Widerspruchsrecht jedes (geschäftsführenden) Gesellschafters gegen eine geplante Maßnahme (§ 115 Abs 1 UGB). Auch zur *Vertretung* ist an sich *jeder Gesellschafter alleine* berechtigt (§ 125 Abs 1 UGB).

2. Mögliche Abweichungen

a) Geschäftsführung

985 Das Gesetz behandelt eine ganze Reihe von Möglichkeiten, vertraglich von den eben aufgestellten Grundsätzen abzugehen. Hier sind nur die wichtigsten zu nennen: Ausschluss einzelner Gesellschafter von der Geschäftsführung oder Übertragung bloß auf einen; Entbindung von Geschäftsführungspflichten; Geschäftsverteilung (Ressortteilung) unter mehreren Gesellschaftern; Betrauung eines Nichtgesellschafters mit Geschäftsführungsangelegenheiten; Gesamtgeschäftsführung, verbunden mit Ein- oder Mehrstimmigkeitsprinzip usw.

986 Auch die im Gesellschaftsvertrag häufig gewählte Mehrstimmigkeitsvariante kann unterschiedlich ausgestaltet sein. Nach dem Gesetz kommt es im Zweifel auf die **Beteiligungsverhältnisse** der Gesellschafter an (zu deren Feststellung Rz 1062); existieren allerdings auch Gesellschafter ohne Kapitalbeteiligung, hat jeder Gesellschafter eine Stimme (§ 119 Abs 2 UGB). Üblicherweise erfolgen Abstimmungen in einer **Gesellschafterversammlung,** da ihnen sinnvoller Weise eine Diskussion des Beschlussgegenstandes vorangehen soll.

b) Vertretung

987 Ein Gesellschafter kann *durch den Gesellschaftsvertrag* von der Vertretung ausgeschlossen werden. Denkbar ist ferner die Anordnung von Gesamtvertretung, eventuell auch in Gemeinschaft mit einem Prokuristen. Mangels Eintragung im Firmenbuch darf der Verkehr grundsätzlich von *Einzelvertretungsmacht jedes Gesellschafters* ausgehen (vgl § 125 UGB). Gesellschaftsfremde können nur aufgrund rechtsgeschäftlicher Bevollmächtigung (zB durch Prokuraerteilung) für eine OG wirksam Vertretungshandlungen setzen.

987 a Handelt ein OG-Gesellschafter *vor* Eintragung der Gesellschaft (s Rz 943), so werden bei **Vollmachtmängeln** alle Gesellschafter des Handelnden dann verpflichtet, wenn der Geschäftspartner den Mangel weder kannte noch kennen musste (§ 123 Abs 2 UGB).

3. Reichweite der Befugnisse

a) Geschäftsführung

An sich bezieht sich die Geschäftsführungsbefugnis bloß auf jene Handlungen, die der gewöhnliche Betrieb *des Unternehmens der konkreten Gesellschaft mit sich bringt.* Für darüber hinausgehende Handlungen (zB unüblich hohe Kreditaufnahme oder Kreditgewährung, Errichtung einer Zweigstelle) verlangt das Gesetz einen *einstimmigen* Beschluss aller Gesellschafter. Die Bestellung zum Prokuristen bedarf der Zustimmung aller geschäftsführenden Gesellschafter (§ 116 UGB). Gesellschaftsvertragliche Abweichungen (zB Mehrheitsprinzip) sind auch hier möglich. 988

b) Vertretung

Die Vertretungsmacht des einzelnen Gesellschafters ist weit. Sie erstreckt sich auf alle gerichtlichen und außergerichtlichen Rechtshandlungen; ausdrücklich genannt sind die Veräußerung und Belastung von Grundstücken sowie Erteilung und Widerruf einer Prokura (§ 126 Abs 1 UGB). Aus Verkehrsschutzgründen besteht keine der Geschäftsführung vergleichbare Beschränkung auf „konkret betriebsgewöhnliche" Geschäfte. Die Vollmacht der Gesellschafter ist aus demselben Grund prinzipiell *unbeschränkbar* (§ 126 Abs 2 UGB). 989

4. Wegfall der Befugnis zu Geschäftsführung und Vertretung

Die zunächst bestehenden Befugnisse eines Gesellschafters zu Geschäftsführung und Vertretung können auf mehrere Weise beseitigt werden. Wichtig sind folgende gesetzlich geregelte Fälle: Einvernehmliche Änderung des Gesellschaftsvertrages, Entzug durch gerichtliche Entscheidung auf Grund eines Antrags der übrigen Gesellschafter aus wichtigem Grund (zB wegen grober Pflichtverletzungen oder Unfähigkeit); für die Geschäftsführung ferner eine Kündigung durch den Gesellschafter aus wichtigem Grund (§§ 117, 127 UGB). Damit kann sich der Gesellschafter also in krassen Fällen einseitig von seinen Geschäftsführungs*pflichten* befreien; für die Vertretung fehlt eine entsprechende Regelung, weil die Vollmacht allein mit keinen Verpflichtungen verbunden ist. 990

5. Rechte nicht geschäftsführender Gesellschafter

Auch den Gesellschaftern, die von der Geschäftsführung ausgeschlossen sind, müssen gewisse Mindestrechte zukommen. Der Erfolg ihrer Beteiligung hängt ja ebenfalls unmittelbar von den Ergebnissen der Geschäftsführung ab. Das Gesetz gibt ihnen daher insbesondere das Recht, Handelsbücher und alle sonstigen Geschäftspapiere der Gesellschaft einzusehen (§ 118 Abs 1 UGB). 991

Eine vertragliche Einschränkung auch dieser Rechte ist zwar möglich, findet ihre Grenze jedoch immer dann, wenn der begründete Verdacht unredlicher Geschäftsführung besteht (§ 118 Abs 2 UGB). 992

V. KG

Das Recht der KG ist im Wesentlichen dem der OG nachgebildet. Wie bei der OG stehen auch bei der KG Geschäftsführung und Vertretung von Gesetzes 993 wegen *den persönlich haftenden Gesellschaftern* (den Komplementären) zu. Die Kommanditisten sind von der Führung der Geschäfte ausgeschlossen und zur (organschaftlichen) Vertretung nicht ermächtigt (§§ 164 und 170 UGB); wie jeder andere können sie jedoch rechtsgeschäftlich bevollmächtigt werden.

VI. GmbH

1. Die Organe im Allgemeinen

994 Zentrales Organ der Geschäftsführung und Vertretung einer GmbH ist der **Vorstand.** Unter bestimmten Umständen (vgl Rz 956) wird seine Tätigkeit von einem **Aufsichtsrat** kontrolliert (Näheres zu dessen Aufgaben in den §§ 30j–30l GmbHG; der Aufsichtsrat wird Rz 1015 ff bei der AG ausführlicher behandelt). Zum Teil greift auch die **Generalversammlung** (dazu Rz 1089 ff) in Geschäftsführungsangelegenheiten ein. Schließlich trifft die meisten GmbHs (große und mittelgroße bzw gesetzlich aufsichtsratspflichtige) die Pflicht zur Bestellung eines **Abschlussprüfers** (siehe § 268 UGB); zur Abschlussprüfung kurz Rz 1024 (bei der AG).

2. Der Vorstand

995 Detaillierte Regeln über den **Vorstand** (= den oder die **Geschäftsführer**) finden sich in den §§ 15–28a GmbHG. Er ist das Organ, dem die **Unternehmensleitung** obliegt.

a) Zusammensetzung

996 Jede GmbH muss zumindest einen, sie kann aber auch mehrere Geschäftsführer (= Vorstandsmitglieder) haben. Vorstandsmitglieder können nur voll geschäftsfähige natürliche Personen, allerdings auch Nichtgesellschafter sein.

b) Bestellung und Anstellung

997 Zu unterscheiden ist zwischen **Bestellung** und **Anstellung** der Vorstandsmitglieder. Die Bestellung zum Geschäftsführer erfolgt durch Gesellschafterbeschluss, bei Gesellschaftergeschäftsführern uU bereits im Gesellschaftsvertrag. Nur dieser Akt hat spezifisch gesellschaftsrechtliche Bedeutung. Daneben wird regelmäßig noch ein gesonderter *Anstellungsvertrag* abgeschlossen, der etwa die Dauer des Dienstverhältnisses, die Bezüge sowie Urlaubs- und Pensionsansprüche regelt.

c) Abberufung und Rücktritt

998 Die organschaftliche Stellung als Geschäftsführer kann an sich *jederzeit* durch Mehrheitsbeschluss der Gesellschafter wieder beseitigt werden. Öfters ist die Widerruflichkeit jedoch bereits im Gesellschaftsvertrag auf wichtige Gründe eingeschränkt. Details zur Abberufung aus wichtigem Grund regelt § 16 Abs 2 GmbHG.

Ob daneben auch das Anstellungsverhältnis durch Kündigung beendet werden kann, muss in jedem Fall gesondert beurteilt werden. Allein der Widerruf der Bestellung zum Geschäftsführer gewährt noch kein Recht zur fristlosen Beendigung des Dienstverhältnisses. Das Gehalt muss dann so lange weiter bezahlt werden, wie der Vertrag aufrecht besteht.

Gegenstück zur (freien) Abberufung ist der *Rücktritt* des Geschäftsführers. Auch dieser Schritt kann bei Fehlen eines wichtigen Grundes zu Ersatzpflichten führen (§ 16a GmbHG). **998a**

Grundsätzlich können rechtlich relevante Erklärungen – und damit auch Anmeldungen zum Firmenbuch – nur von aktuell vertretungsberechtigten Personen abgegeben werden. Hier steht aber ausnahmsweise den wirksam ausgeschiedenen Geschäftsführern selbst das Recht zu, das Erlöschen ihrer Vertretungsbefugnis zur Eintragung anzumelden (§ 17 Abs 2 GmbHG). **998b**

d) Die Geschäftsführung im Einzelnen

Dem Gesetz nach ist der Vorstand als **Kollegialorgan** aufgebaut. Die Geschäftsführung steht daher den Vorstandsmitgliedern *gemeinsam* zu. Mangels Sonderregelungen im Gesellschaftsvertrag gilt außer bei Gefahr in Verzug daher das *Einstimmigkeitsprinzip.* Da dieses aber häufig zu schwerfällig ist, können unterschiedliche Abweichungen vereinbart werden: Einfache oder qualifizierte Mehrheit, bei Stimmengleichheit Entscheidung durch den Vorsitzenden usw, aber auch *Einzelgeschäftsführung,* was jedoch Blockierung jeder geplanten Maßnahme durch den Widerspruch eines anderen Vorstandsmitgliedes ermöglicht. **999**

Weisungen einzelner Gesellschafter unterliegt der Vorstand nicht. Bindende Anweisungen kann jedoch die Generalversammlung, in gewissem Rahmen auch der Aufsichtsrat, erteilen. Bestimmte Geschäftsführungsmaßnahmen sind schon von Gesetzes wegen an eine entsprechende *Beschlussfassung der Gesellschafter* geknüpft, so zB die Einforderung von Einzahlungen auf die Stammeinlagen oder die Entscheidung, ob Prokura erteilt werden darf (vgl § 35 GmbHG). **1000**

Einige Maßnahmen sind nach dem Gesetz zwingend **Pflicht aller Geschäftsführer.** Die wichtigsten seien hier erwähnt: Anmeldung bestimmter Tatsachen zum Firmenbuch (zB Übergang eines Geschäftsanteils, Änderung des Namens eines Gesellschafters; vgl § 26 GmbHG), Führung eines den Anforderungen des Unternehmens entsprechenden Rechnungswesens und eines internen Kontrollsystems sowie rechtzeitige Erstellung des Jahresabschlusses (vgl § 22 GmbHG); bei Vorliegen von Zahlungsunfähigkeit und/oder Überschuldung der GmbH rechtzeitige Stellung des Konkursantrages (dazu Rz 1012). **1001**

e) Die Vertretung im Einzelnen

Mangels abweichender vertraglicher Regelung besteht **Kollektivvertretung** aller Geschäftsführer (§ 18 GmbHG). Die Vertretungsmacht des Vorstands ist *umfassend:* Erfasst sind außergerichtliches und gerichtliches Auftreten, Tätigwerden gegenüber Verwaltungsbehörden und Gesellschaftern usw. Im Verhältnis zu Dritten hat eine Beschränkung der Vertretungsbefugnisse keine rechtliche Wirkung, wenn auch ein Verstoß das Vorstandsmitglied der Gesellschaft gegenüber schadenersatzpflichtig macht (§ 20 GmbHG). Die Kollektivvertretung wird häufig vertraglich abbedungen bzw modifiziert. Nicht selten ist etwa die Regelung, dass die Gesellschaft durch zwei Vorstandsmitglieder gemeinsam oder ein Vorstands- **1002** mitglied zusammen mit einem Prokuristen vertreten wird. Die Art der Vertretung ist jeweils zur Eintragung in das Firmenbuch anzumelden.

An sich betrifft die Vertretung bloß die Zurechnung *rechtsgeschäftlicher* Erklärungen. Zur Zurechnung von *deliktischem* Verhalten der Organe an die juristische Person Rz 201.

3. Kontrollrechte der Gesellschafter

1003 Die Geschäftsführer sollen die Interessen der Gesellschaft – und damit zugleich die der Gesellschafter – verfolgen. Deshalb existieren auch eine ganze Reihe von **Kontrollrechten,** die jedem Gesellschafter oder einer qualifizierten Minderheit zustehen. ***Beispiele:*** Jeder Gesellschafter hat Anspruch auf eine Abschrift des Jahresabschlusses. Bei Glaubhaftmachung von Unredlichkeiten kann eine Minderheit von 10% des Stammkapitals die gerichtliche Bestellung von Revisoren zur Prüfung der letzten Jahresbilanz erwirken.

4. Haftung der Geschäftsführer

1004 Die Vorstandsmitglieder sind der Gesellschaft gegenüber zu sorgfältiger Geschäftsführung verpflichtet; Maßstab ist der „ordentliche Geschäftsmann". Grundsätzlich haften die Geschäftsführer bei verursachten Schäden *solidarisch;* nicht schadenersatzpflichtig wird derjenige, der den Beweis führen kann, er selbst habe den Sorgfaltsmaßstab eingehalten. Dieser Fall ist etwa bei ressortmäßig aufgeteilter Einzelgeschäftsführung denkbar, doch auch dann bestehen gewisse Kontrollpflichten hinsichtlich „fremder" Ressorts.

Das Gesetz zählt einige Tatbestände auf, in denen die Geschäftsführer ihre Sorgfaltspflichten typischerweise verletzt haben (§ 25 Abs 3 GmbHG). Wenn es dabei auch überwiegend um Handlungen zu Lasten von Gesellschaftsgläubigern geht, so muss doch beachtet werden, dass die gesellschaftsrechtlichen Ersatzansprüche *der GmbH* zustehen! Eine direkte Haftung von Geschäftsführern gegenüber einzelnen Gläubigern kann jedoch nach allgemeinem Schadenersatzrecht eintreten; so etwa bei betrügerischer Krida oder grob fahrlässiger Beeinträchtigung von Gläubigerinteressen. Diese Haftung wird dann relevant, wenn der Gläubiger seinen Anspruch gegen die Gesellschaft mangels ausreichenden Gesellschaftsvermögens nicht (voll) durchsetzen kann.

VII. AG

1. Die Organe im Allgemeinen

1005 Auch die AG weist eine *mehrgliedrige,* gesetzlich im Wesentlichen zwingend ausgestaltete, Organisation auf. Zur aktiven Geschäftsführung und Vertretung ist der **Vorstand** berufen. Dessen Überwachung, aber auch die Bestellung und Abberufung, hat der **Aufsichtsrat** vorzunehmen. Ihn muss jede AG haben. Mitglieder von Vorstand und Aufsichtsrat können auch Nichtgesellschafter sein. Das dritte Organ, die **Hauptversammlung,** wird Rz 1110ff näher behandelt. Im Bereich der Geschäftsführung und Vertretung kommt ihr bloß eine mittelbare Aufgabe zu, so die Bestellung und Abberufung der Mitglieder des Aufsichtsrates sowie der **Abschlussprüfer.** Letztere kann man zu den Organen im weiteren Sinn zählen; ihnen obliegt die Kontrolle der Rechnungslegung (Näheres Rz 1024).

2. Der Vorstand

a) Zusammensetzung

Auch der Vorstand einer AG besteht aus einer oder mehreren natürlichen und geschäftsfähigen Personen (§§ 70, 75 AktG). Aufsichtsratsmitglieder können im Vorstand nicht vertreten sein. Für Vorstandsmitglieder können auch Stellvertreter bestellt werden. **1006**

b) Bestellung und Anstellung

Die Vorstandsmitglieder werden vom Aufsichtsrat für höchstens 5 Jahre bestellt. Wiederbestellung ist zulässig (§ 75 AktG). Die gleichen Vorschriften gelten auch für den Anstellungsvertrag (vgl Rz 997). **1007**

c) Abberufung und Rücktritt

Aus wichtigem Grund (zB grobe Pflichtverletzung) kann das Vorstandsmitglied vom Aussichtsrat jederzeit abberufen werden; umgekehrt kann das Mitglied sein Amt zurücklegen. Ohne wichtigen Grund wird der Rücktritt jedoch erst durch Zustimmung des Aufsichtsrates wirksam. **1008**

Der Anstellungsvertrag wird hingegen durch Entlassung bzw Austritt aus wichtigem Grund aufgelöst (Rz 652).

d) Die Geschäftsführung im Einzelnen

Anders als bei der GmbH führt der Vorstand einer AG die Geschäfte *völlig weisungsfrei unter eigener Verantwortung.* Das Gesetz (§ 70 Abs 1 AktG) stellt für seine Tätigkeit folgende Leitprinzipien auf: *das Wohl des Unternehmens* unter Beachtung der Aktionärs- und Arbeitnehmerinteressen sowie öffentlicher Interessen. Bestimmte Geschäfte sind jedoch nach Gesetz (§ 95 Abs 5 AktG) oder Satzung dem Aufsichtsrat zur Zustimmung vorzulegen. Nichtvorlegung oder Handeln gegen eine Ablehnung kann den Vorstand ersatzpflichtig machen; wegen der unbeschränkbaren Vertretungsmacht des Vorstandes (Rz 1013) sind die Geschäfte Dritten gegenüber jedoch wirksam. **1009**

Beispiel: Der Vorstand erwirbt eine Liegenschaft, ohne die Zustimmung des Aufsichtsrates einzuholen. Es stellt sich heraus, dass das Grundstück für die geplanten Zwecke ungeeignet ist, weshalb es – zu einem geringeren Preis – wieder verkauft werden muss. Der Ankauf durch die AG ist wirksam, der Vorstand wird der AG aber schadenersatzpflichtig werden (zu ersetzen ist jedenfalls die Differenz zwischen Kaufpreis und Verkaufserlös).

Der Vorstand hat ein den Anforderungen des Unternehmens entsprechendes **Rechnungswesen** einzurichten und aufrechtzuerhalten; auch **interne Kontrollsysteme** sind zu installieren (§ 82 AktG). Auch hat er etwa den **Jahresabschluss** zu erstellen. Inhalt und Form sind gesetzlich genau determiniert (Details in den §§ 222 ff UGB). Dem Aufsichtsrat ist regelmäßig (zumindest vierteljährlich) über den Gang der Geschäfte und die Lage des Unternehmens zu berichten. Bei wichtigen Anlässen sind verpflichtend Sonderberichte vorgesehen. Über die geplante künftige Geschäftspolitik sowie die finanzielle Entwicklung sind *Jahresberichte* zu erstatten (§ 81 AktG). Bei qualifizierten Verlusten (§ 83 AktG) muss der Vorstand unverzüglich eine Hauptversammlung einberufen. **1010**

1011 Nach dem Gesetz führt der Vorstand die Geschäfte *als Kollegium.* Mangels abweichender Regelung im Gesellschaftsvertrag kommt dem Vorsitzenden bei Stimmengleichheit von Gesetzes wegen ein Dirimierungsrecht zu. Schon daraus ergibt sich die grundsätzliche Geltung des **Mehrstimmigkeitsprinzips.** Abweichende Regelungen im Gesellschaftsvertrag sind zulässig. Nicht selten kommt es auch zu *Ressortverteilungen;* häufig erlässt der Aufsichtsrat für den Vorstand eine detaillierte *Geschäftsordnung.*

1012 Bei Eintritt der Zahlungsunfähigkeit und/oder der Überschuldung der AG hat der Vorstand die Eröffnung des Insolvenzverfahrens zu beantragen. Gleiches gilt für andere Gesellschaften, da es sich um eine in § 69 KO geregelte Pflicht handelt, die neben anderen organschaftliche Vertreter juristischer Personen schlechthin trifft. Innerhalb bestimmter Frist dürfen trotz Konkursreife erfolgversprechende *Sanierungsversuche* unternommen werden, bevor Konkurs anzumelden ist (vgl Rz 1365).

e) Die Vertretung im Einzelnen

1013 Das Gesetz sieht als **Grundsatz Gesamtvertretung** vor: Alle Mitglieder des Vorstandes vertreten die AG *gemeinsam.* Die Satzung kann davon aber auf unterschiedliche Weise abgehen (vgl Rz 1011); so etwa auch Vertretung durch je zwei Vorstandsmitglieder oder ein Vorstandsmitglied gemeinsam mit einem Prokuristen (s § 71 AktG).

Die **Vertretungsmacht** des Vorstandes bezieht sich prinzipiell auf *alle* (gewöhnlichen und ungewöhnlichen) Rechtshandlungen und ist **rechtsgeschäftlich unbeschränkbar.** Ausnahmen zählt das Gesetz selbst auf. Im Einzelfall muss streng unterschieden werden, ob bloß die Geschäftsführungsbefugnis (Innenverhältnis) oder (auch) die Vertretungsmacht beschränkt werden soll. Nicht von der Vertretungsmacht des Vorstandes erfasst und damit Dritten gegenüber unwirksam sind etwa folgende Rechtshandlungen, die der Vorstand ohne Zustimmung der Hauptversammlung vorgenommen hat: Abschluss von Verschmelzungsverträgen (Rz 1207 ff) sowie sonstige Übertragungen des gesamten Gesellschaftsvermögens, Verpachtung des Unternehmens, Nachgründungsverträge usw.

3. Haftung der Vorstandsmitglieder

1014 Der für Vorstandsmitglieder geltende *Sorgfaltsmaßstab* ist der eines ordentlichen und gewissenhaften Geschäftsleiters. Wird *der Gesellschaft* durch die Tätigkeit des Vorstandes ein Schaden zugefügt, muss das auf Schadenersatz belangte Vorstandsmitglied sein fehlendes Verschulden beweisen.

In bestimmten krassen Fällen, die das Gesetz aufzählt (§ 84 Abs 3 AktG), wird sogar vermutet, dass die betreffende Verhaltensweise die AG geschädigt – und damit mittelbar Interessen der Gläubiger verletzt – hat. ***Beispiel:*** Entgegen den Vorschriften des AktG werden Einlagen an Aktionäre rückgewährt, Zinsen oder Gewinnanteile ausbezahlt; nach Eintritt der Zahlungsunfähigkeit und/oder Überschuldung der AG werden Zahlungen geleistet.

Alle verantwortlichen Vorstandsmitglieder haften *solidarisch.* Überstimmte Mitglieder sind nicht generell von der Haftung befreit; so dann nicht, wenn sie den Schaden (etwa durch Verständigung des Aufsichtsrates) hätten abwenden können.

4. Kontrolle des Vorstandes

a) Der Aufsichtsrat

Dem **Aufsichtsrat** ist als *Hauptaufgabe* die *Kontrolle der Vorstandstätigkeit* zugewiesen. Auf diese Weise werden die Interessen der Aktionäre am wirkungsvollsten gesichert. **1015**

aa) Zusammensetzung

Der Aufsichtsrat besteht von Gesetzes wegen aus *drei* Mitgliedern. Die Satzung kann darüber hinausgehen. Die Höchstzahl hängt von der Höhe des Grundkapitals ab (maximal 20 bei mehr als € 3,5 Mio). Organwalter können auch hier nur natürliche Personen sein, nicht jedoch juristische Personen oder Personengesellschaften. Überdies besteht grundsätzlich eine Grenze von 10 Aufsichtsratsmandaten (Details in § 86 AktG). **1016**

bb) Bestellung

An sich werden die Aufsichtsratsmitglieder durch die *Hauptversammlung* gewählt bzw durch den *Betriebsrat* entsandt (vgl § 110 ArbVG: Drittelparität). Bei entsprechendem Satzungsinhalt kann aber auch bestimmten Namensaktionären das Recht zustehen, Mitglieder in den Aufsichtsrat zu entsenden; und zwar bei börsenotierten AGs insgesamt bis zu einem Drittel, bei fehlender Börsenotierung bis zur Hälfte der Mitgliederzahl (§ 88 AktG). **1017**

Näheres zur Dauer der Bestellung, zum Widerruf des Mandats usw in § 87 AktG.

cc) Organisation

Zu wählen sind ein *Vorsitzender* und mindestens ein Stellvertreter. Der Vorsitzende beruft die Sitzungen des Aufsichtsrats ein und leitet sie. Beschlüsse dürfen an sich bloß in korrekt einberufenen Sitzungen gefasst werden. Regelmäßig reicht einfache Mehrheit aus. Teilnahmeberechtigt sind bloß die Mitglieder von Aufsichtsrat und Vorstand; die Beiziehung von Sachverständigen und Auskunftspersonen kommt jedoch immer in Betracht. **1018**

An sich ist das Aufsichtsratsmandat *persönlich* auszuüben. In der Satzung kann jedoch vorgesehen werden, dass ein Mitglied ein anderes für eine bestimmte Sitzung mit seiner Vertretung betraut; ebenso dürfen Stellvertreter bestellt werden.

Werden *Ausschüsse* (mit Entscheidungsbefugnis oder mit bloß vorbereitender Funktion) eingerichtet, muss jeder Ausschuss zumindest ein vom Betriebsrat nominiertes Mitglied enthalten.

dd) Aufgaben

Neben der schon genannten Hauptaufgabe der Überwachung des Vorstands sind dem Aufsichtsrat vom Gesetz eine ganze Reihe von Kompetenzen zugewiesen. So hat er die Vorstandsmitglieder zu bestellen und abzuberufen, den Jahresabschluss, den Vorschlag für die Gewinnverteilung sowie den Geschäftsbericht des Vorstandes zu prüfen und der Hauptversammlung darüber zu berichten sowie die Gesellschaft bei Rechtsgeschäften mit Vorstandsmitgliedern zu vertreten (Details insb in den §§ 95–97 und 125 AktG). Gewisse Geschäfte kann der Vorstand **1019** nur mit Zustimmung des Aufsichtsrates schließen (Aufzählung in § 95 Abs 5 AktG).

Hat der Aufsichtsrat mehr als fünf Mitglieder, so muss er zur Prüfung und Vorbereitung der Feststellung des Jahresabschlusses einen **Ausschuss** einrichten. Details zur inneren Organisation des Aufsichtsrats in § 92 AktG.

ee) Entlohnung

1020 Den Mitgliedern des Aufsichtsrates kann für ihre Tätigkeit eine Vergütung zuerkannt werden, was regelmäßig geschieht. Zuständig dafür ist die Hauptversammlung (Details in § 98 AktG).

ff) Haftung der Aufsichtsratsmitglieder

1021 Hier ordnet das Gesetz ausdrücklich die sinngemäße Anwendung der für Vorstandsmitglieder geltenden Vorschriften an (§ 99 AktG; vgl Rz 1014).

b) Die Hauptversammlung

1022 In die Kontrolle des Vorstandes ist die Hauptversammlung nur insofern eingebunden, als sie über Geschäftsführungsangelegenheiten entscheiden kann, die ihr vom Vorstand oder Aufsichtsrat vorgelegt werden (§ 103 Abs 2 AktG). In Betracht kommt schließlich auch der Beschluss einer *Sonderprüfung* (§§ 118–121 AktG), wobei die Hauptversammlung auch zugleich die Prüfer bestellt. Diese müssen wieder bestimmte Fachleute, namentlich Beeidete Wirtschaftsprüfer und Steuerberater sein.

c) Aktionärsrechte

1023 Gewisse Kontrollrechte kommen auch den *einzelnen Aktionären* zu, so etwa das unabdingbare Auskunftsrecht in der Hauptversammlung. Daneben bestehen weitergehende *Minderheitenrechte* (ab 5% des Grundkapitals).

5. Die Abschlussprüfer

1024 Die **Abschlussprüfung** (§§ 268 ff UGB) beinhaltet die Beurteilung jedes *Jahresabschlusses* sowie des diesen erläuternden Geschäftsberichtes durch unabhängige Fachleute, wieder vor allem Beeidete Wirtschaftsprüfer und Steuerberater. Zu prüfen ist die Richtigkeit des Jahresabschlusses, das heißt die Einhaltung der Bilanzierungs- und Bewertungsvorschriften (vgl Rz 223), nicht hingegen die Wirtschaftlichkeit oder Zweckmäßigkeit einzelner Geschäfte.

Am Ende der Tätigkeit steht die Vorlage eines *schriftlichen Prüfungsberichtes;* bei positiver Prüfung wird ein so genannter *Bestätigungsvermerk* erteilt. Den Bericht hat der Abschlussprüfer dem Vorstand und jedem Aufsichtsratsmitglied vorzulegen.

Der Abschlussprüfer – es können auch mehrere sein – wird jährlich von der Hauptversammlung gewählt; darin liegt die Bestellung zum Organ der AG. Daraufhin muss der Vorstand versuchen, mit dem Gewählten einen entsprechenden Prüfungsvertrag zu vereinbaren; dieser stellt einen Werkvertrag dar.

Für die Abschlussprüfung enthält das Gesetz *Sonderhaftungsbestimmungen* (§ 275 UGB). Diese privilegieren die Prüfer bei fahrlässigen Prüfungsfehlern vor allem durch – nach Größe der Gesellschaft gestaffelte – Haftungshöchstbeträge; eine (weitere) Haftungsmilderung durch Vereinbarung ist hingegen nicht möglich.

4. Kapitel
Vermögen und Haftung

I. Allgemeines

1. Die zu klärenden Fragen

Die meisten Gesellschaften treten als solche im Rechtsverkehr auf. Im Rahmen ihrer Geschäftstätigkeit schließen sie Verträge mit Dritten. Werden die Ansprüche dieser Vertragspartner nicht freiwillig befriedigt, stellen sich folgende Fragen: Auf welche Vermögensmassen kann der Gläubiger greifen? Gibt es überhaupt ein Sondervermögen der Gesellschaft? Haften die einzelnen Gesellschafter für die Gesellschaftsschulden? **1025**

Unter „Haftung" versteht man in diesem Zusammenhang eine sich *aus dem Gesellschaftsrecht* ergebende Verpflichtung, unter gewissen Umständen die Gesellschaftsgläubiger zu befriedigen. Wie schon mehrfach erwähnt, kann in Einzelfällen auch eine *schadenersatzrechtliche* Haftung in Betracht kommen; diese wird hier nicht näher behandelt. Nur so viel: Denkbar sind **zwei Modelle.** Einerseits kann es bei schädigenden Handlungen von Gesellschaftern und/oder Geschäftsführern zu einer direkten Einstandspflicht gegenüber außen stehenden Dritten (Gläubigern) kommen. Anderseits kann der Ersatzanspruch *der Gesellschaft selbst* zustehen. Leistung an die Gesellschaft erhöht automatisch den Haftungsfonds für die Gläubiger. Tendenziell folgt das Gesellschaftsrecht stärker diesem zweiten Modell. **1026**

2. Die Zuordnung des Gesellschaftsvermögens

Die Feststellung, ob es ein gesondertes Gesellschaftsvermögen gibt und welche Gegenstände dazugehören, ist aus mehreren Gründen bedeutsam. Das Problem stellt sich nicht bloß bei juristischen Personen. Sogar beim Einzelunternehmer muss etwa aus steuerrechtlichen Gründen streng zwischen seinem Betriebsvermögen und seinem Privatvermögen unterschieden werden. Mit der Zuordnung eines Gegenstandes zum Gesellschaftsvermögen ist jedoch nicht automatisch gesagt, dass dieses nun auch im Eigentum der Gesellschaft steht. Eine solche dingliche Zuweisung ist ja nur an ein Rechtssubjekt möglich. Das kann in gewissen Fällen auch die *Gemeinschaft der Gesellschafter* sein. **1027**

Grundsätzlich gilt auch für den **Erwerb von Gesellschaftsvermögen** die Lehre von Titulus und Modus (Rz 288f). In Frage kommt *die Einbringung* bestimmter Vermögenswerte durch die Gesellschafter (vor allem bei der Gründung), aber natürlich auch der Erwerb im Rahmen der Geschäftstätigkeit. Aus der Widmung von Vermögensgegenständen zu Gesellschaftszwecken ergibt sich grundsätzlich, dass einzelne Gesellschafter diese nicht wieder beliebig rückgängig machen können. Man denke nur an die *Sacheinlagen* (Rz 958), die gesellschaftsvertraglich vereinbart sind und regelmäßig für den Betrieb des betreffenden Unternehmens benötigt werden. **1028**

3. Die Haftung für Gesellschaftsschulden

Von der Vermögenszuordnung muss die Frage unterschieden werden, wer den Gläubigern für Gesellschaftsschulden haftet. Diese Schulden werden meist rechtsgeschäftlich begründet; für Verpflichtungen aus Delikt gilt jedoch Gleiches (zur Zurechnung Rz 201). Nicht immer laufen die Lösungen parallel. Der Grund- **1029** satz wurde bereits erwähnt (Rz 910): Gesellschafter juristischer Personen können von Gesellschaftsgläubigern grundsätzlich nicht belangt werden; dafür bestehen zum Schutz der Gläubiger strenge Vorschriften über *Kapitalaufbringung* und *Kapitalerhaltung* (Stichworte: Gründungs- und Abschlussprüfung, unabdingbare Pflicht zur Leistung der Einlagen usw). Fehlen solche Bestimmungen – wie etwa bei den Personengesellschaften –, trifft aus Gläubigerschutzgründen zumindest einen Gesellschafter die unbeschränkte persönliche Haftung.

4. Das Eigenkapitalersatzrecht

Weiterführende Literatur: *Dellinger/Keppert* (Hrsg), Eigenkapitalersatzrecht (2004); *Fellner/Mutz,* Eigenkapitalersatz-Gesetz Praxiskommentar (2004); *Kalss/Rüffler* (Hrsg), Eigenkapitalersatz im österreichischen, italienischen und slowenischen Recht (2004); *Zehetner/Bauer,* Eigenkapitalersatzrecht (2004).

1029 a Gefahr droht den Gesellschaftsgläubigern auch dann, wenn Gesellschafter ihrer Gesellschaft in deren Krise – statt Eigenkapital zuzuschießen – Kredit gewähren. Kommt es in der Folge zu keiner durchgreifenden Erholung, sondern zum Konkurs der Gesellschaft, würde der kreditierende Gesellschafter seinen Rückzahlungsanspruch anmelden und so die Befriedigungsquoten (vgl Rz 1356) außen stehender Gläubiger vermindern. Für eine *Sonderbehandlung von Gesellschafterkrediten* spricht, dass solche **Eigenkapital ersetzenden Gesellschafterleistungen** regelmäßig ausschließlich wegen der bestehenden Gesellschafterstellung gemacht werden (man möchte die eigene, gefährdete Beteiligung retten), ein Außenstehender der „maroden" Gesellschaft hingegen ohne ausreichende Sicherheiten keinen Kredit mehr gewährt hätte.

Diese und ähnliche Erwägungen haben den Gesetzgeber zur Schaffung des **EigenkapitalersatzG (EKEG)** geführt. Es erfasst vor allem Geldkredite (außer ganz kurzfristigen) sowie sonstige, insbesondere Waren-Kredite mit einer Laufzeit von mehr als sechs Monaten (§ 3), die einer Kapitalgesellschaft, einer Genossenschaft mit beschränkter Haftung oder einer Personengesellschaft ohne unbeschränkt haftende natürliche Person gewährt wurden (§ 4). Überdies bleiben geringfügige Beteiligungen ausgenommen. Dem Eigenkapitalersatzrecht unterstehen jedoch insbesondere kontrollierende oder mit zumindest 25% beteiligte Gesellschafter (Details in den §§ 5ff). Gewährt ein solcherart Beteiligter in der Gesellschaftskrise einen Kredit, greift eine **Rückzahlungssperre** ein, so lange die Gesellschaft nicht saniert ist; dh solange sie zahlungsunfähig oder überschuldet ist oder Reorganisationsbedarf (Rz 1371 a) besteht (§ 14). Ganz ähnlich wird die Krise im Zeitpunkt der Kreditgewährung umschrieben, wobei ein Reorganisationsbedarf (trotz aktueller Zahlungsfähigkeit und fehlender Überschuldung) dann vermutet wird, wenn die Eigenmittelqoute der Gesellschaft unter 8% liegt und die fiktive Schuldentilgungsdauer mehr als 15 Jahre beträgt (§ 2). Ob der kreditierende Gesellschafter von der Krise Kenntnis hatte oder sie bei Sorgfalt zumindest hätte erkennen müssen, spielt hingegen keine Rolle. Zur Privilegierung von Reorganisationsmaßnahmen Rz 1371 a.

1029 b Der Kreditierung wertungsmäßig gleich steht die Übernahme einer **Gesellschaftersicherheit,** die es der Gesellschaft ermöglicht, trotz ihrer Krise von dritter Seite Kredit zu erlangen. Daher hat der sichernde Gesellschafter bis zum Wert der Sicherheit auf Verlangen der Gesellschaft den Gläubiger zu befriedigen oder der Gesellschaft den von dieser dem Kreditgeber bereits geleisteten Rückzahlungsbetrag zu erstatten. Rückgriff gegen die Gesellschaft kann er erst nach deren Sanierung nehmen (§ 15). Der Rückzahlungsanspruch des dritten, gesellschaftsfremden Kreditgebers selbst ist hingegen nur dann gesperrt, wenn er die – andauernde – Krise oder den (vermutlichen) Reorganisationsbedarf bei Kreditgewährung kannte (§ 16).

II. Stille Gesellschaft

Bei der stillen Gesellschaft geht die Einlage des stillen Gesellschafters in das Vermögen des Unternehmers über (§ 179 Abs 1 UGB). Dieser wird also – wie bei einer Darlehensgewährung – freier Eigentümer des Einlagebetrages. *Allein er* haftet den Gläubigern (§ 179 Abs 2 UGB). Details seiner Haftung hängen davon ab, in welcher Rechtsform (Einzelunternehmer, OG, GmbH usw) er sein Unternehmen betreibt. Der stille Gesellschafter ist auch niemals zur Erhöhung der vertraglich vereinbarten Einlage verpflichtet (§ 180 UGB). **1030**

III. GesbR

Die GesbR hat keinerlei eigene Rechtspersönlichkeit. Werden Gegenstände zum Betrieb einer GesbR gewidmet und eingebracht, entsteht dadurch im Zweifel **Miteigentum** jener Gesellschafter, die nicht reine Arbeitsgesellschafter sind. Auf Grund der Vereinbarung (Widmung) *darf* kein Gesellschafter gegen den Willen der übrigen über seinen Miteigentumsanteil verfügen. Entgegenstehendes Verhalten ist zwar *wirksam* (vgl Rz 330), löst jedoch regelmäßig Schadenersatzpflichten aus. Denkbar ist auch Einbringung bloß *zum Gebrauch,* wodurch der Einbringende Alleineigentümer bleibt. **1031**

Werden „für die GesbR“ wirksam Geschäfte abgeschlossen, so bedeutet das eine *Verpflichtung aller Gesellschafter* (so nunmehr ausdrücklich § 178 UGB; s dazu auch schon Rz 920). Gibt es jedoch – wie regelmäßig – ein **Sondervermögen** („Hauptstamm“) der GesbR, so haftet zunächst dieses den Gläubigern. Darüber hinaus besteht bei teilbaren Verpflichtungen (vor allem Geldschulden) eine **anteilige Haftung der Gesellschafter mit ihrem Privatvermögen.** Der Anteil bestimmt sich nach dem Ausmaß der Beteiligung am gesellschaftlichen Sondervermögen. Nur wenn die Gesellschafter selbst *Unternehmer* sind, besteht *solidarische Haftung* (§§ 1202 f ABGB; vgl auch Rz 498). **1032**

Die *Ansprüche* „der GesbR“ sind hingegen immer **Gesamthandforderungen** (zum Begriff vgl Rz 498 f). **1033**

IV. OG

Für die Einbringung von Vermögenswerten in eine OG gilt prinzipiell Gleiches wie bei der GesbR; ebenso für den Erwerb durch die OG, insbesondere auf Grund ihrer Geschäftstätigkeit. Das Gesellschaftsvermögen der OG ist jedoch in stärkerem Maße verselbstständigt (vgl etwa § 124 UGB). Es steht auch nicht im Miteigentum, sondern im **Gesamthandeigentum** der Gesellschafter. Dispositionen über Teile des Sondervermögens sind also nur einvernehmlich bzw durch einen Vertreter der OG *möglich.* **1034**

Gesellschaftsgläubiger können ihre Ansprüche sowohl gegen die OG selbst als auch gegen jeden einzelnen Gesellschafter richten (§§ 124, 128 UGB). **Haf-** **1035**

tungsmasse ist also neben dem *Gesellschaftsvermögen* auch das gesamte *Privatvermögen* aller Gesellschafter. Es besteht **solidarische Haftung** von Gesellschaft und Gesellschaftern; der Gläubiger kann von jedem Haftenden die gesamte Leistung fordern (zum Ausgleich im Innenverhältnis allgemein Rz 498).

1036 *Achtung!* Besonderes gilt für die Gesellschafterhaftung nach Auflösung der Gesellschaft und für die Haftung ausgeschiedener Gesellschafter. Man spricht auch von **Nachhaftung,** da es (nur) um jene Schulden geht, die vor Auflösung bzw Ausscheiden begründet wurden. Dabei sind vor allem bei **Ausscheiden** aus einer ansonsten weiter bestehenden Gesellschaft (zu den Voraussetzungen des Aufrechtbleibens Rz 1188ff) gegensätzliche Interessen zu berücksichtigen. Fiele der ausscheidende Gesellschafter auch als Schuldner weg, verlöre der Gläubiger vielleicht gerade jenen, auf dessen Bonität er besonders vertraut hat (oder der tatsächlich der finanzkräftigste Gesellschafter ist). Umgekehrt besteht ein verständliches Interesse des Ausscheidenden, nicht ad infinitum für Gesellschaftsschulden zu haften. Vorteile aus der Geschäftstätigkeit genießt er ja nicht mehr. Das Gesetz ordnet daher folgenden *Kompromiss* an (§ 160 Abs 1 UGB): Der Ausscheidende haftet für vor seinem Ausscheiden begründete Schulden weiter, soweit sie vor Ablauf von fünf Jahren ab dem Ausscheiden fällig sind. Damit wird seine Haftung für Schulden aus Dauerschuldverhältnissen (zB Miete, Bezugsverträge usw) deutlich begrenzt. Zusätzlich verjähren die innerhalb der 5 Jahre fällig werdenden Ansprüche in längstens drei Jahren.

1037 Eine ähnlich motivierte, inhaltlich jedoch etwas anders ausgestaltete Nachhaftungsbeschränkung ist für den **Auflösungsfall** vorgesehen: Die Gesellschafterhaftung für Schulden der (aufgelösten) OG verjährt, sofern nicht ohnehin nach allgemeinen Regeln die Verjährung früher eintritt, in 5 Jahren, wobei die Frist mit Eintragung der Auflösung im Firmenbuch zu laufen beginnt (§ 159 UGB).

1038 Tritt hingegen ein Gesellschafter in eine bereits bestehende OG ein, haftet er unabdingbar für alle zu diesem Zeitpunkt bestehenden Verbindlichkeiten der OG (§ 130 UGB). Anderes gilt wohl, wenn durch Eintritt einer zweiten Person „in ein Einzelunternehmen" eine OG *entsteht:* Dann kann die Haftung des Eintretenden für die bisherigen Unternehmensschulden im Sinne des § 38 UGB ausgeschlossen werden (vgl Rz 564a).

V. KG

1039 Für die KG gilt im Wesentlichen das in den Rz 1034ff Ausgeführte. Besonders geregelt ist bloß die **Stellung des Kommanditisten.** Dessen Haftung ist auf die Höhe der von ihm übernommenen und im Firmenbuch eingetragenen **Haftsumme** („Hafteinlage") beschränkt. Soweit sie der Kommanditist noch nicht an die Gesellschaft geleistet hat, haftet er den Gesellschaftsgläubigern *unmittelbar.* Damit sich diese vorweg orientieren können, ist der Kommanditist zur Auskunftserteilung über die Höhe bereits geleisteter Einzahlungen verpflichtet (§ 171 Abs 1 UGB). – Zum Unterschied zwischen Hafteinlage (= Haftsumme) und Pflichteinlage Rz 1072.

Die Haftung des Kommanditisten gegenüber Dritten lebt wieder auf, wenn und soweit ihm die Einlage wieder *zurückgezahlt* wird (was nicht mit der Auszahlung ihm zustehender Gewinnanteile verwechselt werden darf; dazu Rz 1071). Stundung und Erlass ist den Gläubigern gegenüber ebenso unwirksam. Umgekehrt können sich Dritte auf eine vereinbarte Erhöhung der Haftsumme erst berufen, sobald die Erhöhung im Firmenbuch ersichtlich oder auf andere Weise kund gemacht wurde (§ 172 UGB).

Wurde im Namen einer KG bereits *vor* ihrer Eintragung in das Firmenbuch gehandelt, haftet der Kommanditist nach erfolgter Eintragung dennoch nicht unbeschränkt; vielmehr wird bei der **Vor-KG** (zur Vor-OG Rz 943) die Begrenzung der Kommanditistenhaftung auf deren Haftsumme bereits beachtet (§ 176 Abs 1 UGB), da der Rechtsverkehr bei einer KG ohnehin niemals mit voller Haftung aller Gesellschafter rechnen darf. Gleiches gilt bei Eintritt als Kommanditist in eine bereits bestehende Personengesellschaft (§ 176 Abs 2 UGB).

VI. GmbH

1. Vermögen

a) Zuordnung

Die GmbH ist als vollwertige juristische Person **Eigentümerin des Gesellschaftsvermögens.** Dingliche Rechte der Gesellschafter daran bestehen nicht. **1041**

Zunächst gehören zum Gesellschaftsvermögen die von den Gesellschaftern auf ihre Stammeinlagen erbrachten Leistungen: Geldleistungen (Bareinlagen) und Sachleistungen (Sacheinlagen). Durch die Geschäftstätigkeit der GmbH wird dieses Vermögen – das *Eigenkapital* – vermehrt oder vermindert.

Achtung! Das Stammkapital der GmbH darf man nicht einfach mit ihrem Vermögen gleichsetzen. Ebenso wie bei der AG das Grundkapital ist es mehr oder weniger eine fixe technische Größe, die aus Gläubigerschutzgründen große rechtliche Bedeutung hat; so muss bei Gründung ein Mindestkapital von € 35.000 vereinbart sein (zur zusätzlich normierten Kapital*erhaltungs*pflicht und den Folgen ihrer Verletzung sofort Rz 1042). Für den tatsächlichen „Wert" der GmbH – genauer: für den Wert der einzelnen Geschäftsanteile der Gesellschafter – kommt es hingegen auf das faktische vorhandene *Vermögen* (Differenz von Aktiva und Passiva) an.

b) Schutzvorschriften

Da Gläubigern einer GmbH ausschließlich das Gesellschaftsvermögen als Haftungsfonds zur Verfügung steht (Rz 926), bedarf es verschiedener Schutzmechanismen, um Gläubigerschädigungen möglichst zu vermeiden. Die Vorschriften über die **Kapitalaufbringung** wurden bereits bei der Gründung behandelt (Rz 957 f). Die weit reichende **Pflicht zur ordnungsgemäßen Buchführung** hat den Zweck, zumindest jährlich einen objektiven Überblick über den finanziellen Zustand sowie die Entwicklung der Gesellschaft zu erhalten. In diesen Zusammenhang gehören auch alle Vorschriften, die Erstellung und Prüfung des *Jahresabschlusses* betreffen (vgl § 22 GmbHG sowie die §§ 222 ff UGB). Den Zweck der **Kapitalerhaltung** verfolgt etwa die Vorschrift, dass Einzahlungen auf das Stammkapital (als „Mindesthaftungsfonds") von den Gesellschaftern nicht zurückgefordert werden dürfen (§ 82 GmbHG). Dadurch sollen vor allem so genannte **verdeckte Gewinnausschüttungen** verhindert werden. Schließlich dienen auch jene Vorschriften dem Gläubigerschutz, die bei Vermögensverfall die **Pflicht zur rechtzeitigen Stellung des Konkursantrages** vorsehen (§§ 67, 69 KO); zum *Eigenkapital-* **1042** *ersatzrecht* Rz 1029 a. Zum Teil schützen die genannten Vorschriften auch die Interessen der Gesellschafter selbst. Dieser Aspekt ist bei der AG noch ausgeprägter als bei der GmbH.

2. Haftung

1043 Gläubiger der GmbH können sich grundsätzlich bloß an die Gesellschaft halten. Gesellschafter haften als solche nicht. Denkbar wäre aber etwa die Einstandspflicht eines (geschäftsführenden) Gesellschafters nach schadenersatzrechtlichen Grundsätzen. Anders als bei der KG (Rz 1039) können Gläubiger auch dann nicht direkt auf Gesellschafter greifen, wenn diese die von ihnen übernommenen Stammeinlagen noch nicht voll eingezahlt haben. Dieser Anspruch ergibt sich aus dem Gesellschaftsvertrag; er steht ausschließlich *der Gesellschaft* zu (vgl § 63 GmbHG). In Frage kommt allerdings – wie bei fast allen vermögenswerten Ansprüchen – die **Pfändung** (Rz 1347) einer solchen Forderung der GmbH durch einen Gesellschaftsgläubiger.

VII. AG

1044 Hinsichtlich des Vermögens einer AG sowie der Haftung für Gesellschaftsschulden kann im Wesentlichen auf die Ausführungen zur GmbH verwiesen werden. Auch bei der AG ist zwischen dem Grundkapital (Mindestnennbetrag € 70.000) und dem wirklichen Vermögen zu unterscheiden. Das gesamte Vermögen steht in der alleinigen Zuständigkeit (Eigentum, Forderungsberechtigung usw) der AG; die Aktionäre haben bloß obligatorische Ansprüche gegen die Gesellschaft (vgl Rz 1099 ff). Umgekehrt kann nur die AG selbst von den Aktionären Einzahlungen auf die Aktien verlangen. Aktionäre haften Gesellschaftsgläubigern also niemals (§ 48 AktG).

5. Kapitel

Rechte und Pflichten der Gesellschafter

I. Allgemeines

1. Überblick

1045 Rechte und Pflichten von Gesellschaftern untereinander, aber auch gegenüber der Gesellschaft, können recht verschieden ausgestaltet sein. Dies ergibt sich bereits daraus, dass es im Wesentlichen bloß um das *Innenverhältnis* geht. Vertragliche Vereinbarungen sind daher weitestgehend nach individuellen Vorstellungen möglich. Doch auch das Gesetz berücksichtigt bei seinen (zum Großteil dispositiven) Vorschriften die Verschiedenheit der unterschiedlichen Gesellschafts- und Beteiligungsformen. Ausnahmen der Vertragsfreiheit bilden daher etwa die Bereiche der Kapitalaufbringung und Kapitalerhaltung bei Kapitalgesellschaften; so kann zB nach § 63 GmbHG dem Gesellschafter die Pflicht zur Einzahlung der übernommenen Stammeinlage nicht erlassen werden; gegenteilige Vereinbarungen wären unwirksam.

Hauptpflicht der Gesellschafter ist die Beteiligung an der Gesellschaft, wie dies Gesetz und Vertrag vorsehen. Im Vordergrund steht dabei die **Leistung der übernommenen Einlage,** also konkreter Vermögenswerte (Geld oder Sachen). Immer wieder erfolgt aber auch eine Beteiligung bloß mit der *Arbeitskraft* (Arbeitsgesellschafter). Diese Hauptpflicht wird in der Folge nur bei den Kapitalgesellschaften näher behandelt, da ihr dort unter Gläubigerschutzgesichtspunkten (Kapitalaufbringung) besondere Bedeutung zukommt, weshalb sie im Gesetz auch recht ausführlich geregelt ist. **1046**

Hauptzweck jeder wirtschaftlichen Tätigkeit ist die Erzielung von Gewinn. Die Gesellschafter wollen aus der Beteiligung typischerweise Ertrag erzielen, davon leben und/oder ihr Vermögen vermehren. Aus der Sicht des Gesellschafters steht daher regelmäßig das **Recht auf Gewinnbeteiligung** im Vordergrund; diesem korrespondiert nicht selten die Beteiligung auch an etwaigen Verlusten der Gesellschaft (Genaueres dazu Rz 1049 f).

Die sonstigen Rechte der Gesellschafter kann man auf verschiedene Art und Weise einteilen. Hier sei nur eine wichtige Form der Unterscheidung genannt: **Individualrechte** stehen jedem einzelnen Gesellschafter zu, **Minderheitenrechte** und **Mehrheitenrechte** regelmäßig bloß Gesellschaftergruppen. Beispiele dazu wurden bereits gebracht; auch bei den einzelnen Gesellschaften wird sich noch Näheres finden. Häufig erfolgt die Ausübung solcher Rechte in einer Versammlung aller Mitglieder (Gesellschafterversammlung, Hauptversammlung, Generalversammlung usw); vor allem für Kapitalgesellschaften hält das Gesetz insofern detaillierte Regelungen bereit. Beispielhaft werden die dargelegten Aspekte bei der Behandlung der Generalversammlung einer GmbH (Rz 1089 ff) sowie der Hauptversammlung einer AG (Rz 1110 ff) angesprochen. **1047**

Rechtsgeschäfte, die ein Gesellschafter mit „seiner" Gesellschaft schließt (zB Kauf- oder Kreditvertrag), werden grundsätzlich nur nach allgemeinen zivilrechtlichen Regeln behandelt (siehe Rz 1082). Abweichendes kann allerdings dann gelten, wenn ein Gesellschafter in der *Gesellschaftskrise* Kredit gewährt; näher zur Behandlung einer solchen **Eigenkapital ersetzenden Leistung** Rz 1029 a.

Bevor einzelne Rechte und Pflichten nach Gesellschaften getrennt behandelt werden, sollen vorweg zwei zentrale Problemkreise erwähnt werden, die bei nahezu allen Gesellschaftern von mehr oder weniger genereller Bedeutung sind: die **Gewinn- und Verlustbeteiligung** sowie die **gesellschaftsrechtliche Treuepflicht.** **1048**

2. Gewinn- und Verlustbeteiligung

Jede Gesellschaft ist in gewissem Maße auch eine **Risikogemeinschaft.** Laufen die Geschäfte gut, sollen davon alle Mitglieder profitieren. Doch auch Verluste sind nach diesem Grundgedanken gemeinsam zu tragen. **1049**

Zu beachten ist ferner, dass Gesellschafter nicht selten zur Bestreitung ihres Lebensunterhaltes auf Ausschüttungen aus der Gesellschaft angewiesen sind. Sie müssen daher prinzipiell die Möglichkeit haben, regelmäßig Auszahlungen zu fordern. Das Gesetz sieht daher häufig einen *jährlichen* Anspruch auf Gewinnbeteiligung vor; daneben können auch sonstige *Entnahmerechte* bestehen (vgl zur OG Rz 1064).

1050 Wenn die Gewinn- und Verlustbeteiligung auch zur Regelung des Innenverhältnisses gehört, sind gewisse Mindestgerechtigkeitsmaßstäbe dennoch einzuhalten. Regelmäßig unwirksam wäre daher etwa eine Bestimmung, wonach ein Gesellschafter bloß am Verlust, nicht aber am Gewinn beteiligt ist. Die Gewinnbeteiligung kann überhaupt nur ganz ausnahmsweise ausgeschlossen werden (zB bei einem reinen Arbeitsgesellschafter, der für seine Tätigkeit überdurchschnittlich entlohnt wird); regelmäßig ist der Ausschluss **gesetz- oder sittenwidrig.**

1051 Wie berechnet man aber nun den Gewinn- bzw Verlustanteil jedes Gesellschafters? Zwei Dinge müssen dazu jedenfalls geklärt werden: die quotenmäßige Beteiligung des jeweiligen Gesellschafters sowie die Vermögensentwicklung der Gesellschaft in der betreffenden Abrechnungsperiode (meist ein Geschäftsjahr). Daneben können auch Verluste oder Gewinne aus früheren Perioden bedeutsam sein. Da für die verschiedenen Gesellschaftsformen Unterschiedliches gilt, kann hier allgemein nicht viel mehr gesagt werden.

1051a Steuerrechtlich wird der Gewinn von **Personengesellschaften** anteilig den Gesellschaftern zugerechnet und von diesen versteuert; für natürliche Personen gilt das *EinkommensteuerG (EStG),* für juristische Personen das *KörperschaftsteuerG (KStG).* Wird der Gewinn von **Kapitalgesellschaften,** der bereits einer selbstständigen Steuerpflicht nach dem KStG unterliegt, an die Gesellschafter ausgeschüttet, so müssen ihn diese als Einkommen nochmals versteuern. Die Härten einer solchen *Doppelbesteuerung* werden heute weitestgehend vermieden, um die Kapitalgesellschaften nicht zu benachteiligen: Einmal durch das so genannte „Halbsatzverfahren", wonach der Steuersatz für Einkünfte aus Beteiligungen auf die Hälfte ermäßigt ist; zum Zweiten durch den einheitlichen Körperschaftsteuersatz (seit dem Steuerjahr 2005 nur mehr 25%).

3. Die gesellschaftsrechtliche Treuepflicht

1052 Häufig wird das Bestehen einer besonderen **Treuepflicht** der Gesellschafter als für Gesellschaftsverhältnisse besonders charakteristisch angesehen. Damit ist gemeint, dass jemand, der gesellschaftlich gebunden ist, seine Individualinteressen nicht gleichermaßen verfolgen darf wie ohne eine solche Bindung. Tatsächlich wird man jedoch in jedem Einzelfall sehr detailliert prüfen müssen, ob sich ein Gesellschafter „treuwidrig" – das heißt der Gesellschaft gegenüber rechtswidrig – verhalten hat (und daher etwa Ersatzansprüchen ausgesetzt ist). Dies wird bei Gesellschaften mit besonderer Betonung des personalen Elements (zB OG und KG) eher anzunehmen sein als bei kapitalistisch strukturierten Formen. Erfordert etwa ein Beschluss Einstimmigkeit, wird ein Gesellschafter in aller Regel gegen den Antrag stimmen dürfen, ohne dass ihm ein Vorwurf gemacht werden kann. Von diesem Grundsatz ist nur in krassen Fällen (etwa bei *Rechtsmissbrauch;* vgl Rz 756) abzuweichen.

Da „die Treuepflicht" etwas sehr Konturenloses ist, erscheint es jedenfalls sinnvoll, sich an konkreten Vorschriften des Gesetzes und des Gesellschaftsvertrages zu orientieren und dann zu fragen, ob die Verhaltensweise des betreffenden Gesellschafters von diesen Anordnungen erfasst ist oder ihnen doch zumindest wertungsmäßig gleichkommt (Analogie). Dafür, dass Individualinteressen keinen Vorrang verdienen, wenn sie zentralen Gesellschaftsinteressen zuwiderlaufen, spricht etwa das **Konkurrenzverbot** (vgl zB Rz 1061, 1068f); zugleich markiert es aber auch die *Grenzen* der Treuepflicht.

II. Stille Gesellschaft

1. Gewinn- und Verlustverteilung

Rechte und Pflichten des stillen Gesellschafters hängen im Wesentlichen von der Ausgestaltung des Gesellschaftsvertrages ab. Im Unterschied zum Darlehen erhält er aber jedenfalls keine fixe Verzinsung seines Kapitaleinsatzes. Prinzipiell nimmt er anteilig an Gewinn und Verlust des Unternehmens teil. Denkbar ist auch die Garantie eines „Mindestgewinns". Mangels Vereinbarung über bestimmte Quoten steht dem stillen Gesellschafter ein *angemessener* Anteil an Gewinn und Verlust zu. Die Verlustbeteiligung kann vertraglich ausgeschlossen werden, nicht jedoch die Gewinnbeteiligung (§ 181 Abs 2 UGB). **1053**

Das Gesetz enthält auch nähere Vorschriften über die Gewinn- und Verlustberechnung: Danach ist ein am Schluss jedes Geschäftsjahres entstandener Gewinn an den stillen Gesellschafter auszuzahlen. Am Verlust nimmt er immer nur bis zum Betrag seiner Einlage teil. Gewinne aus früheren Jahren muss er wegen späterer Verluste niemals zurückzahlen. Ist die Einlage hingegen bereits durch Verluste vermindert, so wird der jährliche Gewinn zur Abdeckung dieser Verluste verwendet. Behebt der stille Gesellschafter seinen Gewinn einmal nicht, so führt dies nur bei entsprechender Vereinbarung zur Erhöhung seiner Einlage (§ 182 UGB). **1054**

Diese Vorschriften sollen an einem ***Beispiel*** erläutert werden: S beteiligt sich am Unternehmen des E mit einer Vermögenseinlage von € 300.000 als stiller Gesellschafter. Vereinbart ist eine Gewinn- und Verlustbeteiligung von 10%. Ergibt sich aus der – von E erstellten – Bilanz für das abgelaufene Geschäftsjahr ein Gewinn von € 100.000, kann S € 10.000 von E fordern. Lässt S den Gewinn „stehen", erfolgt eine Buchung auf ein **Sonderkonto;** der Anspruch auf die € 10.000 bleibt bis zu seiner Verjährung jedenfalls aufrecht. Hingegen kommt es nicht automatisch zu einer Erhöhung der Einlage des S auf € 310.000 und schon gar nicht zu einer Beteiligung am Gewinn des Folgejahres mit einer 10% übersteigenden Quote.

Auf dem **Einlagekonto** werden demgegenüber nur die geleistete Einlage sowie Verluste vermerkt. Erleidet E über mehrere Jahre erhebliche Verluste, kann dieses Konto auch **passiv (negativ)** werden. Nach € 3,5 Mio Verlusten lautet das Einlagekonto des S also auf „minus € 50.000" (300.000 minus 350.000). Da sich S seinerzeit im Gesellschaftsvertrag nur zur Beteiligung in Höhe von € 300.000 verpflichtet hat, muss er diesen „Negativsaldo" nicht abdecken **(keine Nachschusspflicht).** Wird die Gesellschaft in diesem Stadium aufgelöst, erhält er jedoch nichts. Erwirtschaftet E bei aufrechter Gesellschaft im Folgejahr € 300.000 Gewinn, hat dies zur Folge, dass der Negativsaldo des Einlagekontos auf € 20.000 sinkt. Einen Anspruch auf Gewinnausschüttung hat S erst dann, wenn der Kontostand die ursprüngliche Einlage von € 300.000 wieder erreicht. Bis dahin werden die Gewinne (zur Abdeckung früherer Verluste) auf das Einlagekonto gebucht.

2. Kontrollrechte

Dass der stille Gesellschafter mehr ist als bloßer Darlehensgeber, zeigt sich auch an ihm zustehenden **Kontrollrechten:** Er ist berechtigt, die abschriftliche Mitteilung des Jahresabschlusses oder einer sonstigen Abrechnung zu verlangen und deren Richtigkeit unter Einsichtnahme in die Geschäftsbücher und Schriften des Unternehmers zu prüfen (§ 183 UGB). **1055**

3. Betriebspflicht

Den Geschäftsinhaber trifft selbstverständlich eine **Betriebspflicht.** Er muss sein Unternehmen während des Gesellschaftsverhältnisses auch wirklich wie ver- **1056** einbart betreiben. Zuwiderhandeln könnte Schadenersatzansprüche und/oder Kündigungsrechte des stillen Gesellschafters auslösen.

III. GesbR

1. Gewinn- und Verlustverteilung

1057 Grundsätzlich verfügt die GesbR über ein gesondertes Gesellschaftsvermögen (Rz 1032). Dieses setzt sich aus den *Einlagen* der einzelnen Gesellschafter sowie erwirtschafteten Gewinnen zusammen. Nach dem Verhältnis des Wertes der Einlagen zueinander bestimmt sich grundsätzlich die quotenmäßige Beteiligung des einzelnen Gesellschafters an Gewinn und Verlust. Im Rahmen der guten Sitten kann nicht nur die Ergebnisverteilung beliebig geregelt werden; bereits die Bewertung der Einlagen liegt im Ermessen der Gesellschafter.

Mangels besonderer Abreden sieht § 1193 ABGB Folgendes vor: Arbeiten *alle* Gesellschafter mit und investieren alle Kapital, so wird die Arbeit überhaupt nicht berücksichtigt; der **Gewinn** wird nach den Kapitalanteilen verteilt. Ansonsten werden Arbeitsleistungen nach bestimmten Kriterien (Wichtigkeit des Geschäftes, aufgewendete Mühe, verschaffter Nutzen) entgolten, ansonsten wird der Gewinn wieder nach Kapitalquoten aufgeteilt. Entsprechendes gilt für die Verteilung von **Verlusten,** wobei Arbeitsleistungen unentgolten bleiben (§ 1197 ABGB).

2. Rechnungslegung

1058 Vorweg ist jedoch zu klären, was überhaupt wann zur Verteilung gelangt. Da eine GesbR nicht selten zur Durchführung eines konkreten Projektes gegründet wird, findet eine Abrechnung grundsätzlich erst nach Vollendung des Geschäftes statt. Bei längerer Dauer und regelmäßig entstehendem Nutzen kann *jährlich* Abrechnung verlangt werden; Gewinnverteilung nur dann, wenn das Geschäft nicht darunter leidet (§ 1199 ABGB).

Die Abrechnung wird von den „Verwaltern" der GesbR vorgenommen (vgl Rz 982).

3. Kontrollrechte

1059 Jeder Gesellschafter kann jederzeit auf eigene Kosten die geschäftlichen Aufzeichnungen und Abrechnungen der Gesellschaft einsehen.

4. Nachschüsse

1060 Gegen seinen Willen kann von keinem Gesellschafter ein über seine Einlage hinausgehender Beitrag verlangt werden. Ist der geplante Zweck jedoch bloß durch Erhöhung der Einlage zu erreichen, haben die übrigen Gesellschafter das Recht, einen die Leistung von Nachschüssen verweigernden Gesellschafter aus der Gesellschaft auszuschließen (§ 1189 ABGB).

5. Konkurrenzverbot

1061 Mangels vertraglicher Sonderregelung darf gemäß § 1186 ABGB kein Gesellschafter ein der Gesellschaft schädliches Nebengeschäft betreiben **(Konkurrenz- oder Wettbewerbsverbot).** Es muss sich um ein die Gesellschaftsinteressen konkret gefährdendes Unternehmen handeln (zB Wettbewerbshandlungen in derselben Branche, Beteiligung an einem Konkurrenzunternehmen). Rechtsfolgen des schuldhaften Zuwiderhandelns sind Unterlassungs- und Schadenersatzpflichten; unter Umständen rechtfertigt der Verstoß auch einen Ausschluss aus der Gesellschaft.

IV. OG

1. Gewinn- und Verlustverteilung

a) Grundsätzliches

Umfang und Bewertung der Einlagen jedes Gesellschafters können im Gesellschaftsvertrag geregelt sein. Mangels einer Sonderabrede bestimmt sich die **Beteiligung** der einzelnen Gesellschafter nach dem Verhältnis der Werte der *vereinbarten* – nicht wie früher der erbrachten – Einlagen. Ebenso sind im Zweifel von allen Gesellschafter gleich hohe Einlagen zu leisten (§ 109 Abs 1 UGB). Verpflichtungen eines Gesellschafters (auch) zur Dienstleistung sind bei der Berechnung der Beteiligungsquote mangels entsprechender Vereinbarung nicht zu berücksichtigen; wohl aber bei der Bemessung seines Gewinnanteils (§ 109 Abs 2 UGB). **1062**

Die Jahresbilanz oder sonstige Abrechnung wird zum Schluss jedes Geschäftsjahres von den geschäftsführenden Gesellschaftern aufgestellt und von allen Gesellschaftern unterfertigt; sie ist Grundlage für die Berechnung der Gewinn- oder Verlustanteile der einzelnen Gesellschafter (vgl § 120 UGB).

b) Kapitalanteil und Kapitalkonto

Abweichend vom alten Recht sind heutzutage **starre Kapitalkonten** die (disponible) gesetzliche Regel: Ausschlaggebend ist damit der Wert der vereinbarten Einlage (Kapitalanteil), der die Beteiligungsquote dauerhaft und gleich bleibend festlegt. Daneben gibt es für jeden Gesellschafter *bewegliche „Privatkonten“;* dort werden noch offene Einlageschulden, Entnahmen und Gewinnausschüttungen sowie Verlustanteile verbucht. **1063**

Will ein Gesellschafter-Gläubiger im Wege der Pfändung (Rz 1347) auf den Kapitalanteil seines Schuldners greifen, so ist dies nur bei gleichzeitigem Ausscheiden des Gesellschafters oder der Auflösung der Gesellschaft möglich; es kann nämlich nur das *Auseinandersetzungsguthaben* gepfändet werden. Zu diesem Zweck steht dem Gläubiger sogar das Recht zu, die OG (!) durch Kündigung aufzulösen (s § 135 UGB; dazu noch Rz 1185).

c) Entnahmerecht des Gesellschafters

Gewinnanteile werden immer erst nach Feststellung des Jahresergebnisses ausbezahlt. Früher war man der Meinung, Gesellschafter seien häufig zur Bestreitung ihres Lebensunterhaltes schon vorher auf Erträge ihrer Beteiligung angewiesen. Ein solches besonderes (vorzeitiges) **Entnahmerecht** existiert heute jedoch nur mehr bei entsprechender Vereinbarung (vgl § 122 Abs 2 UGB). **1064**

d) Gewinn- und Verlustverteilung im Einzelnen

Die gesetzliche **Verteilung von Gewinn und Verlust** erfolgt gemäß den §§ 120f iVm § 109 UGB **nach den Beteiligungsquoten.** Besonderes gilt bloß dann, wenn einzelne Gesellschafter auch *Dienstleistungsverpflichtungen* übernommen **1065** haben, die bei der Bemessung seiner Beteiligungsquote nicht berücksichtigt (und auch nicht gesondert, etwa über einen eigenen Dienstvertrag, entgolten) wurden: Mangels anderer Vereinbarung ist ihnen dann vorweg ein den Umständen nach angemessener Anteil am Jahresgewinn zuzuweisen. Anschließend wird der verbleibende Restgewinn unter allen Gesellschaftern gemäß ihrer Beteiligung aufgeteilt.

Abweichende vertragliche Regelungen sind im Rahmen des Gesetz- und Sittengemäßen möglich. Wird bloß eine Regelung hinsichtlich des Gewinns getroffen, gilt sie im Zweifel auch für die Verteilung von Verlusten und umgekehrt (§ 121 Abs 3 UGB).

1065a Ausnahmsweise kann der an sich aufgrund der Abrechnung zustehende Gewinnanteil nicht (vollständig) gefordert werden; nämlich vor allem, soweit die Auszahlung der OG „zum offenbaren Schaden" gereichen würde; eine ziemlich kryptische Formulierung, mit der wohl die ansonsten offensichtlich eintretende Zahlungsunfähigkeit der Gesellschaft verhindert werden soll. Ferner kann die Auszahlung an einem gegenläufigen Gesellschafterbeschluss oder am Rückstand des Gesellschafters mit seiner Einlagezahlung scheitern (§ 122 Abs 1 UGB).

2. Kontrollrechte

1066 Ein **Kontrollrecht** benötigen bei der OG vor allem die von der Geschäftsführung ausgeschlossenen Gesellschafter. Diese können sich von allen Angelegenheiten der Gesellschaft persönlich unterrichten, Bücher und Geschäftspapiere einsehen und sich aus ihnen eine Bilanz oder sonstige Abrechnung anfertigen bzw die Vorlage solcher Abschlüsse fordern. Dieses Recht kann vertraglich nicht generell ausgeschlossen werden (vgl § 118 UGB).

1066a *Die Gesellschaft* hat daneben das Recht, von den geschäftsführenden Gesellschaftern jederzeit Auskünfte über den Stand der Geschäfte und Rechenschaft zu verlangen; von sich aus haben die Geschäftsführer erforderliche Nachrichten zu erteilen (§ 114 Abs 3 UGB).

3. Nachschüsse

1067 Mangels abweichender Vereinbarung besteht über die übernommene Einlage hinaus **keinerlei Nachschusspflicht.**

4. Konkurrenzverbot

1068 Das **Konkurrenzverbot** von OG-Gesellschaftern wird vom Gesetz recht ausführlich geregelt (§§ 112f UGB). Ohne Einwilligung der anderen Gesellschafter darf kein Mitglied im Geschäftszweig der OG eigenverantwortlich tätig werden oder sich an einer gleichartigen Gesellschaft als persönlich haftender Gesellschafter beteiligen.

1069 Anstelle der üblichen **Rechtsfolgen** (Schadenersatz) kann die OG auch verlangen, dass der betreffende Gesellschafter die *für eigene Rechnung* getätigten Geschäfte als für Rechnung der OG geschlossen gelten lässt. Der wirtschaftliche Nutzen aus der verbotenen Geschäftstätigkeit kommt in solchen Fällen also voll der OG zugute!

Bei gravierenden Wettbewerbsverstößen kann von den übrigen Gesellschaftern sogar die Auflösung der OG bzw der *Ausschluss* des verbotswidrig Handelnden begehrt werden (vgl Rz 1183).

V. KG

1. Rechte und Pflichten der Komplementäre

Dem persönlich haftenden Gesellschafter einer KG (Komplementär) stehen grundsätzlich die gleichen Rechte und Pflichten wie einem OG-Gesellschafter zu (Rz 1062 ff). Bei der **Gewinnverteilung** ist jedoch als Besonderheit zu beachten, dass Komplementäre einen ihrer (persönlichen und unbeschränkten) Haftung angemessenen Betrag des Jahresgewinns vorweg erhalten. Das Verbleibende wird unter allen Gesellschaftern gemäß deren Beteiligungsquoten aufgeteilt; ebenso allfällige Verluste (§ 167 UGB). **1070**

2. Rechte und Pflichten des Kommanditisten

a) Gewinn- und Verlustverteilung

Abgesehen von den eben ausgeführten „Nachteilen" bei der Gewinnverteilung unterscheidet sich die Position des Kommanditisten hinsichtlich Gewinn und Verlust kaum von jener eines Komplementärs: Sein Anteil an Gewinn und Verlust ergibt sich aus seiner Beteiligungsquote, für deren Berechnung die übernommene Einlageverpflichtung heranzuziehen ist. Einmal bezogene Gewinne muss er auch bei späteren Verlusten nicht wieder zurückzahlen. Und sein Gewinnauszahlungsanspruch ist aus den bereits in Rz 1065 a genannten Gründen sowie dann gesperrt, soweit seine Einlage aufgrund in früheren Zeiten zugewiesener Verluste vermindert ist und daher durch den Gewinnanteil erst wieder auf den vollen Betrag „aufgefüllt" werden muss. Als Besonderheit ist allerdings zu beachten, dass sogar zu Unrecht bezogene Gewinnanteile dann nicht zurückzuzahlen sind, wenn sie der Kommanditist im guten Glauben erhalten hat (§ 172 Abs 4 UGB). **1071**

Rechnerisch kann die Einlage des Kommanditisten bei hohen Verlusten sogar negativ werden. Gewinne können jedenfalls erst dann wieder bezogen werden, wenn die Einlage aufgrund späterer Gewinnzuschreibungen den vollen Betrag der vertraglich übernommenen Einlage erreicht hat.

Achtung! In diesem Zusammenhang ist zwischen **Pflichteinlage** und **Hafteinlage** (besser, so auch im Gesetz, **Haftsumme**) zu unterscheiden. Zur Leistung der Pflichteinlage verpflichtet sich der Kommanditist *im Innenverhältnis.* Dabei sind freie Bewertungen zulässig; auch können an sich beliebige Summen vereinbart werden. Mit „Hafteinlage" (Haftsumme) wird demgegenüber jener Betrag bezeichnet, den der Kommanditist *nach außen* (durch Eintragung im Firmenbuch) zu leisten sich verpflichtet. Die KG kann (im Innenverhältnis) nie mehr als die vereinbarte Pflichteinlage fordern; hinsichtlich der Haftung gegenüber dritten Gesellschaftsgläubigern (Rz 1039) ist hingegen allein die Höhe der Hafteinlage entscheidend. **1072**

b) Kontrollrechte

Dem Kommanditisten stehen bloß wenige **Kontrollrechte** zu. So kann er die abschriftliche Mitteilung der jährlichen Bilanz bzw einer sonstigen Abrechnung verlangen und ihre Richtigkeit anhand der Bücher und Geschäftspapiere prüfen (Details in § 166 UGB). **1073**

c) Nachschüsse

1074 Mehr als die Pflichteinlage kann die KG vom Kommanditisten nicht verlangen; mangels darüber hinaus gehender persönlicher Haftung kann er überhaupt niemals mehr als seine Einlage verlieren (vgl § 169 UGB).

d) Konkurrenzverbot

1075 Ohne besondere Vereinbarung unterliegt ein Kommanditist grundsätzlich **keinem Wettbewerbsverbot** (§ 165 UGB).

VI. GmbH

1. Individualrechte

a) Gewinn- und Verlustbeteiligung

1076 Jeder Gesellschafter hat ein **Recht auf Beteiligung am Reingewinn,** aber nur darauf. Daneben dürfen Vergütungen an Gesellschafter nur geleistet werden, soweit sie einer der Gesellschaft tatsächlich erbrachten Gegenleistung (Vermietung einer Liegenschaft, Leistung von Arbeiten usw) entsprechen (§ 82 GmbHG). Dies erklärt sich wiederum mit dem strikt zu beachtenden *Grundsatz der Kapitalerhaltung,* der jede verdeckte Gewinnausschüttung verbietet (näher Rz 1042).

1077 Mangels gegenteiliger Abreden erfolgt die Verteilung nach dem Verhältnis der eingezahlten – nicht bloß der übernommenen! – Stammeinlagen. Nach dem Gesetz ist der jährliche Reingewinn tatsächlich auszuschütten; abweichende Vereinbarungen sind zulässig. Eine *Verpflichtung zur Bildung von Rücklagen* trifft bloß die aufsichtsratspflichtige GmbH (Rz 956); Details werden bei der AG (Rz 1101) behandelt.

1078 Der **Geschäftsanteil** ist eine **starre Größe.** Er kann daher durch Verluste nicht verringert werden. In Jahren ohne Gewinn kommt es zu keinen Ausschüttungen. Verluste verringern insofern automatisch das Vermögen des Gesellschafters, als sie das gesamte vorhandene Gesellschaftsvermögen und damit auch den Wert jedes Geschäftsanteils mindern.

b) Kontrollrechte

1079 Die **Kontrolle** ist bei der GmbH zu Gunsten der Gesellschafter schon wegen des Grundsatzes der *Fremdorganschaft* stärker ausgebaut als bei den Personengesellschaften. Hier seien nur einige wichtige Befugnisse aufgezählt: Einsichtsrecht in Handelsbücher und sonstige Schriften der Gesellschaft; Recht auf Übermittlung des Geschäftsberichtes, des Vorschlags zur Gewinnverteilung sowie des Prüfungsberichtes; Recht auf Einladung zur Generalversammlung (Rz 1089 ff; dort auch zu den Rechten der einzelnen Gesellschafter in der Generalversammlung).

c) Nachschüsse

1080 Für die GmbH regelt das Gesetz sehr detailliert, unter welchen Umständen Gesellschafter zur Leistung von **Nachschüssen** verpflichtet sind (§§ 72 ff GmbHG). Aktuell wird die Einforderung zusätzlicher Gesellschafterleistungen (neben der Stammeinlage) immer dann, wenn die vorhandenen Betriebsmittel zur

Durchführung geplanter Vorhaben nicht ausreichen und aus verschiedenen Gründen (zB wegen der hohen Kreditzinsen oder gar wegen Kreditunwürdigkeit) nicht mit Fremdkapital gearbeitet werden soll oder kann.

Zunächst muss die Nachschusspflicht im Gesellschaftsvertrag *angeordnet* sein; sie ist bei sonstiger Wirkungslosigkeit auf einen nach dem Verhältnis der Stammeinlagen bestimmten Betrag zu beschränken. (***Beispiel:*** „Von jedem Gesellschafter können bei Bedarf Nachschüsse bis zur Hälfte der übernommenen Stammeinlage eingefordert werden.") Überdies müssen Nachschüsse immer von *allen* Gesellschaftern geleistet werden. Diese Vorschriften wollen einmal eine verhältnismäßige *Gleichbehandlung* aller Gesellschafter erreichen, zum Zweiten soll eine etwaige Nachschusspflicht ihrer Höhe nach bereits vorweg absehbar sein, damit sich die Gesellschafter darauf einstellen können. **1081**

Aktualisiert wird die gesellschaftsvertragliche Nachschusspflicht *durch Gesellschafterbeschluss;* mangels abweichender Regelung genügt einfache Stimmenmehrheit.

Aus Gründen des Gläubigerschutzes dürfen geleistete Nachschüsse nur unter gesetzlich näher bestimmten Voraussetzungen an die Gesellschafter wieder zurückgezahlt werden (Details in § 74 GmbHG).

Von Nachschüssen sind die **Gesellschafterdarlehen** zu unterscheiden. Diese werden grundsätzlich wie Kreditgewährungen von dritter Seite behandelt. Es genügt also etwa der Abschluss eines Vertrages zwischen dem Gesellschafter und dem vertretungsbefugten Organ der GmbH. Zu beachten ist jedoch zum Ersten, dass durch überhöhte Zinsvereinbarungen keine unzulässigen (verdeckten) Ausschüttungen an Gesellschafter erfolgen, und zum Zweiten, dass der Kredit *in der Krise der GmbH* weitestgehend *wie Eigenkapital behandelt* wird; im Konkurs erhält der kreditierende Gesellschafter das Darlehen also nicht einmal quotenmäßig zurück (näher Rz 1029a). **1082**

d) Stimmrechte

Von praktisch großer Bedeutung ist das **Stimmrecht** jedes Gesellschafters in der Generalversammlung. Jeder Gesellschafter hat **pro € 10** *übernommener* – nicht notwendigerweise bereits eingezahlter – Stammeinlage **eine Stimme** (§ 39 Abs 2 GmbHG). Auch davon sind gesellschaftsvertragliche Abweichungen möglich, so etwa die Maßgeblichkeit der *eingezahlten* Beträge. **1083**

Bevollmächtigte können durch *schriftliche Gattungsvollmacht* (Rz 246, 249) mit der Ausübung des Stimmrechts betraut werden. **1084**

In gewissen Fällen steht dem betroffenen Gesellschafter wegen Vorliegens einer *Interessenkollision* kein Stimmrecht zu. ***Beispiele:*** Es geht um ein Rechtsgeschäft oder einen Rechtsstreit zwischen ihm und der GmbH; er soll von einer Verpflichtung gegenüber der Gesellschaft befreit werden. **1085**

Nicht selten versuchen Gesellschafter, die bestimmte Beschlüsse mangels ausreichender Stimmen alleine nicht herbeiführen könnten, sich des gleichlaufenden Abstimmungsverhaltens anderer Gesellschafter zu versichern. Solche Absprachen – die auch bei der AG Bedeutung haben – heißen **Stimmrechtsbindungs-** oder **Syndikatsverträge.** Werden diese nicht bloß für konkrete Einzelfälle, sondern auf Dauer abgeschlossen, räumt der Vertrag dem stärkeren Partner (gegen Entgelt) häufig ein *Weisungsrecht* ein. Da die Vereinbarung nur zwischen den Parteien wirkt, ist absprachewidriges Abstimmungsverhalten voll wirksam. Es treten jedoch alle Rechtsfolgen der Vertragsverletzung ein, zB Schadenersatzpflichten; aus nahe liegenden Gründen (Schadensberechnung!) sind in Syndikatsverträgen für solche Fälle nicht selten Konventionalstrafen (Rz 486) vorgesehen. **1086**

e) *Bezugsrechte*

1087 Für den Fall einer Erhöhung des Stammkapitals gebühren den Gesellschaftern gewisse *Vorrechte*. Näheres dazu bei der *Kapitalerhöhung* Rz 1141.

2. Minderheitenrechte

1088 Sein Stimmrecht allein setzt einen einzelnen Gesellschafter bei geringem Anteil am Stammkapital noch nicht in die Lage, gegen den Willen der anderen Gesellschafter die Gesellschaft bindende Entscheidungen herbeizuführen oder zu verhindern. Im Regelfall ist dafür zumindest **einfache Mehrheit der abgegebenen Stimmen** nötig (§ 39 Abs 1 GmbHG). Die Kontrolle einer dominierenden Mehrheit soll jedoch nicht von vornherein ausgeschlossen sein. Daher gewährt das Gesetz auch **qualifizierten Minderheiten** gewisse Rechte. An **10% des Stammkapitals** – nicht der abgegebenen Stimmen! – sind etwa geknüpft: das Recht zur Einberufung einer Generalversammlung, die gerichtliche Bestellung von Revisoren; der wirksame Widerspruch gegen die Auswahl bestimmter Abschlussprüfer.

3. Die Generalversammlung

a) *Aufgaben*

1089 Wie bereits deutlich wurde, kommt der **Generalversammlung** bei der Ausübung von Gesellschafterrechten besondere Bedeutung zu. Sie ist der klassische Weg zur Fassung von den Gesellschaftern vorbehaltenen Beschlüssen (weitere zulässige Formen der Willensbildung nennt § 34 GmbHG). Grundsätzlich kann die Gesellschafterversammlung alle Agenden an sich ziehen; wesentliche Kompetenzen ergeben sich aus Gesellschaftsvertrag und Gesetz (§§ 34 ff GmbHG).

b) *Einberufung*

1090 Jeder Gesellschafter muss die Möglichkeit erhalten, an einer Generalversammlung teilzunehmen. Einzuberufen ist daher regelmäßig mittels eingeschriebenen Briefes, der mindestens sieben Tage vor dem Termin der Versammlung aufgegeben werden muss. Zwecks sachlicher Vorbereitung muss die Einberufung auch bereits die *Tagesordnung* enthalten.

Zur Einberufung sind *die Geschäftsführer* verpflichtet. Generalversammlungen sind immer dann anzuberaumen, wenn es das Interesse der Gesellschaft erfordert; geht es um das Wohl der Gesellschaft, trifft eine entsprechende Pflicht auch den Aufsichtsrat. Ferner hat alljährlich eine (ordentliche) Generalversammlung stattzufinden, in der über den Jahresabschluss, die Reingewinnverwendung sowie die Entlastung der Geschäftsführer zu beschließen ist. Schließlich zieht der Verlust des halben Stammkapitals eine Pflicht zur Einberufung nach sich. – Zum Einberufungsrecht der Minderheit bereits Rz 1088.

c) *Beschlussfassung*

1091 **Beschlussfähigkeit** der Generalversammlung ist nach dem Gesetz bei Anwesenheit der Träger von mindestens **10% des Stammkapitals** gegeben. Davon kann vertraglich in jede Richtung abgegangen werden.

Beschlüsse kommen grundsätzlich mit **einfacher Stimmenmehrheit** zustande. Abgesehen von vertraglichen Sonderregelungen kennt das Gesetz in einer Reihe von Einzelvorschriften für besonders einschneidende Maßnahmen qualifizierte Erfordernisse. So kann etwa der Unternehmensgegenstand nur *einstimmig* geändert werden; eine vertragliche Regelung muss zumindest eine Dreiviertelmehrheit vorsehen. Von Gesetzes wegen – aber dispositiv – ist die Abberufung des Aufsichtsrates an eine Dreiviertelmehrheit gebunden. Prinzipiell bedarf auch jede Änderung des Gesellschaftsvertrages zumindest dieses Quorums. **1092**

Sollen Beschlüsse gefasst werden, die – allen oder einzelnen – Gesellschaftern zusätzliche Beschwernisse auferlegen (Nachschusspflicht, Beschneidung bisher zustehender Sonderrechte usw), muss *zusätzlich* die Zustimmung der jeweils betroffenen Gesellschafter erfolgen (§ 50 Abs 4 GmbHG). Ansonsten läge ja ein Rechtsakt zu Lasten Dritter vor, der auch im Gesellschaftsrecht grundsätzlich unwirksam ist. **1093**

Über Gesellschafterbeschlüsse sind *Niederschriften* aufzunehmen, die von der Geschäftsführung geordnet aufbewahrt werden müssen. Neben dem Einsichtsrecht hat jeder Gesellschafter Anspruch auf unverzügliche (eingeschriebene) Zusendung einer Beschlusskopie (§ 40 GmbHG). **1094**

Handelt es sich um eine Änderung des Gesellschaftsvertrages (allgemein und ausführlich zu Vertragsänderungen im Gesellschaftsrecht Rz 1125 ff) oder die Auflösung der GmbH, bedarf der Beschluss darüber hinaus *notarieller Beurkundung* (Rz 455 c). Dem Registergericht müssen nur bestimmte (eintragungspflichtige) Beschlüsse mitgeteilt werden, zB die Erhöhung des Stammkapitals und die Änderung des Aufsichtsrates.

d) Beschlussmängel

Beschlüsse können aus verschiedenen Gründen **mangelhaft** sein; ebenso sind die Rechtsfolgen solcher Akte zu unterscheiden. So ist der Beschluss, einem Gesellschafter ohne seine Zustimmung bestehende Sonderrechte zu kürzen oder ganz zu nehmen, von vornherein *unwirksam.* Bei entsprechendem Rechtsschutzinteresse kann eine solche Unwirksamkeit auf Grund einer Klage gerichtlich festgestellt werden. **1095**

Im Regelfall bleibt aber auch ein mangelhafter Beschluss aufrecht, wenn er nicht auf Grund einer Rechtsgestaltungsklage **für nichtig erklärt** wird (§§ 41 ff GmbHG). Denkbar wäre etwa, dass der Beschluss gegen zwingendes Recht verstößt (*Beispiel:* Ein Beschluss wird trotz Fehlens der erforderlichen qualifizierten Mehrheit gefasst) oder einzelne Gesellschafter nicht ordnungsgemäß geladen wurden. **1096**

Die *Klageberechtigung* ist in solchen Fällen jedoch ziemlich eingeschränkt. Die Gesellschaft stellt sich auf gefasste Beschlüsse ein. Ihr – und damit auch den einzelnen Gesellschaftern – wird es daher typischerweise eher nachteilig sein, wenn noch nach Jahren Beschlussmängel lange zurückliegender Generalversammlungen geltend gemacht werden könnten. Auf Nichtigerklärung eines bestimmten Beschlusses klagen kann daher nur derjenige, der bereits in der Versammlung seinen Widerspruch zu Protokoll gegeben hat, oder derjenige, der nicht korrekt geladen wurde; unter gewissen Voraussetzungen auch die Mitglieder von Vorstand und Aufsichtsrat. Die Anfechtungsklage ist *gegen die GmbH* zu richten, die im Anfechtungsprozess regelmäßig durch die Geschäftsführer vertreten wird.

Es gilt eine sehr kurze **Frist:** Die Klage kann nur **innerhalb eines Monats** ab Absendung der Beschlusskopie erhoben werden.

Der Beschluss wird erst durch stattgebendes rechtskräftiges Urteil beseitigt. Davor ist er also noch wirksam. Seine Durchführung könnte jedoch sogleich mit *einstweiliger Verfügung* (Rz 1339) verhindert werden.

4. Pflicht zur Einzahlung der Stammeinlage

1097 Aus Gläubigerschutzgründen ist die **Pflicht zur Leistung der Stammeinlage** keine bloß intern relevante. Das Gesetz regelt die Pflicht und die Rechtsfolgen bei Verstößen daher recht detailliert (§§ 63–71 GmbHG); die Vorschriften sind zum Teil zwingendes Recht (§ 71 GmbHG).

Der Gesellschafter hat den jeweils fällig werdenden Teil seiner Stammeinlage zur freien Verfügung der Gesellschaft einzuzahlen. Daher kommt etwa Aufrechnung (Rz 578ff) mit Forderungen gegen die GmbH nicht in Frage. Stundungen sind nur zu Gunsten aller Gläubiger gleichermaßen zulässig.

Sieht der Gesellschaftsvertrag keinen Termin für die Einzahlung nicht bereits im Gründungsstadium zu erbringender Einlageleistungen vor, hat eine *Fälligstellung* zu erfolgen. Je nach vertraglicher Vereinbarung wird Fälligkeit auf Grund eines Gesellschafterbeschlusses oder unmittelbar durch Entscheidung eines Gesellschaftsorgans herbeigeführt. Die Einforderung hat durch die Geschäftsführung mittels eingeschriebenen Briefes zu erfolgen. Sie ist von den Geschäftsführern unter Angabe des eingeforderten Betrages zum Firmenbuch anzumelden.

1098 Das Gesetz kennt unterschiedliche **Rechtsfolgen der Säumigkeit** mit der fälligen Einzahlungsverpflichtung. Ab Fälligkeit sind jedenfalls **Verzugszinsen** (Rz 517) zu leisten; der Gesellschaftsvertrag kann eine darüber hinausgehende *Vertragsstrafe* (Rz 486) vorsehen. Die Gesellschaft kann dem säumigen Gesellschafter aber auch unter Setzung einer *Nachfrist von mindestens einem Monat* den **Ausschluss aus der Gesellschaft** androhen. Dabei sind wiederum alle säumigen Gesellschafter gleich zu behandeln. Fruchtloser Ablauf der Nachfrist führt zum Ausscheiden aus der Gesellschaft. Danach haftet der Ausgeschiedene jedoch weiterhin für die rückständigen Beträge. Um der Gesellschaft die ausständige Einlage doch noch zukommen zu lassen, ist Folgendes vorgesehen: Für den Fehlbetrag (einschließlich Verzugszinsen) haften etwaige *Vormänner* des Ausgeschlossenen, die innerhalb der letzten fünf Jahre im Firmenbuch eingetragen waren (**Stufenregress;** Details in § 67 GmbHG). Kann der Betrag auf diese Art nicht eingebracht werden, kommt ein **Verkauf des Geschäftsanteils** durch die Gesellschaft in Betracht (Details in § 68 GmbHG). Wird auch dadurch der Fehlbetrag nicht voll abgedeckt, haben die übrigen Gesellschafter den Rest nach dem Verhältnis ihrer Stammeinlagen aufzubringen.

VII. AG

1. Individualrechte

a) Grundsätzliches

1098a Die Individualrechte des Aktionärs gegenüber der AG stehen unter dem – in § 47a AktG ausdrücklich formulierten – **Grundsatz der Gleichbehandlung:**

„Aktionäre sind unter den gleichen Voraussetzungen gleich zu behandeln." Die Relativierung ergibt sich aus der möglichen und zulässigen Existenz unterschiedlicher Aktionärsarten (Stamm- und Vorzugsaktionäre; vgl nur Rz 900).

b) Gewinn- und Verlustbeteiligung

Zentrales Vermögensrecht des Aktionärs ist sein **Anspruch auf Dividende.** 1099
Ihm steht das Recht auf Beteiligung an dem in der Jahresbilanz (Rz 1010) ausgewiesenen Reingewinn zu.

Bei *Nennwertaktien* wird die Dividende in Prozenten *des Aktiennennbetrages* angegeben. Beträgt sie etwa 12%, so bekommt der Aktionär für je € 10 Nennwert € 1,20 Gewinnanteil. Im Verhältnis zum **Kurswert** (Rz 901), der häufig ein Vielfaches des Nennwertes beträgt, sind die Ausschüttungen regelmäßig bescheiden. Der volle Wert der Beteiligung kann bloß durch Veräußerung der Aktie aktualisiert werden. Bei *nennwertlosen Stückaktien* berechnet man die Dividende pro Aktie, indem man den Betrag der gesamten Dividende durch die Gesamtsumme der ausgegebenen Stückaktien teilt.

Bei der Gewinnbeteiligung sind vor allem folgende Besonderheiten zu beach- 1100
ten: Sofern der Gewinn ausreichend hoch ist, erhalten die Aktionäre *vorweg* einen Betrag in Höhe von **4% der geleisteten Einlage.** Diese Vorschrift hat selbstverständlich nur dann Bedeutung, wenn nicht auf alle Aktien im gleichen Verhältnis Einzahlungen geleistet wurden. Ein darüber hinausgehender Gewinn ist nach dem Verhältnis der Aktiennennbeträge zu verteilen. Die Satzung kann aber auch eine andere Art der Gewinnverteilung bestimmen (§ 53 AktG).

Die AG ist jedoch auch zur Bildung von **Rücklagen** verpflichtet. So lange die 1101
(gesetzliche) Rücklage nicht 10% des Grundkapitals erreicht hat, sind ihr vor der Gewinnverteilung jährlich 5% des Reingewinnes zuzuführen (§ 130 AktG). Höhere Prozentsätze können vereinbart werden. Die gesetzliche Rücklage hat den **Zweck,** Verluste und Wertminderungen auszugleichen; sie dient damit dem *Gläubigerschutz.* – Daneben kann die AG aus Gewinnen auch zusätzliche („freie") Rücklagen bilden.

Die Rücklage darf nicht mit einer **Rückstellung** verwechselt werden. Rückstellungen 1102
sind Bilanzbestandteile, die aus Gründen der Vorsicht für ungewisse Schulden (zB für drohende Verluste aus schwebenden Geschäften) auf der Passivseite in den Jahresabschluss aufgenommen werden und daher den Reingewinn von vornherein mindern.

Auch bei der AG gibt es wegen der Kapitalerhaltungspflicht ein streng sanktioniertes 1103
Verbot der Einlagenrückgewähr (§§ 52, 54–56 AktG).

An **Verlusten** der AG nimmt der einzelne Aktionär im Wesentlichen nur 1104
dadurch teil, dass der Kurswert seiner Aktien sinkt und er für Verlustjahre keine Dividende erhält. Mehr als die eingezahlte Einlage – bzw den beim Kauf der Aktien gezahlten Betrag – kann er jedoch nie einbüßen; und auch das nur bei Konkurs der AG.

c) Kontrollrechte

Auf Grund der kapitalistischen Struktur und der Vielzahl von Aktionären 1105
kann dem einzelnen Aktionär kein umfassendes Einsichtsrecht oder Ähnliches gewährt werden. Er übt seine Kontrollbefugnisse daher vor allem in der Hauptversammlung (Rz 1110ff) aus. Das **Auskunftsrecht** verpflichtet *den Vorstand,* auf

Verlangen über Angelegenheiten der Gesellschaft zu informieren, die mit dem gerade behandelten Tagesordnungspunkt in Zusammenhang stehen. In engen Grenzen (zB überwiegendes Interesse der Gesellschaft, öffentliche Interessen usw) darf die Auskunft verweigert werden (§ 112 AktG).

Das Auskunftsrecht steht *zwingend jedem* teilnahmeberechtigten Aktionär unabhängig von der Art seiner Beteiligung zu, also insbesondere auch den *Vorzugsaktionären* (Rz 900).

d) Stimmrechte

1106 Das **Stimmrecht** in der Hauptversammlung haben bloß *Stammaktionäre* (Rz 900). Mehrstimmrechtsaktien gibt es nicht (§ 12 AktG); der Einfluss auf die Gesellschaft soll eben grundsätzlich vom Kapitaleinsatz abhängen. Abgesehen von Vorzugsaktien (§ 115 AktG) gilt der Grundsatz, dass jede Aktie zumindest ein Stimmrecht gewährt. Wurden Aktien mit dem niedrigsten Nennwert von € 1 ausgegeben, kommen also einem Aktionär mit einem Aktienpaket im Gesamtnennwert von € 100 von Gesetzes wegen 100 Stimmen zu. Die Satzung kann gewisse Beschränkungen festlegen. Grundsätzlich entsteht das Stimmrecht erst mit vollständiger Leistung der Einlage. Auch durch die Satzung kann denjenigen Aktionären ein Stimmrecht nicht eingeräumt werden, die auf die Aktie noch nicht einmal die gesetzliche Mindesteinlage (Rz 967) geleistet haben. Ausübung des Stimmrechts durch schriftliche Bevollmächtigte ist zulässig (weitere Details in § 114 AktG).

1107 In Kollisionsfällen können einzelne Aktionäre von der Ausübung ihres Stimmrechts ausgeschlossen sein; so etwa dann, wenn der Aktionär zugleich Organmitglied ist und über die Entlastung dieses Organs abgestimmt wird (weitere Fälle in den §§ 114 Abs 5, 118 AktG).

e) Bezugsrechte

1108 Die Vorzugsrechte von Aktionären werden bei der *Kapitalerhöhung* (Rz 1149) behandelt.

2. Minderheitenrechte

1109 Gewisse Rechte stehen nicht jedem einzelnen Aktionär zu, sondern bloß einer qualifizierten Minderheit, die sich nach dem *Anteil am Grundkapital* bemisst. Das AktG enthält eine Vielzahl von Regelungen mit zum Teil recht unterschiedlichen Voraussetzungen.

Beispiele: 5% können die Einberufung einer Hauptversammlung sowie die Aufnahme bestimmter Tagesordnungspunkte verlangen (§ 106 AktG). 10% können den Antrag auf Durchführung einer Sonderprüfung stellen (§ 118 AktG) oder die Vertagung der ordentlichen Hauptversammlung erreichen, wenn der Jahresabschluss bemängelt wird (§ 125 AktG).

3. Die Hauptversammlung

a) Aufgaben

1110 Die **Hauptversammlung** ist die Versammlung aller Mitglieder der AG. Vorstand und Aufsichtsrat sind ebenfalls beizuziehen. Anders als bei der GmbH kann die Hauptversammlung einer AG Kompetenzen nicht beliebig an sich ziehen; gewisse Angelegenheiten sind gesetzlich einem weisungsfreien Vorstand zugewiesen

(Rz 1006 ff). Die Hauptversammlung beschließt daher nur in den ihr durch das Gesetz oder die Satzung ausdrücklich zugewiesenen Fällen (§ 103 AktG).

Hauptkompetenzen der (ordentlichen) Hauptversammlung sind die Beschlussfassung über den *Jahresabschluss* (§ 125 AktG), die *Gewinnverteilung* (§ 126 AktG) und die *Entlastung* der Mitglieder von Vorstand und Aufsichtsrat (§ 104 AktG).

b) Einberufung

Die **Einberufung** einer Hauptversammlung erfolgt regelmäßig durch den *Vorstand;* in besonderen Fällen aber auch durch andere Personen, so durch den Aufsichtsrat (§ 95 AktG) oder eine Aktionärsminderheit (§ 106 AktG). **1111**

Das **Einberufungsverfahren** ist gesetzlich ebenfalls detailliert geregelt. Persönliche Ladung kommt bei der AG nicht in Betracht. Die Einberufung muss unter Angabe der Firma der AG sowie von Zeit und Ort der Versammlung in allen Bekanntmachungsblättern der Gesellschaft *mindestens 14 Tage* vor dem in Aussicht genommenen Tagungstermin veröffentlicht werden (Details zur Frist in § 107 AktG). Die Einberufung hat überdies eine *Tagesordnung* zu enthalten (Details zur Tagesordnung in § 108 AktG).

c) Teilnahme und Leitung

Teilnahmeberechtigt sind an sich alle Aktionäre; auch die, denen kein Stimmrecht zukommt. Allerdings müssen die Teilnahmewilligen zuvor ihre Berechtigung – das heißt ihre Rechtsstellung als Aktionäre – *nachweisen.* Dies ist bei Namensaktien weitgehend unproblematisch, da der Berechtigte im Aktienbuch eingetragen ist (zum Erwerb von Namensaktien und den Rechten daraus Rz 1146). Um zu Beginn der Hauptversammlung die in großer Zahl ausgegebenen Inhaberaktien nicht einzeln kontrollieren zu müssen, wird in der Satzung oft vorgesehen, dass diese Aktien binnen bestimmter Frist vor der Versammlung *hinterlegt* werden müssen. Dies geschieht regelmäßig bei inländischen Banken. Die von diesen ausgestellte Hinterlegungsbestätigung gilt quasi als „Eintrittskarte“. Allerdings ist eine *Anmeldung* zur Teilnahme erforderlich, um das gesetzlich vorgesehene *Teilnehmerverzeichnis* rechtzeitig vorbereiten zu können. **1112**

Der **Vorsitz** in der Hauptversammlung steht dem Vorsitzenden des Aufsichtsrates zu (dessen Stellvertretung regelt § 108 Abs 2 AktG). Er leitet die Versammlung, entscheidet über alle Formalfragen (Reihenfolge der Diskussion, Art der Abstimmung usw), verkündet die gefassten Beschlüsse usw. **1113**

d) Beschlussfassung

Von Gesetzes wegen ist **jede** ordnungsgemäß einberufene **Hauptversammlung beschlussfähig;** ein Anwesenheitsquorum kann allerdings in der Satzung vorgesehen werden. **1114**

In der Regel werden Beschlüsse **mit einfacher Mehrheit der abgegebenen Stimmen** gefasst (§ 113 Abs 1 AktG). Sofern nicht die Satzung Abweichendes vorsieht, gelten schon kraft Gesetzes eine Reihe von Ausnahmen. Die im AktG vor- **1115** gesehenen qualifizierten Mehrheiten können zum Teil erschwert und/oder erleichtert werden; nur selten sind sie absolut zwingend.

Beispiele: Einer *Dreiviertelmehrheit* bedürfen etwa Beschlüsse zur Änderung des Unternehmensgegenstandes, Auflösungs- oder Verschmelzungsbeschlüsse, sonstige Satzungsänderungen und die Abberufung von Mitgliedern des Aufsichtsrates.

1116 Jeder Beschluss bedarf zu seiner Gültigkeit der Beurkundung durch eine von einem *Notar* aufgenommene **Niederschrift** (Details zur Niederschrift in § 111 AktG).

e) Beschlussmängel

1117 Beschlüsse können mit unterschiedlichen **Mängeln** behaftet sein. Werden etwa Beschlüsse ohne Zustimmung des individuell betroffenen Aktionärs gefasst, dem durch den Beschluss Rechte genommen oder Verpflichtungen auferlegt werden sollen, so ist dieser Beschluss von vornherein **unwirksam;** Sanierung durch nachträgliche Zustimmung des Betroffenen kommt jedoch in Betracht. (*Beispiel:* Nach dem Hauptversammlungsbeschluss soll einem Aktionär dessen durch die Satzung eingeräumtes Recht zur Entsendung eines Mitgliedes in den Aufsichtsrat genommen werden.) Entsprechendes gilt, wenn vom Beschluss bloß einzelne *Aktionärsgruppen* (zB nur die Vorzugsaktionäre) betroffen sind; dann wäre ein *Sonderbeschluss* dieser Gruppe notwendig (vgl § 146 Abs 2 AktG).

1118 Ansonsten ist zwischen gravierenden Mängeln, die den Beschluss **nichtig** machen und im Gesetz taxativ aufgezählt sind, sowie sonstigen Gesetzesverstößen zu unterscheiden, die einen Beschluss bloß **anfechtbar** machen.

Für die **Anfechtungsklage** gilt im Wesentlichen Gleiches wie bei der GmbH (Rz 1096); Details regeln die §§ 195–198 AktG.

1119 Liegt hingegen ein **Nichtigkeitsgrund** vor, so kann sich jedermann mit Nichtig keitsklage auf die Unwirksamkeit berufen, solange die Nichtigkeit nicht *geheilt* wurde.

Beispiele für Nichtigkeitsgründe (vgl § 199 AktG): Der Jahresabschluss wird von der Hauptversammlung ohne Abschlussprüfung festgestellt, Beschlüssen fehlt die notarielle Beurkundung, die Beschlüsse werden in einer von unberechtigten Personen einberufenen Hauptversammlung gefasst; der Beschluss ist mit dem Wesen einer AG unvereinbar.

1120 Gewisse Nichtigkeitsgründe können nachträglich **geheilt** werden: So kann die nicht gehörige Beurkundung durch einen Notar dann nicht mehr aufgegriffen werden, wenn der Beschluss mittlerweile in das Firmenbuch eingetragen wurde. In anderen Fällen wird für die Heilung darüber hinaus das Verstreichen einer Dreijahresfrist ab Eintragung im Register verlangt (§ 200 AktG).

4. Zahlungspflichten der Aktionäre

1121 Grundsätzlich gilt auch für säumige Aktionäre wegen der strikten *Kapitalaufbringungs- und Kapitalerhaltungspflicht* sinngemäß das zur GmbH Gesagte (Rz 1097 f); Regelungen finden sich in den §§ 49, 57–60 AktG. An Details ist Folgendes hervorzuheben:

1122 Der Aktionär hat seiner Einlageverpflichtung nachzukommen, wobei eine **Ausgabe unter dem Nennwert (Unterpariemission) untersagt** ist. *Aufrechnung* durch den Aktionär kommt nicht in Betracht.

Von säumigen Aktionären kann der Fehlbetrag zuzüglich Zinsen eingefordert werden; in Bezug auf noch nicht voll eingezahlte Aktien ist aber auch ein **Ausschluss** aus der AG denkbar. Darüber entscheidet regelmäßig der *Vorstand.* Für das so genannte **Kaduzierungsverfahren** bestehen detaillierte Regelungen; insbesondere muss eine Nachfrist von zumindest drei Monaten gewährt werden. Sie ist durch dreimalige Veröffentlichung in den Bekanntmachungsblättern zu setzen. Nach erfolglosem Verstreichen führt eine weitere Veröffentlichung dazu, dass die Aktie **kraftlos** wird (Rz 836), der Aktionär aus der Gesellschaft ausscheidet und dieser seine Einlage zu Gunsten der Gesellschaft verliert. Geleistete Zahlungen kann der ausgeschlossene Aktionär also niemals zurückfordern. **1123**

Da bei nicht voll bezahlter Einlage nur Namensaktien ausgegeben werden dürfen, können die im Aktienbuch verzeichneten *Vormänner* des Ausgeschlossenen leicht festgestellt werden. Diese haben im **Stufenregress** für Ausfälle einzustehen. Zahlen auch die Vormänner nach entsprechenden (außergerichtlichen) Aufforderungen nicht, kann die AG die Aktie verkaufen. Da die ursprüngliche Aktienurkunde kraftlos wurde, muss eine neue Urkunde ausgegeben werden. Sie hat außer den bereits geleisteten Einzahlungen den rückständigen Betrag anzugeben. Immer bleibt jedoch die Haftung des Ausgeschlossenen für einen noch verbliebenen Ausfall der Gesellschaft aufrecht. **1124**

6. Kapitel

Vertragsänderungen (insbesondere Gesellschafterwechsel und Kapitaländerungen)

Weiterführende Literatur: *P. Bydlinski,* Übertragung und Erwerb von GmbH-Geschäftsanteilen (1991); *Diregger/Kalss/Winner,* Das österreichische Übernahmerecht[2] (2007); *Doralt/Nowotny/Schauer* (Hrsg), Takeover-Recht (1997); *Hausmaninger/Herbst,* Übernahmegesetz (1999); *Huber/Löber,* Übernahmegesetz (1999); *Kalss* (Hrsg), Die Übertragung von GmbH-Geschäftsanteilen (2003); *Schärf,* Übernahmegesetz (2001); *Zollner,* Kontrollwechsel und Kontrollerlangung im Übernahmegesetz (2002).

I. Allgemeines

1. Vertragsänderungen

Auch bei mehrpersonalen Verträgen – und damit auch im Gesellschaftsrecht – gilt als **Grundsatz: Vertragsänderungen bedürfen der Zustimmung aller Gesellschafter (Einstimmigkeitsprinzip).** Sofern das Gesetz keine speziellen Regelungen enthält, muss also ebenso wie beim *Abschluss* des Gesellschaftsvertrages vollständiges Einvernehmen der Gesellschafter (= Vertragspartner) vorliegen. **1125**

Keine wirkliche Abweichung von diesem Prinzip liegt etwa darin, dass der Gesellschaftsvertrag vorsieht, bestimmte Vertragsänderungen seien mit einfacher oder qualifizierter Mehrheit möglich. Dann ist der entsprechende Passus im Gesellschaftsvertrag als **Vorwegzustimmung** zu diesen Vertragsänderungen anzusehen, sofern die vorgesehene Mehrheit einen diesbezüglichen Beschluss fasst. **1126**

Je schwächer das personale Element bei der betreffenden Gesellschaftsform ausgeprägt ist und je größere Bedeutung dem kapitalistischen Moment zukommt, **1127** desto eher kann der *Einstimmigkeitsgrundsatz durchbrochen* werden. Dies ist auch deshalb umso eher nötig, weil bei den klassischen Publikumsgesellschaften (AG und GmbH) Einstimmigkeit kaum einmal zu erzielen ist und ein ganz geringer Beteiligungsprozentsatz nicht auf Dauer der überwiegenden Mehrheit als sinnvoll erscheinende Maßnahmen (Kapitalerhöhung, unter Umständen auch Änderung des Unternehmensgegenstandes) blockieren können soll.

Die wesentlichsten Vertragsänderungen werden in der Folge etwas näher behandelt, sofern die gesetzlichen Regelungen vom Grundsatz der Einstimmigkeit abgehen. Das ist prinzipiell nur bei den Kapitalgesellschaften der Fall.

2. Der Gesellschafterwechsel im Besonderen

1128 Die **Auswechslung von Vertragspartnern** stellt eine Form der **Vertragsübernahme** (Rz 564) dar: Der alte Gesellschafter scheidet aus, der neue tritt in die Gesellschaft so ein, *wie sie im Eintrittszeitpunkt besteht.* Aus diesem Grund wäre die theoretisch ebenfalls denkbare Variante dem Gesellschafterwechsel nicht gleichwertig, dass die Gesellschaft durch Austritt des einen Gesellschafters *aufgelöst* wird und durch Neugründung mit dem neuen *entsteht.* Dann müsste ja zum Ersten ein vollständiges Gründungsverfahren durchgeführt werden. Zum Zweiten entstünde die neue Gesellschaft ex nunc (Gläubiger der alten Gesellschaft wären also etwa nicht automatisch Gläubiger der neuen), während die ursprüngliche nach komplizierten Vorschriften abgewickelt werden müsste (ausführlich dazu Rz 1162 ff). Dies alles ist nicht gewollt und auch aus Drittschutzgründen nicht notwendig.

1129 Bei *OG und KG* führt das Ausscheiden eines persönlich haftenden Gesellschafters dispositivrechtlich zur Auflösung der Gesellschaft. Von diesem Grundsatz wird nicht selten – häufig schon vorweg – gesellschaftsvertraglich abgegangen; aber auch Ausschlussklage und nachträglicher Fortsetzungsbeschluss können die Auflösung verhindern (dazu Rz 1182 f, 1188 ff). Bei den *Kapitalgesellschaften* sind auch für den Gesellschafterwechsel gewisse Besonderheiten zu beachten, die eine Durchbrechung des Prinzips der Einstimmigkeit rechtfertigen: Erstens ist die Position des Gesellschafters nur ausnahmsweise mit wesentlichen Pflichten verbunden; der Ausnahmefall – etwa noch nicht voll eingezahlte Einlage – wird gesetzlich eigens geregelt (vgl Rz 1098 und 1123 f). Zweitens besteht regelmäßig kein besonderes Interesse der Gesellschaft und der übrigen Gesellschafter an ganz bestimmten Mitgliedern.

1130 ***Achtung!*** Trotz allem bleibt der Mitgliederwechsel eine **Vertragsänderung.** Die gesamte Mitgliedschaft wird übertragen. Mit dieser sind gewisse Befugnisse wohl untrennbar verbunden, so das Stimmrecht. Werden hingegen bloß vermögenswerte *Rechte* übertragen, so liegt eine **Abtretung** (Rz 552 ff) vor, die generell ohne Zustimmung von dritter Seite möglich ist. Der Zedent bleibt in solchen Fällen Gesellschafter. (*Beispiel:* Ein stiller Gesellschafter überträgt einem Dritten sein Recht auf jährliche Gewinnbeteiligung und auf Rückzahlung der Einlage bei Beendigung der Gesellschaft.)

1131 In diesem Kapitel wird bloß der **rechtsgeschäftliche Gesellschafterwechsel** behandelt; zur Problematik der *Vererbung* von Mitgliedschaftsrechten im 7. Kapitel (zB Rz 1189).

II. GmbH

1. Grundsatz

Änderungen des Gesellschaftsvertrages einer GmbH bedürfen eines **Gesellschafterbeschlusses,** der regelmäßig in der Generalversammlung gefasst wird. Der Beschluss muss **notariell beurkundet** werden; Wirkungen gegenüber Dritten (nach außen) treten erst mit Eintragung im Firmenbuch ein (§ 49 GmbHG). Grundsätzlich bedarf der Beschluss zu seiner Wirksamkeit einer **Mehrheit von drei Viertel** der abgegebenen Stimmen (§ 50 Abs 1 GmbHG). 1132

Bloß **einfacher Mehrheit** bedarf die Bestellung eines bisher nicht vorgesehenen Aufsichtsrats oder die Herabsetzung der im Gesellschaftsvertrag für Geschäftsführer und Aufsichtsratsmitglieder vorgesehenen Entlohnung (§ 50 Abs 2 GmbHG); mangels abweichender Regelung ist für die *Änderung des Unternehmensgegenstandes* hingegen *Einstimmigkeit* erforderlich (§ 50 Abs 3 GmbHG). Beispiele für weitere Sonderregelungen in Rz 1092.

2. Gesellschafterwechsel

Das Gesetz weist jedem Gesellschafter **einen Geschäftsanteil** an der GmbH zu. Erwerb eines Geschäftsanteils führt zum Erwerb der Mitgliedschaft, also der Stellung als GmbH-Gesellschafter. Auch hier geht es somit um eine *Vertragsübernahme;* man darf sich dadurch nicht beirren lassen, dass der Gesetzgeber den Geschäftsanteil offenbar als Inbegriff von *Rechten* ansieht und fallweise auch von „Abtretung" spricht. 1133

Da jedem Gesellschafter nur *ein* Anteil zusteht, kann dieser nicht beliebig *geteilt* – und etwa bloß zur Hälfte veräußert – werden. Vorwegzustimmungen im Gesellschaftsvertrag sind denkbar, ebenso besondere Zustimmungserfordernisse (Näheres in § 79 GmbHG).

Die Übertragung von Geschäftsanteilen an einer GmbH regelt § 76 GmbHG. Eine Parallele zur Abtretung besteht insofern, als die Anteile grundsätzlich **ohne Zustimmung Dritter übertragbar** (und vererblich) sind. Die freie Übertragbarkeit wäre etwa durch eine Anordnung im Gesellschaftsvertrag ausgeschlossen, wonach die Zustimmung der Gesellschaft eingeholt werden muss (**vinkulierter Geschäftsanteil;** Näheres in § 77 GmbHG). 1134

Vor allem weil der Wert eines Geschäftsanteils mangels Börsenkurses nicht leicht erkennbar ist und Einlageverpflichtungen noch offen sein können, verlangt das Gesetz die Errichtung eines **Notariatsaktes** (Rz 455), wodurch wohl der Erwerber von einem fachmännischen und objektiven Dritten (dem Notar) über die möglicherweise drohenden Gefahren belehrt werden soll. Auch die Abtretung selbst – also das Verfügungsgeschäft, das jedoch häufig mit der Verpflichtung zusammenfällt – unterliegt derselben Form; dadurch wird die weitgehende Richtigkeit der auf Grund der Abtretung vorzunehmenden Eintragung im Firmenbuch gewährleistet.

Die **Eintragung** des neuen Gesellschafters **im Firmenbuch** wirkt für seinen Rechtserwerb zwar **nicht konstitutiv.** Nach dem Gesetz gilt *der Gesellschaft gegenüber* jedoch bloß der Eingetragene als Gesellschafter (§ 78 GmbHG). Vorher kann der Erwerber also etwa keinen Gewinnanspruch geltend machen und kein Stimmrecht ausüben. Die Geschäftsführer der GmbH sind zur Eintragung des Erwerbers allerdings verpflichtet, sobald der Gesellschaft der Übergang des Geschäftsanteils nachgewiesen wird. Insbesondere für Nachteile des Erwerbers auf 1135

Grund von schuldhaft unterlassenen oder verzögerten Anmeldungen haften die Geschäftsführer solidarisch (vgl § 26 GmbHG).

1136 Da der Geschäftsanteil als Vermögensrecht behandelt wird, kann er auch **verpfändet** und gepfändet werden.

1137 Für rückständige Leistungen auf die Stammeinlage haftet der Erwerber des Anteils solidarisch mit dem Veräußerer. Für den Ausgeschiedenen gilt eine fünfjährige Verjährungsfrist (§ 78 GmbHG). Siehe auch Rz 1098.

1138 Kein spezifisch gesellschaftsrechtliches Problem, sondern ein solches des (zivilrechtlichen) Leistungsstörungsrechts stellt sich dann, wenn der Veräußerer dem Erwerber gewisse Zusagen in Bezug auf das von der GmbH betriebene Unternehmen gemacht hat, die sich im Nachhinein als unrichtig erweisen. Grundsätzlich stehen dann **Gewährleistungsbehelfe** (Rz 523ff) zu.

3. Kapitalerhöhung

a) Begriff und Zweck

1139 **Kapitalerhöhung** (§§ 52f GmbHG) bedeutet eine **Vergrößerung des Stammkapitals** der GmbH. Sie wird dann erwogen werden, wenn die Gesellschafter der Meinung sind, die GmbH benötige *auf Dauer* mehr Eigenkapital. Ebenso wie bei der Einforderung von *Nachschüssen* (Rz 1080f) handelt es sich um eine Maßnahme der **Selbstfinanzierung;** dies im Unterschied zur Aufnahme von Krediten.

Auch bei der Kapitalerhöhung können **Sacheinlagen** geleistet werden; dann sind die entsprechenden Gründungsvorschriften (Rz 958) sinngemäß anzuwenden. Gleiches gilt für die AG (vgl Rz 969).

b) Beschlusserfordernisse

1140 Nach der Grundregel (Rz 1092) bedarf der Beschluss auf Kapitalerhöhung einer **Dreiviertelmehrheit.**

c) Bezugsrechte

1141 Die neuen Stammeinlagen können sowohl von GmbH-Gesellschaftern als auch von anderen Personen übernommen werden. Gesellschaftern steht jedoch ein **Bezugs(vor)recht** zu. Dieses kann unter Beachtung der Gesellschaftergleichbehandlung innerhalb von vier Wochen ab Beschlussfassung ausgeübt werden. Entscheidend sind die bisherigen Beteiligungsverhältnisse. Da jeder Gesellschafter nur *eine* Stammeinlage haben kann, kommt es nach Übernahme „neuer Einlagen“ zu einer entsprechenden Erhöhung.

4. Kapitalherabsetzung

1142 Solange das Stammkapital weiterhin zumindest € 35.000 beträgt, kommt auch eine **Kapitalherabsetzung** in Betracht. Da das Stammkapital vor allem *Gläubigerschutzzwecken* dient, muss das Interesse der Gläubiger bei der Herabsetzung besonders berücksichtigt werden. Für die Beschlussfassung gelten die allgemeinen Grundsätze.

Die **ordentliche Kapitalherabsetzung** (§§ 54–57 GmbHG) ist an die Einhaltung eines detailliert geregelten Verfahrens geknüpft, das vor allem einen **Gläubi-**

geraufruf enthalten muss. Gläubiger, die sich innerhalb von drei Monaten melden und der Herabsetzung widersprechen, sind zu befriedigen; für noch nicht fällige Forderungen hat die GmbH Sicherstellung zu leisten. Erst dann kann die Herabsetzung zur Eintragung in das Firmenbuch angemeldet werden.

Ausnahmsweise kann die Herabsetzung auch ohne Gläubigerbeteiligung durch **Einziehung von Geschäftsanteilen** erfolgen (Details in § 58 GmbHG).

Auch bei der GmbH ist – nach dem Vorbild der AG (vgl Rz 1158 ff) – eine **vereinfachte** 1142 a
Kapitalherabsetzung möglich (§§ 59 f GmbH).

III. AG

1. Grundsatz

Änderungen des Gesellschaftsvertrages (Satzungsänderungen) bedürfen ei- 1143
nes notariell zu beurkundenden Beschlusses der Hauptversammlung. Der Vorstand hat wirksam beschlossene Satzungsänderungen zur Eintragung im Firmenbuch anzumelden. Mit Registrierung erlangt die Vertragsänderung ihre Wirkung.

Grundsätzlich bedürfen Satzungsänderungen einer **Mehrheit von drei Viertel** der abgegebenen Stimmen (§ 146 Abs 1 AktG). Dies gilt im Unterschied zum GmbH-Recht etwa auch für eine Änderung des Unternehmensgegenstandes. Beispiele für davon abweichende Regelungen finden sich in Rz 1115.

2. Gesellschafterwechsel

a) Prinzipielles

Bei der GmbH sind über die Beteiligung ausgestellte Urkunden rechtlich völ- 1144
lig bedeutungslos (vgl § 75 Abs 3 GmbHG). Ganz anders bei der AG: Dort ist die Übertragung der Mitgliedschaft regelmäßig von einer Disposition über die Aktie abhängig; der **Erwerb** richtet sich also **nach wertpapierrechtlichen Grundsätzen** (Rz 845 ff).

Aktien – und damit die Mitgliedschaftsrechte in der AG – sind grundsätzlich **frei übertragbar;** irgendwelcher Zustimmungen Dritter bedarf es nur ausnahmsweise (**vinkulierte Aktien;** vgl Rz 900). Zu Besonderheiten öffentlicher Übernahmeangebote Rz 1147 a ff.

b) Inhaberaktien

Inhaberaktien werden nach den für Inhaberpapiere geltenden Regeln, also 1145
durch Übereignung des Papiers, übertragen (Rz 849).

c) Namensaktien

Lautet die Aktie hingegen auf Namen (**Namensaktie;** Rz 900), so ist die übli- 1146
che **Übertragungsform** das **Indossament** (vgl Rz 871). *Auf Grund der Rechtsübertragung* hat eine **Eintragung des Erwerbers im Aktienbuch** zu erfolgen. Die Eintragung ist also nicht konstitutiv. Auch im Aktienrecht findet sich die Regel, dass im Verhältnis zur Gesellschaft immer nur der als Aktionär gilt, der im Buch steht (§ 61 Abs 5 AktG); dabei geht es jedoch nur um das von der AG zu führende *Aktien*buch, nicht um das öffentliche *Firmen*buch.

d) Eigene Aktien

1147 Besondere Probleme bereitet der Erwerb **eigener Aktien** durch die AG. Die Ausgabe von Aktien dient der Aufbringung des Grundkapitals. Dadurch soll vor allem aus Gläubigerschutzgründen ein „Mindestvermögen" der AG geschaffen werden, das prinzipiell zu Gunsten der Gläubiger als Haftungsfonds erhalten bleiben muss. Kauft die AG nun unter Heranziehung ihres Vermögens eigene Aktien, sinkt dadurch der Haftungsfonds der Gläubiger. Wirtschaftlich liegt darin die – an sich verbotene! – *Rückzahlung* der Einlage an einen Aktionär (vgl Rz 1042).

Der Erwerb eigener Aktien kann nach allem nur ausnahmsweise und nur bis zu maximal 10% des Grundkapitals zugelassen werden; so etwa dann, wenn bloß dadurch von der AG ein schwerer, unmittelbar bevorstehender Schaden abgewendet werden kann. Da das Instrument des Aktienrückerwerbs international üblich und betriebswirtschaftlich wünschenswert ist, wurde der Katalog der Zulässigkeitsgründe laufend erweitert. Derzeit sind **8 Tatbestände** anerkannt (siehe § 65 Abs 1 AktG). Die jüngste Ausnahme gilt für AGs, deren Aktien auf anerkannten Aktienmärkten gehandelt werden: Der Vorstand kann sich von der Hauptversammlung ermächtigen lassen, eigene Aktien zurückzukaufen. Eine solche Ermächtigung wirkt für maximal 18 Monate.

Alle Rechte aus eigenen Aktien **ruhen** bis zur Veräußerung. Die Rechtsfolgen *verbotenen* Rückerwerbs regelt § 65a AktG. Möglich bleibt die **Einziehung von Aktien** unter Einhaltung der Vorschriften über die *Kapitalherabsetzung* (Rz 1155ff).

e) Öffentliche Übernahmeangebote

1147a Der Erwerb großer Teile der Aktien einer AG durch eine Person kann für den einzelnen Aktionär Nachteile bringen. Besonders deutlich wird das dann, wenn bisher Streubesitz vorherrschte und plötzlich ein einzelner neuer Großaktionär das Sagen hat. Auch könnte der von diesem eingesetzte Vorstand andere Ziele verfolgen als das alte Management. Das mit diesen wenigen Hinweisen nur grob umrissene Phänomen ist unter dem Begriff *„feindliche Übernahme" (hostile takeover)* jedem Leser der Wirtschaftsseiten geläufig. Es wird als so bedeutsam eingestuft, dass der österreichische Gesetzgeber bereits 1999 das **ÜbernahmeG (ÜbG)** in Kraft setzte, obwohl erst im April 2004 eine bis Mai 2006 umzusetzende europäische Richtlinie erlassen wurde; eine größere Novelle des ÜbG erfolgte im Mai 2006. Zur Gänze gilt es für *öffentliche Übernahmeangebote* von in Österreich ansässigen und hier börsenotierten AGs. Teile des ÜbG sind dann anzuwenden, wenn die betreffende AG ihren Sitz im Ausland hat und an der österreichischen Börse notiert; ebenso bei Sitz in Österreich dann, wenn die Notierung an der Börse eines anderen Mitgliedstaates der EU erfolgt.

1147b **Folgende Grundsätze** beherrschen das Übernahmerecht (siehe § 3 ÜbG):

- Wer ein öffentliches Übernahmeangebot stellt, hat **alle Aktionäre gleich zu behandeln.** So wirken spätere Nachbesserungen des Angebots auch für bereits vorher getätigte Aktienkäufe. Besonders wichtig ist das **Pflichtangebot,** das jener Aktionär zu machen hat, der eine **kontrollierende Beteiligung** erworben oder erlangt hat. Diese Pflicht, allen übrigen Aktionären ein Kaufangebot zu unterbreiten, trifft insbesondere den Erwerber einer *unmittelbaren kontrollierenden Beteiligung von mehr als 30% der Stimmrechte* (Details und Ausnahmen in den §§ 22ff

ÜbG). Damit wird es jedem Aktionär ermöglicht, gegen gutes Geld vor dem neuen – uU unerwünschten – „Herrscher" der AG zu flüchten. Sonderpflichten (zumindest zur Anzeige bei der Übernahmekommission) greifen bereits mit einer Erlangung einer Beteiligung von mehr als der „gesicherten Sperrminorität" in Höhe von 26% ein (s § 26a ÜbG).

• Der Bieter hat eine **transparente Angebotsunterlage** zu erstellen (§ 7 ÜbG), damit der Aktionär bestinformiert über Annahme oder Ablehnung entscheiden kann. Auch die *Bonität* ist nachzuweisen. Die Unterlage ist von einem Sachverständigen zu prüfen. Als Aufsichtsbehörde fungiert die Übernahmekommission.

• Den Vorstand und den Aufsichtsrat der ins Auge gefassten AG trifft eine strenge **Neutralitätspflicht** (§ 12 ÜbG): Das Management darf also nicht das eigene Interesse am Erhalt ihrer Funktion vor das der Aktionäre stellen und die Übernahme zu verhindern versuchen.

Des Weiteren sollen *Marktverzerrungen vermieden* und das Übernahmeverfahren möglichst *rasch durchgeführt* werden. Dem ersten Grundsatz dient die Pflicht, Übernahmeabsichten unverzüglich bekannt zu machen; die schnelle Durchführung soll durch gesetzliche Fristen gesichert werden.

Die **Rechtsfolgen bei Verletzung** der gesetzlichen Übernahmevorschriften **1147c** sind vielgestaltig: So können Verwaltungsstrafen verhängt werden. Grobe Verletzungen durch den Bieter führen zum **Ruhen der Stimmrechte** (§§ 34f ÜbG).

Dem ÜbG unterliegen nicht nur öffentliche Angebote zum Erwerb von Aktien, sondern **1147d** auch zum **Erwerb sonstiger börsenotierter Wertpapiere** wie Genuss- oder Partizipationsscheine, Wandel-, Options- und Gewinnschuldverschreibungen (§ 1 Z 4 ÜbG).

f) Aktienoptionen

Nach amerikanischem Vorbild wird es auch in Europa immer beliebter, Mitarbeiter **1147e** neben dem Gehalt durch Verschaffung von **Optionen auf Aktien** „ihrer" Gesellschaft **(„Stock Options")** zu entlohnen und damit zugleich zu besonderem Engagement zu motivieren: Entwickelt sich die AG gut, steigt auch der Aktienkurs und damit der Wert dieser Optionen bzw der mit ihrer Hilfe erworbenen Aktien. Gesellschaftsrechtliche Erleichterungen in diesem Bereich schafft das **Aktienoptionengesetz (AOG).**

3. Kapitalerhöhung

a) Ordentliche Erhöhung

Von **ordentlicher (effektiver) Kapitalerhöhung** (§§ 149–158 AktG) spricht **1148** man dann, wenn die AG durch Einlageleistungen gegen Ausgabe von so genannten **jungen Aktien** zusätzliche Eigenmittel erhält. Die auf diese Art stattfindende Erhöhung des Grundkapitals folgt prinzipiell den für Satzungsänderungen geltenden Vorschriften (insbesondere Beschluss durch Dreiviertelmehrheit, wobei die Satzung Abweichendes vorsehen kann).

Eine Kapitalerhöhung darf grundsätzlich erst dann erfolgen, wenn auf die ursprünglichen Einlagen nur mehr unwesentliche Leistungen ausständig sind. *Sacheinlagen* sind möglich (Details in den §§ 150f AktG).

An der Zeichnung der neuen („jungen") Aktien kann sich jedermann beteili- **1149** gen. Den Mitgliedern steht aber auch bei der AG ein **Bezugs(vor)recht** zu. Jedem Aktionär muss auf sein Verlangen ein seinem Anteil an dem bisherigen Grundkapital entsprechender Teil der neuen Aktien zugeteilt werden (§ 153 AktG). Ihm muss zu diesem Zwecke eine Frist von mindestens zwei Wochen offen stehen.

Beispiel: Wird das Grundkapital von 2 auf 3 Millionen € erhöht, hat jeder Aktionär das Recht, zu je zwei alten Aktien eine junge dazu zu erwerben. „Ungerade" Beteiligungen (zB 15 Aktien) können durch Zukauf ergänzt werden. Der **Handel mit Bezugsrechten** ist also möglich und findet auch häufig statt.

1150 Das **gesetzliche Bezugsrecht** kann *durch Dreiviertelmehrheit* (oder unter Einhaltung einer strengeren Satzungsanordnung) **ausgeschlossen** werden. Häufig wird zwecks Beschleunigung der Erhöhung eine Bank zwischengeschaltet, die alle jungen Aktien auf einmal übernimmt. Nach dem AktG liegt darin nur dann ein Ausschluss des Bezugsrechts, wenn sich die Bank nicht zugleich zur bevorzugten Weitergabe an die gesetzlich bezugsberechtigten Aktionäre verpflichtet (Näheres zum Ausschluss in § 153 Abs 3–6 AktG).

1151 Auf Grund gesetzlich vorgeschriebener Anmeldungen werden sowohl (zuerst) der Beschluss zur Kapitalerhöhung als auch – nach Zeichnung und Zahlung – dessen Durchführung im Firmenbuch eingetragen.

b) Bedingte Erhöhung

1152 Nur zu bestimmten Zwecken ist eine **bedingte Kapitalerhöhung** zulässig, so etwa zur Vorbereitung des Zusammenschlusses mehrerer Unternehmen (vgl Rz 1220 ff) oder zur Einräumung von Aktienoptionen an Arbeitnehmer der AG (vgl Rz 1147 e). Details regeln die §§ 159–168 AktG.

c) Ermächtigung des Vorstandes

1153 Eine weitere Möglichkeit der Kapitalerhöhung regeln die §§ 169–173 AktG. Dabei geht es darum, dass die Satzung **den Vorstand** für bestimmte Zeit – höchstens für fünf Jahre – **ermächtigt,** das Grundkapital durch Ausgabe junger Aktien zu erhöhen (**genehmigtes Kapital;** § 169 AktG). Auf diese Weise kann der Vorstand rasch und flexibel auf Veränderungen des Kapitalmarktes reagieren; erscheint die Entwicklung günstig, kann er ohne langwieriges Verfahren die Aktien zur Zeichnung anbieten.

Das genehmigte Kapital darf die Hälfte des vorhandenen Grundkapitals nicht übersteigen.

d) Kapitalberichtigung

1154 Von **Kapitalberichtigung (nomineller Kapitalerhöhung)** spricht man dann, wenn **Rücklagen** (Rz 1101) **in Grundkapital verwandelt** werden. Die Kapitalerhöhung durch Auflösung von Rücklagen ist nur zulässig, soweit dadurch die gesetzlich geforderte Quote von 10% nicht beeinträchtigt wird.

Da die Aktionäre an den Rücklagen auch schon bisher verhältnismäßig beteiligt waren und auch eine Ausschüttung der betreffenden Beträge möglich gewesen wäre, kommt diese Art der Kapitalerhöhung im Ergebnis primär den Gesellschaftsgläubigern zugute, da sich die Kapitalerhaltung (etwa die Höhe der gesetzlichen Rücklage) nun am neuen (größeren) Grundkapital zu orientieren hat.

4. Kapitalherabsetzung

a) Grundsätzliches

1155 Auch bei der AG ist zu beachten, dass das Grundkapital auf Grund einer Herabsetzung niemals unter den Mindestnennbetrag (nach § 7 AktG € 70.000) sinken darf und dass **Gläubigerinteressen** streng berücksichtigt werden müssen, weshalb die entsprechenden Vorschriften zu Gunsten der Gläubiger relativ zwingend sind. Erste Voraussetzung der Herabsetzung ist wiederum ein Hauptversammlungsbeschluss, der einer – satzungsmäßig verschärfbaren – **Dreiviertelmehrheit** bedarf.

b) Ordentliche Herabsetzung

Bei der **ordentlichen (effektiven) Kapitalherabsetzung** (§§ 175–181 AktG) **1156**
werden die Interessen der Gläubiger ähnlich wie bei der GmbH (Rz 1142) berücksichtigt: Der Beschluss zur Herabsetzung ist ordnungsgemäß bekannt zu machen **(Gläubigeraufruf).** Gläubiger der AG haben dann *sechs Monate* Zeit, ihre Ansprüche zwecks Befriedigung bzw Sicherstellung anzumelden. Erst wenn dem berechtigten Begehren der Gläubiger nachgekommen wurde, dürfen Rückzahlungen an die Aktionäre (bzw der Verzicht auf noch nicht geleistete Einlagezahlungen) erfolgen (Details in § 178 AktG).

Die Herabsetzung kann auf **zwei Arten** erfolgen: durch **Verminderung des Nennbetra-** **1157**
ges jeder Aktie oder durch **Aktienzusammenlegung.** Eine Zusammenlegung hat (nur) dann stattzufinden, wenn auf Grund der Herabsetzung der gesetzliche Mindestbetrag von € 1 je Aktie oder eine sonstige Voraussetzung des § 8 AktG nicht mehr eingehalten wäre. Das Gesetz enthält nähere Regelungen des Verfahrens zum Einzug und zur Kraftloserklärung der alten Aktien (§ 179 AktG).

c) Vereinfachte Herabsetzung

Eine **vereinfachte (nominelle) Kapitalherabsetzung** (§§ 182–191 AktG) **1158**
darf die AG nur dann vornehmen, wenn sie damit einen sonst auszuweisenden Bilanzverlust decken und allenfalls Beträge in die gebundene Kapitalrücklage (vgl Rz 1101) einstellen kann. Wurden etwa über längere Zeit größere Verluste erwirtschaftet, steht der starren Größe des Grundkapitals ein vermindertes wirkliches Vermögen der AG gegenüber. In dieser Situation ist eine Herabsetzung des Grundkapitals für die Gläubiger deshalb nicht besonders bedenklich, weil sich am wirklichen Vermögen und damit am Wert des ihrem Zugriff offen stehenden Haftungsfonds nichts ändert. Vorher müssen allerdings alle freien Rücklagen sowie ein bestimmter Teil der gebundenen Rücklagen aufgelöst worden sein, ohne dass dies zum gewünschten „Bilanzerfolg" geführt hat (§§ 182f AktG).

Bei dieser Art der Herabsetzung erfolgt niemals eine Rückzahlung von Einlagen; deshalb wird sie als bloß *nominelle* bezeichnet (zu den Schranken der zulässigen Disposition über die durch die Herabsetzung gewonnenen Beträge siehe § 184 AktG). Gelingt die „Gesundschrumpfung" wie geplant, stellt die Herabsetzung des Grundkapitals für die Aktionäre einen Vorteil dar: Sie können weit früher mit Gewinnausschüttungen rechnen, da eine geringere Differenz zum Grundkapital aufgefüllt werden muss als ohne die Herabsetzung.

Zum **Schutz der Gläubiger** sieht das Gesetz neben dem Verbot von Zahlun- **1159**
gen an die Aktionäre in § 187 AktG näher geregelte **Beschränkungen künftiger Gewinnausschüttung** vor: So muss etwa die gesetzliche Rücklage zunächst 10% des herabgesetzten Grundkapitals erreichen.

1160 Für die **Aktionäre** hat die vereinfachte Herabsetzung an sich dieselben formellen Folgen wie die ordentliche (Rz 1156): Der Nennbetrag der alten Aktie stimmt ja nach der Herabsetzung nicht mehr mit dem wirklichen Anteil am Grundkapital überein. Der „innere Wert" (*Kurswert,* Rz 901) der Aktie ändert sich jedoch prinzipiell nicht, da das Vermögen der AG durch die bloß nominelle Herabsetzung nicht verringert wurde. Es hängt allerdings von verschiedenen Faktoren ab, ob und inwieweit die Herabsetzung zu einer Neubeurteilung der Zukunftschancen der AG unter den Anlegern führt, was unabhängig vom aktuell vorhandenen Gesellschaftsvermögen Auswirkungen auf die Kursbildung haben kann.

d) Einziehung von Aktien

1161 Die **Einziehung (Amortisation) von Aktien** durch die AG kann ebenfalls zu einer Herabsetzung des Grundkapitals führen. Details der Zulässigkeit und der Rechtsfolgen einer solchen Einziehung regeln die §§ 192–194 AktG. Insbesondere ist zwischen *zwangsweiser* und *freiwilliger* Einziehung zu unterscheiden. An sich sind auch bei dieser Herabsetzungsart die Vorschriften über die ordentliche Herabsetzung zu beachten. Mangels Gefahr für die Gläubiger unbedenklich ist aber etwa die unentgeltliche Einziehung von Aktien, auf die bereits alle vereinbarten Einzahlungen geleistet wurden.

Zwangseinziehungen sind jedenfalls dann unzulässig, wenn die Satzung eine solche Möglichkeit bei Ausgabe der betreffenden Aktie noch nicht vorsah. In solchen Fällen ist jedenfalls die Zustimmung der Aktionäre einzuholen, deren Aktien die AG einziehen will.

Im Unterschied zum Erwerb *eigener Aktien* (Rz 1147) dient die Einziehung in der vorliegenden Konstellation der Kapitalherabsetzung; die Aktienurkunden sind daher zu vernichten. Der „schlichte" Erwerb eigener Aktien hat hingegen keinerlei Einfluss auf die Höhe des Grundkapitals; auch ist regelmäßig eine Wiederausgabe zu einem günstigen Zeitpunkt geplant.

7. Kapitel
Beendigung und Umgestaltung der Gesellschaft

I. Allgemeines

Weiterführende Literatur: *Grünwald,* Umwandlung – Verschmelzung – Spaltung (1996); *Hirschler,* Die Spaltung von Kapitalgesellschaften im Handels- und Steuerrecht (1996); *Hochedlinger,* Die Übertragung von Gesellschaftsanteilen, Unternehmen und Betrieben bei Personenhandelsgesellschaften unter besonderer Berücksichtigung der Bestimmung des § 142 HGB (2002); *Hügel,* Verschmelzung und Einbringung (1993); *Kalss,* Handkommentar zur Verschmelzung – Spaltung – Umwandlung (1997); *Rüffler,* Lücken im Umgründungsrecht (2002); *B. Terlitza,* Teilfusionen und Anteilseignerinteressen (2002).

1. Die Problemkreise

1162 Gesellschaftsaktivitäten ziehen ganz regelmäßig *Außenwirkungen* nach sich. Daher gehört anders als bei der Auflösung zweipersonaler Vertragsverhältnisse des bürgerlichen Rechts (zB Kauf, Miete usw) nicht bloß die **Aufhebung des Gesellschaftsvertrages (Vertragsbeendigung)** zum Problembereich der Beendigung einer Gesellschaft. Die Vertragsbeseitigung betrifft ja zunächst bloß das (Innen-) Verhältnis der Gesellschafter zueinander. Daran schließt sich regelmäßig die Befriedigung der Gesellschaftsgläubiger, die Verwertung des Gesellschaftsvermögens und die Verteilung des dabei erzielten Erlöses an. Fallweise ist auch der Betrieb noch eine Zeit lang fortzuführen, um Vermögenseinbußen zu verhindern. Die zweite Phase der Beendigung wird als **Abwicklung (Liquidation)** bezeichnet. Bei eingetragenen Gesellschaften hat am Schluss eine *Löschung* der Gesellschaft im Firmenbuch stattzufinden.

Die Beendigung ist also kein punktuelles Ereignis, sondern ein meist mehrstufiger Prozess. An dessen Beginn steht die Aufhebung des Gesellschaftsvertrages; Endpunkt ist die so genannte **Vollbeendigung** der Gesellschaft.

2. Auflösung des Gesellschaftsverhältnisses

Abgesehen von möglichen Sonderregeln im Gesellschaftsvertrag kommen **1163** ganz unterschiedliche Gründe in Betracht, die zur **Auflösung des Gesellschaftsvertrages** führen. Zum Teil ist auch nach den unterschiedlichen Gesellschaftsformen zu differenzieren: So bedrohen bei den Personengesellschaften Änderungen in der persönlichen Sphäre einzelner Mitglieder (Konkurs, Tod, Geschäftsunfähigkeit usw) unmittelbar den Bestand der Gesellschaft; bei AG und GmbH spielen sie hingegen kaum eine Rolle.

Die **Auflösungsgründe** können danach unterschieden werden, ob sie *kraft* **1164** *Gesetzes* oder *durch (rechtsgeschäftlichen) Willensakt* eines oder mehrerer Gesellschafter wirken. So wird etwa eine OG mangels gegenteiliger Bestimmung im Gesellschaftsvertrag durch *Tod* eines Gesellschafter ipso iure aufgelöst; Vertragsbeendigung ist jedoch bei Vorliegen ausreichender Gründe auch durch Kündigung des Gesellschaftsverhältnisses oder in jedem Fall durch Beschluss aller Gesellschafter möglich (Details in Rz 1183ff).

Bestimmte Ereignisse führen bei *allen* Gesellschaftsformen zur Auflösung; **1165** sie werden daher in der Folge nicht mehr überall eigens erwähnt. ***Beispiele*** sind etwa der Ablauf der im Gesellschaftsvertrag für den Bestand der Gesellschaft vorgesehenen Frist oder der Eintritt der vereinbarten auflösenden Bedingung. Firmenbuchpflichtige Gesellschaften werden mit Rechtskraft des Beschlusses aufgelöst, mit dem ein Konkurseröffnungsantrag mangels kostendeckenden Vermögens abgewiesen wird (§ 39 FBG). Gleiches gilt für die Löschung vermögensloser Kapitalgesellschaften (§ 40 FBG).

3. Änderung der Rechtsform

Im weiteren Sinn zum Problem der Beendigung einer (bestimmten) Gesell- **1166** schaft gehört auch die **Änderung der Rechtsform.** Diese kann wiederum von Gesetzes wegen oder auf Grund von Entscheidungen der Gesellschafter erfolgen. Zu beachten ist dabei allerdings, dass das Unternehmen nahtlos fortgeführt wird; eine Liquidation findet nicht statt.

Beispiele: Durch die Eintragung im Firmenbuch wird aus einer GesbR eine OG oder KG. Ausscheiden des einzigen Kommanditisten einer KG führt zum Entstehen einer OG. – Umgekehrt kann die Generalversammlung einer GmbH die **Umwandlung** in eine AG beschließen; für das *Entstehen* der AG bedarf es allerdings der Einhaltung weiterer Voraussetzungen (vgl Rz 1211).

II. Stille Gesellschaft

1. Grundsätzliches

1167 Da die stille Gesellschaft als solche nicht nach außen hin in Erscheinung tritt, bedarf ihre Vollbeendigung keiner Abwicklung im eigentlichen Sinn. Nach Auflösung des Gesellschaftsvertrages ist bloß das vorhandene Vermögen zwischen den (häufig bloß zwei) Gesellschaftern aufzuteilen.

2. Auflösungsgründe

1168 Wurde die stille Gesellschaft *zur Erreichung eines bestimmten Zweckes* gegründet, so endet sie ipso iure **mit Zweckerreichung** oder **mit dem Unmöglichwerden des geplanten Zieles** (§ 185 Abs 1 UGB).

Beispiele: Die stille Gesellschaft wird zwecks erfolgreichen Vertriebs eines ganz bestimmten Produkts (zB des Getränks „Bad Bull") durch den Unternehmer eingegangen. Wenig später wird der Handel mit diesem Erzeugnis behördlich verboten.

1169 Von Gesetzes wegen fällt die stille Gesellschaft auch bei **Konkurs eines Gesellschafters** dahin; ebenso mangels Sondervereinbarung mit dem **Tod des Unternehmers** (§ 185 Abs 2 UGB; Auswirkungen einer abweichenden Vereinbarung werden Rz 1189 bloß bei der OG beispielhaft angesprochen).

1170 Daneben kommt auch eine **Kündigung** der Gesellschaft durch jeden Gesellschafter in Betracht (vgl § 184 UGB, der auf die Regeln des OG-Rechts verweist). **Ordentliche Kündigung** (Rz 584) eines auf unbestimmte Zeit eingegangenen Gesellschaftsverhältnisses ist unter Einhaltung einer zumindest sechsmonatigen Frist nur zum Ende eines Geschäftsjahres möglich; **außerordentliche Kündigung** aus wichtigem Grund (Rz 416) kommt ohne Frist jederzeit in Betracht.

Beispiele: Der Unternehmer übergibt dem stillen Gesellschafter trotz mehrfacher Aufforderungen keine Abschrift des Jahresabschlusses; der stille Gesellschafter leistet über längere Zeit den noch ausständigen und fälligen Teil seiner Einlage nicht.

1171 Unter bestimmten Umständen (vgl Rz 1185) ist nach dem Gesetzeswortlaut auch die Kündigung der stillen Gesellschaft durch einen **Gläubiger** des stillen Gesellschafters möglich.

3. Auseinandersetzung

1172 Nach Aufhebung der stillen Gesellschaft hat der Unternehmer dem stillen Gesellschafter dessen **Guthaben in Geld auszubezahlen.** An den zur Zeit der Auflösung *schwebenden Geschäften* nimmt der stille Gesellschafter teil; zu diesen zählen bereits abgeschlossene, aber noch nicht voll erfüllte Verträge und wohl auch solche, die auf Grund einer im entscheidenden Zeitpunkt vorliegenden bindenden Offerte zustande kamen. – Zur Berechnung eines etwaigen Guthabens Rz 1053 f.

1173 Kommt es auf Grund eines **Konkurses** des Unternehmers zur Auflösung der Gesellschaft, kann der stille Gesellschafter seine Forderung als Konkursgläubiger geltend machen, sofern seine Einlage nicht ohnehin durch Verluste vollkommen aufgezehrt wurde. Insoweit steht er anderen ungesicherten Gläubigern also gleich. Allerdings hat er sogar nach Auflösung zu Gunsten der übrigen Gläubiger seine ausständige Einlage insoweit in die Konkursmasse einzuzahlen, wie dies zur Deckung seines Anteils am Verlust erforderlich ist (§ 187 UGB). In diesem Fall wird der stille Gesellschafter somit anders als sonstige Gläubiger behandelt, die ausständige Leistungen bei Konkurs des Vertragspartners prinzipiell zurückhalten dürfen, sofern sie noch nicht die vollständige Gegenleistung erhalten haben. Er ist in gewisser Weise eben doch „Mitunternehmer".

III. GesbR

Etwas bruchstückhafte Regeln über die Beendigung einer GesbR finden sich in den §§ 1205–1216 ABGB. Nur das Wichtigste soll hier erwähnt werden. 1174

1. Vertragsbeendigung

Bei der GesbR kommt dem Auflösungsgrund **„Zweckerreichung"** besondere Bedeutung zu. Ein solcher Zusammenschluss dient ja nicht selten bloß der Erledigung eines konkreten Projektes (vgl Bau-ARGE). Mit dessen Fertigstellung ist der Gesellschaftszweck erreicht (weitere ipso iure wirkende Auflösungsgründe nennt § 1205 ABGB). 1175

Grundsätzlich ist die **Mitgliedschaft an einer GesbR nicht vererblich.** Bleiben nach Tod eines Gesellschafters noch zumindest zwei weitere übrig, wird die Gesellschaft im Zweifel von diesen fortgesetzt. Der Gesellschaftsvertrag kann jedoch Vererblichkeit vorsehen. 1176

Auch der **Ausschluss** eines Gesellschafters kommt in Betracht; das Gesetz nennt als Gründe etwa dessen Konkurs sowie die Nichterfüllung wesentlicher Vertragsbedingungen oder die Vornahme strafbarer Handlungen durch ihn, wodurch er vertrauensunwürdig wird. 1177

Ordentliche Kündigung unbefristeter Gesellschaftsverhältnisse ist außer zur Unzeit (vgl Rz 333) möglich; ebenso auch vor Fristablauf aus wichtigem Grund, so zB wenn jener Gesellschafter gestorben oder ausgetreten ist, von dem der Betrieb des Geschäftes entscheidend abhing. Im Wesentlichen nennt das Gesetz bloß Beispiele für die Auflösung von Dauerschuldverhältnissen (zum allgemeinen Grundsatz Rz 416). 1178

Neben der Auflösung der gesamten Gesellschaft und dem Ausschluss eines Gesellschafters wird auch ein **Austritt** aus wichtigem Grund anerkannt. 1179

2. Abwicklung

Das Gesetz sieht für die GesbR – anders als etwa bei den Personengesellschaften – keine gesonderte Liquidation vor. Mit Aufhebung des Gesellschaftsvertrages ist die GesbR an sich vollbeendet. Schuldrechtliche Bindungen (zB die Widmung der Sache eines Gesellschafters zum Gebrauch der Gesellschaft) fallen weg. Übrig bleibt häufig eine **Miteigentumsgemeinschaft,** die nach den für diese geltenden Regeln (Rz 333) aufgehoben wird (§ 1215 ABGB). 1180

Scheidet hingegen bloß ein Gesellschafter aus der weiter bestehenden GesbR aus, so ist er *abzuschichten.* Die Abschichtung erfolgt durch Auszahlung des Wertes seiner Beteiligung in Geld. Dies gilt sinngemäß bei Ausscheiden durch Tod; der Abschichtungsanspruch steht dann den Erben zu. 1181

IV. OG

1. Vertragsbeendigung

1182 Da die Vorschriften über die Beendigung der stillen Gesellschaft zum Teil auf das OG-Recht verweisen, sind die bereits in Rz 1168ff genannten Gründe grundsätzlich auch bei der OG beachtlich; so insb der **Tod eines Gesellschafters,** sofern nicht im Gesellschaftsvertrag anderes vorgesehen ist. § 131 UGB nennt zusätzlich: **Eröffnung des Konkurses** über das Vermögen der Gesellschaft oder eines (beliebigen) Gesellschafters (bzw die Ablehnung der Verfahrenseröffnung mangels Masse) sowie **gerichtliche Entscheidung.**

1183 Die **Auflösung aus wichtigem Grund** kann nach § 133 UGB allerdings nicht durch Kündigung (dazu § 132 UGB), sondern bloß *durch gerichtliche Entscheidung* auf Antrag eines Gesellschafter erfolgen. ***Beispiele*** für wichtige Gründe wären vorsätzliche oder grob fahrlässige Verletzung wesentlicher Vertragspflichten oder Unmöglichkeit ihrer Erfüllung. Diese Auflösungsmöglichkeit kann vertraglich nicht abbedungen werden, da die genannten Gründe die Erreichung des Gesellschaftszwecks typischerweise vereiteln oder zumindest massiv gefährden.

Wollen die übrigen Gesellschafter in solchen Fällen die Gesellschaft ohne denjenigen fortsetzen, in dessen Person sich der zur Auflösung berechtigende wichtige Grund verwirklicht hat, so können sie beantragen, dass er durch Gerichtsentscheid *ausgeschlossen* wird (§ 140 UGB).

1184 Bei entsprechendem Inhalt des Gesellschaftsvertrages kann die Auflösung der Gesellschaft auch durch **Mehrheitsbeschluss der Gesellschafter** erfolgen; ansonsten wird Einstimmigkeit gefordert.

1185 Unter bestimmten Voraussetzungen kann auch ein **Privatgläubiger eines Gesellschafters** die OG aufkündigen, nämlich dann, wenn innerhalb der letzten sechs Monate bestimmte Zwangsvollstreckungsmaßnahmen erfolglos waren und er den Anspruch des Gesellschafter-Schuldners auf dessen Auseinandersetzungsguthaben pfänden und sich überweisen ließ. Kündigung ist dann unter Einhaltung einer sechsmonatigen Frist zum Ende des Geschäftsjahres möglich (§ 135 UGB).

1186 Besonderes ist für die **Auflösung durch Tod und Konkurs** eines Gesellschafters geregelt: So sind die laufenden *Geschäfte* bei Gefahr im Verzug durch die übrigen Gesellschafter *fortzuführen,* wobei die OG als fortbestehend fingiert wird (§ 136 UGB).

1187 Abgesehen von Fällen des Konkurses ist die **Auflösung der Gesellschaft** von allen Gesellschaftern **zur Eintragung in das Firmenbuch anzumelden.** Gleiches gilt für das Ausscheiden einzelner Gesellschafter (§ 143 UGB).

2. Fortsetzungsvereinbarungen

1188 Bestimmungen im Gesellschaftsvertrag, wonach in näher angeführten Fällen (Kündigung durch einen Gesellschafter, Tod oder Konkurs eines Gesellschafters) die Gesellschaft unter den übrigen Gesellschaftern fortbestehen soll, sind wirksam. Der Ausgeschiedene bzw dessen Erbe erlangt gegen die OG einen **Anspruch auf Zahlung** jenes Betrages, der auf ihn bei Auflösung der OG in diesem Zeitpunkt aus dem Auseinandersetzungsguthaben entfiele; schwebende Geschäfte (Rz 1172) sind zu berücksichtigen. Die verbleibenden Gesellschafter haben den Ausgeschiedenen darüber hinaus von Haftungen gegenüber Gesellschaftsgläubigern freizustellen (§§ 137f UGB).

Abfindungsansprüche können für die Gesellschaft ruinös sein. Daher schränken nicht selten schon im Gesellschaftsvertrag enthaltene **Abfindungsklauseln** die gesetzlichen Zahlungsansprüche ein. Häufig werden eine Berechnung bloß vom *Buchwert* (also ohne Berücksichtigung von Firmenwert, stillen Reserven usw) sowie eine Auszahlung in mehreren Raten vereinbart; manchmal sogar eine umfängliche Reduktion (zB nur „75% vom Buchwert"). Eine sehr weit gehende vertragliche Beschneidung der gesetzlichen Abfindungsansprüche kann *sittenwidrig* sein.

Daneben ist auch die **Vereinbarung der Vererblichkeit** der Mitgliedschaft **1189**
möglich. In solchen Fällen kann der Erbe verlangen, dass ihm die Stellung eines *Kommanditisten* eingeräumt wird. Wollen das die übrigen Gesellschafter nicht, kann der Erbe sein fristloses Ausscheiden erklären (§ 139 UGB). Ansonsten wird aus der OG zwingend eine KG.

Sogar *im Nachhinein* können die (verbleibenden) Gesellschafter trotz Vorlie- **1189a**
gens eines gesetzlichen Auflösungsgrundes, sofern nicht gerade ein Konkurs der OG selbst vorliegt, deren **Fortsetzung beschließen.** Details in § 141 UGB.

Wurde der **Konkurs der OG** nach Abschluss eines Zwangsausgleiches **aufgehoben** oder **1190**
auf Antrag eingestellt, kommt ebenfalls noch ein Fortsetzungsbeschluss in Betracht, der ebenfalls von allen Gesellschaftern zur Eintragung anzumelden ist (§ 144 UGB).

3. Rechtsformänderungen

Bestimmte Ereignisse führen nicht zur Abwicklung der OG, obwohl die Ge- **1191**
sellschaft in der bisherigen Rechtsform nicht weiter besteht. Hier sollen nur drei ***Beispiele*** gebracht werden.

Zunächst ist denkbar, dass der vorletzte Gesellschafter ausgeschlossen bzw **1192**
von seinem Privatgläubiger gekündigt wird. Dann steht dem anderen Gesellschafter das Recht zu, das Geschäft ohne Liquidation mit Aktiven und Passiven zu übernehmen; es wird als *Einzelunternehmen* fortgeführt. Der Ausscheidende hat Anspruch auf Abfindung (§ 142 UGB).

Wird die Haftung eines OG-Gesellschafters beschränkt und diese Beschrän- **1193**
kung in das Firmenbuch eingetragen, mutiert die bisherige OG zur KG. Für Schulden der OG, die vor Eintragung der Haftungsbegrenzung begründet wurden, haftet der betreffende Gesellschafter den Gesellschaftsgläubigern zunächst unbeschränkt weiter; er gelangt allerdings in den Genuss der beschränkten *Nachhaftung* (§ 160 Abs 4 UGB; näher dazu Rz 1036).

Ähnliches gilt, wenn ein Kommanditist neu in eine OG aufgenommen wird: Die Gesellschaft wird zur KG. Der Eingetretene haftet dann bis zur Grenze seiner Haftsumme zwingend für alle bisherigen Gesellschaftsschulden (§ 173 UGB).

4. Abwicklung

a) Grundsätzliches

Die **Abwicklung** einer nicht durch Gesellschaftskonkurs aufgelösten OG re- **1194**
geln die §§ 145–158 UGB. Unter bestimmten Voraussetzungen (zB bei entsprechender Vereinbarung) ist auch eine andere Art der Auseinandersetzung denkbar. (*Beispiel:* Übernahme des Geschäfts durch einen Gesellschafter oder einen Dritten.)

Allgemeiner Zweck der Liquidation ist die **vermögensrechtliche Auseinandersetzung:** Ausständige Forderungen müssen eingezogen, bestehende Verpflichtungen getilgt werden, wobei zur Erfüllung schwebender Geschäfte uU auch noch neue abgeschlossen werden müssen (näher § 149 UGB). Das verbleibende Vermögen wird zwischen den Gesellschaftern verteilt. Besondere Vorschriften zum Schutz der Gläubiger enthält das Recht der Personengesellschaften auch für das Abwicklungsstadium nicht.

Im Folgenden sollen die wichtigsten Regeln dargestellt werden. Sie gelten zum Teil für die Liquidation generell, also nicht bloß für die Abwicklung einer OG (zB Firmenzusatz, Beschränkung der Rechtsmacht der Abwickler usw).

b) Liquidationsfirma und Liquidatoren

1195 Für die Durchführung der Liquidation gilt zum Teil Gleiches wie für die Geschäftsführung einer bestehenden OG: Alle Gesellschafter sind Liquidatoren (Abwickler) von Gesetzes wegen, aus wichtigen Gründen können vom Gesetz auch andere Personen zu Liquidatoren bestellt werden. Abwickler müssen zur Eintragung im Firmenbuch angemeldet werden; die Firma der OG wird durch einen auf die Liquidation hinweisenden *Zusatz* ergänzt, der im Rechtsverkehr verwendet werden muss (zB „Max Müller OG i. L.“).

1196 Abweichend von den Regeln für die aufrechte OG besteht mangels anderer Vereinbarung **Gesamtgeschäftsführung und Gesamtvertretung aller Liquidatoren** (§ 150 UGB). Nunmehr steht ja nicht Schnelligkeit, sondern bestmögliche Verwertung im Vordergrund. Die Vertretungsmacht der Liquidatoren ist seit 1. 1. 2007 aus Verkehrsschutzgründen nicht mehr auf die Abwicklungsaufgaben begrenzt, sondern *unbeschränkt.*

c) Vermögensverteilung

1197 Das nach Tilgung von Schulden der OG verbleibende Vermögen ist von den Liquidatoren unter die Gesellschafter zu verteilen. Von einzelnen Gesellschaftern stammende, gar nicht der OG gehörende Gegenstände sind diesen vorweg zurückzugeben. Die Quote jedes einzelnen Gesellschafters ergibt sich nach dem Verhältnis der Kapitalanteile (vgl Rz 1063) in der Schlussbilanz.

d) Vollbeendigung der OG

1198 Die Beendigung der Liquidation löst die Pflicht der Abwickler aus, das Erlöschen der Firma zur Eintragung in das Firmenbuch anzumelden. Die Eintragung der Löschung hat jedoch bloß *deklarative Bedeutung:* Ist tatsächlich noch zu verteilendes Vermögen vorhanden, besteht die OG trotz Löschung weiter. Umgekehrt kann die Gesellschaft auch vor Eintragung **vollbeendet (erloschen)** sein. Entscheidend ist also allein der letzte Akt der Liquidation.

Die OG kann nach allem etwa dann nicht erlöschen, wenn noch zumindest ein unbefriedigter Gesellschaftsgläubiger vorhanden ist, aber auch dann nicht, wenn noch offene Forderungen der Gesellschaft bestehen, sofern diese nicht im Zuge der Vermögensverteilung einem Gesellschafter zugewiesen wurden. – Zur Verjährung der Haftung der Gesellschafter für Gesellschaftsschulden *nach Auflösung* der OG vgl Rz 1036.

V. KG

Für die KG kann mit wenigen Ausnahmen auf die Ausführungen zur OG verwiesen werden. Eine wesentliche Besonderheit liegt darin, dass der **Tod eines Kommanditisten** nicht zur Auflösung der Gesellschaft führt (§ 177 UGB). Keine Ausnahme besteht hingegen für seinen Konkurs. 1199

Grundsätzlich ist das Mitgliedschaftsrecht eines Kommanditisten also *vererblich.* Gesellschaftsvertraglich kann Abweichendes vorgesehen sein (zB bloßes Eintritts*recht,* Abfindung des Erben usw). Mit Ausscheiden des letzten Kommanditisten wird die Gesellschaft ipso iure zur OG. Der Wegfall des letzten Komplementärs hat hingegen die Auflösung der Gesellschaft zur Folge, da eine Personengesellschaft ohne einen persönlich unbeschränkt haftenden Gesellschafter nicht existieren kann.

VI. GmbH

1. Auflösung

§ 84 GmbHG nennt **sechs Auflösungsgründe.** Die nahezu selbstverständlichen – Ablauf der gesellschaftsvertraglich vorgesehenen Zeit sowie Konkurs der GmbH – sind nicht weiter zu behandeln. 1200

Die **Auflösung durch** notariell zu beurkundenden **Gesellschafterbeschluss** bedarf nach dem Gesetz bloß der *einfachen* Stimmenmehrheit. 1201

Unter bestimmten Voraussetzungen wird die Auflösung **von der Verwaltungsbehörde verfügt** werden, so wenn die GmbH den für diese Rechtsform in § 1 GmbHG begrenzten Wirkungskreis überschreitet, indem sie etwa Versicherungsgeschäfte betreibt (Details in § 86 GmbHG). Auch **amtswegige Löschung durch Beschluss des Registergerichts** ist denkbar. Praktisch wichtigster Grund hierfür wäre die Ablehnung der Konkurseröffnung mangels kostendeckenden Vermögens. 1202

Schließlich erwähnt § 84 GmbHG als Auflösungsgrund den **Beschluss auf Fusion (Verschmelzung)** mit einer AG oder einer anderen GmbH (Näheres dazu Rz 1207 ff). 1203

Der Gesellschaftsvertrag kann weitere Auflösungsgründe vorsehen. Erfolgt die Auflösung aus solchen vertraglichen Gründen, durch Zeitablauf oder durch Gesellschafterbeschluss, haben die Geschäftsführer die Auflösung unverzüglich zum Firmenbuch anzumelden. Das Gericht hat sie unter Angabe der Auflösungsart einzutragen (§ 88 GmbHG). 1204

2. Abwicklung

Die **Liquidation** regelt das Gesetz in den §§ 89–96 GmbHG recht ausführlich. Regelmäßig sind die Geschäftsführer zu Liquidatoren berufen. Die übrigen Organe haben ihre Tätigkeit fortzusetzen. Details zu den Aufgaben der Abwickler und zum Liquidationsverfahren sollen hier nicht ausgebreitet werden. Zu erwähnen sind vor allem die Vorschriften, die dem bei Kapitalgesellschaften besonders zu beachtenden **Gläubigerschutz** dienen. Die Liquidatoren müssen zugleich mit der Veröffentlichung der Auflösung in den Bekanntmachungsblättern die Gesell- 1205 schaftsgläubiger auffordern, ihre Forderungen anzumelden. Bekannte Gläubiger sind unmittelbar zu verständigen. Das Gesellschaftsvermögen ist von den Abwicklern primär zur Befriedigung der Gläubiger zu verwenden. Für die Verteilung eines allfälligen Überschusses unter die Gesellschafter (im Verhältnis der *eingezahlten* Stammeinlagen; Rz 1077) besteht eine **Sperrfrist** von drei Monaten ab der Veröffentlichung. In dieser Zeit hat jeder Gläubiger typischerweise die Möglichkeit, von der Auflösung Kenntnis zu erlangen und seine Ansprüche geltend zu machen.

1206 Nach Beendigung der Liquidation haben die Liquidatoren unter Nachweis der durch Gesellschafterbeschluss erwirkten Entlastung beim Registergericht um die *Löschung* der (Liquidations-)Firma anzusuchen. Das Gericht veröffentlicht die Löschung daraufhin in den Bekanntmachungsblättern (§ 93 GmbHG).

3. Verschmelzung und Umwandlung

a) Begriffe

1207 Von **Verschmelzung (Fusion)** spricht man dann, wenn eine oder mehrere GmbHs ihr Vermögen als Ganzes gegen Gewährung von Geschäftsanteilen auf eine andere Kapitalgesellschaft übertragen, wobei alle beteiligten Gesellschaften auf die Durchführung einer Liquidation verzichten (§ 96 GmbHG; vgl ferner § 234 AktG).

1208 Unter **formändernder Umwandlung** versteht man hingegen Folgendes: Aus einer GmbH wird ohne dazwischen liegende Liquidation eine AG oder umgekehrt.

1209 Daneben kennt das österreichische Recht die **übertragende Umwandlung** nach den Sondervorschriften des **UmwandlungsG (UmwG).** Dabei wird das Vermögen einer Kapitalgesellschaft ohne Abwicklung im Wege der Gesamtrechtsnachfolge übertragen, entweder auf den bisherigen *Hauptgesellschafter* **(verschmelzende Umwandlung)** oder auf eine zugleich entstehende *Personengesellschaft* bzw *eingetragene Erwerbsgesellschaft* **(errichtende Umwandlung).** Details zu Voraussetzungen und Rechtsfolgen dieser Umwandlungsformen finden sich in den §§ 2 bis 4 bzw 5 UmwG. Notwendig ist insbesondere die Beteiligung von Personen, die zumindest 90% des Kapitals der umzuwandelnden Gesellschaft halten, am neuen Rechtsträger. Gesellschafter, die der Nachfolgegesellschaft nicht mehr angehören, sind angemessen abzufinden.

b) Verschmelzung

1210 Die Verschmelzung einer oder mehrerer (übertragenden) GmbHs mit einer weiteren GmbH oder einer AG bedarf grundsätzlich eines mit Dreiviertelmehrheit der abgegebenen Stimmen gefassten, notariell zu beurkundenden Beschlusses der übertragenden Gesellschaften. Der Gesellschaftsvertrag kann wirksam weitere Erfordernisse (insbesondere Einstimmigkeit) vorsehen. Zu Rechten von Minderheitsgesellschaftern siehe § 99 GmbHG.

c) Rechtsformändernde Umwandlung

1211 Die Umwandlung einer GmbH in eine AG ist nicht im GmbHG, sondern in den §§ 245–253 AktG geregelt. Da sie einer Änderung des Gesellschaftsvertrages bedarf, benötigt der notariell zu beurkundende Gesellschafterbeschluss eine *Dreiviertelmehrheit.* Geschäftsanteile sind in Aktien umzuwandeln. Für die Umwandlung gelten eine Vielzahl von Vorschriften über die *Gründung* einer AG (Rz 961 ff) sinngemäß. Dies deshalb, weil bei der Gründung einer AG Drittinteressen besonders stark berücksichtigt werden; diese sollen auch hier Beachtung finden. Wieder haben entsprechende Anmeldungen zum Firmenbuch sowie Eintragungen und deren Veröffentlichung zu erfolgen. Ab der Eintragung besteht die GmbH als AG weiter.

4. Spaltung

Bei Kapitalgesellschaften eröffnet das **Spaltungsgesetz (SpaltG)** auch die Möglichkeit der *Vermögensspaltung*. Dies geschieht entweder durch **Aufspaltung** des Vermögens auf andere, zugleich neu gegründete Kapitalgesellschaften, wobei die übertragende Gesellschaft untergeht, oder durch **Abspaltung** (Übertragung von Vermögens*teilen*). Wiederum geht es um (partielle) Gesamtrechtsnachfolge ohne Liquidationsverfahren. Dabei ist sogar eine *Kombination* von Spaltung und Verschmelzung denkbar. **1211a**

Grundsätzlich bedarf die Spaltung eines mit Dreiviertelmehrheit gefassten Beschlusses der Gesellschafter (strenger nur, wenn Änderungen in den Beteiligungsverhältnissen eintreten; dazu § 8 Abs 3 SpaltG). Die Vorschriften des SpaltG sorgen vor allem für den notwendigen Schutz der überstimmten Minderheitsgesellschafter, der Gesellschaftsgläubiger sowie der Inhaber von Sonderrechten (zB stimmrechtsloser Vorzugsaktien; vgl Rz 900).

VII. AG

1. Auflösung

Die *Auflösungsgründe* sind ähnliche wie bei der GmbH (vgl § 203 AktG). Ein **Auflösungsbeschluss** der Hauptversammlung bedarf jedoch einer Mehrheit von drei Viertel des vertretenen Grundkapitals, sofern die Satzung keine strengeren Vorschriften enthält. **1212**

2. Abwicklung

a) Grundsätzliches

Auch das *Abwicklungsverfahren* entspricht in seinen Grundzügen dem der GmbH; der Schutz von Gläubigern bei der Abwicklung ist allerdings noch stärker ausgeprägt. Detaillierte Regeln enthalten die §§ 205–215 AktG. **1213**

b) Geschäftsführung und Vertretung

Als **Abwickler** haben die bisherigen Vorstandsmitglieder tätig zu werden, sofern die Hauptversammlung nicht andere Personen bestellt. Aus wichtigem Grund können auf Antrag einer qualifizierten Minderheit Abwickler auch vom Gericht bestellt bzw abberufen werden. Die Abwickler sind zur Eintragung im Firmenbuch anzumelden. Wie bei bestehender Gesellschaft gilt der Grundsatz der Gesamtvertretung, sofern die Satzung nichts anderes vorsieht (§§ 206f, 210 AktG). **1214**

Prokuristen (Rz 255) können nach Auflösung der AG nicht mehr neu bestellt werden; bereits bestellte werden zu Handlungsbevollmächtigten (Rz 262; § 210 Abs 5 AktG). Vor entsprechender Eintragung genießen Geschäftspartner jedoch den Schutz des § 15 UGB (Rz 222). **1215**

c) Gläubigerschutz

Auch bei der AG hat ein **Gläubigeraufruf** stattzufinden. Der Gläubigerschutz ist gegenüber der GmbH etwa dadurch verstärkt, dass der Aufruf *dreimal* in den **1216**

Bekanntmachungsblättern erscheinen muss und vor der Verteilung des Restvermögens der AG an die Aktionäre ein ganzes **Sperrjahr** abzuwarten ist. Für bekannte Gläubiger sind jedenfalls ausreichende Vermögenswerte zu reservieren, wenn zulässig, sind die Schuldbeträge zu hinterlegen (Rz 575). Für zunächst streitige Forderungen ist vor Verteilung an die Aktionäre Sicherheit zu leisten (§§ 208, 213 AktG).

d) Verteilung des restlichen Vermögens

1217 Das restliche Vermögen, das für die Befriedigung von Ansprüchen der Gesellschaftsgläubiger nicht benötigt wurde und auch nicht mehr benötigt wird, ist nach Jahresfrist unter die Aktionäre zu verteilen. Grundsätzlich entscheidet das Verhältnis der Aktiennennbeträge; unterschiedliche Aktiengattungen (zB Vorzugs- und Stammaktien) sind entsprechend zu berücksichtigen. § 212 AktG regelt darüber hinaus die Vorgangsweise bei zum Teil noch ausständigen Einlagen.

e) Vollbeendigung

1218 Nach vollständiger Verteilung des restlichen Vermögens unter Vorlage einer *Schlussrechnung* haben die Abwickler den Schluss der Abwicklung zum Firmenbuch anzumelden. Daraufhin wird die Gesellschaft **gelöscht** (vgl § 214 AktG, der auch Aufbewahrungspflichten und Einsichtsrechte in Bezug auf Geschäftsbücher nach Löschung der AG regelt).

Werden danach wider Erwarten weitere Abwicklungsmaßnahmen nötig – etwa weil sich zusätzliches Gesellschaftsvermögen (zB eine nicht verbuchte Forderung der AG) findet –, hat das Gericht auf Antrag eines Beteiligten (zB eines ehemaligen Aktionärs) wieder Abwickler zu bestellen (§ 214 Abs 4 AktG).

f) Fortsetzung

1219 Bei bestimmten Auflösungsarten (vor allem Zeitablauf oder Hauptversammlungsbeschluss) kann die Hauptversammlung mit *Dreiviertelmehrheit* die **Fortsetzung der Gesellschaft** beschließen. Voraussetzung dafür ist, dass mit der Verteilung des Vermögens unter die Aktionäre noch nicht begonnen wurde. Der Fortsetzungsbeschluss entfaltet seine Wirkung erst mit der Eintragung im Firmenbuch (§ 215 AktG).

3. Verschmelzung

1220 Die **Verschmelzung** von Aktiengesellschaften wird durch die §§ 219–234 AktG sehr ausführlich geregelt. Zwei Formen sind zu unterscheiden: die **Verschmelzung durch Aufnahme** und die **Verschmelzung durch Neugründung.** Im ersten Fall veräußert die übertragende Gesellschaft – es können auch mehrere sein – ihr Vermögen in seiner Gesamtheit (Aktiva und Passiva) an die übernehmende Gesellschaft, die den Gesellschaftern der übertragenden Gesellschaft dafür Anteilsrechte gewährt. Mit Vornahme der Fusion geht die übertragende Gesellschaft als eigenständige Rechtspersönlichkeit unter. Abweichend davon wird bei der Neugründung eine weitere Gesellschaft gegründet, die das Vermögen der bisherigen übernimmt.

1221 Von **unechter Fusion** spricht man dann, wenn die Gesellschaft ihr gesamtes Vermögen im Wege der Singularsukzession überträgt (etwa verkauft), ohne gleichzeitig unterzugehen (vgl § 237 AktG). Diese Form kann auch dann gewählt werden, wenn eine Verschmelzung nicht in Betracht kommt, so etwa bei Personengesellschaften. Die veräußernde Gesellschaft kann schon deshalb nicht einfach wegfallen, weil regelmäßig Vermögen (etwa der Verkaufserlös) vorhanden ist.

4. Umwandlung

Durch (formändernde) **Umwandlung** nach den §§ 239–244 AktG wird aus 1222
einer AG eine GmbH. Da die Rechtsform der GmbH den Gesellschaftsgläubigern weniger Schutz bietet als die AG, sind Gläubigerinteressen auch im Umwandlungsverfahren besonders zu berücksichtigen (§ 243 AktG). Der Umwandlung widersprechende Aktionäre – für den Umwandlungsbeschluss ist eine Dreiviertelmehrheit erforderlich – haben das Recht, ihre Geschäftsanteile der Gesellschaft zur Verfügung zu stellen. Diese verkauft die Anteile dann für Rechnung der betreffenden Gesellschafter im Wege einer öffentlichen Versteigerung (§ 246 AktG); Entsprechendes gilt für den umgekehrten Fall der Umwandlung einer GmbH in eine AG (§ 253 AktG).

Zur Umwandlung einer AG nach dem UmwG siehe die kurzen Hinweise in Rz 1209.

5. Spaltung

Zur **Spaltung** vgl Rz 1211 a. 1222 a

8. Kapitel
Konzerne und sonstige Unternehmensverbindungen

I. Allgemeines

Weiterführende Literatur: *Kalss/Rüffler* (Hrsg), GmbH-Konzernrecht (2003).

Ebenso wie sich Einzelpersonen zusammenschließen, um bestimmte – häufig 1223
wirtschaftliche – Zwecke gemeinsam einfacher oder besser zu erreichen, sind auch einzelne Gesellschaften daran interessiert, bei ihrer Tätigkeit nicht ganz auf sich allein gestellt zu sein. Kooperationen sind auf unterschiedliche Weise denkbar: vertragliche Vereinbarungen zur Durchführung eines konkreten Projekts, Absprachen zu Zwecken des Wettbewerbs (*Kartell;* Rz 1253 ff), aber auch etwa die gesellschaftsrechtliche Beteiligung einer Gesellschaft an einer anderen.

Solche Vorgangsweisen haben häufig symbiotischen Charakter (Vorteil für jeden Beteiligten). Vorsicht wird jedoch vor allem dann am Platze sein, wenn einzelne rechtlich an sich selbstständige Unternehmen (in Betracht kommen auch Einzelunternehmen) auf Dauer faktisch ihre Entscheidungsfreiheit verlieren, Gewinne ganz oder zum Teil an „fremde" Unternehmen abführen müssen und Ähnliches. Je krasser sich der Eingriff „von außen" in die konkrete Gesellschaft darstellt, umso mehr sind Interessen dieser „abhängigen Unternehmen" als solche, aber vor allem die der Minderheitsgesellschafter und der Gesellschaftsgläubiger in Gefahr.

Damit sind nur die wesentlichsten *privatrechtlichen* Aspekte der so genannten **Konzernierung** angesprochen, die an sich gesetzlicher Regelung bedürften. Das österreichische Recht hält dafür allerdings bloß äußerst rudimentäre Vorschriften bereit.

II. Der Konzern

1. Der Begriff

1224 Eine (gleich lautende) **Definition des Konzerns** findet sich in § 15 AktG und in § 115 GmbHG: Danach bilden *rechtlich selbstständige Unternehmen* dann einen Konzern, wenn sie zu wirtschaftlichen Zwecken *unter einheitlicher Leitung* zusammengefasst sind. Der *beherrschende Einfluss* eines Unternehmens auf ein anderes kann auch durch gesellschaftsrechtliche Beteiligung begründet werden.

1225 Das Leitungsunternehmen, also die beherrschende Obergesellschaft, wird als **Muttergesellschaft,** die beherrschten (abhängigen) Unternehmen werden als **Tochtergesellschaften** bezeichnet. Im so genannten *Gleichordnungskonzern* ist die **Konzernspitze** hingegen kein eigenständiges Unternehmen.

1226 Man unterscheidet ferner den **Vertragskonzern,** der auf Grund rechtsgeschäftlicher Absprachen entsteht, und den **faktischen Konzern;** bei Letzterem besteht bloß tatsächlich eine einheitliche Leitung, so wenn die Muttergesellschaft als Mehrheits- oder Alleingesellschafterin der Tochtergesellschaft die unternehmerischen Entscheidungen der „Tochter" diktieren oder doch zumindest stark in ihrem Sinn beeinflussen kann.

2. Gesetzliche Regelungen

1227 Im Steuerrecht, aber auch im Arbeitsverfassungsrecht, wird dem Vorliegen eines Konzerns in mancher Richtung rechtliche Bedeutung beigemessen. Im AktG nehmen nur wenige Einzelbestimmungen auf eine Konzernierung Bezug; umfassende Regelungen fehlen (noch). Als erster wichtiger Schritt kann die Einführung ausführlicher Vorschriften über den **Konzernabschluss** und den **Konzernlagebericht** (§§ 244–267 UGB) angesehen werden.

III. Sonstige Unternehmensverbindungen

1228 Ohne einheitliche Leitung kann kein Konzern vorliegen. Unternehmen sind jedoch häufig auch auf andere Weise miteinander verbunden, und das mit nicht unwesentlichen Auswirkungen. Nähere Vorschriften sind wiederum kaum zu finden. Gesetzlich geregelt ist bloß die **Gewinngemeinschaft.** Obwohl das Problem ein viel allgemeineres darstellt, gilt die Bestimmung unmittelbar nur für Aktiengesellschaften. Überdies können dem Gesetz (§ 238 AktG) im Wesentlichen bloß Begriff und Voraussetzungen einer solchen Unternehmensverbindung entnommen werden; weitere Regelungen fehlen.

Nach dem Gesetz liegt eine Gewinngemeinschaft dann vor, wenn sich eine AG verpflichtet, ihren Gewinn an eine andere Person ganz oder teilweise abzuführen. Die gebräuchlichste Form der „Gewinnvereinbarung" wird aus dieser Definition nicht recht deutlich: Die beteiligten Gesellschaften legen ihre Gewinne zunächst zusammen und verteilen sie dann nach einem vorher vereinbarten Schlüssel.

Hat die AG mehr als drei Viertel ihres gesamten Gewinns abzuführen, bedarf der Abschluss eines solchen Vertrages einer Zustimmung der Hauptversammlung; für den Beschluss ist eine Dreiviertelmehrheit nötig.

1229 Gleiches verlangt das Gesetz für Verträge, durch die eine AG einem Dritten den Betrieb ihres Unternehmens verpachtet oder sonst überlässt bzw in denen sie sich zur Führung des Unternehmens auf fremde Rechnung verpflichtet.

5. Teil

Wettbewerbsrecht, Gewerblicher Rechtsschutz und Urheberrecht

1. Kapitel

Allgemeines

Weiterführende Literatur: *Hauser/Thomasser,* Wettbewerbs- und Immaterialgüterrecht (1998) Rz 1–10; *Koppensteiner,* Österreichisches und europäisches Wettbewerbsrecht[3] (1997) 1–50; *Kucsko* (Hrsg), innovation + rechtsschutz (2004).

I. Die Problembereiche

Freier Wettbewerb ist der Motor jeder modernen Marktwirtschaft. Nur aus- 1230
reichende Konkurrenz kann davor schützen, dass unproduktiv arbeitende Unternehmen bestehen bleiben oder dass Konsumenten auf Dauer mit qualitativ minderwertigen, aber dennoch teuren Waren leben müssen. Natürlich gibt es auch in Österreich wie in jeder freien Wirtschaft gar nicht so wenige staatliche Eingriffe: Man denke nur an die Preisregelung für lebenswichtige Güter, an Ein- und Ausfuhrbeschränkungen sowie das Subventionswesen. Im Prinzip gilt aber dennoch: Wer besser ist, überlebt und macht Gewinn. Dies ist auch volkswirtschaftlich gesehen sinnvoll.

Auch und gerade in der freien Marktwirtschaft muss allerdings der Wettbewerb reglementiert werden. Es ist zwar zulässig, andere zu konkurrenzieren oder gar vom Markt zu drängen, aber nicht mit allen Mitteln. So soll etwa die Diffamierung von Mitbewerbern unterbleiben; wer sich durch Erfindungen oder sonstige geistige Schöpfungen Wettbewerbsvorteile erarbeitet hat, soll von diesen auch eine Zeit lang *allein* profitieren können; überhaupt soll niemand durch irreführende oder falsche Angaben Konsumenten anlocken (und dadurch anderen Mitbewerbern entziehen). Unerwünscht ist es auch, wenn sich in einer Branche Unternehmer zusammenschließen und dadurch Preise diktieren oder einzelne andere Mitbewerber „aushungern“ können.

II. Rechtsquellen

Alle diese Aspekte werden vom **Wettbewerbsrecht im weiteren Sinn** beach- 1231
tet. Zum Kern des Wettbewerbsrechts wird das **Recht gegen den unlauteren Wettbewerb** (UWG und Nebengesetze) gezählt. Das Wettbewerbsrecht im weiteren Sinn erfasst jedenfalls das **Kartellrecht.** In diesem Teil werden ferner Materien behandelt, die ebenfalls in gewissem Sinn wettbewerbsrechtlich relevant sind. Dazu gehören **Marken-** und **Musterrecht, Patentrecht** und **Urheberrecht.** Einige dieser Rechtsgebiete fasst man auch unter dem Begriff „Gewerblicher Rechtsschutz“

bzw „Immaterialgüterrecht" (das bedeutet „Eigentum an geistigen Gütern") zusammen.

2. Kapitel
Wettbewerbsrecht

Weiterführende Literatur: *Hauser/Thomasser,* Wettbewerbs- und Immaterialgüterrecht (1998) Rz 11–321; *Koppensteiner,* Österreichisches und europäisches Wettbewerbsrecht[3] (1997) 473–780; *Kucsko,* Österreichisches und europäisches Wettbewerbs-, Marken-, Muster- und Patentrecht[4] (1995) 23–59; *Wiltschek,* UWG[7] (2003).

I. Zweck und Rechtsquellen

1232 Zum „klassischen" Wettbewerbsrecht zählen alle jene Bestimmungen, die **unlauteren Wettbewerb** verhindern wollen. Sie wurden vor allem im Jahre 1992 umfassend novelliert („Wettbewerbs-Deregulierung") und seither immer wieder in vielen Einzelheiten geändert. Primär geht es um den **Schutz der Mitbewerber,** mittelbar aber auch um Interessen der Verbraucher: Rücksichtslose Verdrängung seriöser Unternehmer durch „brutale" Mitbewerber brächte ja auch für die Konsumenten auf Dauer Nachteile mit sich.

Im Zentrum steht das **Gesetz gegen den unlauteren Wettbewerb (UWG) 1984.** Als wichtige Nebengesetze sind PreisG und PreisauszeichnungsG, ÖffnungszeitenG sowie NahversorgungsG zu nennen. Diese Gesetze enthalten großteils verwaltungs- und verwaltungsstrafrechtliche Bestimmungen. Verstöße gegen deren Vorschriften sind jedoch häufig zugleich Verletzungen des UWG, dabei zustande gekommene Verträge sind allerdings regelmäßig nicht wegen Gesetzwidrigkeit nichtig (vgl Rz 448).

1232a Ausdrücklich verschiedene *zivilrechtliche* Ansprüche, die allerdings nur zum Teil kumuliert werden können, gewährt hingegen das **ZugangskontrollG (ZuKG).** Dessen Vorschriften sind weitgehend denen des UrhG nachgebildet (dazu insb Rz 1319). Geschützt werden Anbieter von Fernseh- und Radiosendungen sowie von Diensten der Informationsgesellschaft gegenüber Personen, die zu gewerblichen Zwecken Umgehungsvorrichtungen herstellen, vertreiben, installieren usw. Derartige Verhaltensweisen verletzen das Ausschließlichkeitsrecht des Anbieters auf Zugangskontrolle (§§ 3f ZuKG). Neben Unterlassung und Beseitigung kann bei schuldhaftem Eingriff auch Schadenersatz gefordert werden: Dabei kann sich der Anbieter zwischen der üblichen Schadensberechnung und einer Pauschalierung (in Höhe des doppelten angemessenen Entgelts) entscheiden. Bei entgeltlicher Zugänglichmachung des geschützten Dienstes durch den Täter kommt ein Anspruch auf Herausgabe des Gewinns in Betracht (§§ 5–7 ZuKG). Ungeregelt bleiben hingegen Ansprüche gegen den Benutzer, der mit Hilfe der Umgehungsvorrichtung Zugang erhält, ohne dass ihm dieser vom berechtigten Anbieter gewährt worden wäre.

II. Das Gesetz gegen den unlauteren Wettbewerb (UWG)

1. Die Generalklausel des § 1 UWG

a) Tatbestand

1233 Das UWG enthält zunächst eine **Generalklausel,** der einzeln ausgeformte *Sondertatbestände* (§§ 2–13 UWG) folgen. § 1 UWG lautet: „Wer im geschäftlichen Verkehr zu Zwecken des Wettbewerbes Handlungen vornimmt, die gegen die guten Sitten verstoßen, kann auf Unterlassung und Schadenersatz in Anspruch genommen werden." Wie bei § 879 ABGB (Rz 451) ist also *im Einzelfall* zu prüfen, ob sich ein Wettbewerber sittenwidrig verhalten hat. Rechtsprechung und Lehre haben eine ganze Anzahl von *Fallgruppen* herausgearbeitet, um § 1 UWG leichter anwendbar zu machen.

Unabhängig vom Wettbewerbsbezug sind die §§ 1, 2, 4 und 7 UWG auch auf den Schutz geographischer Angaben iS des TRIPS-Abkommens (Abkommen über handelsbezogene Aspekte der Rechte des geistigen Eigentums) anzuwenden (§ 8 UWG).

b) Wichtige Fallgruppen

Hier können nur beispielhaft einige Konstellationen aufgezählt werden, die regelmäßig als sittenwidrig und damit gegen § 1 UWG verstoßend angesehen werden: 1234

- Vertragsbruch oder Verleitung zum Vertragsbruch;
- bewusste Täuschungshandlungen gegenüber Mitbewerbern oder dem Publikum;
- bezugnehmende Werbung (Anlehnung an bekannte Produkte; herabsetzende vergleichende Werbung usw), **nicht jedoch:** objektive vergleichende Werbung (vgl Rz 1236);
- gewisse Arten der Kundenwerbung (zB Erzeugung psychischen Kaufzwangs durch besonders aufdringliche Werbung, die eine Prüfung des Angebots in aller Ruhe erschwert oder unmöglich macht);
- länger andauernde Verkäufe mit Verlust, um Mitbewerber zu Grunde zu richten;
- unsachlicher Boykott (Sperre) eines Mitbewerbers.

c) Rechtsfolgen

Verstöße gegen § 1 UWG werden durch Schadenersatz-, Beseitigungs- und Unterlassungsansprüche geahndet. Ausführlicher zu den Rechtsfolgen von UWG-Verstößen Rz 1241 ff. 1235

2. Wichtige Sondertatbestände

a) Irreführung

§ 2 UWG kann man als Art „kleine Generalklausel" bezeichnen. Sie verbietet jegliche Art von **Irreführung** im geschäftlichen Verkehr zu Zwecken des Wettbewerbes. Diese irreführenden Angaben können etwa die Beschaffenheit, den Ursprung oder die Herstellungsart eines Produktes betreffen, aber etwa auch den Besitz von Auszeichnungen des Unternehmers, den Anlass oder Zweck des Verkaufes sowie die Menge der Vorräte. Ohne Irreführungsgefahr ist **vergleichende Werbung** sowohl in Form des *Preis-* als auch des *Qualitätsvergleichs* grundsätzlich zulässig. 1236

Zur Irreführung sind Angaben dann geeignet, wenn sie ein nicht geringer Teil des angesprochenen Publikums falsch verstehen kann. Dabei gibt es selbstverständlich große Abgrenzungsschwierigkeiten. Keine Bedenken bestehen etwa gegen die marktschreierische Reklame, solange das Publikum daraus keine Schlüsse auf Tatsachen zieht („Wir sind die besten!"; „Dieses Angebot ist Selbstmord!";

„fast geschenkt" usw). Gegen § 2 UWG verstoßen würden hingegen Werbeankündigungen, die zu Unrecht auf eine besondere Günstigkeit des Angebots schließen lassen oder den Käufer dazu verleiten, sich das Angebot nicht ganz genau zu überlegen: „Abverkauf aus Konkursmasse", obwohl die Ware zu üblichen Preisen verkauft wird; „nur noch wenige Stücke vorhanden", obwohl das Produkt ein klassischer Ladenhüter ist und im Lager noch 1000 Exemplare der betreffenden Ware liegen.

1237 Eine § 2 UWG bloß konkretisierende Sonderregel ist die des § 6a UWG über die **„Mogelpackung".** Dabei geht es um ein Missverhältnis zwischen Verpackungsgröße und Füllmenge, die nicht durch die Eigenart der Ware oder durch verpackungstechnische Gründe bedingt ist. – Weitere Spezialtatbestände enthalten die §§ 3f UWG.

b) Anschwärzung

1238 Von **Anschwärzung (Herabsetzung eines Unternehmens)** wird dann gesprochen, wenn jemand Tatsachen über einen Mitbewerber (bzw dessen Waren oder Leistungen) behauptet oder verbreitet, die geeignet sind, den Betrieb des Unternehmens oder den Kredit des Inhabers zu schädigen. Sind diese Tatsachen nicht erweislich wahr, ist Schadenersatz zu leisten. Der Verletzte hat darüber hinaus einen Unterlassungsanspruch, aber auch das Recht, Widerruf und dessen Veröffentlichung zu verlangen.

Beispiele: Behauptungen eines Mitbewerbers, ein Konkurrent nage am Hungertuch, mache überhöhte Privatentnahmen, sei bereits mehrmals in Konkurs gewesen, importiere nur Billigware aus Fernost usw.

Für vertrauliche Mitteilungen gilt Ähnliches wie nach § 1330 Abs 2 ABGB (Rz 792).

c) Zugaben

1238a Unternehmer sollen den Kaufentschluss der Konsumenten nicht unsachlich beeinflussen. Bedenklich sind aus diesem Grund etwa **Zugaben** (Prämien): Sie können einmal den Preis der Hauptware verschleiern oder generell zu einem übereilten Kauf führen. Daher ist es prinzipiell verboten, im geschäftlichen Verkehr neben Waren oder Leistungen gegenüber Verbrauchern unentgeltliche Zugaben *anzukündigen* und anderen Unternehmern solche Zugaben *anzubieten, anzukündigen* oder *zu gewähren* (Details in § 9a UWG).

Unerwünscht ist vor allem die Kombination mit einer Hauptware. Reine „Werbegeschenke" (Reklamegegenstände oder geringfügige Zuwendungen) fallen nicht unter das Verbot. Zulässig sind etwa grundsätzlich auch Geldbeträge, da diese in der Sache bloß den Kaufpreis *mindern;* ebenso Zugaben, die in einem Bruchteil derselben Ware oder Leistung bestehen, also so genannte *Naturalrabatte* (der Verkäufer gibt bei Kauf von 10 Tafeln Schokolade eine elfte „gratis" dazu), da hier ebenfalls der Preis der Hauptware leicht errechnet werden kann. Erlaubt sind ferner handelsübliche Nebenleistungen (zB Montage eines Autoradios) und in gewissen Grenzen auch die Teilnahme an einem Gewinnspiel.

d) Bestechung

1239 Ebenfalls unlauter ist es, wenn jemand den Bediensteten oder Beauftragten eines Unternehmens Geschenke oder andere Vorteile anbietet, verspricht oder gewährt, um durch unerlaubtes Verhalten des Bestochenen bei Bezug von Waren oder Leistungen eine Bevorzugung zu erlangen (§ 10 UWG).

e) Verletzung von Geschäfts- und Betriebsgeheimnissen

Geschäfts- und Betriebsgeheimnisse haben für Unternehmer häufig großen 1240
Wert. Dazu gehören etwa Kundenkarteien oder Konstruktionspläne.

Verboten ist gemäß § 11 UWG zunächst der **Treuebruch** durch einen Bediensteten: Dieser teilt Geschäfts- oder Betriebsgeheimnisse, die ihm auf Grund des Dienstverhältnisses anvertraut oder zugänglich wurden, während aufrechten Dienstverhältnisses unbefugt anderen mit. Ebenso verwerflich handelt aber auch der, der von den Geheimnissen auf die geschilderte Weise oder durch eigene verbotene Handlung erfahren hat und diese Geheimnisse nun zu Zwecken des Wettbewerbs unbefugt verwertet oder anderen mitteilt.

3. Rechtsfolgen von UWG-Verstößen

a) Schadenersatz

Immer dann, wenn ein Wettbewerbsverstoß schuldhaft vorgenommen wurde, 1241
hat der verletzte Mitbewerber Recht auf Schadenersatz. Dieser Anspruch umfasst auch bei leichter Fahrlässigkeit den entgangenen Gewinn (§ 16 Abs 1 UWG). Nach den besonderen Umständen des Falles wird uU auch *ideeller* Schaden ersetzt.

b) Unterlassung

Von großer Bedeutung ist im Bereich des UWG vor allem der *Unterlassungs-* 1242
anspruch. Dieser setzt einen Gesetzesverstoß des Mitbewerbers sowie Wiederholungsgefahr voraus; Verschulden ist hingegen nicht Voraussetzung. Droht eine konkrete Rechtsverletzung, kommt auch eine „vorbeugende Unterlassungsklage" in Betracht.

Gerade im Wettbewerbsrecht ist rasches Reagieren besonders wichtig. Wer 1243
durch wettbewerbswidriges Verhalten von Mitbewerbern ständig Kunden verliert, wird wirtschaftlich gesehen nicht einige Jahre warten können, bis der von ihm angestrengte Prozess zu Ende ist. Daher sind hier **einstweilige Verfügungen** von besonderer Bedeutung. Damit wird dem Beklagten sein (möglicherweise) rechtsverletzendes Verhalten *vorläufig* verboten (näher Rz 1339).

Unterlassungsansprüche kann zunächst der durch den Wettbewerbsverstoß 1244
unmittelbar Betroffene erheben. Eine ganze Anzahl von Verstößen kann aber auch **jeder Mitbewerber** geltend machen; das sind alle Unternehmer, die Waren oder Leistungen gleicher oder verwandter Art herstellen oder in den geschäftlichen Verkehr bringen. Des Weiteren gibt es auch im Bereich des UWG eine Art **„Verbandsklage":** Klagslegitimiert sind Vereinigungen zur Förderung wirtschaftlicher Interessen von Unternehmen, soweit sie Interessen vertreten, die durch die Handlung berührt werden. Besonders aktiv ist der „Schutzverband gegen den unlauteren Wettbewerb". Näheres zur Klagebefugnis in § 14 UWG. Geklagt werden kann nicht bloß der unmittelbare Täter, sondern jeweils auch der Inhaber des Unternehmens, in dessen Betrieb die Handlung vorgenommen wurde (§ 18 UWG).

c) Beseitigung

1245 Neben der Unterlassung weiterer wettbewerbswidriger Handlungen kann vom Verpflichteten auch die Beseitigung des gesetzwidrigen Zustandes verlangt werden (§ 15 UWG). So muss etwa eine unrechtmäßig erlangte fremde Kundenkartei herausgegeben oder vernichtet werden. Eine besondere Art der Beseitigung ist der Widerruf einer herabsetzenden Äußerung und dessen Veröffentlichung (§ 7 UWG).

4. Ausverkäufe

1246 Die **Ankündigung eines Ausverkaufs** wird vom Durchschnitt der Bevölkerung regelmäßig so verstanden, nun könne besonders günstig eingekauft werden. Die Sonderregeln der §§ 33a ff UWG sehen daher für Bekanntmachungen und Mitteilungen, die auf die Absicht schließen lassen, dass Waren beschleunigt und daher besonders vorteilhaft verkauft werden (zB „Räumungsverkauf", „Liquidationsverkauf"), insbesondere eine *behördliche Genehmigung* vor. Ausgenommen sind übliche Aktionen wie Saisonschluss- und Inventurverkäufe. Ankündigungen müssen vor allem Grund und Zeitraum des beschleunigten Verkaufs enthalten. Überhaupt verboten ist der Hinweis, aus einer Konkursmasse zu verkaufen („Konkursverkauf"), wenn die angebotene Ware gar nicht (mehr) zur Konkursmasse gehört (§ 30 UWG), also etwa vom Masseverwalter bereits verkauft wurde und nunmehr vom Käufer zum Verkauf angeboten wird.

Sofern verbotene Ausverkaufsankündigungen nicht zugleich gegen § 1 UWG verstoßen, ziehen sie nur Verwaltungsstrafen nach sich.

III. Das PreisG

1247 Das **PreisG 1992** gibt der Behörde die Möglichkeit, vor allem bei drohenden oder bereits eingetretenen Versorgungsstörungen für bestimmte Sachgüter und Leistungen *volkswirtschaftlich gerechtfertigte Preise* (Höchst-, Fest- und Mindestpreise) zu bestimmen. Generell erfasst sind etwa Arzneimittel. Das Gesetz ist derzeit von geringer praktischer Bedeutung. – Zu den zivilrechtlichen Folgen von Verstößen Rz 592.

IV. Das PreisauszeichnungsG

1248 Das Funktionieren freier Märkte setzt ausreichende *Transparenz* voraus. Ein guter Überblick ist insbesondere für Verbraucher wichtig. Für den **Preis** wird eine solche Übersichtlichkeit durch das **PreisauszeichnungsG** gewährleistet, sofern es nicht um ausschließlich an Unternehmer gerichtete Angebote geht.

Geregelt werden unter anderem die auszuzeichnenden Sachgüter und Leistungen, die Art der Preisauszeichnung (Sonderregeln bestehen für das Gastgewerbe) sowie der Inhalt der Preisangaben. Verstöße ziehen Verwaltungsstrafen nach sich.

V. Das ÖffnungszeitenG

1249 Das **ÖffnungszeitenG 2003** (früher: LadenschlussG) versucht, mehrere widerstreitende Interessen durch nähere Regelungen zu einem gesetzlichen Kompromiss zu führen: die der Kunden, der Handelsangestellten, der einzelnen Unternehmer und deren Mitbewerber. Dabei wird nach verschiedenen Branchen (zB Obst, Naturblumen, Süßwaren, Bäckereiwaren), Verkaufsstellen (zB bei Tankstellen oder auf Märkten sowie auf Bahnhöfen oder Flughäfen) und bestimmten Tagen (24. und 31. 12.) differenziert. In den letzten Jahren wurden die Beschränkungen immer mehr gelockert.

Das Offenhalten von Verkaufsstellen kommt grundsätzlich zwischen Montag 5 Uhr und Samstag 18 Uhr in Betracht. Mangels besonderer Anordnungen des zuständigen Landeshauptmanns darf von Montag bis Freitag zwischen 5 und 21 Uhr sowie am Samstag zwischen 5 und 18 Uhr offen gehalten werden. Pro Woche sind insgesamt bis zu 66 Stunden zulässig. Der Landeshauptmann kann gewisse Abweichungen von diesen Vorgaben festlegen. Das Gesetz kennt viele Ausnahmen. ***Beispiele:*** Für Bäckereien kann eine 72 Stunden übersteigende wöchentliche Offenhaltezeit vorgesehen sein (eine Höchstgrenze fehlt im Gesetz). Bei „besonderem regionalen Bedarf“ – wobei vor allem an Fremdenverkehrsorte sowie an Grenzgebiete mit geöffneten Geschäften im Nachbarland gedacht ist – kommt auch eine Öffnung an Sonn- oder Feiertagen in Betracht.

VI. Das NahversorgungsG

Das **NahversorgungsG (NVG)** will primär die Nahversorgung sicherstellen. **1250**
Dazu muss die Wettbewerbsfähigkeit der Letztverkäufer erhalten bleiben. Daher soll etwa verhindert werden, dass Supermarktketten von ihren Lieferanten besondere Begünstigungen erhalten, die von den regulären Lieferbedingungen krass abweichen, da ansonsten ein Verschwinden der kleineren Letztverkäufer nicht zu verhindern wäre.

§ 1 NVG gibt dem Kartellgericht beim Oberlandesgericht Wien daher die Möglichkeit, Verhaltensweisen vom Unternehmen im geschäftlichen Verkehr untereinander zu untersagen, soweit sie geeignet sind, den leistungsgerechten Wettbewerb zu gefährden. Antragsberechtigt sind jedoch nicht konkrete Mitbewerber, sondern bloß die Finanzprokuratur, die Wirtschaftskammer Österreich, der Österreichische Arbeiterkammertag sowie die Präsidentenkonferenz der Landwirtschaftskammern Österreichs.

Zentraler Inhalt des NVG ist ein **Diskriminierungsverbot:** So sollen Letztver- **1251**
käufer, die in etwa gleich große Mengen abnehmen, schon bei der Preisfestsetzung nicht unterschiedlich behandelt werden. Ein *Kontrahierungszwang* (dazu Rz 433) besteht allerdings grundsätzlich auch gegenüber Letztverkäufern nicht. Ein Belieferer solcher Personen kann jedoch durch das Kartellgericht zum Vertragsabschluss verpflichtet werden, wenn durch die Nichtbelieferung eines Letztverkäufers die Nahversorgung gefährdet oder die Wettbewerbsfähigkeit des Letztverkäufers beeinträchtigt wird (§ 4 NVG).

Schließlich enthält das NVG auch Belastungen der Letztverkäufer, und **1252**
zwar in Gestalt einer **Versorgungspflicht** (§ 5 NVG): Sie sind verpflichtet, von ihren Vorräten an Waren, die den notwendigen Bedürfnissen des täglichen Lebens dienen, an Verbraucher solche Mengen zu verkaufen, die üblicherweise an Verbraucher abgegeben werden. *Subjektive Rechte* der Kaufwilligen resultieren aus dieser Vorschrift nicht; ihre Verletzung wird nur durch Verwaltungsstrafen geahndet.

3. Kapitel
Kartellrecht

Weiterführende Literatur: *Barbist/Hoffer,* Das neue Kartellrecht (2005); *Petsche/Urlesberger/Vartian,* Österreichisches Kartellrecht[2] (2007); *Gugerbauer,* Kartellrecht[3] (2006); *Jestaedt,* EU-Kartellrecht. Ein Leitfaden für deutsche und österreichische Unternehmen (1996); *Koppensteiner,* Österreichisches und europäisches Wettbewerbsrecht[3] (1997) 51–471; *Reich-Rohrwig/Zehetner,* Kartellrecht I (2000); *Stockenhuber,* Europäisches Kartellrecht (1999).

I. Zweck und Rechtsquellen des Kartellrechts

1253 Die Interessen von Mitbewerbern und Konsumenten, aber auch der Wirtschaft insgesamt, sind durch **Wettbewerbsbeschränkungen** bedroht, die sich aus Zusammenschlüssen mehrerer Unternehmer derselben Branche ergeben können. Solche Zusammenschlüsse nennt man **Kartelle.** Sie können ganz unterschiedlich zustande kommen und auch ganz verschiedene Wirkung haben. Dem Kartellrecht kommt die Aufgabe zu, Zulässigkeit und Kontrolle solcher Unternehmenszusammenschlüsse zu regeln.

Innerstaatlich geschieht dies seit 1. 1. 2006 durch das **KartellG (KartG) 2005;** sein Vorläufer war das KartG 1988. Daneben gilt seit Österreichs Beitritt zum EWR aber auch das vor allem im **EG-Vertrag** geregelte **„europäische Kartellrecht".** Dieses ist *neben* den österreichischen Normen unmittelbar anwendbar.

In der Folge kommt nur das KartG etwas ausführlicher zur Sprache; zum Kartellrecht des EG-Vertrags kurz Rz 1267b.

II. Grundkonzeption

1254 Ein Kartellrecht kann ganz unterschiedlich konzipiert sein: Es könnte Zusammenschlüsse überhaupt verbieten; es könnte das Entstehen von Kartellen an eine behördliche Zustimmung knüpfen; und es könnte eine strenge staatliche Kontrolle vorsehen, die Kartelle auch nachträglich auflösen bzw für wirkungslos erklären kann.

1255 Nach „altem" österreichischem Kartellrecht waren Kartelle regelmäßig nur auf Grund *behördlicher Genehmigung* zulässig. Das KartG 2005 hat demgegenüber das **Grundkonzept** des europäischen Kartellrechts übernommen: Das prinzipielle **Kartellverbot** (Rz 1256) wird **mit Legalausnahmetatbeständen** kombiniert und dadurch zugleich eingeschränkt. (Dennoch bringt es das KartG 2005 auf fast 100 Paragrafen!) Gewisse *Zusammenschlüsse* sind (bloß) anzumelden (näher dazu Rz 1266).

1255a Im Jahre 2002 wurde durch das WettbewerbsG (WettbG) eine **Bundeswettbewerbsbehörde** eingerichtet, die ein Funktionieren des Wettbewerbs gewährleisten und eine Anwendung des KartellG nach den Vorgaben des europäischen Gemeinschaftsrechts sicherstellen soll (zum EG-Kartellrecht kurz Rz 1267a). Daneben wurde ein **Bundeskartellanwalt** installiert. Er hat die öffentlichen Interessen in wettbewerbsrechtlichen Angelegenheiten beim Kartellgericht zu vertreten, ist dem BMJ unterstellt und vom Kartellgericht unabhängig (§ 75 KartG). Kartellrechtsstreitigkeiten sind also nach wie vor den Gerichten zugewiesen. Kartellgericht für ganz Österreich ist das OLG Wien, zweite und letzte Instanz der OGH als Kartellobergericht (§ 58 KartG).

Das **Kartellverbot** erfasst in seinem Kern alle Vereinbarungen zwischen Unternehmern, Beschlüsse von Unternehmensvereinigungen und aufeinander abgestimmte Verhaltensweisen, die eine Verhinderung, Einschränkung oder Verfälschung des Wettbewerbs bezwecken oder bewirken. Alle diese Handlungen werden vom Gesetz als **Kartelle** bezeichnet (§ 1 Abs 1 KartG). Ausdrücklich beispielhaft genannt sind etwa die Festsetzung einheitlicher Preise, die Aufteilung der Märkte und die Einschränkung bzw Kontrolle der Erzeugung. Gegen das Kartellverbot verstoßende Vereinbarungen und Beschlüsse sind **nichtig.** Zu weiteren Rechtsfolgen Rz 1267 f. **1256**

Den Kartellen gleichgestellt sind bloße *Empfehlungen* zur Einhaltung bestimmter Preise, Handelsspannen uä dann, wenn bereits durch die Empfehlung eine Beschränkung des Wettbewerbs bezweckt oder auch nur bewirkt wird **(Empfehlungskartelle);** Ausnahme: auf die Unverbindlichkeit der Empfehlung wird ausdrücklich hingewiesen und es gibt daneben keinerlei Androhung oder Ausübung von Druck zu ihrer Durchsetzung (§ 1 Abs 4 KartG). **1257**

III. Ausnahmen vom Kartellverbot

1. Verbraucherbeteiligung

Ein Kartell ist dann ausdrücklich erlaubt, wenn es unter angemessener Beteiligung der Verbraucher (insb am entstehenden Gewinn) etwa zur Verbesserung der Warenverteilung oder zur Förderung des technischen Fortschritts beiträgt. Zusatzvoraussetzung: Den beteiligten Unternehmern dürfen keine Schranken auferlegt werden, die für die genannten Ziele nicht erforderlich sind; ebenso wenig dürfen durch das Kartell Möglichkeiten eröffnet werden, für einen wesentlichen Teil der betroffenen Waren den Wettbewerb auszuschalten (§ 2 Abs 1 KartG). **1258**

Schon aus Gründen der Klarheit und Rechtssicherheit ist es wünschenswert, zu wissen, ob bestimmte Vereinbarungen bzw Verhaltensweisen zu diesen erlaubten Kartellen gehören. Deshalb ist die Erlassung sog **Freistellungsverordnungen** vorgesehen. Mit ihnen kann festgestellt werden, dass bestimmte Gruppen von Kartellen vom Kartellverbot ausgenommen sind (§ 3 KartG). Derzeit bestehen solche Gruppenfreistellungsverordnungen etwa für den Autohandel, die Versicherungsbranche und den Technologietransfer. **1259**

2. Bagatellkartelle

Kartelle, die erwartungsgemäß von vornherein keinen besonderen Einfluss auf die Wettbewerbssituation haben, sind unbedenklich. Man spricht von **Bagatellkartellen.** Dies sind Zusammenschlüsse von Unternehmern, die am gesamten inländischen Markt gemeinsam einen Anteil von nicht mehr als 5% und an einem allfälligen inländischen räumlichen Teilmarkt einen Anteil von nicht mehr als 25% haben (§ 2 Abs Z 1 KartG). Bagatellkartellverträge sind von vornherein wirksam und bedürfen keiner Genehmigung. **1260**

3. Weitere Ausnahmen

§ 2 Abs 2 KartG kennt *vier* weitere Ausnahmen vom Kartellverbot: so Vereinbarungen über die Bindung der Letztverkäufer von Büchern, Zeitungen, Zeit- **1261** schriften uä an den vom Verleger festgesetzten Verkaufspreis (Z 2) oder Wettbewerbsbeschränkungen zwischen den Mitgliedern einer Kreditinstitutsgruppe (Z 4).

IV. Weitere kartellrechtlich relevante Tatbestände

1. Missbrauch einer marktbeherrschenden Stellung

1262 Ähnliche Gefahren wie von einem Kartell gehen von einzelnen **marktbeherrschenden Unternehmern** aus: Auch hier mangelt es an Wettbewerb. Daher enthalten die §§ 4–6 KartG nähere Regelungen, von denen vor allem die **Missbrauchsaufsicht** von Bedeutung ist.

1263 **Marktbeherrschend** (§ 4 KartG) ist ein Unternehmer, der als Anbieter oder Nachfrager keinem oder nur unwesentlichem Wettbewerb ausgesetzt ist oder eine im Verhältnis zu den anderen Wettbewerbern überragende Marktstellung hat. Bei diesem Urteil sind insbesondere die Finanzkraft, die Beziehungen zu anderen Unternehmern, die Zugangsmöglichkeiten zu den Beschaffungs- und Absatzmärkten sowie die Umstände zu berücksichtigen, die den Marktzutritt für andere Unternehmer beschränken. Bei bestimmten prozentualen Anteilen am Markt besteht eine *Vermutung für Marktbeherrschung*. Als beherrschend gilt schließlich auch, wer eine im Verhältnis zu seinen Abnehmern oder Lieferanten überragende Marktstellung hat; insbesondere, wenn seine Vertragspartner die Geschäftsbeziehung ohne schwerwiegende (betriebs)wirtschaftliche Nachteile nicht beenden können.

1264 **Verbotener Missbrauch** einer marktbeherrschenden Stellung (§ 5 KartG) liegt etwa in folgenden Fällen vor: Der Unternehmer erzwingt unangemessene Einkaufs- oder Verkaufspreise oder sonstige Geschäftsbedingungen (wie insbesondere unangemessene Zahlungsfristen und Verzugszinsen); er schränkt die Erzeugung, den Absatz oder die technische Entwicklung zum Schaden der Verbraucher ein; er benachteiligt Vertragspartner im Wettbewerb durch Anwendung unterschiedlicher Bedingungen bei gleichwertigen Leistungen; er verkauft ohne sachliche Rechtfertigung Waren unter dem Einstandspreis.

2. Zusammenschlüsse

1265 Der Wettbewerb kann auch durch sonstige **Zusammenschlüsse** beeinträchtigt werden, sofern die dadurch entstandene Wirtschaftseinheit nennenswerte Einflussmöglichkeiten auf den Markt hat. Als Zusammenschluss gelten etwa der Erwerb eines Konkurrenzunternehmens oder das Herbeiführen von Personengleichheit von mindestens der Hälfte der in der Geschäftsführung der beteiligten Unternehmen Tätigen (Details in § 7 KartG; eine Sonderregelung für *Medienzusammenschlüsse* enthält § 8). Allerdings unterliegen bloß **große Zusammenschlüsse** besonderen Regeln. Das sind solche, bei denen die beteiligten Unternehmen im letzten Geschäftsjahr vor dem Zusammenschluss zusammengerechnet bestimmte Umsatzerlöse überschritten haben: weltweit € 300 Millionen und im Inland € 30 Millionen sowie von zumindest zwei Unternehmen weltweit jeweils € 5 Millionen als Einzelumsatz (§ 9 Abs 1 KartG mit weiteren Ausnahmen und Sonderregeln in Abs 2 und 3).

Große Zusammenschlüsse sind bei der Bundeswettbewerbsbehörde **anzumelden.** Auf Antrag der Amtsparteien (Bundeswettbewerbsbehörde oder Bundeskartellanwalt; s § 40 KartG) hat eine **Prüfung** durch das Kartellgericht zu erfolgen, die dann mit einer **Untersagung des Zusammenschlusses** endet, wenn zu erwarten ist, dass durch den Zusammenschluss eine marktbeherrschende Stellung entsteht oder verstärkt wird; anders dann, wenn trotz dieser Prognose mit einer die Nachteile überwiegenden Verbesserung der Wettbewerbsbedingungen insgesamt zu rechnen ist (§ 12 KartG). Auch ohne Prüfungsverfahren besteht bis zum Ablauf der Antragsfrist von vier Wochen oder einem Verzicht der Amtsparteien auf einen Prüfungsantrag für den Zusammenschluss ein **Durchführungsverbot** (§ 17 KartG). 1266

Medienzusammenschlüsse sind zu untersagen, wenn die Gefahr einer Beeinträchtigung der Medienvielfalt besteht (§ 13 KartG). 1266a

3. Vertikale Vertriebsbindungen

Vertikale Vertriebsbindungen (Beschränkungen beim Bezug oder Vertrieb von Waren und Leistungen) unterliegen nunmehr dann dem Kartellverbot des § 1 KartG, wenn es durch sie zu einer relevanten Beschränkung des Wettbewerbs kommt. 1266b

Wer als gebundener Unternehmer oder als selbstständiger Handelsvertreter an einem solchen System teilnimmt, hat nach Vertragsbeendigung grundsätzlich Anspruch auf Ersatz seiner für den einheitlichen Vertrieb getätigten Investitionen, soweit sie sich bis dahin weder amortisiert haben noch angemessen verwertbar sind (§ 454 UGB, der nach wie vor auf § 30a KartG 1988 verweist).

V. Rechtsfolgen von Kartellrechtsverstößen

Privatrechtliche Sanktionen hält das KartG nur mittelbar bereit. So folgt etwa aus der *Nichtigkeit* der Vereinbarungen, die auf die Einschränkung des Wettbewerbs abzielen, dass aus solchen Absprachen keinerlei durchsetzbare Rechte entstehen und bereits erbrachte Leistungen uU nach Bereicherungsrecht zurückverlangt werden können. Überdies sind kartellrechtswidrige Handlungen verboten. Sind sie – wie häufig – zugleich UWG-widrig, greifen die dort normierten Rechtsfolgen ein (vgl Rz 1241 ff). Insbesondere können Schadenersatzpflichten gegenüber einem geschädigten Mitbewerber bestehen. 1267

Im Vordergrund steht heutzutage jedoch ohnehin die Verhängung einer – häufig sehr schmerzhaften – *Geldbuße* durch das Kartellgericht (§ 29 KartG). Sie ist eine öffentlich-rechtliche Strafe, die regelmäßig den kartellrechtswidrig handelnden Unternehmern, nicht hingegen den dafür verantwortlichen natürlichen Personen (Unternehmensleitern wie Vorständen oder Geschäftsführern), auferlegt wird. Der weite Strafrahmen (bis zu einem Höchstbetrag von 10% des im vorausgegangenen Geschäftsjahr erzielten Gesamtumsatzes!) ermöglicht es, die Buße Einzelfall bezogen zu bemessen, wobei vor allem Schwere und Dauer der Rechtsverletzung sowie die dadurch erzielte Bereicherung zu berücksichtigen sind (§ 30 KartG). 1267a

Vergünstigungen können unter bestimmten Voraussetzungen jenen Unternehmern eingeräumt werden, die als *„Kronzeugen"* auftreten und damit die Klärung eines Kartellvergehens wesentlich erleichtern (s dazu in § 11 WettbG).

VI. Europäisches Kartellrecht

1267b Ähnlich dem österreichischen Recht enthält auch das **europäische Kartellrecht** drei Elemente: *Die Kartellaufsicht* (einschließlich der Aufsicht über vertikale Vertriebsbindungen und unverbindliche Verbandsempfehlungen) gemäß Art 81 EG-Vertrag, die *Missbrauchsaufsicht* (über marktbeherrschende Unternehmen) gemäß Art 82 EG-Vertrag und die *Fusionskontrolle* gemäß der EG-FusionskontrollV.

Generell gebührt dem Gemeinschaftsrecht *Vorrang* vor dem nationalen Recht. Es gilt der Grundsatz, dass die Anwendung des KartG die uneingeschränkte und einheitliche Anwendung des europäischen Kartellrechts nicht beeinträchtigen darf. Ein Konflikt der beiden Ordnungen ist aber ohnehin nur dann möglich, wenn der *grenzüberschreitende* Wirtschaftsverkehr spürbar beeinflusst werden könnte. – Zur Zuständigkeit des Kartellgerichts im Bereich des EG-Wettbewerbsrechts siehe § 83 KartG.

4. Kapitel

Markenrecht

Weiterführende Literatur: *Hauser/Thomasser,* Wettbewerbs- und Immaterialgüterrecht (1998) Rz 471–583; *Koppensteiner,* Österreichisches und europäisches Wettbewerbsrecht[3] (1997) 781–989; *Kucsko,* Österreichisches und europäisches Wettbewerbs-, Marken-, Muster- und Patentrecht[4] (1995) 60–83; *ders,* Die Gemeinschaftsmarke (1996); *ders,* Geistiges Eigentum (2003) 37–53, 198–691; *ders,* Roadmap Geistiges Eigentum (2004) 9–27, 73–75, 84–113; *Meister,* Marke und Recht[3] (1997); *Schanda,* Markenschutzgesetz idF der Markenrechtsnovelle 1999 (1999); *Urlesberger,* Warenverkehrsfreiheit und Markenrecht (2002).

I. Rechtsquellen; Begriff und Zweck einer Marke

1268 Das österreichische Markenrecht wird durch das **MarkenschutzG (MarkSchG) 1970** geregelt, das seither mehrere Novellen erlebt hat. Es ist Teil des *Kennzeichenrechts.* Unternehmer, die sich besondere Kennzeichen einfallen lassen und mit diesen auch auf dem Markt bekannt sind, sollen besondere Schutzrechte an den Zeichen erwerben können.

Marken können „alle Zeichen sein, die sich graphisch darstellen lassen, insbesondere Wörter einschließlich Personennamen, Abbildungen, Buchstaben, Zahlen und die Form oder Aufmachung der Ware, soweit solche Zeichen geeignet sind, Waren oder Dienstleistungen eines Unternehmens von denjenigen anderer Unternehmen zu unterscheiden" (§ 1 MarkSchG). *Zeichen* ist dabei nur das mit dem Auge Wahrnehmbare (eine Buchstabenfolge, ein Emblem, aber etwa auch die besondere Form der „Schartnerbombe"). Zur *Marke* wird ein solches Zeichen durch Eintragung in das *Markenregister,* also durch **Registrierung.**

1268a Während die innerstaatliche Registrierung nur innerhalb der österreichischen Grenzen Schutz gewährt, besteht seit 1996 auch die Möglichkeit *übernationaler* Anmeldung. Zu dieser durch die **EG-Verordnung 40/94 (Gemeinschaftsmarkenverordnung – GMV)** geschaffenen *„Europamarke",* die in Österreich den gleichen Schutz wie die nach dem MarkSchG erworbene Inlandsmarke genießt (§ 2 Abs 3 MarkSchG), noch Rz 1280a.

II. Wichtige Arten der Marke

1. Wortmarke

Wortmarken sind Buchstabenkombinationen, die sprachlich einen Sinn ergeben (zB Almdudler); daneben gibt es auch reine *Buchstabenmarken* (zB AEG, BBC, IBM). 1269

2. Bildmarke

Eine **Bildmarke** besteht ausschließlich aus einer grafischen Darstellung (zB der sechsbeinige Hund als Kennzeichen für „Agip"). 1270

3. Ziffernmarke

Ziffernmarken bestehen lediglich aus Ziffern oder Zahlen (zB „4711"). 1271

4. Kombinierte Marken

Eine Marke kann auch aus Wort und Bild, Buchstaben und Ziffern usw **kombiniert** werden („3M", „CA"-Zeichen usw). 1272

5. Verbandsmarken

Verbände mit Rechtspersönlichkeit, die wirtschaftliche Zwecke verfolgen (zB Wirtschaftsgenossenschaften, Kapitalgesellschaften usw), sowie juristische Personen des öffentlichen Rechts (zB Handelskammern) können Marken erwerben, die in den Unternehmen ihrer Mitglieder zur Kennzeichnung von deren Waren oder Dienstleistungen dienen. 1273

III. Entstehung des Markenrechts (Registrierung)

Das Markenrecht entsteht durch Registrierung, also durch die Eintragung in das Markenregister. Der Antragsteller – der kein Unternehmer sein muss – hat die beantragte Marke schriftlich beim Patentamt einzureichen. Dabei ist auch anzugeben, für welche Waren und Dienstleistungen die Marke bestimmt ist. Besonders wichtig ist der Erwerb des **Prioritätsrechts.** Abgesehen von Ausnahmen wie einer Einräumung durch zwischenstaatliche Vereinbarungen (vgl § 24 MarkSchG) erlangt der Anmelder das Prioritätsrecht mit dem Tag der ordnungsgemäßen Anmeldung (§ 23 MarkSchG). 1274

Vor Eintragung der Marke hat die Rechtsabteilung des Patentamts eine **Prüfung** vorzunehmen. Diese beinhaltet eine *Gesetzmäßigkeitsprüfung* und eine *Ähnlichkeitsprüfung.* Im ersten Fall geht es um formelle Mängel der Anmeldung sowie um Registrierungshindernisse (es fehlt eine Unterschrift auf dem Antrag; es ist zweifelhaft, ob das beantragte Kennzeichen überhaupt als Marke geeignet ist). Bei der wesentlich wichtigeren **Ähnlichkeitsrecherche** geht es hingegen darum, ob die angemeldete Marke bereits vorher angemeldeten oder registrierten („prioritätsälteren") gleicht oder möglicherweise ähnlich ist. Wird Derartiges festgestellt, ist das dem Anmelder mitzuteilen (§ 21 MarkSchG); die Zulässigkeit der Registrierung ist davon aber nicht betroffen. Allerdings steht dem Inhaber des Prioritätsrechts – der vom Patentamt nicht verständigt wird! – die Möglichkeit offen, die Löschung der Marke zu begehren (§ 30 MarkSchG; zur Löschung kurz Rz 1280). 1275

Sind alle Prüfungen erfolgt und hat der Antragsteller sowohl die Schutzdauergebühr als auch den Druckkostenbeitrag für die Veröffentlichung im *Markenanzeiger* bezahlt, wird die Marke **registriert.** Darüber wird eine amtliche Bestätigung ausgestellt.

IV. Registrierungshindernisse

1276 § 4 MarkSchG zählt eine Vielzahl von **Registrierungshindernissen** auf, die in **absolute und relative** Hindernisse gegliedert werden können. Zur ersten Gruppe gehören *Zeichen amtlichen Charakters* (etwa mit Hoheitswappen); so genannte *Freizeichen* (das sind für bestimmte Gattungen von Waren oder Dienstleistungen im Verkehr allgemein gebräuchliche Bezeichnungen, zB „Diesel" – gemeint für Treibstoff, nicht für Kleidung; eingetragene Marken können unter weiteren Voraussetzungen dann zum Freizeichen werden, wenn sie im Publikum bereits als Gattungsbegriff verstanden werden wie „Obi", „Uhu" usw: § 33b MarkSchG); *gegen die öffentliche Ordnung oder gegen die guten Sitten verstoßende Zeichen* (zB dem Religiösen zuzuordnende Worte oder Bilder); schließlich *täuschende Zeichen* (das sind solche, die geeignet sind, das Publikum zum Beispiel über die Art, die Beschaffenheit oder die geographische Herkunft der Ware oder Dienstleistung zu täuschen). Zu den **relativen** Registrierungshindernissen werden insbesondere mangelnde Unterscheidungskraft oder Wortmarken, die ausschließlich aus beschreibenden Angaben bestehen, gezählt.

V. Inhalt des Markenrechts

1277 Das Markenrecht gewährt **Markenausschließlichkeit.** Nur der Inhaber hat das Recht, seine Marke zu verwenden. Tut es widerrechtlich ein anderer, kann der Berechtigte von diesem Zahlung eines angemessenen Entgelts, Schadenersatz, Herausgabe der Bereicherung und Unterlassung verlangen (§§ 51 ff MarkSchG sowie § 9 UWG). Allerdings erstreckt sich der Schutzbereich einer eingetragenen Marke nur auf gleiche und ähnliche Zeichen, die *für gleiche oder gleichartige Waren oder Dienstleistungen* als Marken eingetragen sind oder im geschäftlichen Verkehr als Kennzeichen gebraucht werden. Wer also etwa eine Zigarettenmarke registrieren lässt, kann sich allein nach Markenrecht nicht dadurch beschwert erachten, dass ein anderer eine ähnliche Bezeichnung für seine Elektrogeräte verwendet (vgl § 10 MarkSchG).

Ein Anspruch auf Unterlassung der Benützung einer Marke durch Dritte besteht in der Regel nicht hinsichtlich Waren, die unter dieser Marke vom Markeninhaber (oder mit seiner Zustimmung) im EWR in den Verkehr gebracht worden sind. Nach dem Inverkehrbringen in einem beliebigen Mitgliedsland kann sich der Markeninhaber also nicht mehr gegen den Export in andere Mitgliedsstaaten – und damit auch nicht gegen Reimporte in das Ursprungsland – wehren („*Erschöpfung*" des Markenrechts; § 10b MarkSchG).

VI. Schutzdauer

1278 Mit Eintragung in das Markenregister wird das Markenrecht für eine erste Periode von **10 Jahren** erworben; diese beginnt mit Ende des Monats, in dem die Marke registriert wurde. Eine unbegrenzt oft zulässige *Erneuerung* für jeweils weitere 10 Jahre ist bei Zahlung der vorgeschriebenen Erneuerungsgebühr möglich (§ 19 MarkSchG).

VII. Übertragung

1279 Das Markenrecht kann auch ohne das Unternehmen übertragen werden. Allerdings geht es bei Unternehmensveräußerung im Zweifel mit dem Unternehmen über. Der neue Markeninhaber kann seine Ausschließlichkeitsrechte jedoch vor dem Patentamt erst dann geltend machen, wenn die Marke im Register auf seine Person *umgeschrieben* wurde (§ 11 MarkSchG), was die vorherige Rechtsverfolgung gegen Dritte aber wohl nicht ausschließt.

VIII. Löschung

1280 Durch die **Löschung** verliert der Inhaber seine Markenrechte. Wann eine Marke zu löschen ist, bestimmen die §§ 29ff MarkSchG. Zu löschen ist auf Antrag des Markeninhabers immer; ferner dann, wenn die Registrierung nicht rechtzeitig erneuert wurde; wenn sie infolge ihrer Benutzung irreführend wirkt usw. Insbesondere kommt es auch deshalb zur Löschung, weil eine Marke eingetragen wurde, obwohl eine gleiche oder ähnliche bereits bestand, und der auf Grund des Prioritätsprinzips Berechtigte dies verlangt; ebenso bei sonstiger Verwechslungsgefahr.

IX. Europäisches Markenrecht

1280a Die **„Europamarke" (Gemeinschaftsmarke)** wird durch Anmeldung beim für Marken, Muster und Modelle zuständigen *Harmonisierungsamt für den Binnenmarkt* (Sitz in Alicante/Spanien) erworben. Ihre Registrierung führt zu einem EU-weiten Schutz. Die so erworbenen Markenrechte unterliegen einem eigenständigen Regime *(Grundsatz der Eigenständigkeit und Einheitlichkeit)*, das *neben* die nationalen Markenrechte tritt *(Grundsatz der Koexistenz)*.

Durch eine einzige Anmeldung entsteht so ein „europaweit" einheitliches Schutzrecht, dessen *Inhalt* sich allein nach der GMV (Rz 1268a) bestimmt. Wird es verletzt, greifen jedoch die *Rechtsfolgen* des anwendbaren *nationalen* Markenrechts ein. Auch wird ein vom nationalen Recht gewährter Schutz niemals deshalb beschnitten, weil es sich um eine Gemeinschaftsmarke handelt.

5. Kapitel

Musterrecht

Weiterführende Literatur: *Hauser/Thomasser,* Wettbewerbs- und Immaterialgüterrecht (1998) Rz 584–645; *Knittel/Kucsko,* Musterschutzgesetz (1991 mit Nachtrag 1993); *Kucsko,* Österreichisches und europäisches Wettbewerbs-, Marken-, Muster- und Patentrecht[4] (1995) 84–91; *ders,* Geistiges Eigentum (2003) 55–63, 696–804; *ders,* Roadmap Geistiges Eigentum (2004) 31–40, 76f, 114–130; *Loibl/Pruckner,* Musterschutzgesetz (1993).

I. Rechtsquelle; Begriff und Zweck des Musters

1281 Das österreichische Musterrecht wird durch das **MusterschutzG (MuSchG) 1990** geregelt (seither mehrere Novellen). Das Gesetz orientiert sich ziemlich stark an den Vorschriften des PatentG (Rz 1290ff). Dies ist damit zu erklären, dass das Musterrecht ähnliche Zwecke wie das Patent- und Markenrecht verfolgt. Man nennt es recht plastisch das *„Schutzrecht des kleinen Mannes":* Anders als beim Patent wird eine „Erfindung“ nicht gefordert; auch die Schutzgebühren sind deutlich niedriger. Das MuSchG ermöglicht aber ebenfalls die Erlangung von *Ausschließlichkeitsrechten.*

1282 Das Gesetz definiert das **Muster** als die *Erscheinungsform* eines ganzen – industriellen oder handwerklichen – Erzeugnisses oder eines Teils davon, die etwa durch Konturen, Farben, Gestalt, Struktur oder Werkstoff geprägt sein kann (§ 1 MuSchG). In moderner Terminologie könnte man von „Design“ sprechen. Bereits die Definition ergibt, dass sich das Musterrecht bloß auf die äußere Gestalt (das „Aussehen“) eines Gegenstandes erstreckt. Nicht erfasst sind hingegen etwa Funktion und Konstruktion.

1282 a Europarechtlich wird ein solches Muster als **Geschmacksmuster** bezeichnet. Es wird durch eine EG-Verordnung geregelt und genießt in der gesamten Europäischen Union Schutz. Anmeldungen für solche Gemeinschaftsgeschmackmuster können auch beim österreichischen Patentamt erfolgen, das sie an das zuständige Harmonisierungsamt für den Binnenmarkt in Alicante weiter leitet. Als Gericht erster Instanz ist das HG Wien zuständig (§§ 44 a und 44 b MuSchG). – Zum davon zu unterscheidenden *Gebrauchsmuster* Rz 1310.

II. Entstehung des Musterrechts

1. Anmeldung und Registrierung

1283 Zum Erwerb des Musterrechts sind schriftliche **Anmeldung** beim Patentamt (§ 11 MuSchG) sowie **Registrierung** des Musters nötig.

Auch im Musterrecht findet eine **Prüfung** der Anmeldung in Hinblick auf die Einhaltung der Formerfordernisse sowie auf die Gesetzmäßigkeit der Anmeldung statt (§§ 12–16 MuSchG). Wesentlich ist vor allem, dass der Anmeldung ein **Warenverzeichnis** beigegeben werden muss. Darin sind die Erzeugnisse zu nennen, für die das Muster bestimmt ist (§ 12 Abs 3 MuSchG). Muster können offen oder in einem versiegelten Umschlag hinterlegt werden. Nach 18 Monaten stehen allerdings auch versiegelt hinterlegte Muster zur Einsicht offen (§ 14 MuSchG).

1284 Mit der Anmeldung erhält der Anmeldende zunächst bloß das **Prioritätsrecht** (§ 19 MuSchG). Dieses Recht ist dann von Bedeutung, wenn *danach* gleiche oder verwechselbar ähnliche Muster angemeldet oder der Öffentlichkeit zugänglich gemacht werden (zur *Neuheit* des Musters Rz 1285). Das **Musterrecht** selbst wird hingegen erst durch Eintragung in das vom Patentamt geführte *Musterregister* erworben.

Das Register ist öffentlich; jedermann kann Einsicht nehmen (§ 18 Abs 3 MuSchG). *Veröffentlichungen* erfolgen im periodisch erscheinenden Österreichischen Musteranzeiger (§ 33 MuSchG).

2. Neuheit und Eigenart

1285 Ein wirksames Musterrecht kann nur bei **Neuheit und Eigenart** des Musters erworben werden (§ 2 MuSchG). Damit ist die Nichtexistenz eines identen Musters sowie Individualität gemeint. An diesen Voraussetzungen mangelt es dann, wenn ein vom Muster nach seinem Gesamteindruck nicht unterscheidbares Erzeugnis schon vor dem Zeitpunkt der Anmeldung der Öffentlichkeit zugänglich war.

Bei dennoch erfolgter Registrierung kann es zur *Nichtigerklärung* des Musters kommen (§ 23 MuSchG).

III. Inhalt und Schutz des Musterrechts

Auch das Musterrecht ist ein **Ausschließlichkeitsrecht.** Es berechtigt den Inhaber, das Muster zu benutzen und andere von dessen Verwendung auszuschließen. Zur Verwendung gehören zB die Herstellung, das In-Verkehr-Bringen und der Gebrauch „musterähnlicher" Erzeugnisse, sofern er nicht etwa bloß zu privaten Zwecken erfolgt (§§ 4f MuSchG). **1286**

Die **zivilrechtlichen Folgen** von Musterrechtsverletzungen regelt § 34 MuSchG (unter Verweis auf das PatentG; vgl Rz 1304): In Betracht kommen Ansprüche auf Unterlassung (auch *vorbeugend:* Rz 365), Beseitigung, Urteilsveröffentlichung, ein angemessenes Entgelt, Schadenersatz, Herausgabe des Gewinns und Rechnungslegung. **1287**

IV. Schutzdauer

Der Musterschutz beginnt mit dem Tag der Registrierung des Musters und endet **5 Jahre** nach dem Ende des Monats, in dem die Anmeldung erfolgte. Gegen Zahlung einer *Erneuerungsgebühr* kann er viermal um je 5 Jahre bis zu **insgesamt 25 Jahren** verlängert werden (§ 6 MuSchG). **1288**

V. Übertragbarkeit und Vererblichkeit

Das Musterrecht selbst, aber auch schon das Recht aus der Anmeldung, ist **rechtsgeschäftlich übertragbar** und **vererblich** (§ 10 MuSchG). Erworben wird es mit der Eintragung im Musterregister (§ 22 Abs 1 MuSchG). **1289**

6. Kapitel

Patentrecht

Weiterführende Literatur: *Hauser/Thomasser,* Wettbewerbs- und Immaterialgüterrecht (1998) Rz 646–751; *Kucsko,* Österreichisches und europäisches Wettbewerbs-, Marken-, Muster- und Patentrecht[4] (1995) 92–120; *ders,* Geistiges Eigentum (2003) 65–77, 808–1043; *ders,* Roadmap Geistiges Eigentum (2004) 43–57, 78–80, 131–192.

I. Rechtsquellen; Begriff und Zweck des Patents

Das materielle Patentrecht ieS ist im **PatentG (PatG) 1970** enthalten, das seither bereits fast dreißigmal novelliert wurde. Das PatG ist mit über 180 Paragrafen sehr umfangreich und an sich etwas für Spezialisten. Auch im Patentrecht geht es im Grundsatz darum, dass jemand, der durch eigene geistige Leistung etwas Besonderes geschaffen hat, diese Schöpfung auch zu seinem Vorteil gewerblich ausschließlich nützen können soll. Prinzipiell soll *„geistiges Eigentum",* also ein Immaterialgüterrecht, ebenso behandelt werden wie das Eigentumsrecht an körperlichen Sachen. Bei „bloß" geistigen Schöpfungen ist nun aber die Gefahr besonders groß, dass sich mit ihr mehrere brüsten oder die ihnen bekannt gewordene fremde geistige Schöpfung für eigene Zwecke gewerblich nutzen. **1290**

Patentschutz bedeutet **Erfinderschutz:** Erfindungen werden nur dann in weitestgehender Weise geschützt, wenn sie *zum Patent angemeldet* wurden und das **1291**

Patent auch *erteilt* wird. Nach § 1 PatG ist die „Erfindung“ zwar der zentrale Begriff; das Gesetz definiert ihn jedoch nicht positiv: „Für Erfindungen, die neu sind, sich für den Fachmann nicht in naheliegender Weise aus dem Stand der Technik ergeben und gewerblich anwendbar sind, werden auf Antrag Patente erteilt.“

1291a Dem Schutz von Erfindungen und Neuentwicklungen dienen auch – das PatG ergänzende – Sondergesetze wie das **SchutzzertifikatsG,** das **HalbleiterschutzG** und das **SortenschutzG.** Zum **GebrauchsmusterG (GMG)** noch Rz 1310.

II. Die Erfindung

1. Abgrenzung zu Entdeckungen und Ideen

1292 Die *Entdeckung* ist bloß das Auffinden von etwas bereits Vorhandenem; die *Idee* ist nur ein Gedanke. Demgegenüber bedeutet **Erfindung** *Lösung* eines Problems. Diese Problemlösung kann auch zufällig erfolgen. Der Erfinder muss aber wissen, wie er zu seinem Ergebnis gekommen ist. Ein Zufallsexperiment reicht daher dann nicht aus, wenn das Ergebnis nicht durch gezielte Wiederholung jederzeit wieder erreicht werden kann.

§ 1 Abs 2 PatG zählt demonstrativ einige Fälle auf, in denen eine Erfindung *nicht* vorliegt: Entdeckungen sowie wissenschaftliche Theorien und mathematische Methoden, ästhetische Formschöpfungen, die Wiedergabe von Informationen usw.

2. Neuheit

1293 Patentiert werden kann bloß eine Erfindung, die **neu** ist (§ 3 PatG). Neu ist sie dann, wenn sie nicht zum gegenwärtigen *Stand der Technik* gehört. Hingegen liegt Neuheit dann nicht vor, wenn die Erfindung vor der Anmeldung zum Patent bereits durch schriftliche oder mündliche Beschreibung, durch Benützung oder in sonstiger Weise der Öffentlichkeit zugänglich gemacht wurde. Dies kann durch Veröffentlichungen in Fachzeitschriften oder durch Inverkehrbringen von Produkten geschehen, die mit Hilfe der Erfindung erzeugt wurden.

3. Nicht patentierbare Erfindungen

1294 Gewisse Erfindungen können nicht patentiert werden (§ 2 PatG); so, wenn ihre Veröffentlichung und Verwertung gegen die öffentliche Ordnung oder die guten Sitten verstoßen würde; des Weiteren Verfahren zur chirurgischen oder therapeutischen Behandlung von Menschen und Tieren sowie Diagnoseverfahren; Pflanzensorten oder Tierarten wie auch biologische Verfahren zur Züchtung von Pflanzen oder Tieren. Schließlich bestehen Einschränkungen für *Sachpatente,* die sich auf Nahrungsmittel für Menschen, Arzneimittel und chemische Erzeugnisse beziehen.

4. Patentwürdigkeit

1295 Nicht jede neue Lösung eines technischen Problems ist patentierbar. Vielmehr wird **Patentwürdigkeit** vorausgesetzt, was einerseits *Fortschrittlichkeit,* zum anderen eine gewisse *Erfindungshöhe* beinhaltet. Fortschrittlich sind Erfindungen, die nach gegenwärtigem Stand der Technik etwa zur Verbilligung oder Verbesserung bestimmter Erzeugnisse beitragen. Ferner darf die neuartige Lösung nicht für jeden Durchschnittsfachmann nahe liegen. Auch was den Rahmen der natürlichen stetigen Weiterentwicklung nicht überschreitet, stellt keine Erfindung dar. – Zum Schutz von *Gebrauchsmustern* s Rz 1310.

5. Die Diensterfindung

Von besonderer praktischer Bedeutung ist die so genannte **Diensterfindung.** 1296
Diese hat im PatG eine ausführliche Regelung erfahren (§§ 6–19 PatG). Die Vorstellung vom schrulligen Privatforscher im Kellerlabor ist heutzutage ja nicht mehr sehr wirklichkeitsnahe. Vielmehr sind meist hoch bezahlte Spezialisten von Großunternehmen und Konzernen mit Entwicklungstätigkeiten betraut. Rechtlich muss es aber nun selbstverständlich einen Unterschied machen, ob jemand als Privater eine Erfindung macht oder im Zuge seiner auftragsgemäßen Forschungstätigkeit zu neuen Erkenntnissen gelangt. Im ersten Fall spricht man von *freier Erfindung,* im zweiten eben von *Diensterfindung.*

Eine Diensterfindung liegt dann vor, wenn sie ihrem Gegenstand nach in das Arbeitsgebiet des Unternehmens fällt, in dem der Dienstnehmer tätig ist, und das Unternehmen an ihrem Zustandekommen wesentlich beteiligt war. Bedeutsame Beteiligung des Unternehmens ist etwa anzunehmen, wenn die Tätigkeit, die zur Erfindung führte, zu den dienstlichen Obliegenheiten des Dienstnehmers gehörte; wenn der Dienstnehmer die Anregung zu der Erfindung durch seine Tätigkeit im Unternehmen erhielt; schließlich, wenn das Zustandekommen der Erfindung durch Erfahrungen oder Hilfsmittel des Unternehmens wesentlich erleichtert wurde.

Grundsätzlich hat auch in solchen Fällen *der Dienstnehmer* als der wirkliche 1297
Erfinder Anspruch auf Patenterteilung. Allerdings besteht bei entsprechender vertraglicher Vereinbarung eine Art „Aufgriffsrecht" des Dienstgebers.

Damit der Dienstgeber von diesem Recht Gebrauch machen kann, muss der Dienstnehmer von jeder Erfindung Mitteilung machen. Der Dienstgeber hat dann vier Monate Zeit, um zu erklären, ob er die Diensterfindung in Anspruch nimmt. Tut er dies, geht das Recht der Erfindung auf ihn über; er kann sie zum Patent anmelden. Sowohl Dienstgeber als auch Dienstnehmer trifft selbstverständlich eine Geheimhaltungspflicht. Regelmäßig hat der Dienstnehmer auch Anspruch auf eine besondere *Diensterfindungsvergütung.*

III. Gewerbliche Anwendbarkeit

Patente werden bloß für **gewerblich anwendbare Erfindungen** erteilt. Die Er- 1298
findung muss daher auf dem Gebiet der Technik liegen. Diese Einschränkung erklärt sich daraus, dass die Zuerkennung von Sonderrechten bloß im wirtschaftlich relevanten Bereich notwendig ist.

IV. Sach- und Verfahrenspatent

Das PatG kennt zwei Arten von Patenten: das **Sachpatent** und das **Verfah-** 1299
renspatent. Das Sachpatent bezieht sich auf *räumlich fassbare Gegenstände* (zB Arbeitsgeräte, Stoffe). Dabei ist die Sache ohne Rücksicht auf die Art ihrer Herstellung geschützt. Hingegen schützt das Verfahrenspatent einen *zeitlichen Ablauf von Vorgängen* (Herstellungsverfahren, Anwendungsverfahren, Arbeitsverfahren).

V. Erwerb des Patentrechts

1. Anmeldung

1300 Das **Recht an der Erfindung** wird durch *Realakt* (Rz 349) begründet. Aus diesem resultiert neben dem *Schutz der Erfinderehre* ein bloßer **Anspruch auf Patentierung.** Das **Patentrecht** selbst kann allerdings bloß in einem förmlichen Verfahren erworben werden. Erster Schritt dabei ist die **Anmeldung.** Diese erfolgt beim *Patentamt* und hat bestimmten inhaltlichen Erfordernissen zu genügen; insbesondere ist die Erfindung zu beschreiben. Auch im Patentrecht gilt das Prioritätsprinzip.

2. Weiteres Verfahren

1301 Im Rahmen einer *Vorprüfung* wird die Anmeldung auf formelle und materielle Mängel hin untersucht. Mängel führen zur *Zurückweisung der Anmeldung,* sofern sie nicht beseitigt werden. Ansonsten wird die Anmeldung *öffentlich bekannt gemacht.* Dies geschieht durch Veröffentlichung im Österreichischen Patentblatt, die regelmäßig 18 Monate nach dem Anmeldetag zu erfolgen hat (§ 101 PatG), damit die interessierte Öffentlichkeit möglichst rasch über neue technische Entwicklungen und dabei möglicherweise entstehende Schutzrechte informiert wird.

3. Patenterwerb

1302 Das Patentrecht wird mit **Eintragung in das Patentregister** erworben. Gleiches gilt für den Erwerb beschränkter dinglicher Rechte wie eines Pfandrechts am Patent (§ 43 PatG).

Das Patentamt verfügt anschließend die Kundmachung der Erteilung im Patentblatt, die Ausfertigung der Patenturkunde für den Patentinhaber sowie die Drucklegung und Veröffentlichung der Patentschrift.

Gegen die *Erteilung* des Patents – also nicht schon gegen dessen Anmeldung – kann **Einspruch** erhoben werden; und zwar innerhalb von vier Monaten ab Bekanntmachung der Erteilung (Näheres dazu in den §§ 102 ff PatG).

VI. Inhalt des Patentrechts

1. Grundsätzliches

1303 Auch das Patentrecht ist ein **Ausschließlichkeitsrecht.** Es berechtigt den Patentinhaber, den Gegenstand der Erfindung ausschließlich *betriebsmäßig* herzustellen, in Verkehr zu bringen, feilzuhalten und zu gebrauchen oder zu den genannten Zwecken einzuführen oder zu besitzen (§ 22 PatG). Wer Gleiches ohne Zustimmung des Patentinhabers tut, begeht eine Patentverletzung.

2. Einschränkungen

1304 Das Patentrecht ist einmal durch den **Territorialitätsgrundsatz** eingeschränkt: Ausschließlichkeit besteht nur im Hoheitsgebiet des Erteilungsstaates. Beschränkungen sind vor allem aus öffentlichen Interessen im Wege der **Zwangslizenz** möglich: Dadurch kann mittels Verwaltungsakts gegen den Willen des Patentinhabers die Erlaubnis zur Benutzung einer patentierten Erfindung erteilt werden (§ 36 PatG).

Eine weitere Einschränkung bringt auch das **Recht des Vorbenützers** (§ 23 PatG): Vorbenützer ist grob gesagt derjenige, der die Erfindung zur Zeit der Anmeldung bereits im guten Glauben genutzt hat. Dies darf er in gewissem Rahmen auch noch nach Patenterteilung für einen anderen weiterhin tun. Zur Sicherung seiner Rechte kann der Vorbenützer verlangen, dass der Patentinhaber über das Vorbenützungsrecht eine Urkunde ausstellt; die Befugnis kann in das Patentregister eingetragen werden. 1305

VII. Schutz des Patentrechts

Das Patentrecht genießt als **absolutes Recht** (Rz 34) Schutz gegenüber jedem, der es ohne Gestattung durch den Berechtigten für eigene Zwecke nutzt. Geschützt ist aber nicht bloß der Erfinder, sondern jeder, der in einer ihm aus dem Patent zustehenden Befugnis verletzt worden ist, also insbesondere der Patentrechtsinhaber. Aus dem Eingriff folgen nicht nur **Unterlassungs- und Beseitigungsansprüche** (§§ 147f PatG), sondern infolge der rechtsgrundlosen Nutzung durch den Verletzer auch ein **Anspruch auf ein angemessenes Entgelt.** Bei schuldhafter Verletzung kann der Verletzte statt dessen **Schadenersatz und Gewinnherausgabe** (einschließlich vorheriger Rechnungslegung) begehren, wobei bei grobem Verschulden unabhängig vom konkreten Schaden das Doppelte des angemessenen Entgelts zu leisten ist; unter besonderen Voraussetzungen steht auch Ersatz für ideelle Schäden zu (§ 150 PatG). Ferner kommt eine Urteilsveröffentlichung auf Kosten des Verletzers in Betracht (§ 149 PatG). 1306

VIII. Übertragung und Vererbung; Lizenz

Das Patentrecht ist **vererblich** und kann auch **rechtsgeschäftlich übertragen** werden (§ 33 PatG). Eine Verpfändung und Pfändung ist ebenfalls möglich (§ 34 PatG). 1307

Neben der Übertragung des Patentrechts als solchem kommt auch die bloße (freiwillige) **Lizenz** in Betracht: Dabei wird nur das *Nutzungsrecht* weitergegeben (§§ 35, 37 PatG). In der Sache erklärt sich der Patentinhaber bereit, gegenüber dem Lizenzberechtigten von seinem Untersagungsrecht keinen Gebrauch zu machen. Der Lizenzvertrag kann ganz unterschiedlich ausgestaltet, insbesondere befristet oder unbefristet sein. Er ist jedenfalls ein Dauerschuldverhältnis. Zu den Voraussetzungen einer *Zwangslizenz* s § 36 PatG. 1308

IX. Erlöschen

Das Patentrecht erlischt bei Verzicht auf das Patent, aber auch dann, wenn die fällige Jahresgebühr nicht rechtzeitig eingezahlt wird. Wesentlichster Erlöschensgrund ist jedoch der **Ablauf der Schutzfrist:** Patente haben eine *Höchstdauer* von 20 Jahren, die ab dem Anmeldetag gerechnet wird (§§ 28, 46 PatG). 1309

Auch **Nichtigerklärung** und **Aberkennung** eines Patents kommen in Betracht; vor allem dann, wenn die Registrierung eigentlich nicht hätte erfolgen dürfen oder einem anderen als dem registrierten Patentinhaber der Anspruch auf die Erteilung des Patents zustand (§§ 48f PatG). 1309a

X. Gebrauchsmusterschutz

1310 Erfindungen werden auch durch das **GebrauchsmusterG (GMG) 1994** geschützt. Für diesen Schutz reichen Entwicklungen bei schnelllebigen Wirtschaftsgütern ohne hohe Erfindungsqualität aus. Verlangt wird daher nur ein *„erfinderischer Schritt"*. Anders als nach dem PatG können etwa auch Entwicklungen auf dem Gebiet der Programmlogik (Software) geschützt werden. Das Anmeldeverfahren ist vereinfacht. Die Schutzdauer beträgt höchstens 10 Jahre. Die Wirkungen entsprechen weitgehend dem PatG; ebenso die Ausnahmen von der Schutzfähigkeit.

7. Kapitel

Urheberrecht

Weiterführende Literatur: *Büchele,* Urheberrecht im World Wide Web (2002); *Ciresa,* Österreichisches Urheberrecht (Loseblatt, Stand 2006); *Dillenz/Gutman,* Praxiskommentar zum Urheberrecht[2] (2004); *Dittrich,* Österreichisches und internationales Urheberrecht[4] (2004); *Hauser/Thomasser,* Wettbewerbs- und Immaterialgüterrecht (1998) Rz 839–1095; *Kucsko,* Österreichisches und europäisches Urheberrecht[4] (1996); *ders,* Geistiges Eigentum (2003) 79–86, 1048–1336; *ders,* Roadmap Geistiges Eigentum (2004) 59–67, 81–83, 193–244; *ders* (Hrsg), Filmproduktion und Urheberrecht (2004); *Mogel,* Europäisches Urheberrecht (2001); *Walter* (Hrsg), Europäisches Urheberrecht – Kommentar (2001); *ders,* Urheberrechtsgesetz 2006 (2007); *Zanger,* Urheberrecht und Leistungsschutz im digitalen Zeitalter (1996).

I. Rechtsquelle; Zweck des Urheberrechts

1311 Wesentliche Rechtsquelle ist das **UrheberrechtsG (UrhG).** Dieses will ebenfalls einen besonderen Schutz „geistigen Eigentums" erreichen. Dabei geht es auch um ideelle, ganz wesentlich jedoch um materielle Interessen des Urhebers: Er allein soll aus seiner Schöpfung Vorteile ziehen dürfen und über ihre etwaige Verwertung entscheiden. Auf Grund der technischen Entwicklung, die die Beeinträchtigung fremder Urheberrechte erleichtert („Herunterladen" aus dem Internet, CD-„Brennen" usw), wurde der Schutz des Urhebers in jüngerer Zeit deutlich verstärkt und verfeinert, zugleich aber auch die im öffentlichen Interesse bestehenden Ausnahmen konkretisiert.

II. Das Werk als Schutzobjekt

1. Begriff

1312 Zentralbegriff und Schutzobjekt des UrhG ist das **Werk:** Dieses wird grundsätzlich als **eigentümliche geistige Schöpfung** definiert (§ 1 UrhG). Daraus ergibt sich, dass das Werk **durch Individualität geprägt** sein muss. Wer bloß einige Seiten aus einem Telefonbuch abschreibt oder gewöhnliche Weidenkörbe flicht, schafft kein urheberrechtlich geschütztes Werk. Auch statistische Einmaligkeit, wie sie etwa bei jedem Tagebuch gegeben ist, reicht nicht aus. Vielmehr muss ähnlich dem Patentrecht eine gewisse „Werkhöhe" gegeben sein, also ein gewisses Maß schöpferischer Eigenart, wodurch sich das Werk von der Masse des Alltäglichen abhebt. Auf künstlerischen, wissenschaftlichen oder ästhetischen Wert kommt es hingegen überhaupt nicht an. So genießt etwa auch ein ordinäres, geschmackloses und schlecht gereimtes Gedicht Urheberrechtsschutz.

Da das Urheberrecht die *geistige Schöpfung* schützt, ist es nicht entscheidend, ob der Urheber seine Gedanken irgendwie körperlich niedergelegt hat. Daher genießen auch mündliche Vorträge (Fachvortrag, Dichterlesung, Liederabend) urheberrechtlichen Schutz.

2. Arten

Das UrhG schützt nicht jede eigentümliche geistige Schöpfung. Sie muss sich **1313**
vielmehr auf eines von vier Gebieten beziehen: **Literatur, Tonkunst, bildende Kunst** oder **Filmkunst.** Zur Literatur zählen nach § 2 UrhG Sprachwerke aller Art einschließlich Computerprogrammen; Bühnenwerke, deren Ausdrucksmittel Gebärden und andere Körperbewegungen sind, aber auch Werke wissenschaftlicher oder belehrender Art, die in bildlichen Darstellungen in der Fläche oder im Raume bestehen (Landkarten). – Näheres zur bildenden Kunst in § 3 UrhG, zur Filmkunst in § 4 UrhG. Rechtlichen Schutz erhalten mittlerweile auch *Datenbanken* (siehe die §§ 40f–40h und 76c–76e UrhG).

III. Der Urheber

§ 10 UrhG definiert: **„Urheber eines Werkes ist, wer es geschaffen hat.“** **1314**
Keine Urheber sind bloße Ideenbringer oder sonstige Gehilfen. Sind jedoch mehrere (zB zwei Musiker, zwei Autoren eines Lehrbuchs) Urheber einer Schöpfung, so werden sie als *Miturheber* bezeichnet. Jeder einzelne Miturheber kann Urheberrechtsverletzungen alleine geltend machen; die Verwertung des Werkes ist jedoch nur gemeinsam möglich. Anderes gilt für die *Teilurheberschaft* (zB Filmmusik). Sein (abgrenzbares) Werk kann der Teilurheber eigenmächtig verwerten.

In bestimmten Fällen ist die **Urhebervermutung** des § 12 UrhG von Bedeutung, so etwa dann, wenn der Urheber eines erschienenen Werkes nicht benannt ist.

IV. Das subjektive Urheberrecht

1. Entstehung und Reichweite

Anders als etwa ein Patentrecht entsteht das Urheberrecht unmittelbar **durch** **1315**
die Schaffung des Werkes. Diese ist ein Realakt, weshalb es auf die Handlungsfähigkeit des Urhebers nicht ankommt. Die Schaffung eines Werkes für einen anderen (zB den Dienstgeber) ist unmöglich; in solchen Fällen besteht bloß die Möglichkeit der Übertragung bestimmter Nutzungsrechte (dazu Rz 1322f). Hinsichtlich ihres Werkes kommt Urhebern ein **Ausschließlichkeitsrecht** zu, das aus öffentlichen Interessen gewisse Einschränkungen erfährt. Im Zentrum steht das Verwertungsrecht, das in verschiedenen Spielarten auftritt; etwa als Vervielfältigungs-, Verbreitungs-, Sende- oder Aufführungsrecht (§§ 14–18a UrhG).

2. Inhalt

a) Verwertung

Bei der **Verwertung** seines Rechts hat der Urheber zwei prinzipielle Möglich- **1316**
keiten: Er kann sich dafür entscheiden, das Werk selbst unmittelbar zu verwerten.

(*Beispiel:* Der Komponist und Sänger zieht mit seinen Liedern durch die Lande und lebt von den Eintrittsgeldern seiner Auftritte.) Er kann die kommerzielle Verwertung seiner Werke aber auch anderen überlassen. Das wird er regelmäßig nur gegen Entgelt tun; dieses kann in prozentuellen Gewinnbeteiligungen oder in fixen Summen bestehen. (*Beispiele:* Der Autor überlässt sein Werk einem Verleger und kassiert dafür Tantiemen; ein Komponist lässt seine ersten Melodien von einem Musikverleger auf Platte pressen und kassiert dafür einen geringen einmaligen Betrag.) – Zum Verlagsvertrag Rz 665 ff.

Im Einzelnen stehen dem Urheber etwa folgende Verwertungsbefugnisse zu: das Recht der ersten Inhaltsangabe; das Bearbeitungs- und Übersetzungsrecht; das Vervielfältigungsrecht; das Verbreitungsrecht; das Senderecht; das Vortrags-, Aufführungs- und Vorführungsrecht.

1317 Das Gesetz kennt allerdings auch **Einschränkungen der Verwertungsrechte** des Urhebers. Dabei wird das Interesse der Allgemeinheit höher bewertet als das des Urhebers an allumfassendem Schutz. Zulässig sind danach auch ohne Zustimmung des Urhebers etwa: die Benutzung eines Werkes zu Beweiszwecken in gerichtlichen oder verwaltungsbehördlichen Verfahren (§ 41 UrhG); die Vervielfältigung auf Papier zum eigenen Gebrauch oder zur Verwendung an Schulen zu Unterrichtszwecken (Kopieren eines wissenschaftlichen Aufsatzes), nicht aber auf anderen Trägern (Aufnahme eines Musikstücks); keinesfalls ohne Zustimmung des Berechtigten erlaubt ist etwa die Vervielfältigung ganzer Bücher (Gegenausnahme: das Buch ist bereits vergriffen, also im Buchhandel nicht mehr erhältlich); weitere Details in § 42 UrhG. Auf Grund der technischen Gegebenheiten bei Benutzung des Internet werden nunmehr auch „flüchtige und begleitende Vervielfältigungen" ausdrücklich gestattet (§ 41 a UrhG).

Das entgeltliche Herstellen einzelner Kopien für den Gebrauch eines anderen ist hingegen nur ausnahmsweise zulässig (§ 42a UrhG). Der Urheber soll aber auch dann nicht leer ausgehen, wenn jemand fremde Werke, die etwa im Rundfunk gesendet werden oder auf Bild- und Tonträgern im Handel sind, *unentgeltlich* vervielfältigt. Ist beim konkreten Werk eine derartige Vervielfältigung zu erwarten, bestehen *Vergütungspflichten,* die aus praktischen Gründen schon vorweg und pauschaliert in Rechnung gestellt werden; so etwa beim Kauf eines Kopiergeräts oder einer Videokassette (Geräte- bzw Betreibervergütung im Unterschied zur Leerkassettenvergütung); Näheres in § 42b UrhG.

1317a Auch das Vermieten, Verleihen oder Ausstellen kann der Urheber grundsätzlich nicht mehr verhindern, wenn das Werkstück einmal mit seiner Einwilligung in Verkehr gebracht wurde. Er hat von seinem Verbreitungsrecht dann ja bereits Gebrauch gemacht (s § 16 Abs 3 UrhG). Seine Urheberschaft trägt aber zumindest noch finanzielle Früchte: So besteht ein Anspruch auf angemessene Vergütung etwa dann, wenn Werkstücke in der Folge – etwa durch öffentliche Bibliotheken – verliehen, also zeitlich begrenzt ohne Erwerbsabsicht unentgeltlich überlassen werden. Daraus resultierende Vergütungsansprüche können jedoch nicht direkt vom Urheber, sondern nur von der zuständigen Verwertungsgesellschaft geltend gemacht werden (Details in § 16a UrhG und im VerwertungsgesellschaftenG 2006).

1317b Aufgrund einer EU-Richtlinie gewährt § 16b UrhG dem Urheber eines Werkes der bildenden Kunst überdies ein sog **Folgerecht.** Er soll an künftigen Wertsteigerungen seiner Schöpfung teilhaben. Zu diesem Zweck steht ihm bei jeder Veräußerung des Originals seines Werkes, die nach der Veräußerung durch den Urheber selbst erfolgt, gegen den jeweiligen Veräußerer eine – in ihrer Berechnung sehr differenziert geregelte – *Folgerechtsvergütung* zu. Dieser Anspruch unterliegt allerdings manchen Einschränkungen; so muss der Preis mindestens € 3000 betragen und an der Veräußerung zumindest ein „Vertreter des Kunstmarkts" beteiligt sein.

b) Urheberpersönlichkeitsrecht

Neben dem materiellen Verwertungsrecht steht dem Urheber auch ein mehr ideelles **Urheberpersönlichkeitsrecht** zu. So kann sich der Urheber dagegen wehren, wenn sein Werk einem anderen zugeschrieben wird. Er kann entscheiden, ob und mit welcher Urheberbezeichnung das Werk versehen werden soll (wirklicher Name, Pseudonym oder ohne Namensnennung). Auch kann er entscheiden, ob sein Werk überhaupt öffentlich bekannt gemacht wird. **1318**

c) Ansprüche bei Verletzung

Die Ansprüche bei **Urheberrechtsverletzungen** (§§ 81ff UrhG) sind denen bei Patentverletzungen sehr ähnlich. Der Urheber hat verschuldensunabhängige Unterlassungs- und Beseitigungsansprüche, er kann Urteilsveröffentlichung sowie regelmäßig auch die Zahlung eines angemessenen Entgelts verlangen (§ 86 UrhG). Das angemessene Entgelt bestimmt sich danach, was für eine rechtmäßige Urheberrechtsnutzung üblicherweise zu zahlen gewesen wäre. Bei schuldhaftem Urheberrechtseingriff hat er überdies Anspruch auf Schadenersatz und auf Herausgabe des vom Verletzer gezogenen Gewinns; der Schadenersatzanspruch erfasst auch entgangenen Gewinn sowie ideelle Nachteile. Da der konkrete materielle Schaden oft nicht genau nachgewiesen werden kann, wird dem Verletzten als Ersatz des Vermögensschaden *das Doppelte des angemessenen Entgelts* zuerkannt, sofern kein höherer Schaden nachgewiesen werden kann (§ 87 UrhG). **1319**

d) Urheberschutz und Leistungsschutz

Neben dem Schutz des Urheberrechts gibt es auch so genannte *Leistungsschutzrechte.* Diese stehen denjenigen Personen zu, die das Werk der Umwelt (bloß) vermitteln (zB Pianisten, Schauspieler, Sänger). Details enthalten die §§ 66ff UrhG. **1320**

3. Übertragbarkeit und Vererblichkeit

Das Urheberrecht selbst ist **vererblich;** auch durch Vermächtnis kann es übertragen werden. Es ist jedoch unter Lebenden **rechtsgeschäftlich unübertragbar.** Dies erklärt sich daraus, dass es eine besonders starke persönlichkeitsbezogene Komponente aufweist. Übertragbar sind bloß einzelne Nutzungsrechte, die aus dem Urheberrecht erfließen (dazu sofort). **1321**

V. Werknutzungsrecht und Werknutzungsbewilligung

Der Urheber kann einer anderen Person durch **Urheberrechtsvertrag** die *Verwertung* seines Werkes in unterschiedlichem Umfang ermöglichen. § 24 UrhG unterscheidet zwischen Werknutzungsbewilligung und Werknutzungsrecht. Der wesentliche Unterschied dieser beiden Arten liegt darin, dass das **Werknutzungsrecht** mit **Ausschließlichkeitswirkung** ausgestattet ist. Das beinhaltet zum Ersten, dass der Urheber in solchen Fällen keinem anderen die entsprechenden Werknutzungsbefugnisse einräumen darf; zum Zweiten hat aber auch *der Urheber selbst* **1322** die Verwertung des Werkes zu unterlassen. Unberührt bleiben davon bloß Abwehrrechte gegen Nichtberechtigte. Das Werknutzungsrecht ist an sich sowohl vererblich als auch veräußerlich. Zum Teil ist für die Übertragung allerdings die Einwilligung des Urhebers erforderlich.

1323 Die bloße **Werknutzungsbewilligung** führt hingegen nur dazu, dass der Urheber dem solcherart Berechtigten seine Ausschließlichkeitsrechte nicht entgegenhalten kann. Er hat aber weiterhin die Möglichkeit, sein Werk zu verwerten und auch in beliebiger Art die Verwertung Dritten zu überlassen.

1324 Der Inhalt konkreter Urheberrechtsverträge kann im Einzelnen weitestgehend beliebig ausgehandelt werden. Denkbar ist die Einräumung bloß ganz bestimmter Verwertungsarten; nicht selten sind auch zeitliche (nur für ein Jahr, bloß einmalige Ausstrahlung) und räumliche Beschränkungen (nur für den Raum Wien; keine Aufführung in Österreich).

Beispiele für Urheberrechtsverträge: der Verlagsvertrag (Rz 665 ff); der Verfilmungsvertrag, in dem etwa der Urheber eines Romans dem Filmhersteller das Recht einräumt, das Werk drehbuchmäßig zu bearbeiten und zu verfilmen; der Sendevertrag, mit dem einer Rundfunkanstalt das Recht zur Sendung eines Werkes der Musik oder Literatur eingeräumt wird.

VI. Schutzfristen

1325 Die §§ 60 ff UrhG beinhalten unterschiedliche **Schutzfristen** für das Urheberrecht. Fristbeginn ist immer das Ende des Jahres, in das das maßgebende Ereignis fällt.

Für Werke der Literatur, der Ton- und Filmkunst sowie der bildenden Künste gilt eine **70-Jahre-Frist.** Diese beginnt mit dem Tod des Urhebers zu laufen; bei Filmwerken erst mit dem Tod des letztlebenden Filmurhebers (Regisseur, Drehbuchautor, Autor der Dialoge und der Filmmusik).

6. Teil
Rechtsdurchsetzung

1. Kapitel
Allgemeines

I. Gründe und Zwecke staatlicher Verfahren

Die bisherigen Teile behandelten das **materielle Recht:** Es ging um die Frage, welche *subjektiven Privatrechte* die Rechtsordnung einzelnen Personen zuweist. Das nun angesprochene **formelle Recht** gibt hingegen auf die Frage der **Durchsetzung des materiellen Rechts** eine Antwort. In den Fällen, in denen sich alle Beteiligten einig sind und einvernehmlich vorgehen, spielen Rechtsnormen keine allzu wesentliche Rolle. Kritisch sind somit vor allem Situationen, in denen Uneinigkeit besteht: Nach einem Verkehrsunfall will niemand Schadenersatz leisten, weil angeblich „der andere schuld war", die Bezahlung der behaupteten Forderung wird mit dem Argument verweigert, sie sei bereits beglichen, schon verjährt oder niemals entstanden usw. Zunächst ist häufig unklar, wer tatsächlich Recht hat, weshalb der Streit nicht gütlich beigelegt wird. 1326

Dürfte sich nun jeder eigenmächtig „sein Recht" – oder das, was er dafür hält – holen, entstünde binnen kürzester Zeit das totale Chaos. Die österreichische Rechtsordnung lässt daher die **Selbsthilfe** nur in ganz seltenen Ausnahmefällen zu (vgl § 19 ABGB; Rz 7). Vielmehr ist regelmäßig die **Einhaltung eines geordneten staatlichen Verfahrens** notwendig: Eine fachlich besonders qualifizierte, von den Streitteilen unabhängige Behörde soll entscheiden, wer im konkreten Konfliktfall Recht hat. Regelmäßig gibt es dabei einen (zwei- bis dreistufigen) **Instanzenzug:** Die Entscheidung der zunächst zuständigen Behörde wird auf Antrag der durch die Entscheidung beschwerten Streitpartei von einer Oberinstanz überprüft. 1327

Das Entscheidungsorgan hat **zwei Hauptaufgaben.** Zum Ersten muss es feststellen, was tatsächlich geschehen ist **(Klärung von Tatfragen durch Beweisaufnahme).** Regelmäßig gehen die Angaben der Streitteile ja auch auf der Sachverhaltsebene auseinander. An dieser Stelle muss deutlich auf eine Banalität hingewiesen werden, die juristische Laien vielfach nicht wahrhaben wollen: Das entscheidende Organ (etwa der Richter) war bei den relevanten Vorfällen nicht dabei. So kann ein Richter nur versuchen, anhand der vorgelegten **Beweismittel** im Nachhinein festzustellen, wessen Version wahrscheinlicher ist. Es genügt daher etwa nicht, wenn der beklagte Käufer „beschwören" kann, er habe schon den gesamten Kaufpreis beglichen, er aber weder eine Quittung noch einen Einzahlungsbeleg vorweist und auch keine Zeugen namhaft macht. Steht fest, dass der eingeklagte Kaufpreis geschuldet war, so trifft den Käufer für erfolgte Zahlungen die *Beweislast.* Besonders wichtig ist es daher, sich *rechtzeitig* – das heißt noch vor ei- 1328 nem Streit – entsprechende Beweismittel zu sichern! Aus diesem Grund erscheint es vor allem immer sinnvoll, Vereinbarungen von größerer wirtschaftlicher Bedeutung schriftlich abzufassen und sich Zahlungen oder sonstige Leistungen entsprechend schriftlich bestätigen zu lassen.

Zum Zweiten ist der festgestellte Sachverhalt in der Folge rechtlich zu würdigen **(Klärung von Rechtsfragen).** Das Ergebnis dieses Prozesses ist eine behördliche Entscheidung.

1329 Wie jeder weiß, sind staatliche Verfahren häufig sowohl langwierig als auch kostspielig. Der erste Schritt sollte daher immer der **Versuch einer außergerichtlichen Einigung** sein. Der Gläubiger wird also nicht schon am ersten Tag des Verzuges eine gerichtliche Klage einbringen (auch wenn er dazu bereits berechtigt wäre); er wird vielmehr zunächst den Schuldner telefonisch oder schriftlich auf seine Zahlungsverpflichtung hinweisen. Nicht selten wird ein Gläubiger sogar Abstriche bei seinen berechtigten Forderungen machen, um zumindest einen Teil „seines Geldes" rasch zu erhalten (außergerichtlicher **Vergleich;** Rz 566). Bleibt hingegen auch die Androhung der Einschaltung einer Behörde fruchtlos, können dem, der sich im Recht glaubt, regelmäßig nur mehr die dafür vorgesehenen staatlichen Organe helfen. In den meisten Fällen wird der juristische Laie dazu den Beistand eines Rechtskundigen benötigen.

Unabhängig von einem Prozess – vor allem zur Vermeidung eines solchen – kann auch eine vergleichsweise Bereinigung unter Mitwirkung eines Richters versucht werden *(prätorischer Vergleich).*

II. Arten staatlicher Verfahren

1329 a In einem Lehrbuch des Privatrechts soll selbstverständlich nur die **Durchsetzung von Privatrechten** kurz dargestellt werden. Privatrechtliche Rechtsstreitigkeiten finden vor den **Zivilgerichten** statt. Daneben gibt es aber eine Vielzahl sonstiger staatlicher Verfahren: Das **Strafgericht** hat etwa zu entscheiden, ob der Angeklagte einen Mord begangen hat und welche Strafe dafür angemessen ist, die **Finanzbehörden** entscheiden über die konkrete Steuerpflicht, **Baubehörden** über die zulässige Höhe eines Anbaus usw. Für alle diese **öffentlich-rechtlichen Verfahrensarten** gelten eigene Vorschriften.

Der **Beklagte** im Zivilprozess ist somit streng etwa vom **Angeklagten** bzw Beschuldigten im Strafverfahren zu unterscheiden. Beklagt zu werden ist entgegen einer weit verbreiteten Ansicht in der Bevölkerung auch ebenso wenig ein Makel wie als Zeuge vor Gericht erscheinen zu müssen: Ob die Klage berechtigt war, steht ja erst am Ende des Verfahrens fest; Prozessverlust durch den Kläger ist dabei keine Seltenheit. Der Verlust eines Zivilprozesses ist auch nichts moralisch Bedenkliches, insbesondere wenn es um unklare Sachverhalte und/ oder schwierige Rechtsfragen geht, also nicht mutwillig prozessiert wurde.

2. Kapitel

Der Zivilprozess

Weiterführende Literatur: *Ballon,* Einführung in das österreichische Zivilprozessrecht – Streitiges Verfahren[10] (2004); *Buchegger/Deixler-Hübner/Holzhammer,* Praktisches Zivilprozeßrecht I: Streitiges Verfahren[6] (1998); *Deixler-Hübner/Klicka,* Zivilverfahren – Erkenntnisverfahren und Grundzüge des Exekutions- und Insolvenzrechts[4] (2005) Rz 1–397; *Deixler-*

Hübner/Roth, Der Zivilprozeß in der Praxis[4] (2006); *Fasching,* Zivilprozeßrecht[2] (1990); *Fasching/Konecny* (Hrsg), Kommentar zu den Zivilprozeßgesetzen[2] I (2000), II/1 (2002), II/2 (2003), III (2004), IV (2005); *Feil/Kroissenbrunner,* Zivilprozessordnung (2003); *Hule/Heinke,* Schriftsätze im Zivilprozeß[5] (1997); *Klauser/Kodek,* Jurisdiktionsnorm und Zivilprozessordnung[16] (2006); *König,* Einstweilige Verfügungen im Zivilverfahren[2] (2000); *Rechberger* (Hrsg), Kommentar zur Zivilprozeßordnung[3] (2003); *Rechberger/Simotta,* Zivilprozessrecht (Erkenntnisverfahren)[6] (2003).

I. Der klassische Zivilprozess

1. Begriff und Verfahrensziele

Der klassische Zivilprozess ist ein – regelmäßig zweipersonales – **Verfahren über zwischen konkreten Parteien strittige Privatrechte.** Ziel ist eine endgültige Entscheidung der konkreten Streitsache. Damit kommt dem Prozessrecht auch die Funktion der *Friedenswahrung* zu. An die endgültige, das heißt **rechtskräftige, Entscheidung** sind jedenfalls die Verfahrensbeteiligten gebunden; selten greift eine allgemeine Wirkung ein, die auch am Verfahren unbeteiligte Dritte erfasst (so zB bei Scheidungsurteilen). Der obsiegende Teil kann bei der Durchsetzung der Entscheidung staatliche Hilfe in Anspruch nehmen (zur Zwangsvollstreckung Rz 1345ff). **1330**

2. Rechtsquellen

Die wichtigsten Rechtsquellen des Zivilprozessrechts im engeren Sinn sind die **Jurisdiktionsnorm (JN) 1895** und die **Zivilprozessordnung (ZPO) 1895.** Die JN regelt primär *Zuständigkeitsfragen,* die ZPO hingegen den *Verfahrensablauf.* **1331**

3. Zuständigkeiten

Ein Zivilverfahren wird meist durch **Klage** eingeleitet. Diesen Verfahrensschritt muss derjenige setzen, dessen vermeintlich bestehendes Recht vom Gegner nicht befriedigt wird. Hier und in der Folge soll eine nach Ansicht des Verkäufers noch offene Kaufpreisforderung als anschauliches Beispiel dienen. **1332**

Zuallererst muss sich der Verkäufer fragen, bei welchem Gericht er seine Klage einzubringen hat. Damit ist die Frage der **Gerichtszuständigkeit** angesprochen. Während die **örtliche Zuständigkeit** vom Gesetz regelmäßig nach dem Wohnort bzw der geschäftlichen Niederlassung des Beklagten entschieden wird, ist für die **sachliche Zuständigkeit** häufig der so genannte **Streitwert** entscheidend: Bei Geldforderungen ist dieser regelmäßig mit dem eingeklagten Betrag gleichzusetzen. **1333**

Grundsätzlich sind in erster Instanz für „kleinere Streitigkeiten" die **Bezirksgerichte,** sonst die **Landesgerichte** (Gerichtshöfe erster Instanz) zuständig. Die *bezirksgerichtliche Streitwertgrenze* beträgt € 10.000. Nur in Wien gibt es für Klagen gegen im Firmenbuch eingetragene Unternehmer aus unternehmensbezogenen Geschäften (früher: in „Handelssachen") ein eigens eingerichtetes Bezirksgericht für Handelssachen sowie ein Handelsgericht; in anderen Sprengeln entscheiden die „gewöhnlichen" Gerichte, wobei Rechtsmittelsenate jedoch auch mit einem fachkundigen Laienrichter besetzt sind. Allen bisher erwähnten Gerichten übergeordnet sind die **Oberlandesgerichte** in Wien, Linz, Graz und Innsbruck; das

Höchstgericht in Zivilsachen heißt **Oberster Gerichtshof (OGH).** Dessen Entscheidungen sind die wichtigsten Leitlinien für die Rechtspraxis.

1334 An sich sind die Gerichtsstände in der JN geregelt (zur „internationalen" Zuständigkeit kurz Rz 1386). Für Wirtschaftstreibende von Bedeutung ist etwa der Gerichtsstand des *Erfüllungsortes* (Rz 493). Unter gewissen Voraussetzungen werden allerdings auch davon abweichende vertragliche **Gerichtsstandsvereinbarungen** anerkannt, die im Wirtschaftsleben eine nicht unbedeutende Rolle spielen. Es ist nämlich aus verschiedenen Gründen günstig, etwaige Prozesse möglichst am Ort der eigenen geschäftlichen Niederlassung führen zu können.

4. Das Verfahren erster Instanz

1335 Die beim zuständigen Gericht eingelangte **Klage** wird dem Beklagten zugestellt; diesem muss ja **rechtliches Gehör** gewährt werden (zu Besonderheiten der sog *Mahnklage* Rz 1343). Zugleich trägt das Gericht dem Beklagten eine schriftliche **Klagebeantwortung** auf, die innerhalb von 4 Wochen einzubringen ist (§§ 230, 239 ZPO). Die früher übliche *erste Tagsatzung* wurde bereits zum Jahresende 2002 abgeschafft. Lässt der Beklagte diese Frist ungenützt verstreichen, wird durch **Versäumungsurteil** (§§ 396ff ZPO) im Sinne des Klageantrages entschieden. Ansonsten kommt es zu einer **mündlichen Streitverhandlung**. Zu beachten ist dabei, dass bei bestimmten Streitigkeiten Rechtsanwälte beizogen werden müssen **(absolute Anwaltspflicht);** so in Verfahren vor den Gerichtshöfen erster Instanz sowie in Rechtsmittelverfahren (Rz 1340), bei Streitwerten über € 4000 zum Teil auch vor den Bezirksgerichten. Fallweise ist angeordnet, dass die Streitpartei entweder selbst den Prozess führen oder einen Anwalt beiziehen kann **(relative Anwaltspflicht);** so etwa in Ehesachen.

1336 Oft versucht der Richter zunächst zu vermitteln und die Parteien trotz bereits anhängigen Prozesses zu einer Einigung zu bewegen. Ein solcher **gerichtlicher Vergleich,** der im Ergebnis wie eine rechtskräftige Entscheidung wirkt, erspart nicht bloß dem Richter Arbeit. Er bringt sogar dem Kläger, der nachgibt, gewisse Vorteile, da dieser den verglichenen Betrag *sofort* und nicht erst nach einem langwierigen (und doch fast immer im Ausgang ungewissen) Verfahren erhält. Ohne Einigung (oder Anerkennung durch den Beklagten) wird der Prozess hingegen bis zur rechtskräftigen Entscheidung weitergeführt.

1337 In der mündlichen Verhandlung versuchen Kläger und Beklagter, ihr Vorbringen (= ihre Behauptungen) durch **Beweismittel** nachzuweisen. Von besonderer Bedeutung sind dabei schriftliche Urkunden sowie Zeugen. Doch auch die Befragung der Parteien selbst kommt in Betracht. Der Richter hat dann aber die besondere Schwierigkeit, die Glaubwürdigkeit dieser unmittelbar beteiligten Personen zu beurteilen.

1338 Nach Aufnahme der für notwendig erachteten Beweise schließt der Richter die Verhandlung. Er stellt nun anhand der vorgetragenen Beweise den vermutlichen Sachverhalt fest (*„freie" Beweiswürdigung* iS des § 272 ZPO) und legt diesen seiner rechtlichen Beurteilung des strittigen Anspruches zu Grunde. In seiner Entscheidung – regelmäßig einem **Urteil** – hat er sowohl die Beweiswürdigung als auch die rechtlichen Schlussfolgerungen nachvollziehbar zu begründen.

Vor allem bei komplizierten Sachverhalten, zugleich aber relativ geringen Streitsummen, kommt der richterlichen *„Schätzungsbefugnis"* nach § 273 ZPO große praktische Bedeutung zu; sie greift insbesondere dann ein, wenn die genaue Höhe eines Anspruchs –

häufig einer Schadenersatzforderung, zB wegen Verdienstentgangs – nicht oder nur mit unverhältnismäßig großem Aufwand festgestellt werden kann. Dann darf der Richter eine bestimmte Summe *ohne Durchführung eines Beweisverfahrens* „nach freier Überzeugung" zusprechen. In engen Grenzen besteht dieses Recht sogar dann, wenn der Anspruch nicht einmal dem Grunde nach als berechtigt feststeht.

Der Prozesssieger hat gegen den Verlierer Anspruch auf Ersatz der ihm entstandenen **Prozesskosten** (Anwaltshonorar, Gerichtsgebühren usw), die nicht selten den eigentlichen Streitwert übersteigen. Die Kosten *außergerichtlicher* („vorprozessualer") Eintreibungsversuche unterliegen allerdings der Verschuldenshaftung (Rz 518).

5. Die einstweilige Verfügung

Gerichtliche Verfahren können bereits in erster Instanz sehr langwierig sein. **1339**
Bereits daraus können dem Kläger massive Nachteile entstehen. Besonders häufig sind solche Konstellationen bei (möglichen) Wettbewerbsverstößen. Das Gesetz sieht nun für solche und ähnliche Fälle ein *Eilverfahren* vor, in dem den Interessen des Klägers *vorläufig* Rechnung getragen wird. Dies geschieht durch Erlassung einer **einstweiligen Verfügung (EV).**

Als erste Voraussetzung muss der Kläger regelmäßig seinen Anspruch sowie das Drohen eines „unwiederbringlichen Schadens" glaubhaft machen („bescheinigen"). Er muss also begründeterweise das Entstehen nicht wieder gut zu machender Nachteile befürchten. Die Exekutionsordnung (§§ 378–402 EO) kennt allerdings eine ganze Reihe unterschiedlicher Ansprüche, weshalb generelle Aussagen kaum möglich sind. Ebenso werden verschiedene *Sicherungsmittel* vorgesehen (Verbote an den Beklagten, aber auch an Dritte; Gebote an den Beklagten; gerichtliche Verwahrung usw).

In aller Regel darf eine einstweilige Verfügung nicht erlassen werden, die das Ergebnis des – noch zu führenden – Hauptprozesses *vorwegnimmt.* So darf etwa einem Kläger der eingeklagte Geldbetrag nicht durch einstweilige Verfügung zukommen. Im Wettbewerbsrecht besteht diese Einschränkung allerdings nicht (§ 24 UWG). Jedenfalls müssen sich die Auswirkungen der einstweiligen Verfügung wieder rückgängig machen lassen. (*Beispiel:* Dem später siegreichen Beklagten wird die vom Kläger geforderte und auf Grund der einstweiligen Verfügung gerichtlich verwahrte Sache wieder ausgefolgt.)

Da die einstweilige Verfügung oft sehr rasch und daher ohne nähere Prüfung erlassen werden muss, um den vom Kläger gewünschten Erfolg erzielen zu können, dürfen die damit verbundenen Risken für den Beklagten ebenfalls nicht vernachlässigt werden. Man denke nur an die einstweilige Anordnung, bestimmte Wettbewerbsmaßnahmen zu unterlassen, die sich am Ende des Hauptprozesses als durchaus korrekt erweisen. Fallweise muss der Antragsteller bereits vorweg für mögliche Nachteile des Beklagten *Sicherheit leisten.* Jedenfalls trifft ihn aber gegenüber dem im Hauptprozess siegreichen Gegner eine *verschuldensunabhängige* Entschädigungspflicht. Er hat für alle Nachteile einzustehen, die der Beklagte auf Grund der einstweiligen Verfügung erlitten hat; dabei handelt es sich um eine Art **Eingriffshaftung** (vgl Rz 749).

6. Rechtsmittel

Der Richter darf sich vor der Entscheidung eines ihm vorgelegten Streitfalls, **1340**
für den er zuständig ist, nicht „drücken". Er muss der Klage entweder (zum Teil)

stattgeben oder sie abweisen. Hat aber nun eine Prozesspartei ihren Rechtsstandpunkt nicht voll durchsetzen können, besteht regelmäßig die Möglichkeit eines **Rechtsmittels** (zB einer Berufung). Wie weit der Instanzenzug im konkreten Fall ausgeschöpft werden kann, bestimmt sich vor allem nach dem Streitwert, aber auch nach anderen Kriterien wie dem Verhältnis der Urteile erster und zweiter Instanz zueinander sowie der allgemeinen Bedeutung der konkreten Rechtsfrage.

7. Wirkungen der rechtskräftigen Entscheidung

1341 Ist gegen eine Entscheidung kein Rechtsmittel mehr möglich oder läuft die Rechtsmittelfrist ungenützt ab, wird die Entscheidung **rechtskräftig.** Das bedeutet, dass der konkrete **Rechtsstreit endgültig entschieden** ist. Eine *Wiederaufnahme des Verfahrens* kommt nur ganz ausnahmsweise in Betracht. Gibt die rechtskräftige Entscheidung dem Klagebegehren statt, ist sie zugleich **Exekutionstitel:** Leistet der rechtskräftig verurteilte Beklagte innerhalb der 14-tägigen Leistungsfrist nicht, kann der Kläger mit gerichtlicher Hilfe **Zwangsvollstreckung (Exekution)** in das gesamte Vermögen des Beklagten führen, um seinen Anspruch zu befriedigen (dazu näher Rz 1345 ff).

II. Sonderverfahren

Weiterführende Literatur: *Feil/Marent,* Außerstreitgesetz (2004); *Fucik,* Das neue Verlassenschaftsverfahren (2005); *Fucik/Kloiber,* Außerstreitgesetz (2005); *Klicka/Oberhammer/Domej,* Außerstreitverfahren[4] (2006); *Langer,* Außerstreitgesetz 2003[2] (2007); *Maurer/Schrott/Schütz,* Kommentar Außerstreitgesetz neu (2006); *Mayr/Fucik,* Das neue Verfahren außer Streitsachen[3] (2006); *Maurer/Schrott/Schütz,* Kommentar zum Außerstreitgesetz (2006); *Neumayr,* Das neue Außerstreitverfahren (2005); *Rechberger* (Hrsg), Kommentar zum Außerstreitgesetz (2006); *Schimkowsky* (hrsg von *Reindl*), Vertragsmuster und Beispiele für Eingaben in Außerstreit-, Firmenbuch-, Grundbuchs- und Insolvenzsachen[8] I (1998), II (1999), ErgBd (2006).

1342 Neben der allgemeinen Gerichtsbarkeit besteht auch im Zivilprozessrecht eine ganze Reihe von Sondervorschriften für **besondere Verfahrensarten:** Gesondert eingerichtet wurde etwa eine **Arbeits- und Sozialgerichtsbarkeit.**

Sonderregeln sieht ferner das zum 1. 1. 2005 neu gefasste **AußerstreitG (AußStrG)** für das so genannte **Verfahren außer Streitsachen (Außerstreitrecht, „freiwillige Gerichtsbarkeit")** vor. In dieser Verfahrensart wird selbstverständlich auch gestritten. Die Teilung hat einerseits historische Gründe, andererseits geht es zum Teil auch um Fragen, in denen der richterlichen Fürsorge besondere Bedeutung zukommt. Allgemeine verfahrensrechtliche Bestimmungen enthalten die §§ 1–80. In den Bereich des Außerstreitrechts gehören eine ganze Reihe von Familienrechtssachen (Abstammungs- und Unterhaltsstreitigkeiten, Adoptions- und Pflegschaftssachen, Eheangelegenheiten, Sachwalterbestellungen usw; §§ 81 ff), aber etwa auch das Grundbuchwesen, die Führung des Firmenbuches sowie manche Fragen des Mietrechts und des Wohnungseigentums. Von besonderer Bedeutung sind überdies das Verlassenschaftsverfahren (§§ 143 ff) sowie die gerichtliche Beglaubigung von Urkunden und Unterschriften (§§ 186 ff).

Eigens erwähnt werden muss auch das **Besitzstörungsverfahren:** Die in diesem Verfahren getroffene Entscheidung über Besitzstreitigkeiten hat regelmäßig bloß vorläufigen Charakter (dazu schon Rz 319).

Schließlich kommt dem vereinfachten **Mahnverfahren** (§§ 244 ff ZPO) große praktische Bedeutung zu: Bei Klagen auf Geldleistungen, die € 30.000 nicht übersteigen, hat der Richter zunächst bloß auf Grund der Angaben des Klägers einen **bedingten Zahlungsbefehl** zu erlassen. Dieser kann innerhalb von vier Wochen durch schlichten **Einspruch** des Beklagten außer Kraft gesetzt werden. Das einfache und rasche Mahnverfahren dient der Gerichtsentlastung. Viele Zahlungsklagen werden eben doch zu Recht eingebracht und in der Folge ohnehin nicht bestritten; der Beklagte hat häufig gerade kein Geld. Der rechtzeitige Einspruch hat die Durchführung eines „gewöhnlichen" Gerichtsverfahrens zur Folge. **1343**

Zum *europäischen* Mahnverfahren s Rz 1387.

III. Vorabentscheidungsverfahren

Weiterführende Literatur: *Schima,* Das Vorabentscheidungsverfahren vor dem EuGH[2] (2004).

Muss ein österreichisches Gericht den EG-Vertrag, Verordnungen oder Richtlinien (Rz 2b) anwenden und treten dabei Auslegungsfragen auf, so kann es diese Frage dem **Europäischen Gerichtshof (EuGH)** zur Entscheidung vorlegen. Das in letzter Instanz mit dem Fall befasste Gericht ist zur Vorlage sogar *verpflichtet* (Art 234 EG-Vertrag), auch wenn die Parteien darauf rechtlich keinen Einfluss nehmen können. Mit dieser *Auslegungskompetenz des EuGH* soll eine in allen Mitgliedstaaten einheitliche Anwendung von EG-Recht erreicht werden. **1343a**

Legt ein Gericht eine Frage dem EuGH zur Vorabentscheidung vor, so darf es bis zur Entscheidung nur ganz ausnahmsweise weitere Verfahrenshandlungen vornehmen (§ 90a GOG).

IV. „Private" Gerichtsbarkeit (Schiedsgerichte)

Weiterführende Literatur: *Kloiber/Rechberger/Oberhammer/Haller,* Das neue Schiedsrecht (2006); *Reiner,* Das neue österreichische Schiedsrecht (2006); *Torggler* (Hrsg), Schiedsgerichtsbarkeit (2007); *Zeiler,* Schiedsverfahren (2007).

Nicht selten wird in Verträgen vereinbart, dass über Streitigkeiten aus dem Vertragsverhältnis **private Schiedsgerichte** entscheiden sollen. Eine solche **Schiedsklausel** ist nur bei Einhaltung der Schriftform wirksam, wobei eigenhändige Unterschrift jedoch nicht mehr gefordert wird (§ 583 ZPO), weshalb etwa die Vereinbarung durch e-mails genügt. Bestimmte Materien (Ehescheidung, Vaterschaftsanerkenntnis, wohnrechtliche Ansprüche aus MRG und WEG usw) sind der Entscheidung durch Schiedsgerichte überhaupt entzogen. Ansonsten wird diese Entlastung der ordentlichen staatlichen Gerichte von der Rechtsordnung akzeptiert. Häufig wollen die Parteien dadurch auch erreichen, dass eine Streitsache schnell und von fachlich – nicht bloß rechtlich – versierten Personen entschieden wird. **1344**

Um staatlich anerkannt zu werden, müssen solche schiedsrichterlichen Verfahren allerdings nach den Bestimmungen der ZPO (§§ 577–618) ablaufen, sofern das Schiedsgericht seinen Sitz in Österreich hat. Diese Regeln wurden im Jahre 2006 deutlich modifiziert und ausgebaut, wobei diese Novelle stark vom UNCITRAL-Modellgesetz über die internationale Handelsschiedsgerichtsbarkeit inspiriert ist. Von zentraler Bedeutung ist dabei Folgendes: Werden die Gesetzesvorgaben für die Bildung des Schiedsgerichts, den Verfahrensablauf usw eingehalten, hat der **Schiedsspruch** dieselbe Wirkung **wie ein gerichtliches Urteil.** Dasselbe gilt für *einstweilige Verfügungen* (§ 593 ZPO; zur EV Rz 1339).Wird der Spruch rechtskräftig – regelmäßig sofort, weil bloß eine Instanz vorgesehen ist –, stellt er einen gerichtlich durchsetzbaren *Exekutionstitel* dar. Auch kann dieselbe Streitsache nicht nochmals vor ein ordentliches staatliches Gericht gebracht werden. Bei krassen Mängeln kommt allerdings eine beim ordentlichen Gericht einzubringende *Aufhebungsklage* in Betracht (§ 611 ZPO).

Seit der Zivilverfahrens-Novelle 2002 ist ausdrücklich die Möglichkeit vorgesehen, dass bei den Rechtsanwalts- und Notariatskammern Schiedsgerichte eingerichtet werden (§ 59 RAO, § 188 NO). Österreichische Unternehmer legen es aber wohl noch heute meist darauf an, die Zuständigkeit des *internationalen Schiedsgerichts der Wirtschaftskammer Österreichs* zu vereinbaren.

V. Mediation

Weiterführende Literatur: *Ferz/Filler,* Mediation. Gesetzestexte und Kommentar (2003); *Ferz/Lison/Wolfart* (Hrsg), Zivilgerichte und Mediation (2004); *Fuchshuber,* Mediation im Zivilrecht (2004); *Pruckner,* Recht der Mediation (2003).

1344 a Seit einigen Jahren hat sich die Ansicht durchgesetzt, dass Konfliktlösung durch die Betroffenen selbst aus vielerlei Gründen wünschenswerter ist als Streitentscheidung durch Gerichte. Allerdings erscheint dieser Weg – zumal bei verhärteten Fronten – regelmäßig nur bei Mitwirkung eines neutralen, gut ausgebildeten Vermittlers (Mediators) zielführend. Aus diesem Grund wurde 2003 das **Zivilrechts-Mediations-Gesetz (ZivMediatG)** erlassen. Es enthält insbesondere Vorschriften über die Zulassung einer Person als Mediator (§§ 8 ff) sowie über ihre Rechte und – vor allem – Pflichten (Verschwiegenheit, Vertraulichkeit uä; §§ 15 ff). Obwohl der Mediator keinerlei Entscheidungskompetenz hat, sondern bloß die Kommunikation der Parteien systematisch fördern und diesen eine selbst verantwortete Konfliktlösung ermöglichen soll (§ 1), sieht der Gesetzgeber die Mediationstätigkeit doch als so gefährlich an, dass er den Mediator zum Abschluss einer Haftpflichtversicherung mit einer Mindestsumme von € 400.000 pro Versicherungsfall verpflichtet (§ 19)! Heutzutage sind viele Rechtsanwälte auch als Mediatoren tätig; eine juristische Ausbildung ist jedoch nicht zwingend erforderlich.

Zivilrechtliche Bedeutung kommt der Mediation vor allem für *Verjährungsfristen* zu, deren Lauf während des Mediationsverfahrens *gehemmt* ist (§ 22; siehe auch Rz 41). Ferner kann der zwingend vorgeschriebene Schlichtungsversuch bei Nachbarschaftsstreitigkeiten wegen Entzugs von Licht und Luft (Rz 356) mittels Mediation erfolgen.

3. Kapitel

Zwangsvollstreckung (Exekution)

Weiterführende Literatur: *Angst* (Hrsg), Kommentar zur Exekutionsordnung (2000); *Angst/Jakusch/Mohr,* Exekutionsordnung[14] (2004); *Breinl/Kodek,* EO Kurzkommentar[2] (2005); *Burgstaller/Deixler-Hübner* (Hrsg), Kommentar zur Exekutionsordnung (Loseblatt, Stand 2006); *Burgstaller/Deixler-Hübner/Dolinar,* Praktisches Zivilprozeßrecht II: Außerstreitverfahren und Exekutionsverfahren[5] (1997) 217–446; *Deixler-Hübner/Klicka,* Zivilverfahren – Erkenntnisverfahren und Grundzüge des Exekutions- und Insolvenzrechts[4] (2005) Rz 398–552; *Feil,* Exekutionsordnung[4] (Loseblatt, Stand 2006); *Fink/Schmidt/Kurzböck,* Handbuch zur Lohnpfändung[3] (2002); *Fritscher,* Die Gehaltsexekution in der Praxis[2] (2004); *Mini,* Exekutionsverfahren (2003 + ErgH 2005); *Mohr,* Fahrnisexekution (1996); *Neumayr,* Exekutionsrecht[2] (2006); *Rechberger/Oberhammer,* Exekutionsrecht[4] (2005); *Rosenmayr/Riehs,* Die Exekutionsordnung[2] (2001); *Zechner,* Forderungsexekution (2000); *ders,* Sicherungsexekution und Einstweilige Verfügung (2000).

I. Verfahrensziele

1345 Wurde jemand rechtskräftig zu einer Leistung verurteilt – nur dieser Fall soll in der Folge behandelt werden –, hat sich sein Prozessstandpunkt im Ergebnis als unrichtig herausgestellt. Er wird die Leistung daher nun regelmäßig freiwillig erbringen. Tut er dies jedoch nicht, kann der obsiegende Teil die Hilfe der Gerichte bei der Durchsetzung seiner Forderung in Anspruch nehmen. Der Prozessgewinner soll die ihm rechtskräftig zuerkannte Leistung erhalten: Um die Sachlage der Rechtslage anzugleichen, wird, wenn nötig, behördlicher Zwang eingesetzt. – Zur Vollstreckung österreichischer Gerichtsentscheidungen im Ausland (und umgekehrt) s Rz 1384, 1386.

II. Rechtsquellen

Das Zwangsvollstreckungs- bzw Exekutionsverfahren ist in der **Exekutionsordnung (EO) 1896** geregelt, die gerade in jüngerer Zeit mehrfach einschneidend novelliert wurde. 1346

Da viele Personen außer ihrem regelmäßigen Arbeitseinkommen kaum Vermögen haben, sind die Vorschriften über die Exekution auf Geldforderungen (§§ 290 ff EO), vor allem über die so genannte **Lohnpfändung,** von besonderer Bedeutung. Gesetzlich mit bestimmten Beträgen festgelegt sind etwa **Pfändungsgrenzen:** Das zum Leben nötige Existenzminimum darf dem Schuldner niemals genommen werden. Dies sind derzeit mindestens € 643 im Monat.

III. Verfahrensablauf

Auch die Zwangsvollstreckung findet immer nur auf Antrag des Berechtigten statt. Grundsätzlich muss er dabei seinen **(Exekutions-)Titel** – meist ein rechtskräftiges Urteil – vorlegen (zum „europäischen" Vollstreckungstitel Rz 1386 a). Für Forderungen bis zu € 30.000 ist ein vereinfachtes, elektronisch abzuwickelndes Bewilligungsverfahren (ohne Titelvorlage) vorgesehen, sofern keine Zwangsvollstreckung in unbewegliches Vermögen begehrt wird. 1347

Ziel der Zwangsvollstreckung ist die Befriedigung des Prozessgewinners. In manchen Fällen lässt sich diese auf einem ziemlich direkten Weg erreichen: Dem Verlierer wird die geschuldete Sache bzw der geschuldete Geldbetrag durch das Vollstreckungsorgan (Gerichtsvollzieher) „weggenommen", wenn er sie nach Aufforderung nicht freiwillig herausgibt. Häufig – insbesondere bei Geldschulden – kommt es jedoch zu einer **Verwertung von Vermögensgegenständen des Schuldners:** Ausreichend wertvolle Gegenstände werden vom Gerichtsvollzieher durch behördlichen Akt **gepfändet** (**gerichtliche Pfändung** durch Eintragung im Pfändungsprotokoll) und in der Folge gerichtlich versteigert. Vorweg werden die Kosten der Zwangsvollstreckung abgedeckt, dann wird die rechtskräftig zugesprochene Forderung getilgt. Einen etwaigen Übererlös bekommt der Schuldner.

Schwieriger ist die Exekution in den Fällen, in denen der Verpflichtete persönlich vorzunehmende Handlungen schuldet. Muss er eine Willenserklärung abgeben (zB Unterschrift auf einem Grundstückskaufvertrag), wird die Abgabe der Erklärung mit Rechtskraft des Urteils allerdings gesetzlich fingiert.

Grundsätzlich ist das **gesamte Vermögen** des Schuldners dem Zugriff der Vollstreckungsorgane unterworfen. Praktisch größte Bedeutung hat allerdings die – daher gesetzlich auch näher geregelte – *Lohnpfändung* (§§ 290 ff EO). Gewisse Gegenstände bzw Vermögenswerte sind jedoch **unpfändbar,** so etwa ein Teil des Arbeitseinkommens (s Rz 1346), für die Berufsausübung unentbehrliche Gegenstände sowie lebensnotwendige Güter. 1348

Häufig kennt der Gläubiger die genauere Vermögenslage des Verpflichteten nicht. Aus diesem Grund können vom Verpflichteten nähere Auskünfte über seine Vermögensverhältnisse verlangt werden. Dies geschieht durch Vorlage und Unterfertigung eines *Vermögensverzeichnisses* (früher: „Offenbarungseid"). Einen ähnlichen Zweck verfolgt die gesetzlich vorgesehene *Auskunftspflicht der Sozialversicherungsträger:* Deren Unterlagen kann ja regelmäßig entnommen werden, ob und bei wem der Schuldner unselbstständig erwerbstätig ist; Gleiches gilt für die Einkommenshöhe.

IV. Vollstreckungshindernisse

1349 Selbstverständlich hat der Verpflichtete auch die Möglichkeit, sich gegen unberechtigte Exekutionen zu wehren. Neben allgemeinen Rechtsbehelfen (Rekurs, Widerspruch, Beschwerde) ist die **Oppositionsklage** (§ 35 EO) von besonderer Bedeutung. Der Verpflichtete kann diese Klage dann erheben, wenn der materielle Anspruch des Gläubigers nicht mehr besteht: Der Schuldner hat seine Verpflichtung sofort nach Erhalt des rechtskräftigen Urteils bezahlt, der Gläubiger hat auf seine Forderung inzwischen verzichtet usw. Es geht also jeweils um Tatsachen, die den materiellen Anspruch aufheben oder hemmen (wie etwa die Stundung).

1350 Große praktische Bedeutung hat auch die **Exszindierungsklage** (§ 37 EO): Es geschieht nämlich nicht selten, dass im Zuge der Zwangsvollstreckung **Vermögensgegenstände dritter Personen** (zB die unter Eigentumsvorbehalt auf Raten gekaufte und noch nicht voll bezahlte Stereoanlage) beim Verpflichteten gepfändet werden. Der Dritte (insbesondere ein Eigentümer der gepfändeten Sache) ist dem exekutiven Zugriff auf Grund des rechtskräftigen Urteils jedoch nicht unterworfen. Da die gerichtliche Pfändung aber dennoch wirksam ist, muss der Dritte gegen den betreibenden Gläubiger mittels dieser Exszindierungsklage vorgehen, wenn der Gläubiger die Exekution nicht freiwillig einstellt. Kann er nachweisen, dass ihm und nicht dem Verpflichteten das Eigentum an der gepfändeten Sache zusteht, wird die Exekution insoweit für unzulässig erklärt. Das Eigentum des Dritten bleibt also im Ergebnis unangetastet, wenn er sich rechtzeitig um seine Rechte kümmert.

4. Kapitel

Insolvenz

Weiterführende Literatur: *Bartsch/Pollak/Buchegger* (Hrsg), Österreichisches Insolvenzrecht[4] I (2000), II/1 (2007), II/2 (2004), III (2002), IV (2004), VI (2007); *Bock/Muhri,* Das neue Insolvenzrecht – Kurzkommentar[2] (2003); *Buchegger/Holzhammer/Roth,* Insolvenzrecht (2005); *Deixler-Hübner/Klicka,* Zivilverfahren – Erkenntnisverfahren und Grundzüge des Exekutions- und Insolvenzrechts[4] (2005) Rz 553–719 e; *Dellinger/Oberhammer,* Insolvenzrecht[2] (2004); *Feil,* Konkursordnung[5] (2004); *Feuchtinger/Lesigang,* Praxisleitfaden Insolvenzrecht[2] (2005); *Hajek,* Ausgleichsordnung Praxiskommentar (2000); *Kodek,* Handbuch Privatkonkurs (2002); *Konecny/Schubert* (Hrsg), Kommentar zu den Insolvenzgesetzen (Loseblatt, Stand 2006); *König,* Die Anfechtung nach der Konkursordnung[3] (2003); *Mohr,* Privatkonkurs[2] (2007); *ders,* Die Konkurs-, Ausgleichs- und Anfechtungsordnung[10] (2006); *ders,* Unternehmensreorganisationsgesetz (1997); *ders,* Insolvenzrecht 2002 (2002); *Rechberger/Thurner,* Insolvenzrecht[2] (2004).

I. Begriffe und Arten

1. Grundsätze

Die „gewöhnliche“ Durchsetzung von Privatrechten erfolgt durch Klage und Exekution. Der Gläubiger kann dabei prinzipiell auf alle Vermögensstücke des Schuldners greifen. Die **Insolvenz** ist regelmäßig dadurch gekennzeichnet, dass **einem überschuldeten oder zahlungsunfähigen Schuldner eine Mehrheit von Gläubigern** gegenübersteht. Das österreichische Recht lehnt für solche Fälle, wie viele andere Rechtsordnungen auch, das Prioritätsprinzip ab. Es kommt also nicht darauf an, wer schneller ist. Vielmehr gilt grundsätzlich das **Prinzip der Gläubigergleichbehandlung:** Im Wesentlichen werden bloß *Inhaber dinglicher Rechte* (Pfandgläubiger, Eigentumsvorbehaltsverkäufer usw) bevorzugt. **1351**

2. Ausgleich und Konkurs

Die Insolvenz ist in zwei Arten denkbar: als **Ausgleich** oder als **Konkurs.** **1352**
Beim **Ausgleich** soll der Schuldner wirtschaftlich lebensfähig bleiben. Grob gesagt verzichten die Gläubiger auf Teile ihrer Forderungen. Im **Konkurs** kommt es hingegen zu einer **Gesamtvollstreckung** in das Vermögen des Schuldners. Seine gesamten Vermögensgegenstände (die Aktiven) werden verwertet und den Gläubigern quotenmäßig zugewiesen. Nicht befriedigte Forderungen bleiben aufrecht und können daher dann, wenn der Schuldner in der Zukunft wieder zu Vermögen gelangt, nochmals geltend gemacht werden.

Während der Ausgleich also neben der Teilbefriedigung der Gläubiger den Zweck hat, eine wirtschaftliche Gesundung des schuldnerischen Unternehmens zu ermöglichen, führt der Konkurs zu dessen Zerschlagung.

Spektakuläre Konkursverfahren („Großinsolvenzen“) werden zwar primär über das Vermögen von gewerblichen Unternehmen und von Industrieunternehmen eröffnet; an sich kann aber auch ein Privater „in Konkurs fallen“, wenn die allgemeinen Voraussetzungen vorliegen (zum „Privatkonkurs“ Rz 1366).

3. Insolvenzprävention

Novellen zum österreichischen Wirtschaftsrecht haben sich zum Ziel gesetzt, **1352a**
bei den wirtschaftlich bedeutenden *Unternehmen* Insolvenzen möglichst zu vermeiden, also die Unternehmens*fortführung* zu erleichtern (vgl auch etwa Rz 563 aE). Rechtspolitischer Grund ist dabei nicht zuletzt die Erhaltung von Arbeitsplätzen. Für Fälle *drohender* Insolvenz ist ein **Reorganisationsverfahren** vorgesehen (näher Rz 1371a).

II. Rechtsquellen

Bestimmungen über das Ausgleichsverfahren finden sich in der **Ausgleichs-** **1353**
ordnung (AO), über das Konkursverfahren in der **Konkursordnung (KO);** das Reorganisationsverfahren ist im **Unternehmensreorganisationsgesetz (URG)** geregelt. Daneben ist das *Insolvenzrechtseinführungsgesetz (IEG)* sowie das *Gesetz über das Internationale Insolvenzrecht (IIRG)* zu beachten, das vor allem Ände-

rungen der KO und des BWG mit sich brachte. – Zur Europäischen Insolvenzverordnung Rz 1388.

III. Konkursverfahren

1. Voraussetzungen und Ablauf

1354 Das Konkursverfahren wird auf Antrag des Schuldners, unter Umständen aber auch eines Gläubigers, eingeleitet. Den Schuldner (bei juristischen Personen deren vertretungsbefugte Organe) trifft bei Vorliegen der Konkursvoraussetzungen regelmäßig eine **Pflicht zur Antragstellung.** Die Voraussetzungen der Einleitung eines Konkursverfahrens sind **Zahlungsunfähigkeit und/oder Überschuldung des Schuldners. Zahlungsunfähigkeit** bedeutet, dass der Schuldner seinen laufenden Verpflichtungen auf Dauer nicht mehr nachkommen kann. **Überschuldung** bedeutet, dass die Verbindlichkeiten (Passiven) die Vermögenswerte (Aktiven) des Schuldners übersteigen und zudem eine *negative Fortbestehensprognose* vorliegt, dh der Eintritt der Zahlungsunfähigkeit zu erwarten ist. Das Vorhandensein *mehrerer* Gläubiger wird nicht verlangt.

Da das Konkursverfahren relativ aufwändig ist, wird Konkursanträgen nur bei **kostendeckendem (Aktiv-)Vermögen** des Schuldners stattgegeben. Berücksichtigt wird bei juristischen Personen allerdings auch das Vermögen ihrer organschaftlichen Vertreter, soweit diese ihre Konkursantragspflicht verletzt haben und daher zur Haftung herangezogen werden können (siehe etwa Rz 1012). Bei ausreichenden Aktiva kommt es zum *Konkurseröffnungsbeschluss (Konkursedikt);* zur Bekanntmachung siehe Rz 1355 a. In der Folge wird in einer **Gläubigerversammlung** geprüft, wer welche Ansprüche gegen den so genannten **Gemeinschuldner** anmeldet. Zur Feststellung der **Konkursmasse** hat der Gemeinschuldner ein **Vermögensverzeichnis** und eine **Bilanz** vorzulegen. Hinsichtlich bestrittener Forderungen müssen Prüfungsprozesse geführt werden.

1355 Im Konkursverfahren sind **zwei Organe** von besonderer Bedeutung: zum einen der vom Konkursgericht bestellte und überwachte **Masseverwalter,** der für die Durchführung des Konkursverfahrens zu sorgen hat (§§ 80ff KO). Da dessen Tätigkeit nicht gerade einfach ist, werden häufig Rechtsanwälte, aber auch Notare, für diese Aufgabe herangezogen. Der Masseverwalter muss sich einmal um die Verwertung der Aktiven kümmern; da er die Konkursmasse aber generell vertritt, muss er für sie auch Prozesse führen. Schließlich hat er bei Beendigung seiner Tätigkeit eine Abrechnung vorzulegen, um die Verteilung der Erlöse aus der Verwertung des Massevermögens vornehmen zu können. Seine Entlohnung wird durch das IVEG geregelt.

Als zweites Organ fungiert die vom Konkursgericht geleitete **Gläubigerversammlung** (§§ 91ff KO), die über wesentliche Fragen durch Abstimmung entscheidet; so über einen vom Schuldner beantragten Zwangsausgleich (vgl Rz 1361 a). Zur Unterstützung des Masseverwalters wird nicht selten ein *Gläubigerausschuss* eingerichtet (vgl § 88 KO).

1355 a Die Konkurseröffnung sowie sonstige nach den insolvenzrechtlichen Vorschriften bekannt zu machende Daten werden in eine **elektronische Insolvenzdatei** aufgenommen, die von jedermann eingesehen werden kann (s § 14 IEG). Diese Publikationsform hat die frühere Bekanntmachung durch Anschlag an der Gerichtstafel sowie Abdruck in bestimmten Zeitungen abgelöst.

2. Grundsätze

1356 Wichtigster Grundsatz des Konkursrechts ist der der **Gläubigergleichbehandlung:** Bloß obligatorisch Berechtigte (zB Inhaber von Geldforderungen) müssen daher mit der gleichen Quote befriedigt werden, die sich durch die Gegenüberstellung von Aktiven und Passiven ergibt. ***Beispiel:*** Stehen einem Aktivvermögen von € 1 Million Verbindlichkeiten in Höhe von € 10 Millionen gegenüber, beträgt die **Konkursquote** – wenn man von den Verfahrenskosten einmal absieht – 10%. Der Gläubiger, dem an sich € 5.000 zustehen, erhält dann bloß € 500.

1357 Vor den gewöhnlichen **Konkursforderungen** werden **Aussonderungs-** und **Absonderungsansprüche** sowie **Masseforderungen** befriedigt: **Ausgesondert** können Gegenstände werden, die sich zwar faktisch in der Konkursmasse befinden, aber nicht dem Gemeinschuldner gehören; etwa gemietete oder unter Eigentumsvorbehalt verkaufte Gegenstände (§ 44 KO). **Abgesondert** werden Vermögensstücke, die konkreten Gläubigern zur vorzugsweisen Befriedigung zugewiesen sind und sich in der Konkursmasse vorfinden (§ 48 KO). Dazu gehört etwa eine durch Zeichen verpfändete Maschine oder die mit einer Hypothek belastete Liegenschaft. Die abgesonderten Gegenstände scheiden allerdings nicht endgültig aus der Konkursmasse aus. Sie werden bloß abgesondert verwertet, wobei der Veräußerungserlös zunächst zur Abdeckung der Forderungen des gesicherten Gläubigers verwendet wird. Der restliche Erlös fällt in die Konkursmasse. **Masseforderungen** schließlich sind Ansprüche, die durch das Konkursverfahren selbst und damit im Interesse aller Konkursgläubiger entstanden sind (bei der Veräußerung von Konkursvermögen aufgelaufene Kosten, Verwaltungskosten usw). Masseforderungen können immer nur Ansprüche sein, die nach Konkurseröffnung begründet wurden.

Sowohl innerhalb der Masseforderungen als auch innerhalb der Konkursforderungen gibt es nochmals eine genauere Befriedigungsreihenfolge.

1358 Die schon angesprochenen **Exekutionsbeschränkungen** (Rz 1348) sind auch im Konkurs zu beachten. Ferner ist nur das Vermögen des Schuldners dem Konkursverfahren unterworfen, nicht aber die Person. Es gibt also keinen „Schuldturm" mehr; auch kann die Arbeitskraft des Gemeinschuldners nicht gegen seinen Willen zur Erhöhung des Konkursvermögens eingesetzt werden.

3. Wirkungen der Konkurseröffnung

1359 Mit dem Tag nach der Aufnahme des Konkursedikts in die Insolvenzdatei treten alle Rechtswirkungen der Konkurseröffnung ein. Zunächst wird dadurch das gesamte konkursfähige Vermögen des Gemeinschuldners „beschlagnahmt". Diese **Vermögensgegenstände** sind damit **der Verwaltung und Verfügung des Gemeinschuldners entzogen** (§ 1 KO). Diese Befugnisse kommen nun nur noch dem Masseverwalter zu.

1359a Bis vor kurzer Zeit erfassten die Eröffnungswirkungen nur das *im Inland* vorhandene Vermögen. Heutzutage werden übernationale Wirkungen sowohl durch eine entsprechende EU-Verordnung (siehe Rz 1388) als auch durch nationale Regelungen erreicht. So erstrecken sich seit Juli 2003 die Wirkungen eines in Österreich eröffneten Konkursverfahrens grundsätzlich auch auf im Ausland befindliches Vermögen (§ 237 KO). Umgekehrt müssen aber auch österreichische Konkursgerichte im Ausland eröffnete Konkursverfahren unter Einbeziehung in Österreich befindlicher Werte anerkennen (§ 240 KO). Welches nationale Recht in Fällen mit Auslandsbezug anzuwenden ist (zum Grundproblem vgl Rz 1373), regeln die

§§ 221 ff KO. Grundsätzlich ist das Recht jenes Staates maßgeblich, in dem das Insolvenzverfahren eröffnet wurde.

1360 Ferner sind Rechtshandlungen (zB der Abschluss von Kaufverträgen oder die Zahlung an einen Gläubiger), die der Gemeinschuldner nach Konkurseröffnung vornimmt, **den Konkursgläubigern gegenüber unwirksam** (§ 3 Abs 1 KO). Diese Einschränkung bedeutet, dass es sich um eine bloß **relative Unwirksamkeit** handelt: Das heißt, nur die Konkursgläubiger können sich auf die Unwirksamkeit berufen, nicht jedoch andere Personen.

Der Gemeinschuldner kann nach Konkurseröffnung grundsätzlich keine neuen Prozesse mehr anstrengen. Auch geklagt werden kann er nicht mehr, da ihm mit Konkurseröffnung die Prozessführungsbefugnis fehlt. Bereits anhängige Prozesse werden bis zur Beendigung des Konkursverfahrens unterbrochen.

1361 Von Bedeutung ist schließlich, dass im Konkursverfahren angemeldete Forderungen in ihrer Verjährung gehemmt und dass befristete Forderungen mit Konkurseröffnung fällig werden. – Sonderregeln gelten auch für vom Gemeinschuldner vor Konkurseröffnung abgeschlossene, jedoch noch nicht von beiden Vertragsteilen zur Gänze abgewickelte Geschäfte: In diese kann der Masseverwalter eintreten; dann muss er sie aber auch *voll* – und nicht etwa bloß mit der Konkursquote – erfüllen. Will der Masseverwalter das nicht, kann er von einem speziell für solche Fälle vorgesehenen *Rücktrittsrecht* Gebrauch machen **(Wahlrecht!).** Der Gläubiger erhält dann allerdings seine bereits erbrachten Leistungen nicht vollständig zurück; vielmehr steht ihm bloß quotenmäßige Befriedigung zu (§ 21 KO).

4. Wirkungen der Konkursbeendigung und Zwangsausgleich

1361 a Das Konkursverfahren führt bloß zu einer gleichmäßigen Teil-Befriedigung der ungesicherten Gläubiger, nicht aber zu einer Befreiung des Schuldners. Nach Beendigung des Verfahrens **bleiben** also seine **Zahlungsverpflichtungen aufrecht,** soweit sie nicht wirklich getilgt wurden.

1361 b Der Schuldner kann im Konkursverfahren jedoch einen **Zwangsausgleich** (§§ 140 ff KO) anstreben: Den Konkursgläubigern muss darin angeboten werden, mindestens 20% der Schulden innerhalb von zwei Jahren zu bezahlen. Erhält der Antrag bei den Gläubigern die notwendige (qualifizierte) Mehrheit und werden die Bedingungen sowie weitere gesetzliche Voraussetzungen (zB Zahlung bzw Sicherstellung der Entlohnung des Masseverwalters) voll erfüllt, so erteilt das Konkursgericht die *Zwangsausgleichsbestätigung.* Mit deren Rechtskraft enden die Wirkungen der Konkurseröffnung. Insbesondere ist der Schuldner von seinen (weiteren) Verpflichtungen endgültig frei und über sein noch vorhandenes Vermögen wieder voll verfügungsfähig.

Die Gläubiger haben nicht selten – vor allem bei Unternehmern – ein Interesse daran, den Schuldner wirtschaftlich „am Leben" zu lassen; etwa weil er auch für die Zukunft ein wichtiger Geschäftspartner sein könnte. Außerdem ist bei Konkurs (Zerschlagung anstelle der Fortführung eines Unternehmens) regelmäßig noch viel weniger zu holen. Daher kommen Zwangsausgleiche immer wieder zustande. – Zur Haftungsfreistellung eines Unternehmenserwerbers Rz 564 a.

5. Einzelfragen

a) Anfechtung

1362 Nicht selten hat der Gemeinschuldner kürzere Zeit vor Konkurseröffnung noch Geschäfte gemacht, die die Konkursmasse geschmälert haben: Der spätere

Gemeinschuldner schenkt seiner Frau wertvolle Vermögensstücke oder veräußert Teile der Unternehmensliegenschaft zu einem Schleuderpreis an seinen Geschäftsfreund. In diesen Fällen haben die Konkursgläubiger ein Interesse, dass solche Geschäfte für unwirksam erklärt werden und die entsprechenden Vermögenswerte in die Konkursmasse (zurück-)fließen. Inwieweit dies möglich ist, regelt das Recht der **Gläubigeranfechtung.** ***Achtung!*** Die hier behandelte Anfechtung hat mit der Anfechtung wegen Willensmangels (vgl Rz 459ff) nicht das Geringste zu tun.

Selbstverständlich kann nicht jedes ungünstige Geschäft nachträglich angefochten werden. Vielmehr müssen konkrete gesetzliche Tatbestände erfüllt sein (§§ 27ff KO). So muss das betreffende Rechtsgeschäft zeitlich ziemlich nahe zur Konkurseröffnung liegen. Ferner kommt es meist auch darauf an, ob die Anfechtung des Geschäftes dem Vertragspartner des späteren Gemeinschuldners zumutbar ist; diesem gegenüber ist die Anfechtung vorzunehmen. Deshalb erkennt das Gesetz etwa die **Schenkungsanfechtung** an. Gleiches gilt dann, wenn auch dem Vertragspartner erkennbar war, dass das Rechtsgeschäft in Benachteiligungsabsicht (zu Lasten der übrigen Gläubiger) abgeschlossen wurde. Zu erwähnen ist ferner die **Anfechtung wegen Kenntnis der Zahlungsunfähigkeit** sowie die ungerechtfertigte **Begünstigung** eines Gläubigers im Verhältnis zu den anderen, wodurch der Grundsatz der Gläubigergleichbehandlung verletzt wurde.

Eine erfolgreiche Anfechtung führt immer dazu, dass die angefochtene Rechtshandlung **den Konkursgläubigern gegenüber** für unwirksam erklärt wird und dass der Anfechtungsgegner (Vertragspartner des späteren Gemeinschuldners) das in die Konkursmasse zu leisten hat, was dieser durch das nunmehr angefochtene Geschäft entgangen ist. **1363**

Beispiel: M schenkt und übergibt seiner Frau F eine Liegenschaft im Wert von € 3 Millionen. Wenig später fällt er in Konkurs. M hat noch Aktiva im Umfang von € 1 Million, seine Gläubiger haben Forderungen im Gesamtwert von etwa € 2 Millionen. Die erfolgreiche Anfechtung der Schenkung führt dazu, dass die Gläubiger Zugriff auf die Liegenschaft der F nehmen können. Diese bleibt jedoch auch nach Anfechtung Eigentümerin, da der Schenkungsvertrag im Verhältnis zu M voll wirksam bleibt. Sie kann dem Gläubigerzugriff durch Zahlung von € 1 Million entgehen. Bei Verwertung des Grundstücks steht ihr der Teil des Erlöses zu, der zur Befriedigung der Gläubiger und zur Deckung der Verfahrenskosten nicht benötigt wird.

Das Anfechtungsrecht hat in letzter Zeit eine immer größere Bedeutung erlangt. Es gibt allerdings nicht bloß die in der KO geregelte Konkursanfechtung, sondern auch die allgemeine Gläubigeranfechtung nach der **Anfechtungsordnung (AnfO).** Voraussetzung dieser Gläubigeranfechtung ist bloß die Zahlungsunfähigkeit, nicht aber auch die Eröffnung des Konkursverfahrens über das Vermögen des Schuldners; so, wenn die Konkurseröffnung mangels eines die Kosten des Verfahrens deckenden Vermögens unterbleibt. **1364**

b) Insolvenzentgeltsicherung

Die beste rechtliche Regelung kann selbstverständlich nicht verhindern, dass es doch immer wieder zu Konkursen von Unternehmern (= Arbeitgebern) kommt. Arbeitnehmer sind davon meist sehr hart betroffen. Zur Abdeckung ihrer noch offenen Ansprüche aus dem Arbeitsverhältnis wurde ein entsprechender Fonds eingerichtet. Genaueres ist im **Insolvenz-EntgeltsicherungsG (IESG) 1977** geregelt. Ansprüche gegen den Fonds bestehen nicht bloß bei Konkurs des Ar- **1365** beitgebers, sondern auch nach Abweisung des Antrags auf Konkurseröffnung mangels kostendeckenden Vermögens sowie im Ausgleichsverfahren.

6. „Privatkonkurs“

1366 **Private** haben selten die Chance, einen Zwangsausgleich (Rz 1361 a) zu erreichen: Zum Ersten können sie bei hoher Verschuldung kaum einmal die notwendige Quote aufbringen (Lohnpfändung!); zum Zweiten haben sie kein Unternehmen, an dessen Fortführung Interesse besteht. Das wurde schon längere Zeit als große Härte angesehen: Bei hohen Schulden verdienen solche Schuldner ihr Leben lang nur noch für die Gläubiger und müssen selbst mit dem Existenzminimum auskommen. Zugleich fordert eine solche Situation Schwarzarbeit und Verschleierung des Erworbenen geradezu heraus, was nicht im Interesse der Gläubiger ist.

Daher wurden Regelungen für den so genannten **„Privatkonkurs“** (korrekt: **Schuldenregulierungsverfahren**) getroffen, die *natürlichen* Personen eine vollständige Entschuldung ermöglichen sollen (§§ 181 ff KO). Preis dafür ist eine „Enteignung“ der Gläubiger, die sich – im Ergebnis wie beim Ausgleich, aber sogar gegen den Willen der Mehrheit – mit einem Teil ihrer Ansprüche zufrieden geben müssen.

Die endgültige Befreiung ist allerdings an eine Reihe von Voraussetzungen gebunden; es gibt vier unterschiedliche Möglichkeiten. Die wichtigsten Grundsätze lauten: Zuerst muss der Abschluss eines **außergerichtlichen Ausgleichs** versucht worden sein; Hilfe leisten dabei etwa die Schuldnerberatungsstellen. Für einen (erleichterten) Zwangsausgleich (Rz 1361 a) können längere Fristen gewährt werden. Der Schuldner kann einen **Zahlungsplan** vorlegen, dessen Erfüllung dem des Zwangsausgleiches ähnelt; es gibt jedoch keine fixe Quote. Scheidet auch das aus, so kommt das **Abschöpfungsverfahren mit Restschuldbefreiung** in Frage, das auch Unternehmern offen steht und ohne Zustimmung der Gläubiger möglich ist: Danach hat der Schuldner den gesamten pfändbaren Teil seiner Einkünfte *sieben Jahre lang* den Gläubigern zur Verfügung zu stellen. Voraussetzung der Befreiung nach Ablauf dieser Frist ist vor allem, dass der Schuldner alle ihm zumutbaren Tätigkeiten übernimmt („Wohlverhaltensperiode“). Eine auf Restschuldbefreiung lautende gerichtliche Entscheidung ergeht nach Fristablauf insbesondere dann, wenn zumindest 10% der Schulden abgedeckt wurden.

IV. Ausgleichsverfahren

1. Voraussetzungen

1367 Voraussetzung der Antragstellung auf Eröffnung des Ausgleichsverfahrens ist an sich die **Konkursreife** (Überschuldung bzw Zahlungsunfähigkeit sowie Gläubigermehrheit, § 1 AO). Will der Schuldner sein Unternehmen nicht sofort liquidieren und sieht er die Möglichkeit einer Sanierung, wird er zunächst den Ausgleich und nicht sofort den Konkurs beantragen. Die Antragsbefugnis besteht sogar bei bloß *drohender* Zahlungsunfähigkeit; so etwa, wenn in naher Zukunft größere Verpflichtungen fällig werden und schon jetzt abzusehen ist, dass diese dann nicht beglichen werden können.

1368 Der Schuldner muss nun einen **Ausgleichsvorschlag** ausarbeiten, dem ein genaues Vermögensverzeichnis beigegeben wird (§ 2 AO). Dieser Vorschlag hat unter anderem die gesetzliche Mindestquote einzuhalten (zB 40% der nicht bevorrechteten Forderungen, zahlbar innerhalb von zwei Jahren). Der Ausgleich ist angenommen, wenn er bei der Gläubigerversammlung eine Mehrheit findet. Die Mehrheit ergibt sich sowohl aus der Anzahl der anwesenden Gläubiger als auch aus dem Wert der geltend gemachten Forderungen.

2. Grundsätze

Neben der Erfüllung der Ausgleichsbedingungen (zB einer vereinbarten 50%-Quote) muss der Schuldner alle fälligen bevorrechteten Ansprüche sowie die Geschäftsführungsforderungen befriedigen oder sicherstellen. Erst wenn das alles geschehen ist, wird vom Gericht eine *Ausgleichsbestätigung* (besser wohl: Erfüllungsbestätigung) erteilt. Diese hat zur Folge, dass der **Schuldner vom restlichen Teil seiner Verpflichtungen befreit** ist (§ 53 AO). Anders als beim Konkurs kommen spätere Einkünfte damit wieder allein dem (ehemaligen) Schuldner – und nicht mehr seinen (ehemaligen) Gläubigern – zugute. **1369**

Anders als im Konkurs bleibt der Schuldner über sein Vermögen *verfügungsbefugt.* Seine Überwachung obliegt dem *Ausgleichsverwalter.* Für die Leitung des Verfahrens wird ein Richter zum *Ausgleichskommissär* bestellt.

Gläubiger nicht bevorrechteter Forderungen werden **zu gleichen Quoten befriedigt.**

3. Nichterfüllung der Ausgleichsbedingungen

Leistet der Schuldner die Quoten nicht wie vereinbart, werden nach Ablauf einer gewissen Frist alle gewährten Begünstigungen hinfällig. Das bedeutet, dass Gläubiger, die ihre Ausgleichsquoten nicht rechtzeitig erhalten, wieder in den Genuss ihrer vollen Ansprüche gelangen. **1370**

Die Nichterfüllung der Ausgleichsbedingungen, aber auch andere Gründe können zum so genannten **Anschlusskonkurs** (§ 69 AO) führen: Das Ausgleichsverfahren geht dabei durch Gerichtsbeschluss in ein Konkursverfahren über. **1371**

Umgekehrt kommt jedoch auch ein **Zwangsausgleich** (siehe §§ 140ff KO) in Betracht: Dieser kann zwischen dem Gemeinschuldner und seinen Gläubigern während eines Konkursverfahrens abgeschlossen werden, um im Wesentlichen doch wieder bloß die Ausgleichsfolgen herbeizuführen. Vorteile sind dabei insbesondere Kostenersparnis und die Erhaltung des schuldnerischen Unternehmens, was bei günstiger Prognose im Ergebnis auch für die Gläubiger von Vorteil ist.

V. Reorganisationsverfahren

Zur möglichst weitgehenden *Vermeidung* von Insolvenzen, also als *Präventivinstrument,* wurde ein Verfahren für die **Reorganisation** (noch) solventer Unternehmen eingeführt. Das **Unternehmensreorganisationsgesetz (URG)** sieht für in wirtschaftlichen Schwierigkeiten befindliche Unternehmen ein besonderes Gerichtsverfahren vor, das nur auf Initiative des Unternehmers selbst und ohne öffentliche Bekanntmachung eingeleitet wird (Antrag mit der Erklärung, nicht insolvent zu sein). Dabei wird von einem objektiven Fachmann ein Reorganisationskonzept erstellt. Zugleich wird – vorweg – geklärt, ob die in Aussicht genommenen Maßnahmen der Anfechtung unterliegen (vgl Rz 1362ff). Eigenleistungen der Gesellschafter im Rahmen der Reorganisation werden begünstigt: Sie gelten kei- **1371a** nesfalls als Eigenkapital ersetzend (§ 21 URG; vgl auch Rz 1029 a); ebenso wenig der Erwerb einer Beteiligung zum Zwecke der Krisenüberwindung (§ 13 EKEG). Tritt trotz aller Verbesserungsversuche Zahlungsunfähigkeit oder Überschuldung ein, so ist unverzüglich ein Insolvenzverfahren einzuleiten.

Grundsätzlich besteht keine Pflicht, einen Versuch der Reorganisation unter gerichtlicher Leitung zu unternehmen. Indirekt übt das Gesetz aber doch Druck auf die Betroffenen aus: Liegen bestimmte negative Bilanzkennzahlen vor und haben die organschaftlichen **Vertreter prüfungspflichtiger juristischer Personen** kein Reorganisationsverfahren angestrebt, so trifft sie eine **persönliche Haftung,** falls es in der Folge zum Konkurs kommt (Details in den §§ 22 ff URG). Überdies hat der *Abschlussprüfer* (Rz 1024) auf einen vermutlichen Reorganisationsbedarf hinzuweisen.

7. Teil
Internationale Beziehungen

1. Kapitel
Allgemeines

Das moderne Wirtschaftsleben ist von einer immer stärkeren **Internationalisierung („Globalisierung“)** gekennzeichnet: Es gibt kaum Produkte, die nicht irgendwann einmal Staatsgrenzen überschreiten. Auch die aktuellen Zahlen der Außenhandelsbilanz zeigen deutlich, dass die Wirtschafts- und damit zugleich die Vertragsbeziehungen mit dem Ausland große Bedeutung haben. Diese tatsächliche Entwicklung wirft nun im rechtlichen Bereich nicht gerade wenige Probleme auf. Auf Grund der Staatensouveränität hat ja jedes Land eigene Rechtsnormen. Außerdem findet die Macht jedes einzelnen Staates – zumindest in Friedenszeiten – ihre Schranken an den Staatsgrenzen. Dies zeigt etwa der Streit um den Bau neuer Atomkraftwerke und Wiederaufarbeitungsanlagen ganz deutlich. So ist das gesamte Zwangsvollstreckungsrecht wegen seines hoheitlichen Eingriffscharakters (Rz 1345 ff) zunächst auf das Territorium des Staates beschränkt, in dem die jeweilige Entscheidung ergangen ist. **1372**

Zur Vermeidung mancher sonst bestehender Schwierigkeiten ist im internationalen Handelsverkehr die Vereinbarung nichtstaatlicher Schiedsgerichte von besonderer Bedeutung (dazu Rz 1344).

2. Kapitel
Internationales Privatrecht

Weiterführende Literatur: *Borič* (Hrsg), Internationales Privatrecht und Zivilverfahrensrecht[4] (2005); *Czernich/Heiss* (Hrsg), EVÜ – Das Europäische Schuldvertragsübereinkommen (1999); *Klauser,* EuGVÜ und EVÜ (1999); *Posch,* Internationales Privatrecht[3] (2002) 1–120; *Schwimann,* Internationales Privatrecht einschließlich Europarecht[3] (2001); *Schwimann* in *Rummel*[3] II/6.

I. Begriff

Das **internationale Privatrecht (IPR)** hat die Frage zu beantworten, nach welcher staatlichen Rechtsordnung ein **Streitfall mit Auslandsbeziehung** zu entscheiden ist. In Österreich wird diese Frage grundsätzlich durch das **Gesetz über das internationale Privatrecht (IPRG) 1978** geregelt. Sondervorschriften sind auch hier vorrangig zu beachten; so insbesondere die Regeln des Ende 1998 für Österreich in Kraft getretenen **Europäischen Schuldvertragsübereinkommens (EVÜ).** Überhaupt gehen dem IPRG bilaterale und multilaterale Vereinbarungen vor, sofern am konkreten Streitfall Angehörige von Vertragsstaaten beteiligt sind (zu wichti- **1373** gen Vereinbarungen sofort Rz 1382ff). Für grenzüberschreitende Versicherungsverträge ist etwa das **IVVG** zu beachten. Dem IPRG vorrangige Normen zählt schließlich § 52 IPRG auf.

Schon seit längerem wird erwogen, das EVÜ ganz oder zum Teil durch eine *europäische Verordnung* (s Rz 1386ff) zu ersetzen („Rom I-VO"). Verbindliche Entscheidungen sind in den zuständigen Gremien der EU diesbezüglich bis zur Drucklegung (März 2007) jedoch noch nicht gefallen.

1374 Folgendes ist zum Grundverständnis wichtig:

1. Das IPR entscheidet bloß die Frage, welche innerstaatliche Rechtsordnung (zB österreichisches oder deutsches Kaufrecht) bei der Beurteilung eines Streitfalls heranzuziehen ist. Es enthält also keine materiellen Anordnungen, sondern bloß **Verweisungsnormen (Kollisionsnormen).**

2. Auch wenn Vereinheitlichungstendenzen bestehen (vgl das EVÜ), so gilt noch immer: Jeder Staat hat seine eigenen IPR-Regelungen! Die Bezeichnung „internationales Privatrecht" ist deshalb zumindest irreführend. Die Regeln des **österreichischen IPRG** sind also (nur) dann anzuwenden, wenn ein Streitfall mit Auslandsbeziehung **vor einem österreichischen Gericht** anhängig gemacht wird. Dafür ist regelmäßig Voraussetzung, dass ein *Gerichtsstand* des Beklagten (Rz 1333f) *in Österreich* besteht. Ein Ausländer kann jedoch nicht ohne weiteres in Österreich geklagt werden, da es primär auf seinen Wohnsitz bzw den Ort seiner geschäftlichen Niederlassung und eventuell subsidiär auf seinen gewöhnlichen Aufenthalt ankommt.

II. Zweck

1375 Der Zweck der IPR-Normen ist damit klar: Das jeweilige Entscheidungsorgan hat Streitfälle mit Auslandsbeziehung nicht nach irgendwelchen „überstaatlichen Grundsätzen" zu entscheiden, sondern regelmäßig nach einer ganz konkreten Rechtsordnung. Und auch diese Rechtsordnung soll keine beliebige sein, sondern entweder dem konkreten Willen der beteiligten Parteien entsprechen oder aus sonstigen sachlichen Gründen den Vorrang genießen.

III. Prinzipien

1376 Nochmals festzuhalten ist also, dass der österreichische Richter unter Umständen **ausländisches Recht** anzuwenden hat. Bei der Feststellung „exotischen" Rechts kommt ihm das Justizministerium zu Hilfe.

1377 Primär entscheidet auch hinsichtlich des anwendbaren Rechts der *Parteiwille.* Daher ist zuerst zu fragen, ob die Parteien eine konkrete Rechtsordnung ausdrücklich oder schlüssig als anwendbar vereinbart haben **(Rechtswahl).** Ist das geschehen, wird diese Rechtsordnung herangezogen (§§ 19, 35, 11 IPRG, Art 3 EVÜ). Für *Verbraucherverträge* ist die Wahl des Rechts eines Nicht-EWR-Staates nur teilweise wirksam (siehe § 13a KSchG; ferner Art 5 EVÜ).

1378 Ohne (wirksame) Rechtswahl und damit jedenfalls außerhalb von Vertragsverhältnissen ist die Rechtsordnung heranzuziehen, zu der der zu beurteilende Sachverhalt die **stärkste (engste) Beziehung** hat (§ 1 IPRG, Art 4 EVÜ). Dieser Grundsatz wird durch viele Einzelnormen konkretisiert: Für Verträge kommt es auf den gewöhnlichen Aufenthalt jener Partei an, die die **vertragscharakterisierende Leistung** (Warenleistung beim Kauf, Werkerstellung beim Werkvertrag usw) zu erbringen hat (Art 4 Abs 2 EVÜ). Im Personen- und Familienrecht wird auf die **Staatsangehörigkeit** abgestellt (Personalstatut nach § 9 IPRG), im Sachenrecht auf den **Lageort** (§ 31 IPRG; für Grundstücksverträge siehe Art 4 Abs 3 EVÜ).

Beispiel: Verkauft ein in Madrid lebender Spanier einen Oldtimer an einen österreichischen Privatsammler, erbringt der Spanier die charakteristische, dh den Vertragstyp prägende, Leistung. Daher ist auf den Kaufvertrag mangels anderer Rechtswahl spanisches Recht anzuwenden (Art 4 Abs 2 EVÜ). – Wäre der Käufer hingegen Händler, unterläge der Vertrag (primär) den materiellen Regelungen des UN-Kaufrechts (Rz 613 a ff)!

3. Kapitel

Internationale Übereinkommen und Verträge sowie Europäische Verordnungen

Weiterführende Literatur: *Bajons/Mayr/Zeiler* (Hrsg), Die Übereinkommen von Brüssel und Lugano (1997); *Borič* (Hrsg), Internationales Privatrecht und Zivilverfahrensrecht[4] (2005); *Burgstaller* (Hrsg), Internationales Zivilverfahrensrecht (2000, mit Loseblatt-ErgBd); *Czernich/Tiefenthaler/Kodek,* Kurzkommentar Europäisches Gerichtsstands- und Vollstreckungsrecht[2] (2003); *Duchek/Schütz/Tarko,* Zwischenstaatlicher Rechtsverkehr in Zivilrechtssachen[2] (1998); *Klauser,* EuGVÜ und EVÜ (1999); *ders,* JN – ZPO II: Europäisches Zivilprozessrecht (2002); *Lechner/Mayr,* Das Übereinkommen von Lugano (1996); *Mayr/Czernich,* Das neue europäische Zivilprozessrecht[2] (2004); *Mayr/Czernich,* Europäisches Zivilrecht – Eine Einführung (2006); *Neumayr,* EuGVÜ – LGVÜ – Österreich und die europäischen Zuständigkeits- und Vollstreckungsübereinkommen (1999); *Posch,* Internationales Privatrecht[3] (2002) 121 ff; *Vatter,* Internationale Rechtsverträge (Loseblatt, Stand 2004); *Wiesbauer/Zetter,* Transporthaftung (1984, mit ErgBd 1990). – Hinweise zum UN-Kaufrecht vor Rz 613 a.

I. Aktuelle Tendenzen

Auf Grund der zunehmenden Internationalisierung der Wirtschaft werden **1379**
auch Vereinheitlichungsbestrebungen immer aktueller *(„Einheitsprivatrecht“).* Zum Teil erfolgen Rechtsangleichungen auf mehr oder weniger freiwilliger Basis (Staatsverträge). In anderen Fällen werden die Rechtsordnungen von Mitgliedstaaten übernationaler Verbände durch Rechtsakte der zuständigen Verbandsorgane unmittelbar verändert; wichtigstes Beispiel für Österreich sind die Verordnungen der EU. Denkbar sind auch bloße Umsetzungspflichten (zu den damit vor allem angesprochenen Verordnungen und Richtlinien der Europäischen Gemeinschaften schon Rz 2 b).

Schließlich gibt es in manchen Bereichen „Einheitliche Regeln“ von internationalen **1380**
Organisationen. Diese haben aber *keine Gesetzeskraft,* sondern dienen bloß der einheitlichen Auslegung handelsüblicher Vertragsformeln. An dieser Stelle sind vor allem die so genannten **Incoterms** zu nennen, die zur Vereinfachung und Vereinheitlichung des internationalen Handels gebräuchliche Abkürzungen definieren und damit standardisieren: So bedeutet „fob“ (free on board), dass der Verkäufer Gefahr und Kosten des Transports einschließlich der Verladung der Ware auf das Schiff im Ladehafen trägt; „cif“ (cost, insurance, freight) legt dem Verkäufer darüber hinaus die Kosten des Seetransports und der Seeversicherung bis zum Bestimmungshafen auf. – Von Bedeutung sind ferner etwa die Einheitlichen Regeln der

Internationalen Handelskammer für ein Dokument über die kombinierte Beförderung (ICC-Rules) sowie die Einheitlichen Richtlinien und Gebräuche für Dokumentenakkreditive (ERG; zum Akkreditiv vgl Rz 852).

1381 Doch auch ganz unabhängig von den großen Gemeinschaften und von allgemeinen Vereinheitlichungsbestrebungen kommt es immer häufiger in bestimmten – oft wirtschaftlich besonders wichtigen – Bereichen zu Vereinbarungen zwischen zwei oder mehreren Staaten. Von diesen können in der Folge – ohne näher auf ihren genaueren Inhalt einzugehen – nur einige angeführt werden.

II. Wirtschaftlich bedeutsame Übereinkommen

1. UN-Kaufrecht

1382 Zum UN-Kaufrecht bereits näher Rz 613a ff.

2. Transportrecht

1383 Kaum ein Rechtsgebiet ist so selbstverständlich international wie das Transportrecht. Es gibt daher auch in diesem Bereich eine Vielzahl von internationalen Übereinkommen. In ihrem Geltungsbereich verdrängen sie die innerstaatlichen Regelungen des österreichischen Rechts, insbesondere des UGB-Frachtrechts (dazu Rz 687ff).

Vertragsstaaten des Übereinkommens über den Beförderungsvertrag im internationalen Straßengüterverkehr (**CMR;** dazu schon Rz 686ff) sind praktisch alle wesentlichen europäischen Wirtschaftspartner Österreichs. Gleiches gilt für das internationale Übereinkommen über den Eisenbahnfrachtverkehr **(CIM)** sowie für das internationale Übereinkommen über den Eisenbahn-, Personen- und Gepäckverkehr **(CIV).**

Für den internationalen Lufttransport stehen das **Warschauer Abkommen** (einschließlich des Haager Protokolls und des Zusatzabkommens von Guadalajara) sowie das **Montrealer Übereinkommen** in Geltung.

3. Weitere Übereinkommen

1384 Von großer praktischer Bedeutung sind **Staatsverträge über Rechtshilfe und Vollstreckung.** Bei der Rechtshilfe geht es vor allem um die Unterstützung der Gerichtsbarkeit anderer Staaten; so durch Zustellung von behördlichen Schriftstücken oder Vernehmung von Zeugen. Vollstreckungsübereinkommen eröffnen die Möglichkeit, in einem Staat geschaffene Exekutionstitel (vor allem gerichtliche Urteile) in einem anderen durch dessen Behörden vollstrecken zu lassen. Um das zu erreichen, bedarf es völkerrechtlich bindender Rechtsakte, etwa multilateraler Übereinkommen oder bilateraler Einzelverträge. Für den Bereich der EU kommen stattdessen auch Verordnungen in Betracht (dazu Rz 1386ff).

1385 Häufig heranzuziehen haben die österreichischen Gerichte schließlich das **Haager Übereinkommen über das auf Straßenverkehrsunfälle anzuwendende Recht (StVA),** dem eine große Anzahl von Staaten angehört. Es enthält keine materiellen Schadenersatznormen, sondern – wie das IPRG – bloß *Verweisungsnormen* (vgl Rz 1374). Grundsätzlich ist das Recht jenes Staates anzuwenden, in dessen Hoheitsgebiet sich der Unfall ereignet hat. In Ausnahmefällen wird auch auf das Recht des Zulassungsstaates verwiesen. Größere praktische Bedeutung kommt etwa auch dem **Haager Kindesentführungsübereinkommen** und dem **Haager Testamentsübereinkommen** zu.

III. Ausgewählte Europäische Verordnungen

Seit dem Jahre 2002 werden Fragen der **Anerkennung und Vollstreckung von Entscheidungen,** die von Gerichten eines anderen EU-Mitgliedstaates stammen, verbindlich durch die Verordnung über die gerichtliche Zuständigkeit und die Anerkennung und Vollstreckung in Zivil- und Handelssachen **(EuGVVO)** geregelt. Ihr inhaltlicher „Vorgänger" war das europäische Gerichtsstands- und Vollstreckungsübereinkommen (EuGVÜ), das nach wie vor für das Verhältnis zum EU-Mitglied Dänemark gilt. Im Rechtsverkehr mit den übrigen EWR-Ländern (Island, Norwegen und die Schweiz) ist das nahezu wortgleiche *LGVÜ,* ein multilaterales Übereinkommen, anzuwenden. All diese Staaten sind grundsätzlich verpflichtet, Entscheidungen der Gerichte der anderen Vertragsstaaten in Zivil- und Handelssachen anzuerkennen und zu vollstrecken. 1386

Diese Rechtsquellen enthalten darüber hinaus für Fälle mit Auslandsbezug Regeln über die *(internationale) Zuständigkeit* der Vertragsstaaten-Gerichte, die den nationalen Zuständigkeitsregeln (Rz 1332 ff) vorgehen.

Die Anerkennung eines Titels im Ausland kann uU auf faktische Schwierigkeiten stoßen oder längere Zeit dauern. Daher wurde die **VO über den Europäischen Vollstreckungstitel (EuVT-VO)** geschaffen. Seit Oktober 2005 kann jeder Gläubiger auch den dort näher geregelten Weg wählen: Er kann verlangen, dass eine in Zivil- oder Handelssachen ergangene Entscheidung, die als Exekutionstitel geeignet ist (zB ein zur Leistung einer Ware verpflichtendes rechtskräftiges Urteil), *vom Titelgericht* als europäischer Vollstreckungstitel bestätigt wird. Wird dieser bestätigte Titel beim zuständigen Gericht des Vollstreckungsstaates vorgelegt – regelmäßig dort, wo sich Sitz oder Wohnsitz des Schuldners und damit auch dessen Vermögen befindet –, muss er wie ein im Vollstreckungsstaat selbst erwirkter Exekutionstitel vollstreckt werden. Das Anerkennungsverfahren im Vollstreckungsstaat entfällt dann also. 1386 a

Ende 2006 wurde eine **Verordnung über das europäische Mahnverfahren (EuMV-VO)** erlassen, die im Dezember 2008 in Kraft tritt. Damit wird bei Gericht für Geldforderungen auf vereinfachte Weise ein europäischer *Zahlungsbefehl* erwirkt werden können (zum innerstaatlichen Mahnverfahren Rz 1343). Mangels rechtzeitigen Widerspruchs des Schuldners bestätigt das Titelgericht die Vollstreckbarkeit. Damit kann in allen Mitgliedstaaten die Vollstreckung betrieben werden; weder Anerkennung (Rz 1386) noch Bestätigung als europäischer Vollstreckungstitel (Rz 1386 a) sind nötig. 1387

Die seit dem Jahre 2002 in Geltung stehende **EU-Insolvenzverordnung** sorgt für die EU-weite Anerkennung aller Insolvenzverfahren, die in einem Mitgliedstaat eingeleitet werden, sofern der Schuldner in diesem Staat den Mittelpunkt seiner Interessen hat (vgl auch Rz 1359 a). In Österreich erfolgen die notwendigen Bekanntmachungen bei Auslandsinsolvenzen ebenfalls mittels Aufnahme in die Insolvenzdatei (§§ 7 ff IEG, §§ 218 f KO; zur Datei Rz 1355 a). 1388

Bereits erwähnt wurden die Verordnungen zur Einführung der staatenübergreifenden Gesellschaftsformen **„EWIV"** (Rz 932 a), **„Societas Europaea"** (Rz 932 b) und **„Europäische Genossenschaft"** (Rz 932 c); ebenso über den **grenzüberschreitenden Zahlungsverkehr in Euro** (Rz 702 a) und die europäische **Gemeinschaftsmarke** (Rz 1280 a); zum europäischen **Kartellrecht** s Rz 1267 b. 1389

Sachregister

Die Angaben beziehen sich auf die **Randzahlen** des Buches. Bei Mehrfachnennungen sind Hauptfundstellen **halbfett** hervorgehoben

Hauptfundstelle = **halbfett**

B

Hauptfundstelle = **halbfett**

C

D

E

Hauptfundstelle = **halbfett**

H

I

J

K

L

M

Hauptfundstelle = **halbfett**

T

W